日托米尔—别尔季切夫

德军在基辅以西的作战行动 1943年12月24日—1944年1月31日

（第一卷）

“东线文库”总策划 王鼎杰
【英】斯蒂芬·巴勒特 著
小小冰人 译

台海出版社

ZHITOMIR–BERDICHEV: GERMAN OPERATIONS WEST OF KIEV 24 DECEMBER 1943–31 JANUARY 1944: VOLUME 1 by STEPHEN BARRATT
Copyright: © STEPHEN BARRATT 2012
This edition arranged with Helion & Company
Through BIG APPLE AGENCY, INC., LABUAN, MALAYSIA.
Simplified Chinese edition copyright:
2018 ChongQing Zven Culture communication Co., Ltd
All rights reserved.

版权所有，侵权必究
版贸核渝字（2017）第187号

图书在版编目（CIP）数据

日托米尔—别尔季切夫：德军在基辅以西的作战行动：1943年12月24日—1944年1月31日 / (英) 斯蒂芬·巴勒特著；小小冰人译. -- 北京：台海出版社，2018.11

书名原文: Zhitomir–Berdichev：German Operrations West Of Kiev 24 Decenmber 1943–31 January 1944

ISBN 978-7-5168-2178-7

Ⅰ. ①日… Ⅱ. ①斯… ②小… Ⅲ. ①第二次世界大战 - 史料 - 德国 Ⅳ. ①K152

中国版本图书馆CIP数据核字(2018)第263144号

日托米尔—别尔季切夫：

德军在基辅以西的作战行动：1943年12月24日—1944年1月31日（第一卷）

著　　者：【英】斯蒂芬·巴勒特　　译　　者：小小冰人

责任编辑：俞滟荣　　策划制作：指文文化
视觉设计：周　杰　　责任印制：蔡　旭

出版发行：台海出版社
地　　址：北京市东城区景山东街20号　　邮政编码：100009
电　　话：010-64041652（发行，邮购）
传　　真：010-84045799（总编室）
网　　址：www.taimeng.org.cn/thcbs/default.htm
E-mail：thcbs@126.com

经　　销：全国各地新华书店
印　　刷：重庆长虹印务有限公司
本书如有破损、缺页、装订错误，请与本社联系调换

开　　本：787mm×1092mm　1/16
字　　数：720千　　印　　张：42.5
版　　次：2019年1月第1版　　印　　次：2019年1月第1次印刷
书　　号：ISBN 978-7-5168-2178-7

定　　价：169.80元

版权所有　翻印必究

“东线文库”总序

泛舟漫长的人类战争史长河，极目四望，迄今为止，尚未有哪场陆战能在规模上超过二战时期的苏德战争。这场战争挟装甲革命与重工业革命之双重风潮，以德、苏两大军事体系20年军改成果为孤注，以二战东线战场名扬后世。强强相撞，伏尸千里；猛士名将，层出不穷。在核恐怖强行关闭大国全面战争之门70年后的今天，回首望去，后人难免惊为绝唱。在面对那一串串数字和一页页档案时，甚至不免有传说时代巨灵互斫之苍茫。其与今人之距离，似有千年之遥，而非短短的70春秋。

但是，如果我们记得，即便是在核武器称雄的时代，热战也并未绝迹，常规军事力量依然是大国达成政治诉求的重要手段；而苏德战争的胜利者苏联，又正是冷战的主角之一，直到今天，苏系武器和苏式战法的影响仍具有全球意义。我们就会发现，这场战争又距离我们是如此之近。

要知道这场战争究竟离我们有多近，恰恰要先能望远——通过对战争史和军事学说发展史的长程回顾，来看清苏德战争的重大意义。

正如俾斯麦所言：“愚人执着于自己的体验，我则师法他者的经验。”任何一个人、一个组织的直接体验总是有限的，但如能将别人的间接经验转化为自己的直接体验，方是智者之所为。更高明的智者又不仅仅满足于经验的积累，而是能够突破经验主义的局限，通过学说创新形成理论体系，从而在经验和逻辑、事实与推理之间建立强互动，实现真正的以史为鉴和鉴往知来。

无怪乎杜普伊会说：“军事历史之所以对军事科学的发展至关重要，是因为军事科学不像大多数其他学科那样，可在实验室里验证它们的理论和假说。军事试验的种种形式，如野战演习、对抗演习和实兵检验等，都永远不会再现战争的基本成分：致命环境下对死亡的恐惧感。此类种种试验无疑是非常有益的，但是，这种益处也只能是在一定程度上的。”[1]但这绝不等于说战争无法研究，只能在战争中学战争。突破的关键即在于如何发挥好战争史研究的作用。所以杜普伊接着强调："像天文学一样，军事科学也是一门观测科学。正如天文学家把天体作为实验室（研究对象），而军人的真正的实验室则永远是军事历史。"[2]

从这个角度上讲，苏德战争无疑是一个巨型实验室，而且是一个直接当下，具有重大特殊意义的实验室。

回顾战争史册，不难发现，受技术手段的局限，战场的范围长期局限在指挥官的目力范围之内。故而，在这个时期，战争行为大致可以简化为两个层级，一为战略（strategy），一为战术（tactic）。

战术是赢得战斗的方法，战略则是赢得战争的方法。战之术可以直接构成战之略的实施手段。一般而言，战争规模越有限，战争结局越由战斗决定，战略与战术的边界便越模糊。甚至可以出现"一战定乾坤"的戏剧性结局。这又进一步引发出战局和会战两个概念。

所谓战局，就是英语中的Campaign，俄语的кампания，德语的Feldzug。Campaign的词源是campus，也就是营地。因为在罗马时代，受当时的技术条件限制，军队每年会有一个固定的季节性休战期，是为宿营时期。这样就可以很清晰地划分出以年度为单位的"战局"。相对不同的是德语 Feldzug 的词根有拖、拉、移动的意思，对弈中指移动棋子。已隐约可见机动战的独特传统。但三方对战局的理解、使用并无本质不同。

而会战（英语中的Battle，俄语的Битва，德语的Schlacht）则是战斗的放大。换言之，在早期西方军事学说体系中，战略对应战局，战术对应战斗，而"会战"则是战略与战术的交汇地带，战局与战斗的中间产物。在早期冷兵器战争时代，会战较为简单，很多时候就是一个放大的战术行动和缩小的战略行动。但是，随着技术的变革，社会结构、动员体系、战争规模的巨变，会战组织越来越复杂，越来越专业，逐渐成为一个独立于战略和战术之外的层级。拿破仑的战争艺术，归根结底其实就是会战的艺术。

但是，拿破仑并未发展出一套会战学说，也没有形成与之相表里的军事制度和军事教育体系，反而过于依赖自己的个人天赋，从而最终走向不归路。得风气之先的是普鲁士军队的改革派三杰（沙恩霍斯特、格奈瑟瑙、克劳塞维茨），收功者则是促成德意志统一的老毛奇。普德军事体系的发展壮大，正是研究透彻了拿破仑又超越了拿破仑，在战略和战术之间增加了一个新层级——Operation，从根本上改变了军事指挥和军事学术研究范式。所谓“Operation”，本有操作、经营、（外科）手术等多层含义，其实就是战略实施中的落实性操作，是因为战术已经无法直接构成战略的实施手段而增加的新环节。换言之，在德军军事体系中，Operation是一个独立的、高度专业化的军事行动层级。

与之相表里，普德军事系统又形成了现代参谋制度，重新定义了参谋，并形成了以参谋军官为核心的现代军官团，和以参谋教育为核心的现代军校体系。总参谋部其实是一个集研究、教育、指挥为一体的复合结构。参谋总长管理陆军大学，而陆军大学的核心课程即为战争史研究，同时负责将相关研究兵棋化、实战化、条令化。这种新式参谋主要解决的就是Operation Level的问题，这与高级统帅思考战略问题，基层军官、士官思考战术问题正相等同。

普法战争后，普鲁士式总参谋部制度迅速在全球范围内扩散，举凡英法俄美意日等列强俱乐部成员国，无不效法。但是，这个制度的深层驱动力——Operation Level的形成和相应学说创新，则长期为德军秘而不宣，即便是其亲传弟子，如保加利亚，如土耳其，如日本，均未得其门径窍奥，其敌手如法，如英，如俄，如美，亦均茫然不知其所以然。

最早领悟到德军作战层级独创性和重要性的军队，正是一战后涅槃重生的苏联红军。

苏军对德语的Operation进行了音译，是为Операция，也就是日后中苏合作时期经苏联顾问之手传给我军的“战役”概念。换言之，所谓战役学，其实就是苏军版的Operation学说。而美军要到冷战期间才明白这一点，并正式修改其军事学说，在Strategy和Tactic之间增设Operation这个新层级。

与此同时，英美体系虽然在战役学层次反应迟钝，却看到了德、苏没有看到的另一个层次的变化——战争的巨变不仅发生在传统的战略、战术之间，更发生在战略之上。

随着战争本身的专业性日趋强化，军人集团在战争中的发言权无形中也被强化，而文官和文人战略家对战争的介入和管控力逐渐弱化。但正如克劳塞维茨强调指出的那样，战争是政治的延续[3]。因而，战争只是手段，不是目的。无论军事技术如何变化，这一个根本点不会变化。但现代战争的发展却导致了手段高于目的的客观现实，终于在一战中造成了莫大的灾难。战争的胜利不等于政治的胜利这一基本事实，迫使战争的胜利者开始反思固有战争理论的局限性，逐渐形成了“大战略”（Grand Strategy）的观念，这就在英美体系中形成了大战略（又称国家战略、总体战略、高级战略）、分类战略（包括军事战略、经济战略、外交战略、文化战略等）、战术的三级划分。大战略不再像传统战略那样执着于打赢战争，而是追求战争背后的终极目标——政治目的。因为此种战略在国家最高决策层面运作，所以美国学界又将大战略称为国家战略。用美国国防部的定义来说明，即：“国家战略是平时和战时在使用武装力量的同时，发展和运用国家的政治、经济和心理力量，以实现国家目标的艺术和科学。”

冷战初期，美国以中央情报局、国家安全委员会、民营战略智库（如兰德公司）、常青藤联盟高校人才库相呼应的制度创新，其实就是建立在大战略学说领先基础上的国家安全体系创新[4]。而德军和苏军受传统“战略—战局”概念的束缚，均未看清这一层变化，故而在宏观战略指导上屡屡失误，只能仰赖希特勒、斯大林这样的战略怪才，以杰出个体的天赋弥补学说和制度的不足，等于又回到了拿破仑困境之中。

从这个角度上看二战，苏德战争可以说是两个走在战役学说创新前列的军事体系之间的超级碰撞。同为一战失败者的德、苏，都面对一战式的堑壕难题，且都嗅到了新时代的空气。德国的闪电战与苏军的大纵深战役，其实是两国改革派精英在同一场技术革命面前，对同一个问题所做出的不同解答。正是这种军事学说的得风气之先，令两国陆军在军改道路上走在列强前列。二战期间两国彗星撞地球般的碰撞，更进一步强化了胜利者的兼容并蓄。冷战期间，苏军的陆战体系建设，始终以这个伟大胜利为基石，不断深化。

在这个基础上再看冷战，就会发现，其对抗实质是美式三级体系（大战略、战略、战术）与苏式三级体系（战略、战役、战术）的对抗。胜负关键在于谁能先吸取对方之所长，弥补己方之所短。结果，苏联未能实现大战略的突破，建立独立自主的大战略学说、制度、教育体系。美国却在学科化的战略学、国际政治学和战争史研究的基础上，建立了自己的Operation Level，并借力新一轮技术变革，对苏军进行创造性的再反制。这个连环反制竞争链条，一直延续到今天。虽然俄军已暂时被清扫出局，但这种反制的殷鉴得失却不会消失，值得所有国家的军人和战史研究者注目。而美国借助遏制、接触战略，最终兵不血刃地从内部搞垮苏联，亦非偶然。

正是这种独特的历史地位，决定了东线史的独特重要性，东线研究本身也因而成为另一部波澜壮阔的历史。

可以说，苏军对苏德战争最具切肤之痛，在战争期间就不断总结经验教训。二战后，这个传统被继承下来，形成了独特的苏军式研究。与此同时，美国在二战刚刚结束之际就开始利用其掌握的资料和德军将领，进行针对苏军的研究。众多德军名将被要求撰写关于东线作战的报告[5]。但是，无论是苏军的研究还是美军的研究，都是内部进行的闭门式研究。这些成果，要到很久之后，才能公之于世。而世人能够看到的苏德战争著述，则是另一个景象。

二战结束后的最初15年，是宣传品与回忆录互争雄长的15年。作为胜利者的苏联，以君临天下的优越感，刊行了一大批带有鲜明宣传色彩的出版物[6]。与之相对应，以古德里安、曼施坦因等亲身参与东线鏖战的德国军人为代表的另一个群体，则以回忆录的形式展开反击[7]。这些书籍因为是失败者痛定思痛的作品，著述者本人的军事素养和文笔俱佳，故而产生了远胜过苏联宣传史书的影响力，以至于很多世人竟将之视为信史。直到德国档案资料的不断披露，后人才逐渐意识到，这些名将回忆录因成书年代的特殊性，几乎只能依赖回忆者的主观记忆，而无法与精密的战史资料互相印证。同时，受大环境的影响，这些身为楚囚的德军将领大多谋求：一，尽量撇清自己的战争责任；二，推卸战败责任（最常用的手法就是将所有重大军事行动的败因统统归纳为希特勒的瞎指挥）；三，宣传自身价值（难免因之贬低苏联和苏军）。而这几个私心又迎合了美国的需求：一，尽快将西德纳入美国领导的反苏防务体系之中，故而必须让希特勒充分地去当替罪羊，以尽快假释相关军事人才；二，要尽量抹黑苏联和苏军，以治疗当时弥漫在北约体系内的苏联陆军恐惧症；三，通过揭批纳粹政体的危害性，间接突显美国制度的优越性。

此后朱可夫等苏军将领在后斯大林时代刊行的回忆录，一方面固然是苏联内部政治生态变化的产物，但另一方面也未尝不可说是对前述德系著述的回击。然而，德系回忆录的问题同样存在于苏系回忆录之中。两相对比，虽有互相校正之效，但分歧、疑问更多，几乎可以说是此亦一是非、彼亦一是非，俨然是在讲两场时空悬隔的战争。

结果就是，苏德战争的早期成果，因其严重的时代局限性，而未能形成真正的学术性突破，反而为后人的研究设置了大量障碍。

进入20世纪60年代，虽然各国关于东线的研究越来越多，出版物汗牛充栋，但摘取桂冠的仍然是当年的当事人一方。幸存的纳粹党要员保罗·卡尔·施密特（Paul Karl Schmidt）化名保罗·卡雷尔（Paul Carell），在已有研究的基础上，大量使用德方资料，并对苏联出版物进行了尽量全面的搜集使用，更对德国方面的幸存当事人进行了广泛的口述历史采访，在1964年、1970年相继刊行了德军视角下的重量级东线战史力作——《东进：1941—1943年的苏德战争》和《焦土：1943—1944年的苏德战争》[8]。

进入20世纪70年代后，研究趋势开始发生分化。北约方面可以获得的德方档案资料越来越多，苏方亦可通过若干渠道获得相关资料。但是，苏联在公布己方史料时却依然如故，仅对内进行有限度的档案资料公布。换言之，苏联的研究者较之于北约各国的研究者，掌握的史料更为全面。但是，苏联方面却没有产生重量级的作品，已经开始出现军事学说的滞后与体制限制的短板。

结果，在这个十年内，最优秀的苏德战争著作之名被英国军人学者西顿（Albert Seaton）的《苏德战争》摘取[9]。此时西方阵营的二战研究、希特勒研究和德军研究均取得重大突破，在这个整体水涨的背景下，苏德战争研究自然随之船高。而西顿作为英军中公认的苏军及德军研究权威，本身即带有知己知彼的学术优势，同时又大力挖掘了德国方面的档案史料，从而得以对整个苏德战争进行全新的考订与解读。

继之而起者则有英国学者约翰·埃里克森（John Ericsson）与美国学者厄尔·齐姆克（Earl F. Ziemke）。

和西顿一样，埃里克森（1929年4月17日—2002年2月10日）也曾在英军中服役。不同之处则在于：

其一，埃里克森的研究主要是在退役后完成。他先是进入剑桥大学圣约翰学院深造，1956年苏伊士运河危机爆发后作为苏格兰边民团的一名预备军官被重新征召入役。危机结束后，埃里克森重启研究工作，1958年进入圣安德鲁大学担任讲师，开始研究苏联武装力量。1962年，埃里克森首部著作《苏联统帅部：1918—1941年》出版，同年在曼彻斯特大学出任高级讲师。1967年进入爱丁堡大学高级防务研究所任职，1969年成为教授，研究重心逐渐转向苏德战争。

其二，埃里克森得益于两大阵营关系的缓和，能够初步接触苏军资料，并借助和苏联同行的交流，校正之前过度依赖德方档案导致的缺失。而苏联方面的战史研究也取得了较大的进展，足以为这种校正提供参照系，而不像五六十年代时那样只能提供半宣传品性质的承旨之作。同时，埃里克森对轴心国阵营的史料挖掘也更全面、细致，远远超过了之前的同行。关于这一点，只要看一看其著述后面所附录的史料列目，即可看出苏德战争研究的史料学演进轨迹。

埃里克森为研究苏德战争，还曾专程前往波兰，拜会了苏军元帅罗科索夫斯基。这个非同凡响的努力成果，就是名动天下的“两条路”。

所谓“两条路”，就是1975年刊行的《通往斯大林格勒之路》与1982年刊行的《通往柏林之路》[10]。正是靠了这两部力作，以及大量苏军研究专著[11]，埃里克森在1988—1996年间成为爱丁堡大学防务研究中心主任。

厄尔·齐姆克（1922年12月16日—2007年10月15日）则兼有西顿和埃里克森的身影。出生于威斯康星州的齐姆克虽然在二战中参加的是对日作战，受的也是日语训练，却在冷战期间华丽转型，成为响当当的德军和苏军研究权威。曾在硫磺岛作战中因伤获得紫心勋章的齐姆克，战后先是在天津驻扎，随后复员回国，通过军人权利法案接受高等教育，1951年在威斯康星大学获得学位。1951—1955年，他在哥伦比亚的应用社会研究所工作，1955—1967年进入美国陆军军史局成为一名官方历史学家，1967—1977年在佐治亚大学担任全职教授。其所著《柏林战役》《苏维埃压路机》《从斯大林格勒到柏林：德国在东线的失败》《从莫斯科到斯大林格勒：东线的抉择》《德军东线北方战区作战报告，1940—1945年》《红军，1918—1941年：从世界革命的先锋到美国的盟友》等书[12]，对苏德战争、德军研究和苏军研究均做出了里程碑般的贡献，与埃里克森堪称双峰并峙、二水分流。

当《通往柏林之路》刊行之时，全球苏德战争研究界人士无人敢想，仅仅数年之后，苏联和华约集团便不复存在。苏联档案开始爆炸性公布，苏德战争研究也开始进入一个前人无法想象的加速发展时代，甚至可以说是一个在剧烈地震、风暴中震荡前行的时代。在海量苏联史料的冲击下，传统研究纷纷土崩瓦解，军事界和史学界的诸多铁案、定论也纷纷根基动摇。埃里克森与齐姆克的著作虽然经受住了新史料的检验，但却未能再进一步形成新方法的再突破。更多的学者则汲汲于立足新史料，急求转型。连保罗·卡雷尔也奋余勇，在去世三年前的1993年刊行了《斯大林格勒：第6集团军的覆灭》。奈何宝刀已老，时过境迁，难以再掀起新的时代波澜了。

事实证明，机遇永远只向有准备、有行动力的人微笑，一如胜利天平总是倾斜于能率先看到明天的一方。风起云涌之间，新的王者在震荡中登顶，这位王者就是美国著名苏军研究权威——戴维·格兰茨（David Glantz）。

作为一名参加过越战的美军基层军官，格兰茨堪称兼具实战经验和学术积淀。1965年，格兰茨以少尉军衔进入美国陆军野战炮兵服役，并被部署到越南平隆省的美国陆军第2军的“火力支援与协调单元”（Fire Support Coordination Element，FSCE，相当于军属野战炮兵的指挥机构）。1969年，格兰茨返回美国，在陆军军事学院教授战争史课程。1973年7月1日，美军在陆军训练与条令司令部下开设陆军战斗研究中心（Combat Studies Institute，CSI），格兰茨开始参与该中心的苏军研究项目。1977—1979年他出任美国驻欧陆军司令部情报参谋办公室主任。1979年成为美国陆军战斗研究所首席研究员。1983年接掌美国陆军战争学院（United States Army War College）陆战中心苏联陆军作战研究处（Office of Soviet Army Operations at the Center for Land Warfare）。1986年，格兰茨返回利文沃思堡，组建并领导外国军事研究办公室（Foreign Military Studies Office，FMSO）。在这漫长的研究过程中，格兰茨不仅与美军的苏军研究同步前进，而且组织翻译了大量苏军史料和苏方战役研究成果[13]。

1993年，年过半百的格兰茨以上校军衔退役。两年后，格兰茨刊行了里程碑著作《巨人的碰撞》[14]。这部苏德战争新史，系格兰茨与另一位美国军人学者乔纳森·M. 豪斯（Jonathan M. House）合著，以美军的苏军研究为基石，兼顾苏方新史料，气势恢宏地重构了苏德战争的宏观景象。就在很多人将这本书看作格兰茨一生事功的收山之作的时候，格兰茨却老当益壮，让全球同行惊讶地发现，这本书根本不是终点线，而是格兰茨真正开始斩将搴旗、攻城略地的起跑线：

1998年刊行《泥足巨人：苏德战争前夕的苏联军队》[15]《哈尔科夫：1942年东线军事灾难的剖析》[16]。

1999年刊行《朱可夫最大的败仗：红军1942年“火星”行动的惨败》[17]《库尔斯克会战》[18]。

2001年刊行《巴巴罗萨：1941年希特勒入侵俄罗斯》[19]《列宁格勒之围1941—1944，900天的恐怖》[20]。

2002年刊行《列宁格勒会战1941—1944》[21]。

2003年刊行《斯大林格勒会战之前：巴巴罗萨，希特勒对俄罗斯的入侵》[22]《八月风暴：苏军在满洲的战略攻势》[23]《八月风暴：苏联在满洲的作战与战术行动》[24]。

2004年与马克·里克曼斯波尔（Marc J. Rikmenspoel）刊行《屠戮之屋：东线战场手册》[25]。

2005年刊行《巨人重生：苏德战争中的苏联军队1941—1943》[26]。

2006年刊行《席卷巴尔干的红色风暴：1944年春苏军对罗马尼亚的攻势》[27]。

2009年开始刊行《斯大林格勒三部曲第一部：兵临城下（1942.4—1942.8）》[28]和《斯大林格勒三部曲第二部：决战（1942.9—1942.11）》[29]。

2010年刊行《巴巴罗萨脱轨：斯摩棱斯克会战·第一卷·1941年7月10日—9月10日》[30]。

2011年刊行《斯大林格勒之后：红军的冬季攻势》[31]。

2012年刊行《巴巴罗萨脱轨：斯摩棱斯克会战·第二卷·1941年7月10日—9月10日》[32]。

2014年刊行《巴巴罗萨脱轨：斯摩棱斯克会战·第三卷·1941年7月10日—9月10日》[33]《斯大林格勒三部曲第三部：最后的较量（1942.12—

1943.2）》[34]。

2015年刊行《巴巴罗萨脱轨：斯摩棱斯克会战·第四卷·地图集》[35]。

2016年刊行《白俄罗斯会战：红军被遗忘的战役1943年10月—1944年4月》[36]。

这一连串著述列表，不仅数量惊人，质量亦惊人。盖格兰茨之苏德战史研究，除前述立足美军对苏研究成果、充分吸收新史料及前人研究成果这两大优势之外[37]，还有第三个重要优势，即立足战役层级，竭力从德军和苏军双方的军事学说视角，双管齐下，珠联璧合地对苏德战争中的重大战役进行深度还原。

其中，《泥足巨人》与《巨人重生》二书尤其值得国人注目。因为这两部著作不仅正本清源地再现了苏联红军的发展历程，而且将这个历程放在学说构造、国家建设、军事转型的大框架内进行了深入检讨，对我国今日的军事改革和军事转型研究均具有无可替代的重大意义。

严谨的史学研究和实战导向的军事研究在这里实现了完美结合。观其书，不仅可以重新认识那段历史，而且可以对美军专家眼中的苏军和东线战史背后的美军学术思想进行双向感悟。而格兰茨旋风业已在多个国家掀起重重波澜。闻风而起者越来越多，整个苏德战争研究正在进入新一轮的水涨阶段。

如道格拉斯·纳什（Douglas Nash）的《地狱之门：切卡瑟口袋之战》（2002）[38]，小乔治·尼普（George Nipe Jr.）的《在乌克兰的抉择：1943年夏季东线德国装甲作战》（1996）[39]、《最后的胜利》（2000）[40]以及《鲜血·钢铁·神话：党卫军第2装甲军与通往普罗霍罗夫卡之路》（2013）[41]均深得作战研究之精髓，且能兼顾史学研究之严谨，从而将老话题写出新境界。

此外，旅居柏林多年的新西兰青年学者戴维·斯塔勒（David Stahel）于2009年刊行的《“巴巴罗萨”与德国在东线的失败》[42]，以及美国杜普伊研究所所长、阿登战役与库尔斯克战役模拟数据库的项目负责人克里斯托弗·劳伦斯（Christopher A. Lawrence）2015年刊行的《库尔斯克：普罗霍罗夫卡之战》[43]，均堪称卓尔不群，又开新径。前者在格兰茨等人研究的基础上，重新回到德国视角，探讨了巴巴罗萨作战的复杂决策过程。整书约40%的内容是围绕决策与部署写作的，揭示了德国最高统帅部与参谋本部等各部门的战略、作战观念差异，以及战前一系列战术、技术、后勤条件对实战的影响，对“巴巴罗萨”作战——这一人类历史上最宏大的地面作战行动进行了精密的手术解剖。后者则将杜普伊父子的定量分析战史法这一独门秘籍发扬到极致，以1662页的篇幅和大量清晰、独特的态势图，深入厘清了普罗霍罗夫卡之战的地理、兵力、技战术和战役部署，堪称兼顾宏观、中观、微观的全景式经典研究。曾在英军中服役的高级军医普里特·巴塔（Prit Buttar）同样以半百之年作老当益壮之后发先至，近年来异军突起，先后刊行了《普鲁士战场：苏德战争1944—1945》（2010）、《巨人之间：第二次世界大战中的波罗的海战事》（2013）、《帝国的碰撞：1914年东线战争》（2014）、《日耳曼优先：1915年东线战场》（2015）、《俄罗斯的残息：1916—1917年的东线战场》（2016）[44]。这一系列著作兼顾了战争的中观与微观层面，既有战役层级的专业剖析，又能兼顾具体人、事、物的栩栩如生。且从二战东线研究追溯到一战东线研究，溯本追源，深入浅出，是近年来不可多得的佳作。

行文及此，不得不再特别指明一点：现代学术著述，重在“详人之所略，略人之所详”。绝不可因为看了后出杰作，就将之前的里程碑著作束之高阁。尤其对中国这样的后发国家而言，更不能限在“第六个包子”的思维误区中。所谓后发优势，无外乎是能更好地以史为鉴，以别人的筚路蓝缕为我们的经验教训。故而，发展是可以超越性布局的，研究却不能偷懒。最多是随着研究的深入，实现阅读、写作的加速度，这是可取的。但怀着投机取巧的心态，误以为后出者为胜，从而满足于只吃最后一个包子，结果必然是欲速不达，求新而不得新。

反观我国的苏德战史研究，恰处于此种状态。不仅新方法使用不多，新史料译介有限，即便是经典著述，亦乏人问津。更值得忧虑之处在于，基础学科不被重视，军事学说研究和严肃的战争史研究长期得不到非军事院校的重视，以致连很多基本概念都没有弄清。

以前述战局、战役、会战为例：

汉语	战局	战役	会战
英语	Campaign	Operation	Battle
俄语	кампания	Операция	Битва
德语	Feldzug	Operation	Schlacht

比如科贝特的经典著作*The Campaign of Trafalgar*[45]，就用了“Campaign”而非“Battle”，原因就在于这本书包含了战略层级的博弈，而且占据了相当重要的篇幅。这其实也正是科贝特极其自负的一点，即真正超越了具体海战的束缚，居高临下又细致入微地再现了特拉法尔加之战的前因后果，波澜壮阔。故而，严格来说，这本书应该译作“特拉法尔加战局”。

我国军事学术界自晚清以来就不甚重视严肃的战争史研究和精准的学说体系建立。国民党军队及其后身——今日的台军，长期只有一个“会战”概念，后来虽然引入了Operation层级，但真正能领悟其实质者甚少[46]，而且翻译为“作战”，过于具象，又易于引发误解。相反，大陆方面的军事学术界用“战役”来翻译苏军的Операция，胜于台军用“作战”翻译Operation。因为战役的“役”也正如战略、战术之“略”与“术”，带有抽象性，不会造成过于具象的刻板误解，而且战略、战役、战术的表述也更贯通流畅。但是，在对“战役”进行定义时，却长期没有立足战争史演变的实践，甚至形成如下翻译：

汉语	作战、行动	战役	会战
英语	Operation	Campaign Operation Battle	Battle Operation
俄语	—	Операция кампания	Битва
德语	Operation	Feldzug Operation	Schlacht Operation

但是，所谓“会战”是一个仅存在于国-台军的正规军语中的概念。在我军的严格军事学术用语中，并无此一概念。所以才会有“淮海战役”与“徐蚌会战”的不同表述。实质是长期以来用“战役”一词涵盖了Campaign、Operation和Battle三个概念，又没有认清苏俄军事体系中的

Операция和英德军语中的Operation实为同一概念。其中虽有小异，实具大同。而且，这个概念虽然包含具体行动，却并非局限于此，而是一个抽象军事学说体系中的层级概念。而这个问题的校正、解决又绝非一个语言问题、翻译问题，而是一个思维问题、学说体系建设问题。

正因为国内对苏德战争的理解长期满足于宣传品、回忆录层级的此亦一是非、彼亦一是非，各种对苏军（其实也包括了对德军）的盲目崇拜和无知攻击才会同时并进、甚嚣尘上。

因此之故，近数年来，我多次向多个出版大社建议，出版一套“东线文库”，遴选经典，集中推出，以助力于中国战史研究发展和军事学术范式转型。其意义当不限于苏德战史研究和二战史研究范畴。然应之者众，行之者寡。直到今年六月中旬，因缘巧合认识了指文公司的罗应中，始知指文公司继推出卡雷尔的《东进：1941—1943年的苏德战争》《焦土：1943—1944年的苏德战争》，巴塔的《普鲁士战场：苏德战争1944—1945》和劳斯、霍特的回忆录《装甲司令：艾哈德·劳斯大将东线回忆录》《装甲作战：赫尔曼·霍特大将战争回忆录》之后，在其组织下，小小冰人等国内二战史资深翻译名家们，已经开始紧锣密鼓地翻译埃里克森的“两条路”，并以众筹方式推进格兰茨《斯大林格勒》三部曲之翻译。经过一番沟通，罗先生对“东线文库”提案深以为然，乃断然调整部署，决定启动这一经典战史译介计划，并与我方团队强强联合，以鄙人为总策划，共促盛举，以飨华语读者。罗先生并嘱我撰一总序，以为这一系列的译介工作开宗明义。对此，本人自责无旁贷，且深感与有荣焉。

是为序。

王鼎杰*

*王鼎杰，知名战略、战史学者，主张从世界史的角度看中国，从大战略的视野看历史。著有《复盘甲午：重走近代中日对抗十五局》《李鸿章时代》《当天朝遭遇帝国：大战略视野下的鸦片战争》。现居北京，从事智库工作，致力于战略思维传播和战争史研究范式革新。

注

1. ［美］T. N. 杜普伊，《把握战争——军事历史与作战理论》，北京：军事科学出版社，2001年，第2页。

2. 同上。

3. ［德］克劳塞维茨，《战争论》，第1册，北京：商务印书馆，1995年，第43—44页。

4. 这就是为什么很多优秀制度被一些后发国家移植后往往不见成效，甚至有反作用的根源。其原因并非文化的水土不服，而是忽视了制度背后的学说创新。

5. 战争结束后美国陆军战史部（Historical Division of the U.S.Army）即成立德国作战史分部［Operational History（German）Section］，监督被俘德军将领，包括蔡茨勒、劳斯、霍特等人，撰写东线作战的回忆录，劳斯与霍特将军均以“装甲作战”（Panzer Operation）为主标题的回忆录即诞生于这一时期。可参见：［奥］艾哈德·劳斯著，［美］史蒂文·H. 牛顿编译，邓敏译、赵国星审校，《装甲司令：艾哈德·劳斯大将东线回忆录》，北京：中国长安出版社，2015年11月第一版。［德］赫尔曼·霍特著，赵国星译，《装甲作战：赫尔曼·霍特大将战争回忆录》，北京：中国长安出版社，2016年3月第一版。

6. 如国内在二十世纪五六十年代译介的《苏联伟大卫国战争史》《苏联伟大卫国战争简史》《斯大林的军事科学与苏联伟大卫国战争》《苏军在伟大卫国战争中的辉煌胜利》等。

7. 此类著作包括古德里安的自传《闪击英雄》、曼施坦因的自传《失去的胜利》、梅林津所写的《坦克战》、蒂佩尔斯基希的《第二次世界大战史》等。

8. Paul Carell, *Hitler Moves East, 1941—1943*, New York: Little, Brown; First Edition edition, 1964; Paul Carell, *Scorched Earth*, London: Harrap; First Edition edition, 1970.

9. Albert Seaton, *The Russo-German War 1941—1945*, Praeger Publishers; First Edition edition, 1971.

10. John Ericsson, *The Road to Stalingrad: Stalin's War with Germany* (Harper&Row, 1975); John Ericsson, *The Road to Berlin: Continuing the History of Stalin's War With Germany* (Westview, 1983).

11. John Ericsson, *The Soviet High Command 1918—1941: A Military-Political History* (Macmillan, 1962); *Panslavism* (Historical Association, 1964); *The Military-Technical Revolution* (Pall Mall, 1966); *Soviet Military Power* (Royal United Services Institute, 1976); *Soviet Military Power and Performance* (Archon, 1979); *The Soviet Ground Forces: An Operational Assessment* (Westview Pr, 1986); *Barbarossa: The Axis and the Allies* (Edinburgh, 1994); *The Eastern Front in Photographs: From Barbarossa to Stalingrad and Berlin* (Carlton, 2001).

12. Earl F. Ziemke, *Battle for Berlin: End of the Third Reich* (Ballantine Books, 1972); *The Soviet Juggernaut* (Time Life, 1980); *Stalingrad to Berlin: The German Defeat in the East* (Military Bookshop, 1986); *Moscow to Stalingrad: Decision in the East* (Hippocrene, 1989); *German Northern Theatre Of Operations 1940—1945* (Naval&Military, 2003); *The Red Army, 1918—1941: From Vanguard of World Revolution to US Ally* (Frank Cass, 2004).

13. 这些翻译成果包括：*Soviet Documents on the Use of War Experience*, *Ⅰ, Ⅱ, Ⅲ* (Routledge,1997); *The Battle for Kursk 1943: The Soviet General Staff Study* (Frank Cass,1999); *Belorussia 1944: The Soviet General Staff Study* (Routledge, 2004); *The Battle for L'vov: The Soviet General Staff Study* (Routledge,2007); *Battle for the Ukraine: The Korsun'-Shevchenkovskii Operation* (Routledge, 2007).

14. David M. Glantz&Jonathan M. House, *When Titans Clashed: How the Red Army Stopped Hitler*,

University Press of Kansas; First Edition edition, 1995.

15. David M. Glantz, *Stumbling Colossus: The Red Army on the Eve of World War* (Kansas, 1998).

16. David M. Glantz, *Kharkov 1942: Anatomy of a Military Disaster* (Sarpedon, 1998).

17. David M. Glantz, *Zhukov's Greatest Defeat: The Red Army's Epic Disaster in Operation Mars* (Kansas, 1999).

18. David M. Glantz&Jonathan M House, *The Battle of Kursk* (Kansas, 1999).

19. David M. Glantz, *Barbarossa: Hitler's Invasion of Russia 1941* (Stroud, 2001).

20. David M. Glantz, *The Siege of Leningrad, 1941—1944: 900 Days of Terror* (Brown, 2001).

21. David M. Glantz, *The Battle for Leningrad, 1941—1944* (Kansas，2002).

22. David M. Glantz, *Before Stalingrad: Barbarossa, Hitler's Invasion of Russia 1941* (Tempus, 2003).

23. David M. Glantz, *The Soviet Strategic Offensive in Manchuria, 1945: August Storm* (Routledge，2003).

24. David M. Glantz, *The Soviet Operational and Tactical Combat in Manchuria, 1945: August Storm* (Routledge, 2003).

25. David M. Glantz&Marc J. Rikmenspoel, *Slaughterhouse: The Handbook of the Eastern Front* (Aberjona, 2004).

26. David M. Glantz, *Colossus Reborn: The Red Army at War, 1941—1943* (Kansas, 2005).

27. David M. Glantz, *Red Storm Over the Balkans: The Failed Soviet Invasion of Romania, Spring 1944* (Kansas, 2006).

28. David M. Glantz&Jonathan M. House, *To the Gates of Stalingrad: Soviet-German Combat Operations, April—August 1942* (Kansas, 2009).

29. David M. Glantz&Jonathan M. House, *Armageddon in Stalingrad: September—November 1942* (Kansas, 2009).

30. David M. Glantz, *Barbarossa Derailed: The Battle for Smolensk, Volume 1, 10 July—10 September 1941* (Helion&Company, 2010).

31. David M. Glantz, *After Stalingrad: The Red Army's Winter Offensive 1942—1943* (Helion&Company, 2011).

32. David M. Glantz, *Barbarossa Derailed: The Battle for Smolensk, Volume 2, 10 July—10 September 1941* (Helion&Company, 2012).

33. David M. Glantz, *Barbarossa Derailed: The Battle for Smolensk, Volume 3, 10 July—10 September 1941* (Helion&Company, 2014).

34. David M. Glantz&Jonathan M. House, *Endgame at Stalingrad: December 1942—February 1943* (Kansas, 2014).

35. David M. Glantz, *Barbarossa Derailed: The Battle for Smolensk, Volume 4, Atlas* (Helion&Company, 2015).

36. David M. Glantz&Mary Elizabeth Glantz, *The Battle for Belorussia: The Red Army's Forgotten Campaign of October 1943—April 1944* (Kansas, 2016).

37. 格兰茨的研究基石中，很重要的一块就是马尔科姆·马金托什（Malcolm Mackintosh）的研究成果。之所以正文中未将之与西顿等人并列，是因为马金托什主要研究苏军和苏联政策、外交，而没有进行专门的苏德战争研究。但其学术地位及对格兰茨的影响是不容忽视的。

38. Douglas Nash, *Hell's Gate: The Battle of the Cherkassy Pocket, January—February 1944* (RZM, 2002).

39. George Nipe Jr. , *Decision in the Ukraine: German Panzer Operations on the Eastern Front, Summer 1943* (Stackpole, 1996).

40. George Nipe Jr. , *Last Victory in Russia: The SS-Panzerkorps and Manstein's Kharkov Counteroffensive, February—March 1943* (Schiffer, 2000).

41. George Nipe Jr. , *Blood, Steel, and Myth: The Ⅱ. SS-Panzer-Korps and the Road to Prochorowka* (RZM, 2013).

42. David Stahel, *Operation Barbarossa and Germany's Defeat in the East* (Cambridge, 2009).

43. Christopher A. Lawrence, *Kursk: The Battle of Prokhorovka* (Aberdeen, 2015).

44. 普里特·巴塔先生的主要作品包括：Prit Buttar, *Battleground Prussia: The Assault on Germany's Eastern Front 1944—1945* (Ospery, 2010); *Between Giants: The Battle of the Baltics in World WarⅡ* (Ospery, 2013); *Collision of Empires: The War on the Eastern Front in 1914* (Ospery, 2014); *Germany Ascendant: The Eastern Front 1915* (Ospery, 2015); Russia's Last Gasp, *The Eastern Front, 1916—1917* (Ospery, 2016).

45. Julian Stafford Corbett, *The Campaign of Trafalgar* (Ulan Press, 2012).

46. 参阅：滕昕云，《闪击战——迷思与真相》，台北：老战友工作室/军事文粹部，2003年。该书算是华语著作中第一部从德军视角强调“作战层级”重要性的著作。

鸣　谢

我要向许多人和机构表达谢意，他们以这样或那样的方式为本书的撰写提供大力协助，其中一些值得特别提及。

首先要感谢第二次世界大战结束后对缴获德方档案的微缩胶片加以整理的美国历史学会，他们在许多年前从事的这项工作，为研究苏德战争期间任何一段历史的学者和历史学家们获取丰富的原始档案资料大开方便之门。没有他们的卓识远见，本书无从谈起。

还要感谢美国陆军工程兵制图局，他们在最初由红军战时出版的印刷品的基础上汇编了修订后的制图资料。这些资料构成本书收录的详细地图之基础。

我要感谢加里·赖特，与他的友谊保持了多久，大概我们俩都已无从记起。多年前，是他把我领入军事历史领域，因此，他至少应对本书承担一些责任。

我还想提及DA档案解决方案有限公司的西蒙·奥尔德森，在我使用微缩胶片设备发生问题，看上去似乎不得不放弃完成已开始的工作的一切希望时，是他使我重整旗鼓。

最重要的是，虽然我把时间花在早已成为历史的事件和人物上，但好脾气的爱妻卡罗尔却提供了长期支持，我对此万分感激。没有她始终如一的耐心和鼓励，这本著作根本无法面世。

斯蒂芬·巴勒特

金顿圣米歇尔

2012年

前言和资料说明

日托米尔—别尔季切夫进攻战役，苏联军事历史学家们将之描述为1943/1944年冬季战略攻势中的第一场行动，但其策划工作开始时，基辅周边先行展开的行动仍在进行。日托米尔—别尔季切夫战役开始于1943年12月24日并持续至次年，虽然苏联人1944年1月14日结束进攻，但随之而来的一连串德军反突击直至月底才告一段落，苏联随即将重点转向解救科尔孙包围圈。从时间安排角度看，这只是一场过渡性战役，介于1943年夏/秋季与1944年冬/春季战略攻势之间。苏军最高统帅部决定发起日托米尔—别尔季切夫进攻战役时，基辅防御战役仍在进行，因此，策划工作受到这些行动的严重影响。基辅进攻战役期间，苏军力图将柳捷日的第聂伯河登陆场扩大为一个具有战略重要性的屯兵场，攻往西南方的别尔季切夫和文尼察，同时将侧翼拓展到西北方的科罗斯坚和东南方的白采尔科维。这场攻势开始于1943年11月3日，苏军穿过法斯托夫后遭到遂行防御的德军拦截，到11月11日，德国人阻挡住苏军的推进。在第48装甲军的率领下，德国第4装甲集团军随后展开一系列反突击，力图消灭苏军已相当宽大的登陆场。

德军的第一个行动是打击苏军部署在法斯托夫以南的近卫坦克第3集团军，虽然他们迫使苏军的推进陷入停滞，但这场反突击并未取得实质性进展，没能逼退对方（描述红军时，本书交替使用“苏军”和“苏联人”这两个词，仅仅是方便起见。使用“苏联人”这个词时，并不代表任何特定国籍）。第一场反突击停顿后，第48装甲军于11月12日展开第二场反突击，向北攻往法斯托夫与日托米尔之间。德军穿过布鲁西洛夫，旋即转身向西直扑日托米尔，11月20日将其重新夺回。取得这一战果后，第40装甲军再度转向东面，这次他们瞄准的是基辅。11月25日，德军重新发起的反突击已到达布鲁西洛夫，但越来越大的伤亡和苏军的顽强抵抗迫使该军停止进攻并变更部署。到12月5日，该军已做好准备，并从日托米尔以北阵地再度出击，这次他们直奔东北方的拉多梅什利和马林。该军初期进展顺利，有效肃清捷捷列夫河与伊尔沙河之间地域，但苏军着手将越来越多的预备队投入战斗，最终使该军的突击陷入停滞。截至12月15日，第48装甲军几乎未取得任何进展，两天后，第4装甲集团军司令部取消进攻，以变更部署。德军下一场反突击开始于12月19日，在更西面打击部署于科罗斯坚东南方的苏军部队。经过数日激战，德军对这场进攻再度产生动摇，12月22日，第48装甲军被迫停顿。正是在这种情况下，乌克兰第1方面军对南方集团军群左翼发起深具毁灭性的新攻势。这场攻势使乌克兰境内的德军北翼几乎陷入崩溃境地，给德军造成无可弥补的伤亡，也为德军在乌克兰的下一场灾难，即科尔孙包围圈，以及长期驱逐该地区的轴心国军队创造出最直接的先决条件。

本书描述的是1943年12月底至1944年1月末，德国第4和第1装甲集团军为应对苏军日托米尔—别尔季切夫进攻战役所采取的军事行动。这套两卷本专著叙述该战役的主要阶段和德军的应对。第一卷涵盖苏军1943年12月24日发起进攻至1944年1月9日期间的作战行动。虽然苏军的进攻一直持续到1944年1月14日，但德军1月10日发起首次反突击时，苏军的进攻已达高潮。这个日期标志着重点和主动权的明显变化，因而成为结束第一卷最恰当的节点。第二卷涉及的是1月10日至月底的作战行动，外加一些附录。

本书的叙述主要基于德国第4、第1装甲集团军作战处撰写并保存下来的相关记录，包括战时日志、两个司令部收到并下达的命令、辖内各军部提交的态势报告。因此，书中呈现的历史实际上是德军相关人员所见、所理解、所记录的作战行动，虽说代表的是官方记录，但读者们应该记住，这仍是一种片面观点。官方记录并不能保证每个方面的准确性，就像人们在生活方方面面犯下的错误。尽管如此，这些资料毕竟是官方记录。需要指出的是，虽然相关记录中的许多文件由下级军官撰写，但通常都经过高级参谋人员审核和签署。这些原始资料收藏在德意志联邦共和国联邦档案馆（军事档案部），美国国家档案馆将其复制成微缩胶片，是T-313号档案的组成部分。本书脚注引用的参考文献并未列出胶片的具体卷数和帧数，但可以指出，与第1装甲集团军司令部相关的所有记录都在第69—73卷，而第4装甲集团军司令部的相关记录是第372—399卷。已公开的资料为这些原始档案提供了补充，由于数量不是太多，本书在脚注处列出相关出版物的详情，并未将其单独列为参考书目。书中还使用苏联方面已出版的著作作为苏方主要资料来源，脚注中也提供了这些出版物的详情。由于本书叙述的是德方作战行动，苏方资料的使用一般只限于对其高层策划工作的探讨。

书中未对相关文件或作战行动本身做出重要分析或评论，除非是相关记录中含有当时参与者所做的分析和评述。要做出详细而又客观的分析，必须获得参战苏军部队的相关记录，但这不在本书探讨范围。

一系列同时进行的军事行动，有时候关联较大，有时候关联较小，对此加以描述较为困难，特别是在这些行动都是对一场计划中的攻势所做的应对这种情况下。若按时间顺序来解决这个问题，呈上各装甲集团军的作战日志较为有效，但这意味着要冒上丧失军、师级一切连续性，以及发生在下级指挥层不断变化发展的风险。另一方面，根据各军各师的作战地带加以叙述也存在一些问题，因为每个作战地带基本都依赖于友邻区域的行动。不过，本书的目的是从集团军司令部的视角对德军作战行动做出记述和描绘，采用作战日志可能是最佳解决途径。因此，书中的叙述有时候会让人感到不连贯或过度伸展，但这是为逐日记述军事行动不得不付出的代价。所有信息均已提供，可能需要读者以更好的记忆力，联系上下文去理解一切特定时间的作战行动。本书附带的地图在这方面应有所帮助。选中这一层级是基于作战地域的规模，以便读者掌握战役范畴内相关事件的最佳全景。日托米尔—别尔季切夫战役在很大程度上涉及上文提及的两个德国集团军司令部，尽管在战役第一周，第4装甲集团军凭一己之力守卫整个防区。将注意力集中于集团军级文件，我们得以在可控范畴内阐述作战行动，同时对至关重要的决策过程加以关注。着眼于军，甚至是师一级的记录，能了解到更多战术事宜，但在更高层面上不得不做出大量假设。同样，着眼于集团军群的记录，能从整体上了解德军左翼与乌克兰西部战役的相关决策和行动，但为此付出的代价是缺乏相关细节，从而使本书沦为一部描述德军在该地区作战行动的简述。因此，集团军级文件为阐述德军针对苏军攻势所做的应对提供了一个理想范畴。

集团军级文件中，将最重要的资料分成三个类别较为适宜：作战参谋撰写的战时日志，各军级指挥部分别在早晨和晚间呈交的晨报和每日报告，装甲集团军司令部下达的命令和指示。这里需要对第二个类别稍加解释。每日日终前，各军部汇编一份关于各自作战地带内所发生事件的简报，这份“Tagesmeldung”（每日报告）应在夜间呈交装甲集团军司令部，一般是18点至20点间，有时候也会迟至21点。每天早上，通常是5点至7点间，各军部还应提交一份类似报告，涵盖昨日傍晚和夜间所发生的情况，也就是上一份每日报告后所发生的一切，这份报告称为“Morgenmeldung”（晨报）。使用这些资料对事件加以描述时，相关脚注中会阐述这些报告。作战日志和作战指令也以脚注标出，另一些不属于这三大类的文件同样如此。脚注编号使用的方法也需要加以解释。通常会在介绍一份新文件资料的首句结尾处插入一个脚注，例如，描述第4装甲集团军司令部下达的一道命令，会在新段落的首句加入一个脚注，给出该文件的日期和出处。这一段剩下的部分，或是偶尔超出该段落的内容，也引自同一份资料来源，但参考文献只在最初的脚注中出现一次。

为规范第4装甲集团军的内部报告，集团军参谋长范戈赫尔少将1943年12月15日致信各军参谋长，提醒他们准确书写战术报告的必要性（第4装甲集团军作战处，1943年12月15日签发的命令，无编号）。范戈赫尔在信中指出，装甲集团军司令部收到的许多报告不符合既定指示，导致集团军参谋人员不得不提出追加问题，以掌握全局。各军一次次使用“强大”“最强大”“优势兵力”这些词阐述敌人的进攻，而对炮火的描述则是“持续的猛烈炮火”或“密集炮火”。无论汇报的真实情况如何，这些词实际上成了口头禅或常用语，事实证明，这种报告根本无法准确描述任何地方所发生事情的当前状况。他举了几个例子。几周前，某军部将苏军的一场炮击描述为“持续的猛烈炮火”，之后，范戈赫尔亲自与该地段的一名团长探讨此事。这位团长参加过第一次世界大战，亲身经历过真正的“持续的猛烈炮火”，他告诉范戈赫尔，虽然敌人肯定没有节约炮弹，但这场炮击无法同“持续的猛烈炮火”相提并论。在另一起事件中，下级部门报告，敌人发起“强大的”步兵突击，但事后证明，对方不过是以连级兵力遂行侦察行动而已。

范戈赫尔提醒各参谋长，战术报告不应带有感情色彩和模棱两可的态度，为在这方面提供帮助，他提出一套关于报告术语和标准的新制度。例如，对敌人的进攻应加以分解和分类，具体如下：

敌人的进攻兵力	描述为
1—50人	以xx人的兵力
51—100人	连级兵力
101—200人	1—2个连的兵力
201—300人	营级兵力
301—500人	约2个营
501—1000人	团级兵力

敌人以超过团级兵力发起的一切进攻不再以估计人数上报，应以俘虏的交代或缴获的材料为基础做出汇报。另外，任何一场涉及300人以上的进攻报告，应对敌人的进攻规模做出预估。范戈赫尔要求各军参谋长日后使用这套术语，不得再用“强大”“优势兵力”这些词。这套术语在对日后作战行动的阐述中占有重要地位，读者会发现，评估本书描述的个别进攻行动的规模时，记住这些数字很管用。对所有进攻所做的描述都依据防御部队提交的报告，因此，应该符合第4装甲集团军司令部的指示。

本书描述德方部队和机构时使用德国军事术语，这有两方面的原因。第一个原因是在这部基本上是阐述德方作战行动的书中保留这些部队和机构的正确名称，同时使读者有机会见到其原来的名称。其次是与苏方部队和机构形成一个简单对比，后者已译为英文对等单位。对不熟悉德方术语的读者，本书提供了一份术语、缩写和英译列表①。

这里还要对地名加以说明。首先要指出，书中描述的作战行动、所发生地区的村镇，根据使用语言的不同具有不同的名字。对母语是英语的人来说，这个概念其实很常见，“Germany（德国）”就是个好例子。德国人称自己的国家为“Deutschland”，与使用英语的称谓完全不同。至于本书，可以用“Rovno”为例说明这一点。“Rovno”是对俄语西里尔文的直接音译，乌克兰语称之为“Rivne”，而波兰语的称谓是“Rowne”。这里不可避免地存在

① 译注：书中直接使用的德国军事术语和缩写都已翻译成中文，因而未翻译这份对中国读者来说并不需要的列表。

一种情况，即在何处使用乌克兰语地名或波兰语地名更加准确或更为恰当，但本书使用的是俄语地名，这样更加简单，更具一致性。查询该地区最新的当地地图时可能会不尽如人意，但参照俄罗斯军用地图应该会更容易些。另外需要指出的是，德国人翻译俄语地名用于他们的军用地图时并非全然无错，所以他们的报告和作战日志中的相关条目经常出现拼写错误。该地区的苏联地图同样如此，这些地图依照的是较老的地图，某些情况下参照波兰，甚至是奥匈帝国的地图，自然存在一些抄写或拼写错误。这一切意味着任何一处地名可能会以多种不同方式拼写，在这种情况下，将相关记录与地图加以对照，难免会让人产生困难和沮丧感。有些地名更容易产生这种情况。对此需要加以指出的是，许多乌克兰和波兰地名自20世纪40年代以来便发生变化，这就意味着德方记录中出现的某些地名，在现代地图上根本找不到。这自然导致对照工作难以跟上近期的制图。在另一些情况下，某些乡镇根本就没有标注在地图上，无论是当时或今日的地图。尽管存在这些问题，但本书内文使用的地名大多出现在书中采用的美国陆军制图部门绘制的地图上，在必要处，一些拼写错误已加以纠正。对某些依然含糊的问题，书中添加脚注予以澄清，但令人遗憾的是，仍存在一些前后矛盾之处，这一点无法避免。

CONTENTS 目录

第一章
苏军的状况——策划和部署

苏军策划的日托米尔—别尔季切夫战役，是发起一系列冬季攻势以解放乌克兰西部这一更大设想的组成部分。1943年11月和12月，苏联最高统帅部大本营和总参谋部开始为这些进攻起草作战计划，在此期间，斯大林同乌克兰第1方面军司令员瓦图京、负责协调乌克兰第1和第2方面军作战事宜的朱可夫多次商讨这个问题[1]。从更大背景看，情况很明显，由于自1943年7月以来一直从事积极行动，乌克兰第1方面军的实力不足以继续遂行进攻任务[2]。因此，大本营为瓦图京调拨新锐力量，主要包括列谢利泽的第18集团军、卡图科夫的坦克第1集团军，以及近卫坦克第4和坦克第25军。在获得这些援兵后，截至1943年11月24日，乌克兰第1方面军编有7个诸兵种合成集团军、2个坦克集团军、1个空军集团军和2个筑垒地域[3]。

意识到该方面军的战斗力有所削弱，以及为瓦图京调拨援兵所需要的时间，加之计划发起大规模冬季攻势，苏军策划人员在这一阶段最关心的是阻止德国人重新夺取基辅的一切后续尝试。因此，11月28日，瓦图京接到大本营下达的新指令[4]。指令中承认乌克兰第1方面军不具备足够的实力遂行一场大规模进攻，因而要求瓦图京转入防御，命令立即生效。除批准方面军司令员在必要情况下集结力量保卫基辅之外，这道命令更深层的用意是在炮兵和航空兵协助下，消耗德军有生力量。该指令继续指出，待第18集团军、坦克第1集团军和其他部队到达后，乌克兰第1方面军应组织一场大规模进攻，目的是歼灭方面军作战地域内的德军，前出至南布格河。大本营提醒瓦图京，要像当年早些时候实施别尔格罗德进攻战役时那样认真拟制作战计划，并指示他在适当的时候提交战役计划①。

根据这道新指令，瓦图京1943年11月29日给麾下指挥员们下达修订后的命令，要求第13、第60、近卫第1、第38和第40集团军转入一场静态防御，主要目的是防范德军向基辅发起的一切进攻[5]。在指示诸集团军构筑新防御阵地后，瓦图京开始在后方地域组建预备队。第18集团军赶赴基辅西北方，集结于博罗江卡（Borodyanka）—戈斯托梅利（Gostomel'）地域，而坦克第1集团军应集结在城市西南方的斯维亚托希诺（Svyatoshino）—塔拉索夫卡（Tarasovka）—茹利亚内（Zhulyany）地域。同时，近卫坦克第3集团军调离前线，赶往法斯托夫以北的贝舍夫（Byshev）—切尔诺戈罗德卡（Chernogorodka）地域，而近卫坦克第5军从第38集团军转入方面军预备队，开赴博罗江卡西北方的捷捷列夫（Teterev）—佩斯科夫卡（Peskovka）地域。另外，近卫骑兵第1军应集结于扎乌里亚季耶（Zauryad'e）—贝尔瓦（Byrva）地域，新开到的近卫坦克第4军在马林地域（Malin）实施重组。这道命令还指示诸集团军加强他们的步兵部队，囤积燃料、弹药和食物，而方面军司令部则着手为即将发起的进攻行动拟制计划。

瓦图京的基本作战计划将行动重点放在方面军中央地段，据守在此的是近卫第1和第38集团军，坦克第1和近卫坦克第3集团军位于第二梯队。这场进攻计划于1943年12月24日发起，初期目标是击败布鲁西洛夫地域（Brusilov）的德军部队[6]。战役第一阶段完成后，这股中央突击群将向前推进130多公里，到达从斯卢奇河畔（Sluch'）的柳巴尔（Lyubar）起，经文尼察至索布河畔（Sob）的利波韦茨（Lipovets）一线。两天后，这场进攻将向北拓展，以第60集团军与近卫坦克第4军相配合，从马林地域实施突击，初期目标是击败盘

① 译注：这里所说的别尔格罗德战役就是1943年8月的别尔格罗德—哈尔科夫进攻战役，由沃罗涅日和草原方面军实施，而沃罗涅日方面军正是乌克兰第1方面军的前身。

踞在拉多梅什利地域（Radomyshl'）的敌军。尔后，该集团军应向西推进120公里，前出至北起罗加乔夫（沃伦斯基新城东南方28公里）、南至柳巴尔的斯卢奇河55公里长的河段。北面，第13集团军应以近卫骑兵第1军和坦克第25军遂行突击，受领的任务是掩护方面军右翼。该集团军应向西推进，穿过科罗斯坚（Korosten'）和沃伦斯基新城（Novograd–Volynskii），前出至北起托涅日（Tonezh），经奥列夫斯克（Olevsk）至罗加乔夫（Rogachov）一线，这就使该集团军负责一片160公里宽的作战地域。方面军左翼，第40和第27集团军同时向南展开突击，先攻往白采尔科维（Belaya Tserkov'），尔后冲向赫里斯季诺夫卡（Khristinovka），按照计划，他们将在那里同乌克兰第2方面军辖内部队会合，继而歼灭在卡涅夫（Kanev）以南地域行动的德军。近卫坦克第5军和捷克斯洛伐克步兵第1旅配合第40集团军的作战行动。整个战役将获得空军第2集团军的支援。战役准备期间，方面军司令部非常重视欺骗行动。为了把德国人的注意力从方面军主要突击地域转移，苏军假意将大批步兵、坦克和炮兵集结在右翼的科罗斯坚周边地域，以及左翼第聂伯河畔的布克林登陆场（Bukrin）[7]。

为加强即将发起的进攻行动之右翼，苏军最高统帅部大本营12月9日下达命令，要求白俄罗斯第1方面军将6个步兵师和一个军级指挥部转隶第13集团军[8]。其中3个师应于12月15日前抽调，另外3个师在12月18日至19日前开拔。12月14日，瓦图京向麾下各集团军司令员和他们的军事委员会委员做任务简报[9]，向他们通报总体情况和乌克兰第1方面军受领的任务，并告诉他们实施日托米尔—别尔季切夫进攻战役的决心已定。瓦图京介绍了这场战役的总体构思，告诉他们当前目标是突破德军防线，并于进攻次日日终前歼灭布鲁西洛夫地域之敌，包括德军第8、第19、第25装甲师和党卫队“帝国”装甲战斗群。完成这项初步目标后，方面军将朝别尔季切夫和卡扎京（Kazatin）这一总方向发起进攻。除主要突击，方面军还将发起两场辅助突击；一场在右翼，由第60和第13集团军遂行，另一场在左翼的白采尔科维周围，由第40和第27集团军实施。瓦图京把在主要地段突破德军防御的任务赋予他的诸兵种合成集团军，将坦克集团军留作发展胜利或取得优势。坦克集团军的总体计划是，只有在突破德军防御纵深达5至6公里的情况下方可投入战斗，按照计划，这一突破应于进攻首日日中前达成。因此，待击败德军设在布鲁西洛夫周边的防御后，近卫坦克第3集团军将冲向西北方，进入敌人“拉多梅什利—马林”集团后方，而坦克第1集团军应攻向西南方，将方面军当面之敌切为两股，一股位于日托米尔周围，另一股在白采尔科维周边。

为更详细地了解苏军在主要突击方向的构想，看看第38集团军和坦克第1集团军采取的措施不无裨益，两个集团军都部署在主要地段，一个位于第一梯队，一个位于第二梯队。按照瓦图京11月29日下达的命令，莫斯卡连科第38集团军负责据守的防线北起拉多梅什利东南方的涅格列博夫卡（Negrebovka），经基辅—日托米尔主公路上的斯塔维谢（Stavishche），穿过亚斯特列本卡（Yastreben'ka）至科尔宁（Kornin）以东的苏先卡（Sushchanka），这条防线长达42公里。该集团军当时的主要任务是防范德国人突向基辅的企图，但也要为即将发起的行动做好准备。第38集团军对辖内部队加以补充、训练，并囤积补给物资[10]。12月16日，方面军军事委员会签署日托米尔—别尔季切夫战役计划，正如我们所知的那样，其基本构思是实施一场强有力的打击，使苏军一路前出至南布格河，彻底消除德国人再度威胁基辅的一切可能性。为这场新攻势加以必要准备时，方面军右翼不得不应对德国第48装甲军向马林发起的反扑。

第38集团军实施积极巡逻，派小股部队深入德军后方10公里，加之从战俘处获取的情报，使苏联人得以拼凑出德军的防御情况。这些情报包括对敌军部署、防御火力体系、防御薄弱处（例如各部队分界线）的确认。包括军长和师长在内的苏军各级指挥员，连同他们的炮兵主任，每天都亲自参与这项工作。通过这种方式，苏联人认为他们已然确定德军炮兵集结地和装甲力量所在的位置。情报收集的结果使莫斯卡连科得以仔细策划他的进攻，并对诸如德国人并未加强索洛韦耶夫卡（Soloveevka）、奥泽拉（Ozera）、克里沃耶（Krivoe）周边地域这些不出所料的事实加以利用。莫赫纳奇卡地域（Mokhnachka）的情况同样如此，这使第38集团军也把部队集结于此，计划与左侧第40集团军协同攻向科尔宁。

方面军完成任务简报后的12月16日，莫斯卡连科召集麾下诸军长、师长和各独立部队指挥员，向他们通报瓦图京下达的命令，并阐述他为此拟制的计划。12月19日晨，第38集团军下达正式指令，确定与坦克第1集团军辖内部队相配合，突破德军防御的计划。第38集团军将朝霍穆捷茨（Khomutets）—霍多尔科夫（Khodorkov）方向推进，目标是击败盘踞在布鲁西洛夫—霍多尔科夫—科尔宁地域之敌，并攻往布罗夫基（Brovki）。主要突破将在集团军右翼达成，部署在那里的两个步兵军从南面穿过布鲁西洛夫，集团军左翼将以一个步兵军遂行辅助突击。主要突击地段上的两个军都分为两个梯队。进攻首日，这场突击应取得约8公里的进展，前出到布鲁西洛夫至季温（Divin）一线，从而使坦克第1集团军向前推进，达成大规模突破。次日日终时，这场进攻应取得约30公里的进展，尔后目标是向前推进60公里，进入德军后方。右侧，第18集团军将会同近卫坦克第3集团军，对布鲁西洛夫以北地域遂行打击；第38集团军左侧、第40集团军辖内部队将攻往莫赫纳奇卡地域，从南面绕过科尔宁。

莫斯卡连科甚至就德军有可能作出的应对为麾下指挥员们提供指导。他指出德军的机动性非常强，这种机动性建立在小股装甲部队和配属的摩托化步兵基础上，他还提及德国人将小股坦克群部署在各个村庄的方式，这使德军在反冲击过程中更加灵活。对于德军的自行火炮及其机动性，以及敌步兵经常以小股战斗群的方式展开，莫斯卡连科也做出具体说明。他说，面对苏军的进攻，德国人很可能以小股坦克群和配备自动武器的步兵展开一系列反冲击，并以部署在防御纵深担任预备队的坦克和步兵遂行进攻。因此，苏军突击部队必须做好应对这种反冲击的准备，并确保粉碎德军转入进攻的一切企图。

具体说来，第38集团军的突击行动应遵循以下原则实施。遂行进攻的步兵第74和近卫步兵第17军应部署为两个梯队，第一梯队每个师以两个团展开冲击，第三个团留作预备队。第二梯队各部队将在第一梯队身后跟进，以战斗队形在第一梯队各部队占据的进攻出发线后方向前推进，可能的话，所有部队都应离开公路。各坦克歼击团和营应在作战地域内机动，不断占据高地，掩护前进中的部队，使其免遭遂行反冲击的敌军坦克突袭。车载冲锋枪手应组成战斗队形，跟随坦克前进，在不下车的情况下与敌坦克和自行火炮交战。反坦克力量应集中在两翼，应对敌装甲部队有可能从布鲁西洛夫、沃多特（Vodoty）、霍多尔科夫、索洛韦耶夫卡、科尔宁方向发起的反冲击。各师各军的机动车辆应设法确保各部队反坦克地雷的储备。反坦克歼击炮兵团和配备反坦克地雷的配属部队应为先遣部队提供支援。每个突击营都应配备障碍排除组，其中包括一两名狙击手和一些工程兵。应以所有可用火力掩护障碍排除组的行动。突击群应同障碍排除组密切配合，摧毁德军未被炮火压制的所有火力点。各部队应做好击退敌坦克力量实施反冲击的准备，必须保持包括地雷在内的各种可用反坦克手段。支队/排级步兵和坦克应做好配合、协同的准备，步兵部队应具备发出警报的手段，特别是曳光弹和信号弹。应沿计划中的进攻路线预先确立一套反坦克体系，反坦克力量应沿敌人最有可能发起反冲击的方向部署。遂行突击的部队应绕过敌人防御严密的村庄，无论敌人的抵抗力如何，从后方和侧翼实施突击始终是首选的进攻方式。若有必要加强步兵连的前线战斗力，人员应从50毫米迫击炮兵部队抽调。应进行细致的策划工作，这样，师级指挥员便可在12月20日前向团级指挥员下达指示，后者可于次日向他们的营长介绍情况，各营长于12月22日给连长们下达命令，进攻开始前两小时，相关指令下达给普通士兵。

为确保参与进攻的各集团军正确实施策划和准备工作，朱可夫下达命令，派外来审核人员检查相关进程。核查第38集团军准备工作的是瓦西里·戈卢博夫斯基中将率领的一群将领，戈卢博夫斯基1943年9月被任命为朱可夫的参谋人员。12月17日和18日，检查组在第38集团军司令部待了两天，给莫斯卡连科开出检查基本合格的证明。戈卢博夫斯基首先查看人员问题，他注意到12月1日至15日期间，第38集团军获得约1.8万名18岁到45岁的补充兵，大多是从近期解放的领土上动员而来。他还确认各个师所关心的兵力数，并在报告中指出，步兵第74军辖内各师，平均兵力为6900人，近卫步兵第17军辖内各师平均兵力为5000至6000人，位于次要方向上的步兵第21军，各师平均兵力为4500至5000人[11]。尽管后两个军的兵力相对较弱，但他报告，已采取的措施将使他们的实力达到可接受的程度。对炮兵部队的检查令人满意。冬装配发量约为60%，存在一个特殊问题是指挥员们的军靴。最令人担心的是集团军辖内部队缺乏机动车辆，戈卢博夫斯基在报告中提出，方面军应为此提供更多资源。

进攻发起时，第38集团军投入三个步兵军，步兵第21军居左，近卫步兵第17军居中，新近开到的步兵第74军居右。后者加入第38集团军，接替12月19日刚刚转隶友邻第18集团军的步兵第52军。每个军编有三个步兵师，集团军作战地域总宽度约为25公里。主要突击由步兵第74、近卫步兵第17军在右侧发起，在那里，每个军的突破地段仅为3.5公里宽。莫斯卡连科把大部分炮兵主力和其他支援武器集中在该地段，步兵第74军身后，每公里正面的火炮/迫击炮密度超过190门，近卫步兵第17军身后的火炮密度超过175门。另外，突击步兵还获得三个坦克团支援，分别是近卫坦克第7团、第9团和坦克第39团，而坦克第1集团军的坦克力量在后方等待先遣部队达成突破。集团军左翼，步兵第21军据守着约18公里宽的地段，仅获得每公里正面18门火炮/迫击炮支援。

步兵第74军到达后，近卫步兵第17军必须将其战线向左移动，以便为前者腾出进攻地段，同时在突击发起前缩窄自己的战线。这项工作在12月20日至23日进行，这就使德国人得到机会，他们不仅能发现苏军的调动，还可设法对其加以破坏。但苏联人认为，敌人并未发现他们的调动，主要因为相关工作都在夜间执行，而且还有严格的“马斯基罗夫卡”纪律①。

进攻准备期间，第38集团军遵照方面军司令部下达的指示实施战斗侦察。侦察行动与部队调动于12月21日15点同时进行。当日，部署在前线的所有师投入加强步兵连，沿次要地段实施战斗侦察。次日，侦察活动有所增强，不仅由加强营遂行，行动区域也涵盖次要和主要地段。主要突击发起前一天的12月23日，苏军再度遂行侦察。通过这场战斗侦察，苏军确认德国人仍扼守前沿防御阵地，但在战术纵深留有担任预备队的装甲力量。一旦苏军在这些初期行动中转入防御，德国人便会立即投入坦克和突击炮，在小股步兵加强下展开反冲击。莫斯卡连科据此得出结论，德国人缺乏必要的步兵力量来维持强大的前沿防御，因此他们依靠从纵深处发起的反冲击。这些侦察行动还使苏联人得以准确绘制德军前沿阵地，这样便能更有效地使用其炮兵力量。

与此同时，卡图科夫坦克第1集团军受领的任务是扩大莫斯卡连科第38集团军达成的突破[12]。待莫斯卡连科麾下部队取得突破，向纵深推进5至6公里后，卡图科夫集团军就将投入战斗，朝西南方攻击前进。行动次日日终前，坦克第1集团军应已渡过伊尔片河（Irpen'）并前出至霍多尔科夫与克里沃耶之间，这场推进约为30至40公里，同时，该集团军应做好继续攻往卡扎京的准备[13]。瓦图京还指示卡图科夫，他的先遣旅应准备为步兵师提供支援，以完成对德军主要防御地段的突破。行动第一天和第二天的目标是取得15公里纵深突

① 译注：马斯基罗夫卡指的是军事欺骗措施。

破。这个相对较轻的任务反映出苏军对德国人在该地段留有大批装甲力量的看法，德军第19和第25装甲师都部署在主要防御阵地上。为加强主要突击地段的集团军和军属炮兵之密度，坦克第1集团军的重型自行炮兵团将参加第38集团军突击地段的炮火准备。各级部队实施的战斗侦察涵盖计划中的进军路线和更广泛的地域，他们对德军部署在这些地方的防御和兵力也加以研究。卡图科夫的计划要求坦克第1集团军沿四条路线投入战斗。近卫坦克第11军将在右翼展开行动，近卫机械化第8军居左，近卫坦克第64旅、摩托车第81营、近卫迫击炮兵第79团担任集团军预备队，两个反坦克歼击炮兵团组成一支反坦克预备力量。每个军组成两个梯队，沿两条独立路线投入战斗。近卫坦克第11军第一梯队由近卫坦克第45、第44旅和配属的一些加强力量组成，而近卫机械化第8军第一梯队编有近卫机械化第21和第19旅。第一梯队的每个旅都获得一辆配有电台的特殊坦克，以便同第38集团军的炮兵更好地保持联系，从而使炮兵部队可以为坦克第1集团军的行动提供更紧密的支援。这些战车隶属各旅部，另外还配备了炮兵军官，这样一来，各旅长下达指示后，这些军官便会要求并纠正炮兵支援火力。两个反坦克歼击炮兵团用于掩护侧翼，防范德军装甲部队有可能实施的反扑，而集团军的整个行动获得强击航空兵第291、近卫歼击航空兵第8师支援。12月20日，卡图科夫奉命将部队调入位于格鲁兹科耶（Gruzkoe）—贝舍夫—莫特任（Motyzhin）地域和沿伊尔片河的进攻出发阵地，伊尔片河是第聂伯河的一条支流，位于基辅以西45公里处[14]。1943年12月23日—24日夜间，坦克第1集团军辖内部队进入前线后方约5公里的出发阵地，准备转入进攻。突击发起时，该集团军共计42300名官兵、546辆坦克/突击炮、585门火炮/迫击炮、31具火箭炮和3432辆汽车[15]。

参加日托米尔—别尔季切夫进攻战役的苏军部队隶属乌克兰第1方面军。该野战领率机关是根据最高统帅部大本营1943年10月16日下达的命令，10月20日由沃罗涅日方面军更改番号而来。而沃罗涅日方面军则是根据大本营1942年7月7日下达的指令，7月9日以布良斯克方面军辖内部队组建而成，以应对德军夏季攻势。因此，德军发起大规模进攻一个多星期后，新组建的沃罗涅日方面军司令部接管布良斯克方面军南翼部队。该方面军参加沃罗涅日—伏罗希洛夫格勒战役剩余几周的防御行动，尔后在当年剩下的大部分时间里遂行防御。1942年12月，方面军辖内部队参加苏军在斯大林格勒发起的反攻，1943年1月至3月，沃罗涅日方面军参加沃罗涅日—哈尔科夫进攻战役的一系列行动。这些行动中的第一场是奥斯特罗戈日斯克—罗索什进攻战役，1月13日至27日，沃罗涅日方面军同西南方面军编成内的第6集团军密切配合，成功实施这场战役。1月24日至2月2日，方面军辖内部队会同布良斯克方面军左翼力量遂行沃罗涅日—卡斯托尔诺耶进攻战役，1月15日解放沃罗涅日，并包围九个轴心国师。沃罗涅日方面军尔后同布良斯克、西南方面军辖内部队相配合，发起Zvezda行动[16]，这场大规模进攻战役的目的是收复哈尔科夫。进攻开始于1943年2月2日，一直持续到3月3日，此时，苏军已收复库尔斯克、别尔格罗德和哈尔科夫。3月初，德军展开反攻时，沃罗涅日方面军部署在苏梅和波尔塔瓦接近地。3月4日至25日，方面军竭力遏止德军的反攻，但无法阻止哈尔科夫和别尔格罗德得而复失。1943年7月，该方面军与草原方面军辖内部队在库尔斯克战役期间为成功防御德军南路突击做出贡献，8月3日，沃罗涅日方面军转入进攻。随之而来的别尔格罗德—哈尔科夫进攻战役期间（8月3日至23日），该方面军重创德军，1943年9月和10月，该方面军攻向第聂伯河。1943年10月20日，沃罗涅日方面军改称乌克兰第1方面军，参与的第一场大规模行动是基辅进攻战役，任务是冲出柳捷日登陆场，将德军驱离基辅。这场战役开始于1943年11月3日，一直持续到11月13日，方面军11月6日解放基辅，从第聂伯河向西推进约150公里。之后，德国第4装甲集团军力图加强“南方”集团军群左翼，并重新稳定其阵地，11月13日至12月22日，乌克兰第1方面军遂行基辅防御战役。

指挥乌克兰第1方面军的是尼古拉·瓦图京大将。自1943年3月以来，他一直担任该方面军司令员，但一年前的1942年7月—10月，他已担任过沃罗涅日方面军司令员。42岁的瓦图京是一名职业军人，1920年参加红军，经历过内战，1922年进入波尔塔瓦步兵学校，1929年在伏龙芝军事学院学习，1934年在该学院任教，1937年又进入总参军事学院学习。战争爆发前，瓦图京先后担任过师参谋长、军区副参谋长、基辅特别军区参谋长、总参作战部部长。德国入侵后，瓦图京被派往西北方面军任参谋长，直至1942年5月。当年5月至7月，他作为副总参谋长和最高统帅部大本营代表留在布良斯克方面军。1942年7月，瓦图京第一次获得战地指挥职务，奉命指挥新组建的沃罗涅日方面军，在这个职位上干到当年10月，随后调去指挥西南方面军。整个冬季战役期间，瓦图京一直担任西南方面军司令员，1943年3月，他重新出任沃罗涅日方面军司令员，当年余下的时间里，他一直指挥该方面军。因此，战争爆发以来，瓦图京以不同身份在多个方面军司令部工作过，对这一层级的行动深具经验。他还拥有18个月直接指挥部队的经历，曾率领辖内部队从事过一系列重大战役，不是进攻就是防御。

方面军右（北）翼，在科罗斯坚与马林之间扼守防线的是第13集团军[17]。德国入侵前，遵照总参谋部1941年4月24日的指令，该集团军1941年5月组建于西部特别军区。战争爆发时，第13集团军隶属西方面军，部署在明斯克地区。1941年6月底，该集团军以激烈的防御作战抗击德国第3装甲集群，守卫明斯克筑垒地域。第13集团军先被迫撤至别列济纳河，位于鲍里索夫周边及其南部地域，尔后退至第聂伯河，在那里据守奥尔沙以南的一条防线，位于科佩西与新贝霍夫之间。7月10日至9月10日，集团军参加斯摩棱斯克周边战斗，7月24日，集团军转隶中央方面军，8月15日又编入布良斯克方面军，其间在索日河、苏多斯季河、杰斯纳河从事防御作战。1941年9月30日至10月23日，第13集团军参加奥廖尔—布良斯克防御战役，11月初，该集团军在马斯洛沃与季姆之间扼守防线，掩护利夫内—叶列茨方向。1941年11月11日，集团军转隶西南方面军，在沃罗涅日以北遂行防御作战，到12月5日，集团军已撤至叶夫列莫夫东南、叶列茨以东、沃洛沃一线。苏军在莫斯科周围发起大规模反攻时，第13集团军于1941年12月6日至16日参加叶列茨进攻战役。12月24日，集团军转隶布良斯克方面军，向奥廖尔展开全面进攻，12月25日收复利夫内。当年年底，该集团军在奥廖尔东南力据守斯科罗德诺耶至科尔普内的防线，他们在此转入防御，一直坚守到1942年中期。1942年6月28日起，第13集团军参加沃罗涅日—伏罗希洛夫格勒防御战役，当德军冲向斯大林格勒，第4装甲集团军攻往沃罗涅日时，第13集团军在北部边缘遭到痛击，但战线很快稳定下来，因为德国人将他们的重点放在更南面。第13集团军在新防线据守至1943年1月，随后参加沃罗涅日—卡斯托尔诺耶进攻战役，从北面攻入德国B集团军群左翼。这只是一场短暂的战役，自1月24日持续至2月2日，到月底时，该集团军已向西伸出，从而形成所谓的库尔斯克突出部，并据守小阿尔汉格尔斯克至罗日杰斯特文斯科耶一线。接下来的几个月，该集团军一直扼守这条防线，1943年3月13日该集团军被编入中央方面军，其间实施积极防御，以改善其阵地。自1943年7月5日，集团军在中央方面军编成内参加库尔斯克战役，与第70集团军辖内部队协同粉碎德军在奥廖尔—库尔斯克方向向南达成突破的企图。7月12日，集团军转入进攻，参加奥廖尔进攻战役，逼退德军北翼，这场突击持续至8月18日。短暂停顿后，第13集团军加入切尔尼戈夫—普里皮亚季河进攻战役，这场战役从8月26日起，一直持续到9月30日。1943年10月6日，第13集团军编入沃罗涅日方面军，10月20日，沃罗涅日方面军更名为乌克兰第1方面军。第13集团军当月转入防御，随后参加11月3日至13日的基辅进攻战役，尔后在方面军右翼建立起相对静态的防御。1942年1月以来，尼古拉·普霍夫中将一直指挥第13集团军。这位48岁的职业军人在1916年第一次世界大战期间加入沙皇军队，在北方面军担任骑兵侦察队队长。1918年，普霍夫参加红军，内战期间他在南方面军、西方面军和卡累利阿方面军内同白卫军作战。后来他升为步兵旅参谋长，之后担任步兵师参谋长，1924年至1929年任步兵团团长。1930年，普霍夫在高级步校任教员，1932年7月改任工农红军装甲坦克部副处长。他继续从事这项专业，先在工农红军机械化和摩托化学院学习，之后从事教学工作。1936年7月，普霍夫出任哈尔科夫装甲坦克学校副校长，1938年3月起担任校长。1939年4月起，普霍夫在工农红军军事经济学院任教，1941年1月担任工农红军军需学院教务部部长。战争期间，普霍夫担任过步兵第304师师长，1942年1月至战争结束一直任第13集团军司令员。1943年2月14日，普霍夫晋升中将。因此，他是一名经验丰富的指挥员，在集团军司令员这一职务上经历过一系列重大进攻和防御战役，始终在同一个领率机关从事指挥工作。

位于第13集团军左侧的是第60集团军，其防线从乔波维奇附近延伸至拉多梅什利东北方。该集团军于1942年7月7日组建，由后备第3集团军更改番号而来，当时，后备第3集团军一直担任最高统帅部大本营预备队。1942年7月9日，第60集团军编入沃罗涅日方面军，以应对德军1942年的夏季攻势，并参加沃罗涅日—伏罗希洛夫格勒防御战役。该集团军在顿河左岸沃罗涅日以北地域遂行防御作战，直至1942年年底。1943年上半年，集团军参加在斯大林格勒战役后苏军发起的一系列反攻，这些反攻开始于1943年1月24日的沃罗涅日—卡斯托尔诺耶进攻战役。在此期间，第60集团军1月25日收复沃罗涅日，四天后解放卡斯托尔诺耶。战役结束后，第60集团军又参加1943年2月2日发起的哈尔科夫进攻战役。其间，沃罗涅日方面军向南攻往哈尔科夫，向北冲向库尔斯克，该集团军构成方面军右翼，2月8日解放库尔斯克，尔后向西疾进，3月3日夺取利戈夫。1943年3月初，集团军攻向谢伊姆河，并部署在雷利斯克周边地域。1943年3月23日，集团军被编入新组建的库尔斯克方面军，但该方面军的存在非常短暂，三天后，第60集团军转隶中央方面军。之后，该集团军一直遂行防御任务，直至德军1943年7月对库尔斯克发起进攻。第60集团军投入库尔斯克战役，之后参加冲向第聂伯河，解放左岸乌克兰的战役。在此期间，该集团军8月30日攻克格卢霍夫，9月6日夺取科诺托普，9月9日协同第13集团军夺取巴赫马奇，9月15日解放涅任。9月下半月，集团军前出至基辅以北的第聂伯河东岸，从行进间强渡该河，并在斯特拉霍列西耶、亚斯诺戈罗德卡、德梅尔以东地域建立起登陆场。10月6日，集团军转隶沃罗涅日方面军，参加11月3日发起的基辅进攻战役，该集团军向西推进，11月12日解放马林，五天后夺得科罗斯坚。但此时，德国第4装甲集团军已展开一连串反击，第60集团军被迫退却，11月27日苏军丢失科罗斯坚。截至12月23日，第60集团军仍在竭力击退德国第48装甲军在科罗斯坚以东遂行的进攻。自1942年7月组建以来，该集团军便由伊万·切尔尼亚霍夫斯基中将指挥。37岁的切尔尼亚霍夫斯基是红军最年轻的集团军司令员之一，他最初想和他父亲一样在铁路上干活，但他1924年参加红军，在敖德萨步兵学校学习至1925年10月。1928年，他在基辅炮兵学校学习，当年被任命为排长。接下来几年，他先后担任过包括步兵团测绘队队长、炮兵连副连长在内的各种职务。1936年，切尔尼亚霍夫斯基毕业于工农红军机械化和摩托化学院，之后任坦克营参谋长、营长。1938年5月至1940年7月，他先后担任坦克团团长和坦克师副师长，1941年3月，年仅35岁的切尔尼亚霍夫斯基在波罗的海沿岸特别军区任坦克第28师师长，直至战争爆发。苏德战争第一年，他一直率领该师，即便该师1941年12月改为步兵第241师后亦是如此。

1942年5月5日，切尔尼亚霍夫斯基晋升少将。1942年7月，他短暂指挥新组建的坦克第18军，但很快改任新组建的第60集团军司令员，1943年2月14日，他在这个职务上晋升为中将。

再往南是近卫第1集团军，扼守的阵地从拉多梅什利东北方起，经捷捷列夫至拉多梅什利东南方不远处的涅格列博夫卡。该集团军遵照最高统帅部大本营1942年12月5日的指令，在1942年12月8日由西南方面军战役集群的部队组建而成，领率机关由后备第4集团军领率机关转建。集团军的首次作战行动是在西南方面军①编成内参加苏军在斯大林格勒周围发起的反攻。1943年1月和2月，集团军参加顿巴斯地区的进攻行动，1943年7月17日至27日，集团军参加伊久姆—巴尔文科沃进攻战役，8月至9月参加解放左岸乌克兰的几次战役。1943年10月，集团军将辖内部队移交第46集团军，领率机关转隶乌克兰第3方面军，10月20日生效。但没过多久，10月26日，集团军领率机关调离现役野战集团军，在基辅以东科诺托普地域加入最高统帅部大本营预备队。1943年11月12日，该领率机关调离预备队，率领步兵第74、第94、第107军加强乌克兰第1方面军。集团军赶到时，刚好参加基辅防御战役，此时，德国“南方”集团军群正试图在其左翼构设新防御阵地。近卫第1集团军自组建伊始一直由瓦西里·库兹涅佐夫上将指挥，由于斯大林对乌克兰第1方面军应对德军近期反击的表现很不满意，1943年12月14日，近卫第1集团军的指挥权被交给安德烈·格列奇科上将[18]。40岁的格列奇科是一名骑兵指挥员，早在1919年便参加红军。内战期间，他在骑兵第11师服役，1926年进入骑兵学校学习，毕业后在莫斯科军区独立骑兵第1旅任排长、连长。他1936年毕业于伏龙芝军事学院，1938年10月任白俄罗斯特别军区特别骑兵师参谋长。格列奇科次年参加对波兰东部的进攻行动，1941年上半年，他从总参军事学院毕业。苏德战争爆发时，格列奇科在总参谋部工作，但他迅速提出担任战地指挥员的请求。因此，格列奇科1941年7月被调至西南方面军，任独立骑兵第34师师长，他在这个职务上干到1942年1月，先后在第26、第38、第6集团军编成内参加乌克兰地区的战斗

①译注：沃罗涅日方面军。

后撤。1942年1月18日，格列奇科出任骑兵第5军军长，在哈尔科夫以南参加巴尔文科沃—洛佐瓦亚进攻战役，3月12日改任战役军队集群司令员，在南方面军编成内参加顿巴斯地区的防御作战。一个月后的4月15日，格列奇科出任第12集团军司令员，承担起伏罗希洛夫格勒方向的防御任务，当年夏季，他率领该集团军退入高加索山区。1942年9月，格列奇科改任第47集团军司令员，率领部队阻止德军沿黑海海岸推进，导致对方未能占领新罗西斯克港。10月19日，他的职务再次发生变动，这次是担任第18集团军司令员，该集团军随后成功实施图阿普谢防御战役，使德军未能越过高加索山脉到达黑海海岸。1943年1月5日，格列奇科改任外高加索方面军黑海军队集群第56集团军司令员，不久后，苏军转入进攻，2月9日发起克拉斯诺达尔进攻战役。该集团军在北高加索方面军编成内参加战斗，直至3月16日战役结束。整个1943年夏季，格列奇科一直率领该集团军，当年9月参加新罗西斯克—塔曼进攻战役，10月16日，格列奇科出任沃罗涅日方面军副司令员，参加基辅攻防战役，1943年12月15日调任近卫第1集团军司令员。

位于近卫第1集团军左侧的是第18集团军。该集团军于1941年6月由哈尔科夫军区领率机关和基辅特别军区辖内部队组建而成。刚刚组建完毕，该集团军立即投入行动，6月25日调离统帅部大本营预备队并编入南方面军，部署在切尔诺夫策以西地域。1941年6月至8月，面对德军的猛攻，该集团军且战且退，从普鲁特河退过乌克兰西部，8月底，集团军已撤至梅利托波尔西北地域的第聂伯河东岸。接下来的几个月，第18集团军继续退过乌克兰南部，之后从右翼参加苏军在罗斯托夫周围展开的反攻。这场战役于1941年11月17日开始，12月2日宣告结束，苏军沿米乌斯河设立起新阵地。1942年的整个春季，集团军一直处于静态防御状态，之后，德军发动夏季攻势，穿过顿巴斯进入库班。第18集团军退至高加索山麓，于1942年7月29日编入北高加索方面军。作为方面军辖下滨海军队集群的组成部分，该集团军8月6日至17日参加阿尔马维尔—迈科普防御战役，撤过高加索山脉退往黑海岸边的图阿普谢。9月4日，集团军编入外高加索方面军黑海军队集群，1942年9月25日至12月20日参加图阿普谢防御战役。斯大林格勒战役后，德军撤入库班登陆场，第18集团军再度向前，1943年2月初，集团军部署在克拉斯诺达尔对面，2月9日起，集团军参加克拉斯诺达尔进攻战役，2月12日协助解放该镇。战役持续至3月16日，但第18集团军领率机关没有继续参与行动。1943年2月11日，北高加索方面军司令员下达命令，将第18集团军领率机关调往图阿普谢，改编为第18登陆集团军，于2月15日生效。该集团军随后接管位于黑海海岸的方面军南翼，1943年4月6日，第18登陆集团军再度改为第18集团军。1943年整个夏季，战线相对稳定，但从9月9日起，该集团军参加塔曼进攻战役，将德军逐入克里木。战役开始时，苏军对德国人设在黑海海岸新罗西斯克周围的阵地发起突击登陆，9月16日解放该镇，这使该集团军得以沿海岸而上。这场战役于10月9日结束，但第18集团军已于6天前解放塔曼。当月月底，集团军参加苏军强渡刻赤海峡的行动，这是刻赤—埃利季根登陆战役的组成部分，这场战役开始于1943年10月31日，持续到12月11日。第18集团军辖内部队于11月1日在刻赤以南的埃利季根地域登陆，设法夺得一座登陆场并坚守40天，但最终被迫放弃。这场大规模战役进行期间，第18集团军撤离前线，1943年11月20日转入最高统帅部大本营预备队，之后调往基辅地区，11月30日编入乌克兰第1方面军，这是为即将发起的日托米尔—别尔季切夫战役实施的兵力集结。进攻开始前，第18集团军在近卫第1集团军与南面第38集团军之间占据阵地，防区位于涅格列博夫卡与布鲁西洛夫东北方之间。指挥第18集团军的是自1943年3月担任司令员的康斯坦丁·列谢利泽上将。40岁的列谢利泽1921年参加红军，1922年毕业于格鲁吉亚联合军事学校，1925年间在第比利斯炮兵学校学习，1929年毕业于炮兵指挥人员进修班。他从1922年起在外高加索担任各种职务，历任排长、炮兵连副连长和连长，之后又担任营长和连长，1938年6月任步兵师炮兵主任，1939年参加针对波兰东部的战役。1941年2月，列谢利泽在白俄罗斯特别军区任步兵第2军炮兵主任，并在这个职位上待到战争爆发。他后来调任第50集团军炮兵主任，参加莫斯科会战，并在图拉防御战中指挥炮兵。1942年6月，列谢利泽出任外高加索方面军步兵第3军军长，在第46集团军编成内参加高加索保卫战。两个月后，他晋升为第46集团军司令员，直至1943年1月，集团军辖内部队从事激烈的防御作战，力图阻止德军进入高加索山区中段。1943年1月至3月，他负责指挥友邻第47集团军，率领部队在新罗西斯克实施一连串进攻行动。1943年3月，列谢利泽改任第18集团军司令员，在当年剩下的时间里一直指挥该部，直至集团军因为即将发起的日托米尔—别尔季切夫进攻战役而被调去加强乌克兰第1方面军。

在第18集团军身后担任第二梯队的是近卫坦克第3集团军。该集团军于1943年5月14日在最高统帅部大本营预备队内组建，7月中旬集结于奥廖尔以东约70公里的诺沃西利地域。德军在库尔斯克周围实施的夏季攻势失败后，苏军于1943年7月12日转入进攻，两天后，该集团军调离预备队，编入布良斯克方面军参加奥廖尔进攻战役。战役期间，集团军于7月27日转隶中央方面军，但在战役结束前，该集团军在8月15日撤出前线，重新加入最高统帅部大本营预备队。约一个月后的9月10日，集团军编入沃罗涅日方面军，开赴第聂伯河。集团军辖内部队率先到达基辅以南的第聂伯河河段，1943年9月22日在大布克林附近强渡该河。苏军逼近第聂伯河时，乌克兰第1方面军开始策划基辅进攻战役，准备期间，近卫坦克第3集团军于10月26日北调，从大布克林地域开赴基辅以北的柳捷日登陆场。战役开始于11月3日，近卫坦克第3集团军协同第38集团军辖内部队于11月6日解放基辅，次日收复法斯托夫。在11月下半月和12月的大部分时间里，近卫坦克第3集团军以顽强的防御作战抗击德国第4装甲集团军从法斯托夫西南方发起的反攻。12月下旬，近卫坦克第3集团军撤离前线，调入乌克兰第1方面军预备队。从1943年5月组建伊始，指挥该集团军的便是帕维尔·雷巴尔科坦克兵上将①。49岁的雷巴尔科1915年加入沙皇军队成为一名列兵，就此开始他的职业军人生涯。第一次世界大战期间，他在西方面军服役，1917年十月革命爆发后加入赤卫队，在1918年德国军队占领乌克兰期间，他成为一支游击队的副司令员。雷巴尔科于1919年加入红军并参加内战，在骑兵第1集团军先后担任团政委和旅政委，在南方战线从事战斗。他还参加过1920年的苏波战争，之后在各种指挥员培训班学习。1934年毕业于伏龙芝军事学院后，他担任过骑兵连连长、团长、旅长等职务，最后出任山地骑兵师副师长②。1934年至1936年间，雷巴尔科在中国担任军事顾问。1937年至1940年，他先后任驻波兰和驻中国武官，之后从事教学工作。1940年6月4日，雷巴

① 译注：1943年12月30日晋升上将。

② 译注：雷巴尔科从伏龙芝军事学院毕业后任骑兵师副师长，连长、团长、旅长等职务是他进入军事学院之前的事。

尔科晋升坦克兵少将。1941年6月战争爆发时，他在伏龙芝军事学院任教，并未获得战地指挥职务，直到1942年5月才出任坦克第3集团军副司令员，1942年6月至9月先后担任坦克第5集团军副司令员和司令员。1942年9月，雷巴尔科重返坦克第3集团军任司令员，1943年1月18日晋升为坦克兵中将。1943年5月，雷巴尔科接掌新组建的近卫坦克第3集团军。因此，从近卫坦克第3集团军组建以来，雷巴尔科一直指挥该集团军，尽管在战争第一年他并未从事战地指挥工作，但他却是一位经验丰富的集团军级指挥员。

第18集团军南面的是第38集团军，据守的防线从布鲁西洛夫东北方延伸至伊尔片河畔的苏先卡。该集团军于1942年8月3日在布良斯克方面军编成内，以后备第4集团军和奇比索夫中将指挥的战役集群为基础组建而成。集团军部署于沃罗涅日地域，在当年余下时间里参加防御和进攻作战，1942年9月2日转隶沃罗涅日方面军。苏军在斯大林格勒周围发起大规模反攻后，1943年1月24日至2月2日，该集团军参加沃罗涅日—卡斯托尔诺耶战役，加入其中的还包括另一些即将参加日托米尔—别尔季切夫进攻战役的集团军。该战役结束后，第38集团军参加苏军于2月2日起向哈尔科夫和库尔斯克发起的大规模进攻行动。在这场进攻战役中，集团军渡过季姆河，并于2月5日夺得季姆镇，之后继续向西，于2月18日解放奥博扬。1943年3月3日战役结束时，该集团军已前出至普肖尔河畔苏梅东北地域。接下来的三周，德军发动反攻，重新夺回哈尔科夫和别尔格罗德，第38集团军遂行防御作战，围绕库尔斯克形成一个巨大的突出部。3月25日战役结束时，该集团军建立起科列涅沃（雷利斯克东南方约25公里）至维亚佐沃耶（苏梅东南方约26公里）的防线，并在此据守直至德军1943年7月发动库尔斯克攻势。哈尔科夫防御战役结束前的3月23日，第38集团军编入库尔斯克方面军，但三天后转隶沃罗涅日方面军。集团军并未直接参与库尔斯克会战的主要战斗，但为第40、第69集团军提供支援和援兵，抗击攻往奥博扬和普罗霍罗夫卡方向的南路德军。苏军转入反攻后，第38集团军将其右翼扩展至苏梅以南地域，使沃罗涅日方面军和中央方面军得以可靠连接。1943年9月，苏军攻向第聂伯河，第38集团军参加肃清左岸乌克兰的战役，于9月2日解放苏梅，9月16日收复罗姆内，9月18日攻克普里卢基。集团军于9月27日到达第聂伯河，并在基辅以北强渡该河，在柳捷日—新彼得罗夫斯克地域夺得一座登陆场，整个10月一直据守于此。自1943年11月3日，集团军参加苏军发起的基辅进攻战役，与近卫坦克第3集团军共同担任主要突击力量，于11月6日解放基辅，11月12日收复日托米尔，次日，这场进攻战役宣告结束。之后，面对德国第4装甲集团军的沉重压力，第38集团军退至布鲁西洛夫两侧阵地。目前指挥该集团军的是基里尔·莫斯卡连科炮兵少将①，1943年10月，他接替尼坎德尔·奇比索夫中将担任第38集团军司令员。41岁的莫斯卡连科1920年加入红军，参加过内战。他担任过各种炮兵指挥员职务，于1934年任炮兵团长，1935年6月任远东机械化第23旅炮兵主任，1936年9月任基辅军区机械化第133旅炮兵主任。他1939年毕业于捷尔任斯基军事学院高级指挥人员进修系，之后担任步兵第51师炮兵主任，其间参加1939—1940年的苏芬战争。莫斯卡连科随后在敖德萨军区任步兵第35军炮兵主任，1940年8月至1941年5月，任该军区机械化第2军炮兵主任。1941年5月起，莫斯卡连科出任摩托化反坦克炮兵第1旅旅长，直至战争爆发。1941年9月，他升任步兵第15军军长，在西南方面军第5集团军编成内作战，后又指挥该方面军第13集团军编成内的一个骑兵—机械化军队集群，到1941年年底，他已成为第6集团军副司令员，1942年2月12日任骑兵第6军军长。1942年3月，莫斯卡连科出任第38集团军司令员，这是他首次全面指挥一个集团军。1942年7—8月，他短暂指挥坦克第1集团军，后调任近卫第1集团军司令员，但在这个岗位上只干了三个月，1942年10月，他改任第40集团军司令员，一年后的1943年10月，莫斯卡连科再度出任第38集团军司令员。因此，作为一名集团军司令员，莫斯卡连科经历过1942年南部战线的防御作战，包括哈尔科夫、顿河、斯大林格勒战役，之后率领部队参加一系列进攻行动，包括奥斯特罗戈日斯克—罗索什、沃罗涅日—卡斯托尔诺耶、别尔格罗德—哈尔科夫战役。从1943年夏季起，他率领第40集团军参加库尔斯克会战，尔后率部冲向并强渡第聂伯河。

位于第38集团军身后第二梯队的是坦克第1集团军。该集团军根据最高统帅部大本营1943年1月30日的指令组建于1943年2月7日。集团军野战领率机关

---

① 译注：莫斯卡连科此时已晋升为上将。

是最高统帅部大本营后备第29集团军领率机关更名而来。2月15日，这个新组建的集团军调离预备队，编入霍津将军指挥的军队集群，参加消灭杰米扬斯克包围圈的作战行动。集团军一直留在该地域，1943年3月12日才调回最高统帅部大本营预备队。1943年4月28日，集团军编入沃罗涅日方面军，加入苏军在库尔斯克突出部南侧的防御准备，德军发动进攻时，该集团军留在方面军预备队。坦克第1集团军于7月6日投入战斗，在前线待到8月23日战役结束。9月10日，随着苏军攻向第聂伯河，该集团军撤离前线转入最高统帅部大本营预备队。在大本营预备队待了约两个月后，1943年11月30日，基辅防御战役期间，该集团军编入乌克兰第1方面军。指挥该集团军的是米哈伊尔·卡图科夫坦克兵中将，这位43岁的坦克专家于1943年1月出任该集团军司令员。卡图科夫参加过圣彼得堡的十月革命，于1919年加入红军，内战期间在南方面军服役。他1922年毕业于莫吉廖夫步兵训练班，1927年毕业于高级步兵学校，1935年毕业于工农红军机械化和摩托化学院指挥人员进修班。1922—1940年间，他先后担任排长、连长、团属学校校长、教导营营长，后晋升为旅参谋长、坦克旅旅长。1940年11月，卡图科夫出任坦克第20师师长，战争爆发前，他作为一名上校一直率领机械化第9军辖内这个师。卫国战争开始后，他指挥该师参加南部战线的初步防御战役，他在第5集团军编成内经历了卢茨克、杜布诺、科罗斯坚诸地的战斗。1941年9月，他调任新组建的坦克第4旅旅长，率领该旅参加沃洛科拉姆斯克公路上的战斗，这是莫斯科保卫战的组成部分。之后，该旅获得近卫军称号，1941年11月11日改称近卫坦克第1旅。1942年，卡图科夫出任坦克第1军军长，率领该军参加当年夏季库尔斯克—沃罗涅日方向的防御战役，1942年9月卡图科夫改任新组建的机械化第3军军长，当年最后几个月他率领该军在第22集团军编成内参加“火星”行动，但苏军试图消灭勒热夫—瑟乔夫卡突出部的行动未获成功。1943年1月，卡图科夫出任新组建的坦克第1集团军司令员，并在当年一直率领该集团军，从事成功的防御和进攻作战，1943年11月底该集团军编入乌克兰第1方面军。1943年11月23日，卡图科夫晋升坦克兵上将。

部署在第38集团军左侧的是第40集团军，其防线是伊尔片河至瓦西利科夫（Vasil'kov）以南。遵照最高统帅部大本营1941年8月26日下达的指令，西南方面军当日以先前隶属第5集团军的步兵第27军为基础，在科诺托普以北和西北地域组建该集团军。第40集团军立即投入战斗，在接下来的几个月从事激烈的防御战斗，到1941年12月初，集团军已退至库尔斯克以东季姆河一线。1941年12月底至1942年2月，集团军参加向库尔斯克和别尔格罗德发起的两次局部进攻。1942年4月3日，集团军编入布良斯克方面军，在德军夏季攻势期间，6月28日至7月24日，集团军在沃罗涅日—伏罗希洛夫格勒防御战役右翼从事战斗。战役进行期间，集团军7月9日转隶新组建的沃罗涅日方面军，月底时，该集团军已退至沃罗涅日以南的顿河一线后方。第40集团军扼守这条防线至年底，1943年1月13日至27日，集团军参加奥斯特罗戈日斯克—罗索什进攻战役，1月18日同坦克第3集团军坦克第15军会合，完成对匈牙利第2集团军和意大利第8集团军辖内部队的合围，1月20日解放奥斯特罗戈日斯克，尔后协同独立步兵第18军及坦克第3集团军辖内部队全歼被围之敌。完成这项任务后，1943年1月24日至2月2日，集团军作为南翼部队参加沃罗涅日—卡斯托尔诺耶战役。战役结束后，该集团军迅速投入收复哈尔科夫的大规模进攻战役（2月2日发起），先后解放旧奥斯科尔、别尔格罗德、哈尔科夫、阿赫特尔卡、加佳奇，四周内向前推进约200公里。德军随后发动反攻，第40集团军在整个三月份从事防御战争，快到月底时，战线稳定下来。集团军在库尔斯克会战中从事激烈的防御作战，随后参加苏军的反攻，一路冲向第聂伯河并收复左岸乌克兰。1943年9月24日，集团军辖内部队在基辅以南的斯泰基和勒日谢夫地域强渡第聂伯河，夺取登陆场，并为坚守登陆场进行顽强战斗。当年10月，集团军在布克林登陆场从事防御作战，11月3日至13日在南翼参加基辅进攻战役。指挥该集团军的是菲利普·日马琴科中将，1943年10月他刚刚出任集团军司令员。48岁的日马琴科原先在铁路上工作，第一次世界大战期间应征入伍，1917年11月加入赤卫队，1918年参加红军。他经历过内战，1922年毕业于哈尔科夫政治委员训练班，1923年和1926年分别毕业于高级战术步校和高级步校。此后，他先后任副团长、团长、团政委，1937年任步兵第92师师长，后任哈尔科夫军区某部部长，1941年3月任步兵第67军军长。苏德战争爆发时，日马琴科仍是该军军长，不久后的7月2日，该军调离统帅部预备队，编入第21集团军，在中央方面军麾下参加罗加乔夫、日洛宾、戈梅利附近的防御战，1941年10

月1日该军撤编。10月13日，日马琴科出任哈尔科夫驻军副司令员，11月改任布良斯克方面军右翼军队集群司令员。1942年2月至5月，他任第3集团军司令员，辖内部队沿奥廖尔以东的祖沙河建立起稳定的防御阵地。1943年9月，日马琴科调至沃罗涅日方面军指挥第47集团军，但两个月后改任第40集团军司令员。苏军发起进攻时，他指挥该集团军仅仅两个月。

部署在乌克兰第1方面军左翼的是第27集团军，其阵地从瓦西利科夫以南至第聂伯河。该集团军根据最高统帅部大本营1942年5月22日下达的指令，由西北方面军第11集团军辖内部队组建于1942年6月1日，在1943年1月之前，该集团军一直在旧鲁萨以东的洛瓦季河一线从事防御任务。1943年2月，集团军参加杰米扬斯克进攻战役，这场攻势从2月15日持续至28日。1943年4月9日，集团军撤离前线返回最高统帅部大本营预备队，4月20日又调至格扎茨克地域，但仍担任预备队。5月5日，作为库尔斯克战役前的防御准备，集团军编入草原军区，在该军区1943年7月9日更名为草原方面军后，第27集团军在其辖内展开积极行动。苏军7月12日发起反攻，大本营7月19日投入草原方面军予以加强，第27集团军次日转隶沃罗涅日方面军，参加进攻别尔格罗德和哈尔科夫的行动。到7月23日，苏军已迫使德国人退回出发阵地，尔后苏军向第聂伯河进军。到1943年9月底，第27集团军已前出至卡涅夫地域，并渡过第聂伯河占领西岸，随后着手扩大布克林登陆场。1943年11月3日至13日的基辅进攻战役期间，集团军在南翼发挥次要作用，协助牵制德军，使其无法加强抗击苏军主要突击的防御力量。指挥该集团军的是1943年1月任司令员的谢尔盖·特罗菲缅科上将①。44岁的特罗菲缅科也是一名职业军人，他于1919年参加红军，经历过内战，先后在南方面军、西方面军和西南方面军服役，从列兵升为排长。1924年，特罗菲缅科在乌克兰军区的步兵第132团任政委，1926年在步兵第133团任营长，先后参加过多个培训班，1932年毕业于伏龙芝军事学院，当年5月任步兵第61师参谋长。1935年12月，特罗菲缅科任伏尔加河沿岸军区作战部部长，后任基辅军区作战部部长。他1937年毕业于总参军事学院，1938年7月在该军

① 译注：特罗菲缅科1944年9月13日才晋升为上将。

区任日托米尔集团军级集群参谋长。1939年9月，他出任第5集团军司令员①，当月晚些时候参加入侵波兰东部的行动。他随后任第7集团军副参谋长，参加1939年—1940年的苏芬战争。1940年8月，他再度调职，任北高加索军区参谋长，次年1月改任中亚军区司令员。1941年8月29日，特罗菲缅科任第51集团军司令员②，率领新组建的该集团军守卫克里木，在这个职位上干到10月30日。1941年12月，他调任卡累利阿方面军第7集团军梅德韦日耶戈尔斯克战役军队集群司令员，1942年3月任该方面军第32集团军司令员，该集团军由梅德韦日耶戈尔斯克、马谢利斯卡亚战役集群组建。1942年6月，他调任独立第7集团军司令员，该集团军当时在奥涅加湖与拉多加湖之间沿斯维里河遂行防御。他在这个职位待到1943年1月，后调任西方面军第27集团军司令员，直至日托米尔—别尔季切夫进攻战役发起。

★★★

以上就是负责实施日托米尔—别尔季切夫进攻战役的部队和指挥员，进攻发起时，乌克兰第1方面军共投入63个步兵师（包括一个空降步兵师）、3个骑兵师、2个筑垒地域、1个步兵旅（捷克斯洛伐克）、6个坦克和2个机械化军，外加5个独立坦克旅。方面军共计83.1万名步兵、11387门火炮和迫击炮（不包括50毫米迫击炮）、1230门高射炮、297具火箭炮、738辆坦克、387辆自行火炮和529架飞机[19]。在缺乏相反信息的情况下，只能假定这个数字代表的是该方面军的总兵力，而前线实际作战兵力相对较少些。1943年11月3日发起基辅进攻战役以来，乌克兰第1方面军已获得显著加强。战役开始时，方面军共投入67.1万人[20]，这意味着他们在补充兵和额外部队方面至少获得16万人，也许多达25.33万人。但从图表1可以看出，大多数援兵12月初已就位，他们要么是抗击德国人以夺回基辅的预防措施，要么是为实施日托米尔—别尔季切夫战役集结兵力。对于当面之敌，苏军情报部门已判明，部署在该地域的德军是第4装甲

① 译注：参谋长。
② 译注：第53集团军。

集团军辖下的30个步兵师，共计57.4万人、6960门火炮和迫击炮（不包括51毫米迫击炮）、1200辆坦克和突击炮。他们认为，德军在该地域可投入第4航空队第8航空军的500架战机，还可从第4航空军抽调更多战机。因此，从总体上看，苏联人认为自己在兵力方面占有优势，而双方的坦克和自行火炮数量旗鼓相当。但与之相反，德国第4装甲集团军司令部的记录表明，他们在前线仅部署19个师，其中包括7个装甲师，担任预备队的只有1个步兵师和1个炮兵师，另一个装甲掷弹兵师正在后方整顿。德军总兵力据称为35.9万人，其中许多人并不属于前线作战部队[21]。实际上，正如读者将在下一章看见的那样，德军的兵力表明第4装甲集团军仅在前线部署5万名战斗兵。至于装甲力量，第4装甲集团军的报告称，苏军发起进攻前他们只有936辆战车，其中可投入使用的仅为432辆[22]。

图表1：乌克兰第1方面军所投入兵团/部队的数量比较（单位：个）

兵团/部队	1943年11月1日	1943年12月1日	1944年1月1日
集团军司令部	5	7	7
坦克集团军司令部	1	2	2
步兵军军部	13	18	20
步兵师	42	60	62
空降师	3	3	1
步兵旅	1	1	1
骑兵军	1	1	1
骑兵师	3	3	3
筑垒地域	—	1	2
炮兵军	1	1	1
突破炮兵师	2	2	3
炮兵师	1	1	1
独立炮兵旅	3	3	3
独立炮兵团	10	12	12
反坦克歼击炮兵旅	6	8	8

续表

兵团/部队	1943年11月1日	1943年12月1日	1944年1月1日
独立反坦克歼击炮兵团	27	34	39
独立迫击炮兵旅	1	1	1
独立迫击炮兵团	12	15	15
近卫迫击炮兵师	1	1	1
独立近卫迫击炮兵旅	—	—	2
近卫迫击炮兵团	11	14	13
高射炮兵师	7	6	7
高射炮兵团	10	11	12
独立高射炮兵营	2	2	2
坦克军	5	5	6
机械化军	1	2	2
独立坦克旅	4	5	5
独立坦克团	3	6	6
自行炮兵团	4	7	9
摩托车团	1	1	1
独立装甲车营	—	—	1
独立摩托车营	—	—	1
独立装甲列车	4	4	4
工程兵旅	6	7	7
舟桥旅	2	2	2
工程兵营	11	15	16
舟桥营	6	6	6

注释

1.A.M.华西列夫斯基，《毕生的事业》（莫斯科：进步出版社，1981年），第307页。

2.A.N.格雷列夫，Dnepr-Karpaty-Krym: Osvobozhdenie Pravoberezhoi Ukrainy i Kryma v 1944 gody（第聂伯河—喀尔巴阡山—克里木：1944年解放右岸乌克兰和克里木）（莫斯科：科学出版社，1970年），第38页。

3.具体为近卫第1、第13、第18、第27、第38、第40、第60集团军、近卫坦克第3、坦克第1集团军、空军第2集团军、第54和第159筑垒地域。

4.苏联国防部档案，F. 148a. Op. 3763. D. 74. L.111.，引自Russkii Arkhiv: Velikaya Otechestvennaya. Stavka BGK: Documenty i Materialy 1943.（俄罗斯档案：伟大卫国战争——最高统帅部大本营：1943年的文献资料），第16期（5-3）（莫斯科：特拉出版社），第241页。

5. A.N.格雷列夫，《第聂伯河—喀尔巴阡山—克里木：1944年解放右岸乌克兰和克里木》，第39页。

6.苏军情报部门准确判断出据守在此处的德军为第8、第19、第25装甲师和党卫队“帝国”装甲战斗群。

7.A.N.格雷列夫，《第聂伯河—喀尔巴阡山—克里木：1944年解放右岸乌克兰和克里木》，第41页。

8.苏联国防部档案，F. 148a. Op. 3763. D. 143. L. 304.，引自《俄罗斯档案：伟大卫国战争——最高统帅部大本营：1943年的文献资料》，第16期（5-3），第246页。

9.A.Kh.巴巴贾尼扬、N.K.波佩利、M.A.沙林、I.M.克拉夫琴科，Liuki Otkryli v Berline: Boevoi Put' 1-i Gvardeiskoi Tankovoi Armii（在柏林打开舱盖：近卫坦克第1集团军的征途）（莫斯科：军事出版社，1973年）。

10. K.S.莫斯卡连科，Na Yugo-Zapanom Napravlenii, 1934-1945. Vospominaniya Komandarma. Kniga II（在西南方向上，一名指挥员的回忆，第二册）（莫斯科：科学出版社，1973年），第207页。

11.一个步兵师的满编兵力应超过9600人。

12.A.Kh.巴巴贾尼扬、N.K.波佩利、M.A.沙林、I.M.克拉夫琴科，《在柏林打开舱盖：近卫坦克第1集团军的征途》。

13.苏联国防部档案，F. 299, Op. 37805, D. 1, Ll, 2.，引自A.Kh.巴巴贾尼扬、N.K.波佩利、M.A.沙林、I.M.克拉夫琴科的《在柏林打开舱盖：近卫坦克第1集团军的征途》。

14.M.E.卡图科夫，Na ostrie glavnovo udara（主要突击的矛头）（莫斯科：军事出版社，1974年），第273页。

15.苏联国防部档案，F. 299, Op. 76784, D. 1, Ll. 76-78.，引自A.Kh.巴巴贾尼扬、N.K.波佩利、M.A.沙林、I.M.克拉夫琴科的《在柏林打开舱盖：近卫坦克第1集团军的征途》。

16.Zvezda的意思是“星”。

17.以下大部分内容引自两份主要资料来源。关于各集团军的资料及其战史引自Velikaya Otechestennaya Voina 1941-1945: Deistvuyushchaya armiya（伟大卫国战争，1941年-1945年：野战集团军）（莫斯科：勇气出版社，2005年）。关于集团军司令员的资料来自Velikaya Otechestvennaya.Komandarmy. Voennyi Biograficheskii Slovar'（伟大卫国战争中的集团军司令员，军事人物志）（莫斯科：茹霍夫斯基出版社，2005年）。

18.库兹涅佐夫之所以被解职，主要因为德军发起反击期间，近卫第1集团军辖内部队放弃自11月11日以来在捷捷列夫河对岸占据的拉多梅什利登陆场。

19. A.N.格雷列夫，《第聂伯河—喀尔巴阡山—克里木：1944年解放右岸乌克兰和克里木》，第23页。但更新的一份资料指出，该方面军的总兵力为924300人——G.F.克里沃舍夫（主编），Rossiia i SSSR v voinakh XX veka: Poteri vooruzhennykh sil, Statistichqskoe issledovanie（二十世纪战争中的苏联和苏联：武装部队的损失，调查统计）（莫斯科：奥尔玛出版社，2001年）。

20. G.F.克里沃舍夫（主编），《二十世纪战争中的苏联和苏联：武装部队的损失，调查统计》。

21. PzAOK 4, O.Qu./Qu.1 Nr.53/44 geh（第4装甲集团军司令部，首席军需长/第一军需长，第53/44号报告），1944年1月8日签发。

22.参见图表6、7。

第二章
德军的状况

1943年临近结束时，两个集团军群指挥着位于西乌克兰的德国军队。A集团军群负责南部地段，涵盖克里木和毗邻黑海约100公里的沿海地带，而“南方”集团军群多少有些名不副实地据守在北部，掩护A集团军群左翼与大致沿普里皮亚季沼泽南部边缘延伸的一条防线之间的地域。指挥“南方”集团军群的是陆军元帅埃里希·冯·莱温斯基，以“冯·曼施泰因”这个名字著称，自1942年11月22日一直担任该职。当时，他和第11集团军司令部人员一同从列宁格勒地区调入苏军在斯大林格勒周边发起进攻所造成的大漩涡中。第11集团军司令部更名为“顿河”集团军群，1943年2月12日，“顿河”集团军群被撤销，曼施泰因的指挥部改称“南方”集团军群，这个番号保持到1944年3月25日改称“北乌克兰”集团军群。整个过程中，指挥该集团军群的一直是冯·曼施泰因。1943年12月，曼施泰因的参谋长是特奥多尔·布塞中将，曼施泰因当初接掌第11集团军时，布塞就是他的老部下，而集团军群作战参谋是舒尔策-比特格尔上校。

“南方”集团军群的南翼位于第聂伯河河曲部，北至基洛沃格勒（Kirovograd），据守在此的是第1装甲集团军，掩护中央地段的是第8集团军，其防区从基洛沃格勒至第聂伯河河畔的卡涅夫。第4装甲集团军负责守卫北部，即“南方”集团军群之左翼，苏军即将在那里发起日托米尔—别尔季切夫进攻战役。第4装甲集团军扼守的防区东起卡涅夫，沿第聂伯河西岸大致西北方延伸，穿过位于河曲部（被称为“膝部”）的苏军登陆场，直至勒日谢夫（Rzhishchev）以南。战线从那里向西弯曲，伸向格列边基（Grebenki）以北，并转而向北穿过特里列瑟（Trilesy），延伸至科尔宁以东。这条战线继续向北伸展至布鲁西洛夫以东，然后再次折向西北方，跨过基辅—日托米尔主公路，一直延伸到捷捷列夫河畔的拉多梅什利。在那里，战线再度向北，伸向伊尔沙河畔的马林，但在河流以南约6公里处向西北方弯曲。这条战线沿伊尔沙河南岸平行延伸15公里左右，然后向西南方弯曲，作为覆盖苏军登陆场的一条大弧线在乔波维奇南面及两侧跨过伊尔沙河。乔波维奇西南方约12公里处，战线再度跨过伊尔沙河，又一次转向北面，穿过第4装甲集团军展开积极行动的科罗斯坚以东地域。战线在该镇以北向西弯曲，标志着装甲集团军和“南方”集团军群的左翼。科罗斯坚以北是一片广阔的苏联领土，穿过约90多公里的森林和沼泽地，便到达位于叶利斯克（El'sk）附近的“中央”集团军群右翼。OKH（德国陆军总司令部）将两个集团军群之间的缺口称作Wehrmachtsloch[1]，那里没有德国或轴心国大股部队。这是个危险的状况，而且两个集团军群都无力解决这一问题。OKH出于务实主义接受现状，这个术语就此出现，但其本身就意味着一定程度的半永久性。

指挥第4装甲集团军的是装甲兵上将埃哈德·劳斯，他是一名经验丰富的装甲部队指挥官，1943年11月1日刚刚担任该职。劳斯现年54岁，1909年投身奥匈帝国军队，1936年12月19日作为一名上校转入德国陆军。法国战役期间，1940年7月15日，劳斯出任第6装甲师第4步兵团团长，次年4月15日，他被赋予更大责任，在对苏战争发起前指挥第6步兵旅。苏德战争初期，他一直待在第6装甲师，1941年9月晋升少将，1942年4月1日出任该师师长，不久后的1942年5月，第6装甲师调回法国接受休整补充。苏军在斯大林格勒发动反攻后，该师1942年12月重返东线，投入南部的战斗。劳斯和他的师共同经历了这段艰难时期，1943年1月1日，他晋升中将。1943年2月7日，劳斯转入高级指挥官预备队，并被派至“顿河”集团军群任参谋，三天后，他接管“克拉默”特别军军部，于是，该军部改称“劳斯”特别军军部。他在这个职务上参加1943年春季复夺哈尔科夫的行动。1943年5月1日，劳斯晋升装甲兵上将，7月20日出任重新组建的第11军军长[2]。

这段时期，该军部署在南部地段，参加乌克兰东部的战斗后撤，起初隶属“肯普夫”集团军级支队，后编入第8集团军。1943年11月5日，劳斯调任第47装甲军军长，但当月月底又调入高级指挥官预备队。他随后奉命临时指挥第4装甲集团军，接替率部撤至第聂伯河后被希特勒解除职务的赫尔曼·霍特大将，1943年11月30日生效。1943年12月10日，劳斯正式出任该集团军司令。尽管就任时间不足一个月，但劳斯经验丰富，指挥过团级以上各种装甲部队。除与第6装甲师在法国休整补充的几个月外，他几乎一直在东线服役，三年半的征战生涯使他掌握对苏作战的一手情况。第4装甲集团军参谋长是弗里德里希·范戈赫尔少将，他自1942年7月15日便一直担任此职，集团军作训处长是米勒上校。接掌第4装甲集团军后，劳斯掌握着6个军部，包括2个装甲军和4个步兵军。这些军部指挥着6个装甲师、10个步兵师、2个军级支队、1个保安师和1个旅级装甲战斗群。第4装甲集团军直属部队包括1个保安师、1个炮兵师、1个装甲掷弹兵师和1个预备队师的部分部队。1943年12月初，集团军总兵力约为35.9万人，但其中许多人并不属于前线作战部队[3]。

扼守第4装甲集团军右翼的是装甲兵上将瓦尔特·内林指挥的第24装甲军，自1943年2月10日他便担任该职。内林是一位经验丰富的指挥官，曾在古德里安和隆美尔麾下服役。波兰和法国战役期间，他在古德里安指挥的第19军任参谋长，1940年6月，该军升格为“古德里安”集群，仍由内林任参谋长。1940年10月，内林出任新组建的第18装甲师师长，对苏战争初期，该师编入古德里安第2装甲集群，内林仍任师长。1942年3月9日，内林离开苏联，调任德国非洲军军长，这一次，他的上司是装甲战更著名的代表人物——埃尔温·隆美尔大将。内林任军长一职至当年11月，随后短暂担任驻突尼斯德军司令，1942年12月返回德国。赋闲两个月后，内林恢复现役，1943年2月10日出任第24装甲军军长，在B集团军群编成内参加斯大林格勒战役的后续作战。自那时，他一直指挥该军，率领部下撤离东乌克兰，退往并渡过第聂伯河。因此，内林的作战经验相当丰富，不仅担任过大型装甲兵团的参谋长和指挥官，还同古德里安、隆美尔并肩战斗过。他对东线的情况了如指掌，在目前这个职位上已干了近一年，是第4装甲集团军的宝贵资产。军参谋长卡尔·吉泽中校是一名颇具经验的参谋人员，曾在第16装甲师师部干过，近期还在陆军总参谋部工作。1943年11月5日，吉泽向内林军部报到，这是他首次担任军参谋长。第24装甲军编有三个步兵师（或相当于步兵师的部队），从右至左分别是B军级支队、第34步兵师、第82步兵师。特别值得提及的也许是这个B军级支队。“堡垒”作战（库尔斯克会战）失败后，1943年夏季，苏军的反攻迫使德国人沿乌克兰整条战线向西退却，直至苏军肃清整个左岸乌克兰。德军在诸多地段从事殊死战斗，损失相当严重，不少师已沦为团级兵力战斗群。实施某种程度的重组显然是必要的，但OKH采用了不无争议的权宜之策。1943年11月和12月间，这些师所剩无几的残部在前线拼凑起来，组成新的军级支队。每个军级支队基本上相当于一个1944年制步兵师，所辖三个掷弹兵团称作“师级集群”。顾名思义，每个师级集群都是由一个现有的、遭受严重消耗的前线师组建。一般说来，每个师将残余的战斗步兵编入一个师级集群，继承所解散师的番号，这些师级集群后来编为1944年制步兵师的掷弹兵团。每个师级集群编有一个指挥部、第13连、第14连和两个团级集群，团级集群仅为营级兵力，但冠以遭解散师各团的番号。仅在“南方”集团军群作战地区内，1943年最后三个月就有15个步兵师撤编，解散40个团组成14个师级集群。其中9个师级集群编为A、B、C军级支队，其他的分配给现存的前线师，以替代因损失惨重而被迫解散的各个团。因此从本质上说，德国人以3个新组建的师级部队（军级支队）替代15个师，B、C军级支队隶属第4装甲集团军。

B军级支队以第112、第255、第332步兵师为基础组建，每个师提供一个相同番号的师级集群。该军级支队的指挥部就是原先的第112步兵师师部，支队辖内其他部队均以“第112”为番号，唯一的例外是第86炮兵团，因为该团调自“中央”集团军群解散的第86步兵师。B军级支队据守的防区从第聂伯河河畔的卡涅夫起，大致沿西北方延伸，直至韦德梅杰夫卡（Vedmedevka），宽度约为20公里。指挥B军级支队的是特奥巴尔德·利布中将，他的作战经验较为有限。利布曾在波兰和法国战役期间担任步兵团团长，但是，除1941年在“北方”集团军群某步兵师当过两个月副师长外[①]，他的大部分时间都在德国

① 译注：德军中一般不存在副师长、副司令这类职务，利布当时担任第290步兵师代理师长。

度过。1943年2月，利布首次获得一个师的指挥权。他负责指挥的是第306步兵师，这个师过去一直在比利时执行占领任务，苏军在斯大林格勒发动反攻后，该师匆匆调往“顿河”集团军群。利布担任该师师长的时间很短，1943年3月底被召回德国。这就是他近期的东线之旅，接下来的六个月，利布没有获得任命，直到1943年9月3日才得到第112步兵师师长一职。总之，利布在东线担任师长刚刚三个月。

第34步兵师组建于战前，虽说波兰战役期间部署在西线，但该师之后积极投入西方战役。侵苏战争伊始，该师便参与进攻，最初部署在“中央”集团军群麾下，直到1943年9月，德军撤向第聂伯河期间，该师才奉命南调，加入第24装甲军。第34步兵师目前据守的防区位于B军级支队左侧，从韦德梅杰夫卡向西北方延伸至勒日谢夫，再沿第聂伯河伸向尤什基（Yushki），然后，其防线向西弯曲，直至切尔尼亚霍夫（Chernyakhov），总宽度约为35公里。该师师长是弗里德里希·霍赫鲍姆中将，自1940年7月他就在该师服役，最初任第253步兵团团长，1942年11月2日出任师长。虽然是这片地区的新来者，但霍赫鲍姆和他的师都很熟悉东线的情况。

第24装甲军辖内的另一个师是第82步兵师。该师组建于1939年12月1日，是OKH步兵师第六动员波次的组成部分。在A集团军群编成内短暂参与西方战役后，1940年8月，该师获得特别假期，实际上就是解散了。但1941年3月，该师又被召回，在荷兰执行占领勤务，在那里待到1942年6月，德军发动夏季攻势前才调至苏联加入“南方”集团军群。第82步兵师一直留在沃罗涅日西北地域，在苏军发动1942—1943年冬季攻势期间该师被困于卡斯托尔诺耶包围圈。突围后，该师当年春季在“中央”集团军群后方地域接受整顿，之后再度派往前线同一地域。德军在库尔斯克失败后，该师参加向第聂伯河的全面后撤，沿苏梅—基辅方向撤退，尔后与第24装甲军在基辅以南占据阵地。目前，第82步兵师扼守装甲军最西端防区，防区位于切尔尼亚霍夫与格尔马诺夫卡（Germanovka）之间，正面防线约为20公里宽。刚刚晋升中将的师长瓦尔特·海涅是一名炮兵专家。波兰和法国战役期间，海涅指挥过炮兵营，1942年3月加入第82步兵师，任第182炮兵团团长。当年夏季，该师开赴东线，海涅首次见识到那里的战斗，此后一直留在前线，1943年3月15日出任该师师长。因此，他和第82步兵师都具有东线作战经验。

担任第24装甲军预备队的是第168步兵师。这个师也组建于1939年12月1日，但属于第八动员波次[1]。该师参加过西方战役第二阶段行动，但只是担任预备队，并未投入战斗。1940年7月，该师调至波兰，继续从事训练任务，侵苏战争发起后，该师编入“南方”集团军群第6集团军，此后一直在苏联南部作战。整个1943年，该师在“肯普夫”集团军级支队编成内撤过别尔格罗德、哈尔科夫和基辅，由于遭受严重损失，1943年9月暂编为第168战斗群。1943年11月，第168战斗群编入第24装甲军，在担任该军预备队期间第168战斗群开始重建和补充。这一次，该师按照1944年制步兵师修订的编制和装备表实施重建，并纳入刚刚解散的第223步兵师的两个步兵营。第168步兵师师长是49岁的维尔纳·施密特-哈默少将。战争爆发时，他在第168步兵师任第417步兵团团长，直至1940年12月，后调任第256步兵师第456步兵团团长，在东线中央地区他首次经历战火洗礼。1943年12月1日，他调回自己的老部队，出任第168步兵师师长。这是他首次担任师级指挥官，但他和他的部下都是经验丰富的东线老兵。

第7军部署在第24装甲军左侧，据守从格尔马诺夫卡起的防线，该军军长是炮兵上将恩斯特-埃伯哈德·黑尔。黑尔自1942年1月8日起指挥该军，因而是一名经验丰富的东线军级指挥官。在此之前，他先后指挥过两个步兵师，其中一个是在对苏作战期间。黑尔首次担任师长是在战争爆发时指挥第269步兵师，波兰战役期间，该师驻扎在西线，但黑尔率领这个师参加西方战役。就在第269步兵师调至丹麦执行占领任务前，黑尔1940年8月12日调任第15步兵师师长，这个师负责法国的占领勤务，这种部署一直保持到次年夏季，该师奉命开赴东线。第15步兵师最初编入“中央”集团军群辖下的古德里安第2装甲集群，一直待在东线中央地区，1942年5月调回法国。但在此之前的1942年1月8日，黑尔升任第7军军长，这个军也部署在中央地区，2月1日黑尔晋升炮兵上将。1942年5月，该军在他的监督下进行整顿，当年夏季该军调至“南方”集团军群北翼，在沃罗涅日附近据守顿河河畔防御阵地，1942—1943年冬季，全军撤往苏梅地域。1943

[1] 译注：第七动员波次。

年8月起，第7军编入第4装甲集团军，与“南方”集团军群辖内部队一同撤过第聂伯河，12月中旬，该军在白采尔科维以北和两侧扼守防御阵地。

部署在第7军右翼，与第24装甲军左翼相毗邻的是第75步兵师。该师组建于1939年8月26日，是第二动员波次的组成部分，波兰战役期间，该师在西线执行防御任务，隶属C集团军群，法国战役中，该师在同一地区发挥的作用也不大。之后，第75步兵师调往被占领的波兰和东线。侵苏期间，该师在“南方”集团军群编成内接受战火洗礼，整个1942年和1943年上半年，第75步兵师与第7军一直留在南方战区北端。1943年夏季，该师与第7军余部撤过北乌克兰，目前据守的防区从格尔马诺夫卡西延至斯捷潘诺夫卡（Stepanovka）以东，防线宽度约20公里。指挥该师的是赫尔穆特·博伊克曼中将，这位经验丰富的师长自1942年9月15日便担任该职务。他很了解自己的师，对东线的情况也很熟悉。担任师长前，博伊克曼自1940年1月13日一直任第164步兵师第382步兵团团长。博伊克曼错过西方战役，但参加了巴尔干地区的作战行动，随后赶赴克里特岛执行占领勤务。1942年1月，第164步兵师更名为“克里特”要塞师。但博伊克曼获得晋升，1942年8月调离第382团，之后，该团改编为装甲掷弹兵团，与师里的其他部队一同调往北非。苏德战争爆发后，第75步兵师一直在东线从事战斗，博伊克曼指挥该师已有一年多时间，因此，他和他的部队都深具经验。

守卫第7军中央防区的是第198步兵师。该师组建于1939年12月，次年参加对丹麦的占领，因而错过法国战役，但该师1940年7月调至法国东部执行占领勤务。第198步兵师一直留在法国，次年春季才开赴罗马尼亚，成为德国陆军驻罗马尼亚使团的组成部分。“巴巴罗萨”行动发起时，该师隶属“南方”集团军群，1941年穿过南乌克兰，次年进入高加索山区。德军在斯大林格勒遭逆转后，该师撤过库班半岛，在扎波罗热地域进行整顿，1943年夏季调至哈尔科夫以南地域，随后与第8集团军一同撤往第聂伯河，11月转隶第4装甲集团军。12月，第198步兵师编入第7军，目前据守的防区从斯捷潘诺夫卡向西延伸，穿过格列边基北部，直至连接白采尔科维与法斯托夫的铁路线。因此，这片防区掩护着从基辅向南通往白采尔科维的主要道路，宽度相当窄，只有14公里。第198步兵师师长是汉斯-约阿希姆·冯·霍恩中将，波兰战役期间，他一直在西线任第12军参谋长，后转入OKH高级指挥官预备队，西方战役后期，霍恩任第10军参谋长。因此，他在战争初期并未经历过激烈战斗，但1942年9月加入第7装甲师[①]。第198步兵师从高加索撤入库班期间，1943年2月5日，霍恩出任该师师长，从这一刻起，他与自己的部队朝夕相处，不仅加强了对该师的了解，也积累起对苏作战经验。因此，虽然霍恩最初缺乏作战经验，但他仍算是一名东线老兵。

部署在冯·霍恩师左侧，据守第7军左翼的是第88步兵师，这支部队同样在东线流过血。作为第六动员波次组成部分，该师与在其右侧战斗的第82步兵师一样，也组建于1939年12月1日。第88步兵师也没有参加法国战役，1940年8月至1941年2月期间同样经历了“休假”，后被召回，在法国从事占领任务。1942年1月，该师开赴苏联加入“南方”集团军群，部署在库尔斯克周围的左翼。整个1942年和1943年上半年，该师一直留在那里，当年6月编入第7军。从那时起，这个师便与第7军休戚与共，一同撤往第聂伯河，一同穿过基辅退往西南方，到12月最后一周，该师扼守第88步兵师[②]西面的阵地。其右翼依托法斯托夫—白采尔科维铁路线，从那里沿卡缅卡河（Kamenka）向西延伸至特里列瑟，然后转向西北方，直至德米特里耶夫卡（Dmitrievka）附近法斯托夫—日托米尔铁路线上的沃利察站（Volitsa）。这标志着第7军左翼、第88步兵师据守着一片约23公里宽的防区。指挥该师的是另一名炮兵专家伯爵冯·里特贝格上校。冯·里特贝格1943年11月12日才出任师长，此前唯一的步兵作战经验是当年春季和夏季担任过几个月的第2掷弹兵团团长，该团隶属“北方”集团军群第11步兵师，除此之外，他只担任过炮兵指挥官，先后指挥过两个师属炮兵团，一次是在法国战役期间，另一次是在东线“中央”集团军群辖内。1942年12月，里特贝格出任军级炮兵指挥官，在这个职务上干了四个月后调任第2掷弹兵团团长。1943年夏季到出任第88步兵师师长期间，里特贝格并未担任现役，因此，总的说来，他缺乏许多同僚所具备的经验，但至少第88步兵师已受过锻炼。

---

① 译注：霍恩在该师短暂代理装甲掷弹兵旅和装甲掷弹兵团指挥官。

② 译注：第198步兵师。

第18炮兵师也位于第7军作战地域，部署在第198步兵师身后的格列边基周边地带。这是德国军队中一个独特的兵团，代表着德国人为大规模进攻或防御行动集结炮兵火力而组建一个标准师级编制所进行的第一次，也是唯一一次真正的尝试。这个想法很可能源自苏联红军，因为后者在伟大卫国战争期间投入若干炮兵师，但德国人似乎最终得出结论，这番尝试已告失败，短短几个月后，该师正式撤编。1943年10月1日，该师以近期解散的第18装甲师为基础，在“中央”集团军群辖内组建。该师计划中的编成并未实现，10月26日，OKH正式更改这个师的构成，第18炮兵师编有三个炮兵团（第88、第288、第388炮兵团），每个团辖三个炮兵营。这些单位还获得第741突击炮连、第280陆军高射炮营和观察、火控及其他勤务部队支援。为提供步兵加强，该师还编有第88步兵营，该营以第18装甲师第18装甲侦察营为基础组建。第18炮兵师成立伊始便由卡尔·托霍尔特少将指挥，这位50岁的炮兵专家自1943年2月一直担任第301高级炮兵指挥官。这个职位指的是派驻法国的D集团军群炮兵指挥官，托霍尔特在这个岗位上晋升为少将。他在西线并未经历过战斗，但此前他担任过第101炮兵指挥官，而这个职务曾部署在苏联的不同地区。之前，他作为第36步兵师第36炮兵团团长，亲身经历过东线战事。托霍尔特自1941年1月便担任该团团长，直至出任第101炮兵指挥官，因此，虽然有半年多时间不在东线，但他早已从“北方”“中央”集团军群的一系列战役中得到许多经验。尽管第18炮兵师在“中央”集团军群编成内组建，但这个独特的兵团并未经历过实战，他们将在日托米尔—别尔季切夫战役中经受战火洗礼。

在第7军左侧据守防区，即将承受苏军全部进攻力量的是第42军。该军军长是59岁的步兵上将弗朗茨·马腾克洛特。这位步兵专家是个职业军人，1903年投身军旅。1939年战争爆发时他已是少将，当时指挥第72步兵师。整个波兰战役期间，该师一直留在西线，1940年5月转入OKH预备队。法国战役中，该师先后编入第6、第4集团军，之后在布列塔尼执行占领任务。在此期间，马腾克洛特1940年2月1日晋升中将，当年7月任梅斯驻军司令。1941年10月1日，他再度获得晋升，成为步兵上将。三个月后，他首次担任军级指挥官，1942年1月1日就任第42军军长。当时，该军编入第11集团军，部署在克里木，1942年8月，马腾克洛特出任克里木驻军司令。1943年5月，派驻克里木的第42军北调，赶赴哈尔科夫以东地域，加入“南方”集团军群“肯普夫”集团军级支队。库尔斯克战役失败后，德军撤往第聂伯河，第42军编入第8集团军，1943年10月转隶第4装甲集团军。到此时，马腾克洛特已在东线服役近两年，但大部分时间是在较为平静的地区，只在前几个月经历过真正的激战。

部署在第42军右翼的是第25装甲师。这是一支相对较新的部队，1942年2月25日以奥斯陆步兵队为基础，在挪威组建，该步兵队随之更名为奥斯陆步兵团。奥斯陆步兵队最初以第163步兵师一个伞兵营为基础组建于1940年7月，是一个市区卫戍营。第25装甲师起初只编有步兵队（1942年5月19日更名为第146步兵团）、第214装甲营和一个100毫米摩托化加农炮兵连。但从1942年11月起，该师逐渐加强力量，截至次年6月，这个师已成为一个满编装甲师。1943年8月，该师调往法国北部，10月19日才获悉将开赴东线。上级部门原本打算将该师部署于基洛沃格勒地域，在“南方”集团军群战区内继续担任OKH预备队，但基辅周围恶化的态势迫使他们将该师派往别尔季切夫—卡扎京—斯克维拉（Skvira）地域。毫无作战经验、缺乏训练和装备的第25装甲师投入瞬息万变的战场，竭力稳定苏军发起基辅进攻战役后的德军战线。日托米尔—别尔季切夫战役开始时，这个师仍在该地域。1943年12月24日，该师右翼位于第42军与第7军结合部，在德米特里耶夫卡与第88步兵师左翼相连，从那里向北延伸，通往莫赫纳奇卡和卢钦（Luchin），然后穿过季温以东，直至维利什卡（Vil'shka）。这使该师守卫的防区宽达30公里，鉴于苏军已选中这片地域发起主要突击，第25装甲师对此既无准备也无装备。雪上加霜的是，该师师长一职刚刚发生变更。截至1943年11月15日，指挥该师的一直是阿道夫·冯·舍尔中将，他从1943年1月1日起便担任师长职务，但最近几周他一直在生病，不得不离开部队返回德国。接替他的是汉斯·特勒格尔少将，这位47岁的职业军人是个机动作战专家。法国战役期间，特勒格尔还是一名中校，在第3装甲师任摩托车营营长，1941年6月晋升上校，东线战争初期调至第14装甲师担任相同职务。1941年12月，他在该师任第103步兵团团长，1942年被召回德国，就任奥尔德鲁夫营级指挥官学校校长。1942年11月30日，他又调赴东线，出任新组建的第27装甲师师长一职，苏军在斯大林格勒发动反攻后，该师卷入险恶的态势中。1943年1月1日，特勒格尔晋升少将，但他的师经历数周激战后，已沦为战斗群规模，于1943年2月15日正式撤编，余部大多并入第7装甲师。同时，特勒格尔调回德国，1943年2月28日就任装甲兵学校校长，这是他出任第25装甲师师长前担任的最后一个职务，1943年11月20日，他接到调令。因此，特勒格尔的职业生涯变化多端，大多与机动作战有关，但他在东线的实战经验较为有限，特别是作为一名高级军官。另一方面，除过去六周获得些许经验外，第25装甲师没有经受过任何实战考验。

第25装甲师左侧的是第19装甲师。该师1940年11月1日以第19步兵师为基础改编，第19步兵师组建于战前，1939年参加波兰战役，1940年从事西方战役，之后调回德国改编为装甲师。“巴巴罗萨”战役期间，第19装甲师隶属“中央”集团军群第3装甲集群，在中央地区一直待到1942年12月，斯大林格勒战役期间调拨给“顿河”集团军群。1943年春季，该师在第1装甲集团军编成内参加撤过东乌克兰的行动，当年8月转隶第4装甲集团军，同年9月撤至第聂伯河。接下来三个月，该师留在基辅地域，参加第4装甲集团军实施的防御和反攻。1943年12月24日，该师部署在第42军防区中部，右翼位于维利什卡以北，其防线从那里向西北方延伸，穿过亚斯特列本卡、斯塔里茨科耶（Staritskoe）、梅斯捷奇科（Mestechko），直至基辅—日托米尔主公路上的维索科耶（Vysokoe）东南方约3公里处。因此，该师据守的防区约为15公里宽，远远小于南面的友军，但由于靠近主公路，也可以认为其防区更加危险。指挥该师的是汉斯·克尔纳少将，这位45岁的职业军人曾是一名骑兵。战争爆发时，克尔纳任第11侦察营营长，1939年11月1日晋升中校，1941年8月，他调至第19装甲师任第73装甲掷弹兵团团长。次年7月1日，克尔纳出任第19装甲掷弹兵旅旅长，该旅负责指挥第19装甲师编成内两个装甲掷弹兵团。1942年10月28日，该旅部接到解散令，但第19装甲师所属的第4装甲集团军反对这道指令，因而将该旅部改编为独立指挥部，先是“克尔纳”（Stossgruppe）[4]，后改称“冯·曼陀菲尔”（Stossgruppe von Manteuffel），最终在1944年6月改编为第1滑雪师师部。1943年8月18日，克尔纳出任第19装甲师师长，1943年11月1日晋升少将。克尔纳在该师多个指挥岗位干了两年多，这段时间一直从事对苏作战行动。所以，他和他的师都有丰富的东线作战经验。

在北面据守防区的是第8装甲师。该师1939年10月16日以第3轻装师为基础组建，外加调自东普鲁士驻军的第10装甲团第1营。该师参加西方战役，之后在法国执行占领勤务。1940年年底，该师调回德国接受改装和重组，获得第三个装甲营、第二个装甲掷弹兵团和第三个炮兵营。1941年3月，该师重返法国，没过多久又开赴南斯拉夫，在那里驻扎了几周。1941年5月和6月，该师接受补充军司令指挥，随后编入“北方”集团军群第4装甲集群，参加侵苏战争。第8装甲师一直留在苏联北部，直到1942年年底才转隶“中央”集团军群，接下来九个月先后编入不同集团军。1943年10月，该师加入第4装甲集团军，力图加强基辅地区的防御。苏军发起日托米尔—别尔季切夫进攻战役时，该师扼守横跨基辅—日托米尔主公路的防区。其防线从维索科耶东南方约3公里起，沿斯塔维谢东部边缘延伸，之后沿通往拉科维奇（Rakovichi）的公路向西北方弯曲，穿过别尔卡河（Belka）河畔的涅格列博夫卡村北部边缘继续延伸约3公里。这道防线的宽度不到15公里。第8装甲师师长是戈特弗里德·弗勒利希少将，也是一名职业军人，1914年8月，第一次世界大战刚刚爆发他便投身军旅。二战爆发时，弗勒利希已是一名中校，在第1轻装师任炮兵营营长，该师很快改编为第6装甲师。1939年11月1日，弗勒利希在新组建的第7装甲师任第78装甲掷弹兵团团长，后来成为隆美尔的部下。他担任这一职务的时间超过三年半，其间参加过西方战役和东线头12个月的战斗，在东线，该师部署于中央战区。1942年下半年，第7装甲师调回法国接受补充，1943年1月返回东线南部战区。弗勒利希一直待在该师，先后参加过斯大林格勒和库尔斯克战役，1943年8月被派去临时指挥在库尔斯克战役中遭受严重损失的第36步兵师。1943年9月20日，弗勒利希出任第8装甲师师长，1943年12月1日晋升少将。虽然在东线服役近两年，但他毕竟是一名传统的炮兵专家，作为师长的经验很少。相比之下，第8装甲师自对苏战争开始一直在那里从事战斗，因而深具东线作战经验。

部署在第42军左翼的是党卫队“帝国”装甲战斗群。这是党卫队第2“帝国”装甲师的残部，自1943年2月调至东线后，该师的损失相当惨重。“帝国”师属于武装党卫队，1940年4月由一些参加过波兰战役的党卫队独立旗队组建。这支部队最初称作党卫队特别机动师，打着这个幌子投入西方战役，参加荷兰和法国的战斗，之后在第1集团军编成内执行占领法国的任务。1940年

12月，该师接受改编，更名为党卫队“帝国”摩托化师，1941年4月参加巴尔干战役。之后，该师调回奥地利休整，很快又投入侵苏战争。该师最初编入“中央”集团军群第2装甲集团军，后转隶第4装甲集团军和第9集团军，在勒热夫地域驻防了几个月。1942年夏季，该师需要加以改装，因而于1942年8月调回法国，编入第15集团军。获得改编后，“帝国”师1943年1月重返东线，作为援兵赶赴斯大林格勒灾难后的南部战区。在法国北部逗留期间，该师1942年11月再度更名，改称党卫队“帝国”装甲掷弹兵师。该师参加冬季战役，之后在库尔斯克会战中发挥重要作用，后在第8集团军编成内撤向第聂伯河。1943年10月22日，该师更名为党卫队第2“帝国”装甲师，1943年11月前编入第4装甲集团军，参加基辅以西和西南地域的反攻。经历库尔斯克战役和随之而来的撤退后，“帝国”师遭到严重削弱，12月中旬，上级部门决定将该师残部撤离前线，调回德国接受补充和重组。不过，该师尚具战斗力的部队仍留在第4装甲集团军，并组成一个装甲战斗群，其中包括党卫队“帝国”装甲掷弹兵团（辖两个装甲掷弹兵营）、“帝国”装甲营（辖两个连）、一个炮兵营（辖两个105毫米轻型榴弹炮连和一个155毫米重型榴弹炮连）、一个火箭炮营（辖两个连）、一个侦察连、一个工兵连、一个重武器连、两个突击炮连和一个高炮连，外加常规支援和勤务部队，总兵力约为5000多人。最初，该战斗群还获得额外加强，包括调自第25装甲师的第87装甲工兵营、第25装甲侦察营和调自第19装甲师的第19装甲工兵营[5]。“帝国”师余部最后一批部队12月24日驶离日托米尔车站时，适逢苏军发起进攻。此时，党卫队“帝国”装甲战斗群扼守的防线，从涅格列博夫卡的别尔卡河起，沿公路伸向西北方的拉多梅什利，穿过一些村庄，结束于捷捷列夫河东岸，宽度超过10公里。此时指挥该战斗群的是“帝国”师作战参谋、党卫队一级突击队大队长佐默，但他在12月28日调离，出任计划组建的党卫队第4装甲军参谋长，由党卫队区队长海因茨·拉默丁接掌战斗群指挥权。战争爆发后不久，一直在党卫队“骷髅”师任工兵营营长的拉默丁，1939年10月晋升二级突击队大队长。他率领该营参加西方战役，1940年12月出任该师作战参谋。拉默丁在这个职务上跟随“骷髅”师参加侵苏行动，该师在北方战区先隶属第4装甲集群，后编入第16集团军。1941年9月，拉默丁晋升党卫队一级突击队大队长并继续留在该师，1942

年6月，他飞离杰米扬斯克包围圈。回到德国后，他忙着为“骷髅”师组织补充兵，1942年10月初，该师余部调离东线，赶赴法国西南部接受休整和补充。在此期间，拉默丁指挥着党卫队第9“图勒”步兵团，“骷髅”师改编为党卫队“骷髅”装甲掷弹兵师时，该团也加入其中。拉默丁1943年1月底再度获得晋升，成为党卫队旗队长，之后临时调至党卫队第2装甲军，1943年5月初任参谋长。1943年7月下旬，他成为党卫队全国副总指挥兼警察上将冯·德姆·巴赫的参谋长，巴赫当时是Chef der Bandenkampfverbände[6]，负责在东线后方地区清剿游击队。1943年12月9日，拉默丁晋升党卫队区队长，奉命指挥党卫队“帝国”装甲战斗群。因此，在东线领导师级和同级别指挥部从事作战行动方面，拉默丁深具经验，但对他和“帝国”师残部来说，目前面临的作战环境与过去大不相同。

第20装甲掷弹兵师也在第42军编成内。该师最初是战前组建的一个步兵师，但早在1937年秋季便实现摩托化，成为第20摩托化步兵师。该师1939年9月参加波兰战役，当年12月调至西线。1940年春季，该师将三个步兵团中的一个交给新组建的第10装甲师，之后参加法国战役。当年11月和12月，该师调回德国接受改编，后又返回法国，整个1941年春季在那里执行占领勤务。1941年5月，第20摩托化步兵师东调，在“中央”集团军群第3装甲集群编成内参加入侵苏联的行动。1941年9月，该师调至“北方”集团军群第16集团军辖内，直到1942年12月才撤入“中央”集团军群预备队。1943年2月，该师重返前线，在第3装甲集团军编成内部署于韦利日地域，1943年7月23日，该师改编为第20装甲掷弹兵师，并获得新组建的第8装甲营和第284陆军高射炮营。该师一直留在中央战区，1943年10月编入第8集团军第48装甲军，11月编入第7军，后转隶第42军。截至1943年12月13日，该师一直担任预备队，在别尔季切夫地域接受休整和补充。目前指挥该师的是格奥尔格·尧尔中将，这位47岁的职业军人自1914年8月自愿参军以来，担任过各种炮兵职务。战争爆发时，尧尔还是陆军人事局的一名中校，1940年10月1日晋升上校。1941年3月，他首次调至作战岗位，指挥第29步兵师第29炮兵团。东线战争九个月，他一直待在该师，在第2装甲集群（后改称第2装甲集团军）编成内参加中央战区的战斗。1942年3月15日，尧尔返回德国，出任新组建的“大德意志”炮兵团团长，该团隶属“大德意志”摩托化步兵师，他在这个职位上干了10个月。1942年6月，他跟随“大德意志”师重返东线，在“南方”集团军群和A集团军群编成内奋战于南部战区，1942年9月返回中央战区。他在那里又待了几个月，1942年11月28日转入高级指挥官预备队。1943年1月20日，他调回“中央”集团军群，接掌第20摩托化步兵师。当年4月，他晋升少将，10月又晋升为中将，在此期间一直留在该师，1943年11月，第20摩托化步兵师（装甲掷弹兵师）编入第4装甲集团军。因此，尧尔有一些东线作战经验，但主要是担任炮兵指挥官，而且大多数时间待在较为平静的地段。不过，他指挥该师已近一年，虽说大部分时间并未卷入主要作战行动中。而第20装甲掷弹兵师自侵苏战争开始一直在东线鏖战，作战经验非常丰富。

第42军左侧的是第13军。该军军长是刚刚晋升步兵上将的阿图尔·豪费，1943年9月7日就任此职。他也是一名职业军人，1912年夏季入伍，第一次世界大战期间在第171步兵团服役。两次世界大战期间，他主要从事参谋工作，先后担任作战参谋和参谋长。第二次世界大战爆发后，身为上校的豪费任第25军参谋长，1940年2月调任第37军参谋长。侵苏战争开始前，豪费晋升少将，出任德国驻罗马尼亚军事代表团参谋长，他在那里待了一年半，直至1943年1月。豪费随后晋升中将，1943年2月7日任第46步兵师师长，直至当年8月，一个月后出任第13军军长。获得这一新职务后，豪费晋升步兵上将，苏军发动进攻时，豪费12月20日刚刚庆祝完自己的52岁生日。

豪费第13军编有四个师，位于右翼的是第68步兵师。该师组建于1939年8月26日，属于第二动员波次，在“南方”集团军群编成内参加波兰战役，1939年12月调至西线。该师随后参加西方战役，1940年7月返回波兰执行占领勤务。德国发动侵苏战争时，该师编入“南方”集团军群第17集团军，在南部战区从事行动。1941年剩下的时间里，德军穿过乌克兰向前推进，该师一直留在该战区，先后编入第17和第6集团军。1942年的前四个月，该师在第17集团军辖下参加顿涅茨盆地防御战，之后调往第1装甲集团军，参加米乌斯河地域的战斗。1942年8月，该师北调，加入B集团军群第2集团军，在第13军编成内参加沃罗涅日周围的防御战。1943年2月初，该师调全第2集团军第7军辖下，1943年3月前开赴库尔斯克突出部南侧的苏梅地域。1943年7月，德军在库尔斯克遭遇挫败后，该师8月份转隶第4装甲集团军第7军，开始撤往第聂伯河。1943年12月，该师编入第13军。因此，尽管第68步兵师自1941年一直部署在东线，但大多数时候驻扎在较为平静的地段，并未经历过激烈战斗。苏军发动进攻时，该师右翼位于拉多梅什利北郊的捷捷列夫河，党卫队“帝国”装甲战斗群对岸。第68步兵师的防线从那里伸向西北方，穿过卢托夫卡（Lutovka）和小拉恰（Malaya Racha）后转向北面，穿过克拉斯诺博尔卡（Krasnoborka）东部边缘和克拉斯诺谢尔卡村（Krasnoselka），在那里构成该师左分界线，这道防线约12公里宽。目前指挥该师的是保罗·朔伊尔普夫卢格上校，两个月前的1943年10月25日刚刚担任师长。朔伊尔普夫卢格现年47岁，第一次世界大战爆发时，18岁的他入伍。第二次世界大战爆发时，他已是一名中校，1939年9月1日在第35步兵师任副官。1940年2月1日，他调至第1军，西方战役期间还是担任副官，但当年9月出任该军参谋长。1941年4月1日，他的职务再次发生变动，这次出任第9步兵师第116步兵团团长。他和该师在东线南部地区作战，最初编入第6集团军，1941年9月编入第17集团军。第9步兵师在第17集团军辖内参加了顿涅茨盆地的整个行动，1942年进入高加索山区。斯大林格勒战役后，该师退入库班登陆场，在那里坚守到1943年9月，之后调往梅利托波尔地域，加入第6集团军。此时，朔伊尔普夫卢格指挥第116步兵团已有约两年半时间，其间获得一次晋升，1942年1月1日升为上校。第9步兵师撤离库班登陆场后不久，朔伊尔普夫卢格调任第68步兵师师长，该师当时位于基辅以北，在苏军柳捷日登陆场南部边缘据守阵地。他率领该师经历了苏军的基辅进攻战役和德军随后发起的反攻，但到1943年12月24日，他与他的新部队在一起仅两个月，担任师长也刚刚两个月。

第68步兵师北面的是第213“Sicherungs”师[7]。该师组建于1941年3月，德国人筹备入侵苏联期间共组建九个保安师，计划以这些部队在集团军群后方地域遂行安保勤务。该师由第213步兵师师部、第318步兵团和第213炮兵团第1营组建。1943年4月改编后，该师编有第177、第318保安步兵团（每个团辖三个营）、第6警察团第3营和第213哥萨克营。师炮兵营1943年9月调给第320步兵师。自1941年6月，该师便在乌克兰展开行动，在“南方”集团军群和B集团军群后方地域从事安保和反游击任务。该师参加向第聂伯河的全面后撤，1943年10月纳入前线，编入基辅地区的第7军。从那时起，该师仍在第4装甲集团军编成内，但在各军之间来回调动，最终于1943年12月加入第13军。苏军发起日托米尔—别尔季切夫进攻战役时，第213保安师仍在前线，由于该师仅仅是个保安师，因而据守的防线不到5公里，从位于克拉斯诺谢尔卡村的第68步兵师左翼向北延伸，直至越过米尔恰（Mircha）。指挥第213保安师的是亚历克斯·格舍恩中将，59岁的格舍恩是德军最年长的高级指挥官之一。他1906年投身军旅，是一名骑兵军官，两次世界大战期间在魏玛国防军任第2骑兵团团长。战争爆发后，身为上校的格舍恩负责班贝格骑兵学校，在这个职位上干到1942年2月，1941年8月晋升少将。1942年8月，格舍恩出任第213保安师师长，斯大林格勒战役期间率领该师在后方地区展开行动，随后经历1943年的后撤。1943年8月，他晋升中将，但几个月后，他发现自己不得不率领该师投入前线战斗。

位于左侧的是第340步兵师。该师1940年11月由第68和第170步兵师部分部队，外加第290步兵师一个营组建，属于第十四动员波次，是一个静态师[①]。初步组建工作完成后，该师1941年6月调至法国北部执行占领勤务，在那里待到次年5月。接下来几个月，该师转入OKH预备队，随后开赴东线南部战区。1942年8月，该师编入第2集团军，部署在沃罗涅日附近防线，当年剩下的时间里，该师一直在那里遂行静态防御。1943年1月和2月，该师在苏军发起的沃罗涅日—卡斯托尔诺耶进攻战役中遭包围，突围后撤往雷利斯克地域。德军1943年7月和8月在库尔斯克战役失利后，第340步兵师跟随“南方”集团军群余部撤往第聂伯河，随同第13军从第2集团军转隶第4装甲集团军。苏军发起解放基辅的进攻战役后，该师向后退却，1943年12月在马林以南占据新防御阵地。在此阶段，该师遭受相当大的伤亡，作战编成经常发生变动。早在1943年3月，该师已将第377步兵师残部纳入，后者在苏军发起的沃罗涅日—卡斯托尔诺耶进攻战役中遭重创，1943年11月初，该师又将第327步兵师残部纳入。日托米尔—别尔季切夫战役期间，该师的重组工作继续

① 译注：所谓静态师是指配备的车辆和马匹较少，不适合实施机动的师，这些师大多用于执行海岸防御和占领勤务。

进行，届时，第13军将撤离前线接受休整和补充。鉴于其状况，第340步兵师据守的防线较短，共7公里宽，从位于米尔恰以北的第213保安师左翼起，先向北，再向西北方延伸，在沃尔索夫卡（Vorsovka）北面跨过沃兹尼亚河（Voznya），直至该镇西北方约2公里处。指挥该师的维尔纳·埃里希上校1943年10月25日刚刚就任师长。埃里希现年46岁，第一次世界大战刚一爆发便参军入伍，作为一名少尉在第108步兵团服役。魏玛国防军期间，他在第22步兵师任作战参谋，1939年4月1日晋升中校。第二次世界大战爆发时，他仍担任此职，但1939年8月26日转入高级指挥官预备队，因而没有参加波兰战役。1939年10月25日，他出任第86步兵师第216步兵团第2营营长，在西线一直待到次年3月，随后改任第164步兵师作战参谋，该师当时仍在德累斯顿附近组建。1941年1月15日，他调至法国，在新成立的第15集团军任作战参谋，在那里晋升为上校。他在这个岗位上干了近两年，1942年11月15日出任第87军参谋长，该军当时正在法国西北部的布列塔尼组建。1943年6月10日，在第87军开赴意大利参加防御盟军登陆入侵前，埃里希再次转入高级指挥官预备队，10月25日调任第340步兵师师长。埃里希首次体验东线战事是1943年7月，当时他作为高级指挥官预备队成员被派往“中央”集团军群，但三个月后他不得不接掌东线一个师。对于东线的战斗和指挥师级部队，他都没有太多经验可言。

第208步兵师位于第13军左翼。该师组建于1939年8月，属于第三波次动员部队，该师参加过波兰战役，并在那里执行几周占领勤务。1939年12月，该师调至西线，沿下莱茵河部署，先编入第6集团军，后转隶第18集团军。该师参加西方战役，先作为第18集团军预备队穿过荷兰南部直奔安特卫普，而后参加对敦刻尔克的包围。第208步兵师没有参与第二阶段战斗，而是留在比利时海岸边。执行占领勤务后，该师1941年12月调至东线中央战区，编入“中央”集团军群。该师在日兹德拉地域加入第2装甲集团军，在奥廖尔西北方遂行静态防御，直至1943年中期。1943年7月，该师在波尔霍夫地域卷入激烈的防御作战，遭受严重伤亡后调入第2装甲集团军预备队。在此期间，该师三个步兵营被迫解散。8月，该师调至“南方”集团军群，编入第4装甲集团军第7军，该师库尔斯克战役后参加防御作战，之后开始了向第聂伯河的漫长后撤。第208师构成第13军左翼，据守的防区约7公里宽，从沃尔索夫卡西北向西北方延伸，经济宾（Zybin）和叶列夫卡（Elevka）至别列济诺（Berezino）边缘。再过去就是第7装甲师防区，但这道防线已不再连贯。第208步兵师师长是汉斯·皮肯布罗克少将，这位50岁的职业军人1914年9月入伍，在轻骑兵团服役，一战结束时是一名团副官。两次世界大战期间在魏玛国防军服役，1939年9月，身为中校的皮肯布罗克在卡纳里斯的OKW情报局任一处处长，负责间谍活动。他在该部门工作了六年半，1940年12月晋升上校，1943年3月任步兵团团长。1943年6月22日，皮肯布罗克出任第208步兵师师长，1943年8月1日晋升少将。他接掌第208师时，该师正从事激烈的战斗，接下来几个月的防御战中，他一直同该师待在一起。总之，他和他的师并非强强组合，他不仅缺乏师级军官的指挥经验，也没有什么战地经历，对东线情况的了解尚不足一年。第208步兵师近期在东线有过惨痛经历，已遭到严重削弱。

第13军左侧的是第48装甲军，该军仍在率领反攻，意图恢复苏军冲出基辅登陆场发起进攻后的德军防线。该军军长是近期晋升装甲兵上将的赫尔曼·巴尔克，但他1943年11月15日才担任这一职务。刚刚50岁的巴尔克也是一名职业军人，1913年投身军旅。他1938年2月1日获得中校军衔，战争爆发时在OKH快速部队总监部工作。波兰战役结束后，1939年10月23日，巴尔克调至第1装甲师，任第1步兵团团长。他率领该团参加西方战役，在色当突破马其诺防线，为此获得骑士铁十字勋章。1940年8月1日，巴尔克晋升上校，1940年12月15日调至第2装甲师指挥第3装甲团。1941年春季，他率领该团参加巴尔干战役，1941年5月15日任第2装甲旅旅长。战役结束后，巴尔克1941年7月7日调回OKH，最初在负责陆军装备和补充兵的部门工作，但没过几天，他接受一项特殊任务，调查德军装甲部队在苏联遭受损失的严重程度，1941年11月1日出任OKH快速部队总监。

1942年5月16日，巴尔克恢复现役并接掌第11装甲师，在师长任上干到1943年3月，率领该师在东线南部战区参加了围绕顿河和顿涅茨河展开的所有战役。指挥该师期间，巴尔克获得两次晋升，先是在1942年8月1日晋升少将，又在1943年1月1日升为中将。1943年3月4日，他离开第11装甲师并获得骑士铁十字勋章的橡叶和双剑饰[①]。他转入高级指挥官预备队，但没过几周便于1943年4月3日出任“大德意志”摩托化步兵师师长。巴尔克在这个职务上待的时间很短，1943年6月30日再度转入高级指挥官预备队。1943年9月2日，巴尔克赶赴意大利指挥第14装甲军，但由于飞机失事，他无法继续担任这项职务。不久后，他获得晋升，1943年11月1日升为装甲兵上将，11月12日奉命暂时指挥第40装甲军，他在这个职务上只干了三天，1943年11月15日改任第48装甲军军长。因此，巴尔克是一名经验丰富的指挥官，擅长机动作战，参加过多次成功战役，并获得过高级勋章。不过，巴尔克在东线获得的经验大多源自他担任第11装甲师师长期间，作为军级指挥官的经验较为有限。

部署在第48装甲军右翼的是第7装甲师。该师1939年10月以第2轻装师为基础组建，1940年参加西方战役，1941年初调回德国改编。侵苏期间，该师作为第3装甲集群的组成部分在中央战区作战，几乎杀至莫斯科。1942年上半年，该师几乎一直留在中央战区，参加勒热夫周围的防御战，之后调回法国接受休整和补充。该师在西线待到年底，后返回东线南部战区，在那里投入战斗，抗击苏军在斯大林格勒周围发起的进攻。1943年春季，该师一直留在这片地区，2月份接纳第27装甲师残部，随即部署在伊久姆和哈尔科夫地区，当年7月参加德军发起的库尔斯克进攻战役。苏军成功转入反攻后，该师跟随第4装甲集团军和第8集团军撤往第聂伯河，随后参加防御战，抗击冲出基辅登陆场的苏军，之后参加德军重新夺回日托米尔的反攻。作为恢复德军防线的最后尝试，该师刚刚在马林西南地域转入防御，苏军发起日托米尔—别尔季切夫进攻战役时，该师依托一系列防御阵地，在第208步兵师左翼与25公里外第48装甲军位于舍尔什尼（Shershni）的部队之间扼守一条松散的防线。这条防线呈凹弧形，从别列济诺起，经福尔图纳托夫卡（Fortunatovka）、布季洛夫卡（Budilovka）、古塔波季耶夫卡（Guta Potievka）、多布伦（Dobryn'）至扎布兰诺耶（Zabrannoe），总宽度约为35公里。目前指挥该师的是哈索·冯·曼陀菲尔少将，56岁的曼陀菲尔也是一名职业军人，但他将在年底前离开，由该

① 译注：巴尔克1942年12月20日获得橡叶饰，1943年3月4日获得双剑饰。

师第25装甲团团长阿达尔贝特·舒尔茨上校接任。1943年12月20日刚满40岁的舒尔茨并非职业军人，他最初在银行工作，后来加入警察部队，1935年作为一名年轻军官调入陆军。1937年10月12日，他在新组建的第25装甲团任连长，战争爆发时，他仍担任此职。1939年10月，第25装甲团并入第7装甲师，舒尔茨率领自己的连队参加西方战役，1940年6月6日在该团任营长。由于战功卓著，舒尔茨当年9月获得骑士铁十字勋章。他跟随第7装甲师参加侵苏行动，由于在克林地区的后撤行动中表现出色，他获得骑士铁十字勋章橡叶饰。1943年3月5日，舒尔茨出任第25装甲团团长，1943年4月1日晋升中校。库尔斯克战役后，舒尔茨荣膺骑士铁十字勋章双剑饰，当年晚些时候再度获得晋升，11月1日成为上校，继续指挥该团。12月，他又获得骑士铁十字勋章钻石饰，1944年1月1日出任第7装甲师师长，晋升上校刚刚两个月便升为少将。舒尔茨的情况非同寻常，他不是职业军人，32岁才投身军旅，在八年时间里学会相关业务，而且这八年都在同一支部队度过，在此期间从连长晋升为师长。尽管他是一名经验丰富并获得高级勋章的指挥官，近十个月来一直指挥装甲团，但作为一名师长，他将经受相应的考验。

位于第48装甲军中央的是党卫队第1“阿道夫·希特勒警卫旗队”装甲师。这支部队最初成为师级力量是1942年7月15日，原“阿道夫·希特勒”警卫旗队改编为党卫队“阿道夫·希特勒警卫旗队”摩托化师。当年11月，该师又改为党卫队“阿道夫·希特勒警卫旗队”装甲掷弹兵师，1943年10月改编为装甲师，现在的番号是党卫队第1“阿道夫·希特勒警卫旗队”装甲师。在编为师级部队前，警卫旗队参加过波兰战役和西方战役，在荷兰、比利时和法国作战。这支部队留在法国东部，1941年3月初东调，赶赴保加利亚和罗马尼亚，1941年4月参加对南斯拉夫和希腊的入侵。1941年5月，警卫旗队调至捷克斯洛伐克实施重组和改装，尔后开赴波兰，准备参加对苏联的入侵。在东线，警卫旗队编入“南方”集团军群第1装甲集群，一路穿过乌克兰，1941年11月初沿米乌斯河和顿涅茨河遂行防御。1942年6月，该部在马里乌波尔周围执行海岸防御任务，但时间很短，当年7月返回法国改编为师级部队。1943年1月，“警卫旗队”师重返东线，在哈尔科夫地区参加防御战，抗击苏军夺取该城的“星”行动，哈尔科夫丢失后，该师参加德军发起的反攻，重新夺回该城。1943年3月底，该师已撤至后方地域，在那里遂行反游击战，之后为德军即将发起的库尔斯克战役加以准备。该战役失败后，“警卫旗队”师1943年7月底调至意大利北部，1943年10月22日改编为装甲师。一周后，该师重返东线南部战区，编入第48装甲军。该师最初在基洛沃格勒地域停留，但几天后又奉命跟随第48装甲军北调，抗击苏军11月3日冲出基辅登陆场发起的进攻。从那时起，该师一直在第48装甲军编成内作战，先遂行防御，后实施一连串反突击，力图恢复德军防线。苏军发起日托米尔—别尔季切夫进攻战役时，“警卫旗队”装甲师仍在遂行反突击，据守的防线从舍尔什尼西北部起，穿过梅列尼（Meleni）以西树林西部边缘。隶属该师的第212预备掷弹兵团在那里守卫着从格拉贝（Graby）以东至杜布罗瓦（Dubrova）以南3公里的防线，“警卫旗队”装甲师的防线从那里沿博利亚尔卡（Bolyarka）以南林地南部边缘转向东面。总之，这条防线约12公里宽。目前指挥该师的是党卫队旅队长兼武装党卫队少将特奥多尔·维施[1]。36岁的维施出生于1907年12月，自1930年便是国社党党员和普通党卫队成员，1933年转入党卫队柏林特遣队，1933年11月，这支特遣队更名为“阿道夫·希特勒”警卫旗队，维施此时仍在队中。当年10月，维施任第1连连长，战争爆发时仍在任，他率领部队参加波兰战役，其间获得铁十字勋章。1939年11月，他调至“警卫旗队”新组建的第4营任营长，之后率领该营参加西方战役和巴尔干战役。1941年5月底，巴尔干战役结束后，他又担任“警卫旗队”第2营营长，直至1942年7月。在这个职务上，他从一开始便参加了侵苏战争，由于当年7月在日托米尔以西地域从事激烈的防御战，维施1941年9月15日获得骑士铁十字勋章。1942年2月，维施负伤，但7月初返回部队，任“警卫旗队”第2步兵团团长。维施1943年1月30日晋升党卫队旗队长，1943年7月4日，德军发起库尔斯克战役前一天，他出任“警卫旗队”师师长，在这个新职务上再度获得晋升，这次升为党卫队区队长，和第7装甲师师长舒尔茨一样，维施的经历不太常见，整个战争期间一直在同一支部队服役。因此，他是一名经验丰富的指挥官，虽然这些年来在不同指挥层任职，但重要

① 译注：维施此时仍为党卫队区队长，1944年1月底晋升旅队长。

的是，过去12个月，他和他的师一直在东线从事战斗。

据守第48装甲军右翼[①]的是第1装甲师，该师组建于1935年，是德国人战前最初组建的五个装甲师之一。该师参加过波兰战役，当年10月初返回德国接受休整和改装。1939年11月底，该师调至多特蒙德地区，准备参加西方战役。1940年2月，该师开赴莱茵河西岸，3月份赶往埃菲尔南部和摩泽尔河。该师参加入侵法国的行动，在第19装甲军编成内穿过卢森堡和比利时。战役结束后，该师在法国逗留了一段时间，1940年9月初返回东普鲁士。1941年6月，第1装甲师在“北方”集团军群第4装甲集群编成内参加侵苏战争。9月底到达列宁格勒郊外后，该师南调，编入第3装甲集群，准备对莫斯科发起最后的突击。1942年2月，该师在第9集团军编成内，部署于勒热夫以西和西南地域，在那里坚守到年底，参与一系列重要的防御战。1943年1月上半月，该师调回法国进行重建和改装。1943年5月20日，该师奉命东调，但这一次是开赴希腊，确保伯罗奔尼撒半岛和希腊本土免遭盟军入侵威胁。意大利当年9月投降后，驻扎在伯罗奔尼撒半岛的德军随即将其占领，之后，第1装甲师奉命返回东线。11月2日，师主力到达基洛沃格勒，适逢苏军发起进攻，冲出基辅登陆场向北展开突击。一周后，第1装甲师北调，加强第4装甲集团军位于基辅以南的防御，1943年11月12日，该师编入第48装甲军。第4装甲集团军竭力恢复基辅以西防线，第1装甲师参加11月和12月的后续作战行动，12月23日时，该师扼守第48装甲军突出部北翼，正试图沿通往马林的公路向前推进。该师部署在伸向东南方科罗斯坚—基辅铁路线两侧的一个突出部内，其先遣部队位于乔波维奇以北的普里斯坦齐翁诺耶（Pristantsionnoe）[8]周围，其左翼折返斯特列米戈罗德（Stremigorod），在那里同第59军第291步兵师之右翼相连。第1装甲师据守的防线约为15公里宽，但鉴于该师的进攻性质，这段防线并未加以连贯防御。目前指挥该师的是瓦尔特·克吕格尔中将，但年底时，师长一职将由46岁的职业军人里夏德·科尔少将接任。第一次世界大战期间，科尔担任过与通信相关的多个职务，但他在战后将这项专长只保留很短一段时间。科尔后来担任过一

① 译注：左翼。

系列负责汽车运输的职务，1935年10月调至第2装甲旅任副官。1937年10月12日，科尔调任第1轻装师第11装甲团第2营营长，在这个职务上待到战争爆发，军衔升至中校。他指挥该营参加波兰战役，1939年10月18日，第1轻装师改编为第6装甲师。1940年1月1日，科尔出任第11装甲团团长，率领部队参加西方战役，1940年7月，该师返回德国。当年12月，该师移防东普鲁士，之后参加侵苏战争。1940年12月，科尔晋升上校，在东线第一年的战事中，他一直率领第6装甲师辖下这个团。该师最初编入第4装甲集群，部署在北部战区，但后来调至“中央”集团军群，1941年12月参加对莫斯科的突击。德军进攻失败后，该师留在中央战区，1942年春季参加勒热夫地区的防御作战，1942年4月底调回法国。休整改装期间，科尔离开该师，1942年7月1日转入高级指挥官预备队。1942年9月，他调至OKH担任部门领导，负责车辆维修，次年7月在OKW（国防军最高统帅部）担任类似职务。1943年11月20日，科尔再次转入高级指挥官预备队，参加师级指挥官培训班，直至1943年12月14日。苏军发动日托米尔—别尔季切夫进攻战役一周后，第1装甲师师长克吕格尔调至法国担任第58预备装甲军军长，科尔奉命暂时指挥该师。第1装甲师和师长科尔过去都曾在东线战斗过，但都缺乏近期的作战经验。科尔从未担任过师长，自1942年春季也没有经历过东线战事。不过，他在指挥装甲团方面有18个月的经验，其中9个月是在东线服役。第1装甲师同样缺乏近期经验，虽然该师曾在苏联待过18个月，但近一年来没有参加过重大行动。

第59军据守在第4装甲集团军最右翼[①]，指挥该军的是步兵上将库尔特·冯·德尔·切瓦勒里，他在这个职位上待了很长一段时间，自1941年12月28日一直任该军军长。他也是一名职业军人，1943年12月23日刚过完52岁生日。他1910年入伍，第一次世界大战期间担任过不同职务，最初是步兵连连长，但1915年7月负伤后，他担任各种不同的参谋职务。战后，他再次成为步兵连连长，先后指挥过多个步兵连，之后升为营长，1934年10月任团长。1937年10月，他再度担任参谋职务，在陆军总参谋部任职，1939年3月晋升少

①译注：最左翼。

将。他没有参加波兰战役，但1939年12月1日出任新组建的第83步兵师师长，1940年夏季率领该师参加西方战役。1940年12月1日，他改任第99轻步兵师师长，该师是第十二动员波次新组建的一个师。晋升中将后，他率领该师短暂参加侵苏行动，在南部战区编入第6集团军，1941年11月，该师调回德国，重新改编为第7山地师。冯·德尔·切瓦勒里转入OKH高级指挥官预备队，几周后调至法国，1941年12月28日临时指挥第59特设高级指挥部。1942年1月20日，该指挥部正式改为第59军军部，冯·德尔·切瓦勒里1942年2月1日出任军长，并擢升步兵上将。同时，新组建的军部调往东线，编入“中央”集团军群第3装甲集团军，部署在大卢基和韦利日地域。该军一直留在那里，直至1943年10月，库尔斯克战役结束后，“南方”集团军群撤往第聂伯河，第59军转隶第4装甲集团军。除1942年6月至7月、1943年1月至3月，冯·德尔·切瓦勒里一直担任该军军长，在东线作战近两年，因此，他和他的参谋人员在作战方面深具经验。

位于第59军右翼的是第291步兵师，该师作为第八波次动员部队组建于1940年2月。西方战役开始后，该师调至西线，1940年5月底穿过荷兰和比利时进入法国。该师参加法国战役第二阶段的战斗，6月底前守卫新划定的分界线。临近7月底时，该师奉命开赴东普鲁士，冬季在那里进行训练并构筑野战工事。1941年春季，该师继续训练，并为入侵苏联加以准备，侵苏战争开始时编入“北方”集团军群第18集团军。第291步兵师在北方战区参加列宁格勒战役，整个1942年几乎一直在沃尔霍夫战线遂行防御。当年11月调至“中央”集团军群，参加解救大卢基的行动。1943年9月，该师奉命南调，开赴基辅地区，在那里编入第4装甲集团军第59军。苏军冲出基辅以北登陆场发动进攻，该师遂行防御，撤往科罗斯坚，11月27日参加复夺该镇的行动。该师随后参加第48装甲军在该镇东南方发起的反攻，截至12月24日，该师据守的防线从科罗斯坚东南边缘起，沿铁路线伸向霍季诺夫卡（Khotinovka），总宽度约为6公里。指挥该师的是维尔纳·格利茨中将，这位51岁的职业军人1911年入伍，1937年10月1日晋升上校，1938年11月10日任第44步兵师第134步兵团团长。战争爆发时，格利茨仍担任此职，率领该团参加波兰战役和西方战役。1940年6月18日，他转入OKH高级指挥官预备队，1940年6月29日任驻巴黎Wehrmachts-Verkehrsdirektor[9]。没过几个月，1940年11月15日，格利茨改任Eisenbahn-Transport-Abteilung Ost[10]处长。他在这个职位上待了两年多，1941年9月又承担起东北方向的额外职责，1941年12月1日晋升少将。1942年3月1日，格利茨调至东线，在“中央”集团军群任General des Transportwesens[11]，两个月后再度转入高级指挥官预备队。1942年6月19日，格利茨代理指挥在沃尔霍夫前线作战的第291步兵师，1942年8月1日正式出任该师师长。作为对这一指挥职务的承认，格利茨1943年1月1日晋升中将。因此，他指挥该师已有18个月，早在沃尔霍夫前线便与该师共同掌握了许多作战经验。这些经验中的大多数来自一条静态防线，但格利茨和他的师对东线的情况相当了解。

位于第59军左翼（即“南方”集团军群北翼）的是C军级支队。这是第4装甲集团军编成内的第二个军级支队，1943年11月2日由第183、第217、第339步兵师残部组建。第183步兵师自1941年8月起便在东线从事战斗，主要在“中央”集团军群辖内，先后部署于莫斯科、格扎茨克、斯帕斯杰缅斯克地域。在1942年撤往格扎茨克的过程中，第343步兵团解散，导致该师只剩7个步兵营。1943年8月，该师南调至巴赫马奇地域，9月编入第13军，10月转隶第59军。第217步兵师自1941年6月一直在东线作战，在“北方”集团军群编成内待到1943年9月，之后转隶第59军，以加强撤往第聂伯河的第4装甲集团军北翼。第339步兵师1941年8月开赴东线，部署在“中央”集团军群后方地域，当年剩下的时间里主要从事反游击战，1942年1月在布良斯克地域编入第2装甲集团军。该师在那里待到1943年9月，之后南调，也编入撤往第聂伯河的第59军。苏军发起日托米尔—别尔季切夫进攻战役时，C军级支队在科罗斯坚以东扼守阵地，其防线从科罗斯坚东南边缘靠近铁路枢纽站处起，沿格罗济诺（Grozino）西侧和涅米罗夫卡（Nemirovka）向北延伸，跨过乌日河（Uzh）至别希（Bekhi），防线从那里转向西北方，一路延伸至索洛维（Solovy），但在各村庄外，这条防线依托的仅仅是在通往伊格纳特波尔（Ignatpol'）的公路和铁路线上构设的支撑点。防线总宽度约22公里。指挥C军级支队的是原第339步兵师师长沃尔夫冈·朗格中将。朗格现年45岁，第一次世界大战期间入伍。1938年，他作为一名少校在军校任讲师，1939年3月晋升中校。战争爆发时，他在C集团军群任参谋，负责西线作战事宜，1940年2月5日调至新组建的第38军任作战参谋。他在该军一直待到1940年5月，1940年8月1日任OKH督察员。近两年后，他在这场战争中首次获得战地指挥职务，1942年7月20日任新组建的第145步兵团团长。他在该团所属的第65步兵师待了七个月，在此期间，该师在第15集团军编成内在西线执行占领勤务。1943年2月，朗格离开该师，改任第880掷弹兵团团长，该团将用于重建在斯大林格勒覆灭的第305步兵师。1943年4月25日，朗格离开该团，参加师级指挥官培训班，1943年10月1日出任第339步兵师师长，适逢该师南调编入第4装甲集团军。因此，他在担任师长方面经验不足，对东线也缺乏了解。他指挥的这个师同样欠缺经验，尽管该师自1941年起便身处东线，但主要是据守静态防线，或在后方从事反游击行动。另外，该师已遭到严重削弱，很快成为C军级支队的组成部分。

第147预备师也部署在该地区，这不是一支作战部队，从未作为一个完整的师投入过战斗。但该师卷入日托米尔—别尔季切夫战役，辖内部队在不同时候编入其他师。该师组建于1942年10月，德国补充军司令部当年9月决定将其负责的补充和训练职能分开。结果，这种职能分割10月份变为物理分割，他们把现有的补充兵营和训练营分开，补充兵营留在德国，各训练营则调至欧洲各地被占领土。因此，原第147师（该师驻扎在德国奥格斯堡，是第七军区的第二个补充兵师）更名为第147预备师，调至乌克兰西北部的沃伦斯基新城地域，编入第62预备军，该军成立于1942年9月15日，驻扎在杜布诺，控制该地域的诸预备师，并接受驻乌克兰德军司令领导。第147预备师自那时起一直留在该地区，1943年12月初，其部署情况如下：

· 第212预备掷弹兵团，驻扎在科罗斯坚
第63预备掷弹兵营，驻扎在博罗江卡
第316预备掷弹兵营，驻扎在科罗斯坚
第320预备掷弹兵营，驻扎在马林
第423预备掷弹兵营，驻扎在别洛科罗维奇（Belokorovichi）
第468预备掷弹兵营，驻扎在奥列夫斯克[12]
· 第268预备掷弹兵团，驻扎在沃伦斯基新城
第91预备掷弹兵营，驻扎在科列茨（Korets）

第488预备掷弹兵营，驻扎在沃伦斯基新城

· 第27预备炮兵营

· 第27预备工兵营

由于苏军1943年11月冲出基辅登陆场向西突击，第147预备师投入辖内部队加强前线各部队，到1943年12月底，第212预备掷弹兵团已编入第48装甲军，在第7装甲师与党卫队第1“警卫旗队”装甲师之间守卫梅列尼以西防线。该师余部主力集结在沃伦斯基新城附近，具体编成如下：

· 第268预备掷弹兵团团部，连同第13和第14连

· 第488预备掷弹兵营（欠一个连）

· 第320预备掷弹兵营（耗尽）

· 第423预备掷弹兵营（耗尽）

· 第27预备工兵营的三个连

· 第27预备炮兵营的两个连

此时，该师正遵照OKH的命令实施重组，其武器和装备方面的情况远远无法令人满意。平均每个连只有6挺轻机枪，全师仅有5门重型反坦克炮，没有任何近距离反坦克武器。就火炮而言，该师没有现代化装备可用，配备的火炮都是些老旧型号。该师师长是奥托·马特斯托克中将，这位54岁的职业军人早在1909年便投身军旅，经历过第一次世界大战，1920年4月转入巴伐利亚州警察。他1935年10月调回陆军，1937年1月1日晋升上校，1938年成为乌尔兹堡驻军司令。战争爆发前，他调任新组建的第73预备步兵营营长，1939年12月任第183步兵师新组建的第330步兵团团长。整个1940年，他一直待在该师，参加西方战役和随后的占领勤务。1940年7月，该师移防被占领的捷克斯洛伐克，当年剩下的时间里在那里继续训练。1941年4月，该师参加对南斯拉夫的入侵，但马特斯托克1941年5月3日调任第716步兵师师长，该师刚刚组建，准备调至被占领的法国。1941年9月1日，马特斯托克终于晋升为少将，他继续指挥该师近两年，1942年11月1日晋升中将。他1943年9月17日出任第147预备师师长，

适逢“南方”集团军群开始撤往第聂伯河。面对苏军即将发起的进攻，他和他的师都没有什么经验，但不管怎样，他们都将卷入这场战役。

部署在后方地域的还有第454保安师。德国人组建九个保安师用于东线后方地区，并不打算以这些师从事战斗，第454保安师就是其中一个。该师1940年3月以第221步兵师第375步兵团为基础组建，但到1943年年底，该师已经历编制方面的一些变革。侵苏战争爆发以来，该师一直在“南方”集团军群编成内，视情况编入不同指挥部。该师虽然主要在后方地区遂行任务，但有时候也调拨给各军级指挥部，参加安保、扫荡、反游击、前线进攻和防御佯动等各种行动。整个1943年夏季，该师一直部署在“南方”集团军群后方地区，9月调至基辅地域，编入第4装甲集团军第42军。该师目前的编成如下：

- 第360保安团
- 第375保安团
- 第454东线骑兵团
- 第454炮兵团
- 第454东线工兵营

第375保安团辖内部队部署在第59军左翼，掩护C军级支队左翼，其防线从索洛维起，穿过博夫苏内（Bovsuny）至卢吉内（Luginy）和格卢霍瓦（Glukhova）。指挥该师的是52岁的赫尔穆特·科赫中将。他1909年入伍，参加过第一次世界大战，1920年转入警察部队。1935年10月1日，他调回陆军，作为一名中校指挥第84步兵团第2营[①]。1937年6月，科赫调至格拉茨的第二训练主管办公室，8月26日，该单位改编为350步兵团，科赫仍担任指挥。战争爆发后，他率领该团在第221步兵师辖内参加波兰战役。1940年冬季和春季他和该师留在波兰执行占领勤务，1939年12月1日晋升上校，之后调至西线，参加法国战役的后续。该师1940年7月休假，1941年3月接受改编，以辖内部队组成数个保安师，包括第454保安师。科赫1941年12月9日出任第454保安师师长，从那时起一

① 译注：第1营。

直指挥该师，在苏联南部经历各种不同作战行动，对这个师非常了解。

★★★

以上便是第4装甲集团军抗击苏军即将发起的进攻将要使用的部队，一个有趣的问题是，为应对苏军的进攻，这些部队在人员和装备方面的准备程度如何？侵苏战争发起时，每个德国步兵师编有三个团，每个团辖三个营。但是，1942年以来战场上发生的大量重组和解散使原先的编制变得多余。大体而言，各步兵师的编成已从原先的九个营减为六个营，尽管在兵力允许的情况下，有时会保留第七个营（自行车营或后备步兵营）作为师直属部队。由于这些重组，许多师已改为两团制，每个团辖三个营，有些师仍保留原先的三团制，但每个团只辖两个营。OKH（德国陆军总司令部）1943年10月发布指令，正式确定这些必要的临时性举措[13]。这道指令为几乎整个陆军引入一套新编制，称作“新式步兵师”。按照新编制表，每个师现在重组为三个步兵团，每个团编有一个团部、两个步兵营、一个榴弹炮连和一个反坦克连。各师先前撤销的第三个团部应予以重建，新成立的第三团辖下的营，通常由另外两个团辖下的原第3营更改番号而来。根据新编制和装备表，每个步兵团的兵力应为2008人，包括48名军官、316名军士和1644名士兵。步兵团所辖的两个步兵营，每个营编有708人，包括15名军官、113名军士和580名士兵。同样，每个营辖三个步兵连，每个连编有142人，包括2名军官、21名军士和119名士兵。这就是1943年12月日托米尔—别尔季切夫战役开始时，德军步兵师的正式编制，可以预料的是，实际情况肯定会有所不同。此时，德军兵力已大幅度下降，各级部队的实际兵力远远少于编制和装备表所规定的数量。第4装甲集团军每周提交OKH的作战兵力报告，也许可用于了解这些部队在这段时期的实力。编写这些报告时，各师依据辖内各营的实际作战兵力[14]，将他们划分为五个等级，如图表2所示。

从这些数字可以看出，一个步兵营的兵力若超过规定编制的56%便被视为“强”，若只有250人左右则被视为“中等”，一旦作战兵力降至连级水平，则被视为“虚弱”。遗憾的是，没有找到第4装甲集团军1943年12月最后一周

图表2：第4装甲集团军每周作战兵力报告中所示的分类

等级评定	相当于	战斗力
Stark	强	超过400人
Mittelstark	中强	300—400人
Durchschnittlich	中等	200—300人
Schwach	虚弱	100—200人
Abgekämpft	耗尽	不到100人

的报告，集团军最后一份相关报告签发于12月5日，苏军发起进攻三周前。总之，这份报告表明第4装甲集团军辖内各师所掌握的最大和最小作战兵力[15]，如图表3所示：

这些数字基于步兵部队的标准编制，外加一些以步兵为基础的单位，例如侦察、工兵和补充兵部队，但不包括炮兵、反坦克部队这些支援单位的兵力。以最大、最小作战兵力的平均值计，第4装甲集团军掌握的作战兵力约为

图表3：第4装甲集团军1943年12月5日的最小、最大作战兵力（单位：人）

部队	最小作战兵力	最大作战兵力
第25装甲师	2800	4900
第2空降猎兵师	2700	4600
第1装甲师	2700	4600
第75步兵师	2900	4300
第198步兵师	2900	4100
第112步兵师	2500	3900
第168步兵师	2600	3700
党卫队第1“警卫旗队”装甲师	2200	3700
第291步兵师	1900	3000
第34步兵师	1700	2500
C军级支队	1310	2400
第8装甲师	1310	2400
第82步兵师	1500	2300

续表

部队	最小作战兵力	最大作战兵力
第340步兵师	1200	2100
第68步兵师	930	1900
第208步兵师	710	1400
第7装甲师	810	1400
第19装甲师	610	1300
党卫队第2“帝国”装甲师	800	1200
第213保安师	600	900
第88步兵师	200	300
总计	34880	56900

4.6万人。相比之下，一个标准新型步兵师的作战兵力应为7352人，一个标准团的作战兵力应为2008人。因此，图表中半数以上的师作战兵力仅相当于一个团或更少，就连实力最强的师其作战兵力也不到两个团。第4装甲集团军1944年1月8日关于作战兵力的相关报告表明类似情况[16]，具体如下：

再次以平均值计，第4装甲集团军的作战兵力约为24500人，虽说此时第1装甲集团军已承担起据守该防区的大部分职责，但必须了解该集团军的实力，方能掌握与乌克兰第1方面军对峙的德国军队之整体状况。根据第1装甲集团军

图表4：第4装甲集团军1944年1月8日的最大、最小作战兵力（单位：人）

部队	最小作战兵力	最大作战兵力
第4山地师	3600	6300
党卫队第1“警卫旗队”装甲师	1730	2900
第1装甲师	1610	2600
第1步兵师	1700	2600
第168步兵师	1710	2500
第16装甲师	1600	2500
C军级支队	1310	2200
第18炮兵师	1300	2000
第7装甲师	1100	1800
第454保安师	800	1400

续表

部队	最小作战兵力	最大作战兵力
第19装甲师	460	1400
第291步兵师	530	1100
第20装甲掷弹兵师	520	1000
第25装甲师	110	300
总计	18080	30600

1944年1月8日关于作战兵力的每周报告[17]，集团军辖内兵团的作战兵力如图表5所示。

因此，第1装甲集团军的平均作战兵力为14500人，加上第4装甲集团军的兵力，1944年1月份第一周的总兵力约为3.9万人，与12月初的4.6万人相比下降约7000人。

图表5：第1装甲集团军1944年1月8日的最大、最小作战兵力（单位：人）

部队	最小作战兵力	最大作战兵力
第34步兵师	1500	2400
第75步兵师	1600	2500
第82步兵师	1400	1900
第88步兵师	1100	2200
第198步兵师	1600	2400
B军级支队	2400	3600
第6装甲师	700	1100
第17装甲师	900	1500
总计	11200	17600
第454保安师（译者加）	800	1400

尽管步兵兵力明显虚弱，但装甲集团军的主要战斗力通常由其装甲部队提供。关于这一点应当指出，在战争这一阶段，一个德国装甲师通常编有一个装甲团，辖两个装甲营，一个营配备五号“豹”式坦克，另一个营配备型号较老、性能较差的四号坦克。每个装甲营辖三个装甲连，每个连配备14辆坦

克——连部排2辆，三个装甲排各4辆。加上营部的6辆坦克，每个装甲营应有48辆坦克。战役发起前几天，第4装甲集团军整理下属部队提交的报告，列出其装甲车辆的状况[18]。图表6汇总的这些数字表明，第4装甲集团军共有936辆战车，其中429辆可用（约为46%）。

关于这些数字更详细的分类报告可参阅图表7，通过这些数据可以看出，507辆无法使用的战车中，386辆正在各自的部队加以维修，另外121辆则在后方地区的维修站接受大修。在其他条件不变的情况下，随着各部队损坏的战车

图表6：第4装甲集团军1943年12月20日的装甲力量汇总

型号	可用数/总数	可用率
一号坦克	2/2	100%
二号坦克	9/17	53%
三号坦克	22/55	40%
四号坦克	143/329	43%
五号“豹”式坦克	28/139	20%
六号“虎”式坦克	11/58	19%
突击炮	131/207	63%
坦克歼击车（自行式）	83/129	64%
总计	11200	
第454保安师（译者加）	800	

恢复可用性，可用坦克的数量也会有所增加，这种期待合乎情理。尽管如此，但应看出，整个第4装甲集团军可用的五号坦克不足一个营，同时，可投入战斗的四号坦克也不超过三个营。

“南方”集团军群司令冯·曼施泰因非常清楚麾下诸多师所面临的问题。12月中旬前，第1装甲集团军和第8集团军司令提交关于辖内部队状况的报告，曼施泰因已将这些报告转呈陆军总参谋部办公室，以此作为部队状况不佳的例子提交希特勒考虑[19]。告诉各集团军司令他已这样做的同时，冯·曼施泰因重申，集团军群非常了解部队的状况，也很清楚他们不断被要求付出远远超过预期的努力。集团军群多次提请OKH关注此事，冯·曼施泰因本人也利用

一切机会将相关情况告知希特勒。但不争的事实是，南方集团军群只能在自身掌握预备队的情况下为各集团军司令提供帮助，即便这样，也只能让个别师获得短暂休整和恢复。可是，眼下的情况，加之缺乏可用力量和已然过度拉伸的防线，意味着就连这种临时举措也无法实施。唯一可行办法是通过有效缩短防线来获得强有力的预备力量，但这项建议被希特勒以虚假的战役理由断然拒绝。部队在目前情况下能否实施一场大范围后撤尚有待观察。另一方面，正如冯·曼施泰因指出的那样，“南方”集团军群对面的苏军诸兵团，很可能也已成强弩之末，特别是因为他们已持续不断地实施五个月的进攻行动。曼施泰因认为，敌人在这段时期肯定遭受严重伤亡，因而他希望对方至少在短时间内无法采取进一步行动。在这方面，他似乎严重误判苏军维持甚至增加其资源数量，同时遂行大规模进攻行动的能力。事实很快证明，冯·曼施泰因的评估过于乐观。曼施泰因虽然承认给麾下部队提出的要求过于苛刻，但也明确指出，在可预见的未来，欲遏止苏军的后续进攻别无他途。尽管德军各师的处境非常困难，但他提醒麾下部队苏联会如何看待同样的情况。曼施泰因将这种情况比作某种牺牲，苏军在持续数周毫不松懈的进攻行动中消耗大量人员、坦克和弹药，同时他认为，对方虽然取得很大进展，却未能实现其目标。这种评估似乎同样过于乐观，无论以何种标准审视都很难令人赞同。在没有其他更好办法的情况下，冯·曼施泰因只剩下一个选择。他所能做的只是鼓励麾下指挥官，叮嘱他们把这些想法传达给下属，以免他们得出“虽然可以理解，但继续下去毫无意义”的结论。他给指挥官们提出的最后要求是反复检查所有地段苏军部队的一切弱点，或其防御态势的任何变化，看是否有机会将部队撤出防线，以组建预备队并使部队获得某种恢复。

这就是1943年12月底德国人面临的状况，与此同时，苏联人一直在为即将发起的进攻加以最后准备，而德国人仍在竭力加强科罗斯坚以东地域的左翼。1943年12月19日，第4装甲集团军大部分防线保持着相对平静，劳斯一系列反突击行动中的最后一次，力图恢复苏军11月初成功发起进攻后遭破坏的

德军防线。第48装甲军在左侧第59军一部支援下，在兹洛比奇（Zlobichi）以东转入进攻，按计划实施炮击后，该军渐渐楔入苏军防御。这场进攻打垮对方的初步抵抗，迅速穿过若干雷区，向北和东北方取得出色进展。他们完成首日目标并有所超越。出现在该地域并实施抵抗的只有苏军步兵第112师，该师近期获得最近征募的大批当地平民加强，并得到少量坦克支援。东南方，德军第7装甲师遭遇苏军近卫空降兵第2师的攻击，虽然后者实施顽强抵抗，但最终向北退却。次日（12月20日），第48装甲军的意图是转向东南方的马林，歼灭伊尔沙河（Irsha）北岸，特别是乔波维奇地域之敌。这场打击将同第7装甲师一部向北实施的进攻会合，后者将渡过伊尔沙河，前出至斯洛博德卡（Slobodka）以北地域。左侧，第59军继续为进攻行动提供支援，前出至格尼多夫卡河（Gnidovka）。

事实证明，12月20日对第4装甲集团军来说又是平静的一天，唯一的战斗仍在左翼进行，第48装甲军继续攻击前进。该军遭遇苏军预有准备的防御阵地，据守在此的是近卫坦克第4军和坦克第25军辖内部队。第48装甲军虽然在乔波维奇以北公路和铁路线之间设法楔入苏军阵地，但继续取得重大进展的希望很渺茫。一场精心策划的突击似乎是成功的唯一机会，但苏军已在坦克支援下对该军北翼发起冲击。第59军同样进展甚微，遂行防御的苏军在科罗斯坚东北方的辛盖（Singai）地域顽强抵抗。尽管在头两天的战斗中没能取得任何真正的成功，但第4装甲集团军命令第48装甲军12月21日继续进攻，而伊尔沙河南面的第7装甲师奉命转入防御，待主要突击看起来更具希望时再投入进攻。可是，德国人并未取得他们所期盼的成功，事实证明，对第4装甲集团军而言，12月21日是个转折点。在其左翼，苏军从东南面、东面和东北面展开进攻，打击第48装甲军位于乔波维奇西北方的先头部队。除近卫坦克第4和坦克第25军辖内部队，现已确定的部队还包括步兵第140、第143师，以及先前已判明部署在该地域的部队。苏联虽然投入援兵，但未能击退第48装甲军，而据该军判断，对方当日的意图是彻底赢得防御战胜利。右侧，伊尔沙河以南地域，第7装甲师转入防御，苏军只留下虚弱的掩护部队，包括近卫骑兵第1军和步兵第248旅。白天，这些苏军部队甚至向北后撤3至4公里。第4装甲集团军防线其他地段，情况再度发生变化。第42军防区对面，苏军沿一条宽大战线逼近德军防御阵地，并以连级兵力实施侦察巡逻。但德军无法确定苏军大股坦克力量的存在，因而难以判断对方究竟是为牵制性进攻加以准备，还是打算发起一场大规模突击，在后一种情况下，苏联很可能投入坦克第1集团军。

12月22日多云，有雾，轻微的霜冻覆盖着冰冻的地面。沿第4装甲集团军整条防线，从东面的第聂伯河到西北面的伊尔沙河，苏军展开激烈的侦察行动，特别是在捷捷列夫河与伊尔片河之间的拉多梅什利—科尔宁地段。仅在这片地段，苏军便以营级兵力发起不下15次进攻。这些侦察行动表明，苏军两支新部队已到达，步兵第316师位于第13军南翼对面，近卫步兵第129师位于第42军对面，这两个师都调自库班。左翼，第48装甲军继续抗击遂行反冲击的苏军，日终前，双方都没有取得实质性进展。第4装甲集团军决定取消进攻。

12月23日在许多方面证明与前一天相类似。天色依然阴冷，不时洒下蒙蒙细雨和雪花。第48装甲军战线上，苏军继续实施一些缺乏协同、虚弱无力的进攻，主要针对第59军东部战线，他们显然打算从后方遂行突击，消除第48装甲军形成的突出部。他们取得初步战果，但与东南方即将发起的进攻相比，整个行动变得黯然失色，在那里，苏军的侦察行动仍在继续。第42军再次遭到苏军以营级兵力反复实施的小规模冲击，对方获得坦克支援，大多数攻击针对的是该军中央和左翼防区。与此同时，德军实施的侦察发现，苏联又从库班调来另一个师，这次是步兵第389师，该师在第8装甲师对面投入斯塔维谢北面的战线。另一些迹象也表明苏军即将发起进攻，特别是因为相关情报未能确定任何一支苏军部队已撤离前线。这些新调来的师很可能是为加强现有部队的实力。而对俘虏的审问表明，约200辆苏军坦克部署在斯塔维谢以北20公里的别尔卡村周边地域，等待将在几天内发起的进攻。另外，该军防区对面，苏军炮兵部队的数量近期也有所增加，第4装甲集团军得出结论，几天内，苏军将从捷捷列夫河一侧发起大规模进攻，其目标是重新夺回日托米尔。

图表7：第4装甲集团军1943年12月20日的战车数量（单位：辆）

战车	部队	LSSAH	第1装甲师	第7装甲师	第8装甲师	第19装甲师	第25装甲师	党卫队“帝国”装甲战斗群	第20装甲掷弹兵师	第509重型装甲营	第202突击炮营
坦克歼击车	D	0	1	0	0	0	0	0	3	0	0
	C	15	6	2	3	3	0	0	0	0	0
	B	4	12	7	5	8	0	0	5	0	0
	A	19	19	9	8	11	0	0	8	0	0
突击炮	D	0	0	0	0	0	0	0	0	0	2
	C	18	0	0	0	0	3	2	0	0	8
	B	17	0	0	0	0	7	10	10	0	24
	A	35	0	0	0	0	10	12	10	0	34
六号坦克	D	8	0	0	0	0	0	0	0	0	0
	C	9	0	0	0	0	0	4	0	26	0
	B	3	0	0	0	0	0	4	0	4	0
	A	20	0	0	0	0	0	8	0	30	0
五号坦克	D	28	10	0	0	0	0	0	0	0	0
	C	38	25	0	0	0	0	10	0	0	0
	B	6	12	0	0	0	0	10	0	0	0
	A	72	47	0	0	0	0	20	0	0	0
四号坦克	D	9	20	0	5	0	8	0	0	0	0
	C	49	32	36	4	5	10	7	0	0	0
	B	10	22	12	27	14	43	15	0	0	0
	A	68	74	48	36	19	61	22	0	0	0
三号坦克	D	5	5	0	5	0	0	0	3	0	0
	C	2	3	1	3	3	1	0	1	0	0
	B	3	5	1	2	2	8	0	1	0	0
	A	10	13	2	10	5	9	0	5	0	0
二号坦克	D	0	0	2	1	0	0	0	0	0	0
	C	4	0	0	1	0	0	0	0	0	0
	B	3	3	0	3	0	0	0	0	0	0
	A	7	3	2	5	0	0	0	0	0	0
一号坦克	D	0	0	0	0	0	0	0	0	0	0
	C	0	0	0	0	0	0	0	0	0	0
	B	2	0	0	0	0	0	0	0	0	0
	A	2	0	0	0	0	0	0	0	0	0

续表

第239突击炮营	第249突击炮营	第276突击炮营	第280突击炮营	第559反坦克歼击营	第616反坦克歼击营	第731反坦克歼击营	第4装甲集团军突击营	总计	A.战车总数	B.可用战车数	C.前方维修	D.大修
0	0	0	0	0	0	0	0	4				4
0	0	0	0	5	3	5	0	42			42	
0	0	0	0	5	19	18	0	83		83		
0	0	0	0	10	22	23	0	1299	129			
0	0	0	2	0	0	0	2	6				6
4	25	6	4	0	0	0	0	70			70	
18	5	17	22	0	0	0	1	131		131		
22	30	23	28	0	0	0	3	207	207			
0	0	0	0	0	0	0	0	8				8
0	0	0	0	0	0	0	0	39			39	
0	0	0	0	0	0	0	0	11		11		
0	0	0	0	0	0	0	0	58	58			
0	0	0	0	0	0	0	0	38				38
0	0	0	0	0	0	0	0	73			73	
0	0	0	0	0	0	0	0	28		28		
0	0	0	0	0	0	0	0	139	139			
0	0	0	0	0	0	0	1	43				43
0	0	0	0	0	0	0	0	143			143	
0	0	0	0	0	0	0	0	143		143		
0	0	0	0	0	0	0	1	329	329			
0	0	0	0	0	0	0	1	19				19
0	0	0	0	0	0	0	0	14			14	
0	0	0	0	0	0	0	0	22		22		
0	0	0	0	0	0	0	1	55	55			
0	0	0	0	0	0	0	0	3				3
0	0	0	0	0	0	0	0	5			5	
0	0	0	0	0	0	0	0	9		9		
0	0	0	0	0	0	0	0	17	17			
0	0	0	0	0	0	0	0	0				0
0	0	0	0	0	0	0	0	0			0	
0	0	0	0	0	0	0	0	2		2		
0	0	0	0	0	0	0	0	2	2			

注释

1.字面意思是“武装部队之孔”，旨在描述两个集团军群之间敞开的缺口。

2.实际上就是以“劳斯”特别军军部更名而来。原先的第11军已在斯大林格勒覆灭。

3.PzAOK 4, O.Qu./Qu.1 Nr.53/44 geh.（第4装甲集团军司令部，首席军需长/第一军需长，第53/44号），1944年1月8日签发。

4. 打击群。

5.魏丁格尔，《“帝国”师》（奥斯纳布吕克：穆宁出版社，1982年），第五卷，第18页。

6.反游击部队司令。

7.保安师。

8. 德方资料中称之为乔波维奇车站。

9.武装部队交通主管。

10.铁路运输处（东部）。

11.运输事务负责人。

12.该营1943年12月28日调离第147预备师，用于组建第957掷弹兵团。

13. OKH，GenStdH/Org.A Nr. I/3197/43，1943年10月2日签发。

14.书中使用的“作战兵力”一词译自德文Kampfstärke，这个词指的是直接从事战斗，或派至营指挥所，以及为直接从事战斗者提供直接支援的士兵。参见OKH/Gen.St.d.H. Org Abt. 1/2000/44 g.，1944年4月25日签发。

15.第4装甲集团军1943年12月5日签发的图表，无编号。应当指出，某些师的实力相对较强是因为辖内各营交叉附属导致了偏差。

16.第4装甲集团军作战处，第198/44号报告，1944年1月10日签发；第4装甲集团军作战处，第295/44 号报告，1944年1月12日签发。表中所示的情况并不完整，因为其中并未包括已撤离前线接受改编的那些师，包括第68、第208、第340步兵师和第213保安师。但这些部队无法留在前线继续从事战斗的事实强烈地说明，他们此时的作战兵力已寥寥无几。

17.第1装甲集团军作战处，第32/44号报告，1944年1月10日、12日签发。

18. 这些报告由相关部队单独提交，使用的日期均为1943年12月20日，所以这份汇总表没有分别引用这些报告。

19 “南方”集团军群作战处，第4205/43号报告，1943年12月15日签发。

第三章
初步突破

1943年12月24日，星期五

第4装甲集团军的防线较为平静地度过12月23日的夜晚。东面，内林第24装甲军右翼倚靠第聂伯河，该军报告只发生局部战斗[1]。双方沿东北地段派出侦察巡逻队，但与前几晚相比，苏军炮兵连只投下微不足道的破坏性炮火。西北地段的战斗稍激烈，苏军的小规模进攻迫使第34步兵师第80步兵团第1营将前沿阵地收缩至主防御阵地以北约1公里处，切尔尼亚霍夫北面，苏联开始挖掘阵地，在距离德军防线仅800米处构筑新防御。较为积极的是，第82步兵师在切尔尼亚霍夫西北方2公里的十字路口周边及东面展开一场小规模反冲击，夺得苏军三个防御阵地。晚些时候，凌晨1点左右，苏联再度组织反冲击，在马卡罗夫卡地域（Makarovka）投入约30人，但这番尝试未获成功。德军当晚派出的巡逻队发现，苏军部队向前推进至190高地东南方，该高地位于格尔马诺夫卡以东约4公里处，与东面的情况不同，该地域遭到苏军猛烈炮火打击。

黑尔第7军度过一个平静的夜晚，辖内三个师都没有报告遭遇任何真正的困难[2]。第75步兵师拦截苏军四起巡逻，两起在亚茨基（Yatski）南部边缘，另外两起在该师左翼，这些侦察行动均被德军击退。第198步兵师报告，未发生任何战斗，而昨日16点至17点间，第88步兵师遭到苏军两次连级兵力突击。这两场进攻均针对该师左翼，但对方没能到达德军主防线便被击退。

鉴于苏军即将发起突击，第42军不出所料地度过一个较为麻烦的夜晚[3]。双方都展开较大活动，右翼第25装甲师报告，在苏先卡前方消灭一个苏军前哨。该师左侧的第19装甲师展开一场小规模行动，肃清亚斯特列本卡以东低地，该师报告击毙70名苏军士兵，缴获两挺机枪。为肃清苏军在亚斯特列本卡以北达成的突破，该师展开另一场反冲击，但不太成功。战斗相当激烈，德军的突击遭遇对方组织严密的近防体系，面对苏军的顽强抵抗，德国人没能取得实质性进展。伤亡开始加剧，该师决定取消进攻。5点30分，德军再度发起进攻，清晨时仍在继续。除作战行动，该师还报告，在亚斯特列本卡、拉诺克农场（Ranok）、马里亚诺夫卡（Mar'yanovka）周边地域发现敌人大量交通运输活动。北面，第8装甲师左翼一直遭到攻击，小股苏军在拉科维奇东部楔入该师主阵地。该师在夜间封闭突破口，计划拂晓时组织反冲击。第42军左翼，党卫队“帝国”装甲战斗群报告，苏军正加强对面的防线，在许多地段推进至距离其主阵地60米处。更令人不安的是，该战斗群指出，这些苏军先遣部队并未掘壕据守，显然，苏军主阵地目前已得到强有力的据守。但对方并不满足于仅仅前调部队。80至100名苏军士兵在别尔卡河地域发起一场冲击，但被德军击退，而苏军对该战斗群左翼的另一场进攻取得突破，这一突破必须在反冲击发起前予以封闭，而这场反冲击将在少量坦克支援下于拂晓时展开。

北面，第13军度过一个平静的夜晚，报告中没有提及苏军在其整个防区有所行动[4]。第68步兵师派出一支战斗巡逻队，消灭克拉斯诺博尔卡以东一个苏军前哨，击毙10名苏军士兵。不过，该军与对方展开炮战，德军炮兵的打击目标主要集中于苏军主阵地。

对巴尔克第48装甲军来说，这个夜晚喜忧参半[5]。右翼第7装甲师的报告没有太多值得一提的内容，而左翼的第1装甲师，奉命于凌晨3点撤出乔波维奇西北方突出部。但敌人显然发现该师这番后撤，因为苏军一个坦克群已设法逼近利普利亚内（Liplyany）以南磨坊附近铁路线。第1装甲师不得不组建一个战斗群应对这一状况，但暂时仍存在危险。与此同时，党卫队第1“警卫旗队”装甲师也展开反冲击。昨晚，一股敌军沿通往博利亚尔卡农场的沙路向西推进，但搭乘突击炮的党卫队第1装甲掷弹兵团第1营17点左右迅速发起打击，驱散苏军，击退这场进攻。赢得这场小小的胜利后，这股德军投入肃清利普利亚内以南磨坊附近态势的行动。该师防区其他地段保持着平静。

冯·德尔·切瓦勒里第59军右翼第291步兵师报告，苏军在利普利亚内以南铁路路口达成突破[6]。突破口宽约600米，这场进攻落在该师与右侧第1装甲师的结合部。据报，先前推进的苏军援兵已穿过突破口，到目前为止发现6辆敌坦克参与进攻。其他地段的情况也好不到哪里去。在实施一连串冲击后，苏军对C军级支队右翼的进攻终于突入霍季诺夫卡村，迫使该军级支队将右翼后撤，这就导致他们与右侧第291步兵师之间的缺口再度敞开。德军旋即组织反冲击，设法封闭该缺口。南面的伊尔沙河谷，德国人发现一支敌巡逻队出现在舍尔什尼附近，但该地段的其他苏军按兵不动，仍在原处挖掘阵地。北面，该军防区其他地段当晚一直保持着平静。

清晨6点，第42军防区仍是一片黑暗，苏军炮兵展开炮击，预示着红军冬季攻势第一场战役的开始。一小时后，炮火向德军后方延伸，7点整，主要突击开始。天亮时细雨蒙蒙，阴云密布，据估计，十个苏军步兵师在炮兵和坦克大力支援下冲击第42军防区[7]。这场进攻集中在两个主要地段：南面，在季温与兹德维日河（Zdvizh）之间；北面，位于基辅—日托米尔主公路与别尔卡河之间。尽管三个装甲师辖内部队展开殊死抵抗，但苏联在两个地段成功达成重大突破。季温、乌利什卡（Ul'shka）、霍穆捷茨、克拉科夫希纳（Krakovshchina）、亚斯特列本卡、杜布罗夫卡（Dubrovka）和拉扎列夫卡（Lazarevka）迅速丢失，迫使守军向南退往索洛韦耶夫卡和布鲁西洛夫东部边缘，以及拉扎列夫卡以西的兹德维日河西岸。第25装甲师北翼在两个地段遭到敌人大股步兵和坦克攻击。南面，苏军在季温地段达成突破，并向西、西南方挺进，直至图尔博夫卡（Turbovka）北端和索洛韦耶夫卡南端。稍北面，苏军在霍穆捷茨地域也取得突破，并向西疾进，穿过莫罗佐夫卡（Morozovka），到达后方15公里的沃多特。该师一个装甲战斗群在季温南北两面展开反冲击，据称给敌人造成严重伤亡，虽然索洛韦耶夫卡镇爆发巷战，据称击毁18辆敌坦克，但此举根本无法阻止苏军的进攻势头。德军还朝北面的莫罗佐夫卡发起另一场反冲击，估计击毁15辆敌坦克，但那里的态势依然混沌不清。北面，第19装甲师右翼也遭到攻击，结果大同小异。经过激战，获得强大坦克力量支援的苏军在亚斯特列本卡地段达成突破，穿过杜布罗夫卡向前推进，直至布鲁西洛夫东部边缘。北面，苏军另一场进攻突破该师中央防区，一路前至从小卡拉申（Malyi Karashin）到拉扎列夫卡的兹德维日河谷。该师试图实施反冲击，封闭杜布罗夫卡地域的缺口，但在遭遇对方猛烈防御火力后以失败告终。傍晚时，该师向南面的克拉科夫希纳发起另一场进攻，结果与苏军一支强大的坦克力量迎头相遇。该师报告，他们在随后的战斗中至少击毁20辆敌坦克，但大批敌坦克继续向西挺进。据称15辆敌坦克攻入沃多特村，村东北方又数出另外57辆敌坦克。该师左侧的第8装甲师亦遭到猛攻。据第8装甲师估计，对方投入至少150辆坦克进攻其中央和左翼，尽管顽强抗击，但苏军还是取得纵深突破。斯塔维谢西北方，敌坦克部队隆隆驶过该师的防御区，向南攻往基辅—日托米尔主公路，一举夺得尤谢福夫卡（Yusefovka）[8]，之后返回通往日托米尔的主公路。沿公路前进约6公里后，一些部队在片科瓦托耶（Penkovatoe）附近的交通路口转身向南，赶往奥索夫齐（Osovtsy），构成席卷第8装甲师右翼的威胁。左侧，该师投入装甲力量在别尔卡河谷遂行反冲击，成功击退苏军第一波次部队，结果却导致对方同已在拉科维奇达成突破的一股力量会合。合兵一处的苏军再次冲向扎别洛奇耶（Zabeloch'e）西南面，攻往科切罗夫（Kocherov）和波塔什尼亚（Potashnya）。此时据守科切罗夫的只有警戒部队和“冯·米茨拉夫”战斗群一部，该装甲战斗群隶属第8装甲师。苏联人继续向前突破，很快到达从科切罗夫北面的别尔卡河至基辅—日托米尔主公路一线。德军在扎别洛奇耶地域的后续反冲击徒劳无获。据第8装甲师报告，仅在中央地段就击毁至少20辆敌坦克，可即便如此也无法阻止苏军攻向通往日托米尔的主公路，后方15公里的科切罗夫镇晚些时候爆发巷战。第42军左翼的党卫队“帝国”装甲战斗群报告，防区右翼和中央地段遭攻击。遂行突击的苏军同样获得火炮和坦克大力支援，事实证明，与其他师一样，该战斗群也无力遏止对方的推进。苏联人在加尔博罗夫（Garborov）附近突破德军防线，并向西南方推进，意图夺取索博列夫（Sobolev）[9]。他们从那里继续向前，跨过并封锁科切罗夫—拉多梅什利公路，而党卫队“帝国”装甲战斗群将右翼撤至以下一线：从178.7高地以东2公里处起，穿过该高地以北2公里处，直至索博列夫以西的道路弯曲部。相比之下，“帝国”装甲战斗群左翼只遭到苏军小规模冲击，他们肃清或成功封闭对方在加尔博罗夫周边地域达成的局部突破。日终时，该战斗群仍扼守从扎别洛奇耶西北边缘起，经索博列夫至捷捷列夫河河畔鲁德尼亚（Rudnya）[10]一线，在那里同第13军右翼保持联系。第42军估计，他们遭到至少200辆坦克攻击，该军报告至少击毁60辆敌坦克，很可能远不止这些。该军虽然已确认苏军的进攻力度和突破深度，但无法确定苏联人的后续意图，不过他们排除对方达成局部合围的可能性，并预计苏军南部集团将攻往西面和西南面，而更北面的苏军会继续冲向通往日托米尔的主公路，其当前目标是科切罗夫。

苏军的大举进攻使第4装甲集团军忙乱起来。8点25分，第42军参谋长格哈德·弗朗茨上校致电第4装甲集团军司令部，汇报他那里的情况，9点，劳斯与参谋长范戈赫尔少将商讨态势[11]。范戈赫尔介绍第42军面临的状况，劳斯决定，将目前隶属第7装甲师的第509重型装甲营（配备“虎”式坦克）调回主防区。该营将赶赴科切罗夫，任务是在那里阻止苏军坦克部队一切后续推进。另外，开进中的第18炮兵师务必同集团军保持紧密的无线电联络。该师早些时候接到调动令，辖内第一批部队已于昨晚开拔[12]。该师接到的指示是撤出第7军防区，经白采尔科维、斯克维拉、波佩利尼亚（Popel'nya）、日托米尔赶赴科切罗夫以东地域，在那里编入第42军。该师将为第8装甲师和党卫队“帝国”装甲战斗群提供支援，但苏军规模庞大的进攻给这一意图造成妨碍，装甲集团军故而命令该师同集团军司令部保持密切联络，以防该师妨碍其他部队的调动，甚至可以在面临新威胁时变更该师部署。

上午晚些时候，范戈赫尔致电“南方”集团军群参谋长布塞中将，向他汇报最新态势[13]。范戈赫尔表示，这场进攻意味着苏军的大规模攻势，布塞对此答道，现在应将部署在科罗斯坚周围的两个装甲师调至日托米尔以东地域。不过他也指出，此举可能恰恰是苏军指挥部所希望的。会谈结束后，范戈赫尔再度与劳斯商讨态势，劳斯这次同意，第48装甲军应按计划缩短战线，腾出第1装甲师和党卫队第1“警卫旗队”装甲师用于其他地段的战斗。

10点45分，弗朗茨上校又从第42军军部打来电话，告诉第4装甲集团军司令部，苏军已穿过第8和第25装甲师防区上的缺口，正设法取得更大进展。范戈赫尔立即命令第13军将第20装甲掷弹兵师突击营交给集团军司令部直接掌握，并命令该营开赴科切罗夫地域，支援奉命赶往那里的第509重型装甲营[14]。大致在同一时刻，第4装甲集团军还命令第24装甲军，做好从第168步兵师抽调一个加强团的准备[15]。这股部队应编有两个掷弹兵营和一个燧发枪手营，并以一个炮兵营、一个工兵连和一个反坦克连提供支援。这场调动于当日开始，步兵部队，连同少量马匹和车辆，在卡加尔雷克（Kagarlyk）装载，12月26日清晨前调至波佩利尼亚地域。到达后，该团级集群将编入第42军，受领的任务是接替第25装甲师南翼的第146装甲掷弹兵团。尔后，第146装甲掷弹兵团应集结于科尔宁—利普基（Lipki）—科罗列夫卡（Korolevka）地域，直属装甲集团军。调动令当晚22点下达[16]。命令指示马腾克洛特，待该团级集群卸载完毕，立即开赴霍多尔科夫地域，并向集团军司令部汇报他的后续意图。

11点45分左右，范戈赫尔再次与劳斯商谈，建议把第473装甲歼击营（Panzer–Zerstörer–Bataillon）①营部和两个连交给第1装甲师，投入预计在日托米尔以东展开的后续战斗。劳斯同意，并据此下达训令[17]。同时，他们还决定将第509重型装甲营的9辆“虎”式坦克交给第1装甲师。

相比之下，第4装甲集团军防线其他地段当日的情况较为轻松。右翼第24装甲军报告，当天相当平静[18]。苏军发起一些小规模冲击，但总的说来，前几天已取得战果的苏军没有展开真正的进攻。B军级支队右翼，博布里察（Bobritsa）附近，苏军当日清晨展开一场战斗巡逻，但5点30分左右被击退，当日晚些时候，一场较为严重的事态现在巴雷科休钦卡（Balyko–Shchuchinka）附近。13点20分左右，1—2个苏军步兵连（估计）进攻第34步兵师，设法取得局部突破。德军组织反冲击，战斗持续至夜间。该师报告，其他地段未发生战斗，但在切尔尼亚霍夫北面，第82步兵师辖内部队在突击炮支援下，当日上午10点发起反冲击。这场进攻的打击目标是距离该师主防线1000米的苏军前沿阵地，激战随之而来，他们已被对方发现，被迫撤回。这场进攻抓获51名俘虏，击毙约80名苏军士兵。该师因而将其前沿部队推进至主防线前方约1500米处。

左侧第7军报告，当面之敌的部署自昨日没有发生变化[19]。苏军以火炮和

① 译注：这种装甲歼击营并非装甲部队，而是由解散或覆灭的步兵反坦克营残余人员组成，配备的是“战车噩梦”反坦克火箭筒，但不排除配备自行火炮的可能性。

迫击炮实施一些破坏性炮击，但他们的主要兴趣似乎是在第88步兵师前方由东向西展开大量雪橇交通。该师炮兵对观察到的敌军调动和已知的敌阵地实施炮击。第198步兵师据守的防区，据报敌人唯一的行动是一起战斗巡逻，他们袭击一个前进监听站，为俘虏一名负伤的德国士兵，双方展开交火，一名苏军士兵被击毙。

苏军对第42军展开主要突击的北面，豪费第13军度过平静的一天[20]。当日下午，苏军炮击右翼第68步兵师，在某些地段甚至更加逼近德军防御阵地，但除此之外，他们保持着平静。遵照第4装甲集团军的训令，第13军指示第20装甲掷弹兵师突击营开赴科切罗夫，12点45分，该营已脱离第13军编成。

在第48装甲军战线，苏军实施防御和进攻[21]。党卫队第1“警卫旗队”装甲师防区内的情况较为平静，但苏军不断追击后撤中的第1装甲师，以团级兵力在坦克支援下进攻该师新防御阵地。虽然遭到密切关注，但第1装甲师顺利实施一场有序后撤，而苏军夺得利普利亚内以南的铁路和沙路。敌人不断遂行冲击，从白天持续至夜晚，直到第1装甲师进入新阵地。日终时，该师据守的防线从梅列尼公路起，经博利亚尔卡至东北方铁道路口。在此期间，“冯·梅伦廷”战斗群发起反冲击，致使铁路线以北、磨坊周边及以西地域的苏军猝不及防。该战斗群先肃清霍季诺夫卡[22]，在该村西北部实施快速重组后，上午10点动身离开。该战斗群向北突击，消灭苏军设在171.8高地上的阵地，尔后转向西北方，攻往格罗济诺[23]。在打垮苏军防线后，战斗群突入该村南端，随后散开，同部署在北面和西面的步兵部队建立联系。据报，该战斗群在行动中击毁7辆敌坦克，这场反冲击之所以取得成功，很大程度上是因为对方在该地段的坦克力量不足。傍晚时，行动告一段落，第1装甲师辖内部队忙于接替仍部署在前线的该战斗群。在此期间，党卫队第1“警卫旗队”装甲师完成后撤行动，未遭受敌人干扰，另外，除在梅列尼西面和西北面实施司空见惯的侦察巡逻外，苏军这一整天保持着平静。第48装甲军右翼，新近编入该军的第7装甲师报告，两侧除巡逻和炮火外，未发生特殊情况。但该师已将左翼撤往西南方，从扎布兰诺耶至古塔多布伦斯卡亚（Guta Dobrynskaya），并奉命将第509重型装甲营派往日托米尔。

北面，第4装甲集团军左翼，第59军度过较为忙碌的一天[24]。尽管苏军以猛烈的破坏性炮火轰击第291步兵师整个防区，但该军证实，在“冯·梅伦廷”战斗群支援下，已肃清利普利亚内农场以南突破口。11点，苏军重新展开进攻，再次打开这个突破口，德军立即组织反冲击，封闭新突破。在第48装甲军少量坦克支援下，C军级支队也成功恢复原防线，肃清在霍季诺夫卡农场东北面达成突破的所有敌军，尽管有些苏军士兵越过铁路线，穿过突破地域向北逃窜。之后，敌人几次冲击该军级支队右翼，这些进攻大多被击退，但一股实力较弱的敌军设法楔入霍季诺夫卡东端。C军级支队仓促组织反冲击，击退这股敌军，中午前，原防线得以恢复。更北面，约80名苏军士兵攻入涅米罗夫卡西北方的沃罗诺沃村（Voronovo），但德军当日下午肃清这场突破。西南面的深远后方，第320预备掷弹兵营和第375保安团第3营分别于12月23日和24日抵达沃伦斯基新城。

第4装甲集团军司令部中午前接到第48装甲军军长巴尔克打来的电话，巴尔克告诉他们，肃清格罗济诺的行动已完成[25]。12点20分，劳斯和范戈赫尔再度商谈，这一次讨论的是调动巴尔克军部的可能性，范戈赫尔建议将该军部变更部署至日托米尔地域[26]。在那里，第48装甲军军部可以协调第1装甲师、党卫队第1“警卫旗队”装甲师和仍在日托米尔南面的第18炮兵师的行动。第7装甲师应留在现有阵地上，但转隶第13军。劳斯同意这项建议，并据此下达相关命令。第48装甲军奉命于当晚18点将现有防区移交第13和第59军，准备开赴日托米尔以东地域，在那里的任务是歼灭突破第42军防线的苏军部队[27]。第13与第59军的新分界线将从图尔钦卡（Turchinka）起，沿伊尔沙河延伸至梅列尼。因此，第59军据守的防线从舍尔什尼起，穿过梅列尼农场和国营农场至霍季诺夫卡，从那里沿铁路线延伸至霍季诺夫卡农场以北和格罗济诺。从那里起，防线和原先一样。第4装甲集团军下达命令，要求巴尔克撤至“绿线”，并把两个装甲师调离前线。第1装甲师当晚开赴日托米尔，赶往日托米尔以东约30公里的科罗斯特舍夫（Korostyshev）。党卫队第1“警卫旗队”装甲师多逗留一天，为应对各种突发事件充当“救火队”，但也将于次日下午赶往日托米尔。第7装甲师留在现有阵地，但转隶第13军。仍在别尔季切夫地域的第473装甲歼击营加入第48装甲军，并于次日进入日托米尔地域。作为额外加强，劳斯把第18炮兵师交给巴尔克指挥，但前提条件是不得分拆使用该师，而且只能在肃清苏军突破后动用该师。

12点50分，劳斯打电话给巴尔克，向他下达这些指示，告诉他把军部迁至日托米尔以北某处[28]。劳斯还问，“警卫旗队”装甲师是否应暂时留在冯·德尔·切瓦勒里第59军，巴尔克回答说应该如此，他认为苏联仍计划从乔波维奇地域实施新的进攻。实际上，这位军长已下令在该地段构筑全方位障碍物和路障。劳斯随后又同第13军军长豪费商讨部署第7装甲师的事宜[29]。他告诉这位军长，第7装甲师留在该军，但现在必须用这个师封闭第59军右翼缺口。他还建议豪费，在防区前方尽可能多地布设障碍物。

在此期间，第42军参谋长弗朗茨上校16点15分左右打来电话，向集团军司令部汇报最新态势，并建议夜间将第42军撤至以下防线：南起卢钦，经索洛韦耶夫卡东部边缘、莫罗佐夫卡、布鲁西洛夫、奥索夫齐、科切罗夫至北面的加尔博罗夫[30]。半小时后，劳斯再次致电48装甲军军长巴尔克，告诉后者，苏军先遣部队已到达科切罗夫，因此，对第48装甲军来说至关重要的是，尽快赶至并封锁科罗斯特舍夫的捷捷列夫河渡口，使其无法为敌坦克部队所用[31]。劳斯暂时取消先前下达的指示，命令第18炮兵师不得越过日托米尔以南，该师先遣部队应在那里寻找合适的发射阵地[32]。第18炮兵师决不能穿过日托米尔城，后续命令很快会下达。待到达城市以南，该师将编入第48装甲军，而非原定的第42军。劳斯考虑过将该师突击炮营调至科罗斯特舍夫地域，但该营位于第18炮兵师队列后方，仍在原先的阵地上，劳斯遂放弃这个想法。

刚过17点，第4装甲集团军便接到令人不安的消息。集团军司令部截获党卫队“帝国”装甲战斗群发给左侧第68步兵师的一封电报[33]。这份电报表明，“帝国”装甲战斗群打算将左翼撤至拉多梅什利地域。范戈赫尔致电第42军参谋长弗朗茨上校，告诉他无论如何应避免此类机动，否则有可能导致第42军左翼彻底分崩离析。第42军作战参谋赫尔马尼中校后来同范戈赫尔交谈时再次提及这个问题，他告诉后者，“帝国”装甲战斗群仍希望将其左翼撤至南面的捷捷列夫河。范戈赫尔再次强调坚守既有阵地的重要性，无论如何应避免这种后撤。他以几乎不加掩饰的威胁结束这番交谈——若不执行坚守既有阵地的命令，师长将承担个人责任。

20点15分，马腾克洛特亲自打电话给劳斯，汇报第42军面临的最新状况[34]。

他证实了自己的估计，第42军面对苏军10个步兵师和约200辆坦克，其中60辆已被击毁。他把第25装甲师的迅速崩溃归咎于该师一个团缺乏凝聚力和严格控制，尽管在目前情况下，这很可能是个过于苛刻的评价。至少劳斯认为该师的运气太坏，若他们能投入所有可用坦克，无疑会打得更好，会击毁更多敌坦克[35]。马腾克洛特还告诉劳斯，科切罗夫镇已于当日下午失守，但第8装甲师奉命将其重新夺回。当晚早些时候，19点35分，第4装甲集团军已给第42军下达关于次日的新命令[36]。根据第42军参谋长下午早些时候提供的情况，马腾克洛特现在奉命将苏军的推进阻挡在以下一线：南起卢钦，经图尔博夫卡、索洛韦耶夫卡东部边缘、莫罗佐夫卡、布鲁西洛夫、奥索夫齐至科切罗夫，再从那里沿公路延伸至鲁德尼亚。装甲集群应实施连续机动作战，全力迫使敌人中止进攻，特别是要组织一场反冲击，封闭第19与第25装甲师结合部，索洛韦耶夫卡与布鲁西洛夫之间敞开的缺口。指令中再次强调，党卫队“帝国”装甲战斗群务必将其左翼留在捷捷列夫河的既有阵地上，而第13军炮兵力量应从拉多梅什利北面的河流左岸阵地支援该战斗群。

第42军防线当日经历激烈的战斗。一场常见的猛烈炮击后，苏联人从基辅—日托米尔主公路两侧发起冲击，第4装甲集团军的初步印象是，苏军这场进攻旨在重新夺回日托米尔[37]。其重点集中在两个主要地域：一个是南面的季温—霍穆捷茨地区，似乎以步兵力量为主；另一个是北面的拉科维奇两侧，似乎以坦克力量为主[38]。南面的突击由苏军第38集团军右翼遂行，投入4个步兵师，并辅以1—2个坦克旅；而基辅—日托米尔公路以北的进攻由近卫第1集团军实施，投入约6个满编步兵师，坦克第1集团军至少以150辆坦克提供支援。虽然德军情报部门确认坦克第1集团军的存在，但尚未发现该集团军任何一支下属部队。激战中，德国人识别出苏军三个新步兵师，战场上的大批步兵表明，这些师均为齐装满员。敌人的意图似乎是卷击基辅—日托米尔公路两侧战线，尔后向西南方攻往日托米尔。更北面，第48装甲军肃清科罗斯坚东南方态势时遭遇的主要是苏军虚弱的步兵部队，这一事实表明，昨日在该地域作战的苏军坦克第25军辖内部队现已调离前线。这些坦克部队很可能在第60集团军向南攻往日托米尔之前在乔波维奇地域重组，作为一场更大攻势的组成部分，他们将在那里参加主要突击。由于对敌人的意图缺乏更具体的了解，第4装甲集团军打算将苏军的推进阻挡在已提及的一线，保持第42军与第13军的紧密联系。为加强摇摇欲坠的防线，劳斯将把第48装甲军集结在日托米尔周边，该军缺第7装甲师，但编有第1装甲师、党卫队第1“警卫旗队”装甲师和第18炮兵师[39]。后方，日托米尔卫戍司令改称作战司令，掌握一切必要的权力并承担相应责任[40]。第675战地司令暂时留任作战司令，任务是组建并组织警戒部队守卫日托米尔城。在此阶段，未获装甲集团军批准，不得投入警戒部队。

1943年12月25日，星期六

第42军防区当日传来的第一个消息糟糕至极，但不能说完全出乎意料[41]。马腾克洛特失去同辖内各师的一切联系，对当晚发生的情况一无所知。上午9点10分，他的参谋长弗朗茨上校报告，第42军无法按原定意图构设新防线[42]。布鲁西洛夫与西南面格尼列茨镇（Gnilets）[43]之间显然存在一个近12公里宽的缺口，强大的敌步兵和坦克部队正向西涌去。据报，苏军先遣坦克部队已到达布鲁西洛夫—霍多尔科夫公路，另一侧的情况也好不到哪里去，党卫队“帝国”装甲战斗群不顾上级下达的命令，已撤过捷捷列夫河。后方，第20装甲掷弹兵师突击营到达科罗斯特舍夫的新防区，并报告当晚较为平静[44]。第509重型装甲营尚未赶到。

相比之下，其他地段发来的消息不太令人担心。第24装甲军报告，当晚没发生太多战斗，B军级支队辖内部队昨晚肃清苏军在舒辛卡（Shushchinka）以南达成的小规模突破[45]。东面，几乎未发现苏军的巡逻，但对方在西北防线上的活动较多，其中包括15名苏军士兵对第34步兵师设在斯泰基（Staiki）以南一个前进哨所发起的小规模进攻。这场袭击被成功击退。第7军也报告当晚较为平静，只遭到常见的轻微炮火和步兵火力骚扰，苏军还展开一些巡逻活动[46]。据报，四起战斗巡逻发生在第75步兵师防区，一起发生在第198步兵师左翼，另外两起发生在第88步兵师右翼。在此期间，第18炮兵师继续向东调动，该师辖内大多数单位昨晚21点离开第7军防区。第42军防区左侧，豪费第13军报告，敌人的情况未发生变化[47]。午夜前后，对方以连级兵力进攻第213保安师，但被击退，敌人在第340步兵师防区实施的一场局部巡逻亦遭到拦截。一整晚，双方以火炮和迫击炮交火，在此期间，第13军，特别是第68步兵师，对疑似苏军兵力调动展开炮击。第68步兵师发来的报告更令人担心，报告中证实其巡逻队已无法同第42军右翼①的党卫队“帝国”装甲战斗群取得联系。这是该战斗群未经许可擅自后撤的第一个消息，第42军稍后确认这一点。巴尔克第48装甲军已撤离科罗斯坚东南方战线，开始赶往日托米尔，据该军报告，原防区当晚较为平静[48]。凌晨1点左右，第212预备掷弹兵团奉命进入新阵地，第70工兵营已调至第59军。第59军也度过一个平静的夜晚，该军报告，未发生任何活动[49]。

收悉所有晨报后，劳斯和范戈赫尔9点15分会晤，商讨事态的发展[50]。劳斯打算以第48装甲军对前进中的苏军部队发起两场反突击：一场从基辅—日托米尔主公路以南经布鲁西洛夫朝东南方遂行，另一场则以党卫队第1“警卫旗队”装甲师向南实施一场迂回机动，从霍多尔科夫地域攻向东北方。这样一来，靠前的苏军部队将被一场钳形攻势围歼。他现在非常清楚，苏军的主要突击方向是卡扎京和别尔季切夫。

9点30分左右，巴尔克报告，苏军部队从行进间夺取科切罗夫、普里沃罗季耶（Privorot'e）、维利尼亚（Vil'nya）镇，其先遣部队就在15公里外，他认为第1装甲师主力无法在傍晚前重新集结于科罗斯特舍夫地域[51]。劳斯向巴尔克介绍马腾克洛特军面临的情况，并补充道，他认为苏军为这场进攻投入四个集团军，包括一个坦克集团军。他还提及，他正考虑批准向“齐格弗里德”防线实施一场全面后撤，这条防线从鲁德尼亚向南延伸，经沃伊塔舍夫卡（Voitashevka）[52]、维利尼亚、奥泽拉、利普基、别尔基（Belki）、若夫特涅沃耶（Zhovtnevoe）[53]、萨韦尔齐（Savertsy）至塔博罗夫（Taborov），再从那里沿罗斯塔维察河（Rostavitsa）延伸至东面。第1装甲师的任务是掩护沿基辅—日托米尔公路两侧后撤，但该师仍有可能在稍晚些时候与党卫队第1“警卫旗队”装甲师一同从科罗斯特舍夫地域向南实施反突击。从霍多尔科夫向东北方遂行打击的可能性依然存在，但这都是后续事宜。

---

① 译注：左翼。

在此期间，第4装甲集团军已在晨报中向“南方”集团军群参谋长布塞中将汇报最新情况。布塞指出，第25装甲师似乎退却得过快，而该师通过第42军呈交的报告似乎也有些不太令人满意之处[54]。鉴于具体状况和问题，该师招致这种批评也许不足为奇，但这些批评是出于善意。布塞还称，苏军的进攻规模表明，这有可能是预计中的主要突击，其最终目标估计是布格河。他们在这番电话交谈中还谈及劳斯使用第48装甲军的想法，但布塞对此构思的主要看法是，第4装甲集团军将两个装甲师分散使用在不同地段似乎不太妥当。

与此同时，第42军防区内的战斗愈演愈烈。当日清晨，苏军恢复进攻，这一次显然将其主力集中于该军南翼，已遭到削弱的第25装甲师右翼[55]。苏军强大的摩托化步兵部队一举攻克莫赫纳奇卡，在该镇东南面突破德军主防御阵地，尔后转身向西，沿铁路线推进。10点10分，马腾克洛特亲自向第4装甲集团军司令劳斯汇报这一最新状况[56]。劳斯告诉他，集团军群已将第168步兵师余部投入[57]，因此，该师会立即编入第42军。劳斯在当日晚些时候下达的一道命令中证实这一部署[58]。训令中要求马腾克洛特将该师集结在罗斯塔维察河河畔的帕沃洛奇（Pavoloch'）以南，以该师一部掩护北面帕里普瑟（Paripsy）以西的卡缅卡河渡口，在那里同第7军部署在该处的Sperrverband[59]取得联系。交谈中，劳斯还让马腾克洛特着手将第42军逐步撤至“齐格弗里德”防线，该军务必携带上所有武器和装备，不得随意破坏或遗弃。该军无论如何必须同友邻第7军保持联系，应尽快组织反冲击封闭缺口。

在此期间，苏军冒着持续不断的降雨继续进攻，第42军右翼，从科尔宁以东向前推进的一群苏军坦克从南面迂回该镇，另外45辆敌坦克冲过该镇东北端攻向克里沃耶。甚至有报告称，敌坦克炮火已射入西南方15公里外的科特利亚尔卡镇（Kotlyarka）。科尔宁西北方，苏军坦克攻占科罗列夫卡和索博列夫卡（Sobolevka），另据报告，苏军步兵和坦克已位于格尼列茨。当日上午的报告还提及敌坦克出现在科尔宁以西15公里的斯科奇谢镇（Skochishche）。西北方，另外一些苏军坦克攻占兹德维日卡（Zdvizhka）、维利尼亚、沃伊塔舍夫卡村。这就把第8和第19装甲师有效封闭在一个松散的包围圈内，这两个师仍在东面苦战。一些部队尚在布鲁西洛大以西的卡拉巴钦（Karabachin）战斗，据报，另一些部队从奥索夫齐地域退往布鲁西洛夫和东南方。在此期间，“冯·米茨拉夫”战斗群重新夺回科切罗夫西面的基辅—日托米尔公路两侧，该战斗群报告，10辆苏军坦克位于科切罗夫镇西部边缘。北面，党卫队“帝国”装甲战斗群已将其右翼撤至波塔什尼亚—斯塔瓦茨卡亚斯洛博达（Stavatskaya Sloboda）—马里亚诺夫卡一线，其左翼留在鲁德尼亚西南方，据称在那里同第13军保持联系。

第4装甲集团军右翼，第聂伯河河畔的内林第24装甲军，情况依然较为平静[60]。气候再次恶化，阴云密布，降雨不断，这种阴沉沉的天气，能见度相当有限，该军报告，除在杜达里（Dudari）附近不得不实施防御，抗击敌人的一场巡逻外，未发生其他战斗。苏军这场巡逻只投入约25人，6点左右，德国人没费太大周折便将其击退[61]。但在左侧，苏军的进攻终于落在第7军防区[62]。一场持续半小时的炮火准备后，敌人在沃利察及其西面冲击第88步兵师最左翼。苏军为此投入四个步兵营，打击第42军与第7军结合部。皮夫尼（Pivni）和科什利亚基（Koshlyaki）双双陷落，但德军迅速组织反冲击，重新夺回沃利察以南林地。占领皮夫尼后，苏军部队在该村南部边缘掘壕据守，他们已切断两个德国军之间的联系。但在其他地段，第7军防线一片平静。

第13军防区同样平静[63]。第68步兵师右翼发现敌人明显的侦察活动，他们还注意到两股苏军部队的集结，一股位于小拉恰以东，另一股在北面的克拉斯诺博尔卡对面。这两股敌人都遭到德军炮火打击，但该防区的战斗仅限于此。第59军也没有太多可供报告的内容，度过较为安宁的一天，唯一的活动是第291步兵师有序撤至新阵地[64]。在此期间，巴尔克第48装甲军14点承担起指挥第8、第19装甲师和党卫队“帝国”装甲战斗群之责[65]。第1装甲师先遣部队组成的“诺伊迈斯特”战斗群当日上午到达科罗斯特舍夫，但尚未收悉该师余部的消息。党卫队第1“警卫旗队”装甲师也正赶往新作战地域。

当日上午晚些时候，劳斯决定调整辖内各军作战编成[66]。第48装甲军到达科罗斯特舍夫地域后，他已决定将第8、第19装甲师和党卫队“帝国”装甲战斗群调离第42军，交给巴尔克指挥，留给马腾克洛特的只有第25装甲师和刚刚编入该军的第168步兵师。另外，巴尔克还辖有第1装甲师和党卫队第1“警卫旗队”装甲师，受领的任务首先是基于“齐格弗里德”防线构设新防御，尔后对敌侧翼发起反突击，遏止苏军推进。相关训令当日下午以Panzerarmeebefehl

Nr.49（装甲集团军司令部第49号令）这个标题发出[67]。劳斯在命令中阐述他的意图：将苏军在捷捷列夫河与卡缅卡河之间的推进阻挡在日托米尔以东尽可能远的地方。能否实现这一目的取决于第42军和第48装甲军，他们首先应将仍在“齐格弗里德”防线以东战斗的所有师集结起来，尔后指挥这些部队逐步后撤，保持其凝聚力。第7军应将重点放在左翼，掩护第42军右翼并与之保持联系，必要时组织反冲击。第42军应把第8、第19装甲师和党卫队“帝国”装甲战斗群交给第48装甲军，对新开到的第168师行使指挥权，该师将集结于波佩利尼亚地域。第42军的当前任务是尽可能长久地在“齐格弗里德”防线以东继续从事战斗，只有在迫不得已的情况下方可向新阵地实施战斗后撤。若后撤，必须不惜一切代价坚守新阵地，晚些时候消灭苏军坦克达成的一切突破。第18炮兵师留在第48装甲军辖内，师长托霍尔特少将出任日托米尔作战司令。这道训令还确认第509重型装甲营和第473装甲歼击营编入第48装甲军。该军的任务是继续在“齐格弗里德”防线以东从事战斗，阻挡苏军向日托米尔发起的一切快速推进，只有在遭遇敌军重压的情况下方可逐步撤至该防线。关于计划中的反突击，相关命令将在适当的时候下达，但实施集结的第1装甲师应在科罗斯特舍夫地域留下一股掩护力量，12月26日从日托米尔东南方向波佩利尼亚发起反突击[68]。这场进攻的目的是打击越过科尔宁—霍多尔科夫一线向南推进的敌集团侧翼，并同第7军左翼重新建立联系。与此同时，第13军应将主力调至南翼，同第48装甲军保持密切联系，同时构设一道预备阵地：从拉多梅什利起，沿通往杰季涅茨（Detinets）和亚诺夫卡（Yanovka）的公路伸向西北方。各军承担的新责任也形成新分界线。第7军与第42军分界线调整至帕沃洛奇—波崔基（Pochuiki）—皮夫尼—斯克拉吉列夫卡（Skragilevka）；第42军与第48装甲军的分界线位于安德鲁舍夫卡（Andrushevka）—亚罗波维奇（Yaropovichi）—奥泽拉—沃多特—莫罗佐夫卡—霍穆捷茨；第48装甲军与第13军的分界线从日托米尔以南沿捷捷列夫河延伸至拉多梅什利。后方，第20装甲掷弹兵师应加快补充速度，12月26日中午前将编有炮兵、步兵和反坦克单位的一个强大战斗群集结于别尔季切夫地域，做好随时投入战斗的准备。在这方面，该师编入第48装甲军的突击营将归建。同时，该师师长尧尔中将出任别尔季切夫作战司令。

这道命令正式下达前，中午前后，巴尔克致电第4装甲集团军司令劳斯[69]，建议将仍在北起基辅—日托米尔公路、南至法斯托夫—日托米尔铁路这片地域作战的第8、第19装甲师所有部队撤至第8装甲师“冯·米茨拉夫”战斗群近期在戈罗德斯科耶（Gorodskoe）周边构设的阵地[70]。他希望在第1装甲师支援下，将大部分部队尽可能完整无损地撤至“齐格弗里德”防线。但不得不容忍的是，此举会在南面造成一个缺口。巴尔克14点再度打来电话，要求批准党卫队第1“警卫旗队”装甲师攻往日托米尔东南方的沃利察[71]。一旦到达该镇，“警卫旗队”装甲师将转向东北方，朝正从科罗斯特舍夫向东南方推进的第1装甲师而去。这样一场钳形进攻将把苏军部队包围在维利尼亚以西，尔后将其歼灭。劳斯原则上同意这些建议，但他认为第1装甲师此类进攻行动成功与否完全取决于时机。进攻必须在次日晨发起，否则，推进中的苏军部队会过于强大。这些建议呈交集团军群作战参谋舒尔策-比特格尔上校，但舒尔策认为无法有效协同两场独立进攻，故建议再等一天，以便投入整个第48装甲军打击敌南翼。劳斯获知集团军群的意图，但他坚持认为，必须将第1装甲师投入基辅—日托米尔公路以南，打击苏军先头部队，否则日托米尔很快会陷落。他据此下达命令，通知相关各军部，第1装甲师将在主公路两侧展开有限进攻[72]，目的是对敌人施以恰如其分的打击，以便第8、第19装甲师和党卫队“帝国”装甲战斗群有序后撤。

劳斯斟酌眼前的选择时，苏军继续猛攻其防线，但至少给德国人留下些喘息之机。东面，内林第24装甲军报告，敌人已停止进攻[73]。该军估计，一旦天气得到改善，苏军各部队在前几日战斗中遭受的伤亡获得补充兵弥补，他们就会恢复进攻。不过，该军认为这种进攻目标有限，无非是确定德军防御阵地的类型，并把德军牵制在该地段。除之前报告的敌巡逻活动外，这里未发生战斗，双方仅以火炮展开轻微交火。在此期间，第168步兵师余部开始调动，一列火车已驶离，另一列火车正在装载。第417掷弹兵团一部和第248炮兵团第3营已离开卡加尔雷克地域。当日下午早些时候，第168步兵师师长在一小群师部人员陪同下赶往第42军军部。

当日下午，黑尔第7军竭力抗击苏军在其左翼达成的突破[74]。皮夫尼和科什利亚基丢失后，第88步兵师在沃利察以南地域发起反冲击，重新夺回这两个防御支撑点。但苏军下午再度施加沉重压力，该师被迫后撤。第88步兵师下午派出的侦察巡逻队发现，苏联人在波崔基西北方3公里和西面1500米处占领铁路线上的信号工房。卡扎京—法斯托夫铁路线遭切断，该军估计，苏军会在次日恢复进攻，冲向西南方的罗曼诺夫卡地域（Romanovka）。为阻止这种推进，黑尔计划于次日组织一场反冲击，投入师属预备队营，第202突击炮营提供支援[75]，目标是夺回科什利亚基西南方高地和罗曼诺夫卡东部边缘。西面，在波崔基—帕里普瑟地段据守卡缅卡河防线的拦截部队没有发来新消息。第88步兵师右侧的第198步兵师报告，敌人对位于舍夫琴科夫卡地域（Shevchenkovka）的该师右翼展开两场小规模突击，每次投入的兵力约为30—35人，但这两场进攻均被驱离该村南部边缘。

西北方，苏联人在白天恢复对第42军的进攻，目前投入的兵力估计为13—14个步兵师和3个坦克军[76]。马腾克洛特辖内各师继续战斗，投入最后的预备队和所能找到的所有警戒部队，但他们被迫退却，逐步撤往西面和西南面。据报，第25装甲师击毁40辆敌坦克，第8装甲师击毁36辆。该军估计，当日至少击毁96辆敌坦克。现在看来，苏军的目标很可能是两个紧密相连的方向：一是日托米尔，一是别尔季切夫。第25装甲师防区，敌人冲击第42军与第7军结合部，先夺得莫赫纳奇卡，尔后攻往德米特里耶夫卡以西，11点到达乌纳瓦河（Unava）河畔的埃尔奇基（Erchiki）。更北面，该师从格尼列茨地域发起反冲击，攻向莫罗佐夫卡，但在该镇北部遭遇强大的苏军，经过短暂交火，这股德军被迫退往科罗列夫卡。上午10点，苏联人在40—50辆坦克支援下，从索洛韦耶夫卡攻向雷索夫卡（Lysovka），一举打垮该村防御，尔后向南冲去，从科尔宁两侧穿过，并渡过伊尔片河。尽管德军警戒部队和第19、第25装甲师零零碎碎的单位实施殊死抵抗，但13点左右，苏军还是攻克西面15公里的霍多尔科夫。夺得该镇后，苏联人向西南和南面疾进，随即遭遇第25装甲师据守科特利亚尔卡镇的另一些部队。自莫罗佐夫卡的反冲击失利后，几乎没有第19装甲师的消息，但面对苏军压倒性坦克力量，该师继续退往西南方，到达维连卡（Vilen'ka）周边地域。北面，第8装甲师再度遭到猛攻，守卫奥索夫齐的一部被迫向西南方后撤约15公里，退至维利尼亚地域。基辅—日托米尔公路上，该师另一部与党卫队“帝国”装甲战斗群部分部队在科切罗夫西端战斗，但也被迫沿公路撤至戈罗德斯科耶周围的新阵地。虽然没掌握详细情况，但该军知道，苏联人已到达维利尼亚与沃伊塔舍夫卡之间一线。

第42军身后，第48装甲军忙于构设第二道防线[77]。虽然知道实力不明的苏军步兵和坦克正沿基辅—日托米尔公路两侧推进，但该军仍无法确定对方的动向和意图。公路与南面铁路线之间的林地，似乎只有实力虚弱、包括步兵和坦克在内的苏军先遣部队，目前看来，其主要方向似乎是南面和西南面。第19装甲师一部与第8装甲师一个装甲掷弹兵团继续后撤，16点至17点间穿过维连卡。北面，基辅—日托米尔公路上，第8装甲师“冯·米茨拉夫”战斗群在戈罗德斯科耶集体农庄构设起防御，该战斗群以第8装甲侦察营为核心组建，并获得第509重型装甲营“虎”式坦克支援。当日这片阵地遭到苏军数次冲击，对方投入营级兵力，并以坦克提供支援，但到傍晚时，该阵地仍控制在德国人手中。第1装甲师继续实施机动，日终前，第113装甲掷弹兵团大部，在师属炮兵主力、第1装甲侦察营、第37反坦克营支援下，在科罗斯特舍夫东面的捷捷列夫河对岸夺得一座登陆场。该师同第8装甲师取得联系，并向南面、东南面和东面派出巡逻队。其中一支巡逻队到达南面20多公里外的斯捷波克镇（Stepok），未遭遇任何敌人。傍晚前，其他方向也没有发生任何状况。后方，除装甲部队和一个重型榴弹炮营，第18炮兵师悉数到达日托米尔地域，从中午起，党卫队第1“警卫旗队”装甲师已穿过日托米尔赶赴沃利察。

与此同时，苏联人开始扩大对第13军防区的进攻[78]。早些时候加强对第68步兵师的侦察后，苏联人现在以营级兵力冲击第68和第340步兵师的防御。一个苏军步兵营攻向第68步兵师最右翼的卢托夫卡，该镇位于拉多梅什利北面。170.2高地以东，德国人发现1—2个苏军步兵连正在集结，大概是准备进攻，遂以炮火施加打击，将对方驱散。北面，第213保安师击退苏军连级兵力的冲击，以多种防御火力将对方的进攻阻挡在主防御阵地前方。第340步兵师防区，一个苏军步兵营攻向沃尔索夫卡，但也被击退，西面，第208步兵师和第7装甲师报告，只发生侦察和战斗巡逻。总之，尽管战斗活动和火炮、迫击炮火力明显增强，特别是针对第68步兵师和第213保安师，但第13军当面之敌的情况未发生变化。这一切看上去就像是对第13军整条防线的考验。尽管在防御炮火协助下，所有进攻均被击退，但苏军活动的加剧是否代表意图牵制该军的有力尝试，或从更严重的角度着眼，是否预示苏军全面进攻的扩大，这一点尚有待观察。

西北方，在薄雾掩护下，第59军毫不费力地完成第291步兵师和第212预备掷弹兵团的后撤，并同左右两侧建立起联系[79]。当日较为平静，苏联人不疾不徐地跟随在后撤中的德军身后，但13点左右，他们投入连级兵力，在3辆T-34坦克支援下，对第291步兵师中央地段实施小规模突击。这场进攻被击退，13点50分左右，苏军又对第212预备掷弹兵团第316营右翼发起类似冲击。德军成功实施防御。与此同时，第212预备掷弹兵团和第70工兵营编入第291步兵师，该师与左侧C军级支队的分界线发生轻微移动，从索博列夫卡东北方三岔路口至霍季诺夫卡东南方风车房，再从那里延伸到祖博夫希纳集体农场（Zubovshchina）西部边缘。清晨5点15分左右，C军级支队在别希西北方遭到攻击，但估计对方只投入连级兵力，德军未费太大周折便将其击退。

第4装甲集团军司令部，继先前同舒尔策-比特格尔上校商讨后，“南方”集团军群17点左右发来指令[80]。冯·曼施泰因在这道指令中强调，第4装甲集团军目前的主要任务是防止苏军突破至卡扎京—别尔季切夫地域，因为这将切断集团军群右翼依赖的主要补给线。他指示劳斯集结第48装甲军（辖第1装甲师、党卫队第1“警卫旗队”装甲师、第168步兵师和第18炮兵师），对正从科尔宁地域攻向卡扎京和别尔季切夫的苏军南翼发起一场决定性反突击。尽量迟滞敌人沿基辅—日托米尔公路的推进至关重要，但不能让第1装甲师陷入这类战斗中。在斟酌这封电报后，劳斯18点05分致电南方集团军群司令冯·曼施泰因[81]。他指出，除已报告投入进攻的苏军新锐部队外，第4装甲集团军现已确认苏军近卫机械化第8军和近卫坦克第3军的存在[82]。他还告诉冯·曼施泰因，他打算实施后撤并坚守“齐格弗里德”防线，以第1装甲师和“警卫旗队”装甲师从西南方实施反突击，打击前进中的苏军部队。冯·曼施泰因指出（也许毫无必要），应采取一切措施防止前进中的敌人破坏这些部队变更部署。劳斯还汇报第13军对面之敌的活动有所加剧，他认为这意味着对方正准备扩大主要突击。他还补充道，已发现苏军新坦克部队出现在乔波维奇地域，第13军与第59军接合部对面，可以预料，用不了多久，敌人就会从该地域向日托米尔发起大举进攻。

当日白天，第4装甲集团军已非常清楚，投入进攻的不仅仅是苏军整个第38集团军，还包括第40集团军右翼部队[83]。实际上，第4装甲集团军现在已确定14个苏军步兵师投入进攻，至少还包括3个坦克或机械化军。现在似乎很明确，除攻向日托米尔外，对方还将对西南方的卡扎京和别尔季切夫实施突击，并把近卫机械化第8军和近卫坦克第3军（误判）部署在该地段。不过，苏联人是否打算投入目前正在基辅地区整顿的坦克预备力量，这一点尚不清楚。另一份情报指出，苏军坦克第10军很快会赶至集团军左翼对面，这再次表明苏联人正在乔波维奇地域实施另一场集结[84]。目前看来，苏联人当日显然将其进攻重点从日托米尔方向调整至南面。第42军防区南翼，科尔宁一侧，遭到削弱的第25装甲师在战斗中首当其冲，根本无法阻挡敌人的冲击。苏军先头部队一路向西，前出至霍多尔科夫以南和西南地域，在进攻行动开始后的前两天向前推进约30公里。但现在苏军进攻重点和方向的改变似乎清楚地表明，这场攻势针对的是别尔季切夫—卡扎京地域。基于这种判断，劳斯制定出相应计划，当晚晚些时候向集团军群汇报他的后续意图[85]。首先，他打算以第48装甲军展开局部反冲击，稳定基辅—日托米尔公路的态势，而该军主力应重新集结于日托米尔东南方通往波佩利尼亚的公路上，将先遣部队部署在伊夫尼察（Ivnitsa）—沃利察周边地域。同时，第168步兵师将沿斯克维拉—波佩利尼亚公路集结，先遣部队部署在北面的罗斯塔维察河。

注释

1.第24装甲军晨报，1943年12月24日5点45分签发。

2.第7军晨报，1943年12月24日5点35分签发。

3.第42军晨报，1943年12月24日6点30分签发。

4.第13军晨报，1943年12月24日6点签发。

5.第48装甲军晨报，1943年12月24日5点45分签发。

6.第59军晨报，1943年12月24日6点40分签发。

7.第42军每日报告，1943年12月24日20点签发。

8.所有地图上都找不到尤谢福夫卡，该村位于基辅—日托米尔主公路南侧，斯塔维谢西面的十字路口处。

9.所有地图上都找不到索博列夫这座小村庄，该村位于科切罗夫—拉多梅什利公路以东，马里亚诺夫卡与古塔扎别洛茨卡亚（Guta Zabelotskaya）之间。

10.鲁德尼亚这个名称当时指的是拉多梅什利的一部分，位于捷捷列夫河东南方。

11.第4装甲集团军作战处作战日志，1943年12月24日的条目。

12.第4装甲集团军作战处，第6874/43号令，1943年12月24日签发。

13.第4装甲集团军作战处作战日志，1943年12月24日的条目。

14.第4装甲集团军作战处，第6889/43号令，1943年12月24日签发。

15.第4装甲集团军作战处，第6875/43号令，1943年12月24日签发。

16.第4装甲集团军作战处，第6904/43号令，1943年12月24日签发。

17.第4装甲集团军作战处，第6899/43号令，1943年12月24日签发。

18.第24装甲军每日报告，1943年12月24日18点15分签发。

19.第7军每日报告，1943年12月24日17点50分签发。

20.第13军每日报告，1943年12月24日17点40分签发。

21.第48装甲军每日报告，1943年12月24日19点10分签发。

22.在德方记录中称为Kosinowka。

23.位于辛盖南端。

24.第59军每日报告，1943年12月24日19点05分签发。

25.第4装甲集团军作战处作战日志，1943年12月24日的条目。

26.第4装甲集团军作战处作战日志，1943年12月24日的条目。

27.第4装甲集团军作战处，第6888/43号令，1943年12月24日签发。

28.第4装甲集团军作战处作战日志，1943年12月24日的条目。

29.第4装甲集团军作战处作战日志，1943年12月24日的条目。

30.第4装甲集团军作战处作战日志，1943年12月24日的条目。

31.第4装甲集团军作战处作战日志，1943年12月24日的条目。

32.第4装甲集团军作战处，第6887/43号令，1943年12月24日签发。

33.第4装甲集团军作战处作战日志，1943年12月24日的条目。

34.第4装甲集团军作战处作战日志，1943年12月24日的条目。

35.前一天晚上，该师奉命将41辆四号坦克中的21辆移交第19装甲师，导致该师担任预备队的第9装甲团第2营只剩20辆四号坦克。雪上加霜的是，第9装甲团没有第1营，最初编入该师的第509重型装甲营提供了一些补偿。但苏军发起进攻时，第509重型装甲营部署至第7装甲师。另外，苏军发起进攻当日晨7点30分，第42军命令第25装甲师把剩下的20辆坦克交给第19装甲师。该师仅剩的装甲力量是第87反坦克营的9辆突击炮。

36. 第4装甲集团军作战处，第6899/43号令，1943年12月24日签发。

37.第4装甲集团军情报处发给“南方”集团军群的晚间报告，1943年12月24日19点签发。

38.第4装甲集团军发给“南方”集团军群的每日报告，1943年12月24日21点45分签发。

39.第4装甲集团军作战处，第6902/43号令，1943年12月24日签发。

40.第4装甲集团军作战处，第6891/43号令，1943年12月24日签发。

41.第42军晨报，1943年12月25日6点签发。

42.第4装甲集团军作战处作战日志，1943年12月25日的条目。

43.近期的苏联地图上标为多利诺夫卡（Dolinovka）。

44.第4装甲集团军推迟发给“南方”集团军群的晨报，1943年12月25日签发。

45.第24装甲军晨报，1943年12月25日5点50分签发。

46.第7军晨报，1943年12月25日5点35分签发。

47.第13军晨报，1943年12月25日6点05分签发。

48.第48装甲军晨报，1943年12月25日5点15分签发。

49.第59军晨报，1943年12月25日5点签发。

50.第4装甲集团军作战处作战日志，1943年12月25日的条目。

51.第4装甲集团军作战处作战日志，1943年12月25日的条目。

52.近期的苏联地图上标为克维特涅沃耶（Kvitnevoe）。

53.德方记录称之为Shidowzy。

54.第4装甲集团军作战处作战日志，1943年12月25日的条目。

55.第4装甲集团军作战处的情况汇报，1943年12月25日14点30分签发。

56.第4装甲集团军作战处作战日志，1943年12月25日的条目。

57.“南方”集团军群作战处，第4353/43号令，1943年12月25日签发。

58.第4装甲集团军作战处，第6921/43号令，1943年12月25日签发。

59.拦截支队。

60.第4装甲集团军作战处的情况汇报，1943年12月25日14点30分签发。

61.第24装甲军每日报告，1943年12月25日18点15分签发。

62.第4装甲集团军作战处的情况汇报，1943年12月25日14点30分签发。

63.第4装甲集团军作战处的情况汇报，1943年12月25日14点30分签发。

64.第4装甲集团军作战处的情况汇报，1943年12月25日14点30分签发。

65.第4装甲集团军作战处的情况汇报，1943年12月25日14点30分签发。虽然这份报告指出该军14点45分承担起指挥工作，但第48装甲军发给第19装甲师的一封电报给出的时间是14点。第48装甲军的每日报告证实这一点。

66.第4装甲集团军作战处作战日志，1943年12月25日的条目。

67.第4装甲集团军作战处，第6908/43号令，1943年12月25日签发。

68.第4装甲集团军作战处作战日志，1943年12月25日的条目。

69.第4装甲集团军作战处作战日志，1943年12月25日的条目。

70.所有地图上都未标注戈罗德斯科耶，它位于科切罗夫西南方约8公里的基辅—日托米尔主公路上。

71.第4装甲集团军作战处作战日志，1943年12月25日的条目。在这里应该指出的是，该地域有两个镇子都叫沃利察。其中一个在第88步兵师防区内，位于法斯托夫西南方10公里的乌纳瓦河谷；另一个位于日托米尔—波佩利尼亚主公路，距离前者35公里左右。

72.第4装甲集团军作战处，第6908/43号令，1943年12月25日签发。

73.第24装甲军每日报告，1943年12月25日18点15分签发。

74.第7军每日报告，1943年12月25日19点15分签发。

75.第7军作战处，第6052/43号令，1943年12月25日签发。

76.第42军每日报告，1943年12月25日19点30分签发。

77.第48装甲军每日报告，1943年12月25日19点45分签发。

78.第13军每日报告，1943年12月25日18点30分签发。

79.第59军每日报告，1943年12月25日18点45分签发。

80.“南方”集团军群作战处，第4357/43号令，1943年12月25日签发。

81.第4装甲集团军作战处作战日志，1943年12月25日的条目。

82.实际上，第4装甲集团军发生误判。近卫坦克第3军并未部署至该地段，集团军情报处可能混淆了近卫坦克第6或第7军，这两个军都在近卫坦克第3集团军编成内。

83.第4装甲集团军情报处发给“南方”集团军群的晚间报告，1943年12月25日19点30分签发。

84.这似乎是苏联人故意制造的假情报，因为坦克第10军自1943年12月初起就一直留在最高统帅部大本营预备队，直到1944年9月才再度投入战斗。

85.第4装甲集团军作战处，第6930/43号令，1943年12月25日签发。

第四章
进攻扩大

1943年12月26日，星期日

劳斯和冯·曼施泰因早些时候商讨后续作战事宜后，“南方”集团军群12月25日晚给第4装甲集团军下达进一步指示，但后者直到次日才收悉[1]。指令中，“南方”集团军群正式授予第4装甲集团军的任务是掩护集团军群纵深侧翼，确保经别尔季切夫和卡扎京的重要铁路线畅通。冯·曼施泰因告诉劳斯，他的当前目标是不惜一切代价阻止苏军向卡扎京和日托米尔推进，同时防止敌人从北面卷击集团军群左翼。所有可用资源都应用于阻止苏军的推进，特别是在第7军左翼与日托米尔以东林地间的缺口，以及基辅—日托米尔公路上。同时，第13和第59军也应采取行动，阻止敌人从北面或东北面向日托米尔发起一切进攻，在可能的情况下为两个受威胁最大的地段腾出兵力。为协助完成这项看似不可能完成的任务，第17装甲师将从基洛沃格勒东南地域加入第4装甲集团军，该师计划于12月31日前到达卡扎京地域。

事实证明，第4装甲集团军右翼当晚相当平静，特别是第24装甲军对面[2]。除卡纳达（Kanada）附近出现重机枪和步兵火力，未发生任何值得报告的活动。主要消息是另外三列火车动身开赴帕沃洛奇地域，将第168步兵师余部运至新防区。第7军当晚也没受到太多干扰，据报，唯一的战斗是苏军在第198步兵师防区实施的一起战斗巡逻[3]。但在最左翼，苏联人没有闲着，乌纳瓦河谷的皮夫尼地域，一整晚都能听见对方重型引擎的轰鸣。更南面，拦截支队一部在波崔基南面的新谢利察村（Novoselitsa）占据阵地。

西北方，后撤中的第25装甲师一部力图在大列索夫齐（Velikaya Lesovtsy）—科特利亚尔卡—沃伊托夫齐（Voitovtsy）[4]地域沿乌纳瓦河南岸构设新防御阵地，但苏军坦克已到达波佩利尼亚镇，德军有效迂回该师右翼，并将第25装甲师与第7军隔开[5]。与此同时，马腾克洛特第42军也与第25装甲师失去联系，前者对事态发展一无所知[6]。第168步兵师未发生值得一提的情况，正在帕沃洛奇以南地域集结。

西北方35公里外，第1装甲师主力（欠第1装甲团）于当晚集结，清晨前已做好准备沿通向基辅的公路攻往“齐格弗里德”防线[7]。以第8装甲师第8装甲掷弹兵团为核心组建的“冯·米茨拉夫”战斗群①，当晚竭力粉碎苏军将其包围在戈罗德斯科耶[8]周边阵地的企图，而由第28装甲掷弹兵团组建的“冯·拉多维茨”战斗群位于更南面，仍在竭力冲出血路向西退却。昨晚22点左右，该战斗群报告，他们位于科罗斯特舍夫东南方15公里的谢格列耶夫卡镇（Shchegleevka），与第19装甲师辖内部队并肩作战。第19装甲师主力沿杜博韦茨河（Dubovets）[9]进攻苏军阵地，据报击毁26辆敌坦克，苏联人的抵抗崩溃后，该师围绕兹德维日卡和维连卡村构设“刺猬”阵地[10]。南面，党卫队第1“警卫旗队”装甲师已将师部设在旧谢利耶（Starosel'ye），继续从日托米尔东南方赶往沃利察。后方，第18炮兵师在日托米尔地域完成集结，刚刚开始准备构设“日托米尔要塞”。在此期间，第48装甲军左翼，党卫队“帝国”装甲战斗群已撤至捷捷列夫河西岸，据守的防区从南面的戈罗德斯克（Gorodsk）至拉多梅什利以南的列宁诺集体农庄（Lenino）。左侧第13军报告，战斗和侦察巡逻在其防区持续一整晚[11]。该军还报告，苏联人对其发起小规模突击，但这些进攻均被成功击退。昨晚，苏军一个步兵连攻入拉多梅什利，但德军以反冲击肃清态势。之后，苏联人又在镇南面的啤酒厂附近遂行另一场进攻，德军清晨展开反冲击，当日上午，战斗仍在继续。稍南面的第68步兵师报告，苏军强渡捷捷列夫河，在列宁诺集体农庄南面约1500米的西岸夺得立足地。登陆场内的敌军实力不明，但该师计划与党卫队“帝国”装甲战斗群在上午

① 译注：前文称该战斗群“以第8装甲侦察营为核心组建”。

晚些时候一同实施反冲击。更北面，据俘虏交代，包括坦克和重武器在内的强大苏军部队集结于马林[12]以北地域，左翼，第7装甲师在乌斯季诺夫卡地域（Ustinovka）注意到苏军的调动远甚于前几日。德军在切实可行时对这些调动实施炮击，但当晚大部分炮火来自苏军。

西北方第59军报告，敌人在一些地段向前试探，有几次甚至推进到德军主防御阵地[13]。苏军一起侦察巡逻渗透至斯塔里基（Stariki）南端的第291步兵师右翼，但德军及时发现这一威胁，并以小规模反冲击将其驱散。在此期间，该师派出的一支巡逻队发现苏军已占领古塔多布伦斯卡亚东北方的扎布兰诺耶村，而相邻的第7装甲师辖内部队从其阵地向西南方后撤1公里，导致第59军同友邻部队失去联系。另一些迹象表明，苏军将在北面展开冲击。敌火炮和迫击炮的几次集中火力落在诺瓦基（Novaki）周边及南面，就在C军级支队右翼，据报，在同一地域发现敌军调动，并听到引擎轰鸣。该军据此判断，敌人将以坦克为支援，在诺瓦基与附近国营农场之间地段展开突击。

当日清晨又一次阴云密布，昏暗，潮湿，持续的蒙蒙细雨在某些地方带来小雪，下午变得更加寒冷。清晨8点30分左右，第42军和第48装甲军参谋长报告，推进中的苏军占领沃利察和安德鲁舍夫卡镇[14]。对此，劳斯命令第20装甲掷弹兵师集结在别尔季切夫地域的战斗群赶往东北方的切尔沃诺耶（Chervonoe），对该地域加以侦察和掩护。9点20分，巴尔克致电第4装甲集团军司令部，他告诉劳斯，仍在基辅—日托米尔公路以南战斗的第8、第19装甲师辖内部队，以及道路两侧的残余部队，目前正与苏军展开激战，但他们至少暂时守住自己的阵地[15]。第1装甲师一部已离开科罗斯特舍夫赶往东南方，任务是确保第8、第19装甲师成功后撤，并同主公路两侧的残余部队会合。北面，苏军进攻列宁诺附近的党卫队“帝国”装甲战斗群，但那里的情况尚不明确。劳斯从他的角度提醒巴尔克，第1装甲师应遵照集团军群的指示尽快撤出。他还趁机把自己的后续意图告诉这位军长：第25装甲师和第168步兵师编入巴尔克第48装甲军，交换第42军和第24装甲军，第8、第19装甲师和党卫队“帝国”装甲战斗群统归内林指挥。“南方”集团军群已批准这些建议，并指示第4装甲集团军以第1装甲师和“警卫旗队”装甲师向霍多尔科夫展开反突击，将苏军的推进阻挡在那里。布塞还要求劳斯考虑第13军在遭受大规模进攻情况下的后续作战事宜。他本人的看法是，该军无法承受敌人强有力的冲击，最终会被迫退守拉多梅什利—切尔尼亚霍夫一线。在如此危急的情况下，第59军是应留在科罗斯坚地域，还是应实施后撤，以便同第13军左翼保持联系，该如何抉择取决于态势的发展情况。无论采取何种措施都将面对进一步的危机。

不久后，劳斯同第48装甲军参谋长冯·梅伦廷通话，想弄清楚该军能否按计划于次日从沃利察地域发起反突击[16]。由于第1装甲师仍在科罗斯特舍夫以南与苏军坦克激战，因此劳斯认为以一场钳形进攻同西南面而来的“警卫旗队”装甲师会合的原定计划已无法实施。第1装甲师不太可能突向维连卡。他现在考虑将这两个装甲师集结在一片狭窄地段，从沃利察地域展开突击，经霍多尔科夫攻向索洛韦耶夫卡，在那里同穿过科尔宁向北攻击前进的步兵部队会合。

上午11点左右，冯·曼施泰因赶至第4装甲集团军司令部，与劳斯和他的参谋人员会晤[17]。会议开始后，劳斯介绍最新态势，并阐明自己的意图。冯·曼施泰因认为，在任何情况下都必须同时投入两个装甲师，但他无疑赞同按计划从霍多尔科夫向东北方发起进攻。若第1装甲师目前在东南方实施的打击在日终前未达成突破，进攻就不得不推迟一天，“警卫旗队”装甲师必须花时间构筑正面朝北的防御阵地，以掩护第1装甲师到达后的集结区。同时，豪费也应如此这般指挥第13军的行动，若遭到敌人猛烈进攻，该军可以退往西南方，将第7装甲师梯次部署在左翼后方。由于第4装甲集团军左翼的情况尚不明朗，冯·曼施泰因同意，第59军是在科罗斯坚周围坚守，还是实施后撤，这项决定暂不作出。唯一可以肯定的是，该军应将主力集中在其南翼。这位集团军群司令最后提出的一点是加强侦察活动。11点45分离开前，他敦促劳斯尽可能多地实施空中侦察，特别是装甲集团军左翼对面，他们对苏军在那里的意图极其模糊。他建议的地域包括基辅以西、马林和乔波维奇周围。

战场上，天气开始发生变化。温度在夜间有所升高，甚至出现一场轻微化冻，特别是东面靠近第聂伯河处。空中依然阴云密布，夹杂着雨和小雪，能见度很差。道路沦为泥泞，但大体而言车辆仍可通行，特别是西部。右翼的第24装甲军报告，敌人从北面开赴B军级支队对面的普舍尼奇尼基（Pshenichniki），小股敌军集结在休钦卡（Shchuchinka）以北[18]。但是，未发生其他情况，第168步兵师继续调动，没有受到干扰，当日晨，一列火车驶离，另一列火车计划于下午早些时候开出。左侧，黑尔第7军仍在抗击苏军在科尔宁东南方遂行的突击[19]。第88步兵师一部夺回科什利亚基南部和西面高地，但敌人在炮兵支援下重新发起冲击，这两处再度丢失。南面，苏军两个步兵营进攻波崔基，击退德军虚弱的掩护部队，向东推进至卡缅卡河谷南面，构成卷击该师左翼的威胁。西面，苏军一个步兵团（估计）渡过乌纳瓦河，一举夺得埃尔奇基，并向西南方冲往帕里普瑟。当日上午早些时候，4辆苏军坦克到达镇郊，但朝镇内开了几炮便向东北方而去。

当日上午，第4装甲集团军与马腾克洛特第42军的通信再度中断，但集团军司令部截获第25装甲师发给该军军部的电报，从而掌握该地区部分情况[20]。第25装甲师估计，45辆敌坦克迂回其右翼，敌步兵和坦克沿整个地段攻击该师据守的主防线。第25装甲师先撤到主防御阵地，尔后退至帕里普瑟与瓦西里耶夫卡（Vasil'evka）之间的卡缅卡河后。后方，第168步兵师辖内部队继续在罗斯塔维察河以南地域集结。一个营计划在11点前赶至小埃尔奇基（Maliye Erchiki），另一个营，连同师部和部分辎重队将于16点前到达斯克维拉。

北面约30公里处，第8、第19装甲师后撤中的部队在此期间奉第48装甲军命令，试图从维连卡—谢格列耶夫卡地域撤往西南方的伊夫尼察镇[21]。原先的计划是将这两个师撤往北面，但因强大的苏军部队（包括约30辆坦克）开至该地域而告吹，而第1装甲师第1装甲掷弹兵团发起的进攻，在科罗斯特舍夫—沃伊塔舍夫卡公路以南遭遇强有力的苏军部队。第1装甲师现有装甲力量，目前只有8辆坦克到达科罗斯特舍夫，其余坦克仍在后方公路上。德军的反突击无法在这片地段达成突破，苏军随后从东北方展开攻击，有效牵制住这股德军。北面的捷捷列夫河河谷，党卫队“帝国”装甲战斗群在此期间组织反冲击，部分夺回列宁诺村，但遂行进攻的部队被困在村南端，为解救这股部队，该战斗群正实施另一场突击。除这一行动外，“帝国”装甲战斗群当日中午据守的防线从戈罗德斯克向北延伸至米卡河（Mika），但空中侦察报告，苏军已位于米卡河谷的基奇基雷镇内（Kichkiry）。第48装甲军南翼，“警卫旗队”装甲师一部开始到达沃利察—伊夫尼察—旧谢利耶地域，但其装甲力量仍在后方队列内。更南面，第20装甲掷弹兵师的团级集群忙着从别尔季切夫赶往切尔沃诺耶。

北面，苏军的主要突击终于落在豪费第13军头上[22]。10点左右，苏军炮兵轰击该军整条防线，宣告一场极为猛烈的炮火准备就此开始[23]。10点25分左右，豪费向集团军司令部汇报事态发展，并补充道，他认为这是一场大规模进攻的开始[24]。劳斯想知道，在这种情况下，第13军是否应在当晚撤至从韦尔洛克（Verlok）经杰季涅茨至布季洛夫卡一线。但豪费认为，第13军辖内各师位于精心构设的防御阵地内，应就地坚守，若实施后撤，苏联人肯定会紧追不舍，很可能导致该军无法构筑新阵地，在这种情况下，阻止对方的推进会更加困难。

两位指挥官交谈时，苏军的炮击有增无减，各处都落下猛烈炮火，第13军以全部炮兵力量还击，轰击所有已知敌部队集结区。尽管采取这种权宜之策，苏军还是在11点整投入进攻。优势敌军（据报包括20辆坦克）扑向第68步兵师和第213保安师右翼部队据守的阵地，重点集中在拉多梅什利与北面15公里的米尔恰之间地域。小拉恰与克拉斯诺博尔卡之间的第68步兵师防区，苏军设法以营、团级之间兵力达成突破，一些坦克部署在小拉恰与大拉恰（Velikaya Racha）之间[25]。快到中午时，该师组织反冲击，从扎博洛季（Zabolot'）周边及北面发起，但第13军防线中段已严重凹陷。这条防线从南面的拉多梅什利延伸至小拉恰西北边缘，在那里向后弯曲至霍多雷（Khodory）北面的扎博洛季，再折回东北方，直至科罗列夫卡以东2公里处。除此之外，这条防线未发生变化，第340和第208步兵师据守着他们的阵地，只遭到苏军以连、营级兵力发起的一些进攻。军左翼的第7装甲师报告，苏军在乌斯季诺夫卡地域的交通异常繁忙，上午还发现那里有一些坦克。

西北方，第59军亦遭到攻击[26]。据报，一股实力不明的敌军，在坦克支援下沿马林—科罗斯坚主公路两侧冲击第291步兵师左翼，这场进攻在公路南面达成突破。战斗持续到下午。几公里外，C军级支队右翼部队在诺瓦基与沙特里谢（Shatrishche）之间地域击退苏军几起侦察试探。据报，苏军投入2辆坦克，除这些可解决的问题，该军级支队没有提及敌人有其他活动。

14点20分，巴尔克向第4装甲集团军司令部汇报第8、第19装甲师撤往基辅—日托米尔主公路时遭遇的困难[27]。这两个师被约80辆苏军坦克缠住，不得不重新考虑他们的处境。更糟糕的是，据报，另一群苏军坦克突破至科罗斯特舍夫与戈罗杰茨科耶（Gorodetskoe）之间的主公路。巴尔克建议将捷捷列夫河河畔，科罗斯特舍夫两侧的部队调回南面。这场调动涉及第1装甲师和第8、第

19装甲师。劳斯对此无法确定，并保留最终决定权，他指出，此举会妨碍第1装甲师和“警卫旗队”装甲师发起计划中的反突击，而这是冯·曼施泰因高度重视的一场行动。劳斯随后与范戈赫尔商讨态势，并表述这样一种观点，鉴于情况发生变化，为发起一场决定性打击而对部队加以必要的变更部署已不再可行，特别是因为完成这场再部署至少需要三天。相反，他认为装甲集团军若以机动防御阻挡苏军推进，成功的机会更大。没过多久，巴尔克又提出另一项建议，派“警卫旗队”装甲师遂行防御，在日托米尔—沃利察公路实施拦截。劳斯没有接受该建议，他指出，装甲集团军的任务不仅仅是迟滞苏军在日托米尔地域的推进，还要阻止他们攻向别尔季切夫和卡扎京这两个显而易见的目标。

下午晚些时候，16点25分左右，劳斯找机会同范戈赫尔讨论整体态势和后续行动事宜[28]。在苏军达成突破的右翼，现在一切取决于第42军能否沿卡缅卡河南岸构设防御，这条防线穿过波崔基和帕里普瑟，再向西北方延伸，经波佩利尼亚至乌纳瓦河南岸的索科利恰（Sokol'cha），再沿河谷向西延伸，直至戈罗季谢（Gorodishche）。该军在这条防线上的任务是阻止苏军继续向南推进。然后，第48装甲军负责堵截日托米尔—沃利察公路和远至科罗斯特舍夫的捷捷列夫河地段，再以党卫队第1“警卫旗队”装甲师从旧谢利耶地域穿过扎鲁宾齐（Zarubintsy）展开进攻，恢复同第42军左翼的联系。若苏军已穿过该地域向西南方进击，第20装甲掷弹兵师的团级集群应从切尔沃诺耶前调，在阿拉波夫卡（Arapovka）和列别金齐（Lebedintsy）占据掩护阵地。当晚18点50分，劳斯同冯·曼施泰因商讨这些建议，并获得集团军群批准。冯·曼施泰因不失时机地提醒劳斯，现在一切取决于第42军能否守住既有阵地，以及第48装甲军是否有能力封闭缺口。这项计划传达给巴尔克时，后者提出，与其经扎鲁宾齐展开行动，不如从更南面的古伊瓦河（Guiva）另一侧发起进攻。劳斯同意，并指示第18炮兵师开赴卡扎京地域。他还命令“南方”骑兵团开赴切尔沃诺耶以南的卡什佩罗夫卡地域（Kashperovka）[29]。该团将于12月27日4点前到达，并在古伊瓦河后方占据防御阵地，正面朝东和北。正式命令也发给第20装甲掷弹兵师，指示该师将先遣团级集群部署在第42军左翼，从布罗夫基车站至列别金齐一线[30]。该团级集群应同布罗夫基车站附近的第25装甲师左翼建立并保持联系，同时派侦察部队前出至戈罗季谢—安德鲁舍夫卡一线。

内林第24装甲军又度过轻松的一天，据报，该军整个防区并未遭到进攻[31]。据其预计，苏联人不久便会发起强有力的进攻，但到目前为止，苏军的行动仅限于不停调动部队。他们在普舍尼奇尼基、罗马什基（Romashki）、巴雷科休钦卡周边地域发现敌人的交通运输活动，在普舍尼奇尼基还看见对方4门火炮。B军级支队辖内部队在罗马什基以南拦截敌人两起侦察巡逻，并将其击退，德军在格尔马诺夫卡以北发现敌人正集结部队，估计为营级兵力。他们还在格尔马诺夫卡发现包括7辆汽车在内的一支苏军队伍正在调动，这支队伍随后赶往东北方。德国人还看见另一支苏军队伍携带着雪橇从格尔马诺夫卡向北赶往多利纳（Dolina），遭到德军炮火打击后被迫绕道。与此同时，第24装甲军也在调动部队。第417掷弹兵团第1、第2营抵达斯克维拉西北地域，在那里掩护第168步兵师余部到达。这两个掷弹兵营，连同第168燧发枪手营、第168侦察营、第248反坦克连、第248工兵营一个连，都已转隶第42军。第417掷弹兵团余部和第248炮兵团第3营已到达白采尔科维。第221炮兵团第1营开至温特森托夫卡（Vintsentovka），第385团级集群搭乘5列火车离开卡加尔雷克，而第425团级集群正忙着卸载。该师大部分部队都已集结在卡加尔雷克地域，等待装运，但第248炮兵团第4营仍在赶往集结区的途中。

第7军继续在其最右翼从事战斗，在黑尔看来，情况已变得愈加困难[32]。苏联人在第88步兵师对面不断加强兵力，调来步兵第74师一部，逐渐逼近德军主防御阵地。清晨8点30分，苏军冲出科什利亚基发起进攻，但遭到德军反冲击，这场进攻彻底瓦解。苏军另一场进攻发生在13点，估计投入两个步兵营，冲击斯塔维谢北面的杰赫佳尔卡村（Dekhtyarka），但也被击退，15点30分在特里列瑟地域实施的进攻同样如此。再往西，14点左右，由于遭到苏军从西面和北面施加的重压，第88步兵师被迫撤离科什利亚基和西面的高地。德军炮兵不停轰击所发现的苏军兵力集结，炮火落在第88步兵师右侧的切尔沃诺耶村和博尔特尼基村（Bortnikı），以及该师左侧的皮夫尼村。16点前，该师已占据新阵地，这条防线西起斯塔维谢，沿卡缅卡河延伸至特里列瑟，再从那里向东延伸。该师左侧，由第215工兵营组成，并获得一个突击炮营支援的拦截支队，当日下午遭到苏军两个步兵营从北面发起的攻击。面对苏军的猛烈冲击，该支队被迫放弃波崔基阵地，而且无力阻止敌人转身向东攻入第88步兵师左翼。15点左翼，该支队试图重新夺回波崔基，他们在突击炮支援下从新谢利察地域展开反冲击，但傍晚前未收到他们取得进展的消息。更西面，一个苏军步兵团13点45分左右从埃尔奇基攻往西南方的帕里普瑟，但这场进攻已超出第7军负责的防区。该军防区其他地段也发现苏军正实施进攻准备。第75步兵师右翼对面，苏军各种交通运输和部队集结清晰可辨，表明对方随时可能恢复进攻。苏军依靠大批车辆和步行，从北面和西北面赶往格尔马诺夫卡，其中包括2辆T-60坦克，而在该镇南面的树林中也发现对方兵力集结。许多苏军部队已进入前沿阵地。第198步兵师防区对面同样如此，那里发现对方另一些兵力调动，50—100名苏军士兵从大格拉布（Bol'shoi Grab）、马里亚诺夫卡、法斯托韦茨（Fastovets）村向西而去。该师还遭到对方小规模试探性进攻，在奥利尚斯卡亚新谢利察（Ol'shanskaya Novoselitsa）以北，平丘基（Pinchuki）、克萨韦罗夫卡（Ksaverovka）以西国营农场击退苏军三次排级兵力的进攻。尽管发生这些小规模战斗，但该军认为，苏联人实际上正将其部队调离该地段，以便重新部署至其他地方，大概是为加强对第88步兵师的进攻。他们还在苏军后方发现一支庞大的队列正从大斯涅京卡（Velikaya Snetinka）赶往法斯托夫。

西面，第42军仍竭力保持凝聚[33]。苏联人继续以步兵和坦克力量施加重压，特别是在波佩利尼亚以南地带。其坦克构成包围第25装甲师右翼的威胁，迫使该师向南撤至卡缅卡河后方。苏军中午前后展开主要突击，大批步兵和坦克攻向大列索夫齐—索科利恰地带，约45辆苏军坦克从波佩利尼亚向南冲去，打击第25装甲师右翼。经过一番激战，该师撤往卡缅卡河后方，在夜色掩护下完成这番机动。在其左翼，苏军步兵和坦克9点30分攻向沃伊托夫齐，迫使该师位于那里的部队也实施后撤。夜间，第25装甲师在瓦西里耶夫卡与帕里普瑟之间沿卡缅卡河构筑防御，并向西展开侦察巡逻。当日下午，据报布罗夫基车站和列别金齐均未发现敌人，但北面戈罗季谢周边地域传来战斗的声响。

第48装甲军的情况与之类似[34]。苏军继续沿一条宽大战线遂行突击，他们的两个目标似乎变得更加清晰。一是沿基辅—日托米尔主公路展开突击，德军已确认那里的苏军近卫坦克第3集团军；二是以坦克第1集团军在西南方实施攻击，其目标显然是卡扎京和别尔季切夫。但目前无法确定的是，后一股敌军是否会转身向西，攻往日托米尔以南地域。与此同时，党卫队第1“警卫旗队”

装甲师主力到达沃利察和旧谢利耶周边集结区，包括两个党卫队装甲掷弹兵团、党卫队第1装甲侦察营、党卫队第1装甲团一部、党卫队第1装甲炮兵团一部和党卫队第1装甲工兵营部分部队。该师试图组织防御时，包括25—30辆坦克在内的苏军部队从东北面和东面反复冲击沃利察。为击退这些进攻，“警卫旗队”师损失2辆坦克，但报告在此过程中击毁10辆敌坦克。东南方，德国人发现距离沃利察约4公里的道路弯曲处，苏军正在挖掘阵地，16点左右，他们又发现包括数辆坦克在内的一支苏军车队从亚罗波维奇驶向西南方的扎鲁宾齐。北面，斯捷波克和伊夫尼察据报都已落入敌手。总之，该师报告约80辆敌坦克位于其防区。在此期间，第1装甲师以第113装甲掷弹兵团组成的“诺伊迈斯特”战斗群攻向“齐格弗里德”防线。该战斗群从戈罗杰茨科耶东南方集结区出发，穿过“冯·米茨拉夫”战斗群的阵地，再冲过树林赶往察列夫卡（Tsarevka）附近的杜博韦茨河，然后转身向南。苏军一次次展开反冲击，以步兵和坦克从东面和南面打击该战斗群，没过多久，德军这场进攻陷入停滞，无法取得更大进展。该师另一个装甲掷弹兵团组成的“弗里德里希”战斗群，在科罗斯特舍夫以东约6公里的集结区遭到苏军团级兵力攻击，被牵制在北面和南面，无法为进攻行动提供协助，该战斗群被迫冲出血路退回镇内。第1装甲师设在科罗斯特舍夫东面的炮兵阵地也成为苏军打击目标，不久后，苏联人封锁主公路。“诺伊迈斯特”战斗群取消进攻，转身肃清通往科罗斯特舍夫的公路，第1装甲侦察营仍在掩护该镇东郊和南郊。据报，当日上午10点，20辆苏军坦克出现在那里。夜间，该战斗群沿通往日托米尔的公路向西冲击，迅速驱散前进中的苏军部队，向西攻击前进时再次肃清公路。南面，第19装甲师和第8装甲师包括第28装甲掷弹兵团在内的部分部队，设法从维连卡向西攻击前进，这场机动较为安全，13点45分左右，最后一支部队到达格拉博夫卡（Grabovka）以北2公里的马希纳（Mashina）周边地域。北面，力图据守捷捷列夫河防线的党卫队“帝国”装甲战斗群遭到数次冲击。苏军以坦克和炮兵为支援，投入团级兵力展开进攻，再度夺得列宁诺。“帝国”装甲战斗群以装甲力量实施反冲击，将困在村南部的战斗群救出，日终前，党卫队“帝国”装甲战斗群据守的防线从戈罗德斯克以东2公里延伸至新尤罗夫卡（Novaya Yurovka）东南地域。他们还在基奇基雷南面的树林边缘占据前进阵地，阻挡镇内苏军部队。

第13军继续抗击苏军进攻，并获得某种程度的成功[35]。第68步兵师首当其冲地承受敌军突击，将对方阻挡在小拉恰西部边缘至扎博洛季以东1500米处一线。但是，经过激战并遭包围威胁后，拉多梅什利镇已疏散，第68步兵师右翼目前位于该镇西面的高地上。左翼，该师当日上午组织的反冲击，夜幕降临时仍在进行中。更北面，装备不足、缺乏前线作战训练的第213保安师，实施豪费所说的“英勇抵抗”，但他们阻挡不住苏军的冲击，退至雷斯基农场（Lyski）至霍多雷一线。第403东线骑兵营和第987守备营拙劣的防御表现加剧这一后撤需要，两个营完全不适合前线作战。北面，第340步兵师报告，敌人展开几次强有力进攻，但该师成功将其击退。苏联人对该师主防御阵地达成的一次突破发生在沃尔索夫卡以南约2公里的公路上，但他们以小规模反冲击将其肃清。第208步兵师也报告类似活动和类似的成功。敌人发起的所有进攻均被击退，有几次，对方甚至还没来得及投入冲击，其兵力集结便被德军炮火打乱。西面，第7装甲师再次报告，苏军的调动有所加强，其坦克和步兵援兵不仅到达乌斯季诺夫卡地域，还包括南面的斯塔里察（Staritsa）和扎梅雷（Zamery）附近，就在布季洛夫卡西面。

第59军防区对面，情况也出现变化[36]。苏军对第291步兵师左翼发起主要突击，经过60分钟炮火准备，14点15分左右，他们从马林—科罗斯坚公路两侧转入进攻。德国人估计，对方投入2个步兵营，在9辆坦克支援下，冲击第505掷弹兵团据守的防区。达成初步突破后，这股苏军转身向南，冲往当地国营农场，席卷该师左翼，直至第316预备掷弹兵营据守的地段。尽管如此，该师还是设法封闭对方的渗透，并采取积极行动，力图恢复态势。据报，他们击毁2辆敌坦克。在别处，苏联人开始试探第59军防线，以两个营兵力展开几次进攻，有时获得少辆坦克支援。第291步兵师右翼的斯塔里基—舍尔什尼地段，出现苏军大量交通运输和侦察活动，更北面可以看见对方大股汽车和马车队列正从梅列尼向西北方而去。第70工兵营当日上午击退敌人一场连级兵力进攻，而第316预备掷弹兵营击退对方以营级兵力遂行的类似冲击。北面的C军级支队报告，当晚和清晨，敌人实施大量战斗巡逻和侦察巡逻。12点25分，对方又以2辆坦克为支援，投入一个营在诺瓦基—辛盖地域遂行突击。

但这场进攻遭遇德军精心布设的炮火，未取得进展便以崩溃告终，2辆坦克被迫转向诺瓦基。北面，德国人注意到苏军正从切尔尼亚夫卡（Chernyavka）向巴尔德（Bardy）调动兵力，米哈伊洛夫卡（Mikhailovka）和普列谢夫卡（Pleshchevka）周边也发现类似活动。14点50分，苏军从北面科罗斯坚—伊格纳特波尔铁路线两侧遂行冲击，在C军级支队防线西面打开个小缺口，傍晚前，该军级支队正采取措施肃清敌人的渗透。

对第4装甲集团军来说，当日的情况不是太好。有限的反突击一无所获，而苏联人却大举拓展他们的进攻范围。南翼，他们从第40集团军投入更多兵力，而法斯托夫以南地域的兵力调动可能表明他们正将后续部队投入德国第7军左翼对面地带[37]。卡缅卡河与兹德维日河之间，苏军第38集团军和坦克第1集团军辖内部队继续攻向西南方，其坦克力量似乎集中在波佩利尼亚和沃利察地段。德国人近日确认，坦克第1集团军右翼的是近卫坦克第11军。北面，兹德维日河与捷捷列夫河之间，近卫第1集团军和近卫坦克第3集团军继续向西攻往日托米尔，德国人在那里识别出，近卫坦克第6军和机械化第9军位于科罗斯特舍夫东面和东南面。捷捷列夫河北面和西面，苏联人扩大攻势，打击第13军东部防线，但在该地段尚未确定对方投入新部队或强大坦克力量。第4装甲集团军得出的结论是，苏军第60集团军作战地域内的坦克部队可能正进行补充和重组，随后将投入进攻。这些部队包括近卫坦克第7、第4、第5军和坦克第25军[38]。据报，坦克第10军仍在该地域某处，但一直无法确认早些时候的情报。科罗斯坚东南方，苏军部队完成对第59军后撤行动的追击，甚至开始试探后者的新防线。该地段剩下的问题是，乔波维奇附近的苏军坦克部队是否会向科罗斯坚重新发起进攻，抑或支援第60集团军向南攻往日托米尔。答案可能取决于第13军防区捷捷列夫河以西的态势发展。不过，“南方”集团军群传来一些好消息。当日早些时候视察第4装甲集团军司令部后，冯·曼施泰因得出结论，该集团军需要加强。劳斯当晚获知，第1装甲集团军已奉命尽快从其防线抽调第17装甲师，经公路和铁路将其调至卡扎京地域[39]。该师随后将编入第4装甲集团军。

虽然获得这股深受欢迎的援兵，但留给劳斯的选择相当有限。不过，也出现一些新建议，20点55分左右，巴尔克再度致电第4装甲集团军司令部，这次是同范戈赫尔交谈[40]。这位装甲军军长直言不讳地告诉集团军参谋长，他认为集团军将面临这场战争中最严重的危机。巴尔克的话也许有些夸大，但他现在提出的观点是，苏军发起进攻的唯一目标是歼灭“南方”集团军群。对日托米尔的进攻最终可能会指向利沃夫（L'vov），而经别尔季切夫的推进可以直接向南发起打击，深入集团军群后方。若真是这样，很显然，第4装甲集团军没有足够的力量应对这场突击。巴尔克提出激进措施。第4装甲集团军应立即撤往日托米尔，以南面的部队掩护这场后撤，尔后集结起约200辆坦克的力量，对攻向西南方的苏军部队侧翼展开纵深打击，进而将其歼灭。但范戈赫尔更关心的是眼前的问题，他提醒巴尔克当地铁路交通网对于补给整个集团军群的重要性。目前最重要的是阻止苏军前出至卡扎京—别尔季切夫地域，确保整个集团军群继续获得后勤支援。

因此，劳斯的意图是，装甲集团军必须掩护集团军群纵深侧翼，确保穿过别尔季切夫和卡扎京的铁路线畅通[41]。第24装甲军、第7军右翼和中央部队应坚守现有防御阵地。第7军左翼应撤至卡缅卡河后方，并坚守特里列瑟—帕里普瑟地段。当晚晚些时候下达的具体命令将该军与第42军的新分界线设在斯克维拉—波佩利尼亚公路[42]。第7军左侧的第42军应从帕里普瑟至布罗夫基车站坚守卡缅卡河防线，并把第168步兵师集结在帕沃洛奇以南。当晚晚些时候下达的相关命令指示第42军，阻止苏军在其防区向南发起的一切后续推进[43]。第168步兵师应继续集结于帕沃洛奇以南地域，同时掩护帕里普瑟与北面卡缅卡之间的河流防线。第20装甲掷弹兵师一部在此期间应从切尔沃诺耶攻向列别金齐，在那里同第42军左翼建立联系。第48装甲军应在旧谢利耶[44]—图罗韦茨克胡托拉（Turovetskie Khutora）一线封锁波佩利尼亚公路，并以党卫队第1“警卫旗队”装甲师经安德鲁舍夫卡和明科夫齐（Min'kovtsy）展开进攻，同布罗夫基车站附近的第25装甲师建立联系[45]。另一侧，第1装甲师一部应就地坚守，阻止苏军向日托米尔的一切后续推进，与北面第13军的分界线由位于新尤罗夫卡以西格利尼察（Glinitsa）的党卫队“帝国”装甲战斗群据守。这条新分界线从特罗科维奇（Trokovichi）延伸至米卡河一线，再从那里伸向捷捷列夫河。奉命赶往卡扎京的第18炮兵师接到正式命令，在该镇东南面和西北偏北方占据阵地，构成“卡扎京要塞”的防御骨干。该师离开日托米尔后，必须任命一位新作战司令，这项任务留给巴尔克。

北面的第13军接到指示，要求他们与敌人脱离接触，当晚晚些时候实施后撤[46]。豪费奉命将该军撤至从格利尼察向西北方延伸，经柴科夫卡（Chaikovka）、波季耶夫卡（Potievka）、旧布达（Staraya Buda）至古塔多布伦斯卡亚一线，对某些部队来说，这场后撤需要跋涉约20公里。到达那里后，该军将构设新防御阵地。同时，第7装甲师一部也将撤出前线，集结在第13军左翼后方。劳斯还打算将第13军继续后撤，退守从科罗斯特舍夫经古缅尼基（Gumenniki）至切尔尼亚霍夫一线，作为这场机动的组成部分，整个第7装甲师将撤离前线[47]。左翼，第59军应坚守既有阵地，若敌人发起进攻，必要时可收缩围绕科罗斯坚的环形防御[48]。如果科罗斯坚看上去即将被敌人彻底包围，则应弃守该镇，沿通往沃伦斯基新城的主公路后撤。

1943年12月27日，星期一

第4装甲集团军东翼平静度过当晚，第24装甲军报告，只发生轻微炮战，苏联人还实施两起巡逻[49]。这些活动发生在格鲁舍夫（Grushev）附近，靠近第34步兵师与B军级支队结合部，以及安东诺夫卡（Antonovka）北面第82步兵师防区。两起巡逻均被击退。后方，第168步兵师继续调动，共6列火车驶离，另外一列准备在清晨出发。第223炮兵团第1营和第248炮兵团第2营（欠两个连）都已离开该军防区。

西面，冒着苏军在各处施加的重压，第7军将左翼撤至卡缅卡河后方[50]。后撤中的第88步兵师以部分兵力在斯塔维谢地域发起反冲击，取得一场局部胜利，击毙80名敌军，俘虏26人。德军还在南面夺得杜奈卡村（Dunaika），击毙30名苏军士兵，抓获4名俘虏。德军注意到敌援兵正进入波崔基，那里的坦克轰鸣声清晰可辨。卡缅卡河谷，苏军部队设法突入特里列瑟，迫使虚弱的守军撤至该镇南部边缘。另一些苏军部队在科然卡（Kozhanka）强渡卡缅卡河，尔后继续推进，夺得苏瓦里村（Suvari）。拂晓前，第7军组织一场协同一致的反冲击，意图夺回苏瓦里和特里列瑟的阵地，天亮后这场进攻仍在继续。尽管竭力实施反冲击，但黑尔认为敌人会继续对特里列瑟—波崔基地段施加压力，猛攻第88步兵师。该军防区其他地段的情况较为平静，但第75步兵师报告，对面之敌仍在从事繁忙的交通运输。

第88步兵师左侧，第168步兵师第417掷弹兵团，在帕沃洛奇与斯特罗科夫（Strokov）之间沿罗斯塔维察河据守阵地，该团报告未与敌人发生接触[51]。西南方，上游10公里处，该师燧发枪手营进入特鲁别耶夫卡村（Trubeevka）周边阵地，而第223师级集群一个营调动后也已靠近该地域。西面，第25装甲师仍在竭力收拢部队。昨晚，苏军在坦克支援下，进攻并夺得沃伊托夫齐，迫使该师全力撤往南面7公里外的卡缅卡。以第147装甲掷弹兵团为核心组建的"韦希马尔"战斗群清晨前进入瓦西里耶夫卡两侧的防御阵地，但尚无该师余部的消息。

左侧，从切尔沃诺耶地域而来的第20装甲掷弹兵师先遣部队报告，当晚较为平静，未与敌人发生接触[52]。北面，巴尔克第48装甲军的情况相当艰难。该军发起的反冲击收效甚微，由于道路状况恶化，导致该军的后撤陷入停滞[53]。计划中以党卫队第1"警卫旗队"装甲师穿过戈尔德舍夫卡（Gordyshevka）、列索夫卡（Lesovka）和安德鲁舍夫卡遂行的打击，面对苏军的坚决抵抗，最终一无所获。先遣部队只到达列索夫卡北部边缘和古伊瓦河西岸，尔后被召回，坚守安德鲁舍夫卡北部边缘的戈尔德舍夫卡。清晨时，该战斗群仍在坚守该镇，准备冲出血路返回旧谢利耶南端。北面约25公里外，第19装甲师和第8装甲师第28装甲掷弹兵团已接到命令，经斯莫洛夫卡（Smolovka）向西撤往捷捷列夫河河畔的列夫科夫（Levkov）。昨晚20点15分，第一支部队到达斯莫洛夫卡5公里外的特里科普察村（Trikoptsa）。在他们左面，主要缺口另一侧，第1装甲师在第8装甲师一部支援下，与敌人脱离接触并撤至捷捷列夫河后，开始在科沙里夏（Kosharishcha）、科罗斯特舍夫、博布里克（Bobrik）之间构设新阵地[54]。在此期间，苏军紧追不舍，夜间在科罗斯特舍夫东面的基辅—日托米尔主公路占据阵地。镇内桥梁被炸毁。第48装甲军左侧，党卫队"帝国"装甲战斗群已奉命撤至博布里克—新尤罗夫卡一线，并在此据守。

豪费第13军几乎没什么消息，但从最新报告看，各师似乎正按计划实施后撤[55]。昨晚，苏军以营级兵力在沃尔索夫卡冲击第340步兵师，但被击退，除此之外，苏联人似乎未采取其他行动。

第59军防线对面的情况较为活跃，整个夜间，苏联人沿该军整条防线展开侦察和战斗巡逻[56]。敌人还对第291步兵师据守的防区展开两场进攻，一场在梅列尼—兹洛比奇公路两侧，另一场在189.5高地东南方。苏军为此投入1—2个步兵连，但这两起进攻均被击退。第291步兵师报告，从梅列尼东延至乔波维奇，整晚都听见敌坦克的轰鸣。该师还对当地国营农场附近发现的苏军调动实施打击，并以炮兵的破坏性火力轰击苏军设在梅列尼和北面博利亚尔卡的阵地。左侧的C军级支队，昨晚成功肃清苏军在科罗斯坚—奥夫鲁奇（Ovruch）铁路线以西的渗透。但凌晨2点30分左右，苏军从格罗济诺农场地域发起一场强有力的战斗巡逻，渗透过德军阵地直至铁路线。C军级支队立即组织局部反冲击，设法肃清该地域，战斗持续至清晨。据报，昨晚发现苏军一些卡车车队（有些车队多达15辆卡车）驶入别希以北地域，在那里进行各种卸载工作。德军尽可能以炮火打击敌人这些调动。夜间，C军级支队还获得一股深受欢迎的援兵——第183/8行进营的108名军士和291名士兵。另一方面，第291步兵师损失不少重武器，包括2门轻型野战榴弹炮、1门重型和1门中型反坦克炮。除第731装甲歼击营的自行火炮，该师目前只剩15门轻型野战榴弹炮和3门重型反坦克炮。

收到第48装甲军的晨报，获知“警卫旗队”装甲师夜间丢失沃利察，劳斯决定打电话给该军弄清情况[57]。他于7点45分致电第48装甲军军部，告诉巴尔克，他认为打击苏军侧翼的计划不再具备取得成功的可能性。“警卫旗队”装甲师的后撤导致缺口已变得过大，苏联人无疑会利用这个机会，以反坦克炮加强其侧翼。因此，他命令第48装甲军在该集团北翼只留下少数掩护力量，部署在旧谢利耶南部周边和主公路以北地域，以“警卫旗队”装甲师主力向南攻往克雷洛夫卡（Krylovka）—切尔沃诺耶一线。

8点左右，第42军参谋长弗朗茨上校致电第4装甲集团军司令部，建议将遭受苏军重压的第25装甲师撤往西南方，但不是坚守卡缅卡河防线，而应一路退往罗斯塔维察河，在帕沃洛奇周边地带遂行防御[58]。劳斯未予批准，他坚持认为，如果遭受沉重压力，该师应该撤往西南方，至少应在那里设法阻止苏军攻向卡扎京。他命令弗朗茨，集结所有可用力量，向西调至切尔诺鲁德卡地域（Chernorudka），在那里抗击沿铁路线两侧攻向卡扎京的苏军。此外，还应同第48装甲军位于哈莱姆戈罗多克（Khalaim-Gorodok）[59]和克雷洛夫卡的部队建立联系。另外，第18炮兵师将编入第42军，协助守卫卡扎京，应整体使用该师，不得分拆。劳斯现在打算将第42军调至卡扎京，第48装甲军调至别尔季切夫，第13军调往日托米尔，各军部为各镇提供必要的作战支援。

当日拂晓依然乌云密布，阴暗而又潮湿，整片地区小雪纷飞。第聂伯河附近，第24装甲军在休钦卡四个不同地段遭到攻击，苏军每次投入约1—2个步兵连[60]。德军击退这些进攻后，苏联人不再采取行动。第7军亦卷入激战，第75步兵师首当其冲，不得不抗击苏军两个营在格尔马诺夫卡以南的冲击[61]。第198步兵师左翼，1—2个苏军步兵连进攻科瓦列夫卡（Kovalevka）以北，帕列尼琴齐（Palenichentsy）的德军防线，但德国人精心布设的防御火力使对方未能冲至主防御阵地。与此同时，第88步兵师报告，敌人的交通运输活动异常繁忙，正从法斯托夫向南赶往切尔沃诺耶。该师还赢得一场小小的胜利，以一场小规模反冲击突入特里列瑟西南部。在少量突击炮支援下，这场进攻13点发起，目的是解救仍困在镇内的第318保安团第2营一部。这场行动14点30分左右结束，估计击毙150名苏联人，还俘虏步兵第232师第797团7名士兵。由于受到敌人从西面达成合围的持续威胁，进攻部队被迫撤回出发阵地。德军另一场反冲击夺回科然卡南面的索菲耶夫卡国营农场（Sofievka）。但并非所有消息都是积极的。两个苏军步兵连在该师防线达成渗透，攻向亚赫内（Yakhny）西南边缘，该师正计划实施反冲击。在另一场进攻中，苏军一个步兵营以包围战夺得杜奈卡村，另外，对方还从北面和东北面展开进攻，左翼新谢利察村的拦截支队13点左右被迫后撤，退往罗斯塔维察河河畔的斯特罗科夫，苏联人紧追不舍。当日下午，苏军一个步兵团进攻该村，整片地带笼罩在炮火下。

在此期间，集团军司令部与马腾克洛特第42军失去联系[62]。据截获的无线电报称，下午早些时候，第25装甲师竭力将部队有序撤至帕沃洛奇附近的罗斯塔维察河后方。其他情报也表明，强大的苏军部队（估计为一个师）正从波佩利尼亚沿通往安德鲁什基（Andrushki）的公路赶往西南方。第20装甲掷弹兵师的团级集群从西面开赴该地域。敌坦克从切尔沃诺耶南面的克拉索夫卡村（Krasovka）射出的炮火击毁德国人的拖车，导致该集群损失4门轻型野战榴弹炮和1门100毫米加农炮。虽然遭受这一挫折，但该团级集群还是到达切尔诺鲁德卡，下午早些时候又赶往弗切赖舍（Vcheraishe），在那里发现约200名苏军士兵和2辆坦克。据报，苏军坦克也出现在切尔沃诺耶，该师命令装甲侦察部队对其施以打击。

北面，第48装甲军右翼，“警卫旗队”装甲师一部开始向南面的切尔沃诺耶攻击前进，余部当日上午成功击退4辆敌坦克沿沃利察—日托米尔公路推进的企图[63]。下午，苏军再次冲击该师北翼，日终时，该师仍扼守从大莫什科夫齐（Velikaya Moshkovtsy）起，经安托波尔（Antopol'）和旧谢利耶南部边缘至图罗韦茨克胡托拉的防线。该师还在左翼的图罗韦茨（Turovets）部署一支前进支队。北面，第19装甲师和第8装甲师一部顺利撤过捷捷列夫河，在列夫科夫与科沙里夏之间沿河流西岸设立起防御阵地。在其左侧，第1装甲师也沿河流部署，据守的防线直至科罗斯特舍夫。当日上午，苏军发起突击，强渡捷捷列夫河并在对岸建起登陆场，他们渡过该河，从哈里托诺夫卡（Kharitonovka）攻向斯特里热夫卡（Strizhevka）。实力并不强大的敌军穿过该师防线，成功到达斯特里热夫卡东面的基辅—日托米尔主公路，构成切断仍在科罗斯特舍夫地域的德军部队后撤路线的威胁。该村东南面，苏军坦克突破德军防线，第1装甲师投入装甲力量实施反冲击，战斗持续至傍晚。该师竭力遏止对方突破时，苏联人迅速构设起登陆场，13点10分，他们向西发起一连串突击，冲向基辅—日托米尔主公路南面。东面，德国人发现约2000名苏军士兵和16辆坦克集结在科罗斯特舍夫东面的树林中，这股敌军可能会冲击该镇。在党卫队“帝国”装甲战斗群右翼，苏军对科济耶夫卡（Kozievka）和戈罗德斯克发起两场进攻，对前者的突击投入约20辆坦克，对后者则投入团级兵力。北面，苏军以约1000名士兵和4辆自行火炮展开另一场进攻，打击新尤罗夫卡南面的德军装甲战斗群，据第13军报告，苏军达成纵深突破。战斗持续至下午。第13军南翼的第68步兵师遭到苏军约一个师的进攻，对方还获得坦克支援[64]。该师被迫退至从别列佐夫卡（Berezovka）起，经茹拉夫林卡（Zhuravlinka）和皮利波维奇（Pilipovichi）至柴科夫卡一线。军左翼，第7装甲师试图后撤，在此期间遭苏军渗透，对方突破其防御，前出至旧布达西南方林地。

更北面的第59军防区，第291步兵师报告，约200名苏军士兵和3辆坦克集结在梅列尼南面，准备投入进攻[65]。在此之前，该师设法击退苏军以团级兵力对其防区中央地带遂行的一些进攻，据报给进攻方造成严重伤亡。敌人还在少辆坦克支援下，从梅列尼—兹洛比奇公路两侧展开突击，但每次都被密集防御火力击退。与此同时，C军级支队无力阻止苏军对其防线的突破，这一次发生在右翼，但他们至少成功封闭对方的渗透，当日晚些时候予以肃清。

13点30分，劳斯打电话给第59军军长冯·德尔·切瓦勒里，向他通报各军防区最新状况[66]。他指示这位军长，如有可能，应尽力坚守科罗斯坚，若遭到猛烈突击，可以将防御阵地集中于该镇周边。如果存在被包围的危险，他应加强自己的南翼，并设法向西南方突围。切瓦勒里还奉命从前线撤出第70工兵营，将其派往别尔季切夫地域，在那里接受第48装甲军指挥，相关命令于当日下达[67]。下午晚些时候，16点50分左右，第7军军长黑尔将军致电劳斯，亲自汇报情况[68]。黑尔对第7军的作战表现加以维护，称该军采取的积极行动给遂行进攻的苏军部队造成严重伤亡，但无法阻止对方取得进展。该军已构设起一道新防线，从特里列瑟南部边缘延伸至小波洛韦茨科耶（Malopolovetskoe），但从那里到西面存在一个缺口，直至罗斯塔维察河河畔的斯特罗科夫，第7军无法予以填补。苏军部队已开始穿过这个缺口，到达斯特罗科夫东南面树林。鉴于这些状况，黑尔担心他的右翼师处在从左翼遭受卷击的危险下，这些师仍正面朝北，并未受到战斗的太大干扰。因此，他请求劳斯批准该军撤至“齐格弗里德”防线，以保存实力，但第4装甲集团军司令拒绝做出这种让步，他告诉黑尔，未遭到敌军的压力根本不能考虑后撤事宜。若后续事态证明该军侧翼受到真正的威胁，他们应向南逐步后撤，但始终应保持正面朝北或西北，以抗击敌军。雪上加霜的是，劳斯还明确告诉黑尔，仍集结在斯克维拉地域的第168步兵师，在任何情况下都不得用于填补缺口，该师现在专用于卡扎京地域的防御。

对内林第24装甲军来说，当日与前几天没什么区别，该军右翼位于第聂伯河[69]。天色阴沉，有雾，能见度很差，近日落下的雪花开始堆积。温度降至冰点，但各条道路暂时保持着良好的通行状况，只是偶尔有些雪堆。这一整天，苏军发起多次牵制性进攻和持续的侦察活动，以此保持对德军的压力，从某种程度上说，内林甚至期待苏联人尽快发起规模更大、更具威胁的进攻。但目前，该军面临的情况与前几天一样。东北方，德国人发现一股苏军集结在罗马什基以西的卡纳达，14点30分左右，德军炮火将其驱散。早些时候突击巴雷科休钦卡地段后，苏军实施重组，下午又发起两次冲击。面对德军防御火力，这两场进攻都陷入停滞，16点30分，德国人注意到对方集结起更多兵力。西面，中午前后，苏联人以营级兵力两度冲击格尔马诺夫卡东南方，但未得到炮火准备的支援，这两场进攻都被德军防御火力阻挡在阵地前方约800米处。后方第168步兵师继续调离，当日又有9列火车驶离。沿公路开拔的部队均已离开，剩下的只是需要搭乘火车的余部。

西面的天气也差不多，第7军报告昨晚下了雪，当日细雨蒙蒙，雾色弥漫，能见度很差[70]。该军当天的情况喜忧参半，他们牢牢守住防区大部，但无法阻止敌人在左侧斯特罗科夫附近达成突破。右翼，第75步兵师据守的防区，苏军分别于14点45分和15点30分发起进攻，打击格尔马诺夫卡—米罗夫卡（Mirovka）公路两侧，并冲出格尔马诺夫卡南面的林地。苏军每次投入1—2个步兵营，但面对德军密集的防御火力，他们没能取得任何进展，在德军主防御阵地前方约100米处停顿下来。据报，苏军的损失相当高昂，但第75步兵师估计对方会继续遂行冲击。左侧第198步兵师报告，上午11点左右击退苏军进攻后，对方未再实施后续行动。但他们注意到苏军可观的交通运输向西驶往马里亚诺夫卡以南。第7军面临的真正问题是在第88步兵师防区。尽管该师北翼设法击退敌人所有进攻，但其左翼无法阻止苏军攻入亚赫内并夺得杜奈卡、新谢利察和斯特罗科夫。该师早些时候策划对亚赫内实施的反冲击取得成功，肃清镇内敌军，但事实证明，这场进攻的势头并不足以收复杜奈卡，该村仍在敌人手中。与此同时，一股苏军试图从特里列瑟攻向东南方，但被德军阻挡在该镇南面约1公里处，苏军士兵不是被消灭就是被打散。16点左右，苏军两个步兵营从苏瓦里和索菲耶夫卡国营农场展开进攻，在德军防线上暂时打开个突破口，苏军部队借机推进，夺得小波洛韦茨科耶西北部。西面的德军拦截支队仍身处困境。在退至罗斯塔维察河河畔的斯特罗科夫后，该支队编入第168步兵师第417掷弹兵团，而该团直属第7军军部，部署至河流北岸后，该团发现自己遭到敌人从三个方向发起的猛攻，15点45分撤至南岸。他们炸毁斯特罗科夫的桥梁，在布基（Buki）与帕沃洛奇之间占据防御阵地，抗击苏军沿帕里普瑟—斯克维拉公路向南的推进。总之，随着时间的推移，第7军左翼的缺口变得愈发不可收拾，黑尔报告，该军正从未发生战斗的北部防线抽调兵力，但次日中午前无法封闭这个缺口。

在此期间，马腾克洛特仍在西面竭力为他的第42军拼凑起一条绵亘防线[71]。苏军对戈卢比亚京（Golubyatin）和帕沃洛奇展开攻击，刚刚在右侧接管防区的第168步兵师直接卷入战斗。这两场进攻均被击退。西面，为向左扩展防线，该师燧发枪手营和第223师级集群一个营奉命向西赶往切尔诺鲁德卡地域，第20装甲掷弹兵师的团级集群将集结在那里。罗斯塔维察河北面，苏军继续打击第25装甲师。当日上午大部分时间，该师竭力扼守防区，但面对敌人的重压，下午被迫退往东南方的帕沃洛奇。17点30分，第42军参谋长致电集团军司令部，称马腾克洛特打算当晚将第25装甲师西调，掩护帕沃洛奇—莫伊谢耶夫卡（Moiseevka）—贝斯特列耶夫卡（Bystreevka）—什皮钦齐（Shpichintsy）一线[72]。仍在赶来的第168步兵师将从鲁任地域（Ruzhin）前调，在切尔诺鲁德卡与哈莱姆戈罗多克之间接防第25装甲师左侧阵地，掩护卡扎京主要接近地。三个营已开始向西调动，赶往他们的新阵地。劳斯同意这些建议，甚至答应派目前仍在第1装甲师编成内的第509重型装甲营（配备"虎"式坦克）协助守卫切尔诺鲁德卡。部署在什皮钦齐西北方弗切赖舍附近的"韦希马尔"战斗群将编入第168步兵师，第20装甲掷弹兵师的团级集群同样如此。同时，该地区杂七杂八的警戒部队统归第42军炮兵指挥官（第107炮兵指挥官）指挥，他们奉命实施殊死抵抗。第18炮兵师当日正式编入马腾克洛特麾下，奉命集结在卡扎京东北地域，大切尔尼亚夫卡（Bol'shaya-Chernyavka）[73]与沃伊托夫齐[74]之间。突击炮连按计划于当日上午到达切尔诺鲁德卡，而一个"黄蜂"营（105毫米自行榴弹炮）已进入卡扎京周边发射阵地。与此同时，第20装甲掷弹兵师报告，该师团级集群没能夺取弗切赖舍[75]。该集群在敌人重压下退往切尔诺鲁德卡，当晚坚守该镇及火车站。由于缺乏兵力，该师无法派遣任何支队扼守哈莱姆戈罗多克周围的北部防线，因为该师余部奉命担任别尔季切夫作战司令的预备队。

第48装甲军防区对面，当日上午较为平静，苏联人的行动似乎仅限于侦察[76]。但他们在下午恢复进攻，突击重点落在第1装甲师和党卫队"帝国"装甲战斗群据守的地段。看来，苏联人利用这段时间巩固阵地，并调集步兵和重武器，巴尔克估计，对方将向南和西南面恢复强有力的进攻。南翼，党卫队第1“警卫旗队”装甲师当日下午向南发起打击，攻占大莫什科夫齐、小莫什科夫齐（Malyi Moshkovtsy）和切尔沃诺耶，同时遂行防御，抗击从扎巴拉（Zabara）攻向西南方的苏军坦克。该师还击退苏军沿沃利察—日托米尔公路的另一场进攻，对方这次投入团级兵力，并获得坦克支援，但苏联人仅仅满足于加强侦察活动。北面，第1装甲师继续打击苏军设在斯特里热夫卡附近、捷捷列夫河对岸的登陆场，而集结在科罗斯特舍夫东面的敌军则对斯特里热夫卡展开突击。当日下午，这场进攻给德军防御造成极大破坏，苏军一个步兵营楔入该镇北部。德军封闭对方的突破，但无法将其肃清。更多苏军部队位于镇北面，15点左右，他们在博布里克附近突破德军防御。德国人迅速组织反冲击解决这一问题，据称给进攻方造成严重伤亡，还击毁至少12辆坦克。左翼，党卫队“帝国”装甲战斗群遭到猛烈攻击。两起进攻发生在上午10点左右，对方每次都投入团级兵力，与此同时，苏军还对德军左翼周边发起打击，以格利尼察和伊万诺夫卡（Ivanovka）[77]为目标。苏军在后两场进攻中投入一个步兵营，在几辆突击炮支援下，设法推进至伊万诺夫卡东部边缘。敌人从北面实施迂回，导致党卫队“帝国”装甲战斗群处在真正的危险下，因而决定将其左翼后撤，沿博布里克农场至米内基（Mineiki）一线构设新防御。第19装甲师退入列夫科夫，同时在捷捷列夫河后继续实施重组，准备抗击苏军即将发起的突击。

16点35分，巴尔克致电第4装甲集团军司令部，报告最新状况[78]。汇报完毕，他又提出将第1装甲师和党卫队“帝国”装甲战斗群撤至克米托夫（Kmitov）—斯图德尼察（Studenitsa）一线，但他承认，即便在这条缩短的防线上，两支部队也不太可能实施长时间抵抗。劳斯接受这个建议，随即命令第1装甲师今晚后撤。但与巴尔克把该师重新部署到军左翼的想法相反，劳斯迅速指示将该师调至第48装甲军右翼，装甲集团军打算在那里集结起一股力量。巴尔克似乎未注意到大局，他继续争辩，反对这种调动，声称此举会严重削弱日托米尔的防御。劳斯只得同意，但他指出，目前的态势要求在别尔季切夫—卡扎京地域集结力量。如果这样一场调动毫无疑问会使苏军在日托米尔地域取得成功，那也只能忍受。若第7装甲师无法调离前线并转移至别尔季切夫地域，在该地域附近构成预备力量的任务只能交给第1装甲师，该师可以从那里投入帕沃洛奇附近或切尔诺鲁德卡的战斗。另外，劳斯现在决定，将第19、第8装甲师、党卫队“帝国”装甲战斗群和他们现有的防区交给第13军，从而腾出第48装甲军用于别尔季切夫地域的作战行动。

北面，豪费第13军两翼当日上午一直遭到苏军猛烈攻击[79]。对该军左翼的冲击主要由苏军坦克力量遂行，这场协同一致的突击似乎是为打垮该军整条防线。尽管遭受持续压力，但第13军还是得以按计划后撤，并在格利尼察—古塔多布伦斯卡亚一线占据新阵地。右翼，第68步兵师遭到苏军三个突击群攻击，每个突击群的兵力约为一个团，并获得4至6辆坦克支援，从米卡河两侧实施主要突击。随着该师竭力后撤，苏军这场进攻取得出色进展，随后在别列佐夫卡东部边缘遭到德军阻截。再往北，苏联人沿贝斯特列耶夫卡河也取得突破，那里更靠近德军新防御阵地，就在佩列莫日耶（Peremozh'e）附近和皮利波维奇以东，但这些突破不太严重，德军以局部反冲击将其封闭并予以部分肃清。更北面，德军击退对方以营级兵力对柴科夫卡的冲击。该师左侧，第340步兵师防区，苏联人以三个规模较小的战斗群遂行冲击，每个战斗群约为营级规模，但都获得坦克支援。德军成功将其击退，还包括敌人对第208步兵师防区戈罗季谢的一场类似进攻。傍晚时，苏联人在波季耶夫卡重新对第208步兵师展开进攻，一举突破德军新防线，战斗持续至深夜。第7装甲师试图在军左翼保持机动防御，但遭到苏军一股强大坦克力量打击，对方一路向南冲往乔波维奇—法索瓦（Fasova）公路，德国人现已识别出该地域的近卫坦克第5军。苏军这场推进进展甚微，随后被阻挡在古塔多布伦斯卡亚，德国人称击毁8辆敌坦克。

当日上午，第13军参谋长冯·哈默施泰因-格斯莫尔德与第48装甲军参谋长冯·梅伦廷讨论第13军后撤问题，这场后撤对两军分界线造成影响[80]。两位参谋长商定新分界线，第4装甲集团军司令部随后予以正式批准。上午稍晚些时候，劳斯直接打电话给豪费，指出退守下一道防线的后撤很可能是一场大规模调动，但为部队利益，此举不得不为之，这样才能将部队安顿在新阵地。为避免苏军干扰这场后撤，应以第7装甲师确保敌人不会尾随得太近。完成这番调动后，该师将再次部署至军左翼，届时，若第13军不再面临遭受任何侧翼迂回的危险，第7装甲师将调至别尔季切夫以北地域。但豪费确信，即便以第7装甲师掩护后撤，若敌人从古塔多布伦斯卡亚地域攻向西南方，仍能迂回第13军侧翼。

在此期间，第59军右翼的第291步兵师派出侦察巡逻队，试图与第7装甲师左翼建立联系。巡逻队在多布伦和古塔多布伦斯卡亚展开侦察，并同第7装甲师取得联系，但在更北面的舍尔什尼对面，他们注意到苏联人正加强其阵地。第291步兵师防区中央地段，继上午实施进攻后，苏军当日下午再次冲击189.5高地和博利亚尔卡农场以西地域。这些突击行动的规模不大，投入的兵力不超过营级，外加少量坦克，但他们在其他部队未能达成进展的地方取得战果，一举打垮德军前沿防御，在某些地段甚至推进到德军炮兵阵地。西北面，C军级支队报告，当日较为平静，未发现苏军采取行动。第70工兵营已撤离前线，从第291步兵师转隶位于别尔季切夫的第48装甲军。傍晚时，第59军参谋长施洛伊泽纳上校向范戈赫尔汇报最新态势[81]。第291步兵师当日遭到猛攻，又将第70工兵营交出，现已无法坚守既有阵地。他建议尽力加强南翼，尔后将该师撤往西北方的新防线，这道防线从约加诺夫卡（Ioganovka）向东北方延伸，穿过索博列夫卡，直至霍季诺夫卡。劳斯予以批准。

总的说来，当日对第4装甲集团军而言较为顺利，至少与前几日相比是这样。集团军右翼，整个第24装甲军和第7军中央及右翼只遭到敌人一连串牵制性进攻，并未造成任何严重问题。苏军第40集团军辖内步兵第50军继续攻击第7军左翼，不断向南、东南方推进，但总体而言，其进展相当有限[82]。稍西面，实力不明的苏军步兵部队，在少量坦克支援下，从波佩利尼亚地域向南进击。同样，帕沃洛奇—弗切赖舍地段一直遭受敌人的压力，苏军在该地域至少投入两个步兵师和近卫坦克第3军[83]，但第42军在这里设法投入一股掩护力量，虽然实力较弱。从帕沃洛奇起，经弗切赖舍和切尔沃诺耶至伊夫尼察以西，德国人建立起一道防线。别尔季切夫和卡扎京似乎是苏军的主要突击方向，在那里，苏联人用一整天时间逼近德军新阵地，德国人识别出沃利察地域的近卫坦克第11军[84]。另外，苏军还实施更大范围的侦察。北面，苏军近卫坦克第6军和机械化第9军冲击科罗斯特舍夫，力图夺取捷捷列夫河上这一重要渡口。他们试图包围该镇两侧的德军阵地，但这场机动未取得显著成果。第4装甲集团军司令部认为，局部的平静表明苏联人正为其坦克部队提供再补给，他们将于次日恢复进攻，有可能至少将一个坦克军东调，支援第40集团军在白采尔科维、斯克维拉和帕沃洛奇之间地域遂行的突击。捷捷列夫河西面，苏联人进攻第13军两翼，每次都以一个坦克旅提供支援，但该军设法按计划后撤，敌人对其南翼的成功突击并未严重扰乱该军的退却。第13军左翼，苏军没有发起预计中的进攻，近卫坦克第5军仅以部分力量展开一场心不在焉的尝试。第59军防区同样如此，苏联人在少量坦克支援下实施小规模突击，虽说这些进攻取得局部战果，但事实证明对该军的态势无关紧要。

面对这种情况，16点左右，劳斯给麾下各位军长下达题为《装甲集团军司令部第50号令》的新指示[85]。训令中总结敌人的意图，指出约16个步兵师和坦克第1、近卫坦克第3集团军的5个坦克或机械化军在卡缅卡河与捷捷列夫河之间向西、西南方攻击前进，当前目标是夺取卡扎京、别尔季切夫和日托米尔。南翼，苏军第40集团军加入进攻，打击第7军左翼，迫使后者退往东南方。捷捷列夫河西面，苏联人不疾不徐地跟在后撤中的德军身后，而在北面，苏军加剧的交通运输表明，他们即将在该地段展开大举进攻。第4装甲集团军当前的任务是阻止苏军一切后续推进，最好尽可能将其阻挡在卡扎京、别尔季切夫、日托米尔东面和北面，特别是要确保从卡扎京、别尔季切夫通往西面和西南面的铁路线之畅通。

在这方面，第24装甲军的任务保持不变，但该军应把第74工兵营交给集团军工兵司令，并做好腾出一个掷弹兵团的准备。第7军应在防区右翼和中央地段扼守现有阵地，必要时从较为平静的地段抽调兵力，阻止敌人在其左翼向南或西南方发起一切后续推进，并同罗斯塔维察河一线的第42军保持联系。第42军应在其防区阻止敌人向卡扎京发起一切后续推进。为协助该军执行这项任务，第25装甲师、第168步兵师（将调至切尔诺鲁德卡地域）、第18炮兵师（将完整部署在卡扎京地域）、第20装甲掷弹兵师的加强团级集群（已在弗切赖舍—哈莱姆戈罗多克地域展开反冲击）编入第42军。该军军部奉命迁至卡扎京。第48装甲军编有党卫队第1"警卫旗队"装甲师、第1装甲师和"南方"骑兵团，应阻止敌人越过克雷洛夫卡—大莫什科夫齐—旧谢利耶—科罗斯特舍夫一线向西或西南方发起一切后续推进。第1装甲师辖内部队应于当晚撤出前线，调至南面的新地段。与此同时，第13军也应将第7装甲师抽离前线，集结于日托米尔以北地域，将其转隶第48装甲军。"南方"骑兵团将开赴切尔沃诺耶地域，第48装甲军次日将军部设在别尔季切夫。北面的第13军将获得第19、第8装甲师和党卫队“帝国”装甲战斗群，次日晨6点生效。该军当晚承担起守卫科罗斯特舍夫两侧地段的责任，并重新部署党卫队“帝国”装甲战斗群，掩护第48装甲军辖内部队撤离。另外，第13军应继续后撤，这一次退守的防线从南面的科罗斯特舍夫起，穿过博布里克、古缅尼基北部边缘、切尔尼亚霍夫北部边缘，直至诺沃波尔（Novopol'）北郊。该军军部将迁至日托米尔。新编成和新任务要求重新划定各军分界线，具体如下：第7军与第42军分界线从鲁任起，沿罗斯塔维察河延伸至帕沃洛奇西部，再从那里伸向萨韦尔齐和科什利亚基；第42军与第48装甲军分界线从格卢霍夫齐（Glukhovtsy）起，穿过卡什佩罗夫卡、哈莱姆戈罗多克、明科夫齐至霍多尔科夫；第48装甲军与第13军分界线从特罗亚诺夫（Troyanov）起，经佩斯基（Peski）和列夫科夫至科罗斯特舍夫，再从那里沿捷捷列夫河延伸。

下达命令后，劳斯重新考虑巴尔克当日早些时候将第48装甲军左翼撤至克米托夫—斯图德尼察一线的建议，并改变自己先前的决定。可是，刚刚下达的命令要求对巴尔克所提建议的细节做出某种修改，于是，劳斯指示第48装甲军当晚将第8装甲师和党卫队“帝国”装甲战斗群撤至上述一线[86]。按照原命令的规定，这两支部队将于次日清晨6点加入第13军，但他们应同第19装甲师合并为一个集群，由第19装甲师师长克尔纳少将指挥。

当日日终前，除个别例外，第4装甲集团军的意图基本未发生变化[87]。第8装甲师和党卫队“帝国”装甲战斗群将在克米托夫两侧至斯图德尼察一线占据新阵地，第1装甲师将撤离前线，调至别尔季切夫以东地域，在日托米尔东面只留下一股预备力量。左翼，第59军将在其右侧沿从兹洛比奇南端起，经索博列夫卡至霍季诺夫卡西部边缘一线构设新防御阵地。同时，集团军还收到关于第17装甲师的后续消息，这是集团军群提供的援兵。“南方”集团军群发来电报，称第506重型装甲营（“虎”式坦克）也将调离第1装甲集团军，与第17装甲师一同增援第4装甲集团军[88]。第506重型装甲营仍隶属第17装甲师，其调动应做出相应协调。第1装甲集团军还把抽调第17装甲师的命令转发给劳斯[89]。第17装甲师调离前线的行动将于12月29日晨完成，该师和配属的第249突击炮营将开赴卡扎京地域，接受第4装甲集团军司令部指挥。该师所有未参战部队奉命立即开拔，作战部队组成战斗群后出发。通过铁路运送的单位12月28日开始在基洛沃格勒装载，而通过公路变更部署的单位则使用从新乌克兰卡（Novoukrainka）至文尼察的DG IV[90]。各部队出发前应补充满燃料。另外一些援兵组成一个守备营，该营可用于保护第18炮兵师。

当晚晚些时候，第4装甲集团军收到集团军群军需长关于破坏铁路设施的电报[91]。电报中确认，事态的发展可能需要临时疏散各铁路枢纽部，并指示炸毁别尔季切夫、卡扎京、沃伦斯基新城车站以东的铁路设施。任何一项破坏方案首先应获得集团军群运输官批准，各部队和当地作战司令不得擅自采取这方面的行动。另外，装甲集团军应为辖内部队提供指导，告诉他们哪些设施具有军事重要性，因而必须加以摧毁。所谓"军事重要性"指的是对作战行动起直接作用，如有疑问，应立即咨询集团军群。涉及粮食、农业和工业经济的破坏工作由民政部门负责，但关于这方面的指示应同装甲集团军及其辖内部队达成一致。在军事后勤部门不得不撤离的情况下，无法带离的货物，以及敌人可立即加以使用的物资，例如燃料、口粮、缴获的弹药和地雷，应予以摧毁。对敌人没有直接价值的物资，例如面粉和德制弹药，若在可预见的将来似乎不太可能将其重新夺回的情况下，那么也应加以破坏。

注释

1."南方"集团军群作战处，第4365/43号令，1943年12月25日签发。

2.第24装甲军晨报，1943年12月26日5点35分签发。

3.第7军晨报，1943年12月26日4点30分签发。

4.近期的苏联地图上标为莫斯托沃耶（Mostovoe）。

5.第4装甲集团军发给"南方"集团军群的晨报，1943年12月26日签发。

6 .第42军晨报，1943年12月26日6点签发。

7. 第48装甲军晨报，1943年12月26日6点20分签发。

8.德方记录中称之为Gorodezkaja。

9 .德方记录中称之为Wilenka河。

10. 第4装甲集团军发给“南方”集团军群的晨报，1943年12月26日签发。

11. 第13军晨报，1943年12月26日6点25分签发。

12. 据德方记录称，该地点为“莫罗佐夫卡以东”。近期的苏联地图上已不再标注该村，但它位于马林北面，通往皮罗日基（Pirozhki）的公路上。

13.第59军晨报，1943年12月26日6点10分签发。

14.第4装甲集团军作战处作战日志，1943年12月26日的条目。

15.第4装甲集团军作战处作战日志，1943年12月26日的条目。

16.第4装甲集团军作战处作战日志，1943年12月26日的条目。

17.第4装甲集团军作战处作战日志，1943年12月26日的条目。

18.第4装甲集团军作战处的情况汇报，1943年12月26日签发。

19.第4装甲集团军作战处的情况汇报，1943年12月26日签发。

20. 第4装甲集团军作战处的情况汇报，1943年12月26日签发。

21.第4装甲集团军作战处的情况汇报，1943年12月26日签发。

22.第4装甲集团军作战处的情况汇报，1943年12月26日签发。

23.第13军每日报告，1943年12月26日20点45分签发。

24.第4装甲集团军作战处作战日志，1943年12月26日的条目。

25.第4装甲集团军作战处的情况汇报，1943年12月26日签发。

26.第4装甲集团军作战处的情况汇报，1943年12月26日签发。

27.第4装甲集团军作战处作战日志，1943年12月26日的条目。

28.第4装甲集团军作战处作战日志，1943年12月26日的条目。

29.第4装甲集团军作战处，第6955/43号令，1943年12月26日签发。

30.第4装甲集团军作战处，第6954/43号令，1943年12月26日签发。

31.第24装甲军每日报告，1943年12月26日18点签发。

32.第7军每日报告，1943年12月26日19点10分签发。

33.第42军每日报告，1943年12月26日20点15分签发。

34.第48装甲军每日报告，1943年12月26日19点30分签发。

35.第13军每日报告，1943年12月26日20点45分签发。

36.第4装甲集团军情报处发给“南方”集团军群的晚间报告，1943年12月26日20点签发。

37.第4装甲集团军情报处发给“南方”集团军群的晚间报告，1943年12月26日20点签发。

38.这种估计似乎相当准确，但近卫坦克第7军除外，该军与近卫坦克第3集团军部署在通往日托米尔的公路上。

39.“南方”集团军群作战处，第4366/43号令，1943年12月26日签发。

40.第4装甲集团军作战处作战日志，1943年12月26日的条目。

41.第4装甲集团军作战处，第6965/43号令，1943年12月26日签发。

42.第4装甲集团军作战处，第6951/43号令，1943年12月26日签发。

43.第4装甲集团军作战处作战日志，1943年12月26日的条目。

44.近期的苏联地图上标为旧科捷利尼亚（Staraya Kotel'nya）。

45.第4装甲集团军作战处作战日志，1943年12月26日的条目。这份文件的副本和第42军的命令实际上并未放在相关卷宗内。

46.第4装甲集团军作战处，第6953/43号令，1943年12月26日签发。

47.第4装甲集团军作战处作战日志，1943年12月26日的条目。

48.第4装甲集团军作战处作战日志，1943年12月26日的条目。

49.第24装甲军晨报，1943年12月27日6点25分签发。

50.第7军晨报，1943年12月27日6点签发。

51.第42军晨报，1943年12月27日6点10分签发。

52.第20装甲掷弹兵师晨报，1943年12月27日5点签发。

53.第48装甲军晨报，1943年12月27日5点50分签发。

54.所有地图上均未标注博布里克村，它位于科济耶夫卡（Kozievka）西面。

55.第13军晨报，1943年12月27日6点20分签发。

56.第59军晨报，1943年12月27日5点30分签发。

57.第4装甲集团军作战处作战日志，1943年12月27日的条目。

58.第4装甲集团军作战处作战日志，1943年12月27日的条目。

59.近期的苏联地图上标为戈罗德科夫卡（Gorodkovka）。

60.第4装甲集团军第一助理副官的情况汇报，1943年12月27日签发。

61.第4装甲集团军第一助理副官的情况汇报，1943年12月27日签发。

62.第4装甲集团军第一助理副官的情况汇报，1943年12月27日签发。

63.第4装甲集团军第一助理副官的情况汇报，1943年12月27日签发；第48装甲军每日报告，1943年12月27日18点55分签发。

64.第4装甲集团军第一助理副官的情况汇报，1943年12月27日签发。

65.第4装甲集团军第一助理副官的情况汇报，1943年12月27日签发。

66.第4装甲集团军作战处作战日志，1943年12月27日的条目。

67.第4装甲集团军作战处，第6979/43号令，1943年12月27日签发。

68.第4装甲集团军作战处作战日志，1943年12月27日的条目。

69.第24装甲军每日报告，1943年12月27日18点25分签发。

70.第7军每日报告，1943年12月27日20点45分签发。

71.第42军每日报告，1943年12月27日20点30分签发。

72.第4装甲集团军作战处作战日志，1943年12月27日的条目。

73.近期的苏联地图上标为维什涅沃耶（Vishnevoe）。

74.近期的苏联地图上标为拉斯塔维察（Rastavitsa）。应当指出，这个沃伊托夫齐村位于贝斯特里克（Bystrik）北面，卡扎京以东约20公里处，不能与北面乌纳瓦河畔的同名镇混淆。

75.第20装甲掷弹兵师每日报告，1943年12月27日21点签发。

76.第48装甲军每日报告，1943年12月27日18点55分签发。

77.近期的苏联地图上标为特拉夫涅沃耶（Travnevoe）。

78.第4装甲集团军作战处作战日志，1943年12月27日的条目。

79.第13军每日报告，1943年12月27日19点45分签发。

80.第4装甲集团军作战处作战日志，1943年12月27日的条目。

81.第4装甲集团军作战处作战日志，1943年12月27日的条目。

82.第4装甲集团军情报处发给“南方”集团军群的晚间报告，1943年12月27日20点签发。情报确认位于该地段的三个苏军步兵师：步兵第232、第74和第163师。

83.如前所述，德军情报部门似乎未能正确辨别出该兵团。近卫坦克第3军此时身处最高统帅部大本营预备队，而隶属坦克第2集团军的坦克第3军也在最高统帅部大本营预备队内。

84.他们在该地段还识别出对方的近卫机械化第8军。

85.第4装甲集团军作战处，装甲集团军司令部第50号令，1943年12月27日签发。

86.第4装甲集团军作战处，第6984/43号令，1943年12月27日签发。

87.第4装甲集团军作战处，第6989/43号令，1943年12月27日签发。

88.“南方”集团军群作战处，第4366/43号令，1943年12月27日签发。

89.第1装甲集团军作战处，第1247/43号令，1943年12月27日签发。

90.四号直达公路，这是一条全天候、高品质、碎石铺面的公路。

91.“南方”集团军群军需长，第F655/43号令，1943年12月27日签发。

第五章
第 4 装甲集团军后撤

1943年12月28日，星期二

第4装甲集团军右翼，第24装甲军防区平静度过当晚[1]。第34步兵师在巴雷科休钦卡附近击退苏军两起巡逻，另外，敌人还以连级兵力发起进攻，在古萨切夫卡（Gusachevka）南面的德军防线达成局部突破，第82步兵师以小规模反冲击予以肃清，战斗中俘虏3名苏军士兵。格尔马诺夫卡地域，苏联人在距离德军主阵地300米处掘壕据守。后方，第168步兵师继续开赴第42军，10列火车当晚驶离。

左侧第7军报告，敌人的大批卡车从西北方驶入格尔马诺夫卡地域。在抗击敌巡逻行动时抓获的一名俘虏交代，苏军在该地域部署一个新锐步兵师[2]。这就是该军12月26日遭受攻击的原因，但没有提供其他细节。第198步兵师报告，敌人仅实施一场小规模侦察巡逻，但在温尼茨基耶斯塔维地域（Vinnitskiye Stavy），一架低空飞行的敌机对他们实施攻击。第88步兵师对面的情况有些不同。苏军一直对小波洛韦茨科耶和亚赫内保持压力，并攻入两个镇北部。该师对敌先头部队展开反冲击，战斗持续至当日晨。西南方，德军侦察巡逻队发现苏军占领罗戈兹纳（Rogozna）和克拉斯尼扬卡（Krasnyanka）村。很明显，该师已遭侧翼包围。第7军左翼，苏军坦克部队昨晚攻入帕沃洛奇，第168步兵师第417掷弹兵团防御部队被迫撤离罗斯塔维察河，在东南方高地占据新阵地。德国人确认，先前担任苏军第40集团军预备队的步兵第240师出现在该地段。

与此同时，第42军一部谨慎向前推进，试图加强该军防御阵地，使之形成一道绵亘防线[3]。第25装甲师余部继续从北面后撤，与在帕沃洛奇渡过罗斯塔维察河的部队一同赶往西南方，清晨时到达鲁任地域。尔后，两个装甲掷弹兵营再次奔向河流北面，一个营开赴克雷洛夫卡，另一个营前往亚罗斯拉夫卡（Yaroslavka）。该师残余的2辆坦克尚未到达新防区，但师里的一个炮兵营，第91装甲炮兵营第1连①已进入鲁任以北的发射阵地。左侧，第168步兵师逐步进入新阵地，其先遣营缓慢向前赶往弗切赖舍—斯皮钦齐（Spichintsy）地段时，遭遇到向南而行的苏军侦察部队。但是，另一些苏军部队已穿过这里向南而去。据报，2辆敌坦克凌晨2点出现在沃伊托夫齐以东，鲁任西北方几公里处，两小时后，稍西面，第168步兵师第442掷弹兵团率先向西北方推进，穿过沃伊托夫齐赶往小切尔尼亚夫卡（Malaya Chernyavka）。期间，该师师部设在大切尔尼亚夫卡，第248炮兵团第3营到达鲁任。该师左侧，第20装甲掷弹兵师第90装甲掷弹兵团一部在切尔诺鲁德卡和哈莱姆戈罗多克占据阵地，但之前的凌晨4点左右，他们在卡什佩罗夫卡与切尔诺鲁德卡之间公路上遭遇苏军坦克[4]。就位后，该师位于切尔诺鲁德卡的部队遭到苏军以坦克为支援的进攻，对方从北面和西面而来。后方，西南面约20公里处，第18炮兵师开始到达卡扎京地域，第288炮兵团和第280陆军高射炮营于夜间抵达，第88炮兵团将在当日上午晚些时候开到。

西北方，苏军再次出现在第48装甲军对面[5]。党卫队第1“警卫旗队”装甲师昨晚报告，苏联人冲击旧谢利耶南端，约300名苏军士兵和4辆坦克突入镇东部。该师夜间组织反冲击，顺利恢复态势。北面，包括10辆坦克和一些卡车在内的另一股苏军，凌晨3点左右冲击该师位于伊夫尼察以北的左翼。他们达成突破，一路向西，穿过图罗韦茨冲向通往日托米尔的主公路。“警卫旗队”装甲师再度展开反冲击，但似乎为时过晚，苏军坦克已沿主公路转向西北方。北面，第19装甲师当晚进入新阵地，负责据守捷捷列夫河河畔防区。与此同时，第8装甲师余部继续实施有序后撤，当日晨，其后卫部队位于主防线以东约2公

① 译注：第91装甲炮兵团第1营？

里处。第1装甲师也开始撤出前线阵地，准备按计划南调，3点30分左右穿过主防御阵地。可是，紧追不舍的苏军给这场后撤造成些麻烦。前进中的苏军部队打击担任后卫的第1装甲侦察营，但该营杀开血路，退至日托米尔东南郊的斯洛博达谢列茨（Sloboda Selets）。第48装甲军左翼的党卫队“帝国”装甲战斗群没有发来消息。

第13军当晚的情况喜忧参半[6]。昨晚，苏军以介于连、营级之间的兵力对第340和第208步兵师展开几次规模相对较小的冲击，但都被德军击退。不过，对方在波季耶夫卡地域取得小规模突破。午夜时，第13军辖内各师开始第二阶段后撤行动，在现有阵地只留下后卫部队。到清晨5点，第208步兵师已后撤9公里，到达安诺波尔（Annopol'）两侧地域。其他师尚未发来报告，但军部知道，道路状况给士兵和马匹的徒步行进造成妨碍。西面第7装甲师报告，整个夜间，苏军对该师整条防线保持压力。据报，敌坦克出现在维赫利亚（Vikhlya）[7]，该师在那里粉碎苏军一起连级规模战斗巡逻。

第4装甲集团军左翼，第59军报告，第291步兵师已按计划实施后撤[8]。到昨晚21点左右，苏联人一直试图破坏这场后撤，他们反复冲击，特别是在兹洛比奇东面的格拉贝地域，但这些进攻造成的影响微乎其微。第375保安团也报告，从昨晚19点左右起便听见持续不断的引擎轰鸣，显然表明对方大批车辆正由南向北调动。昨晚19点30分左右，苏军还进攻C军级支队右翼的霍季诺夫卡地域。他们投入约150名士兵，但被德军击退。德国人还发现苏军集结于诺瓦基地域，遂以炮火将其驱散。军级支队北翼，昨日下午和晚上，苏军实施大量侦察活动，后又扩展至其他防御地段。从清晨6点起，猛烈的炮火开始落在军级支队设在科罗斯坚东北方的主阵地，特别是斯特列米戈罗德—别希地段，但在此阶段，很难确定这场炮火意味着什么[9]。

9点35分左右，第7军参谋长施瓦特洛-格斯特丁格上校致电第4装甲集团军司令部，商讨该军防区的最新态势[10]。他报告，第7军右翼，敌人以两个步兵营遂行冲击，在格尔马诺夫卡地域打开个突破ロ；左翼，敌人继续向南、东南方推进，并在第88步兵师左翼占据有利阵地。施瓦特洛-格斯特丁格请求像昨晚商量的那样，将该军左翼撤至以下一线：从格列边基起，穿过波洛吉（Pologi）北部边缘和德罗兹德（Drozdy）至米哈伊洛夫卡。劳斯同意，条件是通过这样一场后撤腾出的兵力都应用于加强摇摇欲坠的左翼。第7军随后获得正式指令[11]。这道命令要求黑尔在右翼和中央地段坚守现有阵地，将左翼撤至以下一线：穿过格列边基、波洛吉、德罗兹德、米哈伊洛夫卡北部边缘，直至罗斯塔维察河河畔的鲁达（Ruda）。左翼第417掷弹兵团应实施后撤，将其左肩倚靠于罗斯塔维察河河畔。

与此同时，在厚厚的云层下，冒着下降的温度，苏军继续展开无情地进攻。第4装甲集团军右翼，苏军对东北和西北地段的牵制性进攻，数量和力量都显著增加，当日上午，第4装甲集团军收到内林第24装甲军发来的电报[12]。敌人沿该军防区不同地段展开一系列协同一致的突击，这些行动都于上午9点左右开始。他们在韦德梅杰夫卡附近以连级兵力三次冲击第34步兵师右翼，另一场同样规模的进攻发生在西北方巴雷科休钦卡附近。这些进攻均被击退，但10点15分，巴雷科休钦卡再度遭到攻击。德国人还发现，苏军集结起1至2个步兵连，准备展开另一场进攻。在马卡罗夫斯基（Makarovskii）两侧，第82步兵师辖内部队及时发现约900名敌军士兵正准备投入进攻，遂施以破坏性炮火打击。第24装甲军左翼，一场更加严重的突击发生在格尔马诺夫卡东南部，苏联人以包括“喀秋莎”在内的火炮实施猛烈炮击后，投入一个步兵团冲击德军阵地，但被后者击退。

这一整天，苏军继续以同样的方式遂行突击，第24装甲军报告，仅杜达里—乌利亚尼基（Ul'yaniki）地段就遭到八次冲击，苏联人对B军级支队与第34步兵师结合部两侧发起打击[13]。苏军投入的兵力从连级至营级不等，在德军防线上打开五个突破口。傍晚前，除一处外，德军将对方的突破悉数肃清，该军宣称自身伤亡轻微，估计对方160人阵亡（数出110具尸体）、35人负伤、6人被俘。西北地段，第82步兵师报告，苏军在切尔尼亚霍夫与列奥诺夫卡（Leonovka）[14]之间展开六次进攻，每次投入约两个步兵营，这些进攻均被击退。尽管敌人的活动有所加剧，但第24装甲军还是奉命抽调第74工兵营和一个掷弹兵团交给其他指挥部，并遵照命令做出相应安排。奉命调往科姆索莫尔斯卡亚（Komsomolskaya）的工兵营已开拔，第82步兵师也采取措施腾出第158掷弹兵团。最后的运输当日上午10点35分离开，该团团部和第2营将赶赴白采尔科维。

第24装甲军左侧，第7军辖内第75步兵师报告，敌人的活动有所加强[15]。当日下午，苏军以营级兵力展开数次进攻，但这些冲击都被德军击退。尽管受到苏军前进部队的密切监视，但当日早些时候经劳斯批准后，第198步兵师还是将其左翼后撤。苏军沿该师整条防线展开一连串猛烈冲击，战斗中，德国人识别出对方三个步兵师的部队。较为幸运的是，苏联人没有在该地段投入坦克力量。左侧第88步兵师防区，苏军在杜利茨科耶（Dulitskoe）、布基、帕沃洛奇强渡罗斯塔维察河，尔后在小利索夫齐（Maly Lisovtsy）附近成功突破德军新防御阵地。16点起，他们一直向东南方进击，黑尔报告，若敌人发起一场协同一致的进攻，他就再也无法确保从白采尔科维经斯克维拉至鲁任这条主公路畅通。他还指出，虽然他的部队在战斗中表现出色，但已疲惫不堪。据报，苏军损失很大，而第7军的伤亡也不小。

除正式报告外，黑尔还直接向劳斯汇报自己的状况，他告诉这位集团军司令，第7军当晚会继续后撤至新批准的防线。他指出，苏军占领小波洛韦茨科耶、克拉斯诺列瑟（Krasnolesy）和杜利茨科耶，对第7军侧翼构成真正的危险，虽然部署在克拉斯诺列瑟与鲁达之间的拦截支队有可能暂时消除这一直接威胁。为此，第75步兵师侦察营已赶赴左翼，在杜利茨科耶地域发起反冲击，将苏军先遣部队驱离该村南部。苏联人在西面成功达成突破后，在帕沃洛奇以南的小利索夫齐地域，该军不得不命令第168步兵师掩护该地段的第417团级集群退守大埃尔奇基（Velikaya Erchiki）至特鲁别耶夫卡一线，这样便可同罗斯塔维察河河畔的第42军保持联系。但黑尔认为，第7军已无法阻止苏军达成突破，并沿主公路冲向斯克维拉。劳斯称，同罗斯塔维察河畔的第42军保持联系固然重要，但更要紧的是歼灭防区内的苏军部队。因此，第7军的任务是务必阻止苏军攻往白采尔科维与鲁任之间的东西向主公路，这条公路对第4装甲集团军至关重要，他们可以通过这条公路将部队调至防线后方的横向阵地上。

西面，伴随毫无好转迹象的阴沉天气，马腾克洛特第42军一直处在真正的困难下[16]。冒着蒙蒙细雨和纷飞的小雪，苏军继续冲击该军中央和左翼，其重点是第42军虚弱的左翼。中央地段，苏联人当日下午对第25装甲师的进攻导致亚罗斯拉夫卡失守，苏军一个步兵团和10辆坦克突破德军防御。该师当晚组织反冲击，设法恢复态势。但在左侧，第168步兵师据守的防区当日清晨遭到攻击，敌人在切尔诺鲁德卡西面达成突破。苏军坦克部队涌过突破口，30—40辆坦克搭载着步兵，冲过铁路线以西第90装甲掷弹兵团的阵地，径直杀向卡扎京。他们到达该镇，当日将其攻克。相比之下，铁路线以东的师毫发无损地逃过一劫，继续扼守大切尔尼亚夫卡与拉济维洛夫卡（Radzivilovka）[17]之间阵地，这是因为苏联人只是从其左翼绕过。后方地域，苏军坦克前进路线上，第18炮兵师正在卡扎京地域完成集结和部署。该师六个营已于夜间开到，另外三个营正在赶来，苏军先头坦克部队发起进攻时，第18炮兵师已到达单位正忙着部署至发射阵地。此时，该师主力位于卡扎京—谢斯特列诺夫卡（Sestrenovka）地域，但苏军坦克不期而至造成的混乱导致该师无法按计划部署。为将这股苏军驱离卡扎京，德国人匆匆拼凑起一些步兵，旋即展开反冲击。这场进攻于中午前后发起，傍晚时，德军警戒部队已攻入镇中心，但战斗一直持续到深夜。

当晚20点10分左右，马腾克洛特致电第4装甲集团军司令部，与劳斯交谈[18]。他解释说，30余辆敌坦克从西北面突入卡扎京，而非预料的东北面，因而绕过部署在该镇东北接近地的防御措施。进攻中的敌坦克趁机击毁一些车辆，尔后与第42军集结起来的各种警戒部队展开战斗。劳斯提醒马腾克洛特，他还掌握着一些机动力量，并指出，必须以炮兵师配属的突击炮和他所能找到的一切机动反坦克力量阻止突入卡扎京的敌坦克继续推进。他还告诉这位军长，若第25装甲师和第168步兵师面临被包围的危险，只能将其后撤，虽然他已批准从第25装甲师抽调一个营支援炮兵师的防御。除此之外，集团军群已从文尼察战地司令麾下抽调第857守备营，该营计划于次日赶到[19]。劳斯在22点左右发给第42军的训令[20]中正式阐述这些意图，要求该军以两个师扼守卡拉布奇耶夫（Karabchiev）—克雷洛夫卡—小切尔尼亚夫卡一线，若面临遭歼灭的威胁，允许这两个师实施战斗后撤。第18炮兵师和各种警戒部队应阻止苏军穿过卡扎京的一切后续推进。

在此期间，第48装甲军也处于困境。别尔季切夫作战司令5点左右报告，发现苏军坦克和步兵位于卡什佩罗夫卡附近的别洛波利耶地域（Belopol'e），对方正沿直接通往城市的主公路向西而行[21]。收悉这一消息，范戈赫尔打电话给第48装甲军参谋长冯·梅伦廷，指示他加快调离第1装甲师，将该师重新部署到比原定意图更南面的位置上，即别尔季切夫—卡什佩罗夫卡主公路，而非小莫什科夫齐（Maly Moshkovtsy）地域。此时，该师正从日托米尔以东地段向南调动，傍晚前开始在别尔季切夫以东地域集结。该师将从这个新阵地向东南方推进，与第42军左翼取得联系。稍北面，党卫队第1“警卫旗队”装甲师正竭力阻止苏军在其防区的一切后续推进[22]。最右翼，该师报告发现敌人40辆坦克和300辆卡车，每辆卡车估计载有30人，有些还拖曳着反坦克炮，正从卡什佩罗夫卡地域向西南方而行，赶往卡扎京西北面约9公里的格卢霍夫齐。这场推进与苏军在南面夺取卡扎京的行动相平行，表明第42军左翼与第48装甲军右翼之间的缺口处存在一支强大的苏军部队。收到这个消息后，第4装甲集团军指示巴尔克，将第1装甲师部署在别尔季切夫—卡什佩罗夫卡公路与别尔季切夫—卡扎京铁路线之间，主力集中于靠近铁路线的右翼[23]。该师尔后应以其右翼发起进攻，沿铁路线推进，穿过格卢霍夫齐，重新夺回卡扎京。该师中央应扼守阵地，左翼撤至古伊瓦河后方。巴尔克回复称，当晚无法取得任何进展，不仅因为漆黑一片，还因为部队太过疲惫，需要休息。劳斯予以批准。

与此同时，“警卫旗队”装甲师也被迫撤出克雷洛夫卡，向西退往切尔沃诺耶。随后，苏军一个步兵营在12辆坦克支援下冲击该镇，但被德军击退。左翼，苏军从东南面投入营级兵力，进攻该师设在旧谢利耶南端的阵地，同样未获成功。但苏联人随后又从东北面的伊夫尼察—沃利察地域发起一场更为猛烈的突击，投入两个步兵团和约40—50辆坦克。他们在镇北部达成小规模突破，但德军随即将其封闭。西北面，苏联人沿古伊瓦河展开另一场进攻，一个步兵营从北面而来，冲击旧谢利耶西北面2公里的高地，又以团级兵力从图罗韦茨地域向南展开进攻。伊万科夫（Ivankov）遭到约25辆苏军坦克攻击，图林（Tulin）[24]则被苏军攻克。总之，“警卫旗队”装甲师报告，当日共击毁19辆敌坦克，但战斗一直持续至傍晚。16点45分，巴尔克向第4装甲集团军司令部汇报该师面临的问题，称该师北翼和后方遭到猛烈攻击，因而被迫退至古伊瓦河后方[25]。该师据守的防区宽约60公里，以其现有力量根本无法承受一场协同一致的突击。因此，巴尔克建议批准第13军退守一条新防线，该防线从列夫科夫起，穿过加津卡（Gadzinka）和特罗科维奇至佐罗科夫（Zorokov），这样便能在日托米尔前方约15公里处形成一道由北至东的弧形防线，为该城提供更紧密的防御。此举将腾出第48装甲军拦截支队、第1装甲师一部，甚至有可能腾出一个步兵师。劳斯开始考虑这个建议，但他并不相信这种缩短防线的做法能腾出一个完整的师。另外，他还认为这种后撤势必导致退往以下一线的另一场后撤：从斯洛博达谢列茨[26]起，穿过日托米尔车站、斯莫科夫卡（Smokovka）[27]至卡缅卡和别列佐夫卡。这条防线可能会更短，但那里没有预设阵地，不管怎样，集团军打算以党卫队“帝国”装甲战斗群尽快接管拦截支队目前据守的防区。

尽管如此，劳斯还是打电话给第13军军长豪费，想听听后者对巴尔克这项建议的看法[28]。豪费对此不太积极，他怀疑这样一场后撤达不到什么目的，相反，他提出自己可以坚守现有阵地，完全可以让巴尔克腾出他的拦截支队，这就是他的观点。与此同时，第13军辖内部队继续奉命后撤[29]。可是，苏军立即发现德国人正在退却，他们迅速发起紧密追击，特别是在两翼。当日晨，苏军冲击第13军两翼，其目的大概是想彻底打垮该军防线。南面的突击主要由获得坦克支援的步兵遂行，而在北面，苏联人投入约90辆坦克实施突击。当日下午，苏军冲击第13军中央防区，又一次获得坦克支援。清晨6点，第13军奉命接掌第19、第8装甲师和党卫队“帝国”装甲战斗群，因而直接卷入科罗斯特舍夫周围的战斗。通往日托米尔的主公路两侧，以第19装甲师组建的“克尔纳”战斗群报告，遭到敌人三次攻击[30]。两次为营级兵力，第三次为团级兵力，这些进攻均被击退。可是，获得步兵支援的约13辆敌坦克设法达成突破，前出至斯图德尼察东北部，随后遭到党卫队“帝国”装甲战斗群一部拦截。该战斗群击毁6辆敌坦克，随即展开行动，肃清突破地域。北面，第68步兵师遭敌人强大步兵部队攻击，对方还投入重型坦克提供支援，该师在右翼击退对方营级兵力的进攻。第340步兵师防区，没等他们完成后撤，苏军便投入一个步兵团，在约15辆坦克支援下遂行冲击，成功楔入切尔尼亚霍夫东面的杰沃奇基（Devochki）北部，第340步兵师旋即针对这场突破展开反冲击，战斗持续至傍晚。西北方，第208步兵师按计划完成后撤，没有遭受敌人干扰，但该师左侧的第7装甲师就没有这么幸运了。该师在布拉任卡（Brazhenka）—托波里谢（Toporishche）地段遭苏军强大坦克力量攻击，但到目前为止，其防御依然完整，据报在此过程中击毁16辆敌坦克。掩护军左翼的第213保安师进入切尔尼亚霍夫以西阵地，其防线从克鲁切涅茨（Kruchenets）至伊万诺维奇（Ivanovichi）。该师许多支援部队仍在西面的瓦西列夫卡（Vasilevka）—普林（Pulin）[31]—库尔诺耶（Kurnoe）地域，但他们已沿普林—库尔诺耶一线设立起侦察掩护。先前交谈时，劳斯告诉豪费，第7装甲师应在切尔尼亚霍夫地域继续守卫第13军北部防线，任务是阻止苏军强大的坦克力量沿科罗斯坚—日托米尔公路突破德军薄弱防线并攻入城内[32]。劳斯后来同“南方”集团军群参谋长布塞中将商谈时证实这一意图，却获知集团军群并不赞同这种做法[33]。布塞不仅认为第13军应坚守现有阵地，还提出将第7装甲师撤出前线，调至别尔季切夫—卡扎京地域。劳斯指出，苏军的进攻重点正是该地域，而且，第1装甲师经格卢霍夫齐冲向卡扎京，这场计划中的进攻能否取得进展尚存疑问。另一方面，将第7装甲师撤出目前的防御地段，肯定会导致日托米尔失陷。鉴于兵力不足，布塞只能做出独断的回复：欲打击主要方向上的苏军，装甲集团军不得不承担相应风险。关于这个问题，集团军群给劳斯下达正式指令，要求第13军扼守日托米尔北面和东北面现有阵地[34]。将防线后撤的问题不予考虑。另外，装甲集团军还奉命重组第7装甲师，以便将其调至别尔季切夫—卡扎京地域。

装甲集团军左翼的第59军没有什么消息，但集团军司令部知道，强大的苏军步兵部队在约60辆坦克支援下，沿该军整条防线展开冲击[35]。多处防线遭突破，苏军已在该军防御阵地达成纵深突破。除此之外，没有太多详情。13点45分，范戈赫尔致电集团军群作战参谋舒尔策-比特格尔上校，向他汇报苏军这场进攻的细节[36]。上午9点，一场猛烈的炮火准备后，科罗斯坚东北面的C军级支队，在辛盖和别希附近遭到冲击，中午前，苏军坦克已突破德军主防线，前出至德军多个炮兵阵地。这一新情况引发一个老问题，该军队是否应遵照元首先前亲自下达的训令继续坚守科罗斯坚。舒尔策-比特格尔指出，这道命令不再有效，但若苏军发起猛烈突击，围绕科罗斯坚的防御圈必须收紧，只有面临遭包围的危险时，该军方可撤往东南方的沃伦斯基新城[37]。由于劳斯昨天已给第59军下达类似命令，舒尔策-比特格尔的指示令他如释重负，他现在提醒冯·德尔·切瓦勒里，务必长时间坚守科罗斯坚，但若存在被包围的危险，他先前下达的命令依然有效。

当晚晚些时候，冯·曼施泰因从“南方”集团军群司令部发来一封关于使用豪费第13军的电报[38]。集团军群显然重新考虑了自己的立场，并承认，尽管有必要坚守既有阵地，但态势后续发展的各种可能性要求该军逐步后撤。在这种情况下，该军应撤至以下一线：从日托米尔东南方铁路弯曲部起，穿过日托米尔并沿城市西面的卡缅卡河一线延伸至瓦西列夫卡。该军务必扼守这道防线，以便同第48装甲军保持紧密联系，并掩护后者的纵深左翼。第13军从西南方向获得补给，相关安全保障由第4装甲集团军部署。另外，集团军应实施彻底的爆破工作，确保苏联人无法沿基辅—日托米尔公路或科罗斯坚—日托米尔公路快速推进。

另外，集团军群也有些好消息[39]。除第17装甲师和第506重型装甲营（“虎”式坦克），第4装甲集团军还将获得另一些援兵。第4山地师正从A集团军群调来，“中央”集团军群也派出第16装甲师，该师新配备79辆五号“豹”式坦克。这两个师将在12月30日或31日开始到达。“南方”集团军群还派出三个装甲歼击连和一个战地宪兵连，事实证明，由于集团军在日托米尔与别尔季切夫之间公路不断遭遇交通问题，这个战地宪兵连的到来非常必要。大批非作战车辆使用道路，导致“警卫旗队”装甲师、第18炮兵师和第1装甲师前几天的调动工作受到严重妨碍。战地宪兵连负责确保作战部队的调动优先使用道路，其他车辆将改道西南面。

与前一天相比，12月28日对第4装甲集团军而言不啻为一场小小的灾难，特别是由于卡扎京的陷落和苏军恢复对第59军的进攻。集团军右翼，苏联人加大对第24装甲军和第7军右翼的压力，发起越来越猛烈的牵制性进攻，以防第4装甲集团军从该地段抽调兵力。他们还以四个步兵师猛攻第7军左翼，迫使其退往南面和东南面[40]。到目前为止，苏联人尚未在该地段发起大规模坦克突击，第4装甲集团军怀疑，苏军第40集团军的主要任务是掩护诸坦克集团军的纵深侧翼，后者正在西面攻往西南方。卡扎京与日托米尔之间，不出所料，苏联人以强大的坦克和快速部队组成的三个集团继续向前，紧随其后的步兵师提供支援。南集团直奔卡扎京，并从西北面夺得该镇，中央集团径直冲向别尔季切夫。与此同时，北集团似乎试图将“警卫旗队”装甲师驱离旧谢利耶—伊万科夫地域，打开通往日托米尔的道路，德国人已确认，近卫坦克第7军辖下的近卫坦克第56旅位于列辛（Leshchin）北部。第4装甲集团军估计，苏联人仅在这一地段就投入230—250辆坦克。北面，捷捷列夫河以西，第13军设法后撤时，苏军猛攻两翼，试图迂回其左翼，以近卫坦克第5军沿科罗斯坚—日托米尔公路向南推进。他们在该地段投入100—120辆坦克，另外60—80辆坦克在北面打击第59军。后一个坦克集群的出现表明，苏联人计划在该地段同样达成突破。第4装甲集团军的防线正被撕裂，前景看上去非常暗淡。鉴于这种状况，加之当日进行的各种商讨，劳斯当晚给第48装甲军和第13军下达最新训令[41]。给巴尔克的指示前面已提及，而给豪费的命令证实了先前讨论的内容。该军应扼守现有阵地，并腾出第1装甲师拦截支队，该支队尔后将返回第48装甲军。第7装甲师应于次日撤离前线，集结在日托米尔以北地域，由集团军司令部直接掌握。豪费应做好将该师调至别尔季切夫地域的准备，在那里，第7装甲师将编入第48装甲军。

劳斯还给内林第24装甲军下达新指示[42]。该军也应坚守既有阵地，但除此之外，还应抽调一个团级指挥部和一个步兵营给第7军。黑尔的军部应密切配合这场调动。因此，第4装甲集团军目前的意图如下。第7军左翼应撤至以下一线：从格列边基起，穿过波洛吉、德罗兹德、鲁达、大埃尔奇基至特鲁别耶夫卡；第42军应坚守以下一线：从特鲁别耶夫卡起，经克雷洛夫卡至小切尔尼亚夫卡，从那里穿过卡扎京中央地带，直至该镇西面的十字路口。第48装甲军应以第1装甲师在其右翼展开进攻，穿过格卢霍夫齐，重新夺回卡扎京，同时，该军左翼扼守古伊瓦河一线，直至日托米尔东南方的佩斯基。与此同时，第13军应固守既有阵地，并把第7装甲师集结在日托米尔以北地域，第59军继续坚守科罗斯坚，只有面临遭包围的威胁时方可撤往西南方[43]。

1943年12月29日，星期三

12月28日晚和次日夜间，内林第24装甲军继续肃清苏军前一天在巴雷科休钦卡以南地域达成的突破，但未获成功[44]。据估计，第34步兵师最快要到下午才能肃清该地域，而且必须投入援兵。夜间，第82步兵师在左翼拦截一支苏军巡逻队，将其逐回格尔马诺夫卡东南面，23点左右，B军级支队辖下的第475掷弹兵团（又称第677团级集群）第1营接替第158掷弹兵团第1营，但新赶到的团级集群遭到一股实力不明的敌军攻击，无法阻止对方在格尔马诺夫卡东南面达成突破，第158掷弹兵团第1营再次返回，封闭敌人的突破。

第7军右翼，第75步兵师昨晚在格尔马诺夫卡南面成功实施一场扫荡，据该师报告，敌人昨日在该地段阵亡462人[45]。当晚，苏联人又在那里展开两起巡逻，一次是战斗巡逻，另一次是侦察巡逻，但均被击退。不过，一些苏军士兵显然躲过德军的扫荡，或者是再次渗透德军防线，因为当日上午，该师仍在村子以南地域从事清剿行动。左侧，第198和第88步兵师按计划后撤，但后者不得不击退苏军在罗斯塔维察河河畔鲁达北面和西北面实施的一些巡逻活动。当日上午，第7军左翼已延伸至斯克维拉以西某处。他们在夜里派出一些巡逻队越过该镇，但当日晨尚未收到报告。

夜间，集团军与第42军失去联系，鉴于昨日发生的情况，这是个严重问题，但当日上午得以恢复[46]。劳斯目前不了解集团军防线最关键地段的态势发展，但他知道第20装甲掷弹兵师一部仍在大切尔尼亚夫卡坚守[47]。

第48装甲军防区，苏军将其压力一直保持至夜间，冲击切尔沃诺耶—小莫什科夫齐地域的党卫队第1“警卫旗队”装甲师之右翼[48]。这场进攻发生在20点至22点，苏军投入一个步兵营，并以坦克为支援，但德军没费太大周折便将其击退。夜幕降临后，“警卫旗队”装甲师开始撤往新阵地，尽管困难重重，但该师还是设法与敌人脱离接触。苏军很快注意到这场后撤，旋即发起追击，即便对方次日晨已在列辛渡过古伊瓦河。在此期间，第1装甲师（拦截支队除外）已到达别尔季切夫东南面集结区，各部队当晚实施重组。东面，别尔季切夫作战司令为掩护该师集结而派出的侦察巡逻队报告，通往帕纳索夫卡（Panasovka）的南北向公路上不断传来交通运输的动静。

北面，豪费第13军整个夜间遭到苏军持续不断地攻击[49]。对方沿该军整条防线遂行冲击，许多行动获得坦克支援。右侧的“克尔纳”战斗群击退对方以连级兵力对列夫科夫的桥梁实施的小规模进攻，并在北面肃清敌人对斯图德尼察的小股渗透。德国人还发现苏军正在基辅—日托米尔主公路两侧做进攻准备，遂以炮火对其展开成功地打击。左侧，约300名苏军士兵和少量坦克攻入扎布罗季耶（Zabrod'e）北部，第68步兵师旋即组织一场小规模反冲击。这场进攻取得成功，防线得以恢复。除此之外，该师防区未遭到其他进攻，但敌人这一整晚实施大量侦察活动。切尔尼亚霍夫东南方的杰沃奇基，第340步兵师的阵地亦遭到类似攻击，虽然无法确定这场进攻的规模，但该师报告，发现4辆敌坦克。夜间，苏军部队设法冲入村东部，第340步兵师清晨组织反冲击恢复态势。切尔尼亚霍夫也遭到攻击，凌晨4点左右，约30辆苏军坦克搭载着步兵，突破第208步兵师防线后冲向该镇。局面相当混乱，到当日晨仍不明朗。与此同时，第7装甲师穿过克列季谢（Kletishche），赶往小戈尔巴沙（Malaya Gorbasha）—佐罗科夫及其南面的新集结区，该师在那里的新任务是阻止苏军从切尔尼亚霍夫向日托米尔发起的一切突破。军左翼，第213保安师在日托米尔西北面占据新阵地，该师报告，未与敌人发生接触。

北面50公里外，第59军已撤离科罗斯坚，趁夜间退往沃伦斯基新城[50]。该军报告，没有同敌人发生接触。

10点20分左右，第4装甲集团军设法同第42军重新建立起联系，劳斯趁机指示马腾克洛特，尽快将第168步兵师一个团西调，任务是坚守卡扎京[51]。他还强调从第25装甲师抽调一个营掩护第18炮兵师的重要性。相关命令前一天已下达，没有这个营，第18炮兵师很可能会损失掉。当日上午晚些时候，第4装甲集团军参谋长范戈赫尔致电第48装甲军参谋长冯·梅伦廷，称集团军认为第1装甲师向格卢霍夫齐发起的进攻无法取得任何进展[52]。这促使巴尔克下午晚些时候直接致电劳斯。这位军长承认，虽然进攻未能实现既定目标，但面对苏军的顽强抵抗，他们成功夺得普济里基（Puzyr'ki）和帕纳索夫卡村，在此过程中击毁13辆敌坦克。该师也付出相应代价，而且他们在北面设立的掩护线已无法阻止冲向别尔季切夫的苏军夺取辛加耶夫卡（Singaevka）和萨德基（Sadki）。党卫队第1“警卫旗队”装甲师的情况同样喜忧参半。尽管其右翼成功守住阵地并阻挡住敌人的一切进攻，但20余辆苏军坦克突破安托波尔以北防线。左翼，约40辆敌坦克在佩斯基渡过古伊瓦河，并攻入该师后方。少量敌坦克甚至推进到科德尼亚（Kodnya）西北方火车站周边地域，并出现在师部附近。劳斯建议以“警卫旗队”师装甲力量对突入之敌遂行反冲击，但巴尔克称，他们无法展开这样一场行动。相反，他再次为一个新的重大行动决策提出自己的观点，巴尔克强调，在他看来，目前的态势已难以为继。他建议将第48装甲军撤往新防线，这条防线从卡扎京起，穿过该镇西面的十字路口，再从那里经热热列夫（Zhezhelev）、谢梅诺夫卡（Semenovka）、波洛韦茨科耶（Polovetskoe）、科德尼亚，直至普里亚热夫（Pryazhev）。“警卫旗队”装甲师的后撤可由其侦察营加以掩护，而“南方”骑兵团负责守卫别尔季切夫。这样一场后撤将使“警卫旗队”装甲师35公里的正面缩短至18公里。但此举意味着第13军也要缩短防线，退至日托米尔更狭窄的防御上，并以“克尔纳”战斗群封闭两军之间的缺口。另一个办法是将第7装甲师编入第48装甲军，以该师向南展开进攻，同“警卫旗队”师向北攻击前进的一个装甲战斗群会合，从而封闭缺口。此举的好处是可以歼灭已达成突破的敌军部队。

结束这番讨论后，劳斯15点20分又同范戈赫尔商讨巴尔克的建议。他们一致认为目前最重要的是，无论发生什么情况，集团军必须保持凝聚力，因此，没有理由不按照巴尔克的建议将第48装甲军后撤。不过，虽然劳斯倾向于将第13军撤至从列夫科夫起，经加津卡、特罗科维奇、维利斯克（Vil'sk）至瓦西列夫卡的中间防线，但范戈赫尔认为该军应撤入日托米尔边缘阵地，以腾出力量实施反击。他们没有得出结论，劳斯又致电第13军军长豪费，同他商讨相关事宜。劳斯建议这位军长，设法腾出第7或第19装甲师，用于拟议中的反突击，封闭他与巴尔克军之间的缺口，歼灭突入普里亚热夫以南的苏军部队。另外，豪费还应在左翼部署一些装甲力量，以防苏军楔入其西侧。鉴于这些前提条件，豪费仍认为第13军能够坚守中间防线，那里的北部地段，第7装甲师一部已将苏军的推进阻挡在切尔尼亚霍夫与克列季谢之间。

劳斯随后致电“南方”集团军群参谋长布塞，向他汇报目前的态势和这些新建议。集团军群参谋长指出，第13军的后撤速度较快，该军留在目前的阵地上可能更加有利，特别是因为援兵到达前，该军必须再坚守3—4天。至于敌人在第7军防区斯克维拉周围达成的突破，除了让对方继续向南推进，似乎没有其他解决之道。不过，还有两个主要问题需要解决。首先，不能让第7军左翼遭包围，其次，尽管苏军步步推进，但必须采取措施确保后勤状况。这些只是布塞的初步想法，他告诉劳斯，最终决定会在适当的时候做出。这就使劳斯有机会实施他的计划，将重点集中于别尔季切夫和卡扎京周边地带，并把第168步兵师和第25装甲师撤往更西面。同时，他命令第13军立即腾出第7装甲师，并确保该师当日中午前经日托米尔赶往别尔季切夫[53]。该师将编入第48装甲军。

与这些较为安全的商讨截然不同的是，激烈的战斗继续在乌克兰乡村肆虐。当日上午，第24装甲军辖内第34步兵师成功肃清敌人在巴雷科休钦卡以南防线达成的突破[54]。但此举却导致苏军重新发起突击，这一次，对方在同一地域的德军防线取得两处突破。该师不得不再次采取新措施应对这种状况。西面，苏军对马克耶夫卡（Makeevka）和格尔马诺夫卡展开类似进攻，但第75步兵师设法以局部反冲击恢复态势。

第7军右翼，第198步兵师继续后撤，该军报告，敌人只是缓慢地尾随在后[55]。苏军对第88步兵师左翼的米哈伊洛夫卡和鲁达村发起虚弱无力地进攻，没能取得战果，但在西面，他们攻占斯克维拉东北方的佐洛图哈村（Zolotukha）。同一地段，第168步兵师第417掷弹兵团据守的防区，苏军沿帕沃洛奇—斯克维拉公路两侧实施猛烈冲击，迫使守军退过斯克维拉，撤至他们在该镇南部边缘构设的新防御阵地。西面，通往鲁任的公路上，苏军占领克里沃舍因齐（Krivosheintsy），南面6公里外的别列江卡（Berezyanka）北部边缘也处于敌军炮火下。

第42军发来的报告依然较为粗略，例如，第25装甲师右翼没有消息[56]。但该师左翼，苏军上午11点以团级兵力投入攻击，目标是罗斯塔维察河河畔别利洛夫卡（Belilovka）西北方2公里的火车站，德军击退这场进攻。西北方6公里，苏军坦克突入谢斯特列诺夫卡镇，导致第168步兵师防御部队只得坚守该镇东部边缘。再往南几公里，卡扎京东面，另一股敌军当日上午占领沃洛赫斯基耶（Volokhskie）[57]，德国人还在该地域发现一个苏军步兵师正朝西南方行进。10点左右，其先头部队在马哈林齐车站（Makharintsy）附近跨过卡扎京—波格列比谢（Pogrebishche）铁路线。在此期间，第42军左翼，第18炮兵师部分部队和支援单位目前部署在以下一线：从卡扎京南部边缘起，穿过该镇西部边缘，沿公路向西延伸至普利亚霍瓦亚（Plyakhovaya），然后向北延伸，直至格卢霍夫齐以南树林的南部边缘。

北面10公里外，第1装甲师一部在此期间从别尔季切夫东南面集结区向东南方展开进攻[58]。他们攻击前进，正如我们所知的那样，在古伊瓦河谷夺得普济里基和帕纳索夫卡村，但在那里遭到苏军坦克从南面和东面发起的两场反冲击。这两场进攻均被击退。该师左侧，苏军继续攻往别尔季切夫。几辆坦克到达辛加耶夫卡，他们随后以营级兵力进攻别尔季切夫镇中心以东8公里的郊区。整个上午，“警卫旗队”装甲师一再遭到苏军攻击，有几次，对方投入团级兵力并以坦克为支援。虽说大多数进攻被击退，但苏联人还是在两个不同地点突入新科捷利尼亚（Novaya Kotel'nya）[59]，迫使该师退至镇西部边缘。南面，德军组织一场反冲击，以恢复安托波尔的态势，而在北面，河谷内几公里处的伊万科夫失守。西北方7公里处，“警卫旗队”装甲师左翼，另一股苏军在姆利尼谢（Mlinishche）强渡古伊瓦河，并在对岸设立登陆场，尔后继续攻向西南方。下游的佩斯基，情况与之类似，苏军先遣部队继续在斯科莫罗希（Skomorokhi）实施重组。

北面，第13军防区的情况较为忙乱[60]。他们发现苏军正在列夫科夫东部为进攻加以准备，尽管无法确定对方集结区内的调动规模。一连串猛烈但有些分散的炮火准备后，“克尔纳”战斗群、第68和第340步兵师当日上午都遭到冲击。德国人估计这些进攻多以团、营级兵力遂行，最猛烈的突击发生在克米托夫附近的基辅—日托米尔主公路两侧。进攻持续一上午，但德军守住自己的防线。切尔尼亚霍夫东南面的杰沃奇基村再度发生激烈争夺，第340步兵师先前成功实施反冲击后，苏军再度展开突击，迫使该师后撤。第208步兵师的麻烦更大。40—50辆敌坦克在切尔尼亚霍夫北面投入进攻，迫使该师彻底放弃该镇向南退却。苏军攻占该镇后继续向南，当日上午晚些时候与第7装甲师在小戈尔巴沙激战。在此期间，另一股苏军转向西南方，据报，他们中午前到达克列季谢—伊万科夫公路。更糟糕的是，小股苏军试图在军左翼渗透第213保安师薄弱的防线，可能是企图从西北面包抄日托米尔。实际上，有报告称，7辆敌坦克出现在波奇塔鲁德尼亚（Pochta Rudnya）[61]，该村位于日托米尔西北方约30公里，通往沃伦斯基新城的主公路上。第13军已遭迂回。

第59军继续实施计划中的后撤，当日上午进入科罗斯坚以西的新阵地，这道防线从乌绍米尔车站（Ushomir）向北延伸，穿过莫吉尔诺（Mogilno）[62]和维戈夫（Vygov）至库皮谢（Kupishche）[63]。与此同时，该军确定，苏军部队已在列索夫希纳（Lesovshchina）东南方跨过南面的日托米尔—科罗斯坚公路，正向西而行。为掩护自己的纵深右翼，冯·德尔·切瓦勒里组建起“格尔克”战斗群[64]，并将其派往科罗斯坚西南方约30公里的雷沙夫卡（Ryshavka）。在此期间，苏联人并未放缓对该军后撤行动的追击，当日上午，他们以连级兵力对第291步兵师右翼的乌绍米尔实施试探性进攻，但德军毫不费力地将其击退。

当日又是个阴天，浓淡不均的薄雾下，温度勉强到达冰点，但至少雨水和降雪消失了。第聂伯河依然冻结，甚至能承受步兵队列和搭载约2吨物资的雪橇。集团军右翼，内林汇报他对第24装甲军对面之敌大体的活动情况[65]。敌人继续实施牵制性进攻，其意图显然是想扩大在德军防线达成的突破。据该军报告，敌人对第34步兵师设在巴雷科休钦卡周围的阵地共发起八次进攻，投入的兵力从连级至营级不等。其中五次被德军迅速遏止，另一次则被反冲击逼退，但另外两起进攻在该师1500米宽的防线上取得新突破。第34步兵师对遭突破地段展开反冲击，但到傍晚时，这些反击只取得部分战果。西北方防线，第34步兵师报告，两股敌军集结在韦列米耶（Verem'e）东面，每股兵力约为一个连，正准备投入进攻。马卡罗夫斯基附近和格尔马诺夫卡以南地域，苏军以营级兵力反复冲击第82步兵师。虽然这些进攻被击退或被局部反冲击肃清，但该师右翼仍存在问题，尚未彻底肃清敌人昨日在切尔尼亚霍夫附近的突破。内林还报告，敌空军趁多变的天气发起断断续续的行动，几架敌轰炸机对该军防区实施对地攻击，但未取得任何战果。第24装甲军还汇报敌人前一天沿杜达里—乌利亚尼基地段，在B军级支队与第34步兵师结合部两侧实施进攻的最终损失。他们在战壕中数出290具苏军士兵尸体，估计主防御阵地前方还有170具尸体，另外，35名苏军士兵负伤，16人被俘，还有一人当了逃兵。至于今天的战斗，第82步兵师报告，击毙316名敌人，抓获75名俘虏，产生2名逃兵。苏联人为这两日的战斗付出高昂代价。

内林左侧的第7军报告，苏军不断施加压力，该军竭力扼守防区[66]。第7军右翼，苏军以高达团级的各种兵力多次展开冲击，但没能取得进展，均被德军击退。该军中央防区的压力稍有缓解，可能是因为昨日的后撤导致苏联人需要些时间追上，但苏军设法在第88步兵师位于鲁达东面和东北面的左翼取得新突破。该师遂行反冲击，预计傍晚前能取得圆满成功。西南方12公里外，另一股苏军，估计为两个步兵团和一个坦克旅，上午11点30分左右突入并夺得斯克维拉北部。据守该地段的第417团被逐出镇子，不得不退向东南方，但该团报告，击毁8辆敌坦克。第7军还证实早些时候的报告，该地域的苏军已奉命攻向东南方，并封锁从基辅和白采尔科维通向南面的公路。西面，在与第42军之间的缺口部，第7军派出侦察巡逻队，试图弄清该地域的敌情，他们发现斯克维拉西面的克里沃舍因齐有一个获得炮兵支援的苏军步兵团。17点55分，黑尔告诉第4装甲集团军司令部，苏军在斯克维拉附近的第7军左翼达成一场纵深、宽大突破[67]。根据截获的电报判断，苏联人打算封锁对德军补给和调动至关重要的南北向公路，黑尔报告，第7军现在根本无力阻止对方这一企图。劳斯只能认可这位军长的评估，他同意现有缺口必须以新锐援兵加以封闭。但劳斯并不认为该地域遭受到严重威胁，特别是因为那里已知的苏军部队不过是一个坦克旅和一个虚弱的步兵师。第7军目前的主要任务是将辖内各师集结成一股强有力的作战力量，并设法将敞开的左翼后撤，以免遭受敌人卷击，同时沿主要防区坚守阵地。总之，黑尔的第7军过去三天一直处于激战中，据第88步兵师报告，他们抓获70名俘虏，击毙约1000名苏军士兵，已数出400具尸体。他们还缴获或摧毁大批武器装备。克兰茨少校率领的第188工兵营因作战英勇获得特别嘉奖。第75步兵师也参与了一些激烈的战斗，据该师报告，在此期间共击退敌人以团级兵力实施的29次进攻，抓获56名俘虏，击毙650名苏军士兵，还缴获一些机枪、反坦克步枪和一门反坦克炮。

30公里宽缺口的另一侧，第42军仍在勉力坚守自己的阵地，现在看来，一列装甲列车落入敌人手中，前一天降临在卡扎京的灾难已无可避免。包括坦克在内的苏军部队继续猛攻该军右翼和中央，尽管德军顽强抵抗，但还是被迫向南退却[68]。很明显，卡扎京地域的苏军部队正获得加强，马腾克洛特获得的情报表明，苏联人正在第42军防线对面组建两个集团：一个位于该军右翼的鲁任地域，任务是一路向南攻击前进；另一个位于第42军左翼，卡扎京周围和东面，目标是向南、西南方推进。当日大部分时间，该军右翼的第25装甲师一直遭到攻击，鲁任和巴拉穆托夫卡（Balamutovka）[69]亦被苏军从北面和东面实施的钳形突击夺取。日终前，第25装甲师已被迫后撤12公里左右，在扎鲁金齐（Zarudintsy）与别利洛夫卡之间占据仓促构设的防御阵地。该师右翼鞭长莫及处，第42军最东翼，苏军坦克和步兵组成的侦察部队一路向南推进至布赫内

（Bukhny），就在波格列比谢以北13公里处。西面，第168步兵师整个防区卷入激战，被迫向南退入新阵地。苏军展开追击，但该师设法在南面的别利洛夫卡与沃洛赫斯基耶之间构设起一道绵亘防线。该师报告，击毁6辆敌坦克，但苏联人仍继续推进。别利洛夫卡西北方，苏军以坦克为支援，投入团级兵力几度冲击马哈林齐车站与拉斯塔维齐车站（Rastavitsy）之间地带，第一次进攻被击退，德军报告，又击毁3辆敌坦克。但苏联人持续不断的突击最终得到回报，14点30分左右，他们以坦克在该师左翼达成突破，一路向南推进，以夺取科罗列夫卡和索科列茨（Sokolets）村。

与此同时，第18炮兵师遇到的麻烦比前几日少，仅限于实施侦察并炮击所发现的敌军调动。当日上午，他们看见5000名苏军士兵组成的队列沿谢斯特列诺夫卡以西铁路线进入卡扎京，旋即对其施以炮火打击，但战果不明。他们还发现另一股苏军沿该镇西面的铁路线行进，迅速以炮火将其驱散。该师还派出一支侦察巡逻队，在军左翼构设阵地，据其报告，敌人暂未占领格卢霍夫齐。但这支巡逻队不知道的是，这种状况不会持续太久，苏军正赶往该方向。

当日晚些时候，马腾克洛特致电第4装甲集团军司令部，向劳斯汇报情况[70]。他告诉集团军司令，第42军已向南退却，第25装甲师一部和第168步兵师在别利洛夫卡与沃洛赫斯基耶之间的锡特纳河（Sitna）南岸占据新阵地。但这些阵地亦无法坚守太久，因为向前推进的苏军已到达科罗列夫卡和索科列茨。不过，马腾克洛特也提及一些令人宽慰的消息。虽然卡扎京昨日已陷落，但该地段的苏军部队用一天时间实施重组，可能是第18炮兵师的密集炮火给其造成伤亡所致。无论出于什么原因，苏军当日在该地段没有向南大举推进。西北方数公里外的情况同样平静，少辆苏军坦克傍晚时前出至别尔季切夫—文尼察主公路，但没有在那里展开大规模进击。马腾克洛特将此归功于第1装甲师及时赶至并发起的反冲击。在商讨完第25装甲师与第168步兵师集中和合并的问题后，劳斯批准马腾克洛特采取措施。前者在战斗中遭受重创，总之，已无法作为一股力量有效发挥作用，而后者已被苏军的推进切为两段。两人一致同意，应将第25装甲师师部调离前线，辖内部队编入第168步兵师。这会使第168步兵师的情况稍好些，因为该师第417掷弹兵团和补给部队仍在第7军左翼从事战斗。因此，第25装甲师余部接受第168步兵师指挥，该师师部目前设在尤谢福夫卡[71]，多余的师部人员和Nachrichten-Abteilung[72]奉命于次日在列奥纳尔多夫卡（Leonardovka）[73]集结。

北面，巴尔克第48装甲军度过同样艰难的一天[74]。该军试图夺回一些主动权，遂于当日清晨7点以第1装甲师辖内部队展开进攻。如前所述，该师从别尔季切夫东南方8公里左右，谢梅诺夫卡附近的集结区出发，向东发起突击，一举夺得普济里基和帕纳索夫卡村，随后击退苏军营级兵力的反冲击，并击毁约15辆敌坦克。但从那一刻起，苏军的抵抗有所加剧，进攻未能取得更大进展。相反，苏联人对第48装甲军两翼展开协同一致的进攻，目的显然是为夺取别尔季切夫。他们在该军两翼各投入一个坦克军：一个位于别尔季切夫东面和东南面，另一个位于北面的科德尼亚车站附近。这些部队当日下午投入进攻，其南钳打击第1装甲师刚刚夺得的狭窄突出部两侧。一股敌军向西南方进击，一举攻克格卢霍夫齐，尔后继续前进，封锁布罗杰茨科耶（Brodetskoe）东面的文尼察—别尔季切夫主公路，而另一股敌军转向西北方，赶往通向别尔季切夫的铁路线。突出部北面，苏军以营级兵力从辛加耶夫卡和切希（Chekhi）[75]地域向西实施打击，目标直指别尔季切夫。但这股敌军被第1装甲师击退，该师报告，击毁23辆敌坦克。

北面，党卫队第1“警卫旗队”装甲师的情况也好不到哪里去。这一整天，该师一直从事着激烈的战斗，尽管苏军投入团级兵力，在坦克支援下反复遂行冲击，但该师设法守住切尔沃诺耶。当日下午，苏军力图拓宽古伊瓦河对岸登陆场，“警卫旗队”装甲师防区中央又遭到数次攻击。第一次进攻从新科捷利尼亚地域发起，打击该师设在大莫什科夫齐周围的阵地，对方随后又从伊万科夫和列辛地域展开攻击，目的是夺取河流南面的高地。这些冲击均被击退，但德军只是封闭新科捷利尼亚附近的突破口，并未将其肃清。他们还在安托波尔肃清另一场类似突破，恢复原有防线。但苏军继续保持无情的压力，在安托波尔以南再度投入进攻，这次获得16辆坦克支援，并达成突破。对德国人来说幸运的是，对方并未迅速扩大突破，“警卫旗队”装甲师将苏军突破部队阻挡在该镇以西1500米处。面对苏军持续不断的重压，这种成功的防御不可能持续下去，苏联人最终在更靠近日托米尔的姆利尼谢地域取得突破，其步兵在约10辆坦克支援下冲过突破口。他们没有遭遇到德军抵抗，15点30分左右到达克拉斯内斯捷波克村（Krasny Stepok）[76]，从那里转向西南方，直奔科德尼亚。苏军在佩斯基附近的古伊瓦河谷也取得一场类似突破，中午前后，他们在那里渡河，沿日托米尔至别尔季切夫的铁路线向南推进。17点前，约35辆苏军坦克到达科德尼亚车站。“警卫旗队”装甲师开始全力后撤，以免被彻底切断，69号装甲列车部署在日托米尔与别尔季切夫之间铁路线上，力图阻止苏军大潮。该师报告，当日击毁36辆敌坦克，这使第48装甲军的总战果达到59个[77]。

北面，豪费第13军也遭到猛烈冲击，但总的说来，该军还是守住新阵地。苏军在某些地段的进攻获得坦克支援，虽然他们沿该军整条防线展开突击，但重点似乎集中在该军两翼：右翼，基辅—日托米尔主公路两侧；左翼，杰沃奇基—切尔尼亚霍夫地段[78]。对方的意图似乎是通过进攻其侧翼牵制该军，最终迫使该军彻底崩溃。尽管疲惫不堪，但第13军还是实施顽强抵抗，并成功击退大多数进攻。苏军取得一些局部突破，但被德军肃清，虽然苏军加以密切监视，但该军成功保持着良好的秩序。右翼对面，苏联人9点30分实施炮火准备，炮击持续半个小时，但苏军步兵投入进攻时，“克尔纳”战斗群还是射出密集防御火力。苏军的突击逐渐消退，该战斗群继续坚守阵地。稍晚些时候，苏联人再度投入冲击，但这些进攻的力度较弱，被德军轻松击退。斯图德尼察地域，党卫队“帝国”装甲战斗群遭到苏军团级兵力猛攻，对方还投入坦克，但前者获得第13军炮兵部队支援，顺利击退这些进攻。类似规模的突击还发生在第68步兵师据守的防线，特别是扎布罗季耶—维索科切什斯科耶（Vysoko-Cheshskoe）[79]地段，但事实证明，这些进攻并不比其他地段更加成功。后来，第68步兵师发现苏军实施集结，准备再度投入冲击，没等对方展开行动，德军便以炮火将其驱散。

与此同时，第340步兵师继续从事争夺杰沃奇基的战斗，当日上午先击退对方营级兵力的进攻，尔后发起反冲击，重新夺回半个村子。苏联人下午再度进攻，迫使该师退至村南面，在238.8高地设立新阵地。但最重要的地段由第208步兵师辖内部队扼守，横跨科罗斯坚—日托米尔公路。在夜色掩护下，苏军步兵和坦克攻入切尔尼亚霍夫，造成一片混乱，迫使该师退至镇南部边缘实施重组。他们在那里构设起新阵地，尽可能长时间坚守镇郊，但最终被苏军驱散，因为对方的坦克从西北面发起突击，对该师后方构成威胁。第208步兵师向南退往大戈尔巴沙至小戈尔巴沙一线。当日，第7装甲师全力协助第208步兵师抗击冲向日托米尔的苏军，重点打击对方坦克先遣部队，傍晚前，该师设立起一道防线，从小戈尔巴沙至佐罗科夫。据报，第7装甲师击毁5辆敌坦克。第13军左翼的第213保安师也无法阻止苏军坦克部队继续向南推进，该师退至从克列季谢起，经镇南面树林的西部边缘至维利斯克西北方约6公里树林的北部边缘一线。西南面，该师最左翼的第403、第454东线骑兵营退往西南方的普林卡（Pulinka）[80]。

集团军北翼，冯·德尔·切瓦勒里第59军目前与第4装甲集团军余部隔断，仍竭力完整无损地向后退却。当日上午，该军进入乌绍米尔—克拉斯诺波尔（Krasnopol'）[81]—库皮谢一线的新防御阵地，可没等他们就位，苏军便于14点左右冲击其右翼[82]。敌坦克和步兵在第291步兵师据守的阵地上打开数个缺口，战斗持续至夜间。苏联人在该军防线其他地段展开的进攻均被击退。在此期间，“格尔克”战斗群赶往南面，密切监视第59军与第13军之间的巨大缺口，待其到达雷沙夫卡，却发现与敌人脱离接触，途中也未遭遇敌军。

第4装甲集团军右翼，当日的情况不太好。苏军设法牵制住第24装甲军，并在第7军与第42军之间冲开个大缺口，目的显然是想卷击第7军位于东面的防线。在该地段，苏军第40集团军持续不断的冲击迫使第7军左翼退往南面和东南面，这场进攻显然获得一个坦克旅支援[83]。劳斯根本没有额外兵力应对这场突破。中央和左侧地段同样如此，苏军的进攻力度丝毫没有减弱，德国人甚至识别出对方的两个新锐步兵师。别利洛夫卡与卡扎京之间，苏军强大的坦克部队正向南推进，预计近卫机械化第8军很快会试图突破卡扎京两侧的防御。苏联人在卡扎京与别尔季切夫之间达成突破的企图最初似乎被第1装甲师实施的反冲击所阻，但事实证明，面对苏军的顽强抵抗和侧翼突击，第1装甲师一无所获。苏军坦克已穿过格卢霍夫齐，到达别尔季切夫与文尼察之间的主公路。北面，苏军强大的步兵部队，在四个坦克旅支援下，猛攻日托米尔东南面的“警卫旗队”装甲师，在该地段还识别出苏军两个新锐步兵师辖内部队。虽然苏军当日进展甚微，但很明显，他们会继续进攻，其意图可能是迂回北面的这个师。总之，苏联人从卡扎京东南面和日托米尔东南面发起的这两场进攻，构成真正的危险，特别是因为其目标很可能是包围第42军。劳斯非常清楚，欲阻止苏军在集团军中央地带的突破，不仅要以装甲部队实施机动防御，还必须把第42军、第48装甲军、第13军这三个指挥部合并成一个坚固的整体。集团军左翼的情况同样如此，那里的苏军坦克部队似乎试图从两翼迂回第13军，苏军以近卫坦克第5军和近卫机械化第9军分别从北面和东面展开攻击。同时，小股苏军坦克群正从切尔尼亚霍夫西面沿一条宽大战线向南推进，意图切断从日托米尔通往沃伦斯基新城的公路，并构成彻底迂回该军的威胁。据第4装甲集团军报告，当日共击毁72辆敌坦克，这可能是苏军所施加压力的一部分。

通过对当日事件的评估，劳斯与范戈赫尔商讨次日的意图，并决定，作为一项初步措施，第48装甲军必须同第42军左翼取得联系，并为其提供支援[84]。这一行动的主要任务是将装甲力量部署在军右翼，目的是确保布罗杰茨科耶东南面的主要交叉路口安全。另外，第48装甲军应撤至先前讨论过的防线，并以第7装甲师从北面、“警卫旗队”装甲师从南面投入进攻，封闭第48装甲军与北面豪费第13军之间依然存在的缺口。同时，第13军应撤入中间防线，将第7装甲师调离前线，并把“克尔纳”战斗群调至左翼，以掩护西侧。第42军应沿共青村（Komsomol'skoe）—卡扎京—别利洛夫卡一线加固其阵地。

当晚，“南方”集团军群发来新训令[85]。冯·曼施泰因指示劳斯，第13军应坚守日托米尔北面和东北面现有阵地；批准其后撤目前不在讨论范畴内。同时，第7装甲师立即变更部署，用于加强卡扎京—别尔季切夫地域的防御部队。当晚21点35分，劳斯致电冯·曼施泰因，与他商讨态势[86]。他提请集团军群司令注意敌人对第4装甲集团军发起的三路突击，即经斯克维拉向南，经卡扎京向卡利诺夫卡（Kalinovka），从切尔尼亚霍夫向南。集团军暂时阻挡住这些进攻，但相应的代价是不得不放弃大片地带。对此，冯·曼施泰因指出，敌人目前主要以坦克力量实施进攻，投入的步兵部队相当薄弱。在历次战役中被证明深具决定性的炮兵，迄今为止尚未用于打击德军新阵地，因为对方仍在前调。因此，第4装甲集团军，特别是第13军，利用这个机会坚守阵地至关重要。他还指示劳斯，务必让各位军长明白集团军群的观点。

这番说辞并未从根本上改变劳斯所持的立场，当晚下达的装甲集团军司令部第51号令，更多的是基于他本人而非集团军群对形势的判断[87]。在这道命令中，劳斯阐述敌人对装甲集团军发起的三场主要突击，对此，集团军的主要任务是防止敌人跨过日托米尔—别尔季切夫—文尼察公路达成突破，并迟滞苏军向日托米尔和从斯克维拉向东南方的推进。为实现这些目标，各军作战部队保持稳定至关重要。第24装甲军继续遂行当前任务，坚守既有阵地。第7军应在其左翼采取机动防御战术，迟滞敌人从斯克维拉向东南方推进，虽然从长远看，该军还是要撤至罗西河（Ros'）后方。但是，寸土必争，只有在敌人的压力迫使部队必须后撤的情况下方可实施这种调动。第417掷弹兵团仍暂时隶属该军，但不再设法同第42军右翼保持联系。第42军应防止苏军从卡扎京两侧向别尔季切夫—文尼察公路突破。同时，该军应着手将兵力调往西北面，从而把作战重点调整至左翼，但另一侧仍应暂时紧靠别利洛夫卡。应以侦察行动尽可能确保敞开的右翼。该军将获得“南方”集团军群派来的三个装甲歼击连，两个连编入第168步兵师，第三个连交给第18炮兵师。第48装甲军应实施机动防御作战，将重点集中在右翼，防止敌人跨过别尔季切夫—共青村公路。应对已跨过这条公路的苏军部队实施反冲击，并将其歼灭。为此，第7装甲师将编入第48装甲军。担任别尔季切夫作战司令的第20装甲掷弹兵师师部也应编入该军。与此同时，第13军应撤入日托米尔周边防御，实施战斗后撤，逐步退至以下一线：从加津卡起，穿过韦列瑟（Veresy）以东，经特罗科维奇和维利斯克至新扎沃德（Novi Zavod）。为防止苏军坦克部队在该地域达成突破，该军应组建一股快速力量，部署至左翼后方。同时，第7装甲师应立即撤出前线南调，穿过日托米尔，在那里接受第48装甲军的战术指导。为弥补第7装甲师调离造成的损失，党卫队“朗厄马克”突击旅将交给第13军，并入党卫队“帝国”装甲战斗群。第42军与第48装甲军新分界线从赫梅利尼克（Khmel'nik）起，经库斯托夫齐（Kustovtsy）、共青村、普利亚霍瓦亚、涅佩多夫卡（Nepedovka）至切尔诺鲁德卡，除涅佩多夫卡，各镇均由第42军据守。第48装甲军与第13军分界线保持不变，但现在从丘德诺夫（Chudnov）起。中央地段的三个军应将所有补给和支援单位，连同作战行动不需要的所有车辆撤往西南方，但所有单位应留在各自地域内。这些单位的调动禁止使用文尼察—别尔季切夫—日托米尔这条南北向主公路，该公路仅供作战部队使用。装甲集团军负责文尼察与卡扎京以西十字路口之间的交通控制，以北地段则由该公路所穿越地域的各军部负责。驻扎在日托米尔的两个Feldgendarmerie–Kompanien[88]编入各军提供协助。

虽然第4装甲集团军的文件中没有加以讨论，但装甲集团军司令部第51号令却表明交换集团军辖内军级指挥部的计划，意思是马腾克洛特第42军军部与内林第24装甲军军部只交换防区和相关职责，仅带走军部部分人员和单位，例如炮兵指挥官和通信单位，留下各自辖内的所有部队。这番调整没有明显的原因，只是为了让更具经验的内林去应对已变得极其危险的态势。但相关记录并未确认这一点。不管怎样，交换第42军军部与第48装甲军军部的工作将尽快执行，1944年1月1日前完成。

简言之，劳斯打算阻止苏军卷击第7军左翼，必要时将该军撤至罗西河后方[89]。他想让第42军和第48装甲军在中央地段靠拢，构设卡扎京和别尔季切夫支撑点，并把第7装甲师调离前线后编入第48装甲军。他想歼灭突破至卡扎京西北方和日托米尔以南的苏军部队，并把一个快速战斗群调至第13军西翼。只有时间能证明他这些措施能否奏效，尽管正如我们所知的那样，为他提供协助的更多援兵正在途中。他已获得党卫队“朗厄马克”突击旅，这个武装党卫队单位由一个加强装甲掷弹兵营组成，计划于12月31日中午前后赶至（不含突击炮连）日托米尔西南方约45公里的丘德诺夫[90]。鉴于第13军左翼面临的问题，劳斯把该旅交给豪费，该旅将编入同属武装党卫队的“帝国”装甲战斗群[91]。由于突击炮连将在该旅主力之前开到，计划于当晚到达卡利诺夫卡，劳斯告诉豪费，该连将取道赫梅利尼克和伊万诺波尔（Ivanopol'），晚些时候到达丘德诺夫。

注释

1.第24装甲军晨报，1943年12月28日5点35分签发。

2. 第7军晨报，1943年12月28日5点45分签发。

3.第42军晨报，1943年12月28日签发。

4.第4装甲集团军发给“南方”集团军群的晨报，第6990/43号，1943年12月28日签发。

5.第48装甲军晨报，1943年12月28日6点签发。

6.第13军晨报，1943年12月28日6点15分签发。

7.德方记录中称之为Wischja。

8.第59军晨报，1943年12月28日5点30分签发。

9.第4装甲集团军发给“南方”集团军群的晨报，第6990/43号，1943年12月28日签发。

10.第4装甲集团军作战处作战日志，1943年12月28日的条目。

11.第4装甲集团军作战处，第6993/43号令，1943年12月28日签发。

12.第24装甲军作战处报告，1943年12月28日10点15分签发。

13.第24装甲军每日报告，1943年12月28日签发。

14.德方记录中称之为Iwanowka。

15.第7军每日报告，1943年12月28日签发。

16.第42军每日报告，1943年12月28日20点30分签发。

17.近期的苏联地图上标为韦利科耶（Velikoe）。

18.第4装甲集团军作战处作战日志，1943年12月28日的条目。

19.“南方”集团军群作战处，第4593/43号令，1943年12月28日签发。

20.第4装甲集团军作战处，第6991/43号令，1943年12月28日签发。

21.第4装甲集团军作战处作战日志，1943年12月28日的条目。

22.第48装甲军每日报告，1943年12月28日签发。

23.第4装甲集团军作战处，第6979/43号令，1943年12月28日签发。

24.图林现在是列辛的一部分，位于河流北面。

25.第4装甲集团军作战处作战日志，1943年12月28日的条目。

26.位于斯塔尼绍夫卡对面的捷捷列夫河北岸。

27.德方记录中称之为Cheshkaya。

28.第4装甲集团军作战处作战日志，1943年12月28日的条目。

29.第13军每日报告，1943年12月28日签发。

30.据第19装甲师当日发给第48装甲军的电报称，该师目前的作战力量如下：

·第73装甲掷弹兵团：14名军官，49名军士，200名士兵

·第74装甲掷弹兵团：10名军官，24名军士，155名士兵

·第19装甲侦察营：10名军官，33名军士，190名士兵

因此，该师各团仅相当于连级兵力。更糟糕的是，第27装甲团没有可用的坦克，只有8辆需要短期维修的坦克。该师尚有3门重型反坦克炮、8门自行反坦克炮、11门轻型野战榴弹炮、2门重型野战榴弹炮

和3门100毫米火炮。

31.近期的苏联地图上标为切尔沃诺阿尔梅伊斯克（Chervonoarmeisk）。

32.第4装甲集团军作战处作战日志，1943年12月28日的条目。

33.第4装甲集团军作战处作战日志，1943年12月28日的条目。

34.“南方”集团军群作战处，第4393/43号令，1943年12月28日签发。

35.第4装甲集团军发给“南方”集团军群的每日报告，1943年12月28日22点30分签发。

36.第4装甲集团军作战处作战日志，1943年12月28日的条目。

37.德方记录中称之为Zwiahel。

38.“南方”集团军群作战处，第4395/43号令，1943年12月28日签发。

39.第4装甲集团军作战处作战日志，1943年12月28日的条目。

40.第4装甲集团军情报处发给“南方”集团军群的晚间报告，1943年12月28日20点签发。

41.第4装甲集团军作战处，第6979/43号令，1943年12月28日签发。

42.第4装甲集团军作战处，第6995/43号令，1943年12月28日签发。

43.第4装甲集团军作战处，第6977/43号令，1943年12月28日签发。

44.第24装甲军晨报，1943年12月29日6点25分签发。

45.第7军晨报，1943年12月29日6点05分签发。

46.第4装甲集团军作战处发给“南方”集团军群的晨报，1943年12月29日7点签发。

47.第4装甲集团军作战处发给“南方”集团军群的晨报，1943年12月29日7点签发。

48.第48装甲军晨报，1943年12月29日5点55分签发。

49.第13军晨报，1943年12月29日6点45分签发。

50.第59军晨报，1943年12月29日5点45分签发。

51.第4装甲集团军作战处作战日志，1943年12月29日的条目。

52.第4装甲集团军作战处作战日志，1943年12月29日的条目。

53.第4装甲集团军作战处，第6996/43号令，1943年12月29日签发。

54.第4装甲集团军第一助理副官的情况汇报，1943年12月29日签发。

55.第4装甲集团军第一助理副官的情况汇报，1943年12月29日签发。

56.第4装甲集团军第一助理副官的情况汇报，1943年12月29日签发。

57.近期的苏联地图上标为马哈林齐。

58.第4装甲集团军第一助理副官的情况汇报，1943年12月29日签发。

59.新科捷利尼亚是旧谢利耶的一部分，位于河流西岸。

60.第4装甲集团军第一助理副官的情况汇报，1943年12月29日签发。

61.近期的苏联地图上标为马尔特诺夫卡（Martynovka）。

62.近期的苏联地图上标为波列斯科耶（Polesskoe）。

63.第4装甲集团军第一助理副官的情况汇报，1943年12月29日签发。

64.该战斗群由第217师级集群指挥部率领，编有第311团级集群、第217燧发枪手营、第276突击炮营的一个连和第219工兵营的一个排。

65.第24装甲军每日报告，1943年12月29日18点30分签发。

66.第7军每日报告，1943年12月29日20点45分签发。

67.第4装甲集团军作战处作战日志，1943年12月29日的条目。

68.第42军每日报告，1943年12月29日23点签发。

69.近期的苏联地图上标为扎列奇耶（Zarech'e）。

70.第4装甲集团军作战处作战日志，1943年12月29日的条目。

71.近期的苏联地图上标为约西波夫卡（Iosipovka）。

72.通信营。

73.近期的苏联地图上标为戈卢别夫卡（Golubevka）。

74.第48装甲军每日报告，1943年12月29日20点签发。报告中称，第1装甲师目前可用的战车如下：14辆四号坦克、17辆五号“豹”式坦克，配属的第509重型装甲营尚有12辆六号“虎”式坦克。该师还有12门自行反坦克炮、16门拖曳式重型反坦克炮。

75.近期的苏联地图上标为杜博夫卡（Dubovka）。

76.近期的苏联地图上标为切尔沃内斯捷波克（Chervony Stepok）。

77.对于“警卫旗队”装甲师的出色表现，巴尔克在次日的报告中予以特别提及，这位军长在报告中确认，党卫队旅队长维施率领该师取得优异战果。据报，面对苏军优势兵力的猛烈进攻，该师出色地守卫着35公里长的防线。尽管遭到包围和迂回，苏军强大的坦克部队也已出现在其防线后方，但该师在夜间成功地与敌军脱离接触，并遵照指示占据新防御阵地。据报，他们在此过程中共击毁48辆敌坦克。

78.第13军每日报告，1943年12月29日20点签发。

79.近期的苏联地图上标为维索科耶（Vysokoe）。

80.近期的苏联地图上标为乌利亚诺夫卡（Ul'yanovka）。

81.位于维戈夫东南面。

82.第4装甲集团军发给“南方”集团军群的每日报告，1943年12月29日签发。

83.第4装甲集团军情报处发给“南方”集团军群的晚间报告，1943年12月28日19点签发（译注：29日？）。第4装甲集团军未能确认该旅番号，但仍认为该旅可能是近卫坦克第3军辖内部队。

84.第4装甲集团军作战处作战日志，1943年12月29日的条目。

85.第4装甲集团军作战处作战日志，1943年12月29日的条目。这道命令的副本并未放在相关卷宗内。

86.第4装甲集团军作战处作战日志，1943年12月29日的条目。

87.第4装甲集团军作战处，第7019/43号令，1943年12月29日签发。

88.战地宪兵连。

89.第4装甲集团军作战处，第7017/43号令，1943年12月29日签发。

90.第4装甲集团军作战处作战日志，1943年12月29日的条目。党卫队“朗厄马克”突击旅1943年5月31日由“佛兰德”志愿军团改编而成，后者则是由佛兰德志愿者于1941年7月组建，1943年10月15日，该部队的番号正式改为党卫队第6“朗厄马克”志愿者突击旅。

91.第4装甲集团军作战处，第7014/43号令，1943年12月29日签发。

第六章
防线分裂

1943年12月30日，星期四

第4装甲集团军右翼，对于刚刚过去的夜晚，第24装甲军几乎未做任何汇报[1]。第82步兵师右翼，苏军当晚在切尔尼亚霍夫西北面发起两场突击。这两场进攻投入的兵力均不超过营级，虽然未造成真正的危险，但守军不得不放弃一处前沿防御，被迫退至主防御阵地。尽管实施后撤，但该师报告抓获两名俘虏。当晚，右侧第34步兵师也俘虏两名苏军士兵。

与此同时，第7军当晚遭遇敌人更多活动[2]。对方以营级兵力冲击第75步兵师右翼，虽然该师以局部反冲击遏止对方进攻，但没能成功收复原先的主防御阵地。该师还报告，他们发现苏军部队仍在集结，因而预料该地段会遭到更多攻击。苏联人还冲击第198步兵师，在德军防线达成多处突破。当日晨，这些突破均被肃清，但有一处例外，就是在该师左翼，白采尔科维与乌斯季诺夫卡之间的铁路线附近。第7军左翼，第88步兵师和第417掷弹兵团当晚的情况较为平静，报告中仅提及对方的侦察巡逻。

扩大的缺口另一侧，第42军的态势极不明朗[3]。右翼遭迂回后，第25装甲师当晚试图撤至索斯诺夫卡（Sosnovka）与布拉日耶夫卡（Blazhievka）[4]之间一线。第18炮兵师报告，当晚的情况未发生变化，第168步兵师没有发来任何报告。同时，第20装甲掷弹兵师遭驱散的各部队报告，从别利洛夫卡经索科列茨至卡扎京的主公路上，苏军交通相当繁忙。

当晚同第7装甲师和党卫队第1“警卫旗队”装甲师失去联系后，第48装甲军的状况更不明朗[5]。在此期间，第1装甲师按计划后撤，但并非一帆风顺。各条道路和小径夜间结冰，拖缓这场调动，苏军趁机对此加以利用，紧追后撤中的该师。苏联人还对试图撤往新阵地的第13军施加压力[6]。尽管遭受到这种压力，但第13军辖内大多数部队清晨前已完成计划中的后撤，只有第340步兵师未汇报情况。北部防线，2辆苏军坦克设法突破后撤中的德军部队，苏军午夜前后冲入佩斯昌卡（Peschanka），开火射击进入其视线的一切。德国人采取相应措施，但清晨时仍未消除这一威胁。日托米尔东南方数公里处，苏联人还对该军设在斯塔尼绍夫卡（Stanishovka）掩护右翼的防御阵地展开强有力冲击。午夜前后，这些进攻在斯科莫罗希以北铁路桥地域打开个缺口，虽然德军在突击炮支援下迅速发起反冲击，但清晨前未能肃清对方渗透，战斗仍在继续。在此期间，第7装甲师主力穿过日托米尔向南而去，党卫队“帝国”装甲战斗群亦开始向西调动。

北面的第59军报告，在第291步兵师右翼与“格尔克”战斗群之间，由20辆坦克和40辆卡车组成的苏军队列5点左右在雷沙夫卡与桑塔尔卡（Santarka）之间达成突破，从那里直奔西面10公里外的别尔卡（Belka）[7]。

新的一天到来时，阴云密布，伴有冻雾，温度为零下好几摄氏度。集团军右翼，苏军继续对第24装甲军实施牵制性进攻[8]。B军级支队左翼，德军击退对方以连级兵力在罗马什基附近的冲击，但西面几公里处，约200名苏军士兵遂行的进攻设法在韦德梅杰夫卡楔入第34步兵师防御阵地。该师立即做出应对，并组织反冲击，战斗持续至夜间。西北方，当日晚些时候，该师还在巴雷科休钦卡以南地域遭到攻击。当时并不清楚苏军投入冲击的兵力，这场战斗也持续至夜间。更靠近该镇处，苏军楔入该师阵地，但这一次被德军局部反冲击肃清。师左翼，苏联人冲击斯泰基以西和韦列米耶西面的德军前沿阵地，迫使守军撤回主防线。西面8公里处，苏军对第82步兵师据守的地段展开类似进攻，迫使其前沿阵地撤至马卡罗夫斯基附近。

左侧的情况较为平静，据守在那里的第7军第75步兵师报告，敌人这一整天都没有发起新的进攻，也许是前几日的激战所致[9]。而第198步兵师据守的地段遭到数次进攻，苏联人多次楔入守军阵地。德军组织反冲击，肃清一些突破，但12点30分左右，第7军参谋长施瓦特洛-格斯特丁格上校向第4装甲集团军司令部报告，苏军至少投入一个步兵团，突破该师防御，正沿通往白采尔科维的铁路线两侧向南进击[10]。另外，经侦察发现，繁忙的苏军交通正向南越过该军左翼。鉴于这种状况，他告诉范戈赫尔，第7军已无法在现有阵地实施有效抵抗，因而提出将该军左翼撤至从小斯克维尔卡（Malaya Skvirka）到白采尔科维的罗西河一线。范戈赫尔建议，可以用赶去支援第7军左翼的新锐部队打击向南推进的苏军部队延伸的侧翼，于是，劳斯批准黑尔将其左翼撤至上述一线。当日晚些时候，强大的苏军部队再次打击第198步兵师左翼，在波洛吉与德罗兹德之间打开个缺口，迫使该师撤往新防御阵地。16点左右，该师开始后撤，退往从巴甫洛夫卡（Pavlovka）起，经洛夏京（Losyatin）至白采尔科维西北和西部边缘一线。尽管实施后撤，但激烈的战斗一直持续至傍晚。与此同时，第88步兵师杀开血路退往白采尔科维以南的罗西河一线，当日大多数时间都在激战。苏军投入团级兵力，在约20辆坦克支援下冲击鲁达—马秋希（Matyushi）地段，一举突破德军防线，暂时包围遂行防御的德军部队。第202突击炮营报告，在随之而来的战斗中击毁11辆敌坦克。南面，苏军当日下午绕过第7军左翼所在的普斯托瓦罗夫卡镇（Pustovarovka），15点前攻克南面的安东诺夫镇（Antonov）。西面，德国人注意到苏军大批车辆从斯克维拉向南而行，苏联人正在扩大第7军与西面第42军之间敞开的缺口。

马腾克洛特第42军当日也很困难，苏联人继续在卡扎京以东地域向南推进[11]。最左翼，该军沿从科捷良卡（Kotelyanka）起，经萨赫内（Sakhny）至列辛齐（Leshchintsy）一线，在别利洛夫卡东南面设立起侦察掩护，但由于遭到苏军不断加剧的压力，这股守军当晚被迫退向西南方。部分压力落在第25装甲师防区，苏军部队冲出别利洛夫卡向南攻击前进，当日下午迫使第146装甲掷弹兵团退过高地撤至涅米林齐（Nemirintsy）。由于苏军不断保持重压，该团随即转身向西，与军内其他部队会合。西面，上午8点左右，苏军在坦克支援下，以团级兵力冲击第168步兵师设在茹尔宾齐（Zhurbintsy）的阵地。该师成功击退这场进攻，但苏军在该镇北部达成的突破必须以反冲击加以肃清。这一整天，第18炮兵师的阵地亦遭到攻击。卡扎京东南方，苏军投入营级兵力，从索科列茨向南面的普鲁申卡（Prushinka）发起数次进攻，但均被德军击退。西面几公里外，苏军一个步兵营设法突入科尔德舍夫卡（Kordyshevka）西部边缘，随后被德军反冲击逼退。同一地域，苏联人从8点起展开一连串进攻，打击季图索夫卡（Titusovka）至北面这片地段。他们投入营级兵力，但还是被德军击退。当日上午，苏联人还从卡扎京向西和西南方发起数次冲击，投入营级兵力，并获得坦克支援，成功突破德军警戒部队据守的薄弱防线，前出至丘宾斯基农场（Chubinskii）和西南面不远处的当地国营农场。马腾克洛特当日同劳斯商讨态势，并根据侦察行动，苏军正穿过他的右翼向南推进[12]。总的说来，得益于炮兵的有效支援，第42军守住自己的阵地，但马腾克洛特对皮科韦茨（Pikovets）西北方的态势发展深感担心，警戒部队正在那里苦苦支撑。劳斯告诉这位军长，第48装甲军已接到指示解决这一问题，第1装甲师一个战斗群奉命投入进攻，歼灭这股苏军。目前至关重要的是该地域的两个军部应紧密协同，并确保第18炮兵师不到万不得已时不卷入战斗。卡扎京仍是马腾克洛特的首要目标，他的任务是坚守阵地。

北面，苏军近卫坦克第3集团军继续向前，沿第48装甲军整条防线发起一连串显然协同不力的进攻[13]。在巴尔克看来，这些进攻似乎沦为单独突击，虽然对方投入团级兵力，经常获得坦克支援，但他们好像缺乏一个共同的目标。相反，继昨日遭受损失后，苏联人对第48装甲军中央和右翼的行动仅限于侦察，但在左翼，苏军的持续进攻表明这场主要突击仍在继续。南面，第1装甲师在别尔季切夫东南方前线占据新阵地，在热热列夫周围立即遭遇苏军部队。该师投入进攻，粉碎对方的抗击，尔后前出至普利亚霍瓦亚以西约4公里的主十字路口，在那里同第18炮兵师一支高射炮部队取得联系。这些先遣部队随后转身向东，沿通往卡扎京的公路攻入普利亚霍瓦亚，驱散推进中的敌人，这使遂行防御的高炮部队得以缓解部分压力。在这场推进后方，苏军继续冲向别尔季切夫。他们以46辆坦克从东南方冲击该镇东南面8公里的哈任（Khazhin）。北面，卡扎京—别尔季切夫铁路线上，苏联人投入一个步兵营，在6辆坦克支援下，从伊万科夫齐（Ivankovtsy）攻向谢梅诺夫卡。更北面，他们发起类似规模的突击，也投入6辆坦克，从萨德基—辛加耶夫卡地域沿主公路向西进击。这场进攻被德军击退，但14点15分左右，约15辆苏军坦克在第1装甲师先遣部队身后攻入热热列夫。该师迅速做出应对，傍晚17点前恢复态势，据报击毁6辆敌坦克。别尔季切夫另一侧，党卫队第1“警卫旗队”装甲师也遭到一连串进攻。苏军以营级兵力遂行冲击后，该师被迫将前沿阵地从别尔季切夫东北方数公里的茹尔宾齐后撤，他们还发现另一些苏军部队正在该村东面林地集结。更北面，苏军派出巡逻队，从新索洛特温（Novy Solotvin）向旧索洛特温（Stary Solotvin）展开侦察试探，但被德军遂行防御的坦克以炮火击退。晚些时候，苏联人再次冲击该地段，投入的兵力约为一个团，并以6辆坦克为支援，他们成功突入旧索洛特温，随后被德军反冲击逼退。苏军在北面的科德尼亚地域也发起一些进攻，其中一次投入营级兵力和少量坦克，从该镇攻向西南方，随后遭德军阻截，进攻陷入停顿。一辆敌坦克冲向镇西面的铁路公路交叉口，但遭德军拦截，“警卫旗队”装甲师还发现另外两辆达成突破的苏军坦克，旋即将其击毁。同时，该师还组织反冲击，从科德尼亚攻向西北方火车站。这场进攻11点发起，一举夺取车站后，德军继续攻往通向日托米尔主公路上的德沃列茨（Dvorets）。16点，其先遣部队仍在该镇南面和沿东面铁路路基从事战斗。据报，第48装甲军辖内部队当日至少击毁37辆敌坦克。16点20分，巴尔克向劳斯简要汇报态势，确认己方战线的压力稍有缓解，因为苏联人当日的行动仅限于侦察试探[14]。根据截获的敌军电报，巴尔克认为，苏军指挥员越来越担心己方部队暴露的侧翼和后方，目前正谨慎行事。劳斯指出，若不得不继续后撤，应退往西南方，但重要的是消耗苏军有生力量。劳斯向巴尔克通报其他地段的发展态势，并告诉他，第48装甲军的任务是尽可能坚守既有阵地，并以机动力量继续实施反冲击。当晚晚些时候，21点左右，巴尔克再次致电第4装甲集团军司令部，称苏军在第48装甲军与第42军之间取得突破，并冲向西南方，在佩列莫加（Peremoga）[15]到达别尔季切夫—文尼察主公路。获知这个消息，劳斯命令第42军组建一个小股战斗群解决这一威胁。该战斗群以第42军一个装甲掷弹兵营和第48装甲军一股部队为基础组建，待其集结完毕，将于次日凌晨出击，任务是歼灭达成突破的苏军部队。随着卡扎京近日失陷，至关重要的是阻止苏军突破至文尼察以北的卡利诺夫卡铁路枢纽站。从这个决定可以看出，对于苏军突破的详情，劳斯似乎受到某种误导。该军澄清对突破地点的误解后，劳斯决定把遂行反冲击的任务交给第48装甲军。但他强调指出，若巴尔克明日清晨前无法将其重点明确集中在相关地段，他就把第1装甲师交给第42军。

北面，日托米尔周围，豪费第13军在此期间受到沉重压力[16]。这一整天，该军一直遭到苏军攻击，据该军报告，对方投入优势步兵和坦克力量。苏军现在似乎集中力量打击第13军左翼和侧面，其目的可能是想从西面和西北面卷击该军防线。“克尔纳”战斗群当日上午从斯塔维谢[17]以东地域展开反冲击，并获得第280突击炮营和第559反坦克营支援，他们设法击退该地域的苏军部队，迫使对方向东退却。该战斗群报告，击毙200名苏军士兵，俘虏30人。苏军还以营级兵力几度进攻第68步兵师据守的防区。其中两次获得坦克支援，却没能取得任何战果，第三次冲击较为成功，一举夺得日托米尔东北方11公里的韦列瑟。苏军转身向南，沿通入该镇的道路继续向前，但第8装甲师以仓促集结的一个装甲战斗群投入反冲击，迫使对方退回韦列瑟。在此期间，第340步兵师的处境相当困难。在沿日托米尔—科罗斯坚主公路后撤时，师主力遇到22辆敌坦克构成的一道路障。尽管受到阻碍，但该师杀开血路向南而去，在此过程中击毁5辆敌坦克。当日下午，该师按照上级指示占据新阵地，这使他们得以抗击苏军从佐罗科夫和佩斯昌卡地域再度向南遂行的进攻。左侧，第208步兵师右翼在此期间亦遭到苏军强大步兵部队冲击，但该师还是守住自己的阵地，直至夜幕降临。师左翼的情况截然不同，苏军坦克部队从维利斯克两侧进攻该师。虽然获得第280突击炮营第1连支援，该连报告击毁5辆敌坦克，但第208步兵师无法抗击苏军的猛烈冲击，约50辆敌坦克突破其阵地，迫使该师左翼向后退却。形势非常严峻，以至于豪费刚刚获悉这一情况便立即致电第4装甲集团军司令部[18]。他告诉劳斯，41辆敌坦克在维利斯克周边达成突破，另外22辆敌坦克目前位于别列佐夫卡以西主公路。鉴于这种情况，他请求劳斯批准他把部队撤至日托米尔边缘，但后者没有同意。劳斯指出，第13军应坚守既有阵地，他不会批准这种后撤，除非苏联人施加的压力迫使他这样做；即便如此，该军也必须在装甲集团军预先批准的前提下实施逐步后撤。这种回复似乎有些死板，但正如劳斯指出的那样，向日托米尔的突然后撤会给作战部队和后方梯队的补给及调度造成严重交通问题。另外，他还希望随着党卫队“帝国”装甲战斗群和“朗厄马克”突击旅的到达，左翼态势很快能稳定下来。在这方面，劳斯已从“南方”集团军群得到确认，党卫队“朗厄马克”突击旅目前正赶往舍佩托夫卡（Shepetovka），到达后将编入第4装甲集团军[19]。因此，待该旅开到，装甲集团军负责对其实施指挥，只要情况允许，就批准将该旅投入战斗。第13军左翼，由于部队素质不佳，加之缺乏反坦克武器，第213保安师无力抗击苏军的推进。据报，约20辆敌坦克在杜博韦茨地域和沿通往日托米尔的主公路达成突破，该师所能做的只是撤至别列佐夫卡与乌利扬诺夫卡（Ul'yanovka）北面的瓦西列夫卡以南之间一线。14点前正重新集结主力的党卫队“帝国”装甲战斗群迅速赶来支援该师，下午晚些时候在杜博韦茨地域展开反冲击，那里的战斗一直持续到傍晚。尽管采取这样一场后卫行动，但苏军坦克部队已迂回该军左翼，夜间，德军报告，敌坦克位于日托米尔西南方20多公里处，捷捷列夫河河谷内的杰尼希（Denishi）和布基[20]。西面，第4装甲集团军左翼外存在一个巨大的缺口，据第13军报告，苏军已占领西北方约30公里外的旧迈丹镇（Stary Maidan）。虽然形势严峻，但该军报告，当日共击毁25辆敌坦克。

装甲集团军最左翼，第59军的情况同样岌岌可危，他们在科罗斯坚以西地域与集团军主力相隔断[21]。这一整天，苏军以强大的步兵和坦克力量沿该军狭窄的整条防线展开进攻，迫使第59军撤离克拉斯诺波尔和库皮谢。更糟糕的是，该军意识到，敌人已从南面实施迂回，那里的苏军坦克部队向西攻往别尔卡和亚布洛涅茨（Yablonets），他们可以从那里轻而易举地切断该军最明显的逃生路线。13点15分，冯·德尔·切瓦勒里致电第4装甲集团军，汇报第59军最新态势[22]。这番会谈的结果是，劳斯开始考虑将第59军撤向西南面是否更加明智，该军可退往日托米尔—沃伦斯基新城主公路上的库尔诺耶，在那里也许能同第13军建立联系。

14点20分，冯·曼施泰因赶至第4装甲集团军设在卡利诺夫卡以西13公里古辛齐（Gushchintsy）的司令部。劳斯汇报当前态势，并对自己的意图提出相当乐观的看法[23]。他说，尽管辖内部队分裂成三块，但他的总体计划是集结兵力，命令他们尽可能长时间坚守现有阵地。此举一方面能使他把麾下快速部队集结于中央地带，尔后以这些力量击败当面之敌，另一方面也能让新赶到的援兵以有组织的方式投入战斗。冯·曼施泰因认为，苏军有两个主要目标，其一是歼灭第4装甲集团军，其二是夺取文尼察西南方至关重要的日梅林卡（Zhmerinka）铁路枢纽站。科罗斯坚和卡扎京已失守，日托米尔和别尔季切夫目前遭到威胁，集团军群的铁路补给线受到严重限制，若卡利诺夫卡和日梅林卡再丢失，势必造成一场后勤危机。简言之，整个“南方”集团军群的前景受到严重威胁。因此，劳斯的任务是确保第4装甲集团军完整无损、一如既往，他应将行动重点集中于卡扎京和别尔季切夫周围。科罗斯坚铁路枢纽站丢失后，日托米尔已没有任何特殊意义，实施连续后撤是否会丢失该地域不再重要。重要的是采取适当行动削弱苏军实力。因此，绝不能让敌人包围第13军，应将该军撤往西南方，以防敌人席卷集团军整个防线。劳斯应将重点集中于卡扎京地段，阻止苏军继续向南推进，并确保部队保持一定程度的战斗力，以便同即将调入该地域的第1装甲集团军和第46装甲军紧密配合。15点离开前，冯·曼施泰因批准劳斯将第1装甲师调往更南面，将第13军撤至日托米尔边缘阵地，将第59军撤往可以同第13军建立联系处的建议。

过了一会，15点35分，豪费再次致电装甲集团军司令部[24]，汇报韦列瑟地域的发展态势，苏军约两个步兵团和20辆坦克已突破第68步兵师防区，他还报告党卫队“帝国”装甲战斗群在别列佐夫卡地段的最新进展，称苏军坦克出现在旧迈丹。根据先前与冯·曼施泰因的讨论，劳斯现在重新考虑早些时候做出的决定。他认为最好让第13军做好准备，一旦遭受苏军重压，便在所有地段与敌人脱离接触并实施后撤。在这种情况下，该军应撤往西南方，重要的是同第48装甲军整个左翼保持密切联系。该军应将尽可能多的快速部队从右翼调至左翼，以防侧翼遭敌军卷击。退往城市边缘时，应尽量腾出其装甲力量。若有必要继续后撤，该军应完全撤离日托米尔，退至城市西南面从特罗亚诺夫起，经杰尼希至新扎沃德一线。可能的话，该军也应考虑能否沿卡缅卡河西岸和捷捷列夫河南岸一线坚守一道中间阵地。若实施后撤，第13军应继续退往西南方，并在索斯诺夫卡、戈德哈（Godykha）与马里亚诺夫卡之间设立一道新阵地。同时，最重要的是确保该军左翼尽量得到加强，所有不参加城市防御和后续撤退行动的部队应经特罗亚诺夫直接撤往西南方。

总之，苏军继续逼退第7军左翼，现在似乎很清楚，他们打算从斯克维拉地域攻向南面和东南面，在那里已到达安东诺夫。第7军与第42军之间的距离目前约为70公里，这个缺口对第4装甲集团军来说太大，以至于对那里发生的情况一无所知。集团军防线中央地段，情况稍稍有所稳定，第42军已能够击退苏军在卡扎京东南方发起的大多数进攻。但在该镇西南面，苏联人突破德军防御，日终时，那里的态势仍不明朗[25]。北面，相关情报表明，苏军仍在集结，并前调他们的重武器，这使第48装甲军得以击退获得少量坦克支援的苏军步兵在各处实施的虚弱无力的冲击，并守住别尔季切夫与日托米尔之间的公路一线。但德国人并不奢望这种平静会持续太久，第4装甲集团军预计敌人次日将展开猛烈突击，他们会设法攻克日托米尔，并夺取日托米尔—别尔季切夫—文尼察公路。日托米尔周边情况目前岌岌可危，第13军整条防线遭到攻击，苏军不断加强该地段的兵力，德国人已识别出日托米尔以东的两个新锐敌步兵师[26]。左翼，被确认为“强大坦克力量”的近卫坦克第7军突破德军防御，对第13军侧翼和后方构成威胁。目前极其危险的是，该军防线将遭到卷击，第4装甲集团军估计这些敌人会转身向东攻入日托米尔。该军左翼，有报告称，实力不明的苏军部队已跨过日托米尔—沃伦斯基新城公路，并到达旧迈丹。集团军左翼，第59军也处在遭迂回的危险下，苏军坦克部队集结在其南翼，并穿过别尔卡，即将切断该军主阵地后方的科罗斯坚—沃伦斯基新城主公路。

正是在这种背景下，根据当日下午同冯·曼施泰因进行的商讨，劳斯下达新指示[27]。这些命令表明，他的主要意图是将苏军阻挡在别尔季切夫—卡扎京地域，迟滞对方在装甲集团军两翼的推进。总体目标是保卫“南方”集团军群之北翼，并掩护援兵的到达和集结，就这一点而言，第4装甲集团军尽可能长久坚守既有阵地，并尽力削弱苏军实力至关重要。第24装甲军应继续遂行当前任务，第7军应后撤其左翼，以免遭受卷击。该军应撤至以下一线：从斯捷潘诺夫卡起，穿过白采尔科维北部边缘，再沿罗西河一线向南延伸至小斯克维尔卡。另外，该军还应尽可能长久地确保从兹韦尼戈罗德卡（Zvenigorodka）起，经塔拉夏（Tarashcha）至白采尔科维的主要补给道路畅通。命令中还包含一个预先通知，这两个军将在接下来几天内转隶一个新集团军司令部。与此同时，第42军奉命坚守现有阵地，并将重点集中在左翼。继续后撤的一切建议都应确保左翼的后撤与第48装甲军紧密协同，在任何情况下都需要获得装甲集团军预先批准。随着重点置于左翼，敞开的右翼必须以一支快速部队加以掩护。第48装甲军应遂行机动作战，尽可能长时间阻止苏军跨过日托米尔—别尔季切夫公路，但在必要时，这里也应实施后撤，至关重要的是同南面的第42军保持联系。该地段的任何后撤同样需要获得装甲集团军批准，在这两个前提下方会获准实施一场从容不迫的战斗后撤。第48装甲军还接到单独命令，以应对在卡扎京以西地域达成突破的苏军部队[28]。根据这些命令，该军将集中兵力发起打击，为协助这场行动，该军将获得第25装甲师装甲掷弹兵营，该师目前部署在皮科韦茨的突破口南面。在即将到来的夜间，第13军应撤至日托米尔边缘的防御阵地，其防线从那里沿铁路线伸向沃伦斯基新城，但在瓦西列夫卡北面的公路弯向西南方。这样一来，该军便可以将另一支快速部队（第8装甲师）调至其左翼[29]。该军奉命尽可能长时间坚守这片阵地，确保各部队在日托米尔顺利疏散，以防任何一支部队困在城内。同时，第59军应实施战斗后撤，缓缓退向沃伦斯基新城，但也应做好准备在接到命令后向日托米尔—沃伦斯基新城公路上的库尔诺耶突围。

作为调拨给第4装甲集团军的援兵，“南方”集团军群设法从第4航空队搞到一个高射炮师，为装甲集团军右翼提供额外反坦克和炮兵支援[30]。这就是第17高射炮师，编有三个摩托化高射炮团，每个团辖2个混成营和1个轻型高射炮营，该师将集结在第7军以南的乌曼地域，但只能作为一个整体投入战斗。

1943年12月31日，星期五

当晚，第4装甲集团军未收到右翼的消息，与第24装甲军的联系中断[31]。但第7军夜间继续执行计划中的后撤，退往白采尔科维两侧新防线[32]。第198步兵师顺利实施有序后撤，展开追击的苏军部队对其西北翼施加沉重压力，但该师击退对方所有进攻。第88步兵师也在夜间撤向白采尔科维以南的罗西河一线，只是清晨时在皮利普恰（Pilipcha）—戈罗季谢地段遭到苏军连级兵力攻击，但他们成功击退这场进攻。该师其他防御地段未发来消息，但据报告，苏军炮兵轰击了后方的奥利尚卡（Ol'shanka）。

缺口另一侧，第42军防区当晚大部分时间较为平静，仅右翼报告一些战斗活动[33]。昨晚23点左右，实力不明的苏军冲击第168步兵师辖内部队，迫使其退入布拉日耶夫卡。清晨时，该师为恢复态势所进行的战斗仍在继续。卡扎京周边阵地的第18炮兵师在报告中未提及发生战斗，第25装甲师师部和通信营已到达前线后方的列奥纳尔多夫卡。左翼第1装甲师证实，苏军在夜间占领共青村。

第48装甲军防区不太平静[34]。第1装甲侦察营仍在通往切尔诺鲁德卡的道路两侧掩护别尔季切夫东侧，夜间在谢梅诺夫卡与大尼兹戈尔齐（Velikaya Nizgortsy）之间地带遭到攻击。苏军投入强大的步兵和坦克力量，设法突破德军防御，迫使该营退往别尔季切夫东面的主阵地，以免遭到迂回。西北面，苏军坦克展开另一场进攻，成功楔入第1装甲师设在科姆涅萨莫夫卡（Komnesamovka）[35]工人新村周围的阵地，但第1装甲侦察营以部分兵力发起局部反冲击，设法封闭突破口，并恢复态势。拂晓前，他们击毁4辆敌坦克，主防御阵地回到该师手中。尽管如此，仍有少量敌坦克在别尔季切夫主火车站东北地域活动，那里的战斗持续至清晨。南面，苏军还进攻热热列夫，但未获成功。更北面，党卫队第1“警卫旗队”装甲师设在索洛特温的阵地午夜时遭到攻击。苏军投入一个步兵营，在坦克支援下遂行冲击，但被德军击退。当晚晚些时候，该师还发现6辆敌坦克集结在索洛特温东南面树林边缘，旋即以火炮和火箭炮将其驱散。在日托米尔南面占据新阵地后，第7装甲师亦遭到攻击。午夜前后，苏军步兵和坦克攻向辛古里（Singuri）和沃利察，夺得这两个村子后转身向南冲往德沃列茨。苏联人整个晚上都在进攻，但“警卫旗队”装甲师设法在对方到达德沃列茨前阻挡住这场突击。

北面，第13军继续后撤，辖内部队未遭遇严重情况[36]。豪费较为幸运，苏军只以少量部队缓缓尾随其后，但此举的原因令人不安。苏联人对该军左翼实施的战斗侦察表明，他们将重点转移至西面。对此，党卫队“帝国”装甲战斗群报告，他们在博利亚尔卡地域再次发现约50辆载有步兵的苏军坦克位于通往沃伦斯基新城主公路的弯曲部。这股敌军正赶往西南方，在南面，他们还看见另外11辆搭载步兵的敌坦克正逼近布基西北面的捷捷列夫河河谷。这一切似乎证实，苏联人的意图是迂回并包围该军设在日托米尔周围的阵地。

装甲集团军左翼，第59军当晚迅速后撤[37]。苏军以步兵和坦克冲击其阵地，成功渗透该军防御，并取得纵深突破。第59军全力后撤，后退15公里到达古良卡（Gulyanka）—奥霍托夫卡（Okhotovka）—列奥诺夫卡一线，但强大的苏军部队绕过其南翼，沿科罗斯坚—沃伦斯基新城主公路推进。拂晓前，苏军到达西南面的亚布洛涅茨—谢马科夫卡（Semakovka）—韦罗夫卡（Verovka）地域，迫使第59军退往西北方，而非计划中的西南面。

新的一天，天气未发生变化，依然阴云密布，温度在冰点以下，有些地方下起小雪。第24装甲军防线，苏军一如既往，继续实施牵制性进攻[38]。他们冲出布克林登陆场，对B军级支队发起三场营级兵力冲击，并以另外两场进攻打击切尔尼亚霍夫西北面的第82步兵师。这些进攻均被德军击退，但苏联人对休钦卡以南第34步兵师的进攻楔入德军阵地，战斗持续至夜间。该师还报告，他们发现苏军正在勒日谢夫对面的第聂伯河另一侧实施进攻准备，那里的河段勉强可供步兵部队通行，预计对方很快会展开进攻。

第7军防区，苏军继续攻向白采尔科维[39]。第198步兵师击退对方从北面和西北面对该镇的所有冲击，但南面的第88步兵师却无法阻止苏军取得突破。战斗持续至傍晚。西南面，苏军继续迂回该军左翼，其坦克部队在谢尔巴基（Shcherbaki）渡过罗西河，一路向前推进，行进间夺得法斯托夫卡（Fastovka），切断沃洛达尔卡（Volodarka）—白采尔科维主公路。下午早些时候，第7军参谋长施瓦特洛–格斯特丁格上校致电第4装甲集团军，报告第88步兵师防区出现缺口[40]。他再次指出，第7军没有可用兵力阻止苏军对其侧翼和后方的打击，并要求装甲集团军采取必要措施。范戈赫尔告诉他，第4装甲集团军三天前便已请求批准后撤第7军和第24装甲军，但这个要求遭到拒绝。不过，商讨眼前态势后，劳斯想起冯·曼施泰因早些时候对苏军攻向文尼察和日梅林卡的担心，因而决定再次同“南方”集团军群协商。他提出将两个军撤至以下一线：从第聂伯河畔的卡涅夫起，沿罗萨瓦河（Rossava）延伸，经卡加尔雷克至白采尔科维，并设法腾出第17装甲师和第4山地师。同时，他将把第17装甲师调拨给第7军，并把第239突击炮营从第24装甲军转隶该军[41]。冯·曼施泰因并不打算批准这场后撤，但在听取劳斯使用第17装甲师和第4山地师的计划后，他决定将这两个师交给第4装甲集团军，但有条件。第17装甲师首先应确定苏军攻向卡什佩罗夫卡—波格列比谢一线西南面的性质和方向，并集结在利波韦茨—罗索沙（Rososha）地域，下一步视情况而定，要么打击从瓦赫诺夫卡（Vakhnovka）攻向文尼察的苏军部队侧翼，要么迎战从奥切列特尼亚地域（Ocheretnya）向南进击之敌。同时，第4山地师应部署在文尼察东北面的斯韦尔德洛夫卡（Sverdlovka）[42]—普里卢卡（Priluka）地域，这样便可以先阻止苏军向文尼察的一切推进，待完成集结，便准备转入反突击。当日晚些时候，劳斯下达相关训令[43]。命令中反映出冯·曼施泰因所提的条件，但又补充道，若第17装甲师遭遇任何苏军先遣部队，应以一个装甲战斗群展开进攻并将其歼灭。这道命令还阐述了第4山地师的详细指示。该师应以第94侦察营在图尔博夫（Turbov）—普里卢卡—科秋任齐（Kotyuzhintsy）一线前方实施侦察，直至奥夫夏尼基（Ovsyaniki）—萨姆戈罗多克（Samgorodok），该师余部集结在普里卢卡—斯韦尔德洛夫卡一线后方，这样便可阻止苏军从瓦赫诺夫卡向文尼察的一切推进。所有单位集结完毕后，该师应做好向东或东北方发起反突击的准备。

在此期间，第17装甲师开始从基洛沃格勒地域开到，先部署至第7军与第42军之间的缺口[44]。该师将师部设在利波韦茨南部边缘的别列佐夫卡，从那里监督卸载中的各单位。该师报告，卸载工作按计划进行，先遣部队在波格列比谢西南方18公里的安德鲁索沃车站（Andrusovo）下车，其他单位则在铁路线上的利波韦茨车站和奥拉托夫车站（Oratov）卸载[45]。与此同时，向北而行的第17装甲侦察营进入缺口，据该营报告，苏军已占领鲁任以南25公里的波格列比谢镇，并在该镇南面的树林中占据阵地。苏军先遣部队随后组成数股队列向前推进，到达阿达莫夫卡（Adamovka）以北大片林地，他们从那里以反坦克炮和迫击炮轰击德军前沿阵地。当日下午，这些苏军部队进攻该侦察营，以营级兵力向波格列比谢车站以北地域展开两次冲击。但这些进攻均被击退，该营报告，击毙70—80名苏军士兵，还摧毁一些马拉大车。

西北面，计划中的军部对调工作开始实施，第24装甲军着手接管原先由第42军据守的防区。苏联人继续进攻该军中央和左翼，内林直接介入行动[46]。左侧，第25装甲师一部在杰斯纳河地段设立起侦察掩护，而在后方，已变更部署至列奥纳尔多夫卡的师部和通信营，会同该师另一些零碎部队组成“特勒格尔”拦截支队。该支队随后部署在稍西面，阻截苏军沿从别尔季切夫而来的主公路向文尼察的一切推进。这一整天，第168步兵师在卡扎京东南方卷入激烈战斗。苏军对布拉日耶夫卡、茹尔宾齐、科尔德舍夫卡发起四次进攻，投入的兵力多达两个步兵营，但该师设法守住自己的阵地。夜间，苏军从科罗列夫卡再度展开冲击，楔入普鲁申卡的德军防御，另外，德国人发现苏军新锐部队集结在科尔德舍夫卡北面。德军对该地域的侦察还发现苏军新部队正开至科罗列夫卡和索科列茨，估计对方为一个步兵团和一个重型炮兵连。卸载后，这些新部队动身赶往西南面的科尔德舍夫卡。左侧的第18炮兵师当日也遭到攻击。苏军投入营级兵力，在坦克支援下对皮科韦茨及其两侧阵地展开五次突击。德军成功击退这些进攻，称击毁10辆敌坦克。其间，该军设法在皮科韦茨拼凑起一个小股装甲战斗群，以便向西北方遂行反冲击，同第1装甲师建立联系[47]。这场进攻刚刚发起便遇到麻烦，他们攻入正赶往西南方的苏军部队之侧翼，反冲击陷入停顿，战斗持续到深夜。当晚晚些时候，苏军投入20—30辆坦克，重新进攻皮科韦茨。这场突击取得成功，苏军突破德军防线并渗透至其炮兵阵地，前出到库马涅夫卡（Kumanevka）。守军被迫后撤，准备次日晨发起反冲击。19点左右，第42军参谋长弗朗茨上校向第4装甲集团军司令部汇报这一最新态势，并补充道，苏联人正实施迂回，企图打垮该军右翼[48]。因此，他建议将第42军撤至以下一线：从萨姆戈罗多克起，经米哈伊林（Mikhailin）和库马涅夫卡至佩列莫加。劳斯同意，并于当晚晚些时候下达相关训令[49]。根据这道命令，两军新分界线从古辛齐起，经古列夫齐（Gulevtsy）[50]、涅米林齐和佩列莫加至卡扎京西北边缘。

第48装甲军当日也遭受沉重压力，苏联人反复攻击其两翼和别尔季切夫以东地域[51]。遂行进攻的苏军投入团级兵力，并以坦克和炮兵提供支援，对第1装甲师的冲击集中在两个主要地段：别尔季切夫和共青村北面的主交叉路口。军左翼，党卫队第1“警卫旗队”装甲师防区，苏军的突击集中于索洛特温与科德尼亚车站之间。虽然苏联人投入坦克和炮兵，但该军最初还是得以守住所有防御地段，据报，苏军伤亡惨重。尽管如此，当日上午某时，苏军设法突入共青村，第1装甲师一部投入局部反冲击，但只推进到镇中心，战斗一直持续至下午和晚上。北面的“警卫旗队”装甲师也在中午前受挫，强大的苏军部队一举攻克科德尼亚车站。包括约25辆坦克在内的苏军部队从沃利察—辛古里地域向西北方推进，意图夺取舒姆斯克村（Shumsk）[52]，情况愈加恶化。意识到这个问题，仍在该地域的第7装甲师迅速拼凑起一个小股装甲战斗群解决这一状况。13点30分左右，巴尔克的参谋长冯·梅伦廷致电第4装甲集团军司令部的范戈赫尔[53]。他告诉集团军参谋长，第48装甲军还没有同第42军建立起任何牢固的联系，第7装甲师已无法向南面的别尔季切夫取得更大进展。他告诉范戈赫尔，该师在沃利察地域卷入激战，苏军坦克部队已从那里突向舒姆斯克。范戈赫尔认为，第7装甲师应坚守现有阵地，第13军到达新阵地前，不能冒险将第48装甲军左翼撤至特罗亚诺夫地域。晚些时候，劳斯直接与巴尔克通话，后者认为他的部队当日取得防御战的胜利，共击毁55辆敌坦克。巴尔克现在相信，第48装甲军当面之敌分为四个集团。第一个集团在卡扎京西北面的格卢霍夫齐地域部署约50辆坦克，第二个集团也投入相同数量的坦克，但位于别尔季切夫东面。北面的第三个集团规模最大，约100辆坦克部署在科德尼亚—索洛特温地段，第四个集团位于日托米尔南面的沃利察地域，约有50辆坦克。随着这些坦克前调，他估计苏军会在当晚重新展开进攻，并认为情况异常危急，因为他的步兵力量并不足以抗击这样一场冲击。劳斯强调，必须采取一切手段阻止苏军向西突破，因此，应使用第7装甲师掩护第13军侧翼，确保该军不受阻碍地撤至新阵地。巴尔克建议，将党卫队第1“警卫旗队”装甲师调往特罗亚诺夫，腾出第7装甲师攻向东北方，直奔第13军右翼。劳斯同意，该师应攻向捷捷列夫河河谷内的佩尔利亚夫卡（Perlyavka），基本上是跟随在早些时候已赶往舒姆斯克的苏军坦克身后。到达该村后，该师应同第13军建立联系，阻止苏军在该地段渡河。待第13军顺利占据新阵地后，第48装甲军便可撤至别尔季切夫东部边缘，以腾出更多兵力。腾出的部队必须用于支援第13军。鉴于苏军的意图显然是在卡扎京地域继续攻向西南方，巴尔克还打算组建一个战斗群，作为预备队部署在右翼后方，以此应对苏军进攻两军结合部的企图。

针对这些问题，第4装甲集团军当日晚些时候下达正式指令[54]。训令中证实，第48装甲军应将右翼撤至格尼洛皮亚季河（Gnilopyat'）后方，确保在佩列莫加附近同第13军保持联系。必须尽可能长久地守卫别尔季切夫，但巴尔克获准将北翼撤至从特罗亚诺夫至别尔季切夫附近格里什科夫齐（Grishkovtsy）西北边缘一线，并以第7装甲师支援第13军后撤。

与此同时，苏联人继续进攻日托米尔周围的第13军[55]。当日晨，他们对该城北面第340步兵师据守的地段发起协同一致的冲击。两股团级兵力的苏军部队同时从北面和西北面投入进攻，顺利突破该师防御，并冲至城郊。由于苏军坦克已位于第13军两翼和后方地域，前线亦遭对方突破，豪费决定退出该城，沿日托米尔—维索卡亚佩奇（Vysokaya Pech'）公路实施战斗后撤，在从特罗亚诺夫经杰尼希至乌利扬诺夫卡一线构设新防御阵地。鉴于苏军在布基到达捷捷列夫河，实际上已完成对日托米尔的包围，豪费的决定可谓相当及时。但即便如此，第13军辖内部队仍不得不在夜间突出包围圈。劳斯后来证实他对这一行动的赞同，他告诉豪费，第7装甲师奉命在第13军南翼实施机动作战，支援该军后撤[56]。他还补充道，在第13军新防线后方，党卫队“朗厄马克”突击旅已奉命确保杰尼希—丘德诺夫公路畅通。

北面的第59军也遇到麻烦[57]。虽然苏联人当日上午并未进攻该军设在古良卡—奥霍托夫卡—列奥诺夫卡一线的新防御阵地，但德军发现他们在谢马科夫卡和韦罗夫卡地域的右翼西南方加强其阵地。第59军部署在韦罗夫卡地域担任侧翼掩护的部队被逼退，正撤往西北面的埃米利奇诺（Emil'chino）。通往沃伦斯基新城的主公路现在彻底落入苏军手中，很明显，对方决心孤立第59军，使其与第4装甲集团军主力隔断。当日上午，冯·德尔·切瓦勒里向第4装甲集团军司令部汇报当前状况，并告诉他们，由于缺乏足够的步兵力量，加之辖内部队极度疲惫，他认为第59军已没有力量向南突围。劳斯别无选择，只能同意，他命令第59军集中兵力，不再突向西南方的沃伦斯基新城，而是向西突围[58]。他还建议，若无法沿通往沃伦斯基新城的主公路突围，第59军应采用更长的后撤路线，穿过埃米利奇诺[59]。不管怎样，劳斯给沃伦斯基新城作战司令下达指示，告诉他，第59军正设法向他那里突围[60]。作战司令奉命向该城东北面、东面、东南面实施侦察，设法弄清整体态势，从而为冯·德尔·切瓦勒里后撤中的部队提供协助。当日早些时候，沃伦斯基新城作战司令提交报告，称12月29日首次发现苏军坦克位于日托米尔—沃伦斯基新城公路，近日又在沃伦斯基新城东南方约36公里的索科洛夫（Sokolov）发现3辆敌坦克[61]。对方从那个位置有效阻挡沿路所有交通，虽然看上去已耗尽弹药，但他们用反坦克炮攻击虚弱的车队。这些坦克并非孤军作战，因为一支德军巡逻队在该地域遇到过一群配有迫击炮和反坦克炮的游击队员。到目前为止，除这两次遭遇，侦察活动未发现其他情况。

因此，苏军在各条战线继续遂行进攻构成当日的特点[62]。态势进展向第4装甲集团军表明，苏联人的意图是包围并歼灭德军力图坚守阵地的各集团，从而在德军防线撕开个无法修补的缺口，借此攻向西南方[63]。第7军左翼仍遭到猛攻，对方试图向该军和第24装甲军后方发展，他们还以实力不明的兵力从北面和西北面冲击白采尔科维，其坦克已到达白采尔科维与南面沃洛达尔卡之间的公路。第7军与第42军间的缺口部，苏军强大的步兵力量（第4装甲集团军估计为两个步兵师）正向西南方赶往波格列比谢，空中侦察表明，其先遣部队已到达从波格列比谢起，经奥尔登齐（Ordyntsy）至蒙钦（Monchin）和索平（Sopin）一线，甚至在远至布里茨科耶（Britskoe）处也发现苏军坦克侦察部队。第42军一整天都在从事激烈战斗，苏联人投入先前确认的四个步兵师，在坦克支援下不断逼近[64]。德国人怀疑对方正在卡扎京地域集结兵力。第48装甲军防线当日大多数时间亦遭到攻击，但总的说来，该军得以守住自己的阵地，并报告在此期间共击毁55辆敌坦克。该军现在怀疑，他们面对不止一个敌坦克集团，其右翼对面约有40辆敌坦克，另外50辆坦克位于别尔季切夫东面，党卫队第1“警卫旗队”装甲师右翼对面约有40辆敌坦克，日托米尔南面，“警卫旗队”装甲师左翼和第7装甲师对面50多辆敌坦克。这似乎表明苏军会于次日以协同一致的行动夺取别尔季切夫，同时从两侧迂回第48装甲军。而对竭力据守日托米尔地域的第13军来说，情况有所不同。苏联人设法在北部和西北部地段取得一些突破，迫使该军弃守日托米尔，并向西南方退至特罗亚诺夫—杰尼希—乌利扬诺夫卡一线。但这道防线也已遭到威胁，空中侦察表明，苏军摩托化步兵和坦克部队正在维索卡亚佩奇以西行进，沿戈德哈—丘德诺夫方向推进。随着日托米尔的失守，别尔季切夫也处在严重威胁下，劳斯急需援兵。第4装甲集团军被分割成三个独立群体，他既无力遏止苏军的进攻，也无法将四分五裂的部队聚拢起来。但是，德军援兵开始到达，12月28日收到消息，搭载第16装甲师和第4山地师的第一批火车赶至第4装甲集团军作战地域。第16装甲师使用19列火车，其中8列用于搭载第2装甲团第1营的新型“豹”式坦克，第4山地师使用7列火车。运载党卫队“朗厄马克”突击旅的7列火车也已到达，另外5列火车将第17装甲师另一些单位运抵[65]。劳斯还接到“南方”集团军群关于援兵问题的电报，获知新设立的第46装甲军军部，连同军直部队，正从“中央”集团军群南调，很快会到达普罗斯库罗夫（Proskurov）[66]。

1944年1月1日，星期六

当晚，第42军据守的防区较为平静，苏军在切尔尼亚霍夫对第82步兵师右翼实施两次侦察巡逻，但该师未费太大周折便将其击退[67]。除这两起事件，该军未报告其他活动。

对黑尔第7军来说，情况并非这般轻松[68]。虽说两翼保持平静，但白采尔科维周边的中央地带却令人担心。右侧第75步兵师报告，苏军在马克耶夫卡附近实施侦察巡逻，在巴甫洛夫卡西北面展开战斗巡逻，但该师设法将其击退。左侧，第88步兵师据守的地段未发生战斗。而第198步兵师报告，午夜前，苏军沿该师整条防线发起数次冲击，其重点指向白采尔科维。该师击退苏军所有进攻，但苏联人当日清晨再度展开突击，在该镇北面和西南面达成两处突破，每处投入的兵力介于营级与团级之间。该师被迫投入最后的预备力量，竭力恢复态势，战斗持续至上午。

西南方，第17装甲师仍试图在第7军与第24装甲军之间的缺口部构设某种防御阵地[69]。第27装甲工兵营一部在普利斯科夫（Pliskov）建立起前进掩护，第63装甲掷弹兵团辖内部队赶往西北面的斯皮钦齐，而第40装甲掷弹兵团一部开赴西面的佐佐夫（Zozov）。虽然夜间未发生战斗，但该师报告，大股苏军集结在阿达莫夫卡西面的波格列比谢车站以北地域。

与此同时，第24装甲军当晚继续撤向萨姆戈罗多克与佩列莫加之间的新防线[70]。这场后撤按计划进行，没有受到敌人干扰，但由于交通网遭切断，该军同左翼第18炮兵师失去联系。

第48装甲军防区，苏军当晚继续进攻[71]。敌步兵在坦克和火炮支援下，冲击第1装甲师设在别尔季切夫、热热列夫、哈任的阵地。这些突击只获得部分成功，在热热列夫和哈任达成有限渗透，在别尔季切夫取得局部突破。第1装甲师对苏军在别尔季切夫的突破展开反冲击，拂晓前设法恢复态势。师部设在什瓦伊科夫卡（Shvaikovka）的党卫队第1"警卫旗队"装甲师较为幸运，按计划实施的后撤未遭受苏军干扰。第7装甲师也于当晚顺利脱离战斗，重新集结在格尼洛皮亚季河以西，准备于6点15分向北实施反冲击。

北面的情况不甚平静，第13军继续撤往日托米尔西南面，但遇到困难[72]。从该城通往西南方的主公路上，苏军部队未被彻底肃清，而德军的后撤也因为维索卡亚佩奇周边地域交通堵塞而延误。

装甲集团军北翼的第59军报告，苏军进攻第291步兵师设在邦达列夫卡

（Bondarevka）以西的右翼[73]。对方投入的兵力不详，战斗持续一整夜，直至拂晓。该军防区中央地段的情况同样如此，而在北翼，苏军已达成纵深突破。该军后方的西南面，沃伦斯基新城作战司令报告，一些苏军坦克出现在该镇以北8公里的奇佐夫卡（Chizhovka）。

第聂伯河方向，新的一天拂晓时，天色晴朗、明亮。能见度一般，虽然温度仍在冰点以下，但阳光使人觉得当日较为温暖。晚些时候，阴云重现，大多数道路依然冰冻，保持良好的通行性。第42军现在承担起据守第4装甲集团军最东面地带的责任，据该军报告，当日较为平静[74]。布克林登陆场对面，苏军以一个步兵连冲击B军级支队设在格林察（Glincha）附近的防区，并达成突破。德军最终封闭并肃清这场渗透，在战壕中数出23具苏军士兵尸体，还抓获3名俘虏。该军级支队向切尔内希（Chernyshi）东面派出一支战斗巡逻队，他们在那里楔入苏军防御体系，卷击部分战壕，又抓获3名俘虏。西北面的第34步兵师在乌利亚尼基附近击退苏军一起虚弱无力的巡逻活动，但他们发现另一些苏军部队正从霍多罗夫（Khodorov）向西开拔。西北面防线上，第82步兵师在韦列米耶附近拦截苏军一支排级巡逻队，将其驱离前沿阵地。稍西面，该师还发现另外两股苏军部队集结在切尔尼亚霍夫北面，其中一股约有200人[75]，该师以炮火将这两股敌军驱散。随着天气好转，第7军报告，对方的空中活动有所增加，几个波次轰炸机飞越该军防区，每个波次由15架轰炸机组成，并获得战斗机护航。按照上级指示，马腾克洛特交出第239突击炮营，当日将该营转隶左侧的第7军。

在此期间，黑尔第7军从事着苦战。虽然苏联人停止进攻右翼第75步兵师，似乎对其行动加以限制，不再向西调动兵力，但白采尔科维两侧的第198步兵师遭到近乎持续不断的冲击[76]。起初，该师尚能封闭并肃清对方在该镇两侧达成的各种突破，但苏军重新发起的突击在该镇东北面的洛夏京和西南面的格雷博奇卡（Glybochka）取得新突破。第198步兵师被迫投入最后的预备力量，以封闭这些突破并恢复态势。南面，第7军左翼15公里外，另一支苏军部队攻占沃洛达尔卡，而在35公里外，德国人发现一个苏军步兵师位于罗西卡河河畔（Ros'ka）的卡什佩罗夫卡周边及西北地域。当晚21点10分左右，施瓦特洛-格斯特丁格从第7军军部打电话给范戈赫尔，简短汇报当前态势[77]。洛夏京地域的突击取得成功后，现在看来，苏联人很可能集中力量从东面包围白采尔科维。第7军认为，现有阵地已无法坚守太久，特别是苏军的猛烈炮火给第198步兵师造成严重伤亡。因此，他请求批准将第7军撤至“齐格弗里德”防线，以便腾出至少一个师的兵力。施瓦特洛–格斯特丁格还举例说明，苏联人猛烈冲击第75步兵师可能会导致该师彻底崩溃，但若批准后撤，该师便能有序撤离，不会遭受任何伤亡。范戈赫尔称，他认为第7军左翼受到的威胁没那么严重，但他答应向集团军司令再次提出后撤问题。

西面25公里外，第17装甲师报告，防区对面的苏军交通繁忙，这使该师相信，苏联人不仅在该地域实施侦察，还正忙着加强其先遣部队[78]。他们还看见阿达莫夫卡东北方树林的东部边缘，一些马拉大车正向南赶往拉斯科帕诺耶（Raskopanoe）。为掌握更多情况，该师派出一支侦察巡逻队收集情报。西面的罗西河河谷内，约60名苏军士兵携带约20辆马拉大车占领佩多瑟村（Pedosy）。更西面，德国人发现两支苏军队列，每支队伍约有50辆大车，正从切列莫什诺耶（Cheremoshnoe）和马林基（Malinki）向南、西南面而去。苏军这些行动并未与第17装甲师先遣部队发生接触，但该师还是对其施以炮火打击。东南方，获得少量自行火炮支援的第27装甲工兵营，在普利斯科夫东北面设立起防御阵地，更北面，第17装甲侦察营先遣部队部署在波格列比谢车站周边地域。在这片地段，苏军部队已向前推进得足够远，准备打击第17装甲师，白天，这里几次遭到苏军迫击炮和反坦克炮火袭击。夜幕降临后，苏联人正式发起进攻。17点15分，他们投入营级兵力遂行冲击，战斗持续至深夜。在此期间，第63装甲掷弹兵团并未赶至斯皮钦齐，而是进入多尔若克（Dolzhok）周边阵地，在那里守卫该镇出口，并向布莱（Bulai）派出侦察巡逻队。他们发现，守卫该村的只是一支实力薄弱的游击队。与此同时，第40装甲掷弹兵团向西推进，部署在佐佐夫卡（Zozovka）北端周围，并向布里茨科耶和佐佐夫卡以北几公里的十字路口派出先遣支队。他们目前位于第24装甲军右翼萨姆戈罗多克以南约20公里处。除配属的高射炮部队、师部连和调动期间落在后面的少数单位，第17装甲师所有作战部队均已到达，并投入部署[79]。

第17装甲师在相对平静的环境下占据新阵地时，卡扎京西南面的第24装甲军右翼和文尼察—卡扎京铁路线两侧的中央防区都遭到攻击[80]。第168步兵师报告，右翼对面的苏军交通繁忙，当日还遭到对方数次进攻。苏联人对该师设在萨姆戈罗多克、希罗卡亚格列布利亚（Shirokaya Greblya）[81]和米哈伊林的阵地发起四次营级兵力冲击，但该师顺利击退这些进攻。临近傍晚时，苏联人再度进攻，这一次从弗洛里亚诺夫卡（Florianovka）向南实施打击，那里的战斗持续至深夜。在此期间，第4山地师进入第168步兵师右侧阵地，并将第94侦察营部署在康斯坦丁诺夫卡地域（Konstantinovka）[82]。当日16点，该营确认奥夫夏尼基和索平都没有苏军部队，此时，他们与第17装甲师位于布里茨科耶的先遣部队仅隔8公里。随着第4山地师到达，第168步兵师得以将其快速预备队（第25装甲师第146装甲掷弹兵团）从南翼的新格列布利亚（Novaya Greblya）后撤。该团调往北面的洛帕京地域（Lopatin），在那里，该团可用于支援米哈伊林周边防御，苏军对该地段施以沉重压力。除这股预备力量外，第48装甲军也奉命将第509重型装甲营调离前线，交由第24装甲军指挥[83]。第168步兵师左侧，第18炮兵师和再次配属该师的第231高射炮团第1营也度过艰难的一天[84]。当日上午，苏军步兵和坦克对大斯捷皮（Velikaya Step'）展开一连串进攻，但均被击退。西北方，该师在库马涅夫卡南部肃清前一天达成突破的苏军部队，他们力图夺回该村北部，这场反冲击持续至深夜。白天，该师一部还在佩列莫加北面遭遇苏军一个摩托化炮兵连，随即将其歼灭。当日晚些时候，苏联人在约40辆坦克支援下发起一场大规模突击[85]，打击该师设在卡扎京—文尼察铁路线两侧的阵地。这场冲击成功突破德军防御，后者组织局部反冲击，但日终时态势仍不明朗。从这场进攻的性质看，苏军的意图似乎是取得突破，并沿铁路线攻向文尼察。在此期间，第25装甲师师部设法集结起辖内七零八落的部队，连同第857守备营，据守约20公里宽的防区，以掩护军左翼，其防线从佩列莫加向西南方延伸，经涅米林齐和纳帕多夫卡（Napadovka）至皮萨列夫卡（Pisarevka）。据该师报告，当日未与敌人发生接触。

第48装甲军当日也遭到苏军几次进攻。战斗主要发生在中央和右翼，但对方的进攻显然缺乏协同[86]。第1装甲师防区，苏联人仍竭力夺取热热列夫和哈任，当日反复冲击这两个村子。这些进攻多以营级兵力遂行，并以少量坦克为支援，但都被德军击退。东南方，该师发现苏联人正将新锐部队调入格卢霍夫齐，并报告苏军部队集结在该村西南面林地内。到目前为止，对方尚未占领共青村。更北面，25—30辆苏军坦克搭载着步兵，对别尔季切夫东北部展开攻击，成功突入镇郊。第1装甲师组织起局部反冲击，据报，到当晚晚些时候，他们共击毁23辆敌坦克。战斗持续至深夜。当天，党卫队第1“警卫旗队”装甲师据守的防区也在不同地段遭到冲击，苏军沿该师整个防区实施侦察。10点30分，苏联人投入一个步兵团，从波洛韦茨科耶展开进攻，之后又以其他部队冲击格沃兹达瓦（Gvozdava）和特罗亚诺夫。德军击退这些进攻，但他们发现苏军坦克正在塔尔塔里诺夫卡（Tartarinovka）[87]周边地域推进，20辆敌坦克攻入该村，另外17辆向南赶往格沃兹达瓦。当晚20点左右，苏联人再次冲击该师设在特罗亚诺夫的阵地，这一次苏军从北面而来，投入一个步兵团，并以坦克为支援。战斗持续至深夜，据该师报告，到20点30分已击毁19辆敌坦克。左侧的第7装甲师于当日清晨6点15分展开反冲击，从特罗亚诺夫以西地域向北攻击前进。到9点45分，该师已取得10公里进展，在捷捷列夫河河谷内夺得苏军顽强据守的佩尔利亚夫卡村。与此同时，该师另一些部队向西推进，在鲁德尼亚戈罗季谢（Rudnya Gorodishche）以西2.5公里的道路弯曲部占据阵地。第7装甲侦察营位于格鲁斯卡村（Gruska）[88]，苏军投入进攻后，位于戈洛文卡（Golovenka）西南方河谷内热列兹尼亚基（Zheleznyaki）[89]的部队被迫撤向特罗亚诺夫。随着这场后撤，已夺得佩尔利亚夫卡村的德军装甲战斗群奉命折返，对进攻特罗亚诺夫的苏军部队后方实施打击。据该师报告，当日击毁6辆敌坦克。晴朗的天气使双方都加强空中行动，德军轰炸机和俯冲轰炸机为该军防御作战提供支援，而苏军投入的一群群战斗机多达40架。临近黄昏时，苏联人加大压力，16点30分，他们对第48装甲军左翼发起协同一致的突击，以强大的步兵和坦克力量沿一条宽大战线投入进攻，激战持续至深夜。

与此同时，第13军在第7装甲师支援下实施战斗后撤，并在捷捷列夫河两岸到达从特罗亚诺夫经杰尼希至乌利扬诺夫卡一线[90]。该军的快速部队，第8装甲师和党卫队“帝国”装甲战斗群，目前已在更西面占据阵地，设法掩护后撤部队的纵深左翼。日终前，他们在维拉（Vila）[91]和塔尔塔克（Tartak）周边地域作战，力图击退苏军坦克部队从北面实施的进攻。第19装甲师仍在第13军左翼后方遂行后撤，傍晚前集结于维索卡亚佩奇地域。整个后撤行动相当顺利，除第68步兵师在特罗亚诺夫北面据守的地段出现一个缺口外，该军击退追击中的苏军部队发起的所有进攻。19点，第13军参谋长冯·哈默施泰因–格斯莫尔德在报告中确认该军目前在特罗亚诺夫—乌利扬诺夫卡一线占据新阵地，并告诉装甲集团军司令部，苏军在特罗亚诺夫北面的热列兹尼亚基达成突破[92]。鉴于这种渗透，第13军请求批准继续后撤到鲁德尼亚戈罗季谢至维拉一线。劳斯同意，并下达相关命令[93]。与此同时，第48装甲军奉命后撤其左翼，以便同第13军保持联系。22点30分，豪费向第4装甲集团军司令部报告，虽然他的部下疲惫不堪，苏军兵力亦占有优势，但在第48装甲军协助下，他还是将大多数部队顺利撤出日托米尔[94]。补给和支援单位也在这场后撤中发挥作用，尽管遭到严重损失，但协助迟滞苏军坦克部队在该军左翼的推进。虽然坚守日托米尔直至昨晚，但第68、第340、第208步兵师实施一场战斗后撤，顺利退至特罗亚诺夫—杰尼希一线，其间与追兵展开激战。该军右翼同第48装甲军建立起联系，在左翼击退苏军坦克对科尔切夫卡（Korchevka）[95]—乌利扬诺夫卡地段的进攻。在该地域守卫纵深左翼的是“弗勒利希”战斗群，该战斗群编有第8装甲师和党卫队“帝国”装甲战斗群，掩护从南面的卡尔维诺夫卡（Karvinovka）至维索卡亚佩奇一线。该战斗群在其阵地卷入战斗，不得不抗击向前推进的苏军坦克部队。更西面，敌坦克从塔尔塔克周边地域向西南方发起打击，德国人还发现4辆敌坦克位于锡里亚基（Siryaki）和谢尔比诺夫卡（Serbinovka）[96]南面。甚至有报告称，苏军坦克炮击丘德诺夫北郊。豪费打算抽调第19装甲师加强该镇防御，除此之外，他目前正计划坚守新防御阵地。

西北方60公里外，前进中的苏军部队从各个方向逼近沃伦斯基新城，并夺得该城西部边缘的火车站，就此打开一条新战线[97]。第147预备师师长奥托·马特斯托克中将近日出任沃伦斯基新城作战司令，负责该城防御。他在17点30分左右报告，该城在很大程度上已被苏军包围，出城的所有主公路亦遭苏军坦克封锁，其中约30辆位于向西通往罗夫诺（Rovno）的公路上[98]。攻克火车站的苏军部队突入城内，整片地域笼罩在炮火下。范戈赫尔同劳斯商讨相关事宜，他们一致认为沃伦斯基新城失守会给后撤中的第59军造成大麻烦。因此，两人讨论救援该城的可能性，在这个问题上，他们只有两个选择，一是使用现有力量，二是投入新赶到的第16装甲师。他们排除后一个选择，因为第16装甲师尚未集结完毕，而且有可能需要将该师投入形势更加严峻的其他地段。

他们还考虑使用第7装甲师，但觉得该师的实力不足以完成这项任务，这也是第48装甲军军长巴尔克的观点。他们还有另一些考虑。第4装甲集团军必须将重点集中在卡扎京—别尔季切夫地域，苏军正准备在那里展开新的进攻，另一个问题是，近日赶至日托米尔地域的苏军摩托化队列的意图和动向。这股苏军也许只是补给单位，但也可能是前调的新锐作战部队。最后，范戈赫尔提出个折中方案，建议先把第7装甲师撤离前线向西调动，然后转身向北，从捷尔任斯克（Dzerzhinsk）赶往卢德维科夫卡（Ludvikovka）[99]的主十字路口。该师应从那里向西北面的沃伦斯基新城这一总方向派出侦察巡逻队，同时对南面的道路实施侦察，以便能迅速调至别尔季切夫地域。劳斯同意，并向"南方"集团军群汇报这项建议，后者强调，虽然沃伦斯基新城需要坚守，但第4装甲集团军必须将重点放在卡扎京—别尔季切夫地域。当日晚些时候，集团军下达相关命令[100]。巴尔克奉命撤出第7装甲师，将该师经丘德诺夫调往捷尔任斯克—斯托尔博夫（Stolbov）—罗曼诺夫卡地域，从那里向卢德维科夫卡—巴拉诺夫卡（Baranovka）一线以北实施侦察。为确保能够迅速调回并支援卡扎京以南的战斗，该师还应向南侦察各条主要路线的情况。

当晚晚些时候，马特斯托克再度致电劳斯和范戈赫尔，称苏军援兵不断赶到，形势越来越严重。他认为第59军现在已无法退至沃伦斯基新城，应向西撤往该城北面。这番说辞未能打动劳斯，他宁愿再等上一两天，看看态势发展情况。因此，他下达指示，命令马特斯托克至少坚守到次日日终[101]，但他告诉马特斯托克，也许能获得西南面部队的某些支援。

此时，第59军仍在东北方50多公里外，正试图撤往沃伦斯基新城。总的说来，苏军未对他们施加太大压力，但邦达列夫卡地段的战斗还是相当激烈[102]。后方，该军位于埃米利奇诺以南的快速部队，在库利基（Kuliki）遭到苏军坦克部队攻击。德军击退这场进攻，称击毁2辆敌坦克。第59军现已被孤立，这就意味着该军需要从空中获得补给，当日白天，德国空军实施首次空投再补给。10点55分，第4装甲集团军发电报给冯·德尔·切瓦勒里，告诉他日托米尔已弃守，第13军北翼将位于乌利扬诺夫卡—新扎沃德一线[103]。电报中还告诉他，发现新扎沃德附近的36辆敌坦克正赶往西北方，索科洛夫以南的苏军部队已将日托米尔—沃伦斯基新城公路切断。

在此期间，德军援兵继续开到[104]。搭载党卫队“朗厄马克”突击旅的9列火车中的8列现已到达，最后一列紧随其后。装运第2装甲团第1营的11列火车中的10列也已到达，最后一列很快也将赶到。搭载第16装甲师的18列火车已到达，装运第4山地师的16列火车，10列尚在途中。载运第17装甲师的10列火车已到达，另外3列仍在途中，包括第506重型装甲营的13辆六号“虎”式坦克。运送第6装甲师的第一列火车也已赶至，就第4装甲集团军所知，这列火车上载有第11装甲团的26辆四号坦克。随着第16装甲师主力的到来，第4装甲集团军就该师部署事宜下达指示[105]。这道训令首先阐述当前态势，称苏联人已成功夺取日托米尔，正沿通往沃伦斯基新城的公路向西北方推进，苏军其他部队从科罗斯坚地域冲向西南方[106]。面对这种状况，第16装甲师奉命集结在别尔季切夫—舍佩托夫卡铁路线两侧，将先遣部队部署在波隆诺耶（Polonnoe）周围。已在波隆诺耶东面卸载的部队应后撤。部队卸载期间，该师应负责自身安全，并沿斯卢奇河在东面和东北面设立掩护，这道防线从南面的柳巴尔起，穿过米罗波尔（Miropol'）和维利哈 （Vil'kha），再折回杜布罗夫卡。该师应从这道前沿阵地向东面和北面实施大规模侦察，直到从戈德哈起，经旧迈丹和库尔诺耶以西某处至沃伦斯基新城。重要的是防止苏联人发起突袭，攻入该师集结区。第2装甲团第1营暂时应同该师待在一起，位于伊万诺波尔的部队应撤回波隆诺耶。目前，第4装甲集团军还掌握着一些有可能加以使用的援兵，这些部队的战斗力较差，包括主要用于铁路警戒的匈牙利部队和接受训练的预备部[107]。为自身搜寻潜在援兵的同时，第4装甲集团军还担心近期弃守的地域有可能成为接踵而至的红军招募新兵的沃土。因此，集团军给各军长下达训令，将距离前线30公里战区内所有适合服役的男性疏散[108]。这道命令适用于15岁至65岁的所有男性，所涉及人员作为普通战俘加以处理和对待。

总之，苏军当日在第4装甲集团军防线不同地段继续保持进攻压力。他们向前推进，试图绕过第7军南翼，虽然进展不大并被德军击退，但他们在白采尔科维两侧竭力向前。第75步兵师防区对面，苏军的兵力调动有所加强，表明他们将投入援兵，扩大在洛夏京附近取得的突破。第7军与第24装甲军之间，苏军步兵部队前出至沃洛达尔卡与卡什佩罗夫卡之间的罗西河和罗西卡河一线，德军情报部门估计，沃洛达尔卡、卡什佩罗夫卡与波格列比谢之间地域至少有三个苏军步兵师。第4装甲集团军司令部担心，这些部队可能会向东或向西打击第7军或第24装甲军。第24装甲军防区，强大的苏军坦克部队再次试图突破德军设在卡扎京与西南面卡利诺夫卡之间铁路线两侧的防御，该军面临的态势岌岌可危，特别是防线上的步兵和反坦克力量不足。虽然苏军对第48装甲军的进攻大多被击退，但很明显，苏联人正计划包围别尔季切夫周围的德军阵地，特别是因为他们似乎正加强第48装甲军右翼对面地段。另一方面，第13军将所有部队顺利撤离日托米尔包围圈，除苏军在特罗亚诺夫达成突破外，该军成功击退对方实施的所有进攻。尽管如此，小股苏军坦克部队已冲向戈德哈以西地域，据报，另一些敌军正穿过新扎沃德，但不知道他们会向南还是向西推进。因此，该军仍处在遭迂回的危险下。昨晚，德军空中侦察发现，庞大的苏军摩托化队列正从基辅赶往日托米尔，虽然这些部队白天并未出现在前线，但这个情况表明，苏联人正从乌克兰第1方面军预备队前调快速力量[109]。这些车辆似乎暂时集中在日托米尔地域，但有可能很快会穿过日托米尔，驶向西面的新扎沃德，第4装甲集团军无法确定，苏联人是打算以此加强在第13军左翼向西南方的推进，还是计划以这些部队向西发起冲击。西北面，1—2个苏军步兵师从东南方攻向沃伦斯基新城，并到达距离该城约25公里处。与此同时，包括约30辆坦克在内的另一股苏军从东北方向该城推进，在遂行后撤的第59军深远后方包围该城。

针对这种状况，第4装甲集团军打算寻求“南方”集团军群批准，将第42军和第7军撤至“齐格弗里德”防线，从而腾出两个师，用于第7军岌岌可危的西翼。集团军还计划以第17装甲师和第4山地师继续实施侦察，弄清苏军在主要缺口部的活动。北面，第48装甲军左翼将撤至鲁德尼亚戈罗季谢，第13军将撤至从鲁德尼亚戈罗季谢经维索卡亚佩奇至维拉一线，并以快速部队掩护敞开的左翼。同时，第7装甲师将撤出前线，向西调至斯托尔博夫—捷尔任斯克—罗曼诺夫卡地域，由集团军司令部直接掌握。

注释

1.第24装甲军晨报，1943年12月30日签发，未标注时间。

2.第7军晨报，1943年12月30日5点55分签发。

3.第42军晨报，1943年12月30日6点40分签发。

4.德方记录中称之为Blaschniwka。

5.第48装甲军晨报，1943年12月30日5点40分签发。

6.第13军晨报，1943年12月30日6点05分签发。

7.第59军晨报，1943年12月30日6点25分签发。

8.第4装甲集团军发给“南方”集团军群的每日报告，1943年12月30日签发。

9.第7军每日报告，1943年12月30日19点签发。

10.第4装甲集团军作战处作战日志，1943年12月30日的条目。

11.第42军每日报告，1943年12月30日签发，未标注时间。

12.第4装甲集团军作战处作战日志，1943年12月30日的条目。

13.第48装甲军每日报告，1943年12月30日19点40分签发。此时，该军已确认在该地域展开行动的部队是苏军近卫坦克第11、第6军和第机械化第9军，外加8—10个步兵师。但这份情报并不完全准确，因为近卫坦克第11军实际上隶属坦克第1集团军，近卫坦克第7军隶属近卫坦克第3集团军。那些步兵师实际上也属于其他集团军。

14.第4装甲集团军作战处作战日志，1943年12月30日的条目。

15.德方记录中称之为Wuina。

16.第13军每日报告，1943年12月30日20点20分签发。

17.我一直无法确定这个地点，也许指的是拟议中的斯塔尼绍夫卡。

18.第4装甲集团军作战处作战日志，1943年12月30日的条目。

19.“南方”集团军群作战处，第4399/43号令，1943年12月30日签发。

20.第4装甲集团军发给“南方”集团军群的每日报告，1943年12月30日23点签发。

21.第4装甲集团军发给“南方”集团军群的每日报告，1943年12月30日23点签发。

22.第4装甲集团军作战处作战日志，1943年12月30日的条目。

23.第4装甲集团军作战处作战日志，1943年12月30日的条目。

24.第4装甲集团军作战处作战日志，1943年12月30日的条目。

25.第4装甲集团军情报处发给“南方”集团军群的晚间报告，1943年12月30日19点签发。

26.步兵第304、第395师。

27.第4装甲集团军作战处，第7037/43号令，1943年12月30日签发。

28.第4装甲集团军作战处，第7046/43号令，1943年12月30日签发。

29.第4装甲集团军作战处，第7043/43号令，1943年12月30日签发。

30.“南方”集团军群作战处，第4405/43号令，1943年12月29日签发。该师编成如下：

· 第99（摩托化）高射炮团

第38高射炮团第2营

第25高射炮团第1营

第81轻型高射炮营

· 第17（摩托化）高射炮团

第4高射炮团第1营

第5高射炮团第1营

第861轻型高射炮营

· 第153（摩托化）高射炮团

第7高射炮团第1营

第32高射炮团第1营

第91轻型高射炮营

31.第4装甲集团军发给“南方”集团军群的每日报告，1943年12月31日签发。

32.第7军晨报，1943年12月31日5点35分签发。

33.第42军晨报，1943年12月31日4点55分签发。

34.第48装甲军晨报，1943年12月31日6点10分签发。

35.现在是别尔季切夫的郊区，位于该镇东北部。

36.第13军晨报，1943年12月31日6点签发。

37.第4装甲集团军发给“南方”集团军群的每日报告，1943年12月31日签发。

38.第24装甲军每日报告，1943年12月31日18点45分签发。

39.第4装甲集团军发给“南方”集团军群的每日报告，1943年12月31日签发。

40.第4装甲集团军作战处作战日志，1943年12月31日的条目。

41.第4装甲集团军作战处，第7055/43号令，1943年12月31日签发。根据这道命令，该突击炮营将于1944年1月1日3点30分开拔，先赶往第7军军部所在地拉基特诺（Rakitno）。

42.这个地名在作战日志中写的是Sdwerra（译为英文是Zdvera），但后续命令证实指的是Sverdlovka。

43.第4装甲集团军作战处，第7050/43号令，1943年12月31日签发。

44.第17装甲师每日报告，1943年12月31日19点35分签发。

45.12月31日傍晚时的情况如下：由第27装甲工兵营一个连和第27装甲炮兵团第1营组成的前卫部队位于阿达莫夫卡和附近的波格列比谢车站；坦克和突击炮部署在安德鲁索沃车站旁的多尔若克，掩护车站邻近地域；第27装甲工兵营的一个连位于普利斯科夫，并向东北方的拉斯科帕诺耶实施侦察；两个装甲掷弹兵团仍在途中，预计将在当晚卸载。

46.第24装甲军1943年12月31日的每日报告，1944年1月1日10点30分签发。

47.第4装甲集团军发给“南方”集团军群的每日报告，1943年12月31日签发。

48.第4装甲集团军作战处作战日志，1943年12月31日的条目。

49.第4装甲集团军作战处，第7052/43号令，1943年12月31日签发。

50.近期的苏联地图上标为科穆纳罗夫卡（Kommunarovka）。

51.第4装甲集团军发给“南方”集团军群的每日报告，1943年12月31日签发。

52.近期的苏联地图上已不再标注舒姆斯克村。

53.第4装甲集团军作战处作战日志，1943年12月31日的条目。

54.第4装甲集团军作战处，第7053/43号令，1943年12月31日签发。

55.第4装甲集团军发给“南方”集团军群的每日报告，1943年12月31日签发。

56.第4装甲集团军作战处，第7061/43号令，1943年12月31日签发。

57.第4装甲集团军发给“南方”集团军群的每日报告，1943年12月31日签发。

58.第4装甲集团军作战处，1943年12月31日签发的命令，无编号。

59.第4装甲集团军作战处，1943年12月31日签发的命令，无编号。虽然没有编号，但这道命令并非前一道命令。

60.第4装甲集团军作战处，第7049/43号令，1943年12月31日签发。

61.沃伦斯基新城作战司令，作战处，第16385/43号令，1943年12月31日签发。

62.第4装甲集团军发给“南方”集团军群的每日报告，第7062/43号，1943年12月31日签发。

63.第4装甲集团军情报处发给“南方”集团军群的晚间报告，1943年12月31日19点30分签发。

64.近卫步兵第100、第211、第241、第68步兵师。

65.第4装甲集团军《1943年12月31日16点的态势》。据这份文件称，党卫队“朗厄马克”突击旅共使用9列火车，正到达波隆诺耶—旧米罗波尔（Stary Miropol'）—丘德诺夫地域；第2装甲团第1营使用11列火车，其中7列搭载“豹”式坦克，8列火车中的6列已到达丘德诺夫，另外2列分别驶向别尔季切夫和舍佩托夫卡。第16装甲师共需要74列火车，到目前为止，大多数火车已到达，在舍佩托夫卡与丘德诺夫之间各车站卸载部队。第4山地师在东南方卸载，到目前为止，所有火车正在卡利诺夫卡或文尼察卸载。

66.“南方”集团军群作战处，第4426/43号令，1943年12月31日签发。普罗斯库罗夫现在被称为赫梅利尼茨基（Khmel'nitskii）。

67.第42军晨报，1944年1月1日签发，未标注时间。

68.第7军晨报，1944年1月1日6点20分签发。

69.第17装甲师晨报，1944年1月1日6点30分签发。

70.第24装甲军晨报，1944年1月1日6点45分签发。

71.第48装甲军晨报，1944年1月1日6点签发。

72.第4装甲集团军作战处发给“南方”集团军群的晨报，1944年1月1日7点20分签发。

73.第4装甲集团军作战处发给“南方”集团军群的晨报，1944年1月1日7点20分签发。

74.第42军每日报告，1944年1月1日18点30分签发。

75.第4装甲集团军作战处发给“南方”集团军群的每日报告，1944年1月1日22点签发。

76.第4装甲集团军作战处发给“南方”集团军群的每日报告，1944年1月1日22点签发。

77.第4装甲集团军作战处作战日志，1944年1月1日的条目。

78.第17装甲师每日报告，1944年1月1日19点25分签发。

79.这个好消息被该师可用坦克数量不足的现实所冲淡。同一份报告中指出，该师只有25辆可用的战车：9辆突击炮、4辆三号长身管坦克、4辆四号长身管坦克、6辆5号坦克、2辆指挥坦克。

80.第24装甲军每日报告，1944年1月1日17点45分签发。

81.位于尤谢福夫卡西南面。

82.第4装甲集团军作战处发给“南方”集团军群的每日报告，1944年1月1日22点签发。

83.第4装甲集团军作战处，第17/44号令，1944年1月1日签发。

84.据同一份报告称，12月28日至1月1日这五天里，第18炮兵师共击毁44辆敌坦克，击伤另外3辆，还消灭一个摩托化炮兵连。

85.第4装甲集团军作战处发给“南方”集团军群的每日报告，1944年1月1日22点签发。

86.第48装甲军每日报告，1944年1月1日20点30分签发。

87.近期的苏联地图上标为奥泽良卡（Ozeryanka）。

88.近期的苏联地图上不再标注格鲁斯卡。该村位于热列兹尼亚基以北约2公里的格尼洛皮亚季河西面。

89.近期的苏联地图上标为扎利兹尼亚（Zaliznya）。该村位于格尼洛皮亚季河两岸，就在河流大弯曲部戈洛文卡的上游。

90.第4装甲集团军作战处发给“南方”集团军群的每日报告，1944年1月1日22点签发。

91.所有地图上均未标注维拉，但该村位于塔尔塔克西北面湖泊的顶端。

92.第4装甲集团军作战处作战日志，1944年1月1日的条目。

93.第4装甲集团军作战处，第18/44号令，1944年1月1日签发。

94.第13军电报，无编号，1944年1月1日22点30分签发。

95.近期的苏联地图上标为博科斯托夫卡（Pokostovka）。

96.近期的苏联地图上分别标为亚戈金卡（Yagodinka）和布季恰内（Budichany）。

97.第4装甲集团军作战处发给“南方”集团军群的每日报告，1944年1月1日22点签发。

98.第4装甲集团军作战处作战日志，1944年1月1日的条目。

99.近期的苏联地图上标为扎卢日诺耶（Zaluzhnoe）。

100.第4装甲集团军作战处，第20/44号令，1944年1月1日签发。

101.第4装甲集团军作战处，第19/44号令，1944年1月1日签发。

102.第4装甲集团军作战处发给“南方”集团军群的每日报告，1944年1月1日22点签发。

103.无编号，1944年1月1日10点55分签发。

104.第4装甲集团军《1944年1月1日16点的态势》。

105.第4装甲集团军作战处，第1/44号令，1944年1月1日签发。

106.这道命令确认日托米尔南面的近卫坦克第6军、该城东面的机械化第9军、北面的近卫坦克第5军和近卫坦克第7军一部。这些快速部队获得第18和近卫第1集团军步兵部队支援，另外还有第60集团军一部。命令中还确认科罗斯坚地域的第13集团军，该集团军在那里获得近卫坦克第4军支援。与此同时，坦克第25军正试图从南面切断后撤中的第59军。

107.第4装甲集团军作战处，第7044/43号报告，1944年1月1日签发。据这份报告称，以下部队部署在从南面的巴尔（Bar）起，经普罗斯库罗夫和舍佩托夫卡至沃伦斯基新城一线以东：

沃伦斯基新城作战司令：

第147预备师师部

第268预备团团部及团直部队

第488预备掷弹兵营

第27预备掷弹兵营

第27预备工兵营

匈牙利第42步兵团第1营（沿舍佩托夫卡—沃伦斯基新城铁路线部署）

舍佩托夫卡作战司令：

匈牙利第21步兵师师部

匈牙利第42步兵团团部

匈牙利第42步兵团第2营（沿舍佩托夫卡—波隆诺耶铁路线部署）

匈牙利第23轻骑兵中队

波隆诺耶作战司令：

匈牙利第40步兵团第2营（沿波隆诺耶—米罗波尔铁路线部署）

普罗斯库罗夫作战司令：

匈牙利第44步兵团团部

旧康斯坦丁诺夫作战司令：

匈牙利第201步兵师师部

匈牙利第44步兵团第3营（沿普罗斯库罗夫—日梅林卡铁路线部署）

108.集团军第二军需长，第1/44号令，1944年1月1日签发。

109.第4装甲集团军情报处发给“南方”集团军群的晚间报告，1944年1月1日19点签发。据这份报告称，苏军1943年12月的伤亡和损失为：

· 6694人被俘，包括59名逃兵

· 数出11707具尸体

· 估计10615人阵亡

· 击毁828辆坦克

· 击伤11辆坦克

· 267门火炮

· 23门火箭炮

· 887门反坦克炮

第七章
胡贝接手指挥

1944年1月2日，星期日

1月2日晚19点45分，“南方”集团军群司令冯·曼施泰因给第1装甲集团军司令、装甲兵上将汉斯–瓦伦丁·胡贝下达正式命令，指示他将司令部迁至先前由第4装甲集团军右翼部队据守的地域[1]。这道训令还要求他接管第42军、第7军、第17装甲师和集结在齐布列夫地域（Tsybulev）一些杂七杂八的部队。命令当晚21点生效，这使胡贝掌握七个师，包括第42军编成内的B军级支队、第34步兵师、第82步兵师，第7军辖下第75、第198、第88步兵师，外加集结在后方的第17装甲师。

胡贝预料到这道命令，当日早些时候便开始搬迁司令部，清晨6点30分出发。因此，第一支队伍在阴云和浓雾下踏上漫长行程时，天色依然黑暗，尽管天气不佳，但司令部大多数部门还是在当日下午赶至乌曼。率领这些指挥机构的是胡贝的参谋长瓦尔特·文克少将，待他们到达时，却发现大半个镇子已被早些时候遭受的轰炸夷为平地，事实证明，他们很难找到适当的住处。起初他们不得不在拥挤的居住条件下将就，后来才同驻扎在当地的德国空军部队达成谅解。第1高射炮军和第4航空队的人显然不太愿意收留他们的同志，直到“南方”集团军群委任胡贝为乌曼地区司令后，这个问题才得到解决，这位装甲集团军司令在该镇掌握了必要的权力。

虽然存在这些初期困难，但第1装甲集团军司令部还是在当晚21点接手指挥第42军、第7军和第3装甲军（目前编有第6、第17装甲师，更多部队正在调集中）。胡贝承担起这些部队的指挥之责时，他的新防区北部前线保持着平静。西面，第7军中央和左翼对面，苏军正集中力量突破该军防区，试图转身向东，从南面卷击该军防线。若取得成功，这场机动就将进一步扩大第4装甲集团军现有的缺口。与此同时，在突破地域，第1装甲集团军司令部估计苏军正以约五个步兵师在少量坦克支援下继续向南挺进，1月2日中午，其先遣部队到达法斯托夫卡与卡什佩罗夫卡之间的罗西河一线。其他地段，另一些苏军也在推进，部分部队到达卡利诺夫卡—安德鲁索沃铁路线。根据这些情报，第1装甲集团军司令部认为苏联人仍试图达成两个不同目标：第一，扩大他们业已达成的突破，继续进攻第7军，或绕过该军南翼，向东面和东南面进击；第二，直接向南进入突破口。因此，胡贝面临着一些当前任务，包括继续坚守他的右翼，阻止苏军继续扩大现有突破口，拦截并遏止苏军在突破地域的推进，并为反突击创造必要条件。

当晚晚些时候，胡贝签发第一道训令，为辖内各军部分配各自的任务，并给他们下达相关指示[2]。右翼第42军应坚守既有阵地，第7军应阻止敌人进一步突破，并封闭现有突破口。若苏军施加强大压力，允许该军撤至从瓦西列沃（Vasilevo）起，经扬科夫卡（Yankovka）、奥斯特里伊基（Ostriiki）、新亚诺夫卡（Novo-Yanovka）、比留基（Biryuki）、切尔卡瑟（Cherkasy）至叶泽尔诺（Yezerno）一线。但这道防线必须不惜一切代价予以坚守。另外，该军还应侦察敞开的南翼，直至罗西河。黑尔左侧与第3装甲军的分界线沿斯塔维谢和沃洛达尔卡一线延伸，这两处均由后者加以据守。同时，新开到的第3装甲军，在装甲兵上将赫尔曼·布赖特指挥下，应连续实施侦察，弄清突破地域的情况，尔后目标是发起一系列小规模反冲击，遏止苏军推进。该军还应确保后续部队卸载、集结区的安全，在这方面，该军应防止苏军跨过亚尼舍夫卡（Yanishevka）—皮亚季戈里（Pyatigori）—新日沃托夫（Novozhivotov）—梅多夫卡（Medovka）—罗索沙—瓦赫诺夫卡一线。由于第3装甲军要到次日才接管这片地段的防务，因此这些命令直接下达给第6和第17装甲师。第6装甲军将侦察突破地域，直至沃洛达尔卡—卡什佩罗夫卡—韦尔博夫卡（Verbovka）一线，并于当晚将部队集结在齐布列夫地域，准备于1月4日在第3装甲军麾下展开进攻[3]。同时，第17装甲师也接到类似指令，奉命向切尔尼亚夫卡实施目标有限的反冲击，打击推进中的苏军部队右翼。另外，该师还应阻止敌人跨过梅多夫卡—罗索沙—瓦赫诺夫卡一线，并实施侦察，直至第6装甲师受领的任务区。

1944年1月3日，星期一

第42军防区当晚非常平静[4]。B军级支队派出一支战斗巡逻队，打垮杜达里西北方登陆场内的一个苏军前哨，击毙3名苏军士兵，缴获一挺机枪。该军昨日下午报告，敌人从霍多罗夫与巴雷科休钦卡之间地带向西北方调动，这番机动显然仍在继续，因为那里整晚都传来持续不断的交通噪音，马腾克洛特得出结论，苏联人正将部分步兵部队撤出前线。第42军北部防线几乎未发生战斗，但第34步兵师据守的地段遭苏军炮火轰击。德军的侦察巡逻还发现，对方牢牢据守斯泰基，德军巡逻队击毙2名苏军士兵，缴获一挺机枪。

第7军防线上的情况较为活跃，平静的夜晚过后，苏联人投入一个营，冲击第75步兵师据守的地段[5]。这场突如其来的进攻一举突破德军设在奥莱尼科瓦斯洛博达（Oleinikova Sloboda）西北方的阵地。该师立即采取应对措施，但提交报告时仍未解决问题。西面，苏军对第198步兵师左翼的进攻停顿下来，清晨时，据报那里只有炮击发生。白采尔科维周边地域的第323掷弹兵团报告，防区落下一些炮弹。虽然压力有所缓解，但该师还是设法拦截并消灭一支苏军巡逻队，总的说来，防线到目前为止保持着平静。军左翼，第88步兵师在奥利尚卡卷入艰巨的巷战。激战持续几个小时，但战斗平息后，该师控制住局势，并将镇内苏军肃清。据报，苏联人伤亡惨重，撤离的部队也已耗尽实力[6]。

第1装甲集团军左翼的突破地域，两个装甲师正进入阵地。第6装甲师据守的地段一直很平静，没有任何值得汇报的重要情况[7]，而第17装甲师却与前进中的苏军部队发生接触。夜间，该师右翼部队完成进入新阵地的调动，未遭受敌人干扰，清晨时，该师据守的防线从奥奇特科夫（Ochitkov）起，经柳林齐（Lyulintsy）、帕里耶夫卡（Parievka）、奥切列特尼亚、佐佐夫至佐佐夫卡西北面十字路口，再延伸到布里茨科耶[8]。可是，虽然苏联人在右侧和中央地段保持相对的平静，他们却调集新锐部队进入佐佐夫北部和东北部。对此，该师当日凌晨组织起一场有限反冲击，成功夺回整个村子。

新的一天拂晓到来时，与昨日大体相同，空中阴云密布，温度在冰点附近徘徊。解冻仍在继续，整个白天出现许多降雪和降雨，但目前各条道路仍可供轮式车辆通行。上午10点15分，胡贝下达指示，向麾下三个军部通报第1装甲集团军与友邻部队的分界线，当日中午生效[9]。右侧，装甲集团军与第8集团军的分界线为盖沃龙（Gaivoron）—乌曼—日任齐（Zhizhintsy）—伊万诺夫卡—博布里察—皮里亚京（Piryatin）一线，左侧与第4装甲集团军的分界线则为沃罗诺维察（Voronovitsa）—瓦赫诺夫卡—鲁任—帕沃洛奇一线。同时，随着战斗的进行，第7军左翼的状况开始引起胡贝的关注。部署在那里的部队位于突破口北侧，过去几天遭受的伤亡相当大，面对苏军不断施加的压力，他们的实力越来越弱。因此，胡贝决定将第34步兵师调离第42军防区，派往西南方塔拉夏—卢卡（Luka）地域，该师受领的当前任务是加强第7军摇摇欲坠的侧翼。从长远看，该师应做好准备，与新锐快速援兵共同发起反突击，歼灭第7军左翼与西面第6装甲师之间的苏军部队[10]。中午前，胡贝以电台发出相关命令。待两个指挥部建立联系，第34步兵师就编入第7军，但在此期间，一些部队立即转隶第7军。这些部队组成一个小股战斗群，编有第475掷弹兵团第1营和第34燧发枪手营，由第64炮兵团第2营提供支援。该战斗群的当前任务是沿波季耶夫卡—奥斯特拉亚莫吉拉（Ostraya–Mogila）—亚内舍夫卡（Yanyshevka）—斯塔维谢一线掩护第7军纵深侧翼。该师余部也将及时转隶，并不受干扰地集结在这道掩护线后方。第34步兵师师部计划于1月4日12点前赶至，待其就位后，这个战斗群就将回到该师麾下。为加强己方阵地，胡贝还向部署在该地域的高射炮部队寻求直接支援，吁请第1高射炮军命令正开至齐布列夫—莫纳斯特里谢（Monastyrishche）地域的第10高射炮师同第6装甲师紧密配合[11]。

这一整天，第42军北翼的防区一直在战斗，但该军报告，并未发生太大麻烦[12]。苏联人继续沿霍多罗夫—休钦卡公路调动部队，显然证实该军早些时候的猜测：苏军正在撤离。为掩护这场调动，苏联人甚至在北面展开四次明显较为节制的进攻，打击斯泰基—韦列米耶地段的第34步兵师。其中最大的一次进攻以两个步兵连遂行，但这些进攻均被部署在前沿阵地内的德军毫不费力地击退。尽管如此，德军还是注意到，苏联人黄昏时开始将部队调入斯泰基以南地段。第82步兵师当日白天组织起一场有限反冲击，袭击苏军设在切尔尼亚霍夫与格尔马诺夫卡之间的阵地。这场小规模进攻取得一些进展，两个连在格尔马诺夫卡村西北方约2公里处楔入苏军防御，在该村以东4公里处也取得类似战果。德国人在行动中抓获17名俘虏，缴获13挺机枪，甚至还夺得1门45毫米反坦克炮。但苏联人并未后撤，当日晚些时候，他们派出一支巡逻队，夺取格尔马诺夫卡东面的190.0高地，该高地位于苏军阵地北面约600米处。

据守中央地段的第7军，当日的情况可谓喜忧参半[13]。在其北部防线，白采尔科维以东和洛夏京东北地域，苏军当日仅以两个营兵力遂行冲击。两场进攻都以第198步兵师为打击目标，但进展甚微，到下午便偃旗息鼓。而在南面，苏联人在奥利尚卡—佩尔措夫卡（Pertsovka）地段投入强大兵力，继续进攻该军左翼[14]。白天，苏军以团级兵力在该地段发起七次进攻，有几次获得坦克部队支援。尽管如此，第88步兵师会同配属的第417掷弹兵团，设法守住己方阵地，并击退这些进攻，有几次甚至展开小规模局部反冲击。该师左翼，苏军从叶泽尔诺发起三次营级兵力冲击。这些进攻亦被德军击退，第88步兵师一部甚至追击后撤中的苏军，重新夺回叶泽尔诺村。第417掷弹兵团、第202突击炮营和第88工兵营在战斗中表现出色，胡贝亲自向他们表达谢意。德国人发现另一些苏军部队正赶往罗日基（Rozhki）—波季耶夫卡地段，随即将其拦截在波季耶夫卡村东部。总之，黑尔第7军报告，当日共数出220具苏军士兵尸体，抓获50名俘虏，击毁7辆T-34坦克，还摧毁或缴获一批其他武器装备。

16点，第1装甲集团军左翼，布赖特设在萨尔内（Sarny）的第3装甲军军部奉命接管第6和第17装甲师[15]。第6装甲师师部设在莫纳斯特里谢，已完成在齐布列夫周围的集结，并着手向西北面、北面、东北面实施侦察。他们确定苏军尚未到达斯基比诺（Skibino）北部、戈罗季谢、克里夫春卡（Krivchunka）、维索科切什斯科耶、斯塔德尼察（Stadnitsa）或锡特尼夫齐（Sitnivtsy），但发现苏联人出现在奥拉托夫和罗斯托夫卡（Rostovka）地域。上午10点15分，该师看见包括约1200名步兵在内的大股苏军队列从新日沃托夫赶往奥拉托夫，下午，这股苏军占领奥拉托夫镇。恶劣的气候妨碍了德国人的后续侦察。与此同时，左侧第17装甲师将师部设在盖辛（Gaisin），着手遂行所受领的任务。夜间，一股苏军设法渗透至安德鲁舍夫卡以西，安德鲁索沃车站西面约2公里处，该师的第一项任务是肃清这一渗透。第17装甲师展开进攻，一举歼灭这股敌人，抓获50余名俘虏，战场上留下100具苏军士兵尸体。完成这场进攻后，该师不得不抗击苏军从普利斯科夫—安德鲁舍夫卡地域实施的冲击。苏联人在20—25辆坦克支援下，以营级兵力在普利斯科夫南面达成突破，第17装甲师随后恢复防线，据报，击毁14辆敌坦克。临近黄昏时，该师向克鲁格利克（Kruglik）发起一场局部进攻，战斗持续至夜间。据报，苏联人一直在加强布莱以南和别良基（Belyanki）周边地域，甚至投入坦克部队。第17装甲师得出结论，对方肯定在该地域集结。另外，德国人还发现苏军约一个团兵力正从斯卡拉（Skala）—切尔尼亚夫卡地域向南而行。当晚，第1装甲集团军通知第3装甲军，一些Heerestruppen①编入该军[16]。其中包括已加入第17装甲师的第506重型装甲营（“虎”式坦克）、第249突击炮营，已加入第6装甲师的第67炮兵团第2营，以及仍在调动途中的第629重型炮兵营（臼炮）。正赶来的援兵还包括第54火箭炮团第1、第2营，第52火箭炮团第1营和配属的一个装甲火箭炮连。

此时，胡贝眼前的整体态势开始清晰起来。他的右翼，苏联人似乎将部队从第42军对面战线撤离，正继续从霍多罗夫地域向西北方调动兵力。另外，该地段除少量侦察试探，几乎未发生战斗。另一方面，虽然苏军在白采尔科维东面只实施有限进攻，但第7军南翼遭到对方反复发起的猛烈冲击。苏军在约20辆坦克支援下猛攻奥利尚卡，德国人还发现苏军一个新锐步兵师（初步确定为近卫步兵第42师）位于奥利尚卡—叶泽尔诺地域[17]。一些部队已向前推进，赶往波季耶夫卡，相关情报表明，其目标是谢韦里诺夫卡（Severinovka）和罗日基。另一些报告称，苏军步兵第240师正冲向斯塔维谢北面的亚内舍夫卡。同时，截获的无线电通信表明，苏联人认为德军正全面撤往扎什科夫（Zhashkov）和乌曼。德军通过侦察发现，苏军尚未占领扎什科夫、斯塔德尼察和戈洛季基（Golod'ki），但西南方的奥拉托夫镇当日13点已被苏军占据，可能是早些时候见到的那1200名苏军士兵所为。苏军还占领罗斯托夫卡，一群

---

① 译注：这个词的字面意思是“陆军部队”，指的是承担特定支援任务的独立营。

敌坦克出现在奥奇特科夫附近的柳林齐，德军与之交战，据报，击毁其中14辆。德国人认为这些坦克来自一个独立坦克旅，但这一点尚未获得证实[18]。总之，虽然苏军似乎正从第1装甲集团军右翼对面调离，但胡贝认为白采尔科维以南之敌会继续攻向东面和东南面。第7军左翼和纵深侧翼持续遭受压力不足为奇，但最令第1装甲集团军担心，特别是因为在那里作战的部队，实力已在过去几天的行动中折损大半。胡贝担心，若没有外来援助，这些师可能无法坚持太久，正是出于这个原因，他才命令第34步兵师调往该地段。随着这一调动，胡贝决定对两军分界线加以调整[19]。新分界线从奥利沙尼察（Ol'shanitsa）起，穿过温特森托夫卡和边久戈夫卡（Bendyugovka）至格尔马诺夫卡。除这些命令，胡贝还就次日作战行动下达相关指示[20]。第1装甲集团军仍希望获得更多快速部队，以支援身处主要突破地域的各装甲师，但同时，他也给三位军长分配以下任务。第42军受领的基本任务保持不变，但最迟在1月5日前完成第34步兵师的调离。该师应集结于塔拉夏—卢卡地段，由装甲集团军直接掌握。第7军也应遂行原先的基本任务，另外，该军应以刚刚开到的第34步兵师战斗群掩护其敞开的南翼。这个战斗群由第7军军部直接指挥，负责掩护随后赶到的第34步兵师余部集结。第3装甲军继续遂行当前任务，但第6装甲师应于次日完成对奥拉托夫和罗斯托夫卡周边之敌的歼灭。这一点尤为重要，因为这股敌军威胁到乌曼西北方铁路线，这是第1装甲集团军左翼补给线的重要组成部分。尔后，该师应做好1月5日向北进攻的准备。另外，胡贝还指示布赖特，在东面的巴什捷奇基（Bashtechki）—奥赫马托夫（Okhmatov）—亚茨科维察（Yatskovitsa）—克尼亚日亚克里尼察（Knyazh'ya Krinitsa）地段实施侦察，确定道路和戈尔内季基奇河（Gorny Tikich）上渡口的状况，并为他们所期盼到达的快速援兵勘察有可能使用的集结区和出发阵地。

当晚晚些时候，"南方"集团军群通知胡贝，"北方"集团军群已抽调第96和第254步兵师派往乌克兰[21]。这两个师将于1月6日动身向南开拔，到达后集结在舍佩托夫卡地域，编入第4装甲集团军。不久后，第1装甲集团军又获知，更多援兵正在途中，这一次调自德国空军。针对胡贝先前提出的请求，第4航空队指示集结在乌曼西北地域的第10高射炮师，与装甲集团军紧密配合[22]。该师将于1月7日准备就绪，空军部门对使用这股力量提出的唯一要求是，必须完整投入该师，不得分拆使用。援兵的好消息接踵而至，胡贝又收到“南方”集团军群关于第3装甲师的另一封电报[23]。该师当晚早些时候撤离前线，第8集团军很快会把该师主力从公路运来，经新米尔哥罗德（Novomirgorod）和扬波尔（Yampol'）赶至齐布列夫。更迫切需要的一些单位会通过铁路运抵，穿过扬波尔后，第1装甲集团军便负责指挥该师。胡贝还获悉，“大德意志”装甲掷弹兵师也在途中，分配给该师使用的是四号直达公路。虽然协调援兵的到达也许是一项复杂的工作，但胡贝至少知道，他可以指望麾下部队在接下来几天得到大幅度加强。可是，许多事情凑在一起给他造成麻烦，尽管他不知道，但他注定要以手头掌握的力量勉力应对。

1944年1月4日，星期二

当晚的情况与前几夜大致相同[24]。北翼，第42军遭到司空见惯的火炮和迫击炮袭击，第82步兵师一支巡逻队在格尔马诺夫卡以东3公里遇到苏军阵地的轻武器火力。除此之外未发生其他战斗，这使该军得以集中精力继续撤离第34步兵师。糟糕的路况给这场换防造成妨碍，但第677团级集群和第34燧发枪手营当日晨在该军指挥下穿过军防区调离。西南面的苏军同样较为平静，第7军当晚没有遇到严重问题，顺利撤至新阵地。与此同时，第1装甲集团军左翼，第3装甲军继续遂行侦察。第6装甲师昨晚报告，锡特尼夫齐未发现苏军，但西南面戈诺拉特卡（Gonoratka）附近传来步枪和机枪射击声。未经证实的报告称，苏军已占领扎什科夫，对方约有300人，外加3辆坦克。西面，第17装甲师报告，敌人占领奥奇特科夫，他们与渗透至柳林齐东北部的苏军部队发生接触。当晚早些时候还发生一场类似战斗，该师遭遇强行突入奥切列特尼亚的一股苏军。起初，他们将这股敌军击退，但苏联人23点左右再度发起冲击，又一次达成突破。该师展开反冲击，包围遂行进攻的苏军部队，切断其交通线。更西面，苏军继续挺进，以两个连进攻布里茨科耶，迫使德军退至该村南部边缘。除注意到别拉亚（Belaya）[25]以西地域存在苏军强大的炮兵和反坦克部队，该军认为敌人的意图并未发生变化。当日上午9点45分，第1装甲集团军下达训令，将新获得的第10高射炮师交给布赖特第3装甲军，并告诉这位军长，第10高射炮师仍集结在乌曼以北，要到1月7日才能做好战斗准备。这道命令还明确指出，该师集结完毕前，投入其任何一部的方案必须预先获得集团军司令部批准[26]。

新的一天到来时，虽然温度仍保持不变，但天气显露出转晴的迹象，清晨比前几日稍微明亮。但这种情况并未持续太久，随着时间的流逝，云层再度聚拢，各条道路依然冰冻。集团军右翼，第42军遭到两次攻击[27]。虽然B军级支队位于最右翼，且倚靠第聂伯河，但并未受到任何冲击，苏军进攻的是第42军左翼第82步兵师防区。约400—600名苏军士兵向前推进，猛攻德军设在格尔马诺夫卡东南面的防线，迫使德军前沿部队退守主防御阵地。南翼的情况也不轻松，第34步兵师前沿部队报告，在塔拉夏地域与向前推进的苏军发生接触。这股苏军部队在15—20辆坦克支援下攻占列索维奇（Lesovichi），该师因而决定，不在卢卡地域保留部队，而是将全师集结于塔拉夏—奥利沙尼察地域。第42军军长马腾克洛特认为，苏联人会一路向东，直奔该军后方地域罗西河河畔的博古斯拉夫（Boguslav）。实际上，胡贝当日下午晚些时候接到第42军一封令人不安的电报，称3辆敌坦克在塔拉夏以南约12公里的小别列江卡（Malaya Berezyanka）打垮德军一支补给队。在驱散这支补给队后，苏军坦克向东而去，似乎证实苏联人的意图是攻入第7军纵深侧翼。第7军防区发生的情况也证实这一点，据报，30辆敌坦克位于塔拉夏西南部[28]。双方发生接触，战斗持续至夜间。其他地段，第7军仍在进攻，并顺利夺回波季耶夫卡和丘皮拉（Chupira），但切尔宁（Chernin）和列索维奇已被苏军占领。当晚晚些时候，军长黑尔告诉第1装甲集团军司令部，波季耶夫卡对面之敌已离开，敌军绕过该镇赶往东南方。同时，德军确认敌新锐部队出现在塔拉夏，而德军第34步兵师另一部刚刚在东北方约15公里的奥利沙尼察完成卸载。

装甲集团军左翼，第3装甲军的情况喜忧参半[29]。该军无法阻止苏联人向东南方挺进，并意识到一股强大敌军（约500辆汽车和10—15辆坦克）正从沃洛达尔卡地域进入该军与右侧第7军之间的缺口。傍晚前，这股敌军推进约40公里，途经扎什科夫东南方，前出到巴格瓦（Bagva）经马里伊卡（Mariika）至利特维诺夫卡（Litvinovka）一线。尽管如此，西面的第6装甲师还是设法完成打击奥拉托夫卡（Oratovka）—奥拉托夫地域苏军集团的局部行动。该师投入一个装甲战斗群，从萨巴罗夫卡（Sabarovka）经奥拉托夫卡向西北方进击，歼灭那里的苏军部队后攻入奥拉托夫，与从南面而来的另一个战斗群会合。该师认为，他们在这场行动中消灭苏军两个步兵营大部，并缴获许多武器装备。但在东北方，苏联人已占领皮亚季戈里、涅纳季哈（Nenadikha）、杰尼霍夫卡（Denikhovka）、杜比纳（Dubina）和多罗特卡国营农场（Dorotka），雪上加霜的是，这些村庄以南地域目前在游击队的部分控制下。因此，虽然第6装甲师当日取得些战果，但左侧的第17装甲师就没有那么幸运了。该师一个战斗群力图消灭大罗斯托夫卡（Velikaya Rostovka）周围的一股苏军，但面对敌人坚决的防御火力，特别是从梅尔温（Mervin）东面林地射出的侧射火力，该战斗群进展甚微。到达291.1高地后，第17装甲师被迫停止进攻，在梅尔温以东公路消灭苏军一支滑雪队后，该师不得不退回奥拉托夫车站周围的出发阵地。西北方，苏联人15点从安德鲁舍夫卡攻向帕里耶夫卡，他们投入一个营，并以约15辆坦克为支援。德军击退这场冲击，继续坚守该村北部边缘，称至少击毁6辆敌坦克，另外2辆也有可能已被击毁。两小时后，苏军再度发起冲击，这次针对的是奥切列特尼亚东北面的安德鲁索沃车站，但只投入5辆坦克提供支援。战斗持续至傍晚。防线其他地段，东南方约9公里外，苏军占领科然卡，开始向西试探，威胁到该师设在安德鲁舍夫卡周边的阵地。师防区中央地段亦遭到一些攻击，奥切列特尼亚南面，该师一部被迫退至纳帕多夫卡周边高地。尽管各自阵地都遇到困难，但第6和第17装甲师还是在傍晚前投入进攻，前者攻向扎什科夫，后者直奔罗斯托夫卡[30]。

第1装甲集团军北翼，当日平安度过，未发生严重事件，苏联人集中兵力绕过第7军南翼，深入该军后方地域。尽管如此，他们仍试图在第7军右翼达成突破，其意图似乎是包围白采尔科维，但他们在该地段的所有进攻都没能取得成功。镇南面，苏军部队正从奥利尚卡赶往东北方，直扑白采尔科维后方的什卡罗夫卡（Shkarovka），这一行动似乎显示出成功迹象[31]。苏联人已被迫离开波季耶夫卡，但他们只是绕过该镇，穿过切尔宁和东面的树林，直奔塔拉夏西郊的乌拉舍夫卡（Ulashevka），其先遣部队已跨过该镇北面的塔拉夏—白采尔科维主公路。南面，另一股苏军从罗日基遂行冲击，意图夺取弗拉基米罗夫卡（Vladimirovka）和列索维奇，德军认为在那里展开行动的是苏军两个营，另外，约30辆敌坦克攻向塔拉夏西南边缘，迫使德军虚弱的掩护力量撤入镇内。更南面，苏军攻占小别列江卡，下午早些时候，德国人发现3辆敌坦克位于村内，从斯塔维谢而来的一股敌军夺得茹拉夫利哈（Zhuravlikha）和盖锡哈（Geisikha）。再往南，苏军部队沿一条宽大弧线向扎什科夫以南延伸，占领拉祖姆尼察（Razumnitsa）、捷捷列夫卡（Teterevka）、马里伊卡、奥利尚卡和日特尼基（Zhitniki）。这些先遣部队身后，空中侦察的结果再度表明，包括500—700辆马车、汽车和30—50辆坦克在内的大批苏军部队进入突破地域，正赶往扎什科夫。第1装甲集团军得出结论，这股队伍代表的是苏军一支，甚至是两支大规模快速部队。早些时候的迹象表明，苏联人正试图迂回第7军左翼，随着他们在强大坦克力量支援下向东赶往塔拉夏，这种企图越来越明显。到目前为止，德国人在该地段已识别出近卫步兵第42师和步兵第240师，现在看来，步兵第163师一部似乎也已到达丘皮拉地域。敌坦克部队的番号尚不明确。西面，德军在奥拉托夫以北重创苏军一个步兵团，并缴获数门反坦克炮，而西面另一些苏军部队（德国人认为隶属步兵第211师）正从罗斯托夫卡向南赶往奥拉托夫车站。左翼，德国人在安德鲁舍夫卡发现约20辆敌坦克，其中10辆已进入帕里耶夫卡。苏联人在那里加大压力，并投入更多坦克力量，德军确认，位于该地段的是苏军近卫坦克第11军辖内近卫坦克第40旅。

在胡贝看来，苏联人在第7军左翼的推进造成严峻局面，因为他打算投入的掩护力量，即第34步兵师，在调离第42军后还需要一段时间才能完成再集结。另外，第1装甲集团军认为苏军会沿两条战线继续挺进，即向南攻往乌曼，向东南方攻往塔拉夏和兹韦尼戈罗德卡。这样一场推进会使装甲集团军右侧地段的补给和交通线陷入瘫痪，因此，胡贝批准黑尔将第7军左翼撤至瓦西列沃—奥斯特里伊基—托米洛夫卡（Tomilovka）—叶泽尔诺一线，从而放弃白采尔科维镇。在同各位军长的多次电话交谈中，文克和他的作战参谋都强调对苏军意图的这一评估和第34步兵师尽快集结的重要性。当晚19点20分，胡贝为次日行动下达指示[32]。根据这些命令，第42军应加快第34步兵师向塔拉夏地域的调动，另外，该军还应把所有反坦克武器配备给该师，并将相关武器数量汇报给集团军。第7军继续遂行当前任务，第34步兵师现已正式转隶该军，第7

军应确保该师尽快集结[33]。第3装甲军继续进攻。第6装甲师应沿扎什科夫这一总方向挺进，目标是歼灭部署在该镇南面的苏军部队。此举至少能在一段时间内迟滞对方向乌曼的推进。同时，第17装甲师应消灭罗斯托夫卡地域的苏军集团，尔后向西进击，设法同第4装甲集团军右翼建立联系。

第1装甲集团军还告诉第3装甲军，第10高射炮师尔后将集结在该军防区，奉命直接配合第3装甲军军部[34]。胡贝还批准该师与第6装甲师一同部署，但在即将发起的进攻中并不打算使用高炮部队。不过，“南方”集团军群关于额外援兵的消息却不太好。胡贝没能获得集团军群先前答应调拨的第3装甲师，这是因为苏军在基洛沃格勒地域展开进攻，第8集团军防区的态势严重恶化。文克一再试图说服集团军群，苏联人在第7军与第3装甲军之间构成的威胁，使第1装甲集团军除“大德意志”装甲掷弹兵师外，还需要一支大型快速部队。更糟糕的是，空中侦察的结果表明，装甲集团军左翼的第17装甲师，可能会在接下来几天遭到获得坦克支援的强大苏军多次进攻。“南方”集团军群参谋长布塞称，他和冯·曼施泰因充分意识到这些问题，但基洛沃格勒周边态势迫使第3装甲师必须留在原处。对此，文克只能回答道，在这种情况下，第1装甲集团军的主要任务（对进攻西面第4装甲集团军的苏军部队侧翼发起打击）能否完成很成问题。第1装甲集团军只能将行动限制在扼守现有阵地上，希望以此阻挡苏军进一步推进。胡贝向冯·曼施泰因提交晚间报告时，再次强调从沃洛达尔卡地域向南、东南方推进的苏军部队之实力，估计对方的车辆超过1000部，外加约50辆坦克[35]。他对此的看法是，苏联人会继续向前推进，迫使第7军与第3装甲军离得越来越远，这样一来，对方便可攻向乌曼以北铁路线。

在此期间，前线的坏消息不断传来。第42军报告，苏军20点30分再次从格尔马诺夫卡展开进攻，沿公路两侧向米罗夫卡推进，战斗持续至深夜。一个小时后，第7军报告，苏军跨过塔拉夏西北面主公路，军部不得不命令第88步兵师向普加切夫卡（Pugachevka）—纳斯塔什卡（Nastashka）—萨利哈（Salikha）一线实施战斗后撤，这番退却的路程超过15公里。当晚晚些时候，黑尔报告，他正把军部从拉基特诺耶（Rakitnoe）转移到安全处，从次日晨7点30分起，第7军军部将设在东北方约12公里的捷列绍夫卡（Teleshovka）。

1944年1月5日，星期三

装甲集团军北部防线，当晚的情况与前一天夜间基本相同[36]。苏军派出许多巡逻队，并以猛烈炮火轰击B军级支队据守的地段，但除此之外，基本没有发生战斗。第42军左侧，苏联人以不超过营级规模的兵力冲击第82步兵师左翼，但这场进攻最终被击退。根据第1装甲集团军司令部早些时候提出的要求，马腾克洛特午夜时告诉胡贝，他已派9门重型反坦克炮协助第34步兵师在白采尔科维东南方遂行新任务，其中3门交给该师主力，另外6门奉命加入罗西河河畔的前进拦截支队。

左侧的第7军度过一个更加困难的夜晚[37]。右翼，第75和第198步兵师防御地段遭到苏军八次冲击。但德军最终击退这些进攻，有几次实施了局部反冲击。与此同时，左翼第88步兵师竭力在敞开的南部战线拼凑起一道绵亘防线。塔拉夏的战斗仍在肆虐，东南面的第34步兵师仍有两个营位于卢卡。尽管如此，胡贝还是于当日晨向冯·曼施泰因报告，苏军昨晚攻克塔拉夏，目前位于该镇西北面主公路上，而第88步兵师左翼正实施计划中的战斗后撤，退往普加切夫卡—纳斯塔什卡—萨利哈一线[38]。第3装甲军防区，前进中的苏军夺得泽列内罗格（Zeleny Rog），第6装甲师正组织适当的反制措施[39]。西面，第17装甲师作战地域，约20辆敌坦克沿布莱至利波韦茨的公路向南推进，直奔加诺夫卡（Ganovka），并在东面数公里处突破该师设于帕里耶夫卡附近的防线。该师设法肃清突破地域，随后向南退往纳帕多夫卡两侧高地。

当日晨再度阴云密布，随着温暖天气的延续，局部化冻没有停止的迹象，此时的道路变得越来越湿滑。早晨，胡贝收到关于援兵的更多消息。第1高射炮军正式命令第10高射炮师配合第3装甲军，该师的任务是作为炮兵和反坦克力量在进攻和防御行动中支援第3装甲军辖内部队[40]。中午发来的另一封电报中，第3火箭炮部队司令通知胡贝，运载第52火箭炮团的火车到达莫纳斯特里谢，预计该团团长将于当日晚些时候向第3装甲军军部报到[41]。剩下的运输工作也已在基洛沃格勒完成装载，连同第628重型炮兵营在内，最后一列火车正准备出发，但动身的确切时间尚无消息。该团轮式车辆单位将在接下来几天到达莫纳斯特里谢，第54火箭炮团第2营预计1月5日到达，第54火箭炮团第1营和第52火箭炮团第1营将于1月6日赶至，第54火箭炮团第21装甲火箭炮连将于1月7日开到。

当日上午，胡贝与黑尔、马腾克洛特商讨实施某种形式全面后撤的可能性。现在无法指望大股援兵不久后就能赶到，他认为装甲集团军在此期间不能无所事事地等待。若从集团军作战地域外无法找到援兵，他们就必须从内部搜寻援兵，这就需要将部队后撤，缩短现有防线。经过这番讨论，胡贝14点前给两位军长下达相关指示，通知他们开始后撤，第1装甲集团军司令部稍后发出的一封电报指示第42军退守从韦德梅杰夫卡北部边缘起，经卡加尔雷克至斯塔维（Stavy）南端一线[42]。

在此期间，战斗持续一整天，但强度低于过去几日。第42军整条防线遭到一些小规模局部进攻，苏军投入的兵力均不超过一个连[43]。德军最终击退这些冲击，但苏军在第82步兵师防区格尔马诺夫卡周边地域达成突破，战斗极为激烈。第7军防区，德国人突然实施的后撤似乎令对方毫无准备[44]。右翼和中央地段的情况基本未发生变化，第75和第198步兵师报告，苏联人只实施战斗巡逻，并尾随在后撤的德军身后。左翼情况同样如此，第88步兵师后撤时，苏联人只是心不在焉地尾随其后。尽管如此，据德军报告，苏军步兵在8至10辆坦克支援下进入纳斯塔什卡东南部。与此同时，第34步兵师先遣部队趁这段平静期侦察塔拉夏周边地域，不仅发现镇内有敌坦克，还发现苏军部队位于南面的大、小别列江卡村。列索维奇东南面树林亦被苏军占领。

左侧，第3装甲军对面之敌似乎已将重点转向西面[45]。前一天进入扎什科夫以南地域的苏军部队显然已调回北面，第6装甲师的进攻几乎未遭遇任何抵抗。据当地居民说，苏联人昨晚便已撤走，离开扎什科夫两侧地域向西转移。因此，据守波博伊纳亚（Poboinaya）[46]、巴什捷奇基、特诺夫卡（Tynovka）、斯基比诺、季希胡托尔（Tikhi Khutor）、克里夫春卡、塔拉索夫卡和奥西奇纳亚（Osichnaya）村的仅仅是实力薄弱的后卫部队。西面，苏军配有反坦克武器的两个步兵连从西北方发起试探，穿过奥拉托夫赶往东南方。傍晚前，他们部署在该镇以南约2公里的259.1高地上。相反，苏军加大对左侧地段的压力，第17装甲师估计，在该地域展开行动的苏军至少是两个快速军和三个步兵师[47]。昨晚，苏军部队紧紧尾随后撤中的该师，其先遣部队到达围绕利波韦茨的一道宽大弧线处，这条战线从东南面奥拉托夫车站附近的斯特里扎科夫（Strizhakov）起，向西北方延伸至奥奇特科夫和博格丹诺夫卡（Bogdanovka），然后向西延伸到奥切列特尼亚以南和佐佐夫，再至利波韦茨西北方约2公里处。苏军坦克部队随后从这道战线中央地段遂行突击，从奥切列特尼亚攻向加诺夫卡，但第17装甲师一部实施阻截，遏止这场进攻，据报，共击毁23辆敌坦克。该师随后展开反冲击，力图夺回右翼的奥拉托夫车站，尽管取得些初期进展，但最终未获成功。这场进攻一开始较为顺利，在梅尔温村附近消灭一股苏军，尔后继续向前，行进间夺得该村，但接近目标时，他们遭遇苏军坦克和反坦克力量的顽强防御，没能攻克火车站，不得不取消进攻。该师退至梅尔温村周边阵地，苏联人当日下午组织进攻，重新夺回该村。第17装甲师北部防线，苏联人继续进攻奥奇特科夫—博格丹诺夫卡地段，但到傍晚前，这些冲击没能取得突破，德方称，击毁敌人3辆坦克和2门反坦克炮。可是，苏军以团级兵力对该师左翼佐佐夫—佐佐夫卡地段遂行的突击更为猛烈。这场进攻获得14辆坦克支援，苏军从北面而来，打击第17装甲师部署在该地域实力薄弱的掩护部队，迫使守军撤至佐佐夫南部边缘。更西面，苏军坦克发起另一场突击，这次投入约8辆坦克，从瓦赫诺夫卡向东南方攻击前进，穿过亚森基（Yasenki）后转身向东，赶往利波韦茨西北方约1公里处，他们从那里将利波韦茨—佐佐夫公路置于火力打击下。第17装甲师两翼渐渐遭到迂回，更糟糕的是，第3装甲军确信，苏军的进攻只会越来越猛烈，特别是在右翼[48]。

不出所料，苏军指挥部继续进攻第7军南翼和纵深侧翼，而德国人仍未确定苏军坦克部队的番号[49]。虽说德军起初将苏联人逐出纳斯塔什卡，但对方似乎并不急于追击后撤中的第88步兵师，不过，该师下午晚些时候派出的巡逻队发现，苏军正在纳斯塔什卡北部和西北部地域实施进攻准备。同样，苏军也未能从第34步兵师辖内部队手中夺取塔拉夏北端，但在南面，向前推进的苏军攻克斯塔尼绍夫卡和大别列江卡（Velikaya Berezyanka）。苏军向前推进造成的压力如此之大，以至于调往该地域的第34步兵师无法实施集结并立即组织反冲击。尽管如此，对第7军与西南面第3装甲军之间缺口实施的空中侦察表明，苏军在两军之间地域几乎未采取大动作。胡贝现在怀疑，先前攻向扎什科夫的苏军部队已于夜间调往北面，证实这一点的不仅仅是当地居民的说法，还包括第6装甲师的报告，该师在奥赫马托夫与舒利亚基（Shulyaki）之间的进攻几乎未遭遇抵抗。另一方面，更西面，在第17装甲师对面实施的空中和地面侦察发现，大股敌军集结在该地段，似乎正转移进攻重点。德国人还发现30至50辆坦克位于科然卡，相关情报表明，对方正计划向东南方攻击前进，经梅多夫卡和罗斯托夫卡直奔奥拉托夫车站。更西面，据报，另外20辆敌坦克位于奥切列特尼亚南面，而佐佐夫和瓦赫诺夫卡已被苏军占领。这股坦克力量似乎担任苏军坦克第1集团军的主要突击任务，因为根据已掌握的情况，近卫机械化第8军目前位于普利斯科夫车站以北地域，而近卫坦克第11军部署在韦尔博夫卡周边。

虽说苏军明显向西调动，但似乎很显然，他们将于次日再度试图迂回第7军，形势愈发严峻，胡贝下定决心，必须以一场强有力的反突击解决这个问题。由于无法依靠从外部获得援兵，他不得不从现有资源搜寻必要的力量。为实现这一目的，胡贝向“南方”集团军群提出，将右翼第42军撤至一道更短的防线。面对眼前的状况，冯·曼施泰因予以批准。胡贝立即于当晚18点50分下达修订后的训令[50]。命令中指出，第1装甲集团军目前面临的主要任务是遏止苏军包围其右翼的一切后续企图，因此，集团军右翼将撤至以下一线：从韦德梅杰夫卡起，穿过卡加尔雷克和温特森托夫卡，再沿戈罗霍瓦特卡河（Gorokhovatka）向南延伸至塔拉夏东南方的科舍瓦托耶（Koshevatoye）。通过这场后撤腾出的第34和第198步兵师，将重新部署至第7军左翼，在那里参加一场反突击，攻入苏军突破地域。具体说来，第42军应于当晚将左翼撤至从韦德梅杰夫卡以北起，经卡加尔雷克至斯塔维南端一线，同时，第7军应撤至从温特森托夫卡北端起，经拉基特诺耶至萨利哈一线。岌岌可危的南翼由塔拉夏—科舍瓦托耶—卢卡一线的第34步兵师据守。

当晚晚些时候，马腾克洛特确认第42军的意图，他告诉第1装甲集团军司令部，他将按照命令后撤，每个营留下一个加强连担任后卫[51]。后卫掩护部队只有在遭受敌军重压的情况下方可后撤。该军还计划以第82步兵师两个步兵营和一个炮兵营组成自己的预备队。后撤的第二阶段是退往戈罗霍瓦特卡至科舍瓦托耶一线，将于次日晚遂行。第198步兵师将在1月7日凌晨前完成调离前线的行动，尔后，该师辖内各部队将部署在第7军左翼后方，协助加强并拉直南部防线。该师以这样一种方式变更部署，待其辖内部队悉数到达，便可迅速而又顺利地转入进攻。作为新一轮内部调动的组成部分，第7军与第42军分界线再度做出调整，从卡拉佩希（Karapyshi）起，经斯塔维至米罗夫卡，1月6日午夜生效。

当晚，胡贝收到第8集团军发来的坏消息。“南方”集团军群已命令“大德意志”装甲掷弹兵师转向，不再赶往第1装甲集团军，而是重新集结于基洛沃格勒西南面的洛索瓦特卡（Losovatka）周围[52]。第1装甲集团军参谋长文克随即致电冯·曼施泰因的作战参谋，告诉他，这个师的缺阵会给整体态势造成严重的影响，特别是鉴于苏军目前对装甲集团军两翼施加的巨大压力。尽管早些时候答应过，但第3装甲师却被扣下，现在又无法提供“大德意志”师，这使第1装甲集团军不知道该如何填补防线上现有的缺口。“南方”集团军群参谋长布塞承认，关于“大德意志”师部署问题的最终决定尚未做出，这取决于明日基洛沃格勒周边第8集团军的情况作何发展。其他援兵包括第101猎兵师附属部队开始到达文尼察—日梅林卡地域，另外还有编入第4装甲集团军的第4山地师，但此时只有3列火车开抵[53]。还有些关于后方地域部队的消息，装甲集团军收到第17装甲师左翼后方盖辛城防司令发来的一份报告。尽管战斗力较差，过去只用于守卫铁路线，但这位城防司令掌握着第896运输—保安营、第361运输—保安营第2连和第594运输—保安营第4连，共1000多名官兵，配有步枪和机枪。除此之外，镇内还有另外一些部队，但这位城防司令无法确定这些部队是守军的组成部分，还是途经此处时仅仅在这里宿营而已。

注释

1. “南方”集团军群作战处，第18/44号令，1944年1月2日签发。

2.第1装甲集团军作战处，第1/44号令，1944年1月2日签发。

3.在到达莫纳斯特里谢时，第6装甲师有21辆可用的四号坦克，外加5辆可用的三号坦克。参见沃尔夫冈·保罗的《第6装甲师（原第1轻装师）师史，1937年—1945年》，第346页。

4.第42军晨报，1944年1月3日5点30分签发。

5.第7军晨报，1944年1月3日6点30分签发。

6.参与这场战斗的部队之一是苏军步兵第74师第78团。

7.第6装甲师晨报，1944年1月3日5点45分签发。

8.第17装甲师晨报，1944年1月3日5点10分签发。

9.第1装甲集团军作战处，第2/44号令，1944年1月3日签发。

10.第1装甲集团军作战处作战日志，1944年1月3日的条目。此时，第3装甲师和“大德意志”装甲掷弹兵师也有可能增援第1装甲集团军。

11.第1装甲集团军作战处，第3/44号令，1944年1月3日签发。

12.第42军每日报告，1944年1月3日18点签发。

13.第7军每日报告，1944年1月3日19点30分签发。

14.第1装甲集团军情报部门确认苏军近卫步兵第42师位于该地段，并获得坦克部队支援，但未能确定后者的番号。

15.第3装甲军每日报告，1944年1月3日18点50分签发。报告中称，该军掌握的装甲力量如下：

· 第6装甲师：2辆三号长身管坦克，14辆四号长身管坦克，2辆喷火坦克

· 第17装甲师：2辆三号长身管坦克，5辆四号坦克

· 第506重型装甲营：11辆六号坦克

· 第249突击炮营：8辆突击炮

16.第1装甲集团军作战处，第4/44号令，1944年1月3日签发。

17.第1装甲集团军情报处发给“南方”集团军群的晚间报告，1944年1月4日24点签发。近卫步兵第42师近期调出乌克兰第1方面军预备队，前一天到达白采尔科维南面，之前曾部署在基辅—日托米尔公路。

18.第1装甲集团军情报部门认为这些坦克可能隶属近卫坦克第3军，但这种估计并不正确。这种情况不可能发生，因为该军目前仍在最高统帅部大本营预备队。

19.第1装甲集团军作战处，第5/44号令，1944年1月3日签发。

20.第1装甲集团军作战处，第4/44号令，1944年1月3日签发。

21. “南方”集团军群作战处，第28/44号令，1944年1月3日签发。

22.空军第4航空队作战处，第22/44号令，1944年1月3日签发。

23. “南方”集团军群作战处，第37/44号令，1944年1月3日签发。

24.第1装甲集团军晨报的总结，1944年1月4日5点签发。

25.德方记录中称为Bila。

26.第1装甲集团军作战处，第5/44号令，1944年1月4日签发。

27.第42军每日报告，1944年1月4日19点25分签发。

28.第1装甲集团军发给“南方”集团军群的每日报告，1944年1月4日21点35分签发。

29.第3装甲军每日报告，1944年1月4日19点15分签发。

30.第3装甲军作战处，第12/44号令，1944年1月4日签发。

31.第1装甲集团军情报处发给“南方”集团军群的晚间报告，1944年1月4日24点签发。

32.第1装甲集团军作战处，第5/44号令，1944年1月4日签发。

33.对于这个问题，第42军参谋长格哈德·弗朗茨上校认为，如果提供必要的铁路、公路运输工具，该师可以在1月5日前完成调动。

34.第1装甲集团军作战处，第9/44号令，1944年1月4日签发。

35.第1装甲集团军发给“南方”集团军群的每日报告，1944年1月4日21点35分签发。

36.第42军晨报，1944年1月5日6点签发。

37.第7军晨报，1944年1月5日6点45分签发。

38.第1装甲集团军发给“南方”集团军群的晨报，1944年1月5日7点签发。

39.同上。

40.第1高射炮军作战处，第14/44号令，1944年1月5日签发。

41.第3火箭炮部队司令部作战处，1944年1月5日签发的报告，无编号。

42.第1装甲集团军发给“Landsknecht 6 für Einsatzstab Knapp”的电报，1944年1月5日21点45分签发。

43.第1装甲集团军发给“南方”集团军群的每日报告，1944年1月5日21点45分签发。

44.同上。

45.第3装甲军每日报告，1944年1月5日20点45分签发。

46.德方记录中称之为Poboika。

47.据德军情报部门称，这两个快速军是坦克第1集团军辖下的近卫坦克第11军和近卫机械化第8军。

48.在此阶段，第17装甲师的坦克力量有所下降，只剩5辆可用的五号“豹”式坦克。为其提供支援的是第506重型装甲营剩下的5辆六号“虎”式坦克和第249突击炮营的4辆突击炮。该师报告，自1月3日以来已击毁40多辆敌坦克。

49.第1装甲集团军情报处发给“南方”集团军群的晚间报告，1944年1月5日22点30分签发。

50.第1装甲集团军作战处，第6/44号令，1944年1月5日签发。

51.第42军作战处，第18/44号令，1944年1月5日签发。

52.第1装甲集团军作战处作战日志，1944年1月5日的条目。当日清晨6点45分，乌克兰第2方面军辖内部队对基洛沃格勒两侧发起大规模突击，构成突破第8集团军防区的严重威胁。

53.第1装甲集团军发给“南方”集团军群的每日报告，1944年1月5日21点40分签发。第1装甲集团军军事交通勤务全权代表，“1944年上半年的活动报告”，第1页。

第八章

第 1 装甲集团军分裂为三部

1944年1月6日，星期四

黑尔将军部设在卡加尔雷克南面的普斯托维特（Pustovity），凌晨1点，他给胡贝发去一封电报，阐述他对第1装甲集团军最新指示的想法[1]。夜间，第7军主力将撤至温特森托夫卡—拉基特诺耶—萨利哈一线，第198步兵师将集结于捷列绍夫卡地域，而第34步兵师一个团级集群集结在奥利沙尼察以南的萨瓦尔卡（Savarka）—斯捷波克地域。次日，他打算派一支战斗巡逻队在塔拉夏构设阵地，并着手将第198步兵师调至萨瓦尔卡—斯捷波克—柳塔里（Lyutari）地域。同时，第34步兵师第二个团级集群将开赴卢基亚诺夫卡（Luk'yanovka）地域，而该师最后一个团级集群集结于东面的德宾齐（Dybintsy）[2]。黑尔还概述他次日晚的意图，他将把第7军撤至温特森托夫卡—奥利沙尼察—斯捷波克—卢基亚诺夫卡一线，并把整个第34步兵师集结在卢基亚诺夫卡—布拉诺耶波列（Branoe Pole）地域。通过这种方式，黑尔计划以第34步兵师两个团级集群参加1月7日晨的进攻，整个第34步兵师，可能还包括第198步兵师三分之二力量，将于后一天投入战斗。

第1装甲集团军右翼在夜幕掩护下后撤时，战斗并未停息[3]。第42军防区，德军按计划后撤，但军左翼后卫部队遭到苏军一些小规模攻击。B军级支队防线，苏军1点30分左右遂行冲击，在118.2高地附近达成小规模渗透，但德军以近距离战斗将其肃清。与前几晚一样，苏联人从霍多罗夫向西而去的交通运输彻夜未停。左侧第82步兵师遭到苏军两场进攻，一次发生在昨晚22点左右，另一次在当日凌晨3点15分前后。这些进攻针对的是该师左翼和列奥诺夫卡周边地域，苏军每次投入的兵力不超过两个步兵连。德国人未费太大周折便将其击退。关于第7军情况的信息不甚完整，但根据收到的消息，该军正按计划实施后撤[4]。南翼，第6装甲师据守的地段较为平静，但少量苏军部队设法推进至巴拉巴诺夫卡（Balabanovka）附近，并占领该村西北方约2公里的布杰诺夫卡（Budenovka）。德国人怀疑，巴拉巴诺夫卡村东北方约3公里的萨巴罗夫卡亦被苏军攻占。该师还报告，昨晚听见西面奥拉托夫车站附近的坦克履带声持续约一小时，这些坦克似乎已从西面逼近。侦察巡逻队也报告，听见另一些声响从奥拉托夫南部传来。在此期间，遭受苏军沉重压力的第17装甲师向后退却，目前位于从弗拉基米罗夫卡起，经斯基特卡（Skitka）、维特森托夫卡（Vitsentovka）、乌利扬诺夫卡、斯拉夫纳亚（Slavnaya）至亚森基一线。整个夜间，该师左翼对面的苏军部队不断获得援兵，第17装甲师师长认为，苏军拂晓后将在该地域某处实施猛烈冲击。

胡贝当日收到关于援兵的消息可谓喜忧参半。“南方”集团军群发来电报称，已将A集团军群的62号Panzerzug[5]调拨给他，该部队将于当日晚些时候开至赫里斯季诺夫卡地域。第3火箭炮部队司令也汇报火箭炮部队到达情况的最新进展[6]。第54火箭炮团第6连现编入第6装甲师，而第54火箭炮团第2营将以两个连投入1月7日的行动，第三个连仍滞留在基洛沃格勒附近的转运区。第54火箭炮团第1营和装甲火箭炮连预计在1月8日前提供支援，第52火箭炮团第1营同样如此。尽管这种支援深受欢迎，但火箭炮部队的效用在很大程度上取决于运输工具的持续可用性，目前不幸的是，第1装甲集团军的运输工具并不够用。

当日晚些时候，胡贝从“南方”集团军群获悉，他将负责第371步兵师的到达和集结，该师正从巴尔干地区的第2装甲集团军赶来[7]。第371步兵师计划于1月7日或8日开至日梅林卡地域，虽然第1装甲集团军负责监督其集结，但该师暂时仍由集团军群掌握。稍晚些时候传来不太受欢迎的消息。冯·曼施泰因决定将“大德意志”装甲掷弹兵师集结在第8集团军后方，基洛沃格勒西南地域的洛索瓦特卡附近[8]。但是，关于该师的最终部署，尚未做出不可更改的决定，“大德意志”装甲掷弹兵师奉命做好准备，要么投入基洛沃格勒的战斗，要么经新乌克兰卡调至第1装甲集团军。实际上，第8集团军已接到严格指示，不得将该师任何一部投入基洛沃格勒周边战斗。当天早上做态势汇报时，冯·曼施泰因的参谋长布塞已将这一决定提前告知文克，文克趁机再次强调，若没有这种快速部队的增援，装甲集团军不知道该如何控制目前的态势。

由于集团军群无法承诺继续提供增援，胡贝不得不梳理自己的后方地域，力图解决援兵问题。第1装甲集团军武器学校当晚17点15分发来电报证实，第471（摩托化）装甲歼击营昨日已脱离其指挥，预计1月7日抵达乌曼[9]。另一方面，该武器学校还报告，各教导连和突击营无法从目前的所在地调离，他们根本没有可用的交通工具，尽管多次向第6集团军军事交通勤务全权代表提出要求，但对方未提供任何车辆。不过，也不都是坏消息，第101猎兵师17点35分发来的报告表明，第一批部队已到达该地域，包括第228猎兵团第1营、第85炮兵团第3营、第85炮兵团第2营第1连，以及第228猎兵团和第85炮兵团团部部分人员。

与此同时，胡贝仍面临着设法以现有兵力展开行动的问题。当日上午早些时候与文克和作战参谋召开的会议上，胡贝决定将集团军整个右翼尽力后撤，以阻止苏军对两个主要问题地域加以利用，即第7军与第3装甲军之间的潜在突破地域，第3装甲军与西面第4装甲集团军辖下第24装甲军之间的实际突破地域。因此，他决定扩大目前制订的反击计划。通过后撤右翼腾出更多部队后，第1装甲集团军将发起一场反突击，从第7军左翼遂行进攻，恢复同第3装甲军的联系。建立新防线后，突击部队将打击第4装甲集团军当面之敌的左翼。文克向“南方”集团军群参谋长布塞汇报计划详情，却被告知这种构想不太可能获得批准。胡贝决定直接同冯·曼施泰因商洽。他请求后者批准集团军右翼后撤，并再次解释，他需要腾出兵力加强第7军左翼，该军尔后将与第6装甲师相配合，打击突向莫罗佐夫卡之敌的东翼。冯·曼施泰因指出，他无法批准这项计划，因为“上面”已下达指示，必须不惜一切代价坚守既有阵地。不过，尽管两位指挥官展开商讨，但事实是，第1装甲集团军部分右翼仍在后撤，就在当日中午前，胡贝已批准黑尔率领第7军实施第二阶段后撤[10]。该军将沿戈罗霍瓦特卡至南面的科舍瓦塔亚（Koshevataya）一线占据新阵地，但应同斯塔维南端的第42军保持密切联系。没过多久，黑尔12点35分报告，伊赛基（Isaiki）、梅德温（Medvin）和波别列日卡（Poberezhka）镇尚无苏军部队存在。

与前几天相比，当日晨天色放晴，阳光明媚，地面有霜冻，能见度良好。但这种状况并未持续太久，当日晚些时候，云层再次笼罩。随着时间的推移，情况越来越清楚，苏联人并未彻底忽略第1装甲集团军右翼，14点45分，第42军报告，苏军对后方深处米罗诺夫卡（Mironovka）铁路枢纽部周围的德军阵地实施一场空袭。另外，第82步兵师中午前后报告，发现苏军正从戈罗霍瓦特卡[11]向南赶往卡加尔雷克北面的佩列谢列涅（Pereselenie）。更西面，16点，第7军也汇报苏军的动向。他们发现对方正从东北面赶往塔拉夏，约20辆敌坦克位于该镇东南面树林内。尽管苏军发起这一推进，但该军继续扼守镇北部阵地。

此时，马腾克洛特已将第42军军部转移到马斯洛夫卡（Maslovka），虽然苏军在该军防区内的活动有所增加，但并未造成什么后果[12]。当日上午，苏联人并未表现出追击后撤中该军的兴趣，但这种情况下午有所改变，据报，苏军展开追击，特别是在左翼对面。德国人发现，苏军甚至在该地域投入一些摩托化部队。B军级支队据守的防区，他们发现苏军步兵和雪橇队正赶往右翼对面的谢利谢（Selishche）和斯图达涅茨（Studanets），其意图大概是加强那里的阵地。另一侧，面对敌人持续不断的压力，B军级支队留下的后卫部队被迫于当日上午9点后撤，并在利波维罗格（Lipovy Rog）两侧高地占据新阵地。在此期间，苏军炮兵开始到达韦德梅杰夫卡周边新防御阵地。尽管如此，B军级支队还是在报告中指出，苏军后方地域并未发生特别的交通活动，因此，这里的状况较为平静。但第82步兵师对面，苏军的交通运输较为繁忙，据报，对方当日早些时候实施大规模兵力调动。这些部队从米罗夫卡以北地域沿通往亚诺夫卡的路堤向东而去，但当日下午，所涉及的苏军部队已向该师左翼而来。约两个步兵营从戈罗霍瓦特卡赶往佩列谢列涅，另一个步兵团从北面开赴斯塔维，德国人在那里发现5辆运载步兵的卡车和3辆坦克。同时，约两个苏军步兵连向卡加尔雷克而去。这一整天，该师整个防区上空出现大量空中活动，各条道路和各个村庄都成为轰炸和扫射的主要目标。在此期间，马腾克洛特利用这段平静期，以第82步兵师辖内部队在米罗诺夫卡—利波韦茨地域组建起自己的预备队。这股预备力量编有第158掷弹兵团第1营，第182炮兵团第1、第2营营部和第182炮兵团第2营。

当日早些时候，第7军几乎没有什么消息，黑尔晚上提交的报告详细阐述自昨晚发生的事情[13]。新开到的第34步兵师一部部署在该军左翼担任掩护，没等他们得到喘息之机，苏军先头部队迅速展开进攻。6辆坦克搭载着步兵，2点30分冲击博尔昆（Bolkun）地域的德军新阵地，之后，苏军又投入4辆坦克，在塔拉夏车站地域展开另一场进攻。两场进攻均被德军击退。但苏军实施重组，再次冲击博尔昆周边，这一次较为成功。约10辆坦克，搭载着步兵，当日清晨7点左右进攻，一举突入村内，但被德军防御火力击毁4辆。苏军再度后撤，退入村西面树林。尽管德军取得有效的防御胜利，但塔拉夏与博尔昆之间的公路仍处在苏军猛烈火力的打击下，苏联人重组部队，准备重新发起攻击。上午10点左右，200—300名苏军步兵试图找到一条通道，在卢基亚诺夫卡附近向南推进，但还是没能成功。塔拉夏周围和东面亦遭到苏军多次冲击，尽管获得约20辆坦克支援，但苏军步兵未能取得真正的进展。当然，这些进攻并非一无所获。第7军卷入战斗，无暇派遣侦察巡逻队去弄清苏联人是否仍试图迂回该军位于东南方的左翼。与此同时，第7军右翼，第75步兵师当日下午晚些时候在温特森托夫卡附近遭到攻击，苏军设法楔入该师设在村北部和南部边缘的防御阵地。战斗持续一段时间，肆虐至夜间。西南方，苏军以连级兵力在巴库莫夫卡（Bakumovka）西北面遂行冲击，没等他们楔入主防御阵地，便被德军不太费力地击退，但在西面，苏联人设法在拉基特诺耶西北部打开个缺口。第75步兵师最终遏止对方的进攻，并将突破口封闭。下午晚些时候，16点15分左右，苏军再次进攻塔拉夏以东，这一次直扑斯捷波克南部边缘，并获得约10辆坦克支援。卢基亚诺夫卡地域还有约14辆敌坦克。在此期间，苏联人继续前进，第7军报告，大批苏军正从塔拉夏赶往察基亚诺夫卡（Tsakyanovka），包括约100部车辆，其中许多是汽车。与北面第42军防区一样，气候条件的改善促使苏军加强第7军上方的空中活动。黑尔报告，对方实施一些轰炸，主要针对各个村庄和补给路线，但他也指出，击落2架敌机。当晚晚些时候，第7军汇报次日的意图[14]。该军将遵照已接到的命令坚守防线，并向塔拉夏以南的斯塔尼绍夫卡派出一个战斗群。后方，第34和第198步兵师将完成各自的集结，以便投入进攻，封闭与西南面第3装甲军之间的缺口。

第1装甲集团军左翼，第6和第17装甲师各自据守的地段仍存在差别[15]。

第6装甲师在其右翼部署一股掩护力量，在波博伊纳亚、奥赫马托夫、布佐夫卡（Buzovka）和舒利亚基掩护戈尔内季基奇河上渡口，但没有发现苏军的活动。糖厂与扎什科夫之间地域，德国人未发现苏军投入新锐部队，但在西面，他们注意到营级兵力的苏军正穿过克柳基（Klyuki）和赫梅列夫卡（Khmelevka）赶往卢卡绍夫卡（Lukashovka）。左侧，该师一个战斗群从奥拉托夫卡—戈诺拉特卡地域向西北面遂行的突击没能取得进展。该战斗群当日中午完成集结，13点跨过萨巴罗夫卡—巴拉巴诺夫卡一线攻向西北方。右侧部队在行进间夺得奥拉托夫东南方约4公里的高地，随后攻向该镇东部，其间击毁敌人4门反坦克炮。另一股部队到达戈诺拉特卡以北约2公里的高地，旋即攻往奥拉托夫南部边缘。战斗群辖内另一些部队在卡兹米罗夫卡（Kazimirovka）南端战斗，随即遭遇扎鲁季耶（Zarud'e）苏军部队的侧射火力，进攻陷入停顿。17点，第3装甲军下达命令，取消进攻。苏联人似乎已在该地域设立起强有力的反坦克和炮兵防御，以掩护他们对更西面第17装甲师的主要突击。第17装甲师防区，苏联人当日晨以坦克第1集团军强大的坦克力量展开冲击[16]。苏军为此投入40至50辆坦克，从罗索沙地域向南攻往莫罗佐夫卡。尽管第17装甲师以部分兵力从北面和东面发起局部反冲击，但苏军迅速攻克该镇，并继续向前推进。与此同时，地面和空中侦察都表明，更多苏军援兵正从罗索沙向南而来，中午时，苏军这番推进清楚表明，这是一场大规模突击，投入的坦克多达150辆。当日下午，苏联人一路向南，少量坦克在伊伦齐（Ilyntsy）渡过索布河，之后进入南面林地，同当地一支游击队取得联系。第17装甲师认为形势相当严峻，特别是对于他们在该地域的防御前景。其他地段，另一些苏军坦克部队也突破该师薄弱的防御，从加诺夫卡—佐佐夫地域向南、亚森基附近向东推进。面对苏军的无情进击，第17装甲师不断后撤，被迫放弃阵地，并认为对方的进攻会继续下去。因此，该师留下少量装甲后卫力量与苏军先遣部队保持接触，全师开始撤往南面约15公里的索布河一线。布赖特晚些时候发来的电报称，他已命令两个装甲师打击推进中的苏军部队侧翼，实施对向攻击，从而使两个师的内翼建立起牢固联系[17]。第6装甲师继续在东面掩护戈尔内季基奇河，但其左翼应向西突击，经科什拉内（Koshlany）和杜布罗温齐（Dubrovintsy）攻向伊伦齐，而第17装甲师应沿索布河设立一道防御，并向东攻往伊伦齐的渡口。

几乎在同一时间，胡贝获悉，“南方”集团军群最终决定将“大德意志”装甲掷弹兵师投入基洛沃格勒地域，编入第8集团军[18]。第1装甲集团军失去上级部门许诺过的两支快速兵团，这是个严重打击。不过，第101猎兵师现在开始大批到达，21点05分，胡贝给该师下达第一道命令[19]。从次日起，该师应在文尼察东南方集结于沃罗诺维察—皮萨列夫卡—小胡托拉（Malye Khutora）[20]—帕尔普罗夫齐（Parpurovtsy）—特斯维任（Tsvizhin）地域，这一次不使用四号直达公路[21]。该师不能越过东北面的公路，而应设立防御，从该方向掩护集结。主要反坦克掩护应部署在古缅诺耶车站（Gumennoe）东北方3公里的三岔路口周围，封锁利波韦茨—文尼察主交通路线。

当日的事态发展给胡贝造成许多问题。右侧，尽管苏军最终对后撤中的第42军展开追击，但几乎未发生战斗。第7军防御地段，苏联人对拉基特诺耶的突击不太成功，但他们在坦克支援下设法前出至塔拉夏东面的博尔昆。苏军没能驱散塔拉夏守军，在南面的卢基亚诺夫卡也受阻。各种迹象表明，苏联人继续在该地域施加压力，构成迂回第7军左翼的威胁。集团军中央地段，苏军几乎未投入援兵，从塔拉夏以西起，经扎什科夫至奥拉托夫这片地域，苏联人的兵力相对较少，估计为两个步兵师，但他们似乎围绕格罗什科夫（Goroshkov）和斯塔德尼察设立起支撑点。装甲集团军左侧，苏军坦克第1集团军投入近卫机械化第8军和近卫坦克第11军辖内部队，沿奥奇特科夫—伊伦齐主公路及其两侧达成一场大规模突破，他们沿一条宽大弧线前出至索布河，并渡过该河。苏联人还以营级兵力冲击亚布洛诺维察（Yablonovitsa），以团级兵力从奥拉托夫车站向南展开进攻。罗索沙周围发生坦克战，近卫坦克第11军取得突破，并到达利波韦茨，致使大量坦克和车辆排列在通往罗索沙的道路上。再往西，苏军以强大坦克力量为支援，对卢卡绍夫卡实施突击，地面和空中侦察表明，约130—150辆苏军坦克位于奥切列特尼亚—罗索沙—利波韦茨地域。德国人认为，更多苏军快速部队正在赶来。为掩护这场推进的东翼，苏联人显然已沿奥拉托夫两侧的日瓦河（Zhiva）设立起强大防御阵地，这就意味着他们的意图是一路突破至四号直达公路，并同更南面南布格河河畔布拉茨拉夫（Bratslav）东北方林地内的游击队取得联系。前进中的苏军部队，部分力量也有可能转身向西，以文尼察这个重要的公路、铁路枢纽部为目标。苏联人并未表现出缓解压力的任何迹象，除非胡贝能完成第34和第198步兵师的再部署，他现在试图组织一场战斗，通过这种方式，不仅要避免麾下各师被逐一歼灭，还要防止第3装甲军与装甲集团军余部出现不可挽回的隔断。因此，这两个问题目前是他的主要任务，他为次日下达的训令也反映出这些优先事宜[22]。总体而言，第42军和第7军受领的任务保持不变，但第7军岌岌可危的南翼使该军将部队调至斯塔尼绍夫卡—大别列江卡一线，以便为第34步兵师和第198步兵师一部1月8日的进攻创造先决条件。同时，第3装甲军应防止第17装甲师被逐向西南方，远离第6装甲师左翼。达成突破的苏军部队穿过伊伦齐向南、西进击，将这两个师隔开，德军应以第6装甲师在索布河以北地域实施进攻，设法阻挡苏军在该地域的援兵大潮。第17装甲师应向伊伦齐遂行反冲击，在这一行动掩护下退至锡博克河（Sibok）后方。至关重要的是，第1装甲集团军应继续采取行动，使两个装甲师重新建立联系，从而阻止推进中的苏军跨过四号直达公路。胡贝还在另一侧采取预防措施，在稍后下达的命令中，他指示马腾克洛特和黑尔向后方阵地展开侦察。这片阵地分成三部分，第一部分代号为“罗萨”，沿罗萨瓦河南岸延伸至米罗诺夫卡。阵地随后分开，第二部分（代号为“梅塔”）继续沿该河延伸至卡拉佩希，再从那里转向西南面的科舍瓦托耶；第三部分（代号为“奥尔加”）从米罗诺夫卡车站起，穿过尤赫尼（Yukhni）和博古斯拉夫西北面高地至梅德温以西高地。若随后批准部队撤往“罗萨”一线，第42军应将第82步兵师交给装甲集团军，以便将其变更部署至第7军南翼。第42军随后承担扼守从第聂伯河至梅德温以西地域的责任，为此只使用B军级支队和第75步兵师。这样一来便可腾出第7军和第34、第82、第198步兵师，用于西南面的进攻行动。

1944年1月7日，星期五

1月7日晚，第42军防区平静度过[23]。昨日16点左右，巴雷科休钦卡地域的德军后卫部队开始撤往佩夫齐（Pevtsy）北面和西北面高地，苏军以轻微炮火轰击B军级支队防线。尽管如此，苏联人并不打算干涉德军的后撤。更西面，德军战斗巡逻队确认，苏军已占领大普里茨基（Velikaya Pritski）和斯洛博达村，昨日15点30分，第82步兵师在卡加尔雷克以北2公里处发现5辆拖曳着火炮的苏军卡车。之后，17点左右，150—200名苏军士兵从佩列谢列涅地域投入进攻，但这场冲击被该师防御火力击退，苏联人丢下约50具尸体后撤离。昨晚的最后一起事件发生在21点40分左右，双方在斯洛博达南端附近展开短暂交火。这片交战地域后方，苏军昨晚不断调动兵力，也许表明他们正将部队派往南面。

左侧，尽管遭到苏军一些小规模突击，但第7军按计划实施后撤[24]。第75步兵师据守的地段共发生三起苏军战斗巡逻，对方每次投入25—30人，但这些夜间行动均被击退，该师派出的一支巡逻队无意间遇到集结在温特森托夫卡附近的一股苏军。德军巡逻队立即发起攻击，苏联人猝不及防，丢下45具尸体后迅速逃离。在此期间，第198步兵师开始赶往新阵地，第308掷弹兵团目前位于德宾齐—拉斯科潘齐（Raskopantsy）地域的罗西河南面。第305掷弹兵团也差不多完成这番调动，现集结在西北面阿列克谢耶夫卡（Alexeyevka）—博罗达尼（Borodani）—柳塔里地域。第326掷弹兵团，由于集结在更西面的博尔昆和斯捷波克，目前尚未提交报告，可能仍在途中。第198步兵师新集结区西南面，苏军部队在坦克支援下，夜间进攻科舍瓦托耶、卢卡和布拉诺耶波列村。虽然德军起初击退这些冲击，但午夜前后，苏联人设法在卢卡楔入德军防御阵地，迫使守军退往布拉诺耶波列和德宾齐。当日晨，德军在德宾齐村西南方约2公里处设立起新防御阵地。

装甲集团军左翼，第6装甲师右翼凌晨1点30分左右突然遭到袭击[25]。苏联人投入营级兵力，在重武器支援下攻向戈尔内季基奇河河畔的舒利亚基。第6装甲师在该地域只部署少量掩护兵力，因为该师呈梯次配置，正准备向西突击，与第17装甲师会合，实力薄弱的掩护支队迅速撤离村庄。该师旋即在夜色中组织反冲击，4点前展开进攻，重新夺回该村。西面，苏联人似乎更早对该师的新部署加以利用，主力突击部队向西攻击前进时，他们趁机夺得萨巴罗夫卡。第6装甲师组织反冲击，消灭顽强抵抗的敌人后，午夜时重新夺回该村。相比之下，左侧的情况较为平静，第17装甲师按计划完成撤至索布河后方的行动，并根据相关指示占据新阵地。

昨晚，胡贝接到“南方”集团军群关于后续行动方针的新指令[26]。集团军群签署的这道训令发给第1、第4装甲集团军，冯·曼施泰因在命令中提出自己的看法，乌克兰第1方面军目前构成两个主要威胁。首先，对方企图包围第4装甲集团军主力；其次，对方企图发起两场纵深推进，一场向西面的罗夫诺和舍佩托夫卡，另一场向西南面的日梅林卡。这些城镇都是至关重要的铁路枢纽部。冯·曼施泰因认为后一种可能性更大，因为在任何情况下，对方都不大可能同时遂行两场打击。因此，他命令两个集团军集中力量解决苏军坦克第1集团军和第40集团军向南推进的问题。胡贝的第一项任务是以第3装甲军对苏军第40集团军的推进实施反突击，为确保完成这项任务，他应后撤第7和第42军。冯·曼施泰因设想的是，一旦完成这项任务，第二阶段的行动将于八日后发起，以第3装甲军向西突击，攻入苏军坦克第1集团军延伸的侧翼，而第4装甲集团军辖下第46装甲军应转身向南，打击苏军坦克第1集团军右翼。同时，胡贝两个右翼军应撤至罗西河一线，与东面第8集团军左翼相连接，从而腾出发起进攻、封闭与第3装甲军之间缺口所需要的兵力。1月7日10点30分左右，根据冯·曼施泰因的指示，胡贝给第42军和第7军发出“卡拉”和“梅塔”的行动代号，命令他们开始后撤。没过多久，第1装甲集团军又收到冯·曼施泰因发来的另一封电报，称OKH（德国陆军总司令部）尚未批准后撤事宜，这个问题仍在考虑中，在此期间，胡贝应确保继续坚守现有阵地。文克重申集团军的观点，必须撤至罗西河，从而腾出第82和第75步兵师，这样才能使第1装甲集团军在应对第7军左翼态势时有可能赢得胜利。集团军群赞同这一方针，但仅能提供精神上的支持。14点左右，正式命令到达，称明确禁止任何形式的后撤。鉴于这道指令，也许有必要再次阐述胡贝目前面临的形势。在他的右侧，苏联人正设法以相对较弱的力量牵制第42和第7军主力，并以一场更强大的推进迂回第7军南翼。据报，苏军坦克部队（德方认为是一个坦克团或其他大型快速部队）正深入突破地域，对两军后方构成威胁。至少，两个军从兹韦尼戈罗德卡向北延伸的主补给线处于遭切断的危险下。第7军敞开的南翼与西面奥赫马托夫周围第3装甲军最东端部队之间，目前存在一个约50公里宽的缺口，那里没有德军部队，只有隶属第8集团军的一些无线电台[27]和后方地域设施。由于尚不清楚苏军在该地段的动向，因此德军只能依靠空中侦察，而且只能在天气晴朗的日子实施。缺口左侧，面对苏军不断加大的压力，布赖特第3装甲军的两个装甲师守卫着110公里宽地段。苏联人重新进攻该军右翼，可能是为逼迫该军远离第7军，而在该军左翼，苏联人投入强大的坦克和步兵力量，正实施一场大规模进攻，构成突破威胁，他们可能会攻往南面和四号直达公路，但更有可能突向西南方和文尼察。上级部门严禁第42和第7军撤离现有阵地，这就导致第1装甲集团军没有可用兵力抗击苏军在第7军南面的迂回机动，更不必说在该地域组织反突击封闭缺口了。冯·曼施泰因的最新指示是以第3装甲军向西北方攻往第4装甲集团军右翼，在胡贝看来，这道指令似乎建立在对东面态势完全误解的基础上。换句话说，集团军群似乎认为第1装甲集团军右翼对面的苏军部队已不再拥有任何行动自由。由于这种状况，加之第3装甲师和"大德意志"装甲掷弹兵师这些承诺过的援兵未能兑现，导致胡贝面临着几乎无法解决的困境。欲阻挡苏军推进，必须投入更多兵力，要做到这一点，他唯一的办法就是后撤，缩短目前的防线。但上级部门剥夺了他最后的解决之道。据第1装甲集团军作战日志称，上至胡贝，下到前线普通士兵，整个集团军对禁止一切后撤的决定失望不已。这道训令的后果相当于在第1装甲集团军苦苦战斗时缚住其双手，使苏联人得以充分利用其行动自由。更糟糕的是，随着时间的流逝，即便上级部门在晚些时候予以批准，实施后撤行动也会越来越困难，这反过来有可能给第1装甲集团军防线其他地段造成决定性影响。尽管如此，胡贝还是接受上级下达的指令，并取消已采取的后撤措施。作战日志记录道，集团军怀着"沉重的心情"执行命令。

在此期间，持续的战斗毫未减退。天气依然晴朗，拂晓时霜冻较重，天空湛蓝，能见度很好。在这种气候条件下，必然持续低温，温度始终未高于零下6摄氏度，凛冽的东南风使人感到更加寒冷。第42军防区，苏军对B军级支队和第82步兵师发起一些营级兵力的进攻[28]。随着天气持续晴朗，苏军空中活动有所加强，据报，第42军整个防区遭到敌机侦察、轰炸和扫射，对方重点打击补给线和后方地域，主要目标是米罗诺夫卡、利波韦茨和马斯洛夫卡。与此同时，苏军实施的地面冲击成败不一。有几次，没等敌部队集结完毕，德军便以炮火将对方驱散，但至少有一次，苏军遂行的进攻突破德军防御阵地。B军级支队右翼几乎未发生战斗，苏联人忙着调动部队和装备。对方以雪橇实施的交通运输较多，德国人甚至发现苏军在第聂伯河河畔的卡涅夫附近运送木材。尽管如此，在中央地段，苏军还是对利波维罗格周围的德军前沿支队展开两场冲击。德国人未费太大周折便将这两起进攻击退，战场上留下约50具苏军士兵尸体。16点，苏军再度实施冲击，依然未取得战果。右侧，苏军15点30分左右投入进攻，这次是在切尔内希东北面。约两个苏军步兵连遂行的这场突击较为猛烈，在德军主防御阵地达成渗透。B军级支队组织反冲击，战斗持续至傍晚。当日清晨6点左右，西面第82步兵师防区，苏联人沿斯塔维东面的罗萨夫卡河谷（Rossavka）展开进攻，但该师迅速实施反冲击，不仅击退对方，还抓获一名俘虏。几小时后，9点左右，苏联人又进攻卡加尔雷克地段。苏军至少投入一个营，设法在医院附近取得突破，整个白天战斗一直在持续。傍晚时，该师以一场反冲击封闭突破口，又抓获三名俘虏。后方地域深处，该军南翼，博古斯拉夫拦截支队[29]报告，截至13点未与敌人发生接触，但他们觉得有必要提出紧急请求，为其提供高射炮支援或战斗机掩护。

在此期间，第7军继续撤入新阵地，苏联人沿整条战线紧追不舍[30]。夜间冲入卢卡的敌军基本保持平静，但也展开一些小规模进攻。根据缴获的文件和侦察报告，黑尔现在怀疑苏军近卫骑兵第1军已投入该地域，其任务大概是追上后撤中的德军，攻击并穿越该军左翼。对第7军与第3装甲军之间地域实施的空中侦察发现，大量马车正从萨通斯科耶（Satonskoe）向南行进。第75步兵师防区，苏联人调来新锐部队，拓宽他们在捷列绍夫卡两侧达成的突破，由于该地域没有可用力量，第75步兵师无法组织任何形式的反冲击。因此，该师着手策划于次日对苏军的渗透发起进攻。师右翼，苏军也以1至2个步兵连展开两次进攻，但都被该师击退。不过，报告指出，苏联人正继续加强该地域，特别是与第42军接合部对面。第88步兵师当日较为轻松，除遭到火炮和迫击炮火力袭击外，并未发生战斗。不过，苏军虽然未实施攻击，却利用这段时间以先遣支队逼近德军阵地。南翼，现由第198步兵师守卫的地段，一场猛烈炮击后，苏军13点左右从斯捷波克地域进攻，但德军顺利将其击退。苏联人实施重组，调来包括6辆坦克在内的新锐部队，在稍南面向布达（Buda）北端和基斯洛夫卡（Kislovka）[31]重新发起进攻，但同样没能取得成功。南面，前一天进攻塔拉夏的苏军坦克部队在夜间出击，撞上仍在集结的第34步兵师。凌晨2点左右，约

30辆搭载步兵的敌坦克，在其他摩托化步兵支援下，对卢卡展开一场两波次突击，迫使该师退却，炮兵部队遭受较大损失。苏军继续攻向德宾齐，德军第34炮兵团第3营一部击毁7辆敌坦克后，这场进攻终于在德宾齐村西南方2.5公里处停顿下来。苏军当日上午对卢基亚诺夫卡、科舍瓦托耶和布拉诺耶波列重新实施的进攻均被击退。第34步兵师报告，共击伤击毁13辆敌坦克。下午3点左右，该师投入三个营，在第202和第239突击炮营支援下展开进攻，意图夺回卢卡，但由于路况糟糕，这场行动进展缓慢，一直持续到傍晚。同时，集结在布拉诺耶波列东南面的部队报告，未与敌人发生接触，但对方就在几公里外。

布赖特第3装甲军也度过艰难的一天[32]。白天，苏联人在该军右翼对面前调两个新锐步兵师，向德军前沿阵地逼近。后撤中的第17装甲师将师部设在若尔尼谢（Zhornishche）西面的波托基（Potoki），苏军强大的步兵和坦克部队紧追不舍，仅在特罗夏（Troshcha）—戈尔季耶夫卡（Gordievka）地域的利波韦茨以南就有1000多名步兵和60辆坦克。第3装甲军封闭两师之间缺口的尝试取得些进展，但布赖特认为，苏军次日会发起协同一致的进攻，不仅针对两个师的先遣部队，还将打击特罗夏—戈尔季耶夫卡地域。右翼，第6装甲师据守的地段，苏军投入营级兵力，从北面穿过阿达莫夫卡攻向扎鲁宾齐，他们跨过戈尔内季基奇河的沼泽河谷，夺得该村北端。第6装甲师将最后一股可用力量投入反击，战斗持续至傍晚。与此同时，其他苏军部队冲击舒利亚基周边德军阵地，迫使德国人退过该河，在南面的高地上占据新阵地。西面，奥拉托夫以南，另一股苏军，约两个步兵连，进入戈诺拉特卡以东约2公里的树林，但遭到德军密集防御火力打击。第6装甲师的装甲单位当日上午9点展开攻击，从戈诺拉特卡冲向科什拉内，集结在西南方树林内的苏军步兵和坦克猝不及防。德军装甲部队驱散这股敌人，击毁4辆坦克，13点左右动身赶往科什拉内。15点，其先遣部队到达该镇，在镇内占据阵地，为继续遂行攻击加以准备。

第17装甲师对面，苏联人继续加强伊伦齐地域，德军发现对方在南面的鲍里索夫卡（Borisovka）以东树林中有所动作，旋即施以炮火打击。中午前后，苏军在伊伦齐与戈尔季耶夫卡之间占领整个索布河北岸，并从霍罗沙地域（Khorosha）调来至少一个步兵师的援兵。傍晚，苏军在特罗夏—戈尔季耶夫卡地域大举进攻第17装甲师薄弱的掩护部队，在特罗夏西南面低地达成突破。该师以坦克、装甲掷弹兵和炮兵仓促实施反冲击，战斗持续至夜间。在此期间，该师还在第506重型装甲营“虎”式坦克支援下发起进攻，由于地形条件恶劣，进展较为缓慢，但他们行进间夺得乌拉诺瓦（Ulanova），越过中间高地，其先遣部队16点到达鲍里索夫卡南部的教堂。当晚晚些时候，该师转身向北，一举攻入伊伦齐镇中心，在此期间成功夺回索布河上的桥梁。这场行动的南面，第3装甲军报告，雷萨亚戈拉（Lysaya Gora）和克拉斯年科耶（Krasnen'koe）未发现敌军，南至四号直达公路的所有村庄同样如此。

总之，苏联人一直力图卷击第7军左翼，德军情报部门现在确认，苏军近卫坦克第5军位于该地段。北部战线，捷列绍夫卡地域发生一些局部突破，而南面的基斯洛夫卡亦受到从西北方而来的苏军冲击。同时，空中侦察发现，约120部车辆从白采尔科维沿公路赶往塔拉夏，还发现苏军从塔拉夏至斯塔维谢的交通异常繁忙。约30—40辆苏军坦克企图从卢卡攻入德宾齐，但遭德军拦截，并被逐回西南面树林边缘[33]。由于未抓获俘虏，因而无法确定这些坦克所属的部队。更南面，苏联人似乎正进入第7军与第3装甲军之间的缺口，其空中侦察校射部队出现在季诺夫卡地域（Tinovka）。第3装甲军右翼，强大的苏军部队位于舒利亚基，并以营级兵力冲击扎鲁宾齐。西面，德方确认苏军步兵第155师位于奥拉托夫卡地域，而第6装甲师辖内部队在科什拉内击溃15—20辆苏军坦克。目前，强大的苏军步兵在伊伦齐与别列佐夫卡之间牢牢据守索布河一线，其主力集中在戈尔季耶夫卡与特罗夏之间的中央地段，在此部署一个满编步兵师，德军认为其意图是据守这道战线。德方还在伊伦齐与特罗夏之间地段发现约85辆敌坦克。新锐师的到来表明苏军步兵兵团已逼近舒利亚基—奥拉托夫—伊伦齐—瓦赫诺夫卡一线，加之大批坦克集结在伊伦齐地域，可能意味着苏军坦克第1集团军已完成目前这场推进。

第101猎兵师继续开至其他地段，当晚20点，第1装甲集团军司令部给该师下达关于次日的指令[34]。该师先遣部队应赶赴布拉茨拉夫东北地域，在那里确保下克拉皮夫纳（Nizhnaya Krapivna）与布拉茨拉夫之间南布格河渡口的安全，同时侦察东北面、北面和西北面林地，并与第10高射炮师在亚历山德罗夫卡（Alexandrovka）—奥梅京齐（Ometintsy）地域设立的反坦克防线取得联系。另外，该师还应进一步向北推进，同赶往伊伦齐的第17装甲师建立联系，但该师由第1装甲集团军直接掌握，暂不编入第3装甲军。

1月7日，胡贝没有给第42军和第3装甲军下达后续命令，但20点05分，他给黑尔第7军发出新指示[35]，要求该军肃清在卢卡达成突破的苏军部队，将左翼推进至克鲁特耶戈尔贝（Krutye Gorby）以东高地，并对与第3装甲军之间的缺口实施大范围战斗侦察。当晚晚些时候，黑尔确认收悉这些指令，并指出，他的意图是将左翼拓展至伊赛基西南面主交叉路口，并将防线推进到扎库京齐（Zakutintsy）。在晚些时候发给“南方”集团军群的报告中，胡贝简单提及空中情况，称苏联空军实施大量行动，特别是对他的补给线和仓库发起打击，主要目标似乎是米罗诺夫卡[36]。德国空军认为自己大力支援了第3装甲军的进攻行动，特别是第17装甲师，并在相关记录中将这番努力称为“不知疲倦”。

1944年1月8日，星期六

第1装甲集团军右翼，第42军度过忙碌的一晚[37]。B军级支队昨夜组织反冲击，打击在切尔内希北面达成突破的苏军部队，成功肃清对方的渗透，击毙12名敌士兵，缴获一挺机枪。苏联人也没闲着，对利波维罗格周边德军前沿阵地实施一系列进攻，在皮伊（Pii）以北地域取得另一场突破。B军级支队立即组织反冲击，经过激战，午夜前肃清该地段。此时，据守前沿阵地的部队已撤回主防线。西面同样如此，卡多姆卡（Kadomka）以北地域，苏联人从昨晚21点起发起数次连级兵力冲击，在该地段首次投入骑兵部队提供支援，但这些进攻均被击退，据报，苏军伤亡惨重。第82步兵师防区，苏军对其右翼展开大量侦察活动，从斯洛博达地域传来的引擎轰鸣声清晰可辨，德国人还发现苏军在斯塔维东面的调动迹象。与此同时，德军肃清突入卡加尔雷克北部之敌，清点出42具苏军士兵尸体，抓获4名俘虏，缴获1门小口径反坦克炮、8挺机枪和一批轻武器。

第7军北部地段对面，苏联人当晚的行动仅限于巡逻和轻微的破坏性炮火，但他们在斯捷波克东面、东南面和布达西面实施进攻。北面，第75步兵师封闭并肃清敌人在捷列绍夫卡达成的突破，缴获少量照明设施。昨晚23点40分，第198步兵师也以一场反冲击肃清苏军在斯捷波克南面取得的另一场突破，而第34步兵师当晚重新夺回卢卡，在此过程中击毁2辆敌坦克。昨晚22点左右，德国人还在布达北面肃清约150名苏军士兵造成的另一场渗透，但清晨时，有报告称苏军坦克部队正攻向布拉诺耶波列的德军阵地，数出至少9辆敌坦克。

南面，第3装甲军防区，这一整晚苏军都沿戈尔内季基奇河冲击第6装甲师据守的整条防御地段，唯一的例外是扎鲁宾齐。23点左右，苏军以营级兵力进攻该师右翼的布佐夫卡，但被德军防御炮火击溃。西面，苏联人顺利攻入克尼亚日亚克里尼察北端，随即遭遇德军高射炮单位，后者充当起地面部队的角色。但是，苏军夜间突击的重点是左翼戈诺拉特卡周边地域，苏联人22点30分左右从北面发起初步突击，但被德军击退。一小时后，苏军再次进攻，这一次从北面和东面实施钳形进攻，至少投入两个步兵营。战斗持续一整晚，清晨前，第6装甲师准备遂行反冲击。西面，第17装甲师试图炸毁伊伦齐的桥梁，但由于敌人直接采取的行动而告失败，而左侧，后撤中该师在波波夫卡（Popovka）两侧遭到向前推进的苏军坦克部队打击。夜间持续的战斗中，军部与该师的联系一度中断，但当日晨得以恢复。伊伦齐西面，苏联人在乌拉诺夫卡（Ulanovka）攻击德军设在锡博克河河畔的阵地，尽管这场进攻非常猛烈，但该师守住自己的阵地[38]。上游，师工兵营一部在亚库博夫卡（Yakubovka）牢牢据守锡博克河上的桥梁，而北面，实力薄弱的第63装甲掷弹兵团在4辆“豹”式坦克支援下，阻挡住10辆敌坦克。西面，16辆苏军坦克在步兵伴随下攻向佩索钦（Pesochin），无疑是想在河畔某处夺得一座桥梁，尽管一个个雪堆造成些困难，但实力虚弱的守军设法守住己方阵地，击毁5辆遂行进攻的敌坦克，并给苏军步兵造成极大伤亡。

7点30分，胡贝向冯·曼施泰因提交报告，他告诉集团军群，据第3装甲军清晨4点50分汇报，50—60辆敌坦克在伊万基（Ivan'ki）北面的伊伦齐—奥博德诺耶（Obodnoe）公路向西而行[39]。集团军已将这一情况告知第4装甲集团军。这份报告促使胡贝给第101猎兵师下达一道修订后的命令，并于上午9点发出[40]。胡贝取消先前发给该师的指示，因为现在苏军队列极有可能向西推进，穿过奥博德诺耶直奔文尼察。文尼察镇是个重要的公路和铁路枢纽站，一旦丢失，会给德军造成严重的后勤问题。因此，第101猎兵师奉命掩护文尼察卸载区，并在科马罗夫（Komarov）北面主三岔路口两侧阻止苏军突入镇内，也就是在第17装甲师左翼与北面第4装甲集团军第4山地师右翼之间。作为这项任务的组成部分，该师还应向东实施侦察，直至科罗列夫卡—奥博德诺耶公路，并设法同奥博德诺耶以北约12公里，洛佐瓦塔亚（Lozovataya）周边地域的第4山地师建立联系。上午晚些时候，“南方”集团军群下达命令，证实这一变更[41]。同时，冯·曼施泰因指示胡贝，将第101猎兵师集结于皮萨列夫卡以东铁路枢纽附近地域，即古缅诺耶车站周围，阻止苏军突向文尼察及其机场，特别是对方的坦克部队。当日下午晚些时候，第101猎兵师向第1装甲集团军报告，一架侦察机迫降后，飞行员称看见约60辆敌坦克从别列斯托夫卡（Berestovka）[42]沿主公路赶往古缅诺耶，距离文尼察仅15公里。其他地面侦察报告表明，约15辆敌坦克在一个步兵连支援下，正从奥博德诺耶赶往斯捷潘诺夫卡，而另一股规模相似的敌军直奔西南方的拜拉科夫卡（Bairakovka）。

午夜降下5厘米厚的雪后，当日天色放晴，阳光明媚，温度升至零下2摄氏度。虽然日照带来些暖意，但近期的降雪也造成些问题，某些地域的道路被雪堆堵塞。左翼的情况令胡贝惊惶不已，右翼也使他深感不安，苏联人在那里继续打击第42军与第7军结合部。中午前后，第42军参谋长弗朗茨上校向第1装甲集团军汇报两军之间缺口的最新状况，并强调这个缺口存在被撕得更宽的危险。不久后，胡贝命令黑尔和马腾克洛特做好准备，当晚将各自的内翼撤至可以再次建立联系的阵地上。这条防线的代号是“安娜”，从克拉斯诺波尔卡（Krasnopolka）至泽姆良卡（Zemlyanka）北端，再延伸到奥利沙尼察。作为这场后撤的组成部分，第7军还应组织一个突击群，部署在右翼后方，这样，在必要时，该突击群便可轻而易举地调至第42军左翼。情况很明显，现有力量根本无法肃清目前存在的突破口，14点前不久，执行“安娜”的命令正式下达。与此同时，苏军整个下午继续遂行进攻[43]。他们在少量坦克支援下，在德军防御阵地成功打开个巨大的缺口。激战持续至傍晚，态势尚不明朗，但据马腾克洛特报告，苏联人可能会对新“安娜”防线实施后续突击，其重点位于左翼。B军级支队在韦德梅杰夫卡北面和佩夫齐南面击退对方连级兵力冲击，战场上留下30具苏军士兵尸体，而利波维罗格周围的苏军集结区亦遭到德军炮火打击。当日上午，第82步兵师设法肃清苏军一个步兵营在177.2高地地域达成的小规模渗透，并驱散集结在183.3高地周围的另一股敌军。下午，形势愈加严峻，苏军在斯塔维南面和东面达成严重突破，个别坦克甚至攻向捷尔诺夫卡（Ternovka），但傍晚时情况仍不明朗。该军整个防区再度遭到苏军战机几乎持续不停的空袭，对方的主要打击目标是德军补给线和相关设施，特别是在米罗诺夫卡、伊万诺夫卡和博古斯拉夫。

第7军也度过异常艰难的一天。随着天色放晴，该军整个防区同样遭到苏军猛烈空袭，苏联人还在第7军与第42军结合部加强对前者右翼的突击。这场进攻除在捷列绍夫卡拓宽现有突破外，还在德军防线打开个新缺口。在该军南翼前方实施的侦察表明，一支苏军坦克部队，可能是近卫坦克第5军，正赶往梅德温，他们从那里可以卷击该军侧翼。第75步兵师防区，德军的反冲击引发一场激战，双方伤亡都很大，这场进攻没能肃清苏军在捷列绍夫卡的突破，但似乎阻止了缺口继续扩大。由于主要突破发生在该师右侧第82步兵师防区，第75步兵师13点30分被迫下令将右翼撤至列辛卡（Leshchinka）—捷列绍夫卡一线，傍晚17点左右开始退往“安娜”防线。相比之下，第88步兵师当日的情况较为平静，阻挡住苏军一个步兵营在普鲁瑟地域（Prussy）的进攻。与此同时，第198步兵师不得不应对苏军几起小规模进攻，当日上午击退对方对谢奇河（Sech）登陆场的一场巡逻，并阻挡住150—200名敌步兵对布达实施的更大规模冲击。该师还汇报左翼对面之敌的动向。第34步兵师防区，对克鲁特耶戈尔贝附近和东面缺口的侦察表明，苏军已占领索菲耶夫卡（Sofiyevka）和克拉斯诺戈罗德卡（Krasnogorodka）。据当地居民称，索菲耶夫卡有8辆苏军坦克和随行步兵，这就使该师防线对面的敌坦克达到15辆。第34步兵师计划于19点对克鲁特耶戈尔贝发起反冲击，但第1装甲集团军当晚未收到相关进展的消息。德军突击炮对梅德温以西高地的突击也没有消息。虽然缺乏相关信息，但黑尔还是在当晚19点45分左右汇报他次日的意图[44]。他将以第34步兵师继续遂行反冲击，向克鲁特耶戈尔贝和扎库京齐各投入一个团级集群，目标是消灭向梅德温推进的苏军部队。

第3装甲军据守的防线上，苏联人继续进攻德军沿戈尔内季基奇河构设的阵地[45]。该军右翼，约三个苏军步兵师沿一条宽大战线向南推进，打击第6装甲师，并在数个地段强渡戈尔内季基奇河。苏军占领萨巴达什（Sabadash）和布佐夫卡，第6装甲师为夺回扎鲁宾齐北端遂行反冲击，虽然取得不错的初期进展，但中午前后，这场进攻被取消。参加反冲击的大多数部队撤回，支援西南面齐布列夫的阵地，在那里实施防御的是德军高射炮部队，苏联人已突入该镇北部边缘。第6装甲师左翼，苏军成功突破德国人设在克尼亚日亚克里尼察和弗龙托夫卡（Frontovka）周围的防御阵地，遂行防御的高射炮部队被迫撤至南面的高地。第6装甲师迅速做出应对，以一场快速反冲击将弗龙托夫卡的苏军打得措手不及，击毙100人，俘虏70人，导致这股苏军作为一支战斗力量已不复存在。西北面，苏军对戈诺拉特卡展开一场压倒性攻势，据守在此的德军弃守该镇，撤至274.8高地至工厂一线。苏联人在该地域的其他冲击，包括从西南面和东北面对科什拉内实施的钳形进攻，均被德军击退，但第6装甲师还是将其侧翼撤至从弗龙托夫卡起，经坎捷利纳（Kantelina）至扎达内（Zhadany）一线，在那里的任务是同第17装甲师建立联系。

左侧，苏军坦克第1集团军可能已将其主力向西转进，只留下部分兵力进攻第17装甲师据守的阵地。这使布赖特获得一些机动自由，他正设法在扎达内—瓦西列夫卡—雷萨亚戈拉—克拉斯年科耶—若尔尼谢一线构设一道新防御阵地，以此遏制苏军登陆场。他还利用这个机会试图封闭辖内两个师之间的缺口。第17装甲师师部设在南面15公里的奥梅京齐，由于昨晚没能在伊伦齐炸毁索布河上的桥梁，现在不得不放弃河畔阵地。该师试图组织进攻，重新夺回桥梁并将其炸毁，但面对苏军坚决的反冲击，这番尝试一无所获。前几日的激烈战斗严重削弱该师装甲掷弹兵的实力，面对苏军持续不断的压力，他们不得不向南退却。该师留下后卫部队抗击苏联人的后续推进，余部实施有序后撤，将先遣支队留在若尔尼谢北面和邦杜罗夫卡（Bondurovka）周边地域。该师报告，师左翼西面，多达50辆敌坦克位于波托基—沃伊托夫齐—费尔季南多夫卡（Ferdinandovka）地域，据此判断，敌人会继续攻向东南面或西南面，要么冲入缺口部，要么卷击军左翼。

在胡贝看来，当日和前几天没什么不同。当天大部分时间里，敌人沿一条宽大战线冲击第42军，但这些行动很可能是牵制性进攻，其目的是协助苏军迂回第7军南翼。另外，苏联人还继续采取行动，包抄第7军左翼，德军确认近卫坦克第22旅位于博尔昆周围后，几乎可以断定近卫坦克第5军的存在[46]。一张缴获的地图表明，该军正向东赶往博古斯拉夫和米罗诺夫卡车站。南面，一些苏军部队攻向梅德温北部边缘，另一股苏军以少量坦克和其他车辆占领索菲耶夫卡。再往南，苏军部队开始穿过缺口赶往扎什科夫和齐布列夫，并沿戈尔内季基奇河一线加大压力，他们占领波博伊纳亚，从北面进攻布佐夫卡，并从扎鲁宾齐攻入沙尔诺波尔（Sharnopol'）。他们还突入齐布列夫和克尼亚日亚克里尼察北部边缘，同时冲击西面的巴拉巴诺夫卡、弗龙托夫卡和戈诺拉特卡。这一切表明，苏联人正向盖辛东面的四号直达公路加大压力。更西面，扎达内、若尔尼谢和费尔季南多夫卡镇均已陷落，据报，50至60辆苏军坦克从伊伦齐向西推进，约15辆坦克组成的前卫部队正到达斯捷潘诺夫卡。另一股敌军，约60辆坦克，中午后逼近斯恰斯特利瓦亚（Schastlivaya）。空中侦察报告，至少2辆敌坦克前出到古缅诺耶，另外3辆敌坦克已封锁沃罗诺维察南面的四号直达公路。因此，虽然苏军步兵开始在第3装甲军右翼加大压力，但苏联人将坦克第1集团军辖内坦克部队调离伊伦齐，向西进入第3装甲军与第4装甲集团军右翼第4山地师之间的缺口。德方怀疑，近卫机械化第8军目前位于沃洛沃多夫卡（Volovodovka）—奥博德诺耶—斯捷潘诺夫卡地域，近卫坦克第11军在其右侧。由此可预料，苏联人正试图从东南方夺取文尼察，并逼退第3装甲军前沿部队。装甲集团军认为，敌人次日会向文尼察发起突破，根据这一评估，胡贝当晚19点55分下达新指令[47]。第42和第7军接到的命令要求他们当晚将部队撤至“安娜”阵地，集团军司令部还提醒第7军，应把一个突击群集结在右翼后方。第3装甲军应阻止苏军向乌曼与盖辛之间四号直达公路发起突破。必要情况下，该军应向西撤至索布河后，掩护新达舍夫（Novaya Dashev）与盖辛之间地域，并做好将第17装甲师变更部署的准备，以便攻向布佐夫卡—齐布列夫—巴拉巴诺夫卡一线以南。该军还应在谢缅基（Semenki）、布拉茨拉夫、佩切拉（Pechera）掩护布格河上的桥梁，防范苏军对这些地域的一切滋扰。同时，第101猎兵师应继续掩护文尼察卸载区和机场，阻止苏军在该镇东面突破沃罗诺维察—科马罗夫—捷列片基（Telepen'ki）一线。该师应派出巡逻队，同左侧第4山地师建立并保持联系，同时继续从涅米罗夫（Nemirov）东南地域向第3装甲军左翼实施侦察。

当晚19点45分，胡贝给刚刚从巴尔干地区开到的第371步兵师下达命令[48]。该师暂时由“南方”集团军群直接掌握，并集结在文尼察西南面的日梅林卡与格尼万（Gnivan'）之间地域，以从格尼万起，经维塔瓦（Vitava）、伏罗希洛夫卡（Voroshilovka）、波托基至格尼万—日梅林卡铁路线一线为界。除在格尼万掩护布格河上的桥梁外，该师还应向东面和东北面派出侦察和警戒支队，也就是朝文尼察和第101猎兵师的阵地。

在此期间，援兵仍在陆续开到，胡贝18点30分通知布赖特，第471（摩托化）装甲歼击营到达后将编入第3装甲军，其先遣部队有望在当日晚些时候抵达[49]。约半小时后，“南方”集团军群发来电报通知胡贝，第6集团军终于将第506重型装甲营余部腾出，包括从克里沃罗格地域（Krivoi Rog）调来的7辆可用、4辆受损的“虎”式坦克和一个维修排，以及调自尼古拉耶夫（Nikolayev）的3辆可用“虎”式坦克[50]。

当晚，胡贝亲自致电冯·曼施泰因，汇报布赖特第3装甲军和两个实力薄弱的装甲师面临的局面。在指出这两个师状况不佳后，胡贝请求冯·曼施泰因不要批准拆分该军，他建议第17装甲师在原有阵地留下少量掩护部队，全师向东撤过索布河，而非向西退却，这样一来，该师便可以同第6装甲师再度会合。胡贝认为，鉴于第4装甲集团军计划于1月11日在文尼察地域实施反突击，这样一场调动的风险是可控的。冯·曼施泰因同意，但坚称该师必须在谢缅基、布拉茨拉夫、佩切拉守卫布格河上的桥梁。胡贝还尝试获准将其右翼后撤，以腾出两个师用于第7军南翼的作战行动。现在，他们已确认苏军近卫坦克第5军位于德国第7军左翼，面对苏军持续不断的威胁，胡贝不知道如何为该军提供进一步支援，特别是因为装甲集团军以削弱北翼为代价，将所有可用力量调去延长其南翼。他指出，就总体态势看，这样一场后撤迟早都得实施，延误下去只会使人员和装备遭受他难以承受的损失。冯·曼施泰因回答道，他很清楚这一切，并答应看看能做些什么。

1944年1月9日，星期日

次日清晨，第1装甲集团军对辖内各军呈交的夜间报告加以总结[51]。第42军防区，苏联人注意到该军的后撤，并紧随其后。对方几次试图楔入德军新阵地，但都被击退，有几次，德军组织起局部反冲击。B军级支队防区，苏联人以连级兵力在皮伊以北遂行冲击，还在同一地域派出一支战斗巡逻队。这些行动都被德军设在佩夫齐以东的前沿阵地部队击退。整片地域还遭到苏军炮火轰击，但除此之外，没有发生任何重要活动。第82步兵师左翼，德军封闭苏联人早些时候在罗萨夫卡河中段达成的渗透，在此过程中击伤2辆敌坦克。之后，战斗平息下来，苏军没有继续向前推进。可是，该师开始后撤时，苏联人紧追不舍，并趁机以150名士兵在亚诺夫卡以西3公里处达成突破。德军迅速做出应对，凌晨2点前肃清这场渗透，恢复主防御阵地。在这场反冲击中，德军击毙86名苏军士兵，俘虏1人，缴获一批武器装备。凌晨2点，该师进入新防御阵地。

与此同时，西面第7军防区内，第75步兵师遂行后撤，并占据新防御阵地，其间只在泽姆良卡地域遭到苏军两个步兵连攻击。但该师守住己方防线和新防御阵地。相比之下，第88和第198步兵师当晚平静度过，但在摇摇欲坠的南翼，第34步兵师遭到突袭，苏军投入坦克和火炮，在塔拉夏东南方数公里的布达和卢基亚诺夫卡地段遂行冲击。第34步兵师也展开夜袭，尽管苏军顽强防御，但该师还是将南面约8公里的克鲁特耶戈尔贝重新夺回。

在此期间，第3装甲军防区，苏军占领扎什科夫以南的布佐夫卡村后，第6装甲师将戈尔内季基奇河上的桥梁炸毁。不幸的是，此举实际上未能阻止一些苏军部队设法渡至南岸。苏联人冲击西面的奥斯特罗扎内村（Ostrozhany），但被德军击退，不过，一些苏军部队还是在这两个村庄之间夺得一片立足地。西面几公里外的齐布列夫，该师设法守住预设防线，但一些苏军部队强渡格尼洛伊季基奇河（Gniloi Tikich），并占领镇西面的林地和安托尼纳（Antonina）以北地域。第6装甲师认为必须采取行动封闭敌人的突破。西面12公里的科雷特尼亚村（Korytnya）亦被苏军占领，左侧，苏联人在巴拉巴诺夫卡与新谢尔卡（Novoselka）之间突破德军高射炮部队设在斯图普基（Stupki）以南的阵地。第6装甲师左翼部队奉命占据新阵地，但这场后撤遭到苏军小股部队紧密追击，导致达舍夫北面的扎达内村被对方占领。第17装甲师防区，强大的苏军部队夜间从东西两面遂行冲击，一举突破该师防御阵地，直至伊伦齐以南10公里的克拉斯年科耶镇中心。面对这种情况，当地的高射炮部队无法为该师防御提供有效支援，因为他们的弹药寥寥无几。第17装甲师以坦克和突击炮组织起反冲击，清晨时激战仍在持续。由于苏军的推进扰乱计划中的后撤路线，第17装甲师趁夜间撤往克拉斯年科耶以南2公里林地的西北边缘至奥梅京齐以北一线。同时，文尼察东面，第101猎兵师昨晚19点左右击退苏军坦克部队的突击。敌人这场进攻从古缅诺耶车站地域向西遂行，之所以被击退，主要归功于德军卓有成效的反坦克火力。由于无法攻入文尼察，约30辆敌坦克搭载着步兵转身向南，越过该师设在科马罗夫的阵地，对更南面的沃罗诺维察镇展开两场进攻。第101猎兵师沿通往科马罗夫的公路向北实施反冲击，迫使苏军退却，撤入村北面峡谷，但战斗仍在继续。

新的一天破晓后，阳光明媚，甚至比前几天更温暖，幸运的是，道路状况未发生变化。第聂伯河河畔，第42军全天守卫着自己的防区[52]。B军级支队防线，苏军当日晨进攻韦德梅杰夫卡以北地域，在德军防御阵地达成三处突破。B军级支队组织反冲击，封闭并肃清这些突破。另外，德国人还在沙多夫卡（Shadovka）北面拦截约30名苏军士兵组成的一支战斗巡逻队，并在随后的交火中击毙其中15人。同时，第82步兵师将师部迁至卡加尔雷克以南的泽连基（Zelen'ki），而该师一部击退苏军在克拉斯诺波尔卡北面发起的初步进攻，但对方以营级兵力再度实施冲击，最终在德军防御阵地达成渗透。中午前，该师发起反冲击，顺利肃清该地段。苏联人还以连级兵力两次进攻亚诺夫卡西北部，但均被击退。卡加尔雷克西南面，约300名苏军士兵越过捷尔诺夫卡东北方3公里的高地，德军以炮火施以打击，当日下午，德国人在同一地域发现包括汽车在内的一个苏军步兵营从温特森托夫卡东南方赶往列辛卡。据第42军报告，共数出122具苏军士兵尸体，俘虏20人，缴获一些机枪和轻武器。另据未经证实的报告指出，约30辆敌坦克位于梅德韦杰夫卡以北地域。因此，尽管第42军报告，左翼对面之敌正获得加强，但马腾克洛特估计，敌人当日会继续实施牵制性进攻。

黑尔第7军据守的防区没有出现大问题[53]。苏联人未沿该军防线实施大规模进攻，但在南翼，塔拉夏东南面，德军重新夺回克鲁特耶戈尔贝、索菲耶夫卡和波别列日卡村，在战斗中击毁2辆T-34坦克、2辆突击炮和1辆自行火炮。东南方，苏军占领米塔耶夫卡（Mitaevka）和皮萨列夫卡，据当地居民称，约30辆坦克组成的一支苏军坦克部队于1月9日晨动身出发，从克拉斯诺戈罗德卡赶往兹韦尼戈罗德卡。对此，胡贝19点10分下达命令，将第42军位于罗西河河畔的拦截支队调给黑尔，立即生效，以便投入该支队，延长第7军险象环生的南翼。胡贝随后就次日作战事宜给两位军长下达进一步指示[54]。训令中指出，据报，一群苏军坦克位于兹韦尼戈罗德卡以西，估计其意图是从梅德温南面迂回第7军，第7军应于1月10日向南面的博亚尔卡（Boyarka）发起进攻，该镇位于塔拉夏与兹韦尼戈罗德卡中途的格尼洛伊季基奇河畔。这场进攻有两个目的：一是粉碎苏联人向北攻入第7军后方地域，进而包围该军的一切企图；二是将苏军牵制在该地域，使其无法向东南方继续推进。

装甲集团军左翼，布赖特第3装甲军又度过艰难的一天[55]。东面，由于苏联人施加巨大压力，第6装甲师不得不弃守布佐夫卡的阵地，扎什科夫至乌曼的主公路在那里跨过戈尔内季基奇河，该师随后退至南面约5公里的科涅拉（Konela）。西面数公里处，该师又一次遭到苏军迂回，不得不将部队再度后撤，这次退往克尼亚日基（Knyazhiki）北部边缘和弗拉季斯拉夫奇克（Vladislavchik）。与此同时，苏军继续扩大戈尔内季基奇河对岸登陆场，并占领科涅尔斯基树林（Konelski）和科涅利斯克胡托拉（Konel'skie Khutora），之后转身向西，参加从久布里哈（Zyubrikha）和沙尔诺波尔地域对弗拉季斯拉夫奇克实施的钳形进攻。第6装甲师顺利击退这些进攻。更西面，齐布列夫当日上午失陷，苏军构成迂回弗拉季斯拉夫奇克德军部队的威胁，但第6装甲师迅速组织反冲击，设法夺回该镇南半部。15点左右，苏联人重新展开进攻，迫使遂行防御的德军高射炮部队再次撤至该镇南部边缘。第6装甲师着手在南面林地的北部边缘构筑新防御阵地。在这片林地的西部边缘，该师以猛烈炮火轰击安托尼纳村，迫使大多数苏军部队退往克尼亚日亚克里尼察。更西面，尽管德军高射炮部队实施抵抗，但苏军约两个步兵营当日下午从科雷特尼亚向西南方进击，并跨过铁路线。第6装甲师组织反冲击，力图肃清对方的渗透。作为这场推进的组成部分，苏联人还猛攻罗索霍瓦塔（Rossokhovata），设法突入村内，德军随后以反冲击夺回并肃清该村南部。

第17装甲师据守的防区，右翼较为平静，尽管昨晚苏军在克拉斯年科耶两侧取得的突破导致镇内德军高射炮营被围。第17装甲师师部目前设在锡特科夫齐（Sitkovtsy）东南方的诺索夫齐（Nosovtsy），该师旋即组织反冲击，一举夺回该镇，救出陷入重围的高炮部队，并报告击毁敌人9门反坦克炮，击毙大批苏军士兵。该师还发起另一场行动，打击正从东北面开赴该镇的一个苏军步兵营，据报，他们又击毁7门反坦克炮，并给这股苏军造成严重损失。总之，该师报告，当日击毙约250名苏军士兵。随着夜色降临，经第3装甲军批准，该师逆时针转动，将其左翼撤至正面朝东的新阵地，这道防线从雷萨亚戈拉起，经奥梅京齐至谢缅基，再从那里沿布格河一线西延至布拉茨拉夫和佩切拉。

更西面的地段不再由胡贝负责。12点40分，“南方”集团军群打来电话，通知第1装甲集团军，第101猎兵师转隶第4装甲集团军，立即生效[56]，这个消息将于下午晚些时候传达给该师。与此同时，胡贝向该师询问最新状况，当晚快到18点30分时收到回复，证实了最糟糕的情况[57]。苏军坦克已突破科马罗夫，向西前出至文尼察南面的秋季基车站（Tyut'ki）。虽然第228猎兵团陷入重围，但在一个炮兵营支援下继续坚守沃罗诺维察的阵地，第101猎兵师正从索基林齐（Sokirintsy）组织反冲击，解救被围部队。该师其他地段的防线较为平静。当日晚些时候，胡贝又失去第二支部队，“南方”集团军群发来电报，指示第1装甲集团军将第371步兵师交给第4装甲集团军[58]。这番转隶也应立即生效，但该师很可能暂时由集团军群统辖。同时，该师应确保自己的集结区，特别是日梅林卡至关重要的铁路枢纽部，而集团军群计划以该师和第23装甲团第2营、第503重型装甲营遂行突击，肃清布格河南岸的敌坦克和摩托化部队。

就好像胡贝面临的态势还不够严重似的，一个新问题的出现使举步维艰的他犹如雪上加霜。后方深远处，乌曼东北面林地内，一支配有机枪和迫击炮的游击队活跃起来，从实力薄弱的德国守军手中夺得乌曼以北约24公里的曼科夫卡镇（Man'kovka）。他们随后向南而去，占领波塔什车站（Potash），切断波塔什—列希诺夫卡（Leshchinovka）铁路线，并造成极大的混乱。几列火车随后遭到袭击，军事交通勤务全权代表要求次日晨将62号装甲列车调至该地域，协助恢复态势。对胡贝来说不幸的是，塔利诺耶（Tal'noe）与列希诺夫卡之间铁路线的北面已没有德方部队，尽管塔利诺耶西南方机场仍由小股德军加以据守。无奈之下，胡贝不得不将目光投向他能找到的一切兵力，他指示集团军工兵指挥官卢施尼希上校和第311特种炮兵师解决这个问题[59]。卢施尼希奉命掩护从曼科夫卡经克拉斯诺波尔卡至乌曼波塔什车站附近的各条公路。

为遂行这项任务，他在波塔什车站地域从军事交通勤务全权代表处搞到两辆G–Wagen，以这两部车辆在第311特种炮兵师沿铁路线部署的各巡逻队之间建立联系[60]。而第311特种炮兵师[61]应沿跨过东起罗吉（Rogi）、西至波博德纳亚（Pobodnaya）铁路线的各条公路巡逻。两支部队应保持紧密联系，并将所有侦察结果汇报给装甲集团军司令部和乌曼作战司令基特尔少将。

在第1装甲集团军看来，当日的情况与前几天非常相似。苏联人仍试图迂回第7军南翼，相关情报表明，苏军已为此投入近卫坦克第5军[62]。德国人确定，该军两个旅位于前线，第三个旅部署在拉基特诺耶以北。近卫坦克第22旅受领的任务是夺取梅德温，大概是为打开通往兹韦尼戈罗德卡的道路，尽管德军已获知，一些苏军坦克早些时候达成突破，并从西面的高地开炮轰击该镇。同时，德国人还确认，苏军步兵第240师部分部队已调离扎什科夫地域，奉命夺取西南面的扎鲁宾齐，而苏军继续从扎什科夫向科雷特尼亚调动兵力则表明，他们已将一个新锐兵团投入该地域，可能调自第7军北部防线。在渡过戈尔内季基奇河后，苏军步兵攻入科涅利斯克胡托拉和弗拉季斯拉夫奇克，并前出到齐布列夫南端。西面，苏军约两个营的兵力也从科雷特尼亚向南冲击，意图夺取罗索霍瓦塔，而争夺波德维索科耶（Podvysokoe）的战斗仍在肆虐。更西面，苏军步兵部队向南推进，保持对第3装甲军前沿阵地的压力，德军在克拉斯年科耶周围实施的反冲击共缴获17门反坦克炮，这表明对方预料到该地段的德军装甲力量。

当晚晚些时候，胡贝向“南方”集团军群司令冯·曼施泰因做出汇报[63]。他在报告中总结当日的事件，并补充道，兹韦尼戈罗德卡目前遭到苏军坦克部队炮击，对方可能是近卫坦克第5军辖下的近卫坦克第22旅，该旅在镇西面高地上占据阵地。他还向集团军群司令报告乌曼以北游击队的情况，称工兵部队采取的初步措施徒劳无获。大股苏军继续涌入第7军与第3装甲军之间的缺口地域，对第3装甲军右翼施加的压力越来越大，胡贝的指挥部对此担心不已。目前，苏军坦克在东面到达兹韦尼戈罗德卡，而在南面似乎已赶至乌曼北面的列辛卡—波塔什铁路线。即便这些部队仅仅是获得当地游击队支援的先遣支队，目前的态势仍需要加以慎重对待。胡贝认为，只要他的右翼继续遵照“上方命令”坚守阵地，第1装甲集团军就无法阻挡苏军这场推进。在目前情况下，他无力阻止苏联人封锁铁路线，而极度依赖这条铁路线的不仅仅是他的右翼，还包括友邻第8集团军。装甲集团军不无道理地指出，他们早已预见这种态势发展的可能性，并反复提请上级部门注意由此造成的危险，但撤离所谓“阳台”的所有请求均被拒绝。对此，“南方”集团军群给第1装甲集团军下达新训令[64]。这些命令表明，冯·曼施泰因仍较为关注胡贝与远在西北面的第4装甲集团军之间的缺口，以及苏军坦克第1集团军在文尼察以南构成的威胁。新命令指示胡贝将第3装甲军辖内两个装甲师集中在他们的内翼，1月11日以这两个师投入进攻，先向北攻击前进，穿过他们前方的苏军师。由于不必担心侧翼安全，他们随后在左起索布河、右至乌曼—卡利诺夫卡铁路线之间转向西北方，朝利波韦茨和第4装甲集团军第46装甲军这个大致方向攻击前进。集团军群认为，苏军目前的部署情况和当地地形条件表明，从波德维索科耶至达舍夫东北面库普钦齐（Kupchintsy）一线发起进攻，成功的机会较大。

晚些时候，第1装甲集团军司令部接到兹韦尼戈罗德卡战地司令汉森上尉打来的电话[65]。黄昏时，16点30分至18点30分间，10辆苏军坦克在身穿便衣、部分配备缴获的德制武器的游击队员伴随下，从西面进攻该镇。黑暗中，汉森无法准确判明对方的实力，但他报告，击毁、击伤敌坦克各一辆，打死10名苏军士兵。战斗也造成1名德军士兵阵亡，3人负伤。深夜时，随着苏军向北退却，态势平静下来，对方没有再遂行进攻。汉森认为苏军很快会重新展开冲击，有可能从东北面而来。目前该镇的防御依靠他手头掌握的少量部队，这股非快速力量还获得一个战斗群支援，该战斗群配有高射炮、反坦克力量和少量坦克。凭借这些部队，汉森组织起环形防御，掩护所有潜在进攻途径，并保证自己会遵照指示坚守该镇。

注释

1.第7军作战处，第111/43号报告（原文如此），1944年1月6日签发。

2.德方记录中称之为Dybnizy。

3.第1装甲集团军晨报中的总结，1944年1月6日5点20分签发。

4.同上。

5.装甲列车。在这场战争的进攻阶段，德军使用装甲列车夺取、守卫关键的铁路设施，例如车站和桥梁，但此时，这些装甲列车的作用已发生变化，主要部署在游击队活动地域，执行巡逻和确保铁路线畅通的任务。通常情况下，这些装甲列车由集团军群直接掌握，除位于列车中间的火车头外，还配有两节装甲火炮车厢、两节装甲高射炮车厢、两节装甲步兵车厢。

6.第3火箭炮部队司令部作战处，1944年1月6日签发的报告，无编号。

7.“南方”集团军群作战处，第77/44号令，1944年1月6日签发。

8.“南方”集团军群作战处，第81/44号令，1944年1月6日签发。

9.第1装甲集团军武器学校作战处，第18/44号报告，1944年1月6日签发。该武器学校是装甲集团军用于训练专用武器的部门。第1装甲集团军1943年12月以各个师解散的反坦克单位人员组建起第471装甲歼击营（摩托化）。

10.第1装甲集团军作战处，第7/44号令，1944年1月6日签发。

11.德方记录中称之为Kasimirowka。

12.第42军每日报告，1944年1月6日18点30分签发。

13.第7军每日报告，1944年1月6日19点签发。报告中提及遂行进攻的两个突击炮营的战车数量：

第202突击炮营：15辆突击炮

第239突击炮营：10辆突击炮

14.第7军作战处，第115/44号报告，1944年1月6日签发。

15.第3装甲军每日报告，1944年1月6日19点50分签发。

16.第1装甲集团军情报部门现已确定，在该地域展开行动的是近卫坦克第11军、坦克第10军和近卫机械化第8军。目前尚不清楚德方确认为坦克第10军的是苏军哪支兵团，因为该军自去年12月起一直留在最高统帅部大本营预备队，并未在该地段投入战斗。

17.第3装甲军作战处，第28/44号令，1944年1月6日签发。

18.“南方”集团军群作战处，第81/44号令，1944年1月6日签发。

19.第1装甲集团军作战处，第10/44号令，1944年1月6日签发。

20.现在是文尼察东南部的组成部分。

21.公路是一条重要的快速通道，穿过文尼察至东南方的乌曼，各种车辆都需要使用这条道路。第1装甲集团军显然不希望第101猎兵师的集结破坏正常后勤交通。

22.第1装甲集团军作战处，第19/44号令，1944年1月6日签发。

23.第42军晨报，1944年1月7日6点20分签发。

24.第7军晨报，1944年1月7日7点签发。

25.第3装甲军晨报，1944年1月7日5点40分签发。

26.这道指令的副本并未收录在第1装甲集团军文件集内，但在1944年1月7日的作战日志中提及。第4装甲集团军文件集存有这份指令，编号为“南方”集团军群作战处，第0748/44号令，1944年1月6日签发。

27.原文为Dezimeter-Funkstellen，其功能似乎是作为无线电通信的交换、中继站。

28.第42军每日报告，1944年1月7日19点签发。

29.第1装甲集团军的文件中似乎没有提及这支临时性部队的组建，组建该支队也许是为占据并守卫罗西河河畔博古斯拉夫镇周边地域。其任务大概是据守该镇的河流渡口，防止苏军渡河并向北推进，进入第42军后方地域。

30.第7军每日报告，1944年1月7日19点30分签发。

31.这两处都位于科舍瓦托耶北面。

32.第3装甲军每日报告，1944年1月7日19点15分签发。

33.德军情报部门确认，苏军自行炮兵第1462团位于该地段，表明该团所属的近卫坦克第5军亦在此处。

34.第1装甲集团军作战处，第40/44号令，1944年1月7日签发。

35.第1装甲集团军作战处，第41/44号令，1944年1月7日签发。

36.第1装甲集团军发给“南方”集团军群的每日报告，1944年1月7日22点签发。

37.第1装甲集团军晨报，1944年1月8日5点30分签发。

38.第3装甲军夜间报告，1944年1月8日7点45分签发。

39.第1装甲集团军发给“南方”集团军群的每日报告，1944年1月8日7点30分签发。

40.第1装甲集团军作战处，第27/44号令，1944年1月8日签发。

41.“南方”集团军群作战处，第112/44号令，1944年1月8日签发。

42.德方记录中称之为Felixowka。

43.第42军每日报告，1944年1月8日19点30分签发。

44.第7军作战处，第131/44号报告，1944年1月8日签发。据这份报告称，第202和第239突击炮营目前分别拥有11辆、9辆坦克。

45.第3装甲军每日报告，1944年1月8日19点20分签发。

46.第1装甲集团军情报处发给“南方”集团军群的晚间报告，1944年1月8日21点30分签发。

47.第1装甲集团军作战处，第18/44号令，1944年1月8日签发。

48.第1装甲集团军作战处，第42/44号令，1944年1月8日签发。

49.第1装甲集团军作战处，第45/44号令，1944年1月8日签发。

50.“南方”集团军群作战处，第116/44号令，1944年1月8日签发。

51.第1装甲集团军每日报告，1944年1月9日5点30分签发。当日清晨第3装甲军提交的报告谈及该军现有战车数量：

· 第6装甲师：6辆四号长身管坦克，1辆指挥坦克
· 第17装甲师：5辆五号坦克，1辆指挥坦克
· 第506重型装甲营：7辆六号坦克
· 第249突击炮营：5辆突击炮

52.第42军每日报告，1944年1月9日22点签发。

53.电传电报，无编号，1944年1月9日22点05分签发。

54.第1装甲集团军作战处，第52/44号令，1944年1月9日签发。

55.第3装甲军每日报告，1944年1月9日19点30分签发。报告中指出该军现有的坦克数量：

· 第17装甲师：2辆五号坦克

· 第506重型装甲营：6辆六号坦克

· 第249突击炮营：6辆突击炮

56.“南方”集团军群作战处，第12/44号令，1944年1月9日签发。

57.第101猎兵师发给第1装甲集团军的电报，1944年1月9日18点28分签发。

58.“南方”集团军群作战处，第140/44号令，1944年1月9日签发。

59.第1装甲集团军作战处，第56/44号令，1944年1月9日签发。

60.G-Wagen是一种轻型四驱全地形轮式车辆。

61.这支部队听上去实力强大，实际上不过是个炮兵指挥部。1943年11月24日命名为第311高级炮兵指挥官。

62.第1装甲集团军情报处发给“南方”集团军群的晚间报告，1944年1月9日22点30分签发。

63.第1装甲集团军发给“南方”集团军群的每日报告，1944年1月9日22点签发。

64.“南方”集团军群作战处，第142/44号令，1944年1月9日23点15分签发。

65.汉森上尉汇报兹韦尼戈罗德卡的情况，1944年1月9日23点。兹韦尼戈罗德卡战地司令隶属第8集团军。

第九章
攻势放缓

1944年1月2日，星期日

胡贝接掌第4装甲集团军南翼前一天，第42军防区平安度过夜晚[1]。第34步兵师在利波维罗格东北面拦截一支苏军巡逻队，并将其逼退，这是当晚关于敌军活动的唯一报告。该军还在西北地段防线前方实施一些侦察，但除此之外没有采取任何行动。西面第7军防区的情况稍显忙乱。第75步兵师在马克耶夫卡地域卷入激战，苏军在那里的进攻楔入德军防御阵地[2]。战斗极为激烈，该师被迫投入最后的预备队，这才控制住态势。昨晚，西面的第198步兵师亦遭到苏军打击。苏联人对洛夏京发起两次小规模进攻，但都被德军击退。较为严重的是，苏军夜间在白采尔科维北面以连、营级兵力展开几次冲击，但第198步兵师设法击退这些进攻。不祥的是，该师报告，苏军对其中央和左翼地段的炮击越来越猛烈。白采尔科维西南面，第88步兵师右翼，据报，实力不明的苏军部队渗透该师防御，正从格雷博奇卡向东推进，进入奥利尚卡—白采尔科维主公路东面林地。该师计划拂晓时遂行反冲击，在突击炮支援下实施一场由南至北的打击，封闭防线上的缺口。

西南方，第17装甲师昨晚着手击退苏军的初步进攻[3]。对方第一场突击开始于17点30分左右，但被德军击退，20点以失败告终，据报，苏军损失相当惨重。半小时后，敌人再度发起冲击，这一次投入的兵力更加强大，第17装甲侦察营被迫撤至普利斯科夫以北约4公里的新阵地。该营凌晨1点左右到达那里，在此过程中摧毁敌人2门反坦克炮。普利斯科夫西面，据报另一些苏军部队正向南穿过安德鲁舍夫卡。更东面，第17装甲师第27装甲工兵营在甘诺夫卡地域（Gannovka）遂行侦察，发现苏军已占领该镇，对方部署了机枪和一门反坦克炮。该地段其他地方的情况较为平静。

更西面，第24装甲军右翼缺口部，第4山地师继续集结于文尼察东北方约20公里处。清晨时，包括第99山地猎兵营①、第94侦察营和第94装甲歼击营在内的一些部队已开至该地。第13、第91山地猎兵团部分部队也已到达，另外还包括第94山地炮兵团第1、第2、第4营[4]。北面，第24装甲军防线当晚较为平静，据报，敌军只在右翼对面进行轻微侦察活动[5]。但昨晚的情况有些不同。第168步兵师遭到几次攻击，其中较为严重的是苏军对其左翼遂行的两次冲击，每次都投入营级兵力。这两场进攻在该师防线达成局部突破，德军迅速组织反冲击予以肃清。另外两场进攻规模较小，苏军以连级兵力在右翼冲击米哈伊林和希罗卡亚格列布利亚（位于尤谢福夫卡西南边缘），但也被德军击退。22点左右，苏联人在希罗卡亚格列布利亚的砖厂附近展开另一场进攻，再次投入连级兵力，但面对德军火炮和轻武器火力的联合防御，这场进攻也以失败告终。遭遇这番挫败，苏军退却，随后以火炮和迫击炮沿该师防区实施破坏性炮击。第168步兵师左侧，第18炮兵师设法完成从库马涅夫卡的后撤，未遇到太多困难，同时，第25装甲师第146装甲掷弹兵团进入前线。但苏军并未忽略德军的后撤，他们紧追不舍，清晨前进入大斯捷皮。在此期间，第25装甲师余部继续在后方实施重组，昨晚获得第857守备营这股深受欢迎的援兵。

北部，第48装甲军辖内第1装甲师据守的防区当晚依然保持平静，整条防线只发生苏军侦察活动[6]。右翼，该师当晚集结起一支小股部队，准备夺回共青村，除此之外，报告中唯一提及的活动是苏军炮击别尔季切夫。在其左侧，党卫队第1“警卫旗队”装甲师的情况较为困难。苏军步兵和坦克部队对叶卡捷里诺夫卡（Ekaterinovka）—格沃兹达瓦地段遂行冲击，突破该师防御。“警卫旗队”装甲师计划于当日晨实施反冲击。师左翼继续后撤，苏联人紧随其后。相比之下，第7装甲师脱离前线较为顺利，显然未被对方发现，当日

① 译注：第94山地猎兵营？

晨，该师忙着在军左翼后方重新集结。更北面，第4装甲集团军左翼态势仍不明朗，同第13和第59军的联系均告中断，两个军部都未能提交报告。

东面，云层笼罩下，新年的第二个黎明出现在第聂伯河上。中午时，天空开始放晴，但当日晨，一场小雪飘落在整个乡村。第42军据守的防区当日大部分时间保持平静，B军级支队甚至报告，苏军炮兵正撤往第聂伯河岸边的霍罗多夫地域[7]。但西北方，第34步兵师实施的侦察表明，该地段的情况未发生变化，这说明苏军在那里的意图并未改变。更西面，一支苏军巡逻队在切尔尼亚霍夫以西遭第82步兵师辖内部队拦截后被迫撤回。该师遂行的侦察同样表明，苏军在该地段对面的部署没有发生变化。尽管如此，该师还是报告，苏联人似乎正掘壕据守，在切尔尼亚霍夫西北方约2公里处构筑战壕。

但西面第7军防御地段的情况不太平静，德军竭力保持对白采尔科维的控制[8]。战斗仍在肆虐，激烈度毫未减弱，但苏联人最终停止对该镇的突击，显然是持续遭受高昂损失所致。相反，他们开始以猛烈炮火轰击该镇周边，并将进攻重点转移到别处。东面，苏军步兵第180师沿一条仅4公里宽的战线展开进攻，成功突破德军第198步兵师前沿防御。由于弹药不济，守军被迫后撤，尽管伤亡不断上升，但傍晚前该师还是在奥莱尼科瓦（Oleinikova）北面设立起一道新防御阵地[9]。西南面，白采尔科维另一侧，第88步兵师在格雷博奇卡地域发起反冲击，成功封闭昨晚苏军渗透造成的缺口。更南面，突入索罗科佳吉（Sorokotyagi）西北面树林的小股苏军亦被德军肃清。同时，东南面，第88步兵师最左翼，苏军约2至3个步兵营从实力薄弱的守军手中夺得科尔热夫卡村（Korzhevka），从而构成一个危险的基地，从这里向北攻往索罗科佳吉和奥利尚卡，形成迂回该师的威胁。德方认为，苏军对奥利尚卡的威胁更加严重，因为该镇位于从白采尔科维通往南面的主公路上，于是，第88步兵师开始从索罗科佳吉和树林撤往东北方，以腾出的兵力加强新防御。争夺奥利尚卡地域的战斗有增无减，设法在北面什卡罗夫卡突破该师防御的一股苏军遭到拦截，大部分被歼灭，逃回己方防线者寥寥无几。苏军展开进攻以来，第88步兵师一直处于激战中，鉴于该师在过去八天遭受的损失，黑尔非常担心他们能否继续战斗下去。最令人焦虑的是，该师能否阻止苏军从叶泽尔诺地域攻向东北方迂回第7军。但黑尔目前别无选择，只能把该师留在原地。

与此同时，西南方70多公里外，第17装甲师仍在竭力完成集结[10]。苏联人开始对这个孤立师加大压力，特别是对其两翼：右侧的切尔尼亚夫卡—甘诺夫卡地域，左侧的布莱—蒙钦—申杰罗夫卡（Shenderovka）地域。德军立即感觉到这种加大的压力，15点左右，苏军从切尔尼亚夫卡—甘诺夫卡地域展开冲击，估计投入团级兵力，迫使该师撤出普利斯科夫。而在另一侧，第17装甲师赢得一场小小的胜利，14点45分在佐佐夫卡北面发起一场反冲击，成功粉碎苏军部队的集结，抓获约40名俘虏。他们在战场上数出15具苏军士兵尸体，还缴获2门反坦克炮。被打散的苏军部队向北混乱后撤。

在此期间，西北方15公里处，第4山地师第13山地猎兵团第3营到达新格列布利亚，并占据正面朝东的掩护阵地[11]。该营接到的指示是与其两翼，格尔马诺夫卡和康斯坦丁诺夫卡的部队取得联系，而该师余部仍在运输条件许可的情况下尽快集结。同时，师里的其他部队正赶往新格列布利亚，而在该阵地后方的科秋任齐镇获得反坦克力量加强，以应对苏军坦克部队有可能发起的突破。第13山地猎兵团第2营此时仍滞留在卡利诺夫卡，终点站出现的问题延误了该营的卸载。不过，这个营已接到命令，尽快赶往东南方，据守新格列布利亚西南面约10公里的普里卢卡。也有些好消息，虽然运输发生问题，但该师所有炮兵单位都已到达。

北面，苏军继续对第24装甲军整条防线施加压力[12]。他们发起的多次进攻获得坦克支援，右侧第168步兵师防区，苏联人设法在萨姆戈罗多克与洛帕京之间达成渗透。苏军为此投入一个步兵团，约40辆坦克提供支援，并向德军防御纵深扩大战果达数公里。第168步兵师报告，击毁8辆敌坦克，击伤2辆，但无法阻止对方向西南方推进到萨姆戈罗多克以西某处。当日，苏军还以营级兵力对该师防线展开另外四次规模较小的冲击，特别是对其两翼，但这些进攻都被击退。左侧，第18炮兵师亦遭到冲击，但情况不甚严重。苏军在大斯捷皮地域几次规模有限的突击被德军击退，事实证明，他们在该地段认真遂行的行动仅限于此。第18炮兵师汇报苏军后方一些调动情况，他们发现对方正从姆沙涅茨（Mshanets）（佩列莫加东北面）和西南面的马尔科夫齐（Markovtsy）赶往东南方。

北面第48装甲军也认为苏联人正将新锐力量调往别尔季切夫地域，可能是为弥补他们遭受的损失[13]。例如，这一整天，苏军对其坦克的使用显然仅限于炮火支援，这或许表明，由于前几天的损失，他们已没有任何坦克预备力量。但可以预料，这种损失很快会得到补充，该军认为，苏联人会迅速恢复夺取别尔季切夫的行动，也许就在接下来几天，很可能是一场合围。第48装甲军右翼，第1装甲师辖内部队完成集结，拂晓时对共青村展开进攻。这场突击从北面发起，遭到苏军坚决抵抗，激战持续一整天。尽管如此，该镇西部还是在傍晚时落入德军手中，但抵抗仍在继续，据守该镇东南边缘的苏军部队极其顽强。他们甚至从东北面发起反冲击，投入约一个步兵营，并获得坦克支援，德军未费太大周折便将其击退。但在西南面，苏军渗透该师最右翼，一举夺得马尔科夫齐村，威胁到该师在共青村取得的战果。更北面同样如此，苏军以营级兵力冲击格尼洛皮亚季河河谷内的热热列夫和哈任，但被德军击退。该师左翼，别尔季切夫这一整天亦遭到苏军持续不断地攻击。苏联人从北面和东面展开各种规模的冲击，投入的兵力高达团级，并以坦克为支援。这些进攻最终被击退，该镇暂时仍控制在德军手中。东郊和东南郊，第1装甲师报告，苏军新锐部队集结在谢梅诺夫卡东北地域。战斗还将持续。在此期间，别尔季切夫北面，党卫队第1“警卫旗队”装甲师也从事着殊死战斗。中午前后，苏军一个步兵团在距离别尔季切夫北郊约5公里的奥瑟科沃（Osykovo）东南面打击该师右翼。经过激战，德军击退这场突击，防线得以稳定下来。该师还肃清对方昨晚在叶卡捷里诺夫卡—格沃兹达瓦地域造成的突破，据报，在此过程中击毁6辆敌坦克。白天，他们注意到苏军部队集结在东面数公里的列亚村（Reya）周边地域，这似乎表明苏联人尚未对该地段失去兴趣。再往北，“警卫旗队”装甲师左翼，苏军继续施加压力，在特罗亚诺夫地域反复展开冲击，但这些进攻都被德军击退。因此，“警卫旗队”装甲师两翼都遭到猛攻，激战不仅在白天肆虐，还持续入夜。右翼，苏军投入营级兵力，重新冲击奥瑟科沃东南方铁路公路交叉口；左翼，他们以坦克力量反复突击特罗亚诺夫地域。这些进攻都没能取得成功。与此同时，第7装甲师完成在后方的集结，现已脱离第48装甲军建制。

该师编入第13军，在别尔季切夫西北面皮利波夫卡（Pilipovka）—皮亚特卡（Pyatka）地域完成集结后，沿别尔季切夫—波隆诺耶主公路匆匆向西，穿过丘德诺夫赶往第13军左翼[14]。傍晚时，该师先遣部队到达罗曼诺夫卡地域，随即转身向北，进入该军险象环生的左翼。在此期间，第13军辖内部队度过较为轻松的一天，苏军部队所做的不过是小心翼翼地向该军左翼逼近。唯一一场认真的推进是其坦克部队向南进入捷捷列夫河河谷并赶往丘德诺夫，但第19装甲师一部和党卫队“帝国”装甲战斗群拦截并遏止这场推进。尽管如此，整体态势仍需要德军采取某种措施，夜间，第4装甲集团军下达指示，命令该军次日后撤12—15公里，至皮利波夫卡—格卢博乔克（Glubochok）—卡尔维诺夫卡一线[15]。建立这道防线后，该军应予以坚守。同时，该军辖下包括第19装甲师一部和党卫队“帝国”装甲战斗群在内的快速部队应在捷捷列夫河河谷以西转入进攻，向北攻击前进，将苏军逐至萨德基—卡尔维诺夫卡一线。在第13军最左翼展开行动的第7装甲师也应向北突击，任务是夺取并守卫萨德基以西约6公里的捷尔任斯克镇。

与此同时，西北方50多公里处，沃伦斯基新城作战司令报告，苏军在坦克支援下对该城展开一连串进攻，特别是在西区。苏联人的突击不断侵入德军防御阵地，情况越来越严重，尽管守军击毁8辆敌坦克，但第454保安师遂行防御的部队无法肃清敌人的突破。南面，第16装甲师继续在自身设立的掩护下实施集结，并展开侦察，该师发现苏军已占领沃伦斯基新城南面的奥列佩（Orepy）和东南方24公里斯卢奇河河谷内的巴拉诺夫卡。当晚，第4装甲集团军下达命令，指示该师在多尔曼卡（Dormanka）封锁沃伦斯基新城—舍佩托夫卡公路，在巴拉诺夫卡南面的格卢博切克（Glubochek）封锁沃伦斯基新城—波隆诺耶公路[16]。该师还应将包括大部分可用坦克在内的一股预备力量集结在波隆诺耶附近。

日终前，情况很明显，苏军试图从两侧包围第4装甲集团军位于中央的部队，当天早晨做态势汇报时，这个观点得到集团军群参谋长赞同[17]。实际上，集团军群甚至考虑到这样一种可能性，敌人近日的推进有所放缓，也许表明苏军指挥部认为他们已完成这项目标。毫无疑问，苏联人从后方调来的新锐力量，肯定会对后续作战造成重大影响，特别是如果这些部队部署至文尼察东北地段第24装甲军防区对面的话。集团军群认为，在这种情况下，内林装甲军有必要放弃巴甫洛夫卡，而北面的第48装甲军也必须将其中央和右翼后撤，这样就能让党卫队第1“警卫旗队”装甲师撤离前线，调去加强南翼。可是，范戈赫尔认为无法以这种方式将整个师撤出前线，但他同意，不管怎样，这项建议日后总归要付诸实施。目前，苏军的行动重点是在第4装甲集团军北翼对面，其快速部队不断开到，似乎表明在可预见的未来，他们将留在那里。刚过中午，第8航空军报告，日托米尔两侧，苏军沿基辅—沃伦斯基新城主公路的交通非常繁忙，他们发现，大多数苏军部队在日托米尔西北方约50公里的库尔诺耶西北面转身向南。另外，斯卢奇河河谷两侧，从库尔诺耶—沃伦斯基新城主公路通往南面的所有道路上，苏联人的交通也很忙碌。正如第16装甲师确定的那样，推进中的敌军已到达奥列佩和巴拉诺夫卡，东面，苏军占领捷尔任斯克，第7装甲师已向该镇展开进攻。苏军沿这些路线进入的地域，使他们可以直接打击第13军摇摇欲坠的左翼，或干脆绕过该军左翼，直奔第16装甲师集结区。但苏联人将行动重点集中在第4装甲集团军北翼，在南部地段似乎满足于牵制行动，主要以步兵部队沿一条宽大战线遂行进攻，从波格列比谢地域向南推进，深入第7军与第42军之间缺口。到1月2日，这些敌军（估计为3至4个步兵师）已到达东起斯塔维谢，经卡什佩罗夫卡和普利斯科夫至布里茨科耶一线，并将卡利诺夫卡—乌曼铁路线切断[18]。到达该地域后，这些敌军似乎分成两个独立集团，大的一股转向西南方，直奔文尼察以南地域，另一股转向东南方的扎什科夫。他们显然试图卷击两个摇摇欲坠的侧翼：东面第7军侧翼，西面第24装甲军侧翼。卡扎京西南面，苏军近卫机械化第8军一部试图突破第24装甲军位于铁路线以东的防御地段，第4装甲集团军意识到，苏军坦克第31军可能也已投入该地段。北面，空中侦察表明，约600辆汽车从科罗斯特舍夫沿公路驶向日托米尔，表明两支快速部队正开赴日托米尔地域[19]。第13军左翼外，苏军步兵部队在近卫坦克第4军近卫坦克第12旅支援下，正向丘德诺夫推进，仍对后撤中的第13军构成迂回威胁。装甲集团军遥远左翼的情况也很严重，第59军所在的位置仍含糊不明，但有报告称，沃伦斯基新城遭到苏军步兵和坦克从各个方向发起的攻击。据守该镇的部队主要是第454保安师的预备力量，事实证明，他们无法阻挡苏军推进，整个镇子几乎已丢失。苏联人似乎也在加强该地段。意识到态势的绝望性，并担心守军可能会遭孤立和歼灭，第4装甲集团军参谋长范戈赫尔直接发电报给镇内的沃伦斯基新城作战司令，建议他在沃伦斯基新城无法坚守下去时，将部队撤往西南方杜布罗夫卡地域。当晚18点45分，范戈赫尔再次致电沃伦斯基新城作战司令，指示他将部队向南撤往基扬卡

（Kiyanka）与奥列佩之间一道临时阵地，而这位作战司令绝望地请求提供空中支援掩护他的行动。

但从当晚21点起，需要劳斯担心的问题少了许多。第1装甲集团军正式接管右翼，即第42军、第7军和第17装甲师。范戈赫尔告诉胡贝的参谋长文克少将，黑尔第7军提出将部队后撤，他补充道，第4装甲集团军不会批准这一请求。该军别无选择，必须尽可能长久地坚守现有阵地，因为在其他地方无法找到精心构设的防御阵地。另外，"南方"集团军群也不赞成后撤，坚持要求长时间坚守阵地，特别是因为苏军在该地段并未投入特别强大的力量。另外，那里也没有发现敌坦克力量的存在。劳斯18点给第7军下达最后一道指示，命令黑尔封闭苏军的突破并坚守既有阵地。黑尔再次争论，但无济于事。他现在奉命以可用的突击炮为支援，重新夺回奥利尚卡，尔后扼守从白采尔科维经格雷博奇卡至奥利尚卡一线。他还应向东南方派出掩护部队，直至叶泽尔诺。此时，第4装甲集团军的意图是以第7军肃清苏军在洛夏京周围达成的突破，恢复奥利尚卡周边态势。文尼察地域，第4山地师将继续集结在指定地域，并粉碎苏军攻入该地域的一切企图，而第24装甲军应退守新格列布利亚—格拉西莫夫卡（Gerasimovka）—图恰（Tucha）—佩列莫加一线。别尔季切夫北面，第48装甲军应将其左翼与第13军一同撤至以下一线：从别尔季切夫北部边缘起，沿格尼洛皮亚季河一线延伸至皮利波夫卡以东地域。别尔季切夫仍需要加以守卫。第13军应撤至皮利波夫卡—格卢博乔克—卡尔维诺夫卡一线，并向北攻往捷捷列夫河以西，从而将其左翼西延至萨德基，而第7装甲师应占据捷尔任斯克地域，阻止苏军继续向南推进。西面，第16装甲师应在多尔曼卡封锁沃伦斯基新城—舍佩托夫卡公路，在格卢博切克封锁沃伦斯基新城—波隆诺耶公路。该师还应在波隆诺耶地域组建一支装甲预备队。北面，沃伦斯基新城作战司令应率部向南突出包围圈，坚守奥列佩—基扬卡一线，而第59军应继续实施战斗后撤，退往库尔奇察（Kurchitsa）附近的斯卢奇河。

1944年1月3日，星期一

第24装甲军据守的防线，苏联人当晚继续保持压力[20]。趁第168步兵师后撤之机，苏军穿过该师右翼，一举夺得新格列布利亚和大切尔尼亚京（Bol'shoi Chernyatin）。第168步兵师组织一场局部反冲击，拂晓前仍在进行中。西南方数公里处，为阻止苏军坦克部队继续推进，第4山地师第94反坦克营①在波列瓦亚雷锡耶夫卡（Polevaya Lysievka）与科秋任齐西北面树林之间设立起一道反坦克防线。东南面，该师余部报告，未与敌人发生接触。但在北面，卡扎京西南地域，德国人发现强大的敌摩托化部队正从皮科韦茨向南而行，而进一步向西实施的侦察发现，苏军尚未占领马尔科夫齐和佩列莫加西面的胡托尔卢齐亚诺夫卡（Khutor Lutsianovka），但事实是，苏军昨晚17点已占领马尔科夫齐。

左侧，第48装甲军防区的情况也不轻松[21]。昨晚，苏军在火炮和迫击炮支援下，不断进攻第1装甲师据守的热热列夫和哈任，并在该师防区达成突破，但德军最终遏止并击退这些冲击，主防御阵地得以恢复。苏联人未对别尔季切夫展开进攻，而是在夜间施以破坏性炮火。党卫队第1“警卫旗队”装甲师防区，苏军从特罗亚诺夫地域投入进攻，以步兵和坦克打击意欲退却的该师左翼，导致计划中的后撤行动更加困难。尽管如此，“警卫旗队”装甲师还是在清晨3点左右进入新防御阵地。左翼的情况尚不明朗，在那里，第7装甲师受领的任务是确保捷尔任斯克地区的安全，军部收到的唯一一份报告表明，该师先遣部队已到达捷尔任斯克以南数公里的科尔切夫卡，该师还向西派出掩护部队，直至米罗波尔东部边缘[22]。

在此期间，第13军顺利撤至新阵地，没有受到严重干扰[23]。苏军的主要推进针对的是该军中央和左翼，特别是沿日托米尔通往西南方丘德诺夫的主公路。在某些地段，苏联人紧追后撤中的第13军，夜间，他们甚至在克尼亚任（Knyazhin）北面突破德军防线，清晨时，德军仍在准备反冲击措施。北面，党卫队“帝国”装甲战斗群投入部署，顺利击退苏军对卡尔维诺夫卡的突击。西南面，第19装甲师在“帝国”装甲战斗群和第8装甲师部分部队支援下，于昨晚发起反冲击，一举夺得卢泰（Lutai），苦战后又将斯托尔博夫拿下。激

① 译注：第94反坦克连？

战中，第19装甲师确认包括近卫坦克第12旅和步兵第206师在内的强大苏军部队位于该地域。此时，第8装甲师余部仍集结在新地域。更西面，由于铁轨被炸毁导致铁路运输中断，第16装甲师被迫停止在波隆诺耶附近的卸载。其先遣部队部署在北面，巴拉诺夫卡以南约6公里处，夜间遭到苏军部队袭击[24]。这使该师陷入困难境地，显然也令集团军群深感担心。上午11点45分，集团军群指示第4装甲集团军，务必确保该师不能过早投入战斗[25]。鉴于苏军在该地域施加的压力越来越大，该师的卸载和集结应尽可能转移到西南方，以免卷入战斗。

第4装甲集团军左翼，第59军继续后撤[26]。第291步兵师在戈罗德尼察（Gorodnitsa）渡过斯卢奇河，在科列茨、科贝利亚（Kobylya）、斯托罗热夫（Storozhev）进入科尔奇克河（Korchik）对岸登陆场占据阵地。德军从埃米利奇诺向西南方退却时，C军级支队沿泰基（Taiki）—梅德韦杰沃（Medvedevo）一线掩护后撤部队南翼，其意图是渡过斯卢奇河，在科列茨周边地域和北部再次转为正面朝东。

新的一天拂晓时，温度继续上升，一场小小的化冻不期而至，导致各条冰冻的路面又湿又滑。天气也给空中行动造成不利影响，在这方面，双方当日均未采取行动。第4装甲集团军南部防线，第24装甲军度过平静的一天[27]。虽然整个前线未发生战斗，但德国人注意到苏军步兵和卡车在大切尔尼亚京附近调动。他们在戈连德雷车站（Golendry）附近数出19辆坦克，在稍东南面的列奥纳尔多夫卡数出另外10辆坦克。左侧，第48装甲军位于卡扎京以西的防区，苏军部队继续渗透共青村，第1装甲师当日大部分时间忙于扫荡该镇东部[28]。傍晚时，态势仍未好转，该师计划以一场夜袭彻底解决问题。别尔季切夫北面，苏军以营级兵力从波洛韦茨科耶展开突击，但被第1装甲师击退。自当日上午9点，苏军还向南攻往日托米尔—别尔季切夫主公路两侧的格里什科夫齐，并从西北面遂行辅助突击。这场辅助突击成功突入该镇西北部，第1装甲师不得不组织局部反冲击，试图驱散进攻方。战斗持续至傍晚，此时，别尔季切夫遭到苏军从各个方向实施的攻击。再往北，党卫队第1“警卫旗队”装甲师对面，苏军当日沿整条战线逼近德军主防御阵地，在某些地段遂行冲击。皮亚特卡东北方的格尼洛皮亚季河河谷内，苏联人投入一个步兵营，在15辆坦克支援下，从北面攻向索斯诺夫卡[29]，但被“警卫旗队”装甲师击退，据该师报告，他们在战斗中击毁3辆T-34坦克。突击失利后，苏军在同一地域反复实施冲击，每次都投入营级兵力，每次都获得坦克支援，每次都从北面或东北面而来。最后，遂行进攻的苏军部队突入索斯诺夫卡西北部，并在该村东北面德军防御阵地上打开个缺口，迫使“警卫旗队”装甲师不得不采取相应措施。西面，第7装甲师拂晓时投入进攻，目标是捷尔任斯克。推进期间，该师击毁敌人8门反坦克炮，上午10点夺得该镇。第7装甲师的推进非常迅速，在此过程中绕过部署在主公路两侧的苏军部队，现在，他们转而打击这些敌军。该师派部分部队折回东南方，对拉齐（Ratsi）发起攻击，逼退苏军掩护部队。西面，该师从捷尔任斯克派出的侦察部队发现，敌人已占领大科扎拉村（Velikaya Kozara）[30]，但这股敌军未遭到攻击。苏联人不打算未经战斗便放弃捷尔任斯克，16点25分，他们对该镇发起反冲击。这场进攻从东面而来，战斗持续至傍晚，第7装甲师最终决定撤离，以免遭到包围[31]。总的说来，第48装甲军防区，苏军的活动仅限于在该军右翼实施侦察，但继续对别尔季切夫和党卫队第1“警卫旗队”装甲师左翼保持压力。巴尔克认为，别尔季切夫地域的防御到目前为止较为成功，导致苏军将进攻重点从该镇转移至两翼，南面的第24装甲军和西北面的第13军现在成为主要目标。他估计对方会继续实施突击，既为牵制他的部队，也为夺取别尔季切夫。

第13军防线，当日的情况比前几天稍稍安静些[32]。这是苏军部队遭受伤亡所致，还是意味着苏联人已将部队调至捷捷列夫河以西地段，目前尚不清楚。不过，第13军仍要应付对方一些进攻。第68步兵师右翼，苏联人对该师与“警卫旗队”装甲师结合部展开两次突击。一次投入营级兵力，另一次则为团级兵力，两次进攻均获得坦克支援。在友邻部队协助下，第68步兵师击退苏军冲击，据报，共击毁14辆敌坦克。该师左翼未遭攻击，但德国人注意到苏军正实施集结，立即以破坏性炮火加以打击。左侧，第340步兵师也遭到攻击。苏军以营级兵力发起数次冲击，有几次楔入德军前沿阵地。白天，该师展开几次反冲击，傍晚时封闭并肃清对方的渗透，但克尼亚任北面的战斗持续至深夜。在此期间，党卫队“帝国”装甲战斗群对面，苏军当日不断逼近德方阵地，德国人注意到对方正抓住机会加强该地段。他们还发现大股苏军进入卡尔维诺夫卡东北面林地和锡里亚基周边，加之苏军一整天实施的猛烈炮击，这一切似乎强化了德军关于苏军即将恢复进攻的感觉。苏军步兵在坦克支援下试图渗透丘德诺夫西北方的谢尔比诺夫卡，但被德军击退，还损失2辆坦克[33]。左侧，获得加强的第19装甲师设法夺得丘德诺夫西北面的斯托尔博夫，但面对苏军猛烈的防御火力，该师无法继续推进。豪费花了点时间评述从日托米尔的后撤，他在报告中指出，虽然困难重重，但由于相关部队付出的努力，所有师属和军属炮兵都已安全撤离日托米尔这个即将形成的包围圈。

与此同时，第16装甲师继续在舍佩托夫卡地域卸载，并派获得第2装甲团一部支援的第64装甲掷弹兵团赶往北面，在杜布罗夫卡地域设立掩护线，该师余部可以在这道防线后方不受干扰地实施集结[34]。他们向沃伦斯基新城派出侦察巡逻队，赶至距离该镇7公里可建立阵地处，却发现那里已被包括步兵、坦克、反坦克力量在内的强大苏军部队占领。敌人尚未占据稍西南面的亚伦（Yarun'）。公路另一侧，一支德军战斗巡逻队赶往斯卢奇河河谷内的巴拉诺夫卡，结果在斯维诺贝奇村（Svinobychi）遭到疑似游击队的顽强抗击，巴拉诺夫卡南面，第16装甲师装甲侦察营在格卢博切克北面的马尔科夫卡（Markovka）[35]遭遇抵抗，在击毁对方2门火炮和2门反坦克炮后夺得该村。更南面，由于苏军向前推进造成威胁，第2装甲团一个营撤至波隆诺耶，但留下一股后卫力量扼守北面数公里的波宁卡（Poninka）。

当日白天，第4装甲集团军同冯·德尔·切瓦勒里第59军联系甚少，收到的唯一一份报告表明，该军打算按计划行事[36]，但该军晚些时候报告，由于解冻，第291步兵师渡过科尔奇克河的行动有所延误[37]。尽管如此，苏军昨日清晨7点25分已从斯捷潘诺夫卡、库利基、谢列德（Seredy）三个地域对埃米利奇诺展开突击。这些进攻地段涵盖从东面至西南面的一条弧线，导致德军只剩两条后撤路线，一条向西通往梅德韦多沃（Medvedovo），另一条路程较长，伸向西北方的波德卢贝（Podluby）。苏军突入埃米利奇诺南部，9点15分，守军被迫炸毁镇中心桥梁。当日剩下的时间里，C军级支队和第291步兵师退往并顺利渡过斯卢奇河，前者担任后卫，在戈罗德尼察东面占据新防御阵地，其防线从库尔奇察延伸至杜布尼基（Dubniki）。苏军紧追不舍，当日展开数次进攻，但没能严重扰乱该军的退却。

总之，对第4装甲集团军来说，当日比前几天更平静些，敌人唯一重要的进攻行动发生在第13军防区，近卫坦克第3集团军继续在格尼洛皮亚季河与捷捷列夫河之间遂行突击[38]。南面，坦克第1集团军似乎正向南穿过第24装甲军防线，可能试图小心翼翼地绕过德军右翼并冲向文尼察。不管怎样，别尔季切夫和文尼察周围的两个苏军坦克集团军很快会恢复进攻，第4装甲集团军正严阵以待。同时，相关情报表明，第13军左翼对面的苏军第60集团军正获得近卫骑兵第1军和坦克第25军加强，其目标可能是包围该地域的德军部队。因此，劳斯现在确定，苏联人意图合围第4装甲集团军两翼。但对方目前的重点是逼近德军新防御阵地，还是等待新锐部队到来，这一点尚不清楚。不管怎样，对方的重点似乎是打击南面切尔尼亚京和切尔沃纳亚斯捷皮（Chervonaya Step'）周边地域的第24装甲军，以及北面丘德诺夫附近第13军与第48装甲军结合部。令劳斯担心的是，前一天报告位于日托米尔地域的敌快速部队失去踪影。

当日清晨，劳斯接到“南方”集团军群司令冯·曼施泰因下达的新训令[39]。命令中要求第4装甲集团军尽快将一股装甲力量集结于捷捷列夫河以西，以此将第7、第8、第19装甲师和党卫队“帝国”装甲战斗群悉数编入巴尔克第48装甲军[40]。党卫队第1“警卫旗队”装甲师也应撤离前线，留作装甲集团军预备队，而第13军应撤至丘德诺夫东南方，别尔季切夫—科罗琴基（Korochenki）一线。白天，劳斯同参谋长范戈赫尔商讨撤出“警卫旗队”装甲师的事宜，范戈赫尔提出，后天可以调离该师。劳斯同意。该师换防工作由巴尔克第48装甲军组织实施，同时将第1装甲师防区延伸至赖基（Raiki）。巴尔克意识到，坚守别尔季切夫势必投入占据新防御阵地所需要的部队，因而建议弃守该城，在西面构设新防御阵地。集团军群批准这项提议，条件是必须在城市东面留下一支强有力的后卫部队，只有在敌人施加巨大压力的情况下方可后撤。傍晚时，第4装甲集团军已完成策划工作，劳斯于当晚下达新指示[41]。他在训令中总结苏军的意图，称敌人企图合围装甲集团军两翼，其进攻重点是北翼，已在那里发现敌人强大的摩托化和坦克部队。相比之下，包围装甲集团军南翼的行动主要由敌步兵部队遂行。针对这一威胁，劳斯的意图是阻止苏军越过瓦赫诺夫卡—别尔季切夫—丘德诺夫一线继续攻向西南方。在北翼，这一目的将通过机动防御加以实现，这样一来，装甲集团军便能为整个集团军群纵深侧翼提供一定程度的掩护，特别是确保利沃夫与文尼察之间的铁路线得到保护。为实现这一目标，装甲集团军辖内各军部受领各自的任务。第24装甲军应据守现有阵地，重点置于南翼。从当日16点起，该军接手指挥第1装甲师，该师当晚撤离别尔季切夫，只留一支后卫部队。次日夜间，1月4日至5日，该军应把党卫队第1“警卫旗队”装甲师撤出前线，之后，该师调往北面加入第13军。为协助第24装甲军遂行防御，该军将获得一些援兵，包括第509重型装甲营（“虎”式坦克）、三个装甲歼击连、第731反坦克营（欠1个连）和将于次日开至的第9迫击炮营。交出两个师后，第48装甲军应于当晚将第1装甲师余部撤出别尔季切夫，退守格尼洛皮亚季河西岸。城市北面，在斯克拉格列夫卡（Skraglevka）与赖基以北两公里某处之间沿河部署的“警卫旗队”装甲师辖内部队，将于1月5日晚撤出防线。除这些准备措施外，巴尔克还奉命在城市东部留下一股强有力的掩护力量，他们的任务是坚守阵地，只有在苏军发起压倒性突击，掩护部队有可能全军覆没的情况下方可撤至西岸。从次日晨6点起，第48装甲军接掌第7、第8、第19装甲师和党卫队“帝国”装甲战斗群。该军尔后将转移至西北面，在那里的新任务是阻止苏军向南、东南方推进，跨过从鲁德尼亚戈罗季谢起，经捷尔任斯克至小科扎拉（Malaya Kozara）一线，这样一来，该军便可将重点集中在捷捷列夫河以西实施机动防御。第13军接到的指示仅仅是坚守既有阵地，并从当日16点起接掌党卫队第1“警卫旗队”装甲师。豪费还奉命为退往什瓦伊科夫卡—皮亚特卡—戈罗季谢一线这场更大规模的后撤做好准备，同时应做出安排，接替仍在什瓦伊科夫卡以南防线上的“警卫旗队”装甲师辖内部队。这些措施将在1月5日夜间实施，这样，到1月5日晨，该师辖内部队均撤离前线，而该军余部也将完全部署在新主防御阵地上。调离前线后，“警卫旗队”装甲师将转移到伊万诺波尔[42]、乌拉诺夫（Ulanov）与伊万诺波尔东南方主十字路口之间地域，在那里暂时担任装甲集团军预备队。同时，步兵上将汉斯·戈尔尼克新开到的第46装甲军接手指挥第16装甲师和第1步兵师业已到达的所有部队，并在格卢博切克—多尔曼卡—斯拉武塔（Slavuta）[43]一线设立掩护，确保这些部队顺利集结，还应朝东北方至沃伦斯基新城与日托米尔之间的主公路，朝西北方至科列茨实施侦察，预计第59军后撤中的部队将于1月4日早些时候到达那里。根据“南方”集团军群先前下达的指示，劳斯命令戈尔尼克，若苏军对该地域加大压力，新锐师的卸载工作应转移到西南方，舍佩托夫卡以南地域和格里采夫（Gritsev）与别洛戈罗德卡（Belogorodka）之间主公路的南面。不能将这道指令仅仅视为批准后撤，命令中明确指出，若进攻德军掩护部队的敌人实力薄弱，应发起攻击并歼灭之。第4装甲集团军右翼，第4山地师继续集结在当前地域，并在布里茨科耶—康斯坦丁诺夫卡—新格列布利亚一线设立掩护，但只能使用已投入的部队。其他单位不应向前部署，实际上，该师应做好准备，一旦苏军施加强大压力，便将集结区向西转移至古缅诺耶与卡利诺夫卡之间铁路线的后方。另外，劳斯还强调该师在完成集结，并做好准备前不得投入行动的重要性。鉴于上述这些变动，必须对各军分界线加以调整。最右翼，与第1装甲集团军的分界线为沃罗诺维察—瓦赫诺夫卡—鲁任。从1月4日清晨5点起，第24装甲军与第13军的新分界线移至乌拉诺夫—布里亚基（Buryaki）—杰姆钦（Demchin）—小塔尔塔罗夫卡（Malaya Tartarovka）—什瓦伊科夫卡—格沃兹达瓦一线，同时，第13军与第48装甲军的分界线调整至莫托维洛夫卡（Motovilovka）—特罗夏—戈罗季谢—维索卡亚佩奇，届时，这道分界线将沿捷捷列夫河延伸。西面，斯卢奇河将成为第48装甲军与第46装甲军的分界线。劳斯计划将他的司令部迁至列季切夫（Letichev），当日上午10点生效。

1944年1月4日，星期二

第4装甲集团军南翼，苏军整个夜间继续对第94侦察营守卫的第4山地师前沿阵地施加压力[44]。苏联人以连级兵力发起突击，科纽舍夫卡地域（Konyushevka）的掩护部队退至康斯坦丁诺夫卡东南面三岔路口，当日凌晨，苏军又以两个步兵连从东北面攻向彼得罗夫卡（Petrovka），迫使德军掩护部队再次后撤。此后，康斯坦丁诺夫卡遭到苏军迫击炮持续不断地轰击。南面，该师派出的一支巡逻队经过瓦赫诺夫卡时遭到火力袭击，估计是30多人的一支游击队所为。左翼，苏军反复向新格列布利亚派出侦察巡逻队，其中一次投入2辆坦克，从格尔马诺夫卡谨慎向前。两辆坦克都被德军击毁。整个夜间，新格列布利亚亦遭到苏军迫击炮和轻型火炮轰击。据报，苏联人正将援兵调入该地域，仅昨日下午，德国人便发现约80部雪橇和1200名士兵从洛佐夫卡

（Lozovka）赶往西南面的奥韦恰切（Ovechache）。

左侧，第24装甲军据守的防区较为安静[45]。昨晚，苏联人在德军设于共青村的防御打开个缺口，德军以反冲击将其肃清后，夜间未发生后续战斗。南面的第18炮兵师称，敌人正沿戈连德雷车站以北5公里的地段挖掘阵地。

第13军防区，苏军当晚也没有采取行动[46]。德军防线上只有一个缺口，发生在斯洛博季谢（Slobodishche）以北地域，党卫队第1“警卫旗队”装甲师守卫的地段。当日晨，该师仍在设法解决这个问题。与此同时，第68步兵师利用这场短暂的平静改善其阵地。在“警卫旗队”装甲师一部支援下，该师投入进攻，夺得皮利波夫卡东北端，并报告在此过程中击毁一些苏军坦克。第340步兵师也设法解决克尼亚任以北防线残余的缺口，清晨时在几辆坦克支援下展开行动。夜间，双方发生炮战，但未发生更严重的情况。

左侧，第48装甲军对面的苏军同样保持着平静[47]。第19装甲师报告，整个夜间，苏军仅以火炮和迫击炮轰击斯托尔博夫和谢尔比诺夫卡，其中包括反复实施的火箭炮齐射。锡里亚基北面，德军战斗巡逻队发现对方的双向卡车交通非常活跃，而在斯托尔博夫北面，德列尼基（Dreniki）附近传出的引擎和履带声清晰可辨。在此期间，第7装甲师撤出捷尔任斯克，在弗鲁布列夫卡（Vrublevka）、科尔切夫卡和罗曼诺夫卡北部占据新阵地，但党卫队“帝国”装甲战斗群未提交报告。西面第16装甲师报告，当晚较为平静，未发生值得一提的情况[48]，而第59军仍试图杀开血路退往科列茨地域，具体情况尚不清楚[49]。

新的一天阴雨连绵，加之较为温暖的气温，导致路面变软。尽管如此，一些道路依然冰冻，特别是在北部，所以到目前为止，大部分交通网仍可使用。右翼，第24装甲军度过较为平静的一天[50]。第168步兵师只与苏军发生一次接触，在格拉西莫夫卡附近拦截并击退对方一支连级兵力侦察巡逻队。第18炮兵师报告，苏军以两个步兵连冲击佩列莫加，但被该师击退。由于右翼遭受的压力不大，内林的感觉是，苏联人正将兵力调离前线转移到南面。但在北面，第1装甲师据守的防线上，苏军的冲击越来越猛烈，持续时间越来越长，该师成功击退对方以营级兵力对共青村遂行的一系列进攻。更北面，苏联人似乎只是缓慢追击从热热列夫—哈任一线后撤的德军，14点，他们攻击德军设在哈任村的新阵地，但未获成功。别尔季切夫及其北面的苏军更加活跃，对德军防御施加的压力也更大。他们在斯克拉格列夫卡打开个突破口，并以营级兵力在格尼洛皮亚季河对岸设立一座登陆场。傍晚时，德军封闭这一突破，但苏军的压力一如既往。当日上午，范戈赫尔同“南方”集团军群参谋长布塞会谈，商讨如何更好地使用新加入的第4山地师，特别是因为他们都相信苏军正将新锐部队调入罗索沙和佐佐夫卡周边地域，目前正重组其部队。布塞建议，可以用该师与党卫队第1“警卫旗队”装甲师相配合，攻入正在该地域向南推进的苏军坦克第1集团军侧翼。当晚晚些时候，布塞再次致电第4装甲集团军，建议将第4山地师主力集结在布里茨科耶地域，用于向北或西北面实施进攻。范戈赫尔随后致电内林的参谋长吉泽中校，告诉他从午夜起，该师编入第24装甲军[51]。正式命令随后下达，明确指出第4山地师编入第24装甲军，用于掩护第4装甲集团军南翼[52]。该师主力应向前推进，占据布里茨科耶—科纽舍夫卡—彼得罗夫卡地域，在那里做好向北或西北面进攻的准备。同时，该师辖内其他部队应确保其与右侧第1装甲集团军的结合部的安全。

第13军防区，苏军投入八个步兵师和数个坦克旅，再次冲击该军整片防御地段[53]。这场进攻开始于当日晨8点，第13军确认对方两个主要突击方向是皮利波夫卡—皮亚特卡和克尼亚任地域。总的说来，苏军的主要突击似乎是为实现向西南方的突破，而他们的辅助突击旨在从两侧卷击该军侧翼，左侧攻往丘德诺夫，右侧攻向别尔季切夫。一场猛烈炮火准备后，苏军投入冲击，在数个地段迅速突破德军薄弱的防线。克尼亚任西南面，强大的苏军部队在坦克支援下，一举突破德军设在秋琼尼基（Tyutyunniki）周围的防御阵地，并夺得该村，另一个苏军突击群一路突破至科罗温齐（Korovintsy）西面的米哈伊连基（Mikhailenki）。第208步兵师一部从拉奇基地域（Rachki）对该突击群展开反冲击，力图阻止对方继续突破，据报，苏联人伤亡惨重，但第208步兵师的损失也不小。目前的总体态势相当严峻，特别是因为第13军的防御能力受到弹药不足的影响。更糟糕的是，该军报告，他们认为这些进攻还将继续。中午前后，豪费的参谋长冯·哈默施泰因–格斯莫尔德上校打电话给第4装甲集团军参谋长范戈赫尔，向他汇报最新情况[54]。范戈赫尔想知道，在目前情况下，党卫队第1“警卫旗队”装甲师能否按照先前的指示撤出前线。不出所料，冯·哈默施泰因–格斯莫尔德认为无法做到这一点。面对这种新形势，集团军群不反对“警卫旗队”装甲师继续留在第13军辖内，因此，豪费当日下午接到新指示。他将于当晚实施后撤，但不是将腾出的部队交给第4装甲集团军担任预备队，而是以这些力量填补防线上新出现的缺口，并在皮亚特卡至科罗琴基一线构设一道新防御阵地。18点，范戈赫尔致电“南方”集团军群参谋长布塞，向他简要汇报最新态势。坏消息是，一直身处战场的巴尔克认为，第13军正在崩溃，可能是辖内部队付出巨大努力和极度疲惫所致。巴尔克非常担心这可能会对其他部队的士气造成影响，因此，范戈赫尔向集团军群提出，将第13军撤离前线，特别是因为卷入战斗的各个师，前线兵力只剩150至300人[55]。布塞认为这不可能，他要求第4装甲集团军司令部与豪费直接通话，问问他对部队状况的看法。因此，劳斯18点20分致电豪费，后者告诉他，第68和第208步兵师的情况与昨晚汇报的一样。在当日战斗中首当其冲的是第340步兵师，但豪费认为，即便如此，该师正在崩溃的说法也太过夸张。他强调，全军目前掌握的步兵兵力不超过一个弱团，已无法遂行任何形式的持久防御。因此，虽然炮兵部队状况不错，但豪费认为，撤离“警卫旗队”装甲师肯定会导致整个防线发生崩溃。劳斯告诉他，“警卫旗队”装甲师继续留在第13军，已命令第48装甲军为第13军重新设立防线提供支援。这番交谈结束后，第4装甲集团军司令部再次联系布塞，后者认为应采取一切措施阻截苏军突破，并指出，必须不惜一切代价坚守新防御阵地。

左侧，苏军继续进攻第48装甲军，重点打击该军右翼，适逢他们对第13军发起主要突击之际[56]。作为回应，党卫队“帝国”装甲战斗群一股装甲力量上午9点从基赫基（Kikhti）以北地域展开进攻。这场突击最初冲向东南方，但苏军突破友邻第13军左翼后，这支装甲部队转身向南，攻往戈罗季谢，力图阻止苏联人冲入第48装甲军右翼。靠近西北方，苏军以营级兵力沿捷捷列夫河河谷向南冲击，但对德雷格洛夫（Dryglov）的两次进攻均被德军击退。捷捷列夫河西岸，苏军以持续不断的火炮和火箭炮轰击第19装甲师据守的地段，最猛烈的火力落在斯托尔博夫和谢尔比诺夫卡。当日晨，苏军还以两个连从锡里亚基攻向卢泰，但被德军击退。左侧，苏军发起另一场冲击，投入的兵力约为一个营，从德列尼基向南攻往斯托尔博夫，遭德军阻截后被迫转向西面。对此，第19装甲师以一个装甲战斗群向德列尼基发起局部反冲击，穿过斯托尔博夫西面树林向北推进。在那里，他们遇到苏军一个大型集结区，尽管对方的反坦克防御非常强大，但这股德军还是给敌人造成严重损失，并击毁3辆敌坦克。在另一场行动中，该师投入部分装甲掷弹兵，从斯托尔博夫向西攻击前进，以夺取这片树林。与此同时，西北方，第7装甲师一部设法击退苏军以营级兵力从东面和东南面对罗曼诺夫卡北部发起的进攻。北面的情况没这么顺利，德军设在科尔切夫卡的防御阵地，整个清晨遭到苏军从东北面和西北面反复发起的冲击。德国人起初击退所有进攻，一场局部反冲击甚至给对方造成严重伤亡。但苏联人上午10点重新展开进攻，这次获得坦克支援，德军防御崩溃，被迫退出该村。苏联人继续攻向西南方，从行进间夺得弗鲁布列夫卡，尔后转身向西攻击前进。弗鲁布列夫卡北面，苏军似乎已转入防御，德国人发现他们正沿捷尔任斯克与大科扎拉之间地段挖掘阵地。更西面，该师后来派出的侦察巡逻队发现，苏军部署在该地域的兵力相当雄厚，卡缅（Kamen'）、布尔德切夫（Buldychev）、小科扎拉和北面的埃拉西莫夫卡（Erasimovka）[57]都有强大苏军部队据守。卡缅西南方，该师同第16装甲师一部在佩恰诺夫卡（Pechanovka）取得联系。

第16装甲师辖内其他部队不断开到，包括第16装甲工兵营、第79装甲掷弹兵团（欠重武器连）、第16装甲炮兵团团部（连同第1营第5、第7连）和第16装甲高射炮营第3连[58]。为确保后续部队集结区的安全，该师奉命展开侦察行动。在左翼，该师派出一支巡逻队，从舍佩托夫卡沿公路赶往科列茨，中午后到达该镇以南约8公里的穆哈列夫（Mukharev）。此时，苏军尚未占领该村，但之后，师部同巡逻队失去联系。东面，沃伦斯基新城以南地域，苏军凌晨2点左右占领斯莫尔德列夫（Smoldyrev），当日大部分时间忙于加强该地域。傍晚时，第16装甲师似乎已经很清楚，这片地域将是他们日后展开行动的重点。中午前后，另一些苏军部队占领沃伦斯基新城以南约8公里处，通往舍佩托夫卡主公路上的奥列佩。更南面，第16装甲师确定，虽然苏军尚未占领格卢博切克村，但其游击队在该地域据守着斯卢奇河东岸，直至米罗波尔北面的树林边缘。据俘虏交代，这些部队都由设在乌利哈（Ul'kha）的一个团级指挥部指挥。东面，该师同第177保安团一部在米罗波尔北部会合，同第7装甲师一部在罗曼诺夫卡以南取得联系[59]。傍晚17点15分，据报，米罗波尔北端遭苏军迫击炮袭击，又有报告称，敌坦克从卡缅越过丘德诺夫与米罗波尔之间的主公路向南推进。白天某个时候，该师还报告，第147预备师师长、原沃伦斯基新城作战司令奥托·马特斯托克中将到达通往舍佩托夫卡主公路上的杜布罗夫卡，还带着约1000名部下。他们在激烈的战斗中被迫后撤，大部分重武器在途中抛弃[60]。与此同时，第59军继续在遥远的左翼实施计划中的后撤，第291步兵师在斯特罗热夫对面，从科列茨以东经科贝利亚至扎斯塔瓦（Zastava）的科尔奇克河登陆场占据防御阵地[61]。该师还向东面的沃伦斯基新城派出侦察巡逻队，并报告皮利波维奇附近有敌人的装甲车。该师左侧，C军级支队掩护着北翼，并继续撤往从斯特罗热夫起，经布德基乌希恩斯基耶（Budki–Ushienskie）至斯卢奇河河畔别利恰基（Bel'chaki）南端一线。夜间，冯·德尔·切瓦勒里接到命令，将其部队集结在科列茨周围和西面，并做好赶往沃伦斯基新城的准备。同时，他还应尽量向东面、东北面和北面派出掩护部队。

后方，新开到的第46装甲军军部同第16装甲师取得联系，当晚获知，除第1步兵师，该军还将获得第254步兵师作为加强[62]。该师目前尚在途中，计划在第1步兵师后到达舍佩托夫卡地域。为给该师提供装甲支援，第300突击炮营正在旧康斯坦丁诺夫（Starokonstantinov）卸载，待第254步兵师到达，戈尔尼克负责将这个突击炮营编入该师。但上级部门禁止第46装甲军在新部队完成集结前将他们投入部署。

总之，第4装甲集团军预料敌人对其南翼实施的突击并未发生，目前有迹象表明，由于卡扎京—文尼察铁路线两侧的进攻行动没能成功，第24装甲军对面的苏军实际上已将坦克第1集团军的快速部队调至东南面[63]。尽管如此，第4装甲集团军仍认为敌人会对第24装甲军右翼的新格列布利亚—康斯坦丁诺夫卡地段重新施加压力。相比之下，苏军对北翼的主要突击，在别尔季切夫与捷尔任斯克之间，第13军防区中央地段被严重突破。这场进攻发生在捷捷列夫河两侧，东面以近卫第1集团军实施，近卫坦克第3集团军辖内近卫坦克第6军提供支援，西面则以第60集团军在近卫坦克第4军支援下遂行[64]。西面的进攻基本上被德军击退，但捷捷列夫河东面，苏军坦克达成突破，并从米哈伊连基到达日托米尔—舍佩托夫卡铁路线。有报告称，几辆敌坦克甚至越过铁路线，前出到伊万诺波尔以北6公里处。傍晚前，第4装甲集团军未发现任何敌新锐部队投入这场进攻，由于气候条件对全面空中侦察造成妨碍，装甲集团军对日托米尔—沃伦斯基新城地域的敌预备力量只有个大致了解。他们发现大批苏军位于沃伦斯基新城—皮利波维奇周边地域，并注意到新扎沃德西面、捷尔任斯克北面的树林中有一个庞大的集结营地。尽管缺乏详情，但它表明，苏联人在该地区仍留有大批尚未投入战斗的部队，只要他们愿意，完全可以用这些力量打击第13军或第48装甲军。但第4装甲集团军预计，用不了多久，近卫坦克第3集团军余部也将投入捷捷列夫河以东的进攻，也就是说，德国人认为近卫坦克第7军和机械化第9军很快会加入战斗。西面，德国人也料到第60集团军的突击将获得近卫坦克第5军和坦克第25军加强，在此协助下攻向西南方。

面对这种情况，第4装甲集团军为次日作战行动下达相关训令[65]。命令中要求第24装甲军务必坚守现有阵地，并将党卫队第1“警卫旗队”装甲师一部转隶第13军。而第13军获得新配属的部队后，应组织反冲击，封闭第68与第340步兵师之间防线上的缺口，并在皮亚特卡与科罗琴基之间构设一道新防线。同时，第48装甲军应将右翼的党卫队“帝国”装甲战斗群撤至戈罗季谢—杜比谢（Dubishche）一线，并组建一个装甲战斗群支援第13军左翼的战斗。中央地段，该军应扼守阵地，而在左翼应继续实施机动作战，同西面第16装甲师保持联系。除这些新举措，第4装甲集团军还要求第46装甲军继续将辖内部队集结在划拨给该军的地域，并在北面和东北面部署掩护部队[66]。第59军应集结在科列茨周边地域，向北面、东北面和东面派出掩护部队，同时收拢第147预备师逃离沃伦斯基新城的部队，尔后将他们送往旧康斯坦丁诺夫，在那里安排运输，把这些残部撤离作战地域，交给国防军驻乌克兰司令。此时，劳斯越来越担心麾下装甲部队的状况，他向各位军长指出，可用战车数量在过去几天急剧下降[67]。虽然知道维修部门面临的种种困难，但他还是认为必须要求下属们密切关注维修情况，以确保这些工作尽快实施。

1944年1月5日，星期三

1月5日的夜晚，第4装甲集团军辖内大多数部队平静度过，但第13军例外。右翼，第24装甲军将其防区扩展至别尔季切夫西北面，并按指示接掌第4

山地师[68]。该师侦察营设在康斯坦丁诺夫卡的阵地昨晚20点遭苏军袭击，虽然对方投入2辆坦克，但德军还是将这场进攻击退。第168步兵师据守的防区，双方都展开侦察巡逻，苏军还以猛烈炮火轰击小切尔尼亚京（Maly Chernyatin）南面的小树林。第18炮兵师左翼，苏军占领佩列莫加村，而在别尔季切夫北面，苏联人对赖基的进攻导致第1装甲师一部接替党卫队第1“警卫旗队”装甲师的换防工作趋于复杂，结果，后者当日晨仍未完成后撤。

第13军防区的情况不太平静[69]。整个夜间，苏军持续对该军整条防线保持强大压力，据报，苏联人不断将新锐援兵调至小科罗温齐地域（Malye Korovintsy）。他们扩大已达成的突破，一路向前夺得大科罗温齐（Velikaya Korovintsy），尔后继续向南攻击前进[70]。到目前为止，已发现40辆敌坦克，外加反坦克武器和强大的步兵部队，其中包括一支约1000人的队列。南面，苏军坦克整个夜间一直以炮火轰击伊万诺波尔，似乎表明苏联人正准备以坦克力量冲击该镇。夜间，该军设法击毁2辆敌坦克。苏军向伊万诺波尔的推进已将该镇北面，以及梅德韦季哈（Medvedikha）周边地域的德军补给线切断。豪费确认，“警卫旗队”装甲师右侧部队的换防工作尚未完成，他们仍在等待接替部队赶至。

苏联人集中力量打击第13军之际，左侧第48装甲军得以将第19装甲师撤至从丘德诺夫北部边缘起，经西面高地北延至谢尔比诺夫卡一线。除昨晚19点30分左右斯托尔博夫地域遭到一场炮击外，该军未报告发生其他战斗。右翼的情况不太明确，因为该军同党卫队“帝国”装甲战斗群失去联系，但左侧第7装甲师已在罗曼诺夫卡北端至戈尔杰耶夫卡（Gordeevka）一线占据新阵地。

遥远的西北面，南起大普拉武京（Bol'shoi Pravutin），北至博戈柳博夫卡（Bogolyubovka）西面的克拉西洛夫卡（Krasilovka），其间穿过皮谢夫（Pishchev）以东、通往沃伦斯基新城主公路上的杰多维奇（Dedovichi），第59军沿一条宽大战线向科列茨以东实施侦察。这道掩护线后方，第291步兵师辖内第一批部队开始到达科列茨地域，该师身后，C军级支队辖内所有部队已渡过斯卢奇河到达南岸。

在此期间，天气变化不大，尽管云层覆盖，但温度保持在冰点，使某些地段的道路出现结霜和冰冻。装甲集团军南翼，第4山地师无法完成受领的任务，部分原因是辖内一些部队姗姗来迟，还因为遭到敌人抵抗[71]。尽管如此，傍晚前，该师还是在东南方取得进展，茹拉瓦（Zhurava）和瓦赫诺夫卡南部都落入德军手中，虽然该师没能将苏军逐出该镇北部。据报，瓦赫诺夫卡西南方林地内有游击队，而苏军严密据守着北面的彼得罗夫卡村。左翼，该师对切尔沃纳亚特里布诺夫卡（Chervonaya Tribunovka）东面两个苏军步兵营展开一场成功的反冲击后，不得不推迟重组，但该师当晚报告，辖内作战部队已悉数到达。北面，苏联人当日上午在小切尔尼亚京和格拉西莫夫卡对第168步兵师据守的阵地发起四次冲击。他们为此投入连级或营级兵力，但这些进攻均被击退。该师还汇报敌人的动向，他们发现约60具雪橇组成的一支队伍位于切尔尼亚京与列奥纳尔多夫卡之间道路。第18炮兵师也遭到九次攻击，这些进攻沿一条宽大战线展开，南起扎利万希纳（Zalivanshchina），北至佩列莫加以南，苏军投入的兵力从排级至满编团不等。稍北面，德国人还发现苏军正加强佩列莫加北面的姆沙涅茨地域，该师认为，对方很快会展开后续突击，这一点不难预料。左侧第1装甲师亦遭到攻击。在其右翼，苏军以营级兵力对共青村的冲击被击退，而在更北面，苏联人投入团级兵力，对热热列夫和哈任地段展开更为猛烈的突击，但也被德军成功击退。别尔季切夫地段，苏联人似乎下定决心攻克该镇。13点30分，他们沿别尔季切夫与小塔尔塔罗夫卡之间的整条战线发起大规模冲击，在德军防线上达成四处突破。第一个突破发生在别尔季切夫南面的贝斯特里克附近，第二个突破位于该镇以西，第三个突破出现在斯克拉格列夫卡南面，最后一个突破在赖基附近。由于这些突破，苏军得以占领别尔季切夫西部，进而彻底解放该镇[72]。尽管第1装甲侦察营在12辆坦克支援下设法封闭苏军一些突破，但大批敌军似乎正调入该地域，因为德国人注意到该地段对面的苏军调动异常繁忙。第1装甲师必须在左翼设立一道掩护线，抗击苏军在第13军防区达成的突破，同时延缓接替党卫队第1“警卫旗队”装甲师，这些任务没能使该师的情况得到好转。由于一些部队已撤离阵地，换防工作未能完成，但赶来接替的步兵部队最终在第1装甲侦察营一个加强连协助下进入阵地。

苏军继续对第13军遂行主要突击[73]。进攻持续一整天，该军估计，苏联人投入8—10个步兵师，也许还获得2个坦克军支援[74]。这些进攻大多以团、营级兵力发起，共同导致科罗温齐地域突破口扩大。苏联人继续向南推进，搭载步兵的坦克前出至伊万诺波尔以北数公里林地的南部边缘。据地面和空中侦察报告，这些先遣部队不断获得援兵加强，因此，这场推进似乎有可能继续进行。第13军右侧，党卫队第1“警卫旗队”装甲师在其作战地带遂行的防御较为成功。苏军以团级兵力对小塔尔塔罗夫卡发起的进攻被击退，另一股苏军在少辆坦克支援下突入拉奇基北端，德军组织局部反冲击，迫使这股苏军向北退却。左侧，第68步兵师当日晨投入进攻，以肃清主防御阵地。其左翼遭到苏军冲击，被迫退往科罗温齐南面树林的北部边缘。与此同时，第13军展开反冲击，力图封闭敌人在米哈伊连基周围达成的突破。第208步兵师期盼获得“警卫旗队”装甲战斗群支援，但该战斗群卷入一场反冲击，对突入拉奇基之敌遂行打击，在缺乏装甲力量支援的情况下，第208步兵师从拉奇基地域展开进攻，竭力取得进展。突破口另一侧，第340步兵师在第280突击炮营一个连和党卫队“帝国”装甲战斗群一股装甲力量支援下，从秋琼尼基地域发起攻击。这场突击成功夺得米哈伊连基和科罗温齐北端，击毁6辆敌坦克，并于傍晚前到达小科罗温齐、科罗温齐、米哈伊连基东部边缘一线。不过，由于苏军顽强抵抗，这场进攻未获全胜，德国人只是缩小突破口，没能将其彻底封闭。虽然这场突击获得近距离空中支援，特别是在科罗温齐地域，但由于缺乏补给，该军战斗力开始受到影响，主要是弹药，其次是燃料。这不仅妨碍到该军眼下的行动，还意味着第13军无法直接炮击已知的敌军集结区，大部分100毫米加农炮和重型野战榴弹炮耗尽炮弹后撤回后方。

苏联人还对第48装甲军据守的防线继续遂行冲击[75]。党卫队“帝国”装甲战斗群设在科罗琴基的阵地，当日上午遭到苏军以营级兵力从戈罗季谢展开的两次进攻，但德军成功将其击退。下午，丘德诺夫东北地域，苏联人投入一个步兵团，从北面和东北面向前推进，逼近装甲战斗群主防御阵地。其左翼当日下午亦遭到苏军迫击炮和火箭炮轰击，稍北面，他们发现苏军步兵和坦克部队正在锡里亚基地域集结。第19装甲师当日上午同样遭到攻击，苏军以营级兵力攻向斯托尔博夫。德军击退这场进攻，但苏联人在坦克支援下重新发起冲击，面对德军防御炮火，苏军的进攻停顿下来。对方似乎正为再度实施突击加以准备，谢尔比诺夫卡北面的状况同样如此，苏军逼近到距离该师主防御阵地200—400米处。左侧第7装甲师也卷入战斗。苏联人投入两个营，冲击罗曼诺夫卡北部，但第7装甲师顺利击退这些进攻，据报击毁2辆敌坦克。与此同时，另一些苏军部队冲出弗鲁布列夫卡，从西北面攻向罗曼诺夫卡，但也被该师击退。下午，20辆敌坦克从弗鲁布列夫卡向南突击，其中一些转向西南面，傍晚前，拉济诺车站（Razino）和戈尔杰耶夫卡已丢失，第7装甲师设在罗曼诺夫卡的阵地遭迂回。总的说来，巴尔克的印象是，苏联人正在第48装甲军整条防线对面加强力量，但重点是两翼。德国人发现，包括步兵和坦克力量在内的苏军部队在丘德诺夫以北和西北地域集结，另据空中侦察报告，苏军新锐部队正开入克尼亚任和小科罗温齐地域。他们在那里发现2000余部各种类型车辆。巴尔克认为，苏联人目前的意图是扩大西面拉奇基—科罗温齐地域达成的突破，从而更稳妥地向南推进，而包括近卫坦克第4军在内的第二个集团继续设法绕过第48装甲军左翼。在第4装甲集团军司令部看来，态势似乎正朝不利的一面发展，因此，劳斯批准巴尔克后撤其左翼，以免遭受卷击[76]。

左翼，第46装甲军仍在加强其阵地。第16装甲师组建起一个小股战斗群，意图掩护面向第48装甲军的侧翼，该战斗群从米罗波尔向东攻击前进，在那里顺利击败苏军两个步兵连，随后返回出发阵地[77]。侦察行动表明，苏军尚未占领格卢博切克，德国人在北面发现2辆敌坦克位于巴拉诺夫卡。更北面，苏军15点左右占领克利缅塔尔村（Klimental），但没有将西面数公里的泽列姆利亚（Zeremlya）拿下。与此同时，左翼，第16装甲师辖内另一些部队从科茹什基（Kozhushki）向北进攻，一举夺得沃伦斯基新城南面的奥列佩，但为防止遭苏军隔断，他们于晚些时候返回出发阵地。稍西北面，苏军严密守卫着亚伦镇，但第16装甲师已通过侦察巡逻队同第59军建立起某种形式的联系。后方，各援兵师不断开到的单位被派往新集结区，以免距离前线太近。总之，苏军未在第4装甲集团军这一地段全力推进，这使第46装甲军得以部署掩护力量，确保援兵集结区安全。苏联人再度占领克利缅塔尔村，并向巴拉诺夫卡以西派出实力薄弱的骑兵部队，但这些行动并未表明他们是否打算攻向斯卢奇河以西。因此，戈尔尼克认为第46装甲军仍有可能以掩护部队守卫已占据的防线。

第59军防区，第291步兵师主力目前位于科列茨周边及北部地域，掩护部队向东推进到皮谢夫至北面一线[78]。在其身后，C军级支队从别利恰基地域尾随而来，留下守卫部队监视斯卢奇河上的渡口。

总体而言，态势与昨日类似。别尔季切夫以南，第4装甲集团军南翼，苏军的行动仅限于牵制性进攻和侦察巡逻，目前已推进到亚森基与瓦赫诺夫卡之间的小村庄亚谢涅茨科耶（Yasenetskoe）[79]。他们似乎继续将部队调往东南面[80]。北翼的情况与之类似，第48装甲军防区，苏军的进攻有所减缓，但现在令人担心的是，苏联人正以一场迂回机动向西转移兵力，意图从卡缅—布尔德切夫地域攻向南面或东南面。而在中央地段，特别是别尔季切夫西北方，苏联人继续遂行大规模攻势，其目标显然是突破第13军防御。有明确迹象表明，敌人正调来大股援兵，据空中侦察报告，约2000部车辆位于小科罗温齐—克尼亚任—杜比谢地域。德国人还在科罗温齐西北方发现500至800部车辆向南驶往伊万诺波尔，估计其目标是直接攻入装甲集团军后方。现已得到证实，苏军近卫坦克第7军和机械化第9军位于该地段，德国人还注意到拉奇基与小科罗温齐之间地域有60至70辆敌坦克。面对这种态势，劳斯认为，第4装甲集团军要想封闭别尔季切夫西面敞开的缺口，必须由一个指挥部加以处理[81]。因此，当日上午，劳斯致电第48装甲军军长巴尔克，与他商谈将第13军辖内部队统归他指挥的可能性。两人达成一致，劳斯随即指示巴尔克接管所有部队，并指挥相应的反冲击。此举表明现阶段第13军辖内各步兵部队的实力太过薄弱，劳斯甚至想过，将所有残余部队改编成一个军级支队。当晚晚些时候，巴尔克致电劳斯，向他简要汇报相关进展。巴尔克认为整体态势目前岌岌可危，并指出至少一个苏军步兵团和一个坦克旅位于科罗温齐南面的树林，尽管他估计这股敌军的实力已因德军空中打击和地面行动折损过半。虽然如此，但第48装甲军将于次日上午10点投入进攻，设法封闭突破口。这场突击将以党卫队第1"警卫旗队"装甲师从东面，党卫队"帝国"装甲战斗群从西面遂行。德国空军已安排对地支援行动，希望这能成为此次行动的决定性因素。巴尔克估计苏军防御部队会实施顽强抵抗，但他乐观地认为，这场突击能取得成功。

当日白天，第24装甲军问及在目前情况下如何同友邻第1装甲集团军建立联系。劳斯与范戈赫尔商讨这个问题，他们认为有两种可能性[82]：一是夺取布里茨科耶，在该地域建立联系；二是将右翼向南拓展，封锁通往文尼察的公路。范戈赫尔随后同第1装甲集团军参谋长文克少将商讨此事，并建议，由于包括坦克在内的强大苏军部队已位于亚谢涅茨科耶，他们放弃夺取布里茨科耶的这个选择，而应集中所有可用力量向东南方攻击，设法封闭缺口。文克承认态势严峻，特别是苏联人正从北面对第17装甲师施以重压，估计对方投入的是整个坦克第1集团军。由于该师已竭力将前沿阵地向西推进到纳尔齐佐夫卡（Nartsizovka）西北面的维谢尔基（Vyselki），文克认为继续朝该方向发展不太可能。因此，他问第4装甲集团军能否向东面的第1装甲集团军攻击前进，从而封闭缺口。劳斯同内林商讨这种可能性，得出的结论是第24装甲军无法凭一己之力实现这一点。但他又问内林，能否在亚森基地域发起一场短暂而又猛烈的突击，迫使苏军停止前进，一旦做到这一点，不必坚守该地域。内林认为这也很困难，特别是因为强大的苏军部队据守着瓦赫诺夫卡。因此，劳斯决定，第24装甲军首先应在亚森基地域实施一场特别侦察，设法弄清该地域敌军的确切实力，以及如何更好地对其展开进攻。他把这一决定告知第1装甲集团军。

同时，这些问题似乎也令“南方”集团军群忧心忡忡，当日清晨，冯·曼施泰因给劳斯下达关于部署戈尔尼克第46装甲军的新训令，该军目前仍集结在舍佩托夫卡地域[83]。与先前的指示相比，这道命令发生重大变化，劳斯现在奉命将第46装甲军，连同第16装甲师、第1和第254步兵师调至文尼察西北地域，在那里重新集结于赫梅利尼克—卡利诺夫卡铁路线两侧的卡利诺夫卡—古列夫齐—皮科夫（Pikov）—赫梅利尼克—布鲁斯利诺夫（Bruslinov）地域。这场调动将立即开始，尽管白天的运输只能在没有敌军空中活动的情况下实施。履带式车辆单位尽可能通过铁路线运送，就连步兵也应搭乘卡车，以缓解部队的疲劳。为填补该军调离后留下的缺口，第59军应向南开赴舍佩托夫卡地域，在那里接管从“北方”集团军群新调来的第96步兵师。同时，第46装甲军先前派出掩护卸载工作的部队应留在目前阵地上，确保舍佩托夫卡周边铁路交通网畅通，并为调入新阵地的第59军提供掩护。第4装甲集团军司令部直接致电戈尔尼克，告诉他计划发生变更，并让他确保仍在赶来的火车改道驶向该军新目的地。当日下午早些时候，集团军司令部下达正式训令[84]。命令中列出计划时间表和分配给第16装甲师、第1步兵师的路线，两个师预计于1月7日夜间开至文尼察以西新集结区。两个师尚未到达的单位直接改道新地域，为协助调动，第4装甲集团军分配给该军400吨卡车载运量，第48装甲军奉命提供另外60吨。由于集团军群担心敌人的空中侦察，劳斯特地指示戈尔尼克，所有运输工作只在夜间实施，但命令中批准空车可以在白天返回。第59军军长冯·德尔·切瓦勒里也接到新命令[85]。劳斯指示他撤往南面，掩护舍佩托夫卡—波隆诺耶—斯拉武塔地段，在科尔奇克河两侧占据新阵地，其防线从格卢博切克起，经扎莫罗琴耶（Zamorochen'e）[86]和胡托尔（Khutor）至亚努舍夫卡（Yanushevka）。该军应尽快接替第46装甲军辖内其他部队，尔后将防御重点集中于东部地段，确保通往舍佩托夫卡的铁路线畅通。同时，暂时称为“科列茨”战斗群的第454保安师应留在科列茨，封锁从沃伦斯基新城通往罗夫诺的主公路。给他们下达的特别命令指出，不得跟随第59军辖内部队一同向南撤退。晚些时候的一道命令告诉冯·德尔·切瓦勒里，第46装甲军辖内一些部队仍在坚守掩护阵地，因此也需要接替[87]。右翼的掩护部队包括第16装甲侦察营辖内单位，该营营部和装甲力量位于波隆诺耶，米罗波尔和格卢博切克各有一个加强连。中央地段，第64装甲掷弹兵团第1营将营部设在杜布罗夫卡，辖内部队位于谢列德尼亚（Serednya）、苏叶姆齐（Suyemtsy）、奥列佩和热洛布诺耶（Zhelobnoe），左翼，第1步兵师一个营仍沿从胡托尔起，经佩列梅舍尔（Peremyshel'）至斯拉武塔西北面的巴兰耶（Baran'e）一线据守阵地。夜间，第59军参谋长施洛伊泽纳上校致电第4装甲集团军司令部，向范戈赫尔证实后撤将于次日晨实施，意图是接替第16装甲师余部。

最后，劳斯给第4装甲集团军辖内其他部队下达指示[88]。他现在的意图是坚守别尔季切夫以南既有阵地，并将北翼撤至沿别尔季切夫至波隆诺耶铁路线一线，同时封闭科罗温齐地域的缺口。第24装甲军奉命设立新防御阵地，其防线从贝斯特里克以西某处向北延伸，穿过别尔季切夫以西地域，再沿公路和铁路线伸向杰姆钦。该军应同第13军位于戈洛季基西部边缘的右翼取得联系。第13军暂时接受第48装甲军指挥，并撤至从杰姆钦经奥利尚卡和戈尔杰耶夫卡至佩恰诺夫卡的铁路线。同时，该军应设法从捷捷列夫河以西地段和党卫队第1“警卫旗队”装甲师腾出可用部队，以便继续遂行反冲击，封闭防线上的缺口。德国空军第8航空军应为地面部队封闭缺口的行动提供一切可能的支援，第48装甲军奉命直接做出必要安排。

注释

1.第42军晨报，1944年1月2日5点45分签发。

2.第7军晨报，1944年1月2日6点30分签发。

3.第17装甲师晨报，1944年1月2日5点15分签发。

4.第4山地师晨报，1944年1月2日5点55分签发。

5.第24装甲军晨报，1944年1月2日5点40分签发。

6.第48装甲军晨报，1944年1月2日6点10分签发。

7.第42军每日报告，1944年1月2日19点55分签发。

8.第7军每日报告，1944年1月2日20点15分签发。

9.例如，据报，第305掷弹兵团第1营此时的作战兵力仅剩50人。

10.第17装甲师每日报告，1944年1月2日19点40分签发。报告中提及该师现有的坦克数量：

· 三号长身管坦克：3辆

· 四号长身管坦克：1辆

· 五号坦克：5辆

· 六号坦克：11辆（隶属新赶到的第506重型装甲营）

· 突击炮：8辆

11.第4山地师每日报告，1944年1月2日19点55分签发。报告中称，1月2日到达的部队如下：

· 第94山地炮兵团第3营

· 第13山地猎兵团第3营一部

· 第13山地猎兵团第2营主力

· 第94山地工兵营一部

· 第91山地猎兵团高炮连

12.第24装甲军每日报告，1944年1月2日20点10分签发。

13.第48装甲师每日报告，1944年1月2日19点20分签发。德军已识别出苏军机械化第17旅和步兵第389师。

14.第4装甲集团军作战处发给“南方”集团军群的每日报告，1944年1月2日签发。

15.第4装甲集团军作战处作战日志，1944年1月2日的条目。

16.第4装甲集团军作战处作战日志，1944年1月2日的条目。

17.第4装甲集团军作战处作战日志，1944年1月2日的条目。

18.第4装甲集团军情报处发给“南方”集团军群的晚间报告，1944年1月2日20点签发。

19.尚不清楚这些部队的番号，特别是因为近卫坦克第3集团军的主力此时正在日托米尔南面作战。

20.第24装甲军晨报，1944年1月3日6点35分签发。

21.第48装甲军晨报，1944年1月3日5点45分签发。

22.第4装甲集团军作战处发给“南方”集团军群的晨报，1944年1月3日7点45分签发。

23.第13军晨报，1944年1月3日7点15分签发。

24.第4装甲集团军作战处发给“南方”集团军群的晨报，1944年1月3日7点45分签发。

25.“南方”集团军群作战处，第34/44号令，1944年1月3日签发。

26.第4装甲集团军作战处发给“南方”集团军群的晨报，1944年1月3日7点45分签发。

27.第4装甲集团军作战处的情况汇报，1944年1月3日签发。

28.第48装甲军每日报告，1944年1月3日18点45分签发。

29.德方记录中称之为Wilschanka。

30.德方记录中称之为Kosari。

31.第4装甲集团军发给“南方”集团军群的每日报告，1944年1月3日签发。

32.第13军每日报告，1944年1月3日19点35分签发。报告中称，12月25日至1月2日，第13军共击毁或缴获187辆坦克、18门反坦克炮、14门火炮和大批其他武器装备。该军还抓获796名俘虏，估计杀死4800名苏联人，已数出1935具尸体。

33.第4装甲集团军作战处的情况汇报，1944年1月3日签发。

34.第16装甲师每日报告，1944年1月3日19点签发。

35.某些地图上标为佩尔绍特拉文斯克（Pershotravensk）。

36.第4装甲集团军作战处的情况汇报，1944年1月3日签发。

37.第4装甲集团军发给“南方”集团军群的每日报告，1944年1月3日签发。

38.第4装甲集团军情报处发给“南方”集团军群的晚间报告，1944年1月3日19点签发。

39.第4装甲集团军作战处作战日志，1944年1月3日的条目。

40.据一份无编号的报告称，第4装甲集团军1月3日可用的战车数量如下：

· 党卫队第1“警卫旗队”装甲师：10辆四号长身管坦克，6辆五号坦克，8辆突击炮

· 第1装甲师：14辆四号长身管坦克，22辆五号坦克

· 第509重型装甲营：8辆六号坦克

· 第18炮兵师：5辆突击炮

· 第19装甲师：2辆四号长身管坦克

· 党卫队“帝国”装甲战斗群：6辆四号长身管坦克

· 第8装甲师：5辆四号长身管坦克

· 第280突击炮营：10辆突击炮

41.第4装甲集团军作战处，第54/44号令，1944年1月3日签发，标题为《装甲集团军司令部第53号令》。

42.德方记录中称之为Januschpil。

43.德方记录中写的是Belavuta，这似乎是个誊写错误。当日，10列运载第16装甲师的火车到达，而运送第1步兵师的火车只到达2列。

44.第4山地师晨报，1944年1月4日签发。

45.第24装甲军晨报，1944年1月4日5点45分签发。

46.第13军晨报，1944年1月4日6点05分签发。

47.第48装甲军晨报，1944年1月4日5点35分签发。

48.第16装甲师晨报，1944年1月4日5点55分签发。

49.第4装甲集团军作战处发给“南方”集团军群的晨报，1944年1月4日签发。

50.第24装甲军每日报告，1944年1月4日19点30分签发。

51.第4装甲集团军作战处作战日志，1944年1月4日的条目。

52.第4装甲集团军作战处，第99/44号令，1944年1月4日签发。

53.第13军每日报告，1944年1月4日19点签发。

54.第4装甲集团军作战处作战日志，1944年1月4日的条目。

55.这个数字指的是Grabenstärke（战壕兵力），包括向前部署的营部、连部人员，但不包括担架兵。

56.第48装甲军每日报告，1944年1月4日20点签发。

57.近期的苏联地图上标为普罗明（Promin'）。所有地图上都未标注该村，但它位于皮利波科沙拉（Pilipo-Koshara）以北4公里处。

58.第16装甲师每日报告，1944年1月4日18点15分签发。报告中称，该师目前拥有的战车数量如下：22辆四号长身管坦克；63辆五号坦克；4辆指挥坦克；17辆突击炮。

59.据第7装甲师报告，这场会合发生在西面数公里的佩恰诺夫卡。

60.第4装甲集团军发给“南方”集团军群的每日报告，1944年1月4日签发。

61.第4装甲集团军作战处作战日志，1944年1月4日的条目。作战日志上写的是Rastava，但这可能是抄写错误，因为德军地图上对该村的标注是Zastava。

62.第4装甲集团军作战处，第98/44号令，1944年1月4日签发。

63.第4装甲集团军作战处作战日志，1944年1月4日的条目。第4装甲集团军情报处发给“南方”集团军群的晚间报告，1944年1月4日20点签发。

64.近卫坦克第7军也加入进攻，但德军情报部门在此阶段未能识别出该军团。

65.第4装甲集团军作战处，第90/44号令，1944年1月4日签发。

66.第4装甲集团军作战处，第101/44号令，1944年1月4日签发。

67.第4装甲集团军作战处，第100/44号令，1944年1月4日签发。

68.第24装甲军晨报，1944年1月5日6点15分签发。

69.第13军晨报，1944年1月5日7点40分签发。

70.第4装甲集团军作战处发给“南方”集团军群的晨报，1944年1月5日签发。

71.第24装甲军每日报告，1944年1月5日18点45分签发。

72.令人奇怪的是，第4装甲集团军相关文件对撤离别尔季切夫的问题保持沉默。第24装甲军的报告完全没有提及已放弃该镇的事实，甚至在报告苏军达成突破后还表示情况已得到控制。这使第4装甲集团军报告，苏联人已夺取该镇西部，由于相关报告这种不一致性，可能是当地指挥官同意该镇应加以疏散，但文件记录中却没有表明官方对这一事实的认可。

73.针对前一天对第13军作战力量产生的担心，第4装甲集团军整理了三个步兵师的战壕兵力，相关报告如下：

· 第68步兵师

第169掷弹兵团：85人

第188掷弹兵团：100人

第196掷弹兵团：80人

第172掷弹兵团：54人

第245掷弹兵团：42人

反坦克营、工兵营和燧发枪手营（合计）：96人

· 第208步兵师

第337掷弹兵团：72人

第338掷弹兵团：55人

反坦克营、工兵营和燧发枪手营（合计）：88人

· 第340步兵师

第695掷弹兵团：152人

第769掷弹兵团：84人

反坦克营、工兵营和燧发枪手营（合计）：83人

相比之下，1944年制步兵师一个满编步兵连的兵力应为142人。

74.第13军每日报告，1944年1月5日18点签发。

75.第48装甲军每日报告，1944年1月5日19点15分签发。

76.第4装甲集团军作战处作战日志，1944年1月5日的条目。

77.第46装甲军每日报告，1944年1月5日19点15分签发。

78.第4装甲集团军作战处发给“南方”集团军群的每日报告，1944年1月5日签发。

79.德方记录中称之为Romanowka。

80.第4装甲集团军情报处发给“南方”集团军群的晚间报告，1944年1月5日19点签发。

81.第4装甲集团军作战处作战日志，1944年1月5日的条目。

82.第4装甲集团军作战处作战日志，1944年1月5日的条目。

83.第4装甲集团军作战处，第61/44号令，1944年1月5日签发。

84.第4装甲集团军作战处，第107/44号令，1944年1月5日签发。

85.第4装甲集团军作战处，第110/44号令，1944年1月5日签发。

86.位于戈罗德尼亚夫卡（Gorodnyavka）与多尔曼卡之间的主公路上。

87.第4装甲集团军作战处，第113/44号令，1944年1月5日签发。

88.第4装甲集团军作战处，第115/44号令，1944年1月5日签发。

第十章
准备反突击

1944年1月6日，星期四

第4装甲集团军南翼，1月6日夜晚平静度过。第24装甲师防区，双方都派出侦察巡逻队，第4山地师完成对瓦赫诺夫卡南部的扫荡，开始肃清该镇北部[1]。第168步兵师证实，强大的苏军部队依然据守着大切尔尼亚京，第18炮兵师报告，发现苏军援兵进入其防御地段。与此同时，第1装甲师完成计划中的后撤，并在哈任以西击退苏军营级兵力突击[2]。北面的活动较多，第48装甲军现在负责处理科罗温齐周围的缺口[3]。党卫队第1“警卫旗队”装甲师封闭小塔尔塔罗夫卡附近一些突破口，并对冲出拉奇基地域，进攻师侧翼的苏军部队遂行反冲击。2点45分，该师还展开肃清小塔尔塔罗夫的行动。左侧，党卫队“帝国”装甲战斗群、第19和第7装甲师按计划实施的后撤未遭遇严重问题，战斗群报告，发现敌步兵正在其右翼对面卸载。后方，少辆苏军坦克突入伊万诺波尔北部，遂行防御的德军部队被迫退守该镇西南部[4]。同时，伊万诺波尔西北面，小沃利察（Malaya Volitsa）和加利耶夫卡（Galievka）的情况仍不明确。豪费第13军未提交报告，但这一点无关紧要，因为该军部昨天已从指挥链中去除。装甲集团军西翼没有发生重要活动，据第46装甲军和第59军报告，昨晚没有什么特别情况。

新一天拂晓比前几日更为寒冷，晴朗的空中点缀着云层，温度再次降至零下5摄氏度，这使各条道路保持良好通行状况。南面，平静的夜晚过后，第24装甲军防御地段再度爆发战斗[5]。约150名苏军士兵在坦克支援下，冲击第4

山地师设在瓦赫诺夫卡以南的阵地，但德军击退这些进攻，据报，他们将敌人投入的坦克悉数击毁。苏联人重新展开进攻，这次投入约200名士兵，但也被德军击退。南面数公里处，该师转入进攻，15点左右夺得亚谢涅茨科耶村，附近，苏军以营级兵力对亚森基的进攻被德军击退。北面，该师击退苏军以连级兵力从彼得罗夫卡发起的冲击，他们还发现敌坦克、火箭炮和炮兵部队位于该地域。师左翼的杰斯纳河河谷，德国人看见大批苏军部队在新格列布利亚东面的奥韦恰切地域调动。总之，苏军似乎正对该师保持沉重压力，确保交通路线畅通，以便继续向南进击，苏军坦克第1集团军已绕过第24装甲军摇摇欲坠的右翼，苏联人似乎正对这种情况加以充分利用。更北面，第168步兵师右翼在小切尔尼亚京遭到攻击，估计对方投入两个步兵连。左侧，德军在格拉西莫夫卡附近拦截并击退一支苏军侦察巡逻队。第18炮兵师据守的地段较为平静，报告中未提及战斗，另外，苏军的调动依然不太活跃。相比之下，第1装甲师整个防御地段这一整天遭到强大敌军反复突击。师右翼，苏军冲击共青村，中央地段，他们冲出热热列夫和哈任，但这些进攻均被击退。别尔季切夫周边情况变得更加困难[6]。南面，苏军从贝斯特里克地域发起冲击，突破该师防御后向西攻击前进。接下来几小时的战斗激烈而又混乱，但到傍晚时，苏军进展甚微，最终停在日京齐（Zhitintsy）郊区。该镇西北面，苏联人沿一条宽大战线对斯克拉格列夫卡两侧展开攻击，经过一场殊死战斗，第1装甲师被迫退至拉江斯科耶（Radyanskoe）至加尔德舍夫卡（Gardyshevka）东部一线。苏军继续从北面和东北面攻向加尔德舍夫卡，尽管这些进攻威力强大，但该师当日下午设法守住自己的阵地。这些重新发起的进攻，其意图似乎是为扩大他们在伊万诺波尔北面达成的突破，从而构成包围第1装甲师部分部队和“警卫旗队”装甲师的威胁。

第48装甲军防线上的战斗也在继续[7]。右翼，党卫队第1“警卫旗队”装甲师和配属的第208、第68步兵师部分部队一整天都遭到苏军猛烈冲击。对方从东面、北面和西面三个方向而来，每次投入营级兵力，有几次还获得坦克支援。总的说来，大多数进攻被击退，尽管有几次在拉奇基周围的德军防御达成突破，但“警卫旗队”装甲师封闭这些突破并将其肃清。这也意味着德军无法按计划展开反突击封闭缺口，10点25分，巴尔克致电第4装甲集团军司令部解释情况[8]。但他发现自己没有得到同情，劳斯命令他立即转入进攻，不得继续延误，否则成功的可能性将大打折扣。尽管如此，劳斯还是同范戈赫尔进一步商讨态势，他们一致同意设立一道新防御阵地，若进攻未能奏效，便转而据守这道阵地。与此同时，前线后方，从杰姆钦向南延伸至奥扎多夫卡（Ozadovka）的补给线当日下午遭到控制西面树林的苏军坦克炮击。苏联人在戈洛季基[9]东南面第20装甲掷弹兵师一部据守的防线达成突破后，“警卫旗队”装甲师面临的态势进一步恶化。苏军一个坦克旅，约40辆坦克，连同一个步兵师，在西面突入以伊万诺波尔东北部树林为边界的地域，以及列索瓦亚斯洛博德卡（Lesovaya Slobodka）和切尔沃诺耶村，就此构成合围威胁。“警卫旗队”装甲师和配属部队发现自己处在一个暴露的突出部内，该师下令后撤，以免遭切断。巴尔克再次致电劳斯，指出由于这一包围威胁，该师已无法向前推进，参加封闭缺口的行动，就连该师在此阶段的后撤都有可能遇到困难[10]。因此，劳斯批准第48装甲军撤至当日晨他视察该军军部时同巴尔克商定的防线。这道新防线从东面的布里亚基起，越过伊万诺波尔南面高地，经杜布罗夫卡和特罗夏北部边缘至采采列夫卡（Tsetselevka）、大布拉塔洛夫（Velikaya Bratalov）和戈罗派（Goropai）。批准后撤的同时，劳斯强调，“警卫旗队”装甲师必须在奥扎多夫卡地域掩护河谷，确保畅通，直到这场后撤完成。

鉴于这一发展态势，劳斯当日15点10分左右与第24装甲军军长内林通话[11]。他通知这位军长，苏军在戈洛季基附近达成突破，并告诉他党卫队第1“警卫旗队”装甲师目前的情况非常困难。该师发起进攻封闭缺口的行动已流产，列索瓦亚斯洛博德卡地域的苏军部队有可能向东攻入其后方。因此，第48装甲军打算将右翼后撤，这就导致第24装甲军也必须后撤自己的左翼。重要的是，这场调动不能在“警卫旗队”装甲师到达奥扎多夫卡前实施，同样重要的是，该军应将所有可用反坦克力量集中至这一侧，阻止敌坦克部队向东南方推进，扰乱该军后撤。第24装甲军的新阵地从马尔科夫齐起，经沃尔奇涅茨（Volchinets）、弗里德罗沃（Fridrovo）、安德列亚舍夫卡（Andreyashevka）至布里亚基，在那里同第48装甲军左翼①会合。

---

① 译注：右翼。

与此同时，党卫队“帝国”装甲战斗群，与配属的第340步兵师战斗群对科罗温齐的反冲击正在进行中。这场突击开始于11点，立即遭到苏军顽强抗击，进攻行动在该镇以西500米处陷入停顿。西面，苏军以营级兵力冲击米哈伊连基和秋琼尼基，并在米哈伊连基村附近达成局部突破。德军最终击退这两场进攻，守住自己的阵地。装甲战斗群左侧，第19装甲师据守的防御地段，苏联人对丘德诺夫地域展开一连串进攻。他们先以营级兵力从丘德诺夫向南冲击，尔后又以连级兵力对捷捷列夫河以西遂行突击。两场进攻均被击退，但苏联人随后展开一场更大规模的行动，投入约两个步兵团。这场进攻也从丘德诺夫地域发起，但攻向西南方，在那里，面对德军密集防御火力，进攻陷入停顿，没能到达第19装甲师主防御阵地。当日下午，该师发现一支苏军队伍从斯托尔博夫向西而行，但无法估计其实力。整个白天，第48装甲军据守的整条防线，除左翼外，都遭到苏军强大步兵和坦克力量攻击，其突击重点是该军右翼，德国人发现伊万诺波尔周边和北部地域有30—40辆敌坦克。巴尔克报告，苏军的意图似乎仍是扩大已达成的突破，继续向南攻击前进。左翼，苏联人在第7装甲师对面转入防御，在那里，到达别尔季切夫—波隆诺耶铁路线的苏军好像正以步兵接替坦克部队，并在罗曼诺夫卡—布尔德切夫地域重组快速部队，可能会再次向西推进。

在此期间，更西面，戈尔尼克第46装甲军忙于安排开赴文尼察地域的交通[12]。昨晚，强大的苏军部队进攻第16装甲师后卫部队，在遭受包围威胁后，德军撤离新米罗波尔（Novy Miropol'）。当日白天，苏联人在卡缅卡的斯卢奇河对岸设立一座登陆场，到傍晚时，据守在此的兵力约为一个步兵营。在登陆场站稳脚跟后，苏军派出车载部队，向西北方和第16装甲师设在杰尔特卡（Dertka）的新阵地实施侦察[13]。当日，戈尔尼克下达指示，任命第1掷弹兵团团部为舍佩托夫卡作战司令部，负责指挥留在后方掩护撤退的部队。这个新作战司令部编有第16装甲侦察营、第64装甲掷弹兵团第1营、第1掷弹兵团第2营。不过，除进攻新米罗波尔外，苏军基本保持着平静，这使第46装甲军得以将辖内部队撤离。第16装甲师和第1步兵师部分部队已在途中，清晨时，第64装甲掷弹兵团另外两个营和第16装甲炮兵团第3营到达普罗斯库罗夫。第79装甲掷弹兵团和第16炮兵团第1营甚至位于更前方，正赶往赫梅利尼克，而第2装甲团第1营开始在舍佩托夫卡火车站装载他们的“豹”式坦克。

掩护第4装甲集团军左翼的第59军继续遂行计划中的撤退[14]。C军级支队有序后撤，随即占据新防御阵地，其防线从托卡列夫（Tokarev）北延至皮谢夫，然后折向西北方，经波尔奇诺（Polchino）、莫罗佐夫卡、卡扎克（Kazak）至列奇基（Rechki）。他们在托卡列夫东南方的热洛布诺耶同第64装甲掷弹兵团第2营取得联系，但整个后撤过程未与敌人发生接触。不过，苏军在东面沿通往沃伦斯基新城公路实施的侦察活动相当多，德国人在杰多维奇—皮利波维奇—尤尔科夫希纳（Yurkovshchina）地域发现敌装甲车。西南面，第291步兵师15点顺利到达库特基（Kutki）—切尔诺卡雷（Chernokaly）—穆哈列夫—佩奇沃德（Pechivody）地域。尽管气候和路况恶劣，但冯·德尔·切瓦勒里最终率领全军完成这场历时14天的艰难防御后撤，火炮和反坦克炮没有遭受严重损失，这就意味着该军战斗力尚存，可以在第4装甲集团军左翼再次占据防御阵地[15]。当晚，冯·德尔·切瓦勒里接到第4装甲集团军下达的新指示[16]。命令中要求第59军阻止苏军向西或西南方的后续推进。为此，C军级支队应部署在科列茨两侧，阻截苏军沿沃伦斯基新城至科列茨的主公路向西进击。该支队应将前进部队尽可能向东部署，在大克列茨卡（Velikaya Kletska）周边地域掩护其北翼。第291步兵师应调至东南方，部署于舍佩托夫卡—沃伦斯基新城主公路两侧，阻止苏军攻向西南方。该师应做好向东面、东北面和北面展开反冲击的准备，将前进部队部署在从卡缅卡起，经波宁卡、布尔京（Burtin）、扎莫罗琴耶至霍罗韦茨（Khorovets）一线。第48装甲军已受领在卡缅卡地域同该师取得联系的任务。同时，第59军应尽快接替第16装甲师和第1步兵师余部，以便这些部队归建。第454保安师目前部署在第59军防区内的所有部队由该军指挥，并奉命集结在科列茨地域。最后，第59军获悉，调自“北方”集团军群的第96步兵师很快会开到，将集结在波隆诺耶地域的右翼。

总之，苏军继续对第4装甲集团军北至别尔季切夫的东部防线遂行牵制性进攻[17]。该镇北面，第18、近卫第1集团军辖内部队在近卫坦克第3集团军支援下向前推进，对斯克拉格列夫卡两侧遂行冲击，向西南方攻往其主要突击之左翼，而这场主要突击正从小塔尔塔罗夫卡—拉奇基—科罗温齐地段向东南方遂行。但苏军的行动重点是扩大科罗温齐两侧的突破，正设法在东面攻向拉奇基南端和列索瓦亚斯洛博德卡，在西面攻向杜布罗夫卡和加利耶夫卡[18]。中央地段，劳斯估计一个苏军步兵师在约35—40辆坦克支援下，已到达伊万诺波尔。西面，苏军的进攻不太猛烈，但第60集团军辖内部队在丘德诺夫与斯托尔博夫之间向前试探，意图攻向南面和西南面。虽然已确定近卫坦克第4军一部集结在米罗波尔以东和东南地域，但苏联人似乎并不打算迂回第48装甲军左翼，这使该军基本上还能保持连贯性。该地段对面，据报，苏军正沿拉济诺车站—戈尔杰耶夫卡—普里维托夫（Privitov）一线挖掘阵地，并调集炮兵支援。相关情报称，这道新战线后方，苏军近卫坦克第4军的坦克部队忙着在罗曼诺夫卡—布尔德切夫地域重组。劳斯认为，该军和苏军第60集团军，目前正计划向西南方重新发起推进。在他看来，这股敌军似乎不大可能向东转移，赶去支援科罗温齐附近的主要突破。北面，目前尚无迹象表明苏联人正计划向西和西南面展开后续推进，空中侦察的结果也表明，该地域的主要道路上未发现苏军部队调动。

面对这种情况，劳斯下达新命令[19]，批准第4装甲集团军北翼撤至以下一线：从格尼洛皮亚季河河畔的布罗杰茨科耶起，经弗里德罗沃和布里亚基，越过伊万诺波尔以南高地，再穿过特罗夏和大布拉塔洛夫至戈罗派。第24装甲军应占据这道西至布里亚基的新防线，但必须等党卫队第1“警卫旗队”装甲师穿过加尔德舍夫卡撤往西南方后，该军方可实施后撤。作为这场调动的组成部分，党卫队第1装甲侦察营应归建。在进入新阵地后，该军应将防御重点置于左翼。第48装甲军负责占据从布尔亚基至戈罗派的新防线，以获得加强的侦察部队在其西侧巡逻，从而同第59军赶往卡缅卡的前进支队取得联系。

当日中午，12点30分至13点30分，冯·曼施泰因赶至列季切夫视察第4装甲集团军司令部[20]。其间，劳斯向冯·曼施泰因简要汇报装甲集团军面临的态势，后者承认劳斯的处境很困难，他认为第4装甲集团军两翼的状况尤为危险。冯·曼施泰因告诉与会者，他原本打算以第1装甲集团军打击文尼察以东之敌，以第46装甲军打击冲向舍佩托夫卡的苏军，希望借此同时稳定两翼态势。为获得必要兵力，必须缩短其他地段防线，但上级部门禁止他这样做。因此，他决定将所有可用力量集结在文尼察北面，以这些部队攻入苏军坦克第1

集团军侧翼和后方，并将其歼灭。第4装甲集团军北翼应以现有力量尽可能长久地阻挡苏军向南面和西南面的一切后续推进。冯·曼施泰因解释说，文尼察以北地域的反突击可能会从第18炮兵师据守的防区发起，攻向波格列比谢，但也可能从南面某处展开，攻向东南偏南方，这要视情况而定。虽然他打算尽快转入进攻，但不得不等待第46装甲军完成辖内部队集结，第254步兵师除外，该师可以迟些到达。劳斯认为，由于现有运输工具不足，第1步兵师无法在1月9日前到达新集结区。依靠畜力的单位，特别是一些炮兵部队，不得不等待他们到来。这样看来，1月10日似乎是发起进攻的最早可行日期。视察期间，“南方”集团军群通知第4装甲集团军，为进攻行动提供的另一些援兵很快也将开到[21]。这次是从巴尔干战区调来的第371步兵师，将于1月7日或8日搭乘火车赶至日梅林卡。但是，该师编入胡贝第1装甲集团军，而非第4装甲集团军。

劳斯还忙着安排第13军后续事宜，傍晚17点35分，他告诉豪费，出于战术原因，冯·曼施泰因同意拆分该军[22]。现决定，第13军重新集结于乌拉诺夫地域，掌管所有可腾出的军直部队、第68、第340步兵师师部和整个第208步兵师（炮兵单位除外）。豪费尔后应同各位师长以各师残部组建三个新团级集群，进而组成一个新军级支队。应对各师多余的补给和勤务单位加以梳理，腾出作战人员，新到的补充兵也将为该军级支队提供更多兵力。在此期间，相关部队的补给仍由军部和各师部负责。

冯·曼施泰因结束视察后，“南方”集团军群下达正式指令，要求装甲集团军对简报会期间讨论过的反击事宜提交建议[23]。指令中总结态势，称中央地段对面之敌已停止进攻，他们认为苏军第38集团军正在那里据守从别尔季切夫东南面至格尔马诺夫卡的防线，并将其重点转移到两翼。同时，编有近卫坦克第11军、近卫机械化第8军和4—5个步兵师的坦克第1集团军，企图从波格列比谢地域经利波韦茨和伊伦齐向南进攻。其意图似乎是迂回、包围第4装甲集团军南翼，或攻向更南面，切断日梅林卡—敖德萨铁路线。东面，实力薄弱的德军步兵部队正面朝南，在扎什科夫周边和以西地域阻挡苏军这一推进，而苏军第40集团军此时正试图迂回第7军西翼。第4装甲集团军北翼，苏联人调集第18集团军、近卫第1集团军、近卫坦克第3集团军辖内部队，企图越过别尔季切夫与捷捷列夫河之间地带。西面，苏军第60集团军目前试图迂回捷捷列夫河与斯卢奇河之间这一侧翼，而第13集团军似乎正从北面和西北面掩护这场机动。该集团军是否会向西攻往罗夫诺，或转向西南方攻往舍佩托夫卡，这一点尚不清楚。面对这种情况，冯·曼施泰因打算在第1、第4装甲集团军对外侧翼实施一场顽强而又灵活的防御，同时以所有可用力量转入进攻，歼灭苏军坦克第1集团军。这样一来，劳斯和胡贝便可将注意力放在各自的侧翼，恢复那里的态势。劳斯获知，第1装甲集团军受领的任务是遏止苏军迂回第7军，攻向斯塔维谢和扎什科夫卡，封闭第7军与第3装甲军之间的缺口，并阻止苏军第40集团军向乌曼和赫里斯季诺夫卡的一切后续推进。与此同时，第4装甲集团军应做好准备，从卡利诺夫卡以东地域展开突击，攻入向前推进的苏军坦克第1集团军侧翼和后方。这场行动由第46装甲军以第16装甲师、第4山地师、第1、第254步兵师遂行，但进攻的实际方向和确切发起地点，将根据接下来几天的态势发展。重要的是，第18炮兵师必须以最强大的部队为此次进攻提供支援。同时，装甲集团军北翼应遂行防御，防止苏军在别尔季切夫—文尼察公路与斯卢奇河之间的宽大战线达成任何突破，必要情况下，第48装甲军应继续后撤，将左翼部署在柳巴尔的斯卢奇河河畔。第59军应继续掩护第4装甲集团军之左翼，确保其免遭苏军从斯卢奇河以西实施的迂回，并将主力集中在波隆诺耶与沃伦斯基新城—舍佩托夫卡公路之间地带。该军应以部分力量封锁沃伦斯基新城—罗夫诺公路，还应尽快组建一支机动预备队，遂行远距离侦察。劳斯和胡贝奉命对这场计划中的反突击提出建议，并呈交“南方”集团军群司令部。

1944年1月7日，星期五

第4装甲集团军南翼后方，第46装甲军1月7日夜间开赴新集结区[24]，该军左侧，第24装甲军仍竭力坚守阵地。苏联人继续对第4山地师保持压力，经过数小时激战，该师撤离罗曼诺夫卡[25]。当日清晨，2至3个苏军步兵连冲击该师设在康斯坦丁诺夫卡东南方的阵地，战斗持续到上午。昨晚19点左右，两个苏军步兵连在小切尔尼亚京地域冲击第168步兵师，但这些进攻和一起侦察巡逻均被德军击退。第18炮兵师左翼，苏联人在图恰北面实施战斗巡逻，遭德军拦截并被击退。当晚晚些时候，西北方数公里处，苏联人又对该师设在马尔科夫齐附近的阵地展开突击，激战持续至拂晓。第24装甲军左翼，第1装甲师昨晚

21点30分开始撤往马尔科夫齐与布尔亚基之间的新防线，当晚大多数时间处于调动中。据该师报告，苏军的压力未减，整个夜间反复实施猛烈冲击。

第48装甲军当晚大多数时间也忙着撤往新阵地[26]。党卫队第1“警卫旗队”装甲师立即遇到问题，他们发现苏军坦克部队在数个地段封锁后撤路线，但打垮对方抵抗后，该师得以杀开血路。23点30分，师主力穿过奥扎多夫卡，午夜前，装甲后卫部队也撤离该镇。相比之下，党卫队“帝国”装甲战斗群的情况较为轻松。虽然苏军在该战斗群后撤前对其阵地发起突击，但他们击退对方进攻，遂行一场局部反冲击后设法脱离战斗。之后，该战斗群实施后撤，未受到干扰，当日晨，其主力进入新阵地。第19装甲师昨晚亦遭到攻击，但该师迅速组织反冲击，设法争取与敌人脱离接触的机会。战斗中，该师抓获一些俘虏，缴获一些装备，估计敌人在战场上遗尸250具。赢得这场战术胜利后，第19装甲师立即后撤，虽然不太顺利，但还是在当日晨占据新阵地。第7装甲师的后撤未受任何干扰，凌晨1点进入新阵地。装甲集团军北翼的第59军，当晚平静度过，报告中没有提及重要情况[27]。

新一天拂晓时，天气基本未发生变化，依然干燥，空中的云层疏密不一，温度仍徘徊在零下几摄氏度。戈尔尼克第46装甲军继续将辖内部队集结在第4装甲集团军右翼后方，傍晚前，第16装甲师将师部设在文尼察，除第2装甲团和第16装甲炮兵团第2营外，该师所有单位都已到达文尼察西北地域[28]。运载第2装甲团第1营的一列火车已出发，但由于苏联人对装载区实施空袭，导致该营余部的装载工作受到延误。总之，苏军昨晚对日梅林卡火车站共发起三次空袭，白天又袭击舍佩托夫卡火车站，苏军轰炸机以低矮的云层为掩护，取得不错的战果，给德方造成严重损失[29]。尽管如此，31辆坦克和5辆指挥坦克到达新集结区，另外63辆仍在途中。此外，第1步兵师四个营，连同14辆突击炮已到达卡利诺夫卡以西新集结区，目前隶属第46装甲军的第254步兵师，其前进指挥部也已赶至利京（Litin）。右侧，文尼察东南方，第1装甲集团军将新开到的第101猎兵师集结在四号直达公路后方的沃罗诺维察—皮萨列夫卡地域[30]。该师负责掩护他们位于东北面的集结区，并奉命在古缅诺耶车站以西3公里的主路口西面设立一道强大的反坦克防线。第1装甲集团军暂时不允许该师使用主公路或跨过公路向东北方推进，以免影响该地域其他部队调动。

第46装甲军集结在前线后方时，苏联人继续对第24装甲军保持压力。苏军坦克部队仍对该军两翼构成威胁，特别是左翼，第1装甲师在那里遂行后撤，苏联人紧追不舍，而中央地段亦遭到对方反复发起的牵制性进攻[31]。南面，第4山地师最右翼，苏军以排、连级兵力冲击洛佐瓦塔亚，但这些进攻都被击退。同一地域，据该师抓获的俘虏交代，约800名苏军士兵集结在亚森基以北地域，20至30辆坦克正从布里茨科耶地域向南推进。尽管对方调兵遣将，但该师设法从苏军一个步兵营手中夺得瓦赫诺夫卡北端。在6辆坦克支援下，苏联人16点15分左右展开反冲击，战斗持续至傍晚。北面，康斯坦丁诺夫卡以东和以南地域，苏军再次实施连级兵力突击，但第4山地师成功将其击退。该村北面和新格列布利亚，该师将前沿部队撤回主防御阵地，苏军紧追不舍。14点前，苏联人发起一些突击，但遭击退。左侧，第168步兵师右翼设在基罗夫卡（Kirovka）附近的阵地亦遭到攻击，但事实证明，这些进攻没能取得战果，据该师报告，他们击毁对方2辆卡车和3门反坦克炮。9点45分，该师再度遭到攻击，对方在小切尔尼亚京地域投入约一个营兵力，但还是被德军击退。白天，第18炮兵师左翼遭到苏军三次进攻，都发生在同一地段。这些连级兵力的突击从姆沙涅茨向西攻往马尔科夫齐，但被该师击退。除此之外，第18炮兵师的防区较为平静，但据该师报告，苏联人的交通异常忙碌，包括炮兵在内的敌军正从大斯捷皮向南赶往戈连德雷车站。对第1装甲师来说，当日悄然来临，早上，该师已完成向新阵地的后撤。苏联人在这里的追击同样迅速而又紧密，13点，他们以营级兵力从捷列霍沃（Terekhovo）向南突击，打击该师新阵地。这场进攻，连同苏军以连级兵力从基基舍夫卡（Kikishevka）向波利钦齐（Polichintsy）实施的突击均被击退。第1装甲师左翼，苏联人8点左右从波奇塔鲁德尼亚地域冲向赖戈罗多克（Raigorodok），尽管他们投入约15辆坦克，但德军还是将其击退，据该师报告，击毁6辆敌坦克。11点前，第1装甲师竭力同党卫队第1“警卫旗队”装甲师取得联系[32]。“南方”骑兵团部署在布尔亚基西北边缘周围，但无法同左侧友军建立联系。更糟糕的是，苏军当日下午冲击该师左翼，这一次取得的战果更大。2至3个苏军步兵营，在13辆坦克支援下，成功夺得布尔亚基镇。第1装甲师以一个装甲战斗群实施局部反冲击，当晚21点前重新夺回该镇，据报在战斗中击毁6辆敌坦克[33]。当日上午，晴朗的天空使苏军对第24装甲军防线采取的空中活动有所加强，特别是对其左翼，弗里德罗沃、安德列亚舍夫卡和布尔亚基都遭到15至20架轰炸机空袭，前线后方的尤罗夫卡也遭袭击，但没有那么猛烈。

北面，苏军紧追后撤中的第48装甲军，但未发起大举进攻，其活动仅限于实施侦察[34]。党卫队第1“警卫旗队”装甲师按照命令撤入新阵地，正设法同左侧党卫队“帝国”装甲战斗群建立联系。后撤期间，该师估计60至80辆敌坦克部署在其防区对面，另外还有一个完整的步兵军。“警卫旗队”装甲师击毁9辆敌坦克，包括从伊万诺波尔西南地域冲出的3辆。西北面，一支苏军侦察队向南赶往杜布罗夫卡，但遭德军拦截并被击退。“警卫旗队”装甲师左翼，一股携带反坦克炮的苏军步兵天黑后渗透至特罗夏东南面树林，该师立即采取相应措施。左侧，党卫队“帝国”装甲战斗群报告，苏军以迫击炮对其设在特罗夏北部和东北部边缘阵地的炮击有所加强，更令人担心的是，其主防御阵地后方的布尔科夫齐（Burkovtsy）—特罗夏公路已处于苏军反坦克炮火下。第19装甲师防区，苏军一个步兵营11点左右夺得克拉斯诺谢尔卡镇，尔后沿通往柳巴尔的公路攻向西南方。14点30分，担任该师后卫的第19装甲侦察营，在米哈伊洛夫卡遭到苏军约一个团兵力冲击，但该营设法守住阵地，晚些时候撤向维希库瑟（Vishchikusy）。苏军迅速发起追击，傍晚时，激战再度爆发。左侧，第7装甲师阵地亦遭到苏军步兵和约7辆坦克攻击，苏联人从利普诺（Lipno）突向南面和西南面，直奔库特谢（Kutyshche）。7辆坦克都被德军防御火力击毁，其中2辆是第19装甲师辖内部队取得的战果。在提供支援的坦克悉数折损后，苏军步兵后撤。西面，柳巴尔以北约6公里处，包括几辆坦克在内的苏军部队占领斯卢奇河河谷内的科罗斯特基镇（Korostki）。沿河谷继续向北，该师实施的侦察表明，苏军已占领新切尔托里亚（Novaya Chertoriya）、季拉诺夫卡（Tiranovka）、杰尔特卡镇。杰尔特卡当日早些时候由第16装甲侦察营辖内部队据守，但苏军以团级兵力发起冲击后，该营撤至波隆诺耶以东的新阵地[35]。与第24装甲军形成对比的是，第48装甲军报告，苏联人白天并未对其防区实施空中行动，而良好的天气状况使德国空军得以为地面部队提供紧密支援，继昨日击毁11辆敌坦克后，今天又击毁敌人7辆坦克和数门反坦克炮。该军当日确定，苏军近卫坦克第7军位于伊万诺波尔周边地域，在实施地面和空中侦察后，第48装甲军发现苏联人正在其左翼对面前调新锐部队，在那里突向西南方。据判断，这些部队中包括近卫坦克第6军。因此，虽然白天未爆发大规模战斗，但苏军两个装甲兵团的存在使巴尔克确信，对方很快会在此再度展开进攻。

第4装甲集团军左翼，第59军报告，没有发生战斗[36]。第291步兵师仍在后撤，预计当日深夜在沃伦斯基新城与舍佩托夫卡之间进入斯维诺贝奇—拉杜林（Radulin）—热洛布诺耶一线新阵地。

后方，早些时候撤离前线的第13军，受领的任务是对南布格河北面另一处防御阵地加以侦察[37]。这道防线从卡利诺夫卡向西延伸，越过巴甫洛夫卡北面的313高地，再经伊万诺夫（Ivanov）、科雷巴宾齐（Kolybabintsy）、沃伊托夫齐、帕普林齐（Paplintsy）、米休罗夫卡（Misyurovka）、杰谢罗夫卡（Deserovka），直至斯温纳亚（Svinnaya），在那里，防线转向西北方，将旧康斯坦丁诺夫包纳其中，再穿过卡普斯京（Kapustin）至泽连齐（Zelentsy）。随着更北面交通路线的丢失，卡利诺夫卡与旧康斯坦丁诺夫之间铁路线开始对部队调动和补给物资的运输更具重要性，而在南布格河地域行动的游击队对这条铁路线造成的威胁越来越大。情况急剧恶化，以至于这条铁路线只能在白天安全通行[38]。河流南面的情况也很严峻，德国人发现许多游击队盘踞在文尼察以西约30公里的树林内。他们在夜间对使用文尼察—普罗斯库罗夫公路的所有德军交通构成威胁。为消除游击队对铁路线造成的不利影响，第4装甲集团军命令第9战地补充兵营负责卡利诺夫卡与赫梅利尼克之间铁路线的安全，第987守备营第3连会同第403东线骑兵营第2连确保斯皮钦齐与旧康斯坦丁诺夫之间铁路线的安全。昨天，约100名游击队员在佳科夫齐（Dyakovtsy）以东约5公里处袭击一支德军车队[39]。据报，游击队以4挺轻机枪打击德军半履带车，但报告中未提及双方伤亡详情。

当日，第4装甲集团军两翼的情况也很困难。东翼，苏军的压力有所缓解，进攻行动仅限于一些实力较弱的侦察试探。德国人注意到包括约30辆坦克在内的苏军部队正从布里茨科耶向南而行，似乎表明对方正变更部署，企图迂回德军南翼。相比之下，装甲集团军北翼在波利钦齐周边、布尔亚基、伊万诺波尔以西和利普诺地域遭到一些攻击。但这些突击不像前几天那般猛烈，苏军主力似乎已撤离。尽管如此，第4装甲集团军左翼对面，苏联人在季拉诺夫卡和杰尔特卡，波隆诺耶东面的斯卢奇河对岸设立起登陆场，并沿从沃伦斯基新城而来的公路向舍佩托夫卡缓慢推进。据报，该地段目前只有敌步兵部队。遥远的北面，空中侦察首次发现，苏军穿过科罗斯坚以北地域，另一些部队在“中央”集团军群第2集团军南翼向南、向西进击。这一切表明，苏联人正沿普里皮亚季沼泽南部边缘向西推进，对“南方”集团军群纵深左翼和“中央”集团军群纵深右翼均构成威胁。考虑到这个问题，冯·曼施泰因告诉劳斯，“南方”集团军群正采取措施，以免该地域发生任何意外[40]。集团军群要求第4航空队，只要气候条件允许，就对该地域实施持续侦察，特别需要密切留意各条道路、铁路和交通枢纽部。在这方面，该航空队与“中央”集团军群第6航空队的结合部地域必须加以商定，侦察结果由两个集团军群分享。与“中央”集团军群一样，冯·曼施泰因还在该地域加强特工人员的活动，以期提前获知苏军部署情况。国防军驻乌克兰司令，航空兵上将卡尔·基青格，奉命在第59军北翼与“南方”和“中央”集团军群分界线之间设立一道掩护线，这条防线沿斯卢奇河和戈伦河（Goryn'）一线延伸。应特别重视科韦利（Kovel'）至罗夫诺、科韦利至萨尔内这两条铁路线的安全问题。掩护线设置完毕后，国防军驻乌克兰司令应沿整条防线向东实施侦察。因此，劳斯奉命同国防军驻乌克兰司令、第2集团军建立并保持联系，以确保侦察结果在相关各部之间得到共享。“中央”集团军群已将一些警戒部队部署在普里皮亚季河和戈伦河地域，并承诺以这些部队尽量向东南方推进，设法同国防军驻乌克兰司令麾下部队建立联系。为此，该集团军群计划使用“中央”骑兵团和第1滑雪旅。

鉴于当日的态势发展，劳斯没有理由改变他目前的意图，除继续集结戈尔尼克第46装甲军，并指示第59军接替第16装甲师位于舍佩托夫卡以东和东北地域的余部外，各军部继续执行当前任务。不过，他认为有必要对辖内部队加以调整，以加强第48装甲军，苏军进攻重点现在似乎集中在该军防区。因此，他命令第24装甲军将隶属第48装甲军的警卫连[41]归建，“南方”骑兵团也应撤出第24装甲军防线，交由巴尔克指挥[42]。第473装甲歼击营辖内部队也被调回，集结在柳巴尔东南方的斯捷特科夫齐地域（Stetkovtsy），之后转隶“警卫旗队”装甲师。作为补偿，第18炮兵师零碎部署在两军防区内的所有单位悉数撤出前线归建。

虽说第4装甲集团军当前意图在很大程度上未发生变化，但根据冯·曼施泰因昨日关于在文尼察地域发起反突击（行动代号为“冬季旅行”）的相关指示，戈尔尼克提出自己的建议[43]。戈尔尼克在报告中谈及他将如何展开行动，前提是苏军的部署情况未发生重大变化。各突击师将于1月10日夜间进入出发阵地，这样便能做好准备，1月11日清晨4点投入进攻。为有效支援这场行动，各师炮兵部队应于前一天夜间进入阵地。是以步兵还是以第16装甲师装甲部队遂行初步突破，这一点取决于地形侦察的结果，以及进攻发起前一天的苏军部署情况。无论做何决定，计划中第2装甲营第1连①“豹”式坦克在旧普里卢卡地域（Staraya Priluka）的集结，需要在杰斯纳河上搭设一座承载40吨的桥梁。这一点，加之突击地段对另一些重型桥梁的需求，促使戈尔尼克要求将一个陆军工程兵营交给第46装甲军。这场突击将由三个师遂行，其中一个师担任预备队。第4山地师将从图尔博夫东北面的丘普里诺夫卡（Chuprinovka）遂行主要突击，攻向彼得罗夫卡东南方高地，之后向前推进，夺取申杰罗夫卡以东高地。戈尔尼克考虑过将该师部署在更南面，第91山地猎兵团据守的阵地上，但由于该地段的炮火支援会受到限制，另外，从那里扩大第16装甲师预期取得的战果不管怎样都会更加困难，因此，戈尔尼克放弃这个想法。为将进攻集中在更北面，该师位于右翼的一些部队必须由第1装甲集团军接替，不能迟于1月9日晚。这些部队包括第94山地猎兵营[44]、第91山地猎兵团第1和第3营，这些部队必须在1月11日清晨前进入丘普里诺夫卡东南面各自的集结区。另外，第16装甲师将在适当的时候把第13山地猎兵团第2营交还第4山地师，协助其发展进攻。为在进攻初始阶段和越过布里茨科耶—申杰罗夫卡一线的发展阶段提供必要的突击势头，戈尔尼克要求将第300突击炮营交给第4山地师。

中央地段的第16装甲师负责沿普里卢卡—波格列比谢公路遂行突击，不必考虑友邻部队的进展，也无须担心侧翼威胁。该师应突破苏军前沿防御向前猛冲，夺取列夫科夫卡（Levkovka）以南高地，这是一场超过20公里的推进。为

---

① 译注：第2装甲团第1营？

提供协助，第46装甲军应安排炮兵和空中力量，确保先遣部队始终能够获得集中支援。在实现最初目标后，该师应继续向东攻击前进，或转向东南方，但据戈尔尼克称，目前做出决定既不可能，也不可取。准备期间，该师不得不把一个装甲掷弹兵营部署在前线，从而接替第13山地猎兵团第2营，使其返回第4山地师。

这场推进的左翼，第1步兵师将为第16装甲师提供侧翼掩护，初期任务是防止新格列布利亚两侧的苏军部队打击推进中的装甲部队。为此，杰斯纳河两侧突击地段划拨给该师，以确保奥韦恰切及其北面桥梁的安全。从那里，该师应将其重点调整至右翼，攻向奥夫夏尼基周边地域。发展进攻时，北翼应向前推进，计划据守从洛佐夫卡起，经斯塔尼洛夫卡（Stanilovka）至波格列比谢西北面别拉什基（Belashki）一线。在这方面，最初由一个掷弹兵团夺取萨姆戈罗多克以南高地，之后由第168步兵师辖内部队接替，该师随后在切尔尼亚京东面，格尔马诺夫卡与克拉斯诺耶（Krasnoe）之间据守防线。腾出的掷弹兵团担任第1步兵师预备队，准备投入杰斯纳河以东有可能发生的战斗。

以这三个师率领进攻，第46装甲军计划将第254步兵师留作预备队。其意图是在进攻发起前一天将该师集结于文尼察和卡利诺夫卡之间的索松卡（Sosonka）—萨利尼克（Sal'nik）—梅德韦德卡（Medvedka）地域，这样，该师便可在进攻次日投入战斗。届时，该师可用于加强第4山地师的突击，或为北翼提供额外掩护。戈尔尼克还计划对德国空军提供的空中支援加以安排，初步行动是对杰斯纳河河谷内，瓦赫诺夫卡东北地域的村庄实施轰炸。地面突击发起后，斯图卡战机负责提供近距离空中支援。俯冲轰炸机将在特定人员指挥下，集中打击苏军炮兵和坦克部队。

1944年1月8日，星期六

整个夜间，苏军沿第4装甲集团军整条防线发起的进攻一直在持续。南翼第24装甲军报告，对方发起一些协同不佳的突击[45]。最右侧，在别洛泽罗夫卡（Belozerovka）周围实施侦察的第4山地师发现一支苏军骑兵部队，而北面的瓦赫诺夫卡则遭到一连串攻击。约150名苏军士兵在2辆坦克支援下，进攻该镇北端，另一些连级兵力则在3至4辆坦克支援下径直攻向该镇南端。这些进攻都被击退，据德军报告，他们还击毁2辆敌坦克。左侧，苏军以连级兵力对科纽舍夫卡实施的进攻亦被击退，而在北面数公里处，该师报告，苏军援兵位于康斯坦丁诺夫卡地域。相比之下，第168步兵师防区整个夜间保持安静，据报，苏联人唯一的行动是在列奥纳尔多夫卡和切尔尼亚京地域的交通运输。第18炮兵师也汇报苏军在洛帕京和姆沙涅茨地域的调动情况，另外，该师左翼遭到攻击。苏联人从北面和东北面对马尔科夫齐的三次进攻没能取得战果，但最终成功迂回守军，清晨前突入该村北部和中心，战斗持续至白天。第24装甲军左翼的第1装甲师报告，苏联人正加强该师防区对面的部队。师右翼，苏军以营级兵力进攻沃尔奇涅茨，但被德军击退。师左翼，苏军另一场冲击设法突入布尔亚基，虽然德军起初封闭这一渗透，但午夜过后苏军重新施加的压力导致村北部丢失。第24装甲军右翼后方，第46装甲军当晚继续集结部队，清晨时，第16装甲师大部分单位已到达[46]。

第48装甲军夜间也遭到攻击，已无法维系其阵地[47]。午夜前后，苏军从北面和东北面冲击党卫队第1“警卫旗队”装甲师，至少投入32辆坦克从伊万诺波尔周边地域推进。苏联人突破德军防御，迫使该师退守热列布基（Zherebki），双方在那里的战斗一直持续到清晨。相反，该师右翼，杜布罗夫卡与特罗夏之间的态势尚不明朗。党卫队“帝国”装甲战斗群据守的防区夜间亦遭苏军冲击，对方突入特罗夏。该战斗群立即采取应对措施，但清晨前尚未恢复态势。第19装甲师的情况与之类似，苏联人以营级兵力攻入柳巴尔东北面的库特谢。该师迅速展开反冲击，但战斗仍在继续。东面数公里外，苏军以连级兵力沿维希库瑟通往南面的公路两侧攻向菲林齐（Filintsy），并达成突破，但第19装甲师以一场反冲击恢复态势。第48装甲军左翼，第7装甲师汇报苏军施加的压力，特别是对其两翼。该师左翼，实力不明的苏军部队达成突破，但该师以反冲击封闭这场渗透，就势夺回主防御阵地。

第59军度过一个平静的夜晚，该军报告，未与敌人发生任何接触，而C军级支队昨晚实施的侦察表明，杰多维奇和皮谢夫以东数公里地域目前尚未发现苏军部队[48]。第291步兵师昨晚21点到达新阵地，接替第64装甲掷弹兵团第1营的任务预计在当日清晨完成。

虽然夜间某些地方落下小雪，但拂晓后天空开始放晴，温度较低，不超过零下3摄氏度。因此，各条道路依然坚硬，能见度较好，这使双方的空中行动得以继续。第24装甲军防线上，苏军这一整天一直沿整片地段保持压力[49]。南面，近卫坦克第11军强大的坦克力量试图迂回该军纵深左翼，并攻向文尼察。中央地段，双方在马尔科夫齐周围激战，苏军在佩列莫加东面重新实施突击准备，而在左侧，他们突破德军防线的尝试再度取得部分成功。

南面，虽然苏军对第4山地师发起一些进攻，但该师当日设法守住己方阵地。其中一次发生在大克鲁什林齐（Velikaya Krushlintsy），苏军以营级兵力冲击该师最右翼的前沿阵地，但这场进攻被击退。苏联人还对瓦赫诺夫卡再度展开数次冲击，同样投入营级兵力，但也被德军击退。虽然苏军实施这些进攻，但很显然，他们正将摩托化和步兵部队南调，赶往德军险象环生的侧翼。左侧的第168步兵师报告，未发生大规模战斗。虽然整个防区的火炮和迫击炮火力较为活跃，但双方仅有的接触是苏军战斗和侦察巡逻，这些行动都遭到德军拦截并被击退，据报，苏联人在战场上遗留下26具尸体。第18炮兵师的情况与之类似，苏联人仅在图恰及其南面以连级兵力遂行进攻。这场冲击被击退，但该师报告，苏军正在其左翼对面为大规模进攻加以准备，整个防区对面的敌兵力调动相当繁忙。第24装甲军左翼，第1装甲师遇到麻烦。当日晨的情况还不错，该师得以将残余苏军逐出马尔科夫齐北端，但15点，苏军投入约1000名士兵大举进攻该村。西北方，他们还对沃尔奇涅茨展开冲击，一个步兵连成功突破德军防御阵地，但德国人最终恢复态势。布罗杰茨科耶西北面，德军注意到一个苏军步兵营完成进攻准备，15点左右，该地段中央，苏军以团级兵力一举夺取波利钦齐南部。守军退至沃尔奇涅茨至小克利坚卡（Malaya Klitenka）一线[50]。约两个苏军步兵营也从北面和西北面突入弗里德罗沃，而在别尔季切夫—乌拉诺夫公路尽头，在遭受苏军沉重压力后，德军弃守布尔亚基。那里的战斗来回拉锯，守军报告击毁2辆敌坦克，但他们当日下午被迫后撤，在南面的高地占据新阵地[51]。撤离后，德国人注意到获得15辆坦克支援的一个苏军步兵团在该地域重组，另一些部队集结在赖戈罗多克、布尔亚基和东面的基基舍夫卡附近。第24装甲军报告，当日共击毁14辆敌坦克，但第1装甲师左翼的情况目前相当严峻。

夜间，内林致电劳斯，同他商讨第24装甲军面临的态势[52]。他担心守卫第1装甲师北部地段的部队无法抵御苏军后续突击，因为这些部队的战斗力遭到严重削弱。目前据守该地段的是以“南方”骑兵团组建的一个战斗群，已出现分崩离析的明确迹象[53]。该战斗群作为一个应急措施拼凑而成，因而缺乏真正的内在凝聚力。他们认为自己遭到获得坦克支援的五个苏军步兵师的进攻，已处于绝望境地。昨日，一些士兵试图逃跑，结果被他们的军官枪毙，今天，该团再次崩溃，一些指挥官甚至占据后方阵地，用冲锋枪阻止部下们四散奔逃。据报，该团兵力只剩32人，团长及其副官都已阵亡。第1装甲师将第1装甲侦察营部署至该地段，力图加强防御，据该师报告，已击毁11辆敌坦克，但这是该师所能投入的最后的预备队。情况极为严峻，但第24装甲军根本没有其他力量可用于支援该地段，特别是因为右翼部队也已混杂在一起，同样遭到苏军持续不断地攻击。面对这种状况，内林不得不报告，若苏联人继续猛攻，他的军可能无法在北部防线坚守太久。劳斯几乎提供不了任何帮助，但他同意在必要时采取最为严厉的措施，尽管他承认，情况允许时，应该让士兵们返回他们原先的部队。

南部防线后方，文尼察作战司令报告，城市东部边缘计划中的防御阵地已被占领，苏军步兵和坦克位于东面15公里的古缅诺耶。另外16辆敌坦克出现在更东面几公里的扎别列夫卡（Zhabelevka）。更令人担心的是，据报，3辆敌坦克在卢卡附近封锁四号直达公路，该镇位于文尼察东南方约30公里，沃罗诺维察与涅米罗夫的中途。部署在文尼察东部的主要力量是刚刚到达的第16装甲师所辖一部[54]。具体说来，第64装甲掷弹兵团第2营位于城市东部边缘，在那里为计划中的反突击担任预备队，同样位于文尼察东部的第2装甲团（欠第1营）为其提供支援。苏军对舍佩托夫卡的空袭造成破坏后，第2装甲团第1营仍在途中，虽然“豹”式坦克尚未到达，但40辆坦克已装载完毕，正准备加以运输。第1步兵师大部此时已到达，包括第22燧发枪手团、第43掷弹兵团、第1工兵营、第1炮兵团第1营、第37炮兵团第1营[55]和第1反坦克营。第1掷弹兵团第2营已撤出舍佩托夫卡北面的阵地，目前正朝新集结区开拔。为实施“冬季旅行”行动，戈尔尼克提出调拨工兵部队的要求，为此，第48（摩托化）工兵营和第523工程工兵营现已编入第46装甲军[56]。同时，戈尔尼克证实从文尼察作战司令处收到的报告，苏军部队已位于古缅诺耶，并称当日清晨发现这股苏军向西而行[57]。对方起初约有50辆坦克，其中约20辆坦克在一个步兵营支援下占领古缅诺耶。余部转身向南，赶往斯捷潘诺夫卡和东南地域。相关报告指出，更东面，苏军在利波韦茨以西和西南地域的交通相当活跃。在完成“冬季旅行”行动最后的准备工作之际，劳斯必须解决最右翼这个问题。为不破坏准备工作，“南方”集团军群给第1装甲集团军下达指示，命令第101猎兵师封锁皮萨列夫卡以东公路铁路交叉口周边地域，阻止苏军向文尼察和文尼察机场发起一切后续推进[58]。该师应沿沃罗诺维察—科马罗夫—古缅诺耶以西一线构设防御，并同北面的第4山地师右翼建立联系[59]。与此同时，第16装甲师奉命在古缅诺耶—斯韦尔德洛夫卡—小克鲁什林齐（Maliye Krushlintsy）地域以装甲部队实施侦察。另外，第46装甲军还应把调自第16装甲师的一支装甲预备队留在文尼察东面，并将一个反坦克连派至第101猎兵师北翼，以便为该地段提供更多反坦克力量[60]。劳斯与“南方”集团军群讨论这支装甲预备队的部署问题，并获得冯·曼施泰因批准，必要时可使用该预备队，打击从古缅诺耶向西或西北方攻往文尼察的一切苏军部队。至关重要的是，文尼察东面和东南面的两座机场决不能落入敌人手中。

第24装甲军左侧，第48装甲军勉力自保[61]。苏军的主要突击落在伊万诺波尔地域，党卫队第1“警卫旗队”装甲师据守的地段。苏联人突破该师防御阵地，向热列布基攻击前进，约32辆坦克和突击炮不断向南推进。随后爆发的激战中，守军以一场决定性反冲击重新控制住态势，击毁敌人27辆坦克和5辆突击炮，迫使苏军向北退却。西北面，苏军在杜布罗夫卡和特罗夏地域亦达成突破，虽然德军傍晚前基本肃清这些渗透，但“警卫旗队”师仍在两个村子之间的林地遂行反冲击，力图消灭渗透至该地域的苏军部队。党卫队“帝国”装甲战斗群最左翼，苏军对韦尔布卡（Verbka）[62]以东发起突击攻入德军防御，为恢复态势，德军展开反冲击，深夜时战斗仍在继续。西面，苏军还对第19装甲师据守的防区实施一系列突击。这些进攻多以营级兵力遂行，但都被德军击退，有几次甚至组织局部反冲击后才将对方逼退。第7装甲师最左翼，苏军渡过北面的斯卢奇河，试图向南攻往柳巴尔，但遭德军拦截后退回格列兹诺（Glezno）。尽管德军的防御较为成功，但情况很明显，苏军正为继续进攻加以准备，当日下午，德国人注意到更多苏军部队集结在第19、第7装甲师对面的维希库瑟和利普诺地域。夜间，巴尔克致电第4装甲集团军司令部，与劳斯交谈[63]。他认为第48装甲军当日的防御作战非常成功，特别是“警卫旗队”师击毁突破至热列布基地域的所有敌坦克。他将这场胜利归功于装甲部队与提供空中支援的德国空军的密切协同。在商讨后续态势后，巴尔克接到命令，将一支预备队留在柳巴尔地域，以防苏军在斯卢奇河与霍莫拉河（Khomora）之间攻向南面或东南面。劳斯还建议，应对该地域加以侦察，确定苏军主力是向西攻往波隆诺耶，抑或向南攻入该军纵深侧翼。

在此期间，苏联人继续在米罗波尔地域扩大他们设在斯卢奇河对岸的登陆场。第59军军部目前设在舍佩托夫卡西南方约6公里的普列斯尼亚（Plesnya），该军报告，获得重武器支援的苏军部队从杰尔特卡地域推进，面对其重压，第16装甲侦察营被迫向西退却[64]。守军撤入波隆诺耶镇中心，苏联人占领霍莫拉河附近的科捷良卡和新谢利察。西北面的情况较为平静，第291步兵师和C军级支队均未报告任何特别的作战行动。白天，冯·德尔·切瓦勒里同劳斯商讨第59军面临的态势[65]。德军尚不清楚苏军在地域的意图，劳斯指示这位军长实施侦察，设法弄清苏联人是打算向西推进，还是向南进攻。同时，冯·德尔·切瓦勒里奉命将更多部队调至右翼，设法封闭第59军与第48装甲军之间缺口，然后保持紧密联系，直到新部队赶至。冯·德尔·切瓦勒里认为，据可靠情报报告，苏军主力正向西推进。他试图阻挡对方，却没有相应的手段。因此，他问劳斯能否把第16装甲侦察营暂时留在波隆诺耶地段，但劳斯无法答应这一要求。由于始终不清楚苏军的意图，劳斯命令冯·德尔·切瓦勒里阻止苏军向西、西南方发起一切后续推进，必要时可为此削弱部署在舍佩托夫卡东北面的部队。不过，第59军同第48装甲军建立起联系后，劳斯写信给冯·德尔·切瓦勒里，对该军取得的成就表示感谢[66]。自1943年9月，第59军三次脱离装甲集团军主力，被迫凭一己之力遂行防御，并穿过游击队占据的复杂地形。尽管辖内部队状况不佳，但该军成功杀开血路实施后撤，挫败苏军的意图，完成赋予他们的任务。

总的说来，第4装甲集团军当日守住自己的阵地，据报，在此过程中共击毁41辆敌坦克[67]。在劳斯看来，苏联人似乎仍试图包围他的集团军，对方将坦克第1集团军部署在他的右翼，第60集团军位于他的左翼。南面的状况似乎正趋恶化。虽然苏联人先前在那里的行动仅限于侦察，但他们现在绕过第24装甲军南翼，似乎正沿利波韦茨—文尼察公路及其南面全力向西推进。坦克第1集团军先遣部队已到达古缅诺耶，有迹象表明，第38集团军辖内部队正从北面调来，以支援这场推进[68]。北面，东部防线几乎未发生战斗，北部防线虽然遭到一些不同强度的进攻，但基本保持完好。最激烈的战斗发生在伊万诺波尔地域，苏军近卫坦克第7军在那里力图扩大先前取得的战果，但未获成功。不过，德国人注意到一些苏军部队正在集结，表明对方很快会发起后续突击，可能就在当晚。第48装甲军左翼，德国人关于苏军会以快速部队迂回该军的猜测实际上并未发生，苏军仅以实力不算太强的步兵部队冲出米罗波尔登陆场，向南攻往柳巴尔。没有苏军近卫坦克第4军的消息，德国人估计，该军这一整天实施无线电静默。尽管如此，巴尔克仍相信苏联人会在该地域恢复进攻，第4装甲集团军司令部持相同观点。

在此背景下，劳斯下达新训令[69]。他在指令中确认苏军已渡过斯卢奇河，正在波隆诺耶以南、以东地域向西和西南方推进。所以，对方可能打算隔开他们的南部战线，继续向西进击，夺取舍佩托夫卡至关重要的铁路枢纽部。因此，第59军奉命阻止苏军向西、向南实施一切后续推进，并同右侧第48装甲军保持密切联系。该军还应在波隆诺耶周边和东北地域继续实施侦察。若苏联人意图向南，第48装甲军应将一支装甲预备队留在柳巴尔周边地域，准备拦截苏军在斯卢奇河与霍莫拉河之间的一切推进。为提前获悉对方这种行动，该军应在两条河流之间，北至卡缅卡—波隆诺耶铁路线实施持续战斗侦察。两军分界线稍稍向北调整，从格里采夫起，经新拉本（Novolabun'）和新谢利察至卡缅卡，上述地点均由第59军据守。

与此同时，戈尔尼克一直在为“冬季旅行”加以准备。第4装甲集团军反复敦促后，他终于在1月7/8日夜间确认，行动发起日期有望提前一天。可能的话，1月11日投入进攻的计划保持不变，但戈尔尼克也下达相关训令，以防行动也许需要提前一天发起[70]。命令中总结当前态势，指出据信是坦克第1集团军的苏军部队出人意料地开始攻向文尼察及以南地域。遂行突击的敌先遣部队已到达卢卡以东的古缅诺耶—杜博夫奇克（Dubovchik）[71]一线，估计对方1月9日会继续向西推进。第101猎兵师奉命在古缅诺耶以西构设一道防线，该师与北面第4山地师之间的缺口，由第16装甲师辖内少量部队大致沿加夫里绍夫卡

（Gavrishovka）—大克鲁什林齐一线填补。若次日的态势趋于严重，第46装甲军将以目前可用的所有力量于1月10日展开进攻。第16装甲师应集结在图尔博夫两侧，科贝利尼亚（Kobyl'nya）—新普里卢卡（Novaya Priluka）—丘普里诺夫卡—瓦赫诺夫卡以西树林地域，做好向南或向东进击的准备，具体行动取决于1月9日的态势发展。第1步兵师应集结在左侧，以288高地、霍利亚温齐（Kholyavintsy）以南某处、戈尔洛夫卡（Gorlovka）和波列瓦亚雷锡耶夫卡为界的地域。军部知道该师无法像第16装甲师那样快速机动，但还是命令他们确保尽可能多的作战部队就位，做好1月10日晨转入进攻的准备。这种部署同样是为了让该师能够向南或向东出击。第254步兵师起初应将所有已到达部队集结在文尼察西面，但应做好1月9日晚调离该地域的准备，可能开赴北面，也可能是东北面。若第46装甲军不得不于1月10日展开进攻，戈尔尼克给辖内部队下达的指示如下：第16装甲师将沿两条可能的路线之一推进，要么从集结区直接向南攻击前进，经瓦赫诺夫卡以西攻入直奔文尼察的苏军部队侧翼，要么绕过北面的瓦赫诺夫卡，尔后转身向南，直扑亚森基。第1步兵师也得到两个行动方案，若第16装甲师直接向南发起突击，该师应以届时集结完毕的所有部队跟随这场推进，若第16装甲师向东攻击前进，该师应朝同一方向跟进，攻向别拉亚，以此掩护装甲部队左翼。必要时，若第101猎兵师退入文尼察以南登陆场，第254步兵师将提供支援，以便该师为1月11日或12日从该登陆场展开的反突击做好准备。北面的第4山地师将编入第46装甲军，1月9日6点生效，受领的任务是掩护第16装甲师和第1步兵师的集结区。若第16装甲师向南攻击，第4山地师位于洛佐瓦塔亚及其西面的部队应占据从高地北延至茹拉瓦一线，掩护装甲师东翼。若第16装甲师向东攻击前进，第4山地师则应以部署在奥利尚卡以南的所有部队占据佐佐夫与科纽舍夫卡之间一线，掩护装甲师东北翼。为支援进攻，第101炮兵指挥官[72]应确保第16装甲师所有火炮可用，连同第18炮兵师和第4山地师支援的火炮能够对突击地段施加影响。他还应确保第254步兵师已到达的所有炮兵力量做好守卫文尼察的准备。这场进攻的一个决定性因素是准确探明苏军部队位于何处、他们将赶往何方。为此，第16装甲师奉命向南面和东南面实施侦察，不仅要弄清苏军部队位于何处，正赶往何方，还要确定对方的实力如何。第254步兵师也奉命展开侦察，向南面和东南面搜索前进，查明苏联人已推进多远、其北翼在何处。若这场进攻按原计划于1月11日发起，原先的命令就将保持不变，但正如我们即将看到的那样，这些命令会遭遇突发事件。

1944年1月9日，星期日

第4装甲集团军南翼，当晚平静度过，第24装甲军报告，基本未发生战斗，但苏军调动相当频繁[73]。军右翼的第4山地师同加夫里绍夫卡南端的第101猎兵师取得联系，深夜时，苏军以团级兵力进攻洛佐瓦塔亚。经过激战，德军击退这场冲击，4点20分肃清全村。师防区其他地段，昨日傍晚和夜间，苏军交通运输非常繁忙，涉及包括卡车、雪橇和少量坦克在内的不同车队。其中一些从布里茨科耶向南而行，另一些则从亚历山德罗夫卡向西赶往古缅诺耶。北面，德军昨晚在康斯坦丁诺夫卡附近击退苏军一支战斗巡逻队，据报，苏联人在彼得罗夫卡附近的交通也很活跃。师左翼对面同样如此，自昨日傍晚17点左右，源源不断的苏军部队从北面进入新格列布利亚地域，很明显，苏联人似乎正准备对该师与左侧第168步兵师的结合部发起突击。晚些时候截获的一封电报证实这一猜测。与此同时，第168步兵师报告，遭到敌军轰击，对方的火炮不太猛烈，但迫击炮较为活跃，还有几架苏军夜间轰炸机投下照明弹和炸弹，但未造成严重影响。第18炮兵师防区，苏军继续进攻马尔科夫齐，但未获成功，而第1装甲师报告，苏军仅对安德列亚舍夫卡展开一次营级兵力突击。这场进攻开始于午夜，苏联人设法楔入该师防御阵地，第1装甲师正实施反冲击。不过，这是当晚双方唯一一次直接接触，苏联人的其他行动仅限于火炮和迫击炮火力轰击。

第24装甲军后方，第46装甲军继续集结部队，并为进攻加以准备，报告中未提及重要情况[74]。北面的第48装甲军度过一个更为艰难的夜晚[75]。苏军进攻党卫队第1“警卫旗队”装甲师右翼，成功楔入该师主防御阵地，“警卫旗队”装甲师以一场局部反冲击恢复态势。中央地段，该师占据的新阵地从伊万诺波尔以南2公里处至该镇西北偏西方3公里的路口，而师左翼对面，据报苏军部队集结在杜布罗夫卡西南方大片林地内。左侧党卫队“帝国”装甲战斗群的情况与之类似，苏联人在特罗夏附近突破该战斗群防御，德军发起反冲击才将其遏止。昨晚，苏军以火箭炮轰击该战斗群的阵地，甚至使用了磷弹。22点，"帝国"装甲战斗群开始撤往新阵地，虽然详情不明，但这场后撤似乎是以一种有条不紊的方式进行。第19装甲师昨晚亦遭到攻击，苏联人冲击该师与左侧第7装甲师的结合部。这场进攻开始于19点，同样取得一些战果，但该师旋即组织反冲击，封闭突破口并将该地段肃清。苏联人没有再度展开进攻，但整个夜间一直以火炮和迫击炮轰击该师左翼和菲林齐地段。苏军显然试图将其重点放在德军结合部，据该师报告，300到400名苏军士兵位于库特谢东面的低地，与德军阵地靠得非常近。在此期间，第7装甲师成功封闭苏军部队早些时候在其中央地段达成的渗透，但无法阻止对方投入包括坦克在内的力量加强突破。右翼，3辆敌坦克攻入库特谢，另外8辆坦克突入西面1500米处的一片房屋。军部派"警卫旗队"装甲师一个装甲连赶来解决这一威胁。

西北方，第4装甲集团军左翼，第59军度过一个较为平静的夜晚[76]。清晨5点左右，第16装甲侦察营终于撤出前线，由第291步兵师一部接替，后者在波隆诺耶以西约3公里处的道路两侧占据阵地。C军级支队右翼，苏军昨晚以200名士兵和2辆坦克突入热洛布诺耶，还占领附近的小戈尔巴沙和大戈尔巴沙村。北翼，据被俘的游击队员交代，包括坦克在内的苏军正规部队正朝第59军左翼推进，向南赶往大克列茨卡和第454保安师据守的阵地。

拂晓时，天气基本没有发生变化，空中阴晴相间。温度保持在零摄氏度以下，这使各条道路依然冰冻，仍可加以使用，尽管某些地段的强风造成一些小雪堆。集团军南翼的第101猎兵师遇到困难[77]。昨晚，第228猎兵团从北面攻向科马罗夫，面对苏军坦克部队的抵抗，该团穿过该镇，顺利进入沃罗诺维察。苏军随后再度向西推进至科马罗夫北面，将该团与第101猎兵师余部切断。鉴于这种情况，劳斯要求将该师编入第4装甲集团军，当日中午生效后立即调动[78]。这个师撤至文尼察边缘的原定计划随即撤销，以免为苏军直接攻向日梅林卡敞开道路。相反，该师现在的任务是阻止苏军这种推进，先救出被困于沃罗诺维察的猎兵团，尔后，若遭苏军重压，则应穿过特罗斯佳涅茨（Trostyanets）向西退却[79]。对于如何有效阻止苏军攻向日梅林卡，劳斯考虑抽调第16装甲师强有力的部队协助第101猎兵师，但最终放弃这个选择，因为该师将用于次日发起的"冬季旅行"行动，贸然抽调其部队会招致异议。当日下午，受困的猎兵团遭到苏军坦克攻击，但他们设法击退敌人，守住己方阵地。与此同时，北面，第101猎兵师余部以炮火轰击正沿叶列诺夫卡（Yelenovka）—古缅诺耶公路行进的苏军步兵和车队，据报取得不错的战果。15点，该师从索基林齐地域向沃罗诺维察展开计划中的反冲击。这场进攻由一个猎兵营遂行，并获得一个突击炮连支援，其意图是让受困的第228猎兵团撤往东北方，进入从伊万诺夫卡经特斯维任至索洛维耶夫卡（Soloviyevka）南部一线。行动持续至夜间，据报，他们已击毁10辆敌坦克。

在此期间，戈尔尼克第46装甲军报告，苏联人似乎已注意到第16装甲师在斯韦尔德洛夫卡以西地域的调动[80]。他们以少量步兵和坦克部队面朝德军方向，看上去很可能沿小克鲁什林齐—洛佐瓦塔亚—罗马诺夫卡[81]一线构设新防御阵地。第46装甲军防线对面，苏军摩托化和马拉部队这一整天不断从东面而来，穿过洛佐瓦塔亚和斯恰斯特利瓦亚赶往南面和西南面。同时，另一支苏军部队，估计是获得6辆坦克支援的一个步兵营，从洛佐瓦塔亚对第4山地师设在斯韦尔德洛夫卡的阵地遂行冲击，但被该师击退。傍晚时还发生另一起营级兵力的进攻，苏军在18辆坦克支援下，攻击大克鲁什林齐与斯韦尔德洛夫卡之间的德军防线。战斗持续至夜间，情况仍不明朗。在这场战斗后方，第16装甲师和第4山地师部分部队当日白天进入集结区，第1步兵师位于稍后方，仍在行进途中。第22燧发枪手团计划于当晚接替第4山地师左翼。许多部队目前尚未到达，包括第16装甲师第16装甲侦察营和第64装甲掷弹兵团第1营，第1步兵师第1掷弹兵团和第43掷弹兵团依靠马匹的单位。文尼察地域，第254步兵师辖内部队开始到达，包括第454掷弹兵团、第484掷弹兵团第1营、第254工兵营、第254炮兵团第2和第3营。当日下午，劳斯同戈尔尼克商讨这场即将发起的进攻，强调成功的关键在保持兵力集中，仍在赶来的部队应尽快加以集结。由于进攻发展期间没有足够的力量担任侧翼掩护，戈尔尼克请求集团军派部队接手第4山地师据守的地段[82]。劳斯拒绝这一要求，理由是他没有其他部队可用于接防该地段。不过，这个问题最终得到解决。按照范戈赫尔的建议，劳斯命令第24装甲军延伸第168步兵师据守的防线，接管第4山地师左翼团防区，从而腾出该团担任第46装甲军预备队。范戈赫尔还提出另一个办法，以第1步兵师替代第4山地师，在第16装甲师身后和左翼推进。但劳斯没有接受这个意见，理由是第4山地师更加灵活，机动性更强。他还认为，提供侧翼掩护的过程中，决不允许分割使用第1步兵师。这个想法并不是说设立一条“珠链”守卫侧翼，而是指该师主力应形成一个整体，进攻期间在一条薄弱的前进掩护线后方确保侧翼安全。同样重要的是，第4山地师目前担任侧翼掩护的单位，应尽快以第1步兵师业已到达的部队接替，腾出前者加入第16装甲师的进攻。中午前后，冯·曼施泰因视察第4装甲集团军司令部，商讨即将发起的行动[83]。这位集团军群司令在会谈中没有发表太多意见，相关记录只表明，他认为这场进攻应向东南方遂行。

在此期间，文尼察北面，第24装甲军当日的情况喜忧参半[84]。同近几日一样，东部防线较为平静，而北部防线遭到苏军多次进攻。南面的文尼察作战司令目前也由内林指挥，那里给人的印象是，苏联人正隔开该城，冲向西南方的日梅林卡。文尼察作战司令报告，虽然在城市东部边缘未与敌人发生接触，但中午前后的空中侦察结果表明，约30辆苏军坦克位于东南方大约12公里的特斯维任附近。据报，苏军坦克部队正向西而行，3辆敌坦克已到达前方3公里的伊万诺夫卡。与此同时，文尼察西南方，一部火车头13点左右在谢利谢附近遭到射击后起火燃烧，15点，文尼察以南约8公里处，秋季基车站北面的铁轨被炸毁。该地域载有一些突击炮的一列火车亦遭袭击并起火燃烧[85]。详情尚不清楚，但文尼察作战司令意识到苏军坦克已到达城市南面的南布格河。傍晚时，德国人获悉苏军先遣部队在文尼察以南约24公里的伏罗希洛夫卡到达该河，维塔瓦附近部分地域亦遭占领[86]。文尼察北面，第168步兵师报告，他们向索科洛夫卡（Sokolovka）[87]成功实施一场战斗巡逻，发现并击退正逼近小切尔尼亚京防御阵地的约150名苏军士兵。左侧第18炮兵师报告，未发生任何战斗，为支援即将发起的“冬季旅行”行动，该师已将3个炮兵营调拨给第46装甲军[88]。西北面，第1装甲师再次度过艰难的一天。师右翼，双方在马尔科夫齐周围再度展开激战，中央地带，苏军以连级兵力冲击小克利坚卡，但被德军击退。西面，苏联人以团级兵力遂行冲击，将守军逐出安德列亚舍夫卡，为夺回该村，第1装甲师组织反冲击，但苏军强大的反坦克防御导致这场进攻没能取得任何进展。师左翼的情况甚至更加严峻。波德罗日纳亚（Podorozhnaya）东面，7辆搭载步兵的敌坦克设法突破该师设在主十字路口附近的防御，正向南、东南方攻往克拉皮夫纳和克利坚卡。17点40分，劳斯与内林商讨态势[89]。鉴于第1装甲师遭遇的困难，劳斯告诉这位军长，可以让该师撤往西南方新防线，这道防线从佩列莫加起，穿过奥西奇纳（Osichna）、维申卡（Vishenka）、斯图普尼克（Stupnik）至彼得里科夫齐（Petrikovtsy）北面高地，该师应在那里同左侧第48装甲军建立联系。批准后撤的同时，劳斯要求内林明确告诉相关指挥官，无论如何必须守住这道防线。在此期间，后方地区已呈现出游击战的残酷现实，德国人肃清乌拉多夫卡（Uladovka）和伊万诺波尔村，并将其付之一炬，13名游击队员在亚茨科夫斯基村（Yatskovski）遭枪杀。

西面，第48装甲军防区，巴尔克报告，苏军的作战重点是对付他这个军的两翼[90]。右翼，苏联人将机械化第9军调入伊万诺波尔周边地域，左侧，他们发现德军敞开的左翼，随即着手利用这一弱点。当日晨，苏军一个步兵团在坦克支援下冲击党卫队第1“警卫旗队”装甲师右翼，成功楔入该师防御，“警卫旗队”师以一场反冲击肃清对方的突破，据报，在此过程中击毁12辆敌坦克。中午前后，苏军再度展开进攻，这次从伊万诺波尔向南推进，投入步兵和20至25辆坦克。这场突击针对的是布尔亚基以西约2公里，“警卫旗队”装甲师设在热列布基与泽连齐农场之间的阵地，苏联人成功突破热列布基与主十字路口之间的德军防御。苏军坦克向前推进，攻入热列布基，但该师组织反冲击，设法封闭突破口，并击毁7辆敌坦克，迫使对方退回北面。德国人发现，约30具喀秋莎火箭炮部署在伊万诺波尔东南地域，而包括坦克部队在内的苏军新锐部队集结于杜布罗夫卡西南面树林中。党卫队“帝国”装甲战斗群从事的战斗同样激烈。苏军投入营级兵力，从米哈伊洛夫卡东南地域冲击韦尔布卡以东约4公里的德军防线。这场进攻获得约12个炮兵连支援，又一次成功楔入德军防御。“帝国”装甲战斗群迅速做出应对，以一股装甲力量展开反冲击，肃清对方突破并恢复态势。但战斗仍在继续，德军沿菲林齐以东树林北部边缘构设的主防御阵地当日易手数次，傍晚时，这片阵地重新回到德军手中。稍东面，德国人发现6辆敌坦克位于特罗夏西北方3公里的林地内。“帝国”装甲战斗群左侧，第19装甲师在维希库瑟两侧遭到苏军反复攻击，对方虽然火炮和火箭炮支援，但这场进攻没能取得任何进展。第48装甲军左翼，第7装甲师继续肃清苏军昨晚在库特谢达成的突破，最终在15点左右顺利完成这项行动。中午前后，苏联人沿斯卢奇河西岸展开一场大规模进攻，从北面攻向柳巴尔。他们为此投入约1000人，25辆坦克提供支援，迫使第7装甲师掩护部队退入该镇一个小型登陆场。德军派一个装甲战斗群渡河发起反冲击，击毁6辆敌坦克，黄昏时退回东岸。登陆场疏散后，苏军就势占领柳巴尔西部。总之，第48装甲军报告，在当日战斗中共击毁33辆敌坦克。下午晚些时候，巴尔克致电第4装甲集团军司令部[90]。他指出，第48装甲军在过去几天一直从事激烈的防御作战，第7装甲师在左翼柳巴尔地域遂行反冲击失利，意味着目前的阵地很快将难以为继。因此，他建议将部队撤至以下一线：从彼得里科夫齐起，穿过斯梅拉（Smela）、诺索夫卡（Nosovka）北面高地、斯捷特科夫齐、小布拉塔洛夫（Maliye Bratalov），直至柳巴尔南面，斯卢奇河河畔的格里诺夫齐（Grinovtsy）。劳斯同意，但条件是将第7装甲师撤出前线，调至斯卢奇河左岸。该师的新任务是以积极的行动掩护第48装甲军左翼，并同左侧波隆诺耶地域第59军建立联系。另外，劳斯还强调，必须不惜一切代价坚守这道新防线，以免危及南翼即将发起的“冬季旅行”行动之前景。第4装甲集团军随后给第24和第48装甲军下达命令，确认这场后撤和第7装甲师的调动，并指示两个军留下后卫部队，尽可能地长久坚守既有阵地[91]。这些命令直到晚些时候才汇报给“南方”集团军群，冯·曼施泰因立即拒绝这一主张。劳斯是不是故意拖延向集团军群报告，这一点不得而知，但冯·曼施泰因最终不得不同意这场后撤，因为第4装甲集团军告诉他，部队已开始调动。

随着第48装甲军左翼遭受严重威胁，第59军又一次处在与第4装甲集团军主力隔断的危险下。虽然目前看来，苏联人的行动重点似乎是向南攻入斯卢奇河河谷，打击第7装甲师据守的地段，但第291步兵师部署在波隆诺耶以西约3公里处的先遣支队报告，当日白天未与苏军发生接触。该支队向前推进，发现波隆诺耶镇西部没有敌人。北面，苏军投入1至2个步兵连，在数辆坦克支援下，进攻该师设在布尔京的阵地，迫使守军退出该镇，撤入后方约3公里的树林。据空中侦察报告，苏军在布尔京至波隆诺耶公路上的交通相当活跃，可能还包括一些防空部队在内，因为飞行员报告，他遭到猛烈火力打击。北面，其他苏军部队迫使该师前进部队撤出扎雷（Zhary）以西的杰列维希纳（Derevishchina），第291步兵师计划于次日发起反冲击。第59军左翼，C军级支队和第454保安师据守的防御地段，双方都展开积极侦察，但基本上没有发生激烈战斗。北面，距离科列茨20多公里处，第454保安师报告，斯卢奇河河畔的马里宁（Marinin）周边地域传来履带的声响，表明苏军坦克部队可能就在附近。鉴于第59军与装甲集团军主力再度隔断的威胁，劳斯当晚与冯·德尔·切瓦勒里通话，指示他向东南方实施更多侦察，确保同第48装甲军的联系[92]正常。这可能是个不必要的建议，但它表明劳斯对确保第59军不能再度脱离的关心。

因此，第4装甲集团军的态势1月9日基本没有发生变化[93]。集团军两翼仍遭到苏军步兵和坦克部队攻击，但南面，苏军坦克第1集团军[94]强有力的部队已突破第101猎兵师的防御，赶往南布格河东岸。德国人知道近卫坦克第11军主力位于科马罗夫—沃罗诺维察地域，其先遣部队已到达西南方的苏季斯基（Sutiski）[95]。近卫机械化第8军一部位于杜博韦茨—拜拉科夫卡地域，但据德军所知，该军辖内其他部队仍在行进途中。北翼，苏军近卫坦克第3集团军在第18、近卫第1集团军步兵部队支援下，继续进攻伊万诺波尔两侧，另外，更多苏军部队集结在别尔季切夫西南方和伊万诺波尔周围，表明对方很可能发起后续突击[96]。西面的态势同样严峻，尽管第7装甲师展开反冲击，但苏军近卫坦克第4军一部还是渡过斯卢奇河，并夺得柳巴尔北部，另一些部队则从库特谢地域向南攻击前进。同时，使第4装甲集团军无能为力的是，左翼外，苏军第13集团军几个步兵师穿过萨尔内两侧的沼泽和树林继续向前推进。总之，第4装甲集团军报告，当日共击毁43辆敌坦克，其中33辆是第48装甲军取得的战果。18点30分，“南方”集团军群参谋长布塞致电第4装甲集团军司令部，通知他们，新开到的第371步兵师将编入第4装甲集团军，而非原定的第1装甲集团军[97]。该师先遣部队已在日梅林卡地域卸载，奉命坚守该镇。集团军群当晚晚些时候下达正式指令，确认第371步兵师编入第4装甲集团军，立即生效[98]。集团军群还在训令中批准，腾出目前在日梅林卡地域接受补充的两个装甲营，即第503重型装甲营和第23装甲团第1营，但这两个营只能用于肃清布格河南岸的苏军坦克和摩托化部队。在任何情况下都不能危及这两个营的补充。收悉这些命令后，范戈赫尔建议，应以第371步兵师和第503重型装甲营封锁伏罗希洛夫卡的南布格河渡口，并在格尼万的河流北岸构设一座登陆场。他还提出，将这些部队和第101猎兵师交给豪费第13军，该军部仍驻扎在日梅林卡，目前未承担任何前线职责。劳斯赞同这两项建议，随即下达相关指示[99]。训令中指出，苏军部队（正确识别为近卫坦克第11军）在科马罗夫突破第101猎兵师防御，其先遣坦克部队已到达伏罗希洛夫卡和伊万诺夫卡。第13军奉命接管第101猎兵师和正开到的第371步兵师，次日中午生效，任务是在伏罗希洛夫卡阻挡苏军渡过南布格河的一切推进，并在格尼万周围构设一座登陆场。第101猎兵师应确保格尼万与文尼察之间的铁路线畅通，只有在遭受苏军沉重压力的情况下方可撤向该铁路线。若被迫退却，应逐步后撤，坚守铁路线至最后一刻。为帮助实现这一目标，该师仍在文尼察以东的部队将由第254步兵师一部接替，并调往南面，第503重型装甲营和第23装甲团第1营也编入第13军，但这两个营只能用于肃清远至南布格河的地域。仿佛是为强调这一点似的，这两个营继续补充期间仍直属"南方"集团军群。为提供更多步兵力量，驻扎在日梅林卡的一些罗马尼亚部队编入第371步兵师，包括第8步兵团和第715独立营。豪费还应为日梅林卡任命一位作战司令，并把负责第13军原有部队继续改编的工作移交第208步兵师师长[100]。

继冯·曼施泰因早些时候视察第4装甲集团军司令部后，装甲集团军以向东南方发起进攻为原则，下达实施"冬季旅行"行动的正式训令[101]。命令中指出，苏军坦克第1集团军已从别尔季切夫—卡扎京地段开拔，并在波格列比谢西南地域重组。该集团军1月8日开始推进，以近卫坦克第11军从利波韦茨地域赶往文尼察，现已到达古缅诺耶地域。不难预料，苏联人将投入近卫机械化第8军，迂回第4装甲集团军南翼。据信，苏军第38集团军以13个步兵师在齐布列夫与别尔季切夫以南某处之间据守一道宽大防线，其中一些部队将为坦克第1集团军新发起的推进提供支援。苏军在第4装甲集团军右翼对面的兵力调动表明，一些步兵师正从别尔季切夫以南地域调至瓦赫诺夫卡以北地域。已确认步兵第135师位于奥拉托夫地域，步兵第100师部署在特罗夏，步兵第241师在佐佐夫，步兵第211师位于新格列布利亚以南，步兵第237师部署在基罗夫卡，近卫步兵第68师位于列奥纳尔多夫卡，步兵第107师在佩列莫加。德方尚未确定苏军局部预备队的存在，但第4装甲集团军认为其中一些已投入部署，特别是休整中的坦克和机械化部队。因此，"冬季旅行"行动的主要目标是攻入苏军坦克第1集团军侧翼和后方，进而将其击败。戈尔尼克第46装甲军应以第16装甲师、第4山地师、第254和第1步兵师遂行主要突击，在瓦赫诺夫卡及其北面突破苏军防御，尔后集中力量，向东南方挺进，在索布河以西进入苏军坦克第1集团军后方。若苏军在此期间向西面的推进取得良好进展，第46装甲军应变更突击方向，以第16装甲师和第4山地师直接向南攻往斯捷潘诺夫卡。这两个师夜间集结于瓦赫诺夫卡—康斯坦丁诺夫卡—普里卢卡地域，做好短暂炮火准备后尽早发起进攻。同时，第254和第1步兵师应尽快完成辖内部队集结，这样，前者便可对企图从斯捷潘诺夫卡赶往西北方的一切苏军部队展开反冲击，而后者应向东南面或东面推进，为遂行进攻的各师侧翼提供掩护。同时，第24装甲军应以第168步兵师和第18炮兵师所有可用火炮支援这场进攻，为配合第46装甲军遂行突击，甚至应将所有参战部队变更部署，确保他们进入新阵地，做好拂晓时开炮射击的准备。尽管如此，这种支援仅限于最初的突破行动，并没有派这些炮兵力量跟随突击部队前进的计划。相反，他们应尽快返回第18炮兵师，仍由第24装甲军使用。第168步兵师也应做好投入进攻的准备，要么扩大主要突击取得的战果，要么为第46装甲军侧翼提供掩护。必要时，该师应将其右翼向前推进，攻向东北方，前出到洛佐夫卡[102]—切尔尼亚京一线。两军分界线将调整至以下一线：从巴甫洛夫卡至波列瓦亚雷锡耶夫卡，沿杰斯纳河延伸到新格列布利亚，再从那里递延至奥夫夏尼基。正如前文指出的那样，第46装甲军获得第48（摩托化）工兵营和第523工程工兵营这些额外工兵力量加强。而空中支援由第8航空军负责，主要为率领进攻的突击部队提供近距离空中支援，并掩护该军侧翼。

因此，第4装甲集团军次日面临的任务从理论上说非常简单。南面，第13军据守日梅林卡，第46装甲军对文尼察以东的苏军坦克第1集团军遂行反突击。北面，第24装甲军沿东部防线扼守既有阵地，北部防线与左侧第48装甲军一同后撤，集团军左翼的第59军继续执行当前任务。集团军左翼外的情况依然不明，由于第4装甲集团军对此无能为力，冯·曼施泰因便给国防军驻乌克兰司令，航空兵上将卡尔·基青格下达训令，按照他前几天的指示行事，并证实他早些时候的想法[103]。命令中确认，苏军第13集团军一部正沿沃伦斯基新城—罗夫诺公路及其北部向西挺进，这是该集团军为针对第4装甲集团军的主要行动提供积极侧翼掩护的组成部分。对方的任务可能是防止德国人抽调新锐力量打击乌克兰第1方面军西翼，但另一种可能性是，若只遭遇虚弱抵抗，他们也许会设法切断罗夫诺—萨尔内铁路线，并沿罗夫诺—科韦利方向尽力向西推进。基青格现在奉命将注意力集中于两项主要任务。首先，他应确保整个地区的铁路交通网完好，保证这些铁路线畅通，其次，他应在第59军左翼与两个集团军群分界线之间沿斯卢奇河和戈伦河设立一道掩护线。尔后，他应从这道防线尽力向东实施侦察，采取一切手段获知苏军的动向和计划。命令中乐观地补充道，将所有可用兵力集中在苏军集结处，从而击败苏联人对该掩护线的一切进攻。尽管基青格需要所有可用力量，但他并未获准使用驻扎在该地域的匈牙利第7军，该军任何一部的调动目前都需要获得集团军群预先批准。不过，集团军群已提请OKH（德国陆军总司令部）与匈牙利总参谋部做出必要安排。

★★★

1月9日在许多方面证明是苏军日托米尔—别尔季切夫进攻战役的最高潮。在右翼和中央地带，瓦图京基本实现既定目标，仅在柳巴尔与文尼察之间地带与原定计划稍有些差距。北面，第13集团军已达成目的，在未遭到任何有效抵抗的情况下，正继续向西挺进。第60集团军也实现前出到斯卢奇河的既定目标，并在数个地段渡至西岸，正向斯捷潘诺夫卡缓缓推进。中央地段右侧，苏军几乎已将柳巴尔镇拿下，而左侧，苏军部队在文尼察东部边缘、南面和西南面展开行动。在这两翼之间，第4装甲集团军仍扼守一道面朝东北方的弧形防线，致使乌克兰第1方面军没能在该地域达成目标。面对这种情况，瓦图京和最高统帅部大本营代表朱可夫拟定一套后续行动方案，并于1月9日0点50分呈交最高统帅部大本营[104]。方案中称，尽管乌克兰第1方面军已完成许多既定目标，但当前任务是实现原计划所有目标。右翼，方面军辖内部队应继续攻往戈伦河和斯卢奇河一线，夺取杜布罗维察（Dubrovitsa）和萨尔内镇。中央地带和左翼，任务依然是击败盘踞在日梅林卡和乌曼周围之敌，夺取卢卡巴尔斯卡亚（Luka Barskaya）、文尼察、日梅林卡和乌曼，尔后前出至以下一线：从柳巴尔起，经赫梅利尼克、卢卡巴尔斯卡亚、穆拉法（Murafa）至图利钦（Tul'chin）和乌曼。瓦图京详细阐述他打算如何实现这一目标。第13集团军应按现有计划完成萨尔内的作战行动，之后，坦克第25军留在沃伦斯基新城地域担任集团军预备队。第60集团军已完成其主要目标，应在已到达战线处坚守阵地，实施重组和再编组，同时继续向舍佩托夫卡展开侦察。近卫坦克第4军应在柳巴尔地域转入集团军预备队，在那里实施重组。必要时，第60集团军应协助近卫第1集团军完成其任务。同时，近卫第1集团军应继续推进，1月12日前到达柳巴尔—赫梅利尼克一线，在那里停下，为下一阶段的进攻加以准备。南面，第18和第38集团军，应在近卫坦克第3、坦克第1集团军支援下，完成击败文尼察、日梅林卡周边之敌并夺取这两个镇子和卢卡巴尔斯卡亚的任务。之后，第18集团军应前出到赫梅利尼克—卢卡巴尔斯卡亚—马泰科沃（Mateikovo）一线，左侧第38集团军[105]应开至马泰科沃—穆拉法一线。为协助这一行动，待近卫第1集团军到达赫梅利尼克攻击距离内，近卫坦克第3集团军获得200辆坦克补充，坦克第31军[106]到达后，将从赫梅利尼克地域攻向卢卡巴尔斯卡亚，夺取该镇，切断日梅林卡—勒沃夫（Lvov）铁路线，据守该地域，直至第18和近卫第1集团军主力到达。与此同时，坦克第1集团军应夺取日梅林卡地域，并在此坚守，直至第38集团军主力到达。左翼，第40和第27集团军，应在近卫坦克第5军[107]支援下，继续设法击败乌曼周边之敌，第40集团军留在穆拉法—图利钦—奥利亚尼察（Olyanitsa）一线，第27集团军和近卫坦克第5军部署在奥利亚尼察—乌曼一线。遂行这些任务并完成初步行动的预期时间估计为10至12天。

除阐述他打算如何实施原定任务外，瓦图京还对下一阶段行动提出建议。为不阻止德国人沿戈伦河和兹布鲁奇河（Zbruch）一线构设牢固防御，他提出1月20日前后发起一场新行动，使乌克兰第1方面军前出到北起奥热霍夫斯基运河（Ozhekhovskii），经科韦利、卢茨克、杜布诺、克列梅涅茨（Kremenets）、沃洛奇斯克（Volochisk）、古夏京（Gusyatin）、卡梅涅茨-波多利斯基（Kamenets-Podol'skii），并沿德涅斯特河从霍京（Khotin）经莫吉廖夫-波多利斯基（Mogilev-Podol'skii）至索罗基（Soroki）一线。这一行动计划在2月5日—10日完成。主要突击从卢卡巴尔斯卡亚地域向卡梅涅茨-波多利斯基发起，由近卫第1、第18、第38集团军辖内部队会同新开到的坦克第

31军和机械化第5军[108]遂行，炮兵第3、第13、第17师和近卫迫击炮第3师[109]提供支援。根据这些新建议，近卫第1集团军将沿旧康斯坦丁诺夫—沃洛奇斯克方向挺进，夺取旧康斯坦丁诺夫和普罗斯库罗夫，尔后将主力集结于沃洛奇斯克地域。第18集团军应在其左侧推进，穿过杰拉日尼亚（Derazhnya）赶往古夏京，将主力集结在那里。同时，第38集团军从日梅林卡地域进击，经斯特鲁加（Struga）赶往卡梅涅茨-波多利斯基，夺取卡梅涅茨-波多利斯基和霍京，前出到从斯卡拉-波多利斯卡亚（Skala-Podol'skaya）起，经卡梅涅茨-波多利斯基和霍京至卡柳斯（Kalyus）一线。乌克兰第1方面军右翼，第13和第60集团军辖内部队受领的任务是在近卫骑兵第1、第6军，近卫坦克第4军和坦克第25军加强下[110]，歼灭罗夫诺—舍佩托夫卡地域之敌。第13集团军，连同两个骑兵军和坦克第25军，应向罗夫诺和卢茨克推进，其意图是前出到北起科韦利，经卢茨克和杜布诺至罗夫诺一线。具体说来，坦克第25军先向奥斯特罗格（Ostrog）挺进，尔后转向西北方，从南面和西南面绕过罗夫诺后将其夺取。该军随后应赶往并攻占卢茨克。近卫骑兵第1、第6军从萨尔内地域向西进击，在戈伦河与斯特里河（Styr'）之间攻向卢茨克和杜布诺，目标是从西北面和西面打击盘踞在罗夫诺地域的德军。第60集团军和近卫坦克第4军将穿过舍佩托夫卡和伊贾斯拉夫（Izyaslav）推进，前出到杜布诺至克列梅涅茨一线。同时，方面军左翼的第27和第40集团军继续遂行当前攻势，同乌克兰第2方面军辖内部队会合。第40集团军将沿盖辛—图利钦—瓦普尼亚尔卡（Vapnyarka）方向挺进，夺取德涅斯特河河畔的莫吉廖夫-波多利斯基，并沿该河设立一道防线，从卡柳斯起，经莫吉廖夫-波多利斯基至索罗基。而第27集团军和近卫坦克第5军应沿索罗基—韦尔布卡—盖沃龙—乌曼一线进击，任务是同乌克兰第2方面军右翼保持联系。近卫坦克第3集团军先实施重组和补充，尔后投入部署，支援向卡梅涅茨-波多利斯基的进军，坦克第1集团军在其左侧推进，支援向莫吉廖夫-波多利斯基发起的进攻。这份方案还涉及坦克第2集团军，1943年9月3日以来，该集团军一直留在最高统帅部大本营预备[111]。是最高统帅部大本营主动投入该集团军，还是瓦图京请求调拨该集团军，这一点不得而知，但不管怎样，对继续实施进攻的乌克兰第1方面军来说，这是一股重要的快速增援力量。方案中指出，该集团军应部署到日托米尔，接管集结在卡扎京地域的坦克第31军和集结在别尔季切夫地域的机械化第5军。当日21点，最高统帅部大本营批准瓦图京的建议[112]。

有趣的是，这份提案并未指出双方兵力对比发生任何变化，似乎认为德国人没有投入任何值得一提的援兵。另外，报告中也没有提及德军正准备发起反突击的任何可能性。这种疏忽是否应归咎于情报部门的失误、过度乐观的形势判断或其他一些原因，这个问题不在本书讨论范畴内，但不管怎样，鉴于1月中下旬即将发生的事情，这仍是个饶有趣味的问题。次日（1月10日），德军将对乌克兰第1方面军据守的不同地段展开一系列反突击。接下来三周，这些进攻导致苏军的推进停滞不前，在多处逼退对方，为德国军队恢复一条至少看上去较为紧密、绵亘的防线。鉴于德军发起这些反突击，苏军最高统帅部大本营放弃瓦图京1月9日的方案，1月14日正式提出结束日托米尔—别尔季切夫进攻战役。但在此之前，大本营默认这场进攻没能实现所有目标，承认德军设在第聂伯河的突出部对乌克兰第1、第2方面军进攻行动的发展潜力造成妨碍，迟滞了他们攻向南布格河的行动。为此，大本营1944年1月12日给两个方面军下达指令，包围并歼灭盘踞在兹韦尼戈罗德卡—米罗诺夫卡—斯梅拉地域之敌，这场行动称为科尔孙–舍甫琴柯夫斯基进攻战役，即科尔孙包围圈[113]。

注释

1.第24装甲军晨报，1944年1月6日6点30分签发。

2.第4装甲集团军发给“南方”集团军群的每日报告，1944年1月6日7点30分签发，日期错标为1944年1月5日。

3.第48装甲军晨报，1944年1月6日6点签发。

4.第4装甲集团军发给“南方”集团军群的晨报，1944年1月6日7点30分签发。

5.第24装甲军每日报告，1944年1月6日，未标注时间。

6.第4装甲集团军发给“南方”集团军群的每日报告，1944年1月6日签发，未标注时间。

7.第48装甲军每日报告，1944年1月6日22点25分。据这份报告称，该军可用战车数量如下：

· 第7装甲师：5辆四号长身管坦克

· 党卫队第1“警卫旗队”装甲师：4辆四号长身管坦克、7辆五号坦克、6辆突击炮（1月5日的报告提及）

· 党卫队“帝国”装甲战斗群：1辆四号长身管坦克、5辆突击炮

报告中未提及第19装甲师的战车数量。

8.第4装甲集团军作战处作战日志，1944年1月6日的条目。

9.近期的苏联地图上标为米罗斯拉夫卡（Miroslavka）。

10.第4装甲集团军作战处作战日志，1944年1月6日的条目。

11.第4装甲集团军作战处作战日志，1944年1月6日的条目。

12.第46装甲军每日报告，1944年1月6日19点10分。据这份报告称，该军可用战车数量如下：

· 第16装甲师：33辆四号长身管坦克、62辆五号坦克、5辆指挥坦克、21辆突击炮

· 第1步兵师：14辆突击炮

13.第4装甲集团军发给“南方”集团军群的每日报告，1944年1月6日签发，未标注时间。

14.第59军每日报告，1944年1月6日19点40分。

15.第4装甲集团军发给“南方”集团军群的每日报告，1944年1月6日签发，未标注时间。

16.第4装甲集团军作战处，第131/44号令，1944年1月6日签发；第4装甲集团军作战处，第157/44号令，1944年1月6日签发。

17.第4装甲集团军作战处作战日志，1944年1月6日的条目。

18.第4装甲集团军情报处发给“南方”集团军群的晚间报告，1944年1月6日签发。

19.第4装甲集团军作战处，第135/44号令，1944年1月6日签发。

20.第4装甲集团军作战处作战日志，1944年1月6日的条目。

21.“南方”集团军群作战处，第77/44号令，1944年1月6日签发。

22.第4装甲集团军作战处作战日志，1944年1月6日的条目；第4装甲集团军作战处，第135/44号令，1944年1月6日签发。

23.“南方”集团军群作战处，第0748/44号令，1944年1月6日签发。

24.第46装甲军晨报，1944年1月7日5点30分签发。

25.第24装甲军晨报，1944年1月7日签发，未标注时间。

26.第48装甲军晨报，1944年1月7日5点30分签发。

27.第59军晨报，1944年1月7日6点签发。

28.第46装甲军每日报告，1944年1月7日18点50分。

29.据第4装甲集团军作战处作战日志记载，这场空袭炸毁、炸坏数百节车皮，并给铁路线造成严重破坏。第16装甲师余部的运输工作因而被推延。

30.第1装甲集团军作战处，10/44号令，1944年1月6日签发。

31.第24装甲军每日报告，1944年1月7日19点20分。

32.第24装甲军作战处发给第4装甲集团军的电报，1944年1月7日11点签发，无编号。

33.第4装甲集团军发给“南方”集团军群的每日报告，1944年1月7日21点签发。

34.第48装甲军每日报告，1944年1月7日签发，未标注时间。据这份报告称，该军现有战车数量如下：

· 第7装甲师：8辆四号长身管坦克

· 第19装甲师：2辆四号长身管坦克、6辆自行反坦克炮

· 党卫队“帝国”装甲战斗群：1辆四号长身管坦克，6辆突击炮

· 党卫队第1“警卫旗队”装甲师：6辆四号长身管坦克、11辆五号坦克、2辆六号坦克、7辆突击炮，3辆自行反坦克炮

另外，“警卫旗队”装甲师报告，击毁12辆敌坦克；第19和第7装甲师报告，分别击毁2辆、7辆敌坦克。“南方”骑兵团奉命编入该军，当日生效。

35.第4装甲集团军发给“南方”集团军群的每日报告，1944年1月7日21点签发。

36.第4装甲集团军发给“南方”集团军群的每日报告，1944年1月7日21点签发。

37.第4装甲集团军作战处，第156/44号令，1944年1月7日签发。

38.第4装甲集团军发给“南方”集团军群的每日报告，1944年1月7日21点签发。

39.第4装甲集团军作战处，第157/44号令，1944年1月7日签发。

40.“南方”集团军群作战处，第75/44号令，1944年1月7日签发。

41.Korps-Begleit-Kompanie，其主要任务是掩护军部和军部人员。

42.第4装甲集团军作战处，第146/44号令，1944年1月7日签发。

43.第46装甲军作战处，第8/44号报告，1944年1月7日签发。

44.原为该师辖下的第94战地补充兵营。

45.第24装甲军晨报，1944年1月8日6点签发。

46.第46装甲军晨报，1944年1月8日5点签发。

47.第48装甲军晨报，1944年1月8日6点30分签发

48.第59军晨报，1944年1月8日4点20分、5点15分签发。

49.第24装甲军每日报告，1944年1月8日签发，未标注时间。报告中列举该军可用战车和反坦克武器数量如下：

· 第1装甲师：3辆四号长身管坦克、8辆五号坦克、26辆自行反坦克炮、22门重型反坦克炮

· 第25装甲师：1辆四号长身管坦克、1辆突击炮

· 第18炮兵师：10辆突击炮、1门重型反坦克炮

· 第4山地师：9门重型反坦克炮

· 第168步兵师：10门重型反坦克炮

· 第509重型装甲营：9辆六号坦克

· 第739反坦克营：18辆自行反坦克炮

50.第4装甲集团军发给“南方”集团军群的每日报告，1944年1月8日21点签发。

51.第4装甲集团军发给“南方”集团军群的每日报告，1944年1月8日21点签发。

52.第4装甲集团军作战处作战日志，1944年1月8日的条目。

53.该战斗群围绕“南方”骑兵团组建而成，包括第20装甲掷弹兵师辖内部队（包括隶属第76和第

90装甲掷弹兵团，刚刚结束休假或与部队失散的士兵、第120装甲侦察营、师警卫连），一个伞兵补充兵营，第299轻型高射炮营和各种警戒部队。

54.第46装甲军每日报告，1944年1月8日签发，未标注时间。报告中列举该军部署在新地域的可用战车和反坦克武器数量如下：

· 第16装甲师：21辆四号长身管坦克、14辆突击炮、14门重型反坦克炮

· 第1步兵师：13辆突击炮、13门重型反坦克炮

55.第37炮兵团第1营是一支稍有些与众不同的部队，是第37重型炮兵团辖下两个营之一，该团仅仅是个名义上的团，没有团部，只编有两个营。第1营永久性编入第1步兵师，而第2营仍是独立部队。

56.第4装甲集团军发给“南方”集团军群的每日报告，1944年1月8日21点签发。

57.第4装甲集团军发给“南方”集团军群的每日报告，1944年1月8日21点签发。

58. “南方”集团军群作战处，第112/44号令，1944年1月8日签发。

59.第4装甲集团军作战处作战日志，1944年1月8日的条目。

60.第4装甲集团军作战处，第186/44号令，1944年1月8日签发。

61.第4装甲集团军发给“南方”集团军群的每日报告，1944年1月8日21点签发。

62.近期的苏联地图上已不再标注韦尔布卡这个小村庄，该村位于莫特伦基（Motrunki）北面的柳巴尔—特罗夏公路上。

63.第4装甲集团军作战处作战日志，1944年1月8日的条目。

64.第4装甲集团军发给“南方”集团军群的每日报告，1944年1月8日21点签发。

65.第4装甲集团军作战处作战日志，1944年1月8日的条目。

66.第4装甲集团军作战处，1944年1月8日签发的文件，无编号。

67.第4装甲集团军发给“南方”集团军群的每日报告，1944年1月8日21点签发。

68.第4装甲集团军情报处发给“南方”集团军群的晚间报告，1944年1月8日签发。

69.第4装甲集团军作战处，第184/44号令，1944年1月8日签发。

70.第46装甲军作战处，第11/44号令，1944年1月8日签发。

71.近期的苏联地图上标为杜布马斯洛夫卡（Dubmaslovka）。

72.第101炮兵指挥官隶属第46装甲军，负责协调该军的炮兵行动。

73.第24装甲军晨报，1944年1月9日6点签发。

74.第46装甲军晨报，1944年1月9日6点05分签发。

75.第48装甲军晨报，1944年1月9日6点30分签发。

76.第59军晨报，1944年1月9日7点25分签发。

77.第101猎兵师每日报告，1944年1月9日19点25分签发。

78. “南方”集团军群作战处，第126/44号令，1944年1月9日签发。

79.第4装甲集团军作战处，第206/44号令，1944年1月9日签发。

80.第46装甲军每日报告，1944年1月9日签发，未标注时间。第4山地师已正式编入戈尔尼克装甲军，当日6点生效。报告中提及该军目前掌握的可用战车和反坦克武器数量：

· 第16装甲师：17辆四号长身管坦克、4辆指挥坦克、9辆突击炮、12门（摩托化）重型反坦克炮

· 第1步兵师：12辆突击炮、12门（摩托化）重型反坦克炮

· 第4山地师：9门（摩托化）重型反坦克炮

另外，第2装甲团第1营的31辆五号坦克已到达卸载区。

81.所有地图上均未标注罗曼诺夫卡，它位于洛佐瓦塔亚东北方约3公里的高地上。

82.第4装甲集团军作战处作战日志，1944年1月9日的条目。

83.第4装甲集团军作战处作战日志，1944年1月9日的条目。

84.第24装甲军每日报告，1944年1月9日19点15分签发。

85.据第101猎兵师报告，这起事件发生在14点30分，两列火车正欲卸载时，遭到4辆苏军坦克炮击。

86.第4装甲集团军作战处作战日志，1944年1月9日的条目。

87.该师防区对面没有这个地点，因而无法确切了解这场小规模行动究竟发生在何处。相关报告中似乎也没有明显的地名拼写错误。

88.这三个营是第288炮兵团第2、第3营和第388炮兵团第3营，都由第288炮兵团团部指挥。

89.第4装甲集团军作战处作战日志，1944年1月9日的条目。

90.第48装甲军每日报告，1944年1月9日18点50分签发。

91.第4装甲集团军作战处作战日志，1944年1月9日的条目。

92.第4装甲集团军作战处，第218/44号令，1944年1月9日签发。

93.第4装甲集团军作战处作战日志，1944年1月9日的条目。

94.第4装甲集团军发给“南方”集团军群的每日报告，1944年1月9日21点签发。

95.德国人正确识别出位于该地域的苏军近卫坦克第11军。

96.第4装甲集团军情报处发给“南方”集团军群的晚间报告，1944年1月9日签发。

97.德军情报部门还确认近卫机械化第9军位于该地域，尽管该军实际上并非近卫部队。

98.第4装甲集团军作战处作战日志，1944年1月9日的条目。

99.“南方”集团军群作战处，第140/44号令，1944年1月9日签发。

100.第4装甲集团军，第222/44号令，1944年1月9日签发。

101.这些部队包括第68、第208、第340步兵师。

102.第4装甲集团军，第229/44号令，1944年1月9日签发。

103.德方记录中称之为Gubin，它是洛佐夫卡的组成部分，位于一条将村子分开的河流北面。

104.“南方”集团军群，第124/44号令，1944年1月9日签发。

105.苏联国防部档案，F. 236. Op. 2712. D. 56. L. 40—50.，引自《俄罗斯档案：伟大卫国战争。最高统帅部大本营：1944年—1945年的文献资料》（莫斯科：特拉出版社，1999年），第260页。

106.有趣的是，建议中实际上说的是由近卫第1集团军占据这一线，但这肯定是个错误，特别是因为赋予近卫第1集团军的任务已列出。

107.调自最高统帅部大本营预备队。

108.调自乌克兰第1方面军预备队。

109.调自莫斯科军区。

110.调自突破炮兵第7军。

111.近卫骑兵第6军近期调自白俄罗斯方面军，近卫坦克第4军调自乌克兰第1方面军预备队。

112.坦克第2集团军最终在1月18日调出最高统帅部大本营预备队，加入乌克兰第1方面军。

113.苏联国防部档案，F. 148a. Op. 3763. D. 166. L. 6.，引自《俄罗斯档案：伟大卫国战争——最高统帅部大本营：1944年—1945年的文献资料》（莫斯科：特拉出版社，1999年），第30页。

日托米尔 别尔季切夫

德军在基辅以西的作战行动
1943年12月24日—1944年1月31日

（第二卷）

"东线文库"总策划 王鼎杰
【英】斯蒂芬·巴勒特 著
小小冰人 译

台海出版社

ZHITOMIR–BERDICHEV: GERMAN OPERATIONS WEST OF KIEV 24 DECEMBER 1943–31 JANUARY 1944
VOLUME 2 by STEPHEN BARRATT
Copyright: © STEPHEN BARRATT 2013
This edition arranged with Helion & Company
Through BIG APPLE AGENCY, INC., LABUAN, MALAYSIA.
Simplified Chinese edition copyright:
2018 ChongQing Zven Culture communication Co., Ltd
All rights reserved.

版权所有，侵权必究
版贸核渝字（2017）第 188 号

图书在版编目（CIP）数据

日托米尔—别尔季切夫：德军在基辅以西的作战行动：1943年12月24日—1944年1月31日 / (英) 斯蒂芬·巴勒特著；小小冰人译. -- 北京：台海出版社，2018.11

书名原文：Zhitomir-Berdichev：German Operrations West Of Kiev 24 Decenmber 1943-31 January 1944

ISBN 978-7-5168-2178-7

Ⅰ. ①日… Ⅱ. ①斯… ②小… Ⅲ. ①第二次世界大战-史料-德国 Ⅳ. ①K152

中国版本图书馆CIP数据核字(2018)第263144号

日托米尔—别尔季切夫：
德军在基辅以西的作战行动：1943 年 12 月 24 日—1944 年 1 月 31 日（第二卷）

著　　者：【英】斯蒂芬·巴勒特　　译　　者：小小冰人

责任编辑：俞滟荣　　策划制作：指文文化
视觉设计：周　杰　　责任印制：蔡　旭

出版发行：台海出版社
地　　址：北京市东城区景山东街20号　　邮政编码：100009
电　　话：010-64041652（发行，邮购）
传　　真：010-84045799（总编室）
网　　址：www.taimeng.org.cn/thcbs/default.htm
E-mail：thcbs@126.com

经　　销：全国各地新华书店
印　　刷：重庆长虹印务有限公司
本书如有破损、缺页、装订错误，请与本社联系调换

开　　本：787mm×1092mm　　1/16
字　　数：720千　　印　　张：42.5
版　　次：2019年1月第1版　　印　　次：2019年1月第1次印刷
书　　号：ISBN 978-7-5168-2178-7

定　　价：169.80元
版权所有　翻印必究

前言

《日托米尔—别尔季切夫：德军在基辅以西的作战行动：1943年12月24日—1944年1月31日》一书描述的是1943年年底至1944年1月，德军在基辅以西地区历时五周的作战行动，本册是第二卷。这些行动是德方针对乌克兰第1方面军1943年12月24日对“南方”集团军群左翼发起日托米尔—别尔季切夫进攻战役所做的应对。战役头两周，乌克兰第1方面军完成大部分作战目标，进攻步伐开始放缓。在此期间，“南方”集团军群司令冯·曼施泰因设法以一个集团军级指挥部、两个军级指挥部、三个装甲师和五个步兵师加强相关地段。八个新锐师中的两个调自“南方”集团军群，他以第1装甲集团军和第3装甲军接管南部地段的防御，抗击苏军的进攻；另外六个师由OKH从其他战区或前线不同地段抽调。两个调自临近的A集团军群，另外两个调自“北方”集团军群，一个来自“中央”集团军群，还有一个师从巴尔干地区的F集团军群抽调。冯·曼施泰因从OKH积极争取援兵的程度，明确反映出的不仅仅是他这片防区，也是德军在西乌克兰整个防御所面临的严峻态势。

随着苏军的攻势在1944年1月份第一周结束时到达高潮，冯·曼施泰因和他的两位集团军司令，劳斯和胡贝，开始策划一系列反突击中的前两个，试图从混乱中恢复秩序，重新控制受威胁最严重的防御地段，从而使集团军群左翼至少恢复某种表面上的连贯性和条理性。接下来三周，每个新锐师都将参加这些反突击，没等劳斯和胡贝成功恢复各自防区，苏军下一波攻势便将它们再度撕开。但德军1月10日发起首轮反突击时并不知道这种结果。

除描述德军在这段时期的作战过程外，本册还包括四篇附录，分别列出参与这些行动的德国、匈牙利和苏联军队的作战序列。

读者们若想了解本书的参考资料和本册叙述相关事件时如何使用这些资料，可参阅第一卷前言。

第十一章
“冬季旅行”行动

1944年1月10日，星期一

第4装甲集团军南翼，第371步兵师报告，实力不明的苏军坦克部队夜间跨过日梅林卡—布季基（Bud'ki）铁路线，并占领日梅林卡东南方5公里的茹科夫齐（Zhukovtsy）[1]。东北面第101猎兵师报告，苏军昨晚的交通运输非常活跃，大批汽车和马拉车辆从古缅诺耶赶往南面和西南面，而德军侦察巡逻队在科马罗夫以西树林的北部边缘发现苏军阵地[2]，履带式车辆在树林内的行驶声清晰可辨。昨晚21点50分，苏军三个步兵连冲击该师设在索基林齐的阵地，但被德军击退。第228猎兵团夜间与敌人脱离接触，按计划向西撤退，其间发现苏军已占领拉坦齐（Latantsy）北部。

北面，第46装甲军防区当晚平静度过，辖内各师完成“冬季旅行”行动的最后准备[3]。唯一的战斗是第4山地师遂行的一场局部反冲击，力图肃清大克鲁什林齐北部态势，苏军昨晚攻向那里。这场反冲击持续到白天。而前线后方的文尼察作战司令报告，未发生战斗，而第24装甲军余部遭遇苏军有限的行动[4]。右翼，昨晚19点左右，苏联人从大切尔尼亚京附近树林派出侦察巡逻队。这支巡逻队约为连级兵力，但遭德军第168步兵师辖内部队拦截，并被击退。除此之外，这片防区只遭到对方火炮和迫击炮断断续续地轰击。第18炮兵师也报告，整个防御地段的迫击炮炮火相当活跃，但未发生值得一提的战斗。左侧，第1装甲师趁夜间撤至新阵地，虽然该师报告没有遭遇困难，但清晨时仍未完成这场后撤。不过，该师设法同左侧党卫队第1“警卫旗队”装甲师建立起联系。

与此同时，第48装甲军也在夜间撤至新阵地，虽然苏军火炮和迫击炮炮火断断续续，特别是在布尔科夫齐周围和“帝国”装甲战斗群左翼，但这场后撤按计划顺利实施[5]。“警卫旗队”装甲师最右翼，苏联人紧紧跟随后撤中的德军部队，尽管如此，该师还是进入新阵地，未发生太大周折。可是，党卫队“帝国”装甲战斗群的后撤较慢，虽然这场行动没有受到苏军妨碍，但清晨时，装甲战斗群最后一批部队尚未完全进入新阵地。第19装甲师防区的情况较为复杂。昨晚20点左右，苏联人以营级兵力从维希库瑟地域展开突袭，楔入该师设在菲林齐的防御阵地。该师以装甲部队封闭这一突破，23点开始后撤。这场行动秩序井然，但先前的延误导致该师辖内部队清晨时未能悉数进入新阵地。没有第7装甲师的消息。

装甲集团军左翼，第59军防线上的战斗主要是双方侦察行动所致[6]。第291步兵师前进支队在波隆诺耶以西约3公里处拦截并击退一支苏军巡逻队，而C军级支队在整个防御地段实施侦察。北面，第454保安师一支小股前进部队，遭到50多名搭乘卡车、携带重武器的苏军士兵攻击，被迫撤离大克列茨卡。该师组织反冲击，意图夺回该村，当日清晨战斗仍在继续。除这几起事件，北部防线当晚较为平静。

持续数日的好天气终于告一段落，气候开始恶化。新的一天阴云密布，许多地方的温度升至零摄氏度以上，整片地区普降大雪，能见度下降到 500 米左右。解冻开始出现，但各条道路和小径目前仍可通行。12 点，豪费第 13 军接掌第 371 步兵师和第 101 猎兵师[7]。在此期间，苏军坦克前进支队继续赶往西南方，并渡过南布格河。早上，这些苏军已占领茹科夫齐，并从那里转向西北方，直奔日梅林卡郊区。第 371 步兵师在第 503 重型装甲营和第 23 装甲团第 1 营支援下展开反冲击，迫使敌人撤出该村，据报，苏联人在战斗中损失 7 辆坦克[8]。尔后，第 371 步兵师扩大反冲击的范围，目标是夺回南布格河防线，该师沿两条战线向东进击，一条是冲出茹科夫齐，另一条是从日梅林卡东北部发起。激战持续到夜间。德军还从日梅林卡东南部发起另一场反冲击，以歼灭布季基[9]东南部附近的 6 辆敌坦克，但到傍晚时未能取得进展。与此同时，南布格河对岸，实力不明的苏军步兵，在坦克支援下进攻该师据守的格尼万登陆场，成功突破德军防线。15 辆苏军坦克伴随步兵楔入德军防御，但到傍晚时，守军击毁其中 8 辆[10]。南布格河上重要的铁路桥仍在德国人手中。东面和东北面，另一些苏军部队在第 101 猎兵师防区对面设立起一道掩护线，“西贝尔”战斗群[11]在力图坚守拉坦齐北部阵地时与敌人发生激烈战斗。第 101 猎兵师组织反冲击，设法缓解“西贝尔”战斗群突围的压力，一个加强连从索洛维耶夫卡—索基林齐地域向南而去，支援该战斗群突围。但这些行动没能立竿见影，战斗持续到深夜。第 46 装甲军在东北方遂行的反突击似乎未对苏联人在文尼察南面和西南面的行动造成影响，豪费越来越担心两个问题。首先是第 101 猎兵师的反坦克武器并不充裕，其次，第 371 步兵师辖内部队在很大程度上尚未经受过考验[12]。因此，尽快提供反坦克武器至关重要。

东北方，第46装甲军7点30分发起“冬季旅行”行动，第16装甲师和第4山地师从科贝利尼亚和瓦赫诺夫卡的阵地转入进攻[13]。第16装甲师投入从北面第59军防区归建的第64装甲掷弹兵团第1营，迅速突破苏军前沿防御，从行进间夺得洛佐瓦塔亚，随即赶去夺取别列斯托夫卡[14]和利波韦茨—文尼察公路南面的一小片居民区[15]。这场进攻在斯恰斯特利瓦亚遭遇顽强抵抗，但经过激战，德军攻克该镇。到目前为止，德军一直向东南方攻击前进，该师先遣部队现在转身向南，深夜时对距离出发阵地约18公里的奥博德诺耶遂行突击。第4山地师刚刚投入进攻便遭到苏军坚决抵抗，尽管战斗相当激烈，但该师设法夺得亚谢涅茨科耶[16]和亚森基西面、西北面高地。傍晚时，师先遣支队对卢卡绍夫卡和亚森基展开冲击。据收悉的报告称，进攻期间击毁1辆T-34坦克和9门重型反坦克炮，击落5架敌机[17]。另外，德军还缴获15门重型反坦克炮和8门火炮。德国空军按计划为这场进攻提供支援，主要是通过轰炸空袭。苏联空军的行动集中在图尔博夫—瓦赫诺夫卡地域，轰炸并扫射德军地面部队。总的说来，戈尔尼克似乎认为这场进攻令苏联人猝不及防，德军突破对方为掩护坦克第1集团军右翼构设的防御，宽度为8公里，深度约达10公里。该军预计苏军会迅速做出应对，次日很可能发起一场反冲击，以步兵力量从东西两面打击德军先遣部队。与突击地段的情况相反，该军左侧，瓦赫诺夫卡与第24装甲军分界线之间的防线当日白天保持着平静。防线后方，第254步兵师基本完成卸载工作，只有重型炮兵营和两个步兵营仍在运输途中。这就使该师得以派出一个加强团，于当晚接替第101猎兵师仍部署在文尼察以东防线上的部队。第300突击炮营此时也已到达，正赶去支援第254步兵师。同时，第1步兵师辖下的第22燧发枪手团进入该军左翼防线，掩护康斯坦丁诺夫卡地段。该师余部离开集结区，在攻向东南方的第16装甲师左翼后方跟进。第1掷弹兵团，连同第1炮兵团第2营和这些团依靠马匹拖曳的单位，将在当晚某个时候跟上。18点40分，戈尔尼克致电劳斯，两人商讨态势[18]。戈尔尼克指出，进攻期间，苏军的抵抗较为虚弱，他已用卡车将第1步兵师辖内主要部队运入洛佐瓦塔亚地域。该师可以在那里沿突击部队右翼设立一道掩护线，阻止仍在文尼察以南的苏军部队实施突围的一切企图。德军突击部队已跨过文尼察—利波韦茨主公路，戈尔尼克建议将这场突击转向西南方，赶往斯捷潘诺夫卡。劳斯的看法是，当日日终前，苏军坦克第1集团军肯定有两个快速军仍被压制在伊万诺夫卡—科马罗夫地域，因此，重要的是尽快展开进攻并前出到文尼察—涅米罗夫公路，以防苏联人逃向东面或东南面。在这个问题上，要紧的是第1步兵师辖内部队应尽快承担起侧翼掩护之责，以便第16装甲师集中力量投入进攻。左翼同样如此，第46装甲军另一段防区由第24装甲军接防，后者应将其防线南延至康斯坦丁诺夫卡。尽管如此，戈尔尼克仍应在该地域保留少量预备队，因为第24装甲军部署在这里的大多是警戒部队。晚些时候。劳斯同冯·曼施泰因讨论态势，后者对第46装甲军转身向西过于猛烈表示担心。他提醒劳斯注意，据称两个苏军坦克旅位于利波韦茨西南方的乌拉诺夫卡—舍夫琴科沃（Shevchenkovo）地域，并强调必须在目前这场行动中将其歼灭。第1装甲集团军眼下的情况使其无法以第17装甲师提供配合，围歼这些苏军部队的任务只能由第4装甲集团军独立完成。劳斯指出，他认为沃罗诺维察—科马罗夫地域的苏军坦克旅已达八个，冯·曼施泰因提到的两个坦克旅只是刚刚出现而已。

北面，第24装甲军迅速觉察到戈尔尼克这场进攻造成的影响，苏联人似乎开始将预备力量向南调动[19]。为掩饰第46装甲军进攻行动的性质，第168步兵师以排级兵力展开七次小规模冲击，在炮兵支援下，沿防线不同地段遂行。这些进攻在列奥纳尔多夫卡、戈连德雷车站周围、新格列布利亚北部边缘的国营农场附近遭到苏军激烈抵抗。苏联人仍占据大切尔尼亚京，德方认为，据守该镇的敌人至少是一个营。他们还注意到，苏军在所有防御地段都部署了强大的反坦克力量。第18炮兵师报告，敌人在该师防区对面的交通运输有所加强，当日上午，他们发现苏联人正将部队从皮科韦茨—卡扎京和共青村地域经大斯捷皮调往萨姆戈罗多克。估计对方两个步兵团和两个炮兵营已南调。清晨时，该师还注意到苏军部队集结在最左翼的马尔科夫齐及其西部地域。9点30分，这股苏军投入约300名士兵攻向胡托尔卢齐亚诺夫卡，但这场突击一无所获，并被德军击退。中央地段，该师在扎利万希纳—图恰地段前方派出几支战斗巡逻队，发现苏军据守的阵地防御力量较为虚弱。一支德军巡逻队冲入敌阵地，击毙30名苏军士兵，还抓获一名俘虏。左侧，第1装甲师完成后撤，7点30分前进入新阵地。该师同左侧党卫队第1“警卫旗队”装甲师取得联系，但通过巡逻建立起的联系较为松散。苏联人并未忽视该师左翼的后撤，7点左右，搭载步兵的苏军坦克在彼得里科夫齐附近对试图完成后撤的该师遂行冲击。德军将其击退，据报击毁3辆T-34坦克。除这场进攻外，苏联人只是远远地尾随后撤中的德军，整个上午仅实施两次侦察试探。14点30分，苏联人冒着大雪冲击莫洛特科夫齐（Molotkovtsy），成功楔入该师防御阵地。一个步兵连进入打开的缺口，但当日晚些时候，德国人封闭了对方的突破。这场进攻似乎还将继续，因为德国人发现对方一个步兵团和提供支援的6辆坦克在左侧集结于斯图普尼克西北地域。尽管先前的命令是不惜一切代价坚守这道防线，但内林接到指示，在后方沿以下一线侦察新防御阵地：从扎利万希纳起，穿过纳帕多夫卡东面的三岔路口至库特夏（Kutyshcha），继续穿过库斯托夫齐、大奥斯特罗若克（Velikiye Ostrozhok）和乌拉诺夫，在那里构成与左侧第48装甲军的分界线[20]。另外，他还应在更后方侦察一道防线，从科尔杰列夫卡（Kordelevka）起，经古列夫齐、格林斯克（Glinsk）和罗金齐（Rogintsy）至乌拉诺夫。在这两种情况下，他都应着手修筑防御工事，并从这些防线腾出部队。

左侧第48装甲军的情况与之类似，苏联人尾随后撤中的德军部队，但行速缓慢[21]。党卫队第1“警卫旗队”装甲师最右翼，他们发现苏联人正将一支坦克部队集结于波列瓦亚斯洛博德卡（Polevaya Slobodka）[22]，并数出26辆敌坦克。其他地段，苏军的兵力调动持续不断，一支支卡车队列驶向热列布基和克拉斯诺波尔。9点左右，苏联人派出两支侦察巡逻队，他们各获得2辆坦克加强。第一支巡逻队从波列瓦亚斯洛博德卡赶往彼得里科夫齐，另一支巡逻队则从热列布基向斯梅拉而去。两支巡逻队都被德军击退，各损失1辆坦克。确定德军阵地后，苏联人组织进攻，以火炮和迫击炮实施猛烈炮火准备后，15点遂行冲击。苏军投入一个步兵营，以10辆坦克为支援，从波列瓦亚斯洛博德卡以西地域向南攻往彼得里科夫齐。双方激烈交火，苏军攻势渐渐消退，遂行突击的10辆坦克，7辆被德军击毁在战场上。西面，苏联人16点左右再次冲击该师防御，以一个步兵营从克拉斯诺波尔向南突击，但也被德军击退。党卫队“帝国”装甲战斗群防区的情况较为平静。在完成后撤并进入新阵地后，装甲战斗群报告，苏联人只是缓缓尾随在后，他们先占领莫洛奇基（Molochki）和莫特伦基，依靠马匹拖曳的部队随后进入斯捷特科夫齐地域，德国人在村西南边缘发现2辆敌坦克。这些先遣部队身后，德国人注意到苏军摩托化队列沿克拉斯诺波尔—莫洛奇基公路向西而行，“帝国”装甲战斗群旋即施以炮火打击。第19装甲师右翼对面，苏军约五个步兵连，在反坦克炮和迫击炮支援下，尾随后撤中的德军部队，并占领基列耶夫卡村（Kireevka）。他们试图继续前进，但在德军防御炮火打击下偃旗息鼓。下午早些时候，德国人发现由1个步兵营和10辆坦克组成的一支苏军队列正沿柳巴尔镇外的主公路向东南方行进，斯卢奇河东面，一个苏军步兵连小心翼翼地从该镇向南而行。这股敌军被击退，但没过多久，苏联人突入柳巴尔以南约2公里的科兰（Koran'），这是个小小的居民点。第19装甲师组织局部反冲击，15点前恢复态势，苏军被迫退回。几乎在这同时，该师位于东南面阿夫拉金（Avratin）南端的前进支队，面对进攻该村的苏军，遭受的压力越来越大，坚守阵地一段时间后，该支队16点30分左右撤回主防御阵地。第48装甲军左翼，第7装甲师渡过斯卢奇河到达西岸，在普罗瓦洛夫卡（Provalovka）北面高地和杰姆科夫齐（Demkovtsy）周围占据阵地，并派前进支队向北赶往从柳巴尔通向西面的主公路。他们还朝更远处实施侦察，不出所料，苏军已占领柳巴尔和北面的波隆诺耶。另一支巡逻队在新拉本设法同第59军右翼取得联系。尽管德军当日实施这些侦察，但并未与苏军发生接触，对方只是从柳巴尔向西面和西南面派出两支实力虚弱的侦察巡逻队。苏军施加的压力似乎稍有缓解，随着战斗行动的消退，巴尔克计划借此机会将与麾下部队混杂在一起的第208步兵师辖内部队撤出，可能是打算让这些单位归建。17点25分左右，巴尔克致电劳斯，告诉他苏联人只是缓缓尾随在后撤中的德军身后，从地形方面看，新防御阵地比原防线更好。实际上，在大多数地段，新防御阵地已得到改善[23]。巴尔克强调，这场后撤使辖内部队遭受的压力得到缓解，特别是左翼，那里给人的印象是，苏联人正设法向南挺进。回顾过去几天的作战行动，巴尔克认为双方遭受的损失都很惨重，并将此牢记于心，劳斯认为北部防线次日会比较平静，因为苏军正缓缓向前，试探德军防御。只有逼近德军防线，并将炮兵力量前调后，苏联人才会重新尝试突破德军防线。同时，巴尔克奉命对后方新防御阵地加以侦察，以便与第24装甲军防线相连[24]。这道防线从乌拉诺夫起，穿过萨利尼察（Sal'nitsa）、别列佐夫卡、莫托维洛夫卡至斯卢奇河河畔的佩金卡（Pedinka）。巴尔克接到的另一个指示是，若能找到人手，就开始在新防线构筑工事。

第59军防区，双方沿整个地段展开的侦察行动毫未减弱[25]。第291步兵师投入进攻，一举打垮苏军虚弱的抵抗，夺回布尔滕村（Burtyn），而在其他地方实施的侦察表明，苏军在大多数地段的防御较为虚弱，有时仅靠游击队遂行防御。后方地域，已编入第4装甲集团军的第96步兵师，第一批部队开始到达，傍晚前，两个营已开至舍佩托夫卡[26]。另一方面，第725守备营调离第454保安师，奉命赶往罗夫诺，在那里接受国防军驻乌克兰司令指挥。与此同时，第454保安师对面，大克列茨卡村再次摆脱苏军掌握。此时似乎很清楚，苏联人并不打算突入第59军防线，随着第96步兵师即将开到，第4装甲集团军获得重新夺回北部防线主动权的机会[27]。因此，劳斯当日傍晚给第59和第48装甲军下达新命令[28]。待第96步兵师足够多的作战部队做好准备，冯·德尔·切瓦勒里所部便应向东推进，在南起大别列兹纳（Velikaya Berezna）、北至波宁卡之间重新占据波隆诺耶两侧的霍莫拉河防线。扼守这道防线之际，该师主力应在防线后方继续集结。集结完毕，该师应强渡霍莫拉河，向东攻击前进，进抵卡缅卡两侧的斯卢奇河。重要的是，待该师辖内部队悉数开到，只要情况允许，应尽快投入进攻。第48装甲军将为这场行动提供支援，以第7装甲师向北攻往斯卢奇河西岸，重新夺回流经柳巴尔北部的河段。冯·德尔·切瓦勒里奉命在1月12日10点前提交进攻方案。

从这些部署看，劳斯关心的是确保舍佩托夫卡的补给安排不受危害，那里的大部分物资属于“南方”集团军群。为防范苏军突袭该镇，大多数物资已运离，但第4装甲集团军急于确保的是，在仍有机会重新夺回该镇的情况下，不必将剩余物资毫无必要地摧毁。因此，劳斯给第59军下达指示，若该镇受到威胁，只能摧毁苏联人可立即投入军事用途的那些物资，即燃料、缴获的弹药和准备好的食品[29]。其他物资应完好无损地留下。同样，经济和工业基础设施，包括铁路设备，只能使其无法使用，不能加以破坏。

当日发生两起重要事件。一是苏军向日梅林卡的挺进停顿下来，在那里，苏军近卫坦克第11军和近卫机械化第8军试图扩大先前取得的战果，夺取这个至关重要的铁路枢纽部。他们设法在苏季斯基渡过布格河，但在距离日梅林卡仅7公里的茹科夫齐遭德军拦截，而近卫坦克第40旅辖内另一些部队一头撞上德军第371步兵师据守的格尼万登陆场[30]。夺取日梅林卡好像已超出坦克第1集团军的能力，据第4装甲集团军当日下午收到的报告称，苏联人似乎正将近卫坦克第11军仍位于文尼察—特斯维任一线以西的部队撤回。二是第46装甲军在文尼察东北方发起进攻。这场突击似乎令苏军指挥部门猝不及防，遭受打击的是苏军第38集团军辖内部队，该集团军为坦克第1集团军提供掩护，并跨过利波韦茨—文尼察公路向前推进。戈尔尼克的部队仅在瓦赫诺夫卡东南地域遭到对方顽强抗击[31]。尽管内林和情报处长陈述他们的意见，但第4装甲集团军认为，目前尚无迹象表明苏联人着手将部队调入该地域，文尼察以南的苏军部队看似有可能试图向东突围[32]。相关情报指出，近卫坦克第11军重新集结在沃罗诺维察东北面的斯捷潘诺夫卡地域，而近卫机械化第8军部署在伊伦齐—舍夫琴科（Shevchenko）地域。防线其他地段，别尔季切夫与柳巴尔之间，苏联人一直缓缓跟随后撤中的第48装甲军和第24装甲军左翼部队，其活动仅限于在坦克支援下实施侦察试探。不过，有迹象表明，苏军坦克部队正在伊万诺波尔以南地域，两个装甲军结合部对面集结，劳斯估计，苏联人再度逼近后，该地域将重新爆发激战。第48装甲军左翼，德国人预料中的苏联人企图迂回该军的情况幸好未发生，双方在斯卢奇河以西几乎没有发生接触。在这种情况下，劳斯给几位军长下达新命令[33]。训令中阐述当前态势，并指出第4装甲集团军将继续进攻，歼灭苏军坦克第1集团军。第46装甲军应于清晨重新发起突击，向南面和西南面攻击前进。该军应将行动重点集中于斯捷潘诺夫卡方向，在沃罗诺维察及其南面攻向文尼察—乌曼公路。为掩护这场转向西南面的行动，戈尔尼克应调集第1步兵师最强大的部队，包括突击炮单位，建立一道面朝东南方的防线。同时，第254步兵师也应支援东南方这场进攻，从集结区出发后攻向文尼察—乌曼公路以东。西面，第13军应将第101猎兵师变更部署至帕尔普罗夫齐[34]—索基林齐地域，这样，待其准备完毕便可为进攻行动提供支援，向东面或东南面进击。肃清南布格河以南地域后，第371步兵师应继续集结在日梅林卡地域，并保留格尼万登陆场，在苏季斯基和伏罗希洛夫卡封锁河上渡口。北面，第24装甲军应从第48装甲军手中接管康斯坦丁诺夫卡与切尔沃纳亚特里布诺夫卡[35]之间防线，并接替第1步兵师仍据守在该地段的部队。这就是劳斯次日的意图。

1944年1月11日，星期二

第4装甲集团军南翼，第13军报告，当晚没有发生特别的作战行动[36]。第101猎兵师防区，第229猎兵团一部从北面展开攻击，终于使第228猎兵团突出拉坦齐地域的包围圈。由于该团遗弃大部分装备，第101猎兵师计划再度遂行冲击，设法夺回这些技术装备。该师左侧，第254步兵师仍在前调，并开始接替第101猎兵师部署在左翼的部队。第371步兵师报告，未与敌人发生战斗，当晚，该师又有半个营作为援兵开到。该师还收集昨日在日梅林卡前方作战所取得的战果。报告中称，他们共击毁27辆敌坦克、4辆152毫米自行火炮、4门76.2毫米反坦克炮[37]。

北面第46装甲军当晚实施侦察和重组，准备清晨时重新展开进攻[38]。第16装甲师向南面和西南面派出巡逻队，但大多数巡逻队遇到实施侦察的苏军部队，只得向北折返。深夜时，该师在其阵地内做好重新发起突击的准备。在其右侧，第254步兵师继续前调，基本已就位，准备为这场进攻提供支援。左侧，第4山地师昨晚继续推进，19点15分前设法夺得亚森基和卢卡绍夫卡。尽管取得这一战果，但苏联人仍在顽强抵抗，不仅继续占据卢卡绍夫卡北面1公里的小型居民区，还有迹象表明，苏军正在瓦赫诺夫卡以东地域大举调动。但此时，第13山地猎兵团位于更北面的第2、第3营获得接替，正赶来加强该师防御。

虽然苏军夜间没有冲击第4装甲集团军南翼，但他们在北面继续对第24装甲军施加压力[39]。第168步兵师伸展其右翼，接防远至康斯坦丁诺夫卡的地段，但他们只能接替第22燧发枪手团辖内一个营。派去运送右翼营的卡车队遇到冰层，拂晓前来不及完成这场后撤。该师计划于当晚接替这个营。第168步兵师左翼，昨晚遭到三次进攻。第一次是19点左右，苏军投入连级兵力，在迫击炮和反坦克炮火支援下冲击格拉西莫夫卡。这场进攻被击退后，苏联人深夜22点展开第二次尝试。同时，他们还投入营级兵力，对该师设在大切尔尼亚京的阵地实施一场更大规模的突击，但也被德军击退。该师左侧的第18炮兵师报告，苏军对其防区展开四次小规模进攻，每次投入排、连级兵力，但都被该师轻松击退。第18炮兵师最左翼，过去几天苏军在那里反复遂行冲击，德国人注意到苏军在佩列莫加北面约400米处挖掘阵地，左翼的战斗仅限于迫击炮和火炮炮火，特别是在佩列莫加地域。与此同时，第1装甲师肃清苏军昨晚在莫洛特科夫齐达成的突破，但深夜时，对方再度冲击同一地段。苏联人在村西面展开进攻，又一次突入德军防御阵地。该师组织局部反冲击，但到早晨仍未肃清对方的渗透。西面，苏军昨晚22点以团级兵力攻向库斯托韦茨卡亚（Kustovetskaya），虽然取得初步进展并楔入德军防御，但最终被击退，20名士兵被俘。22点45分，17辆苏军坦克在步兵支援下攻往该师左翼的彼得里科夫齐，损失1辆坦克后，这场突击以失败告终。

相比之下，第48装甲军度过一个较为平静的夜晚，报告中只提及局部迫击炮炮火和巡逻行动[40]。党卫队第1“警卫旗队”装甲师防区，他们在斯梅拉附近击退苏军一支战斗巡逻队，还在西北方约5公里的波奇托沃耶（Pochtovoe）[41]附近击退对方一支排级兵力侦察巡逻队。苏联人还对党卫队“帝国”装甲战斗群防区反复实施侦察巡逻，特别是其两翼，但这些试探都遭到德军拦截，并被击退。西面第19装甲师报告，苏军实施炮击，尤以基列耶夫卡地段为甚，另外，苏军马拉部队严密据守阿夫拉金村。柳巴尔南面，该师一部昨晚向科兰展开反冲击，经过一场短暂炮击，17点40分前驱离盘踞在村内的一个苏军步兵连，击毙20名敌人并抓获2名俘虏，这使该师得以在该村北部边缘构设起新防御阵地。当晚晚些时候，苏联人两次试探该师左翼，一次在22点，另一次在凌晨2点，每次投入的兵力约为一个排，据报，苏军士兵身穿特制的迷彩服，但德国人未费太大周折便将对方击退。第48装甲军左翼，第7装甲师报告，未与敌人发生接触。而在西北面，苏军整个夜间继续沿第59军据守的防线实施侦察，但除此之外未发生其他情况[42]。几乎完全相同的结果表明，苏联人满足于暂时据守既占阵地。唯一值得注意的是，苏军部队在杜布罗夫卡西面的沃伦斯基新城—舍佩托夫卡主公路埋设地雷。

夜间，天色开始转晴，气温下降。清晨时，天气晴朗而又寒冷，仅在某些地方偶尔有点云层。西北风凛冽，温度徘徊在零下8摄氏度左右。各条道路和小径再次冻结，路面保持坚硬，经常结冰。第4装甲集团军南翼，第13军防区前方，苏军的意图尚不清楚[43]。德方认为，至少有一个苏军坦克旅在南布格河形成的“膝部”内行动，但无法确定对方是否打算撤往东南方。第371步兵师一部，被称为Sperrverband[44]，已赶至河流南岸，在伏罗希洛夫卡与舍尔什尼之间占据阵地，并封锁河上桥梁。该支队打算次日扩展其右翼，将特夫罗夫镇（Tyvrov）纳入防御。为确定南布格河以南是否存在其他苏军部队，第4装甲集团军指示第13军，让其命令第371步兵师加大对该地域的侦察力度[45]。该师应在右起日梅林卡—列索韦（Lesovye）铁路线，左至南布格河之间向东南方推进，前出到布拉茨拉夫至列索韦一线。特别需要弄清苏军是否已封锁铁路线，在何处实施封锁，若遭遇实力虚弱的苏军部队或游击队，应将其歼灭。北面，该师扼守的格尼万登陆场当日未遭攻击，但苏军仍占据河流北岸，控制着苏季斯基、伏罗希洛夫卡北部和格里任齐（Grizhintsy）。第371步兵师还报告，苏军两个炮兵连和一些反坦克炮部署在苏季斯基北面。后方，日梅林卡以南地域似乎已肃清，据该师报告，至塔拉索夫卡—帕辛基（Pasinki）一线未发现敌人。东北方，第13军左翼的第101猎兵师在索洛维耶夫卡重组，随后向南攻往文尼察—乌曼主公路。到15点30分，该师已前进约10公里，并重新夺回拉坦齐，但西面一些村庄仍在苏军手中。尽管发起这场推进，但该师遭受包围的威胁越来越大，苏联人仍将兵力留在西面，并在亚雷舍夫卡（Yaryshevka）继续封锁该师后方地域铁路线。

与此同时，“冬季旅行”行动于清晨6点30分再次发起，第16装甲师从斯恰斯特利瓦亚攻向西南方[46]。该师原定于清晨4点投入进攻，但由于某些未加以解释的原因而延误[47]。这场进攻起初较为顺利，但随着时间推移，苏军的抵抗有所加强，夺得奥博德诺耶后，该师直到15点才将斯捷潘诺夫卡和扎鲁金齐拿下。该师报告，到目前为止击毁15辆敌坦克和50门火炮。夺得几个村庄后，这场进攻转向南面，直奔文尼察—涅米罗夫公路上的卢卡涅米罗夫斯卡亚（Luka Nemirovskaya），但到傍晚时没有发来新消息[48]。后方，第16装甲侦察营第一批部队终于赶来归建，而运载第2装甲团第1营剩余坦克的最后四列火车也已到达。这些部队正赶往第16装甲师。夜间，第1步兵师可用的四个步兵营在第16装甲师与第4山地师之间前调，赶去夺取别列斯托夫卡和主公路南面的斯特鲁京卡（Strutinka）。昨晚获得第24装甲军辖内部队接替的第22燧发枪手团第1营也在其中。该团第2营仍在原地段等待换防。第1掷弹兵团仍未到达。虽然德军的进攻取得进展，但苏军当日上午展开一连串反冲击，不仅针对第16装甲师拉伸的左翼，还对第1步兵师和第4山地师据守的防区实施攻击，直至瓦赫诺夫卡。这些进攻都以营级兵力遂行，每次获得15辆坦克支援，因此，苏军共投入50—60辆坦克。对亚森基和瓦赫诺夫卡的进攻导致苏军折损2辆坦克。面对苏军的反复冲击，第1步兵师先遣营——第43掷弹兵团第1营，不得不坚守自己的阵地，结果被困于斯特鲁京卡，但当晚晚些时候，德军在突击炮支援下实施一场成功的救援行动。北面，第4山地师左翼部队报告，发现包括炮兵在内的苏军援兵正从布里茨科耶地域向南推进。与此同时，前进中的第101猎兵师与第16装甲师之间，第254步兵师赶往文尼察镇外主公路两侧。虽然运送该师的工作已完成，但到目前为止，只有四个营设法赶往前线。当日下午，该师报告，遭到敌人轻武器和火炮的猛烈打击，但还是确定古缅诺耶、科马罗夫和西北地域仍在苏军严密据守下。该师还指出，古缅诺耶后方的东面和东北面，苏军的交通运输正向南赶往科马罗夫。总之，第46装甲军报告，自“冬季旅行”行动发起以来，已击毁53辆敌坦克，摧毁或缴获37门反坦克炮、19门火炮、8门重型迫击炮、1具火箭炮、18辆卡车和一批轻武器。据第16装甲师高射炮部队称，他们还击落5架敌机。根据当日情况判断，戈尔尼克认为，苏联人估计这场进攻会继续向东南方发展，他们似乎已部署强大的坦克力量，拦截德军沿伊伦齐以西锡博克河一线从科穆纳（Kommuna）向伊万基的推进[49]。遂行突击的德军转向西南方，似乎又一次出乎对方意料，但这些敌军很可能于次日向西发起反冲击，朝奥博德诺耶这一总方向遂行。另外，有迹象表明苏联人正在瓦赫诺夫卡东南方集结一个强大突击群，次日很可能在那里也展开一场坦克突击。18点左右，戈尔尼克的参谋长贝伦德森上校报告，面对苏军不断加强的冲击，第1步兵师能否守住既占阵地值得怀疑[50]。从第16装甲师抽调部队支援该师不太可能，因此第46装甲军正考虑将该师撤至奥博德诺耶—亚森基一线。

劳斯否决这项建议，并提醒贝伦德森，作战意图始终是保持该师集中，并实施一场积极防御。范戈赫尔提出东调第254步兵师支援第1步兵师，劳斯也没有同意——除非先将沃罗诺维察附近的苏军击败。

北面，第24装甲军当日在六个地段遭到苏军攻击，其中三场发生在东部防线，另外三场在北部防线[51]。该军还报告，团级兵力的苏军部队在战线后方调动，正向南赶往第46装甲军进攻地域。更令内林担心的是，苏军三个机械化旅集结在第24装甲军北部防线对面，外加2—3个步兵师和支援炮兵，这表明苏联人正准备实施一场大规模进攻，突破他的防御阵地。第168步兵师报告，苏军火炮和迫击炮对其防区的轰击相当活跃，主要集中在大切尔尼亚京周边地域。之后的清晨5点，苏军以连级兵力冲击该村，但被德军击退，战场上丢下约50具苏军士兵的尸体。第18炮兵师左翼对面，据报苏联人正加强库马涅夫卡周边地段，7点至8点间，他们以营级兵力攻向图恰两侧。这场进攻被击退，不久后，德国人发现苏军一个步兵连、50辆汽车和2辆坦克从库马涅夫卡向南调动，另外三个连在库马涅夫卡东南方铁路线附近卸载，集结并加强该村以南地域。与此同时，第1装甲师度过糟糕的一天。起初的情况还不错，当日清晨，该师在主防御阵地后方约500米，莫洛特科夫齐与奥西奇纳之间重新建起一道防线，之后便遭到苏军一连串进攻。第一场进攻发生在7点，苏军投入一个营，冲击西面的维申卡。苏联人楔入德军防御，但德国人晚些时候恢复态势，俘虏一些苏军士兵，还缴获一批物资。随后，苏军又对该师左翼展开一场规模更大的突击，以一个步兵团攻向斯图普尼克村。这场进攻获得坦克支援，但被德军猛烈的防御火力遏止。尽管如此，苏联人还是在村子北部打开个小小的缺口，另一个缺口出现在主公路西面，第1装甲师组织反冲击，却无法恢复原有防线。北面几公里处，德国人发现一股苏军集结在波德罗日纳亚附近，估计其兵力为一个团，并得到约25辆坦克支援。

相比之下，第48装甲军当日的情况较为平静[52]。党卫队第1“警卫旗队”装甲师据守的整个地段，苏军火炮、迫击炮和火箭炮袭击较为活跃，但对方没有投入进攻。德国人注意到几辆敌坦克在伊万诺波尔南面行驶，当日下午又发现对方两个步兵团和12辆坦克集结在波奇托沃耶周边地域，但关于苏军活动的报告仅限于此。左侧，党卫队“帝国”装甲战斗群的情况基本与之相同。他们注意到苏军在莫洛奇基地域的兵力调动，该村北面的主公路上，对方的东西向交通相当繁忙，但唯一的战斗是苏军一支侦察巡逻队在右翼遭遇该装甲战斗群辖内部队。这场冲突发生在下午14点左右，苏军巡逻队被击退。虽然未发生值得一提的战斗，但“帝国”装甲战斗群报告，其两翼对面，苏军部队仍严密坚守克拉斯诺波尔和斯捷特科夫齐。第19装甲师防区的情况同样如此，苏联人的活动仅限于侦察和兵力调动。该师右翼前方，苏军在基列耶夫卡南面和西面掘壕据守，而携带反坦克炮的苏军步兵试图赶往阿夫拉金。后方，上午9点左右，德国人发现阿夫拉金北面一个苏军步兵营正沿主公路赶往柳巴尔。下午，该师左翼，苏联人再度试图攻往科兰，但以排级兵力遂行的这场行动14点左右被击退。在此期间，第7装甲师利用这段短暂的平静向北派出侦察队，确定苏军步兵盘踞在大杰列维奇（Velikiye Derevichi）周边地域。该师随后组织一个装甲战斗群，沿谢韦里内（Severiny）西面的小径向北攻击前进，跨过柳巴尔—格里采夫主公路，14点前夺得布拉任齐村（Brazhintsy）[53]。在283高地附近留下部分部队监视通往格里采夫的主公路后，该战斗群转身向东，直奔基普钦齐（Kipchintsy）和大杰列维奇，驱散据守这两处的苏军部队。15点，苏军展开两场进攻，每次都投入营级兵力。第一场突击沿柳巴尔—维什诺波尔（Vishnopol'）公路向西攻往284高地，但在高地附近被德军遏止。第二场进攻从大杰列维奇地域向南遂行，这次取得更好的进展，一举夺得吉佐夫希纳（Gizovshchina）和杰姆科夫齐村。扼守该地段的第58装甲工兵营被迫退过河流撤至杰姆科夫齐村南部，但据报8辆敌坦克正从柳巴尔朝河谷而来，该营的阵地依然岌岌可危。在此期间，巴尔克已将各种部队撤出防线，以便他们归建，第208步兵师一部和第168炮兵团主力赶往南面，返回他们位于文尼察以西地域的原部队。现在看来，除昨天发现苏军在第48装甲军右翼前方实施兵力集结外，苏联人目前正由东向西调遣兵力，在该军左翼对面集结力量。一些事情（包括苏军异常消极的态度，发起进攻打通从柳巴尔通往西面的公路，以及坦克和步兵从大杰列维奇的调动）似乎表明，苏联人现在打算扩大第48装甲军与第59军之间的缺口，并利用这个缺口沿一条宽大战线继续向西挺进。虽然出现这种新动向，但巴尔克认为，敌人仍有可能重新进攻他的右翼，已发现苏军步兵和坦克在那里集结。对方的目标似乎是突破该军防御，尔后向南攻往日梅林卡。支持巴尔克这种判断的证据是苏军支援炮兵的数量，德方已确认，党卫队“帝国”装甲战斗群和第19装甲师防区对面，苏军部署了6个轻型、3—4个中型炮兵连。

北面第59军防区，苏联人再次活跃起来[54]。他们以营级兵力沿第291步兵师据守的防线实施侦察，该师不得不设法击退对方从杜布罗夫卡地域向西和西南面展开的一系列推进。虽然德军也实施侦察，但第4装甲集团军认为该地域苏军部队的部署和意图尚不清楚，特别是第59军左翼的北部地区。因此，劳斯命令冯·德尔·切瓦勒里以一切可用手段加强侦察，包括徒步巡逻、骑兵巡逻、临时性车辆巡逻，以及召回特工人员和盘问当地居民[55]。这项工作的重点应集中在北翼，必须确定苏联人正向西渡过斯卢奇河，还是正转向西南方。同样重要的是，务必弄清苏军先遣部队位于何处，其实力和武器装备如何。第59军还应在科斯托波尔（Kostopol'）周边和东南地域同国防军驻乌克兰司令麾下保安部队建立并保持联系。在这方面，“南方”集团军群就第4装甲集团军与国防军驻乌克兰司令之间的分界线下达新指示，这道新分界线从祖布科维奇（Zubkovichi）起，经马里宁至沃兹科达维（Vozkodavi）[56]。同时，尽管下令将侦察行动的重点置于北翼，但劳斯提醒冯·德尔·切瓦勒里，对防线其他地段亦不可掉以轻心。战场上，第291步兵师将其中央防区后撤数公里，日终前据守的防线从科诺托普（Konotop）起，穿过多尔曼卡南端至雷洛夫卡（Rylovka）。南面，苏军18点30分左右投入连级兵力，冲击该师设在波隆诺耶以西的前哨，经过一场短暂交火，德军丢失北部阵地。北面的情况更为活跃，C军级支队防区遭到苏军一连串攻击，对方至少投入25辆坦克提供支援。面对这些突击，该支队弃守扎克里尼奇耶（Zakrinich'e）、扎巴拉、卡缅卡、克赖尼亚亚杰拉日尼亚（Krainyaya Derazhnya）这些村庄。但苏军突击重点位于更北面的沃伦斯基新城—科列茨公路两侧，约700名苏军士兵和20辆坦克向西攻往科列茨[57]。虽然击毁3辆T-34、1辆T-70坦克和1辆装甲车，但C军级支队无法阻挡苏军的冲击，被迫退往科列茨，对方夺得皮谢夫、热列比洛夫卡（Zherebilovka）、穆日洛维奇（Muzhilovichi）和波尔奇诺，随后前出到科列茨东部边缘。该镇东北方，苏联人似乎正加强科贝拉（Kobyla）周边地域，据报，约2000名苏军士兵和一些坦克集结在那里。斯托罗热夫亦被苏军占领。

西面，第454保安师防区，苏联人对科洛韦尔季（Koloverti）西面的谢基钦村（Shchekichin）[58]实施两场进攻，每次投入约两个步兵营。这两场突击都被德军击退，但据该师报告，获得坦克支援的另一个苏军步兵团正从大谢利夏地域（Velikaya Selishcha）[59]向南赶往该村。其他地段，苏联人似乎也在前调新锐援兵，空中侦察的结果表明，约500辆汽车、马车和坦克沿通往科列茨的公路向西而行，另外1600名苏军步兵正赶往亚伦。据逃离该地域的百姓说，北部地域也有大批苏军坦克和卡车，就在斯卢奇河河畔的马里宁周围。冯·德尔·切瓦勒里与第4装甲集团军参谋长范戈赫尔商讨这一情况，要求集团军司令部就如何部署C军级支队这一问题下达指令，该支队目前据守着沃伦斯基新城—罗夫诺公路两侧地段。冯·德尔·切瓦勒里提出，该军级支队的重点应当是同右侧第291步兵师保持联系，从而继续担任第59军主力的组成部分。若不批准这项建议，该支队势必孤军奋战，杀开血路撤往罗夫诺，得不到第59军提供的任何帮助或指挥。在这种情况下，该支队与第291步兵师之间会出现一个新缺口，可能需要投入第7装甲师加以封闭。劳斯最初的反应是对此提出批评。他认为C军级支队应在前沿阵地只留少量部队，从而组建一支强有力的预备队，以此打击苏军，阻止对方继续前进。他还指出，集团军群已批准使用新开到的第96步兵师，经波隆诺耶发起进攻，重新夺回斯卢奇河一线，恢复同第48装甲军的紧密联系。集团军群还命令，C军级支队应坚守位于沃伦斯基新城—罗夫诺公路两侧的阵地。只有在面临遭歼灭的威胁时，该支队才被允许向西撤退，而且只能实施逐步退却的战斗后撤。第96步兵师的整体投入至关重要，因此，C军级支队只有在绝对必要的情况下方可实施后撤。

对第4装甲集团军来说，这是相当艰巨的一天，但并非毫无战果[60]。第46装甲军取得进一步进展，正设法困住文尼察以南的苏军坦克第1集团军，但遭受的压力逐渐加大。约2—3个苏军坦克旅开始打击德军突击部队拉伸的东翼[61]。虽然德军发起这场反突击，但苏联人似乎对此无动于衷。相关情报表明，当日清晨，近卫机械化第8军大部仍在文尼察以南，辖内一个坦克旅和一个机械化旅位于苏季斯基周围的布格河两岸。但另外两个机械化旅已转身向东，赶去拦截第16装甲师的推进，德国人怀疑这股苏军位于奥博德诺耶东南方的沃洛沃多夫卡地域。他们还确认，苏军近卫坦克第11军一个坦克旅也在同一地域，而该军另一个坦克旅和摩托化步兵旅仍据守沃罗诺维察以西各村庄。尽管一些苏军部队试图沿四号直达公路向南突围，但空中侦察发现，约100辆敌坦克正从沃伊托夫齐向西北方而去。这一点，加之50—60辆苏军坦克对瓦赫诺夫卡—斯特鲁京卡一线实施的突击，表明坦克第1集团军相当一部分力量正计划扩大从东面展开的反击[62]。沿第4装甲集团军北部防线，苏联人似乎正在格尼洛皮亚季河与斯卢奇河之间重组并集结兵力，准备重新投入进攻，重点是维申卡以北、克拉皮夫纳和热列布基以西，换句话说，也就是第24装甲军与第48装甲军结合部两侧[63]。另外，他们似乎正试图迂回第48装甲军左翼，强大苏军部队集结在柳巴尔西北方的迹象表明，第60集团军即将在近卫坦克第4军支援下展开进攻。北翼，苏联人在波隆诺耶与卡缅卡之间只实施侦察行动，但在沃伦斯基新城—科列茨公路两侧却发起一场协同一致的突击，可能投入一个步兵师，并以坦克第25军30—40辆坦克为支援。德军设在科列茨以北，谢基钦周边地域的掩护线亦遭到冲击，德方判明苏军近卫步兵第6师试图从那里向南推进，从而切断科列茨—罗夫诺公路。据第4装甲集团军报告，在当日的战斗中，他们在各条防线共击毁69辆敌坦克。通过这一切可以得出一个清醒的评估，第4装甲集团军认为，苏联人将沿整条战线继续展开行动。他们很可能打击第46装甲军不断拉伸的东翼，同时对第48和第24装甲军之北部防线重新展开进攻，以此缓解坦克第1集团军遭受的压力。另一种可能性是，苏联人会设法绕过第48装甲军左翼，继续沿沃伦斯基新城—科列茨公路攻击前进。

面对这种不断加大的压力，劳斯意识到，“冬季旅行”行动必须尽快结束，特别是考虑到第1步兵师遭受的困难。为此，他命令第46装甲军掩护东翼，并向南遂行打击，在卢卡封锁文尼察—乌曼公路[64]。该军尔后应从南北两面实施向心突击，歼灭科马罗夫—沃罗诺维察地域之敌。之后，该军应与第13军配合，转身向西，歼灭文尼察以南的苏军部队。而第13军应继续进攻，经拉坦齐冲向东南方，同第16装甲师取得联系，之后与第46装甲军一同转向西面。这场联合行动将由第16装甲师和第101猎兵师遂行，第254和第371步兵师提供配合，总体目标是歼灭仍盘踞在卢卡—文尼察—格尼万地域的所有苏军部队[65]。这份新计划依赖于第16装甲师夜间继续进攻，这样，该师便可在卢卡截断文尼察—乌曼公路，之后向北攻往沃罗诺维察。范戈赫尔与“南方”集团军群参谋长布塞商讨这一计划，并强调第1步兵师卷入激战，到目前为止几乎已无法守住自己的阵地。布塞并不认为该地段对面的苏军部队异乎强大，他觉得与其后撤该师，不如采取主动，实施更加积极的防御。装甲集团军必须认识到，“冬季旅行”行动至关重要，应把所有一切押在这张牌上。当晚晚些时候，冯·曼施泰因加入这场讨论，给劳斯下达相关指示[66]。命令中指出，第4装甲集团军应尽快结束文尼察以南的战斗，要记住，向南发起一场快速打击阻止敌坦克第1集团军向东逃窜。最迟在1月13日某个时候，第16装甲师必须可以为第1装甲集团军所用，虽然目前尚不清楚该师将被用于经伊伦齐攻向齐布列夫，还是沿四号直达公路调往乌曼。歼灭佐佐夫和瓦赫诺夫卡周边及南面之敌的任务留给第46装甲军辖内步兵师。这些部队尔后应转身向北，卷击第24装甲军当面之敌，必要情况下，也可继续向东进击。具体决定将在日后做出。同时，第371步兵师应尽快北调，在北部防线接替一个装甲师，从而以腾出的装甲部队从事机动作战。

针对这些指示，劳斯决定，在击退苏军目前的进攻并集结仍在开到的部队后，第1步兵师和第4山地师将向东南方展开一场联合突击，直奔利波韦茨，只留少量部队掩护左翼[67]。19点20分，戈尔尼克致电第4装甲集团军司令部，再次指出第1步兵师白天卷入极其激烈的战斗，但劳斯只是命令他，采取一切可用手段确保缺失的部队尽快前调，待他们到达后，应实施积极防御。戈尔尼克仍坚持自己的意见，并称他认为第4山地师无法参加计划中的进攻。于是，劳斯当晚20点再次同“南方”集团军群商讨相关情况。冯·曼施泰因的意见是，第16装甲师尽快向南发起打击，封锁文尼察—乌曼公路以防苏军逃窜，这一点至关重要。他还强调，行动成功与否取决于第13军能否从格尼万登陆场向东进击完成合围。但戈尔尼克仍对此感到不快。23点左右，他再次致电第4装甲集团军司令部，说他认为第16装甲师向南进攻，成功的可能性微乎其微，特别是因为那里的地形并不适合坦克展开行动。另外，他认为苏联人已在该地域设立起一道强有力的反坦克防线，克服这道防线势必付出高昂代价。他建议将第16装甲师撤出斯捷潘诺夫卡，在奥博德诺耶地域重组，尔后冲向东南方的若尔尼谢。苏军在该方向的抵抗较弱，这场调动将使第16装甲师阻挡住企图向东突围的所有苏军部队，也有望同第1装甲集团军左翼建立联系。范戈赫尔对此并不赞同。他认为这样一场重组会造成困难，特别是因为无法保证该师做好次日清晨展开进攻的准备。另外，此举会使苏联人逃离计划中的包围圈，并攻入第1装甲集团军后方，必须不惜一切代价予以防止。范戈赫尔提出个妥协方案。若第46装甲军冲出斯捷潘诺夫卡后无法取得后续进展，第16装甲师应向东调动数公里，设法沿从奥博德诺耶通往南面的公路而下。到达切科拉波夫卡（Chekolapovka）后，该师转向西南方，目标是在卢卡切断主公路。劳斯赞同这项妥协方案，并亲自致电贝伦德森阐述自己的观点。他认为大多数敌军仍位于沃罗诺维察周边及以西地域，只能通过向南进击并切断文尼察—乌曼公路将其歼灭。他再次重申自己的意见，称一切取决于第16装甲师尽快投入进攻，以便迅速到达主公路并阻止苏联人逃向东南方。由于第46装甲军不愿接受这种行动方案，劳斯遂于午夜过后给戈尔尼克下达具体指示，命令他尽快以第16装甲师和第1步兵师一部继续向西南方遂行突击，在卢卡切断主公路[68]。完成该行动后，该师应转身向北，歼灭科马罗夫—沃罗诺维察地域之敌。在结束这番辩论时，劳斯补充道，朝其他方向发起进攻无法赢得胜利，也无法歼灭文尼察南面和东南面的苏军部队。

劳斯的左翼也出现问题。午夜前后，第59军参谋长施洛伊泽纳报告，苏军再次出动，正在波隆诺耶—舍佩托夫卡公路与沃伦斯基新城—舍佩托夫卡公路之间沿一条宽大战线向前推进[69]。在交谈过程中，施洛伊泽纳透露出的意思是，第59军开始零碎投入第96步兵师，该师一部前出到波隆诺耶西南地域，显然打算从西南方迂回进击中的苏军部队。另一个营据守在舍佩托夫卡周边，掩护该师余部的卸载工作。范戈赫尔批评这种做法，并再次强调，该师必须作为一支完整的部队投入战斗，零碎部署毫无取得成功的机会。他指示第59军，确保该师重组，以便将其作为一股完整作战力量投入复夺斯卢奇河的行动。鉴于这种情况，劳斯决定给冯·德尔·切瓦勒里下达新指示，确保后者不会对相关命令产生误解。这些指示于当晚发出，命令第59军阻止苏军向舍佩托夫卡或罗夫诺发起一切后续推进[70]。行动将以这样一种方式遂行：第291步兵师应在沃伦斯基新城—舍佩托夫卡公路阻挡苏军，而C军级支队和第454保安师在北面的沃伦斯基新城—罗夫诺公路采取相同举措。各部队应沿公路线集结力量，这样便可对前进中的苏军部队展开小规模反冲击。第59军只有在面对优势敌军时方可后撤，而且必须获得装甲集团军预先批准。即便获准后撤，该军辖内部队也应缓缓退却，第291步兵师撤往西南方，C军级支队和第454保安师撤向西面。第96步兵师的任务保持不变，该师应跨过霍莫拉河展开进攻，向东推进，在柳博米尔卡（Lyubomirka）与普利辛（Plishchin）之间夺回斯卢奇河西岸[71]。该师应做好1月13日晨投入进攻的准备。同时，第48装甲军当日应做好以第7装甲师加入进攻的准备，其任务是向北进击，在柳巴尔周围和西北部肃清斯卢奇河西岸，并同第59军右翼取得联系。

总之，第4装甲集团军现在打算在两翼发起反击。南面，他们计划在科马罗夫—沃罗诺维察地域继续遂行突击，歼灭文尼察以南的苏军部队；北面，集团军准备以第96步兵师向前推进，恢复斯卢奇河防线，重新建立起第59军同第48装甲军的联系。这就是第4装甲集团军次日的主要意图。

1944年1月12日，星期三

对第4装甲集团军南翼的第371步兵师来说，当晚平静度过，而昨晚夺回拉坦齐的第101猎兵师也未报告发生战斗[72]。另外，苏军部队夜间弃守特斯维任村及其南面的农场。第46装甲军防区，第1步兵师报告，苏军坦克夜间占领斯恰斯特利瓦亚东南端，另一些敌坦克从西面的高地炮击该村，最终将其夺取。德国人发现更多敌坦克在雾色中穿过斯特鲁京卡，而别列斯托夫卡夜间遭到6辆敌坦克攻击。村内一些房屋起火，德军击毁2辆遂行突击的敌坦克，这才得以恢复态势。北面，第4山地师报告，自23点30分起，苏军部队集结于亚谢涅茨科耶[73]以东地域，包括强大的步兵部队和约20辆坦克。对方随后实施的冲击被德军击退，未发生严重事件，但德国人晚些时候发现另外50余辆敌坦克集结在亚森基北面。3点30分左右，苏联人展开进攻，这些坦克中的25—30辆设法突破该师防御，并向南攻击前进。剩下的坦克搭载着步兵尾随其后，一同行动的还有一支卡车队，显然携带着补给物资。对第46装甲军来说倒霉的是，军部暂时失去同第16装甲师和第254步兵师的通信，未能收悉两个师的相关报告，但军部后来了解到，第16装甲师当晚继续向南攻往卢卡[74]。同时，各部队整个夜间继续调动，准备结束“冬季旅行”行动。第94山地工兵营获得第13山地猎兵团第2营接替，正在斯韦尔德洛夫卡重组。第13山地猎兵团第3营接替第

94山地猎兵营，而后者又接替第91山地猎兵团第3营。第94山地侦察营也获得替换，在第13山地猎兵团编成内集结于洛佐瓦塔亚。北面，第168步兵师终于换下第1步兵师辖内最后一支部队——第22燧发枪手团第1营。

第24装甲军东部防线，整个夜间较为平静，第168步兵师和第18炮兵师报告，只遭到零星炮火打击[75]。北部防线，第1装甲师防区中央地段，苏军以猛烈炮火轰击库斯托韦茨卡亚地域，在此掩护下，苏军突击部队逼近德军主防御阵地。除此之外，与别处一样，这里只落下火炮和迫击炮炮火。

左侧第48装甲军的情况与之类似，整个夜间，火炮和迫击炮炮火较为活跃，有时候甚至相当猛烈[76]。不过，苏联人在这里还以营级兵力实施一些强有力的侦察和战斗巡逻。军右翼的党卫队第1“警卫旗队”装甲师在其左翼对面拦截对方一系列侦察行动，将其悉数击退。防线中央地段，波奇托沃耶以南地域，7辆T–34坦克夜间隆隆驶过德军主防御阵地，不久后又退回。同一地段，清晨5点左右，包括32辆坦克在内的大股苏军再次楔入德军主防御阵地，直到早上，该师仍在竭力恢复态势。左侧，党卫队“帝国”装甲战斗群也在抗击苏军以连级兵力从斯捷特科夫齐地域向南实施的一些进攻，该战斗群报告，其他地段的苏军部队正在挖掘阵地。西面，苏联人昨晚以排级兵力对第19装甲师展开几次战斗巡逻，但都被击退。22点15分，他们以营级兵力从阿夫拉金攻向小布拉塔洛夫（Malii Bratalov）。这场进攻在德军猛烈的防御火力打击下崩溃，但23点45分又再次发起。面对德军防御火力，这场进攻也以失败告终，该师得以守住自己的阵地。第三次突击发生在当晚晚些时候，苏军一个步兵营设法楔入小布拉塔洛夫北端，但2点45分，该师以局部反冲击逼退这股苏军。另一些敌军集结在基列耶夫卡西南方，遭德军炮火打击后散开。军左翼，第7装甲师度过一个平静的夜晚，但该师在报告中指出，苏联人3点左右占领日京齐村。由于北部防线的战斗渐渐消退，第4装甲集团军趁机将火箭炮部队撤离该地段，并在夜间下达相关命令[77]。第1教导火箭炮团、第1重型火箭炮团和第57火箭炮团奉命于次日夜间撤离，调往赫梅利尼克—乌拉诺夫地域，在那里接受位于赫梅利尼克的第1火箭炮部队司令[78]指挥。

与此同时，西北方，第96步兵师继续集结于掩护线后方，并击退苏军从东面和北面以连级兵力对波利亚纳（Polyana）实施的几次冲击[79]。东南方约

8公里处，一个苏军步兵连占领阿达莫夫（Adamov），该师构设起一道新防线，从波利亚纳东南方约4公里处延伸至波利亚纳。在这道防线后方，该师还设立一条正面朝北、位于热卢德基（Zheludki）与特劳林（Traulin）之间的防线。北面，苏军在茨莫夫卡（Tsmovka）和雷洛夫卡地域突破德军防线后，第291步兵师被迫撤至主公路两侧一线，这道防线从茨莫夫卡起，穿过多尔曼卡至雷洛夫卡以南2公里处。此时，苏军部队严密据守茨莫夫卡地域。北翼，C军级支队和第454保安师夜间撤至科尔奇克河防线后方，其防线南起别列兹多夫（Berezdov），穿过格列茨北端和格沃兹杰夫（Gvozdev），再向西弯曲，经安诺夫卡（Annovka）、伊万诺夫卡至涅维尔科夫（Nevirkov）。

寒冷的天气仍在持续，新一天拂晓到来时，天色晴朗，有霜冻。温度始终没能超过零下5摄氏度，虽然当日下午云层开始聚集，并下起雪来，但各条道路依然冻结，完全可供通行。南面，第13军进入南布格河“膝部”，却发现大多数苏军部队已在夜间撤离[80]。第371步兵师沿河流两侧向东进击，14点左右，第669掷弹兵团先遣支队打垮苏军虚弱的抵抗，前出到博图什（Potush）与马尔科夫卡之间一线。河流南面同样如此，“赫布斯特”拦截支队越过特夫罗夫东面的高地，傍晚前到达科柳霍夫（Kolyukhov）[81]。第101猎兵师也取得进展，以获得加强的第229猎兵团为基础组建的一个战斗群穿过费多罗夫卡（Fedorovka）赶往申杰罗夫（Shenderov）东南方林木茂密的高地，距离卢卡仅5公里。师左侧另一个战斗群在卡利尼绍夫卡（Kal'nishovka）遭遇顽强抵抗，傍晚时仍设法将包括坦克在内的苏军部队逐出该村。总之，在豪费看来，苏联人肯定已于昨晚撤往东南方，他的部队白天遇到的只是对方的后卫部队。夜间，劳斯打电话告诉豪费，次日，第13军必须在卢卡接替第16装甲师拦截支队，凭自身力量肃清沃罗诺维察周围的包围圈[82]。第46装甲军将用于另一场行动，必须尽快实施重组。另外，第371步兵师将于次日撤出，在日梅林卡地域重组，尔后北调，加入第48装甲军，以接替党卫队第1“警卫旗队”装甲帅。

第46装甲军也向卢卡展开进攻。第16装甲师昨日到达斯捷潘诺夫卡的部队，夜间在奥博德诺耶地域重组，当日清晨重新发起突击[83]。他们先向南攻击前进，夺得切科拉波夫卡车站，尔后转向西南方，11点在卢卡以东道路弯曲部切断文尼察—涅米罗夫公路[84]。此后，该师应转身向北，攻往沃罗诺维察，但到傍晚时，该师一直没有汇报其进展。不过，有报告称，约1000名苏军士兵组成的队列正从沃罗诺维察向南赶往卢卡[85]。在此期间，该师强有力的一部不得不留在奥博德诺耶地域抗击苏军一连串冲击，对方投入营级兵力，并以10—20辆坦克为支援。傍晚时，援兵到达，第16装甲侦察营最后一支部队终于归建。左侧，第254步兵师的六个营现已到达该地域，他们沿公路攻向涅米罗夫，面对苏军越来越猛烈的抵抗，他们先夺得科马罗夫，之后占领甘希纳（Ganshchina）。傍晚时，师先遣部队在沃罗诺维察北部卷入激战。该师左翼也向前推进，以占领斯捷潘诺夫卡和扎别列夫卡村。第16装甲师向前推进造成的突出部的另一侧，苏联人的行动更为积极。第1步兵师辖内各营悉数到达，在第300突击炮营支援下，成功抵挡住苏军两个步兵营在坦克支援下对斯恰斯特利瓦亚和别列斯托夫卡发起的冲击，而第4山地师防区的情况相当严峻。当日清晨，苏军在约40辆坦克支援下，对亚森基周围的第4山地师展开一场营级规模的突击。苏军坦克隆隆驶过德军防御阵地，深深楔入该师后方，虽然第4山地师阻挡住试图尾随坦克前进的敌步兵，但这些坦克一路向前，推进6公里后到达斯恰斯特利瓦亚和洛佐瓦塔亚地域。当日剩下的时间里，该师设法消除这一威胁，于是调集反坦克炮、突击炮和炮兵力量从四面八方包围这股敌军，并要求德国空军提供近距离空中支援。傍晚前，他们击毁20辆敌坦克，包括一辆150毫米突击炮，到18点，剩下的苏军坦克已然后撤，穿过德军防线退往亚森基。该村西北面，苏联人展开另一场营级兵力突击，但没能取得进展，被德军顺利击退。与此同时，亚森基稍东面，该师发现苏军部队集结在纳尔齐佐夫卡周边地域及北部，遂以炮火施加打击，德国空军也赶来支援。相比之下，第4山地师左翼较为平静。总之，第1步兵师和第4山地师报告，当日共击毁20辆敌坦克，而昨日他们分别击毁3辆、4辆苏军坦克[86]。另一方面，第43掷弹兵团第2营在1月11日的战斗中伤亡惨重，苏军坦克的突袭导致该团损失3门重型野战榴弹炮、3门重型反坦克炮、2门中型反坦克炮和一些车辆。尽管进攻行动明显取得成功，但戈尔尼克认为，苏联人正准备对他的阵地实施一场钳形突击。他的看法是，其中一场进攻将由苏军部署在奥博德诺耶东南地域强大的坦克部队实施，而另一场突击主要由步兵部队从亚森基东北面遂行，这两场进攻很可能在当晚发起，最迟不超过次日。同样清楚的一点是，被困于南布格河“膝部”的敌军似乎正企图向东逃窜，同集结在奥博德诺耶东南方的苏军会合。因此，包围并歼灭这些敌军大概要到次日日终前方能完成。当日上午向“南方”集团军群做情况简报时，范戈赫尔称大部分苏军部队已逃出包围圈，他将此归咎于第16装甲师向南推进过于迟缓[87]。布塞回答道，现在事情的进展取决于提前腾出第46装甲军，用于对利波韦茨—别列佐夫卡地域发起计划中的进攻，因此，重要的是确定是否有敌军仍被困于该地域。尽快结束沃罗诺维察地域的行动至关重要。下午晚些时候，范戈赫尔向劳斯建议，第46装甲军应在若尔尼谢地域重组，这样，该军1月13日晨便可向北突击，跨过伊伦齐—波波夫卡一线，对部署在利波韦茨周围及北面的近卫机械化第8军之侧翼和后方施以打击。劳斯批准这项方案，“南方”集团军群也赞同，并于当晚晚些时候下达相关命令[88]。这道训令证实，第16装甲师转隶第1装甲集团军之前，第4装甲集团军必须以第46装甲军打击部署在第16装甲师和第1步兵师东翼之敌。正如先前计划的那样，第16装甲师应实施重组，尽量在1月13日完成，但不得迟于1月14日晨，以便该师从南面展开一场集中打击，而第1和第254步兵师应与之配合，从西面展开攻击，穿过奥博德诺耶北部攻向伊伦齐。必要时，将歼灭被困于文尼察—布拉茨拉夫公路及其西面之敌的任务留给第371步兵师和第101猎兵师。之后如何使用第16装甲师目前尚未决定，但选择依然未变，该师要么协助第1装甲集团军向东进击，穿过伊伦齐，要么沿四号直达公路调至乌曼地域第3装甲军右翼，相关决定会在晚些时候做出。

第24装甲军当日的情况好坏参半。其东部防线一如既往，基本未发生战斗，但在第1装甲师扼守的北部防线，不出所料，苏军发起大规模进攻[89]。南面，第168步兵师未直接卷入战斗，但该师报告，苏联人施以破坏性炮火，约500发炮弹落在该师防区。第18炮兵师防线上，苏军炮火同样活跃，尤其是佩列莫加周围和与第1装甲师结合部的胡托尔卢齐亚诺夫卡。该师白天派出一支战斗巡逻队，他们带回一辆苏军卡车，还俘虏1名军官和2名士兵。这支巡逻队还报告，他们看见一支苏军队伍正沿皮科韦茨通往萨姆戈罗多克的公路行进，约有50辆卡车、4门火炮和另一些车辆及雪橇。估计是一个正调往南面德鲁日诺耶地域（Druzhnoe）的苏军步兵团。北部防线不像这么安静。凌晨3点，苏军第一场突击落在第1装甲师防区，他们投入营级兵力，冲击该师中央地段的库斯托韦茨卡亚村，但被德军击退。一小时后，对方再度展开进攻，这次以连级兵力攻向斯图普尼克东北部，但也被德军击退，德国人估计战场上丢下90具苏军士兵的尸体。清晨7点左右，位于德军后方约6公里，塔拉斯基地域（Taraski）的12辆敌坦克突破左侧党卫队第1“警卫旗队”装甲师据守的防线。德军迅速施以打击，击毁7辆敌坦克。10点30分，苏联人又对第1装甲师右翼遂行冲击，这次以连级兵力攻向该师设在别济米扬诺耶（Bezymyannoe）东面的阵地。这场冲击也被德军击退，但这些行动似乎只是对方侦察德军防御的试探性进攻，15点，苏联人发起一场大规模突击。进攻重点位于中央地段，以火炮和迫击炮实施一场猛烈炮火准备后，苏联人在奥西奇纳与维申卡之间沿一条8公里宽的战线投入进攻。另外，苏军还在第1装甲师两翼遂行辅助突击，以一个营攻向该师右翼的胡托尔卢齐亚诺夫卡，该师左翼，斯图普尼克周边和以西，一片3公里宽的地段亦遭到冲击。三个地段的战斗持续入夜，而在左侧，苏军坦克突破“警卫旗队”装甲师扼守的地段，对第1装甲师之侧翼构成威胁。

因此，第48装甲军右翼也卷入苏军这场进攻。当日清晨，苏军突破“警卫旗队”装甲师位于波奇托沃耶[90]以南防线，约20辆坦克从那里向南攻往20公里外的乌拉诺夫[91]。其中约半数坦克转身向东，进入第1装甲师纵深侧翼，前出到该师防线后方约6公里的塔拉斯基。剩下的坦克攻入乌拉诺夫，在那里遭到德军从两个方向实施的反冲击。“警卫旗队”师一个装甲战斗群从北面对其施以打击，第509重型装甲营一部则从南面展开攻击。傍晚前，该师报告击毁3辆敌坦克，德国空军称击毁另外3辆敌坦克，击伤2辆。河流南面，第509重型装甲营试图扫荡残敌，战斗持续进行。与此同时，“警卫旗队”师一个装甲战斗群对敌后续梯队遂行反冲击，8点前恢复原防线。该战斗群随后发现苏联人实施重组和集结，准备再度投入进攻，因而决定采取主动，继续攻击前进，冲入敌集结区。这场打击获得成功，据报击毁3辆坦克、17门反坦克炮，并驱散敌坦克和步兵，迫使对方向北退却。该战斗群随后撤回德军主防御阵地，之后，苏军再度集结，并获得从热列布基而来的新锐部队支援。这股援兵由获得步兵和反坦克炮加强的10辆坦克组成，但这两股苏军都遭到德军防御炮火打击。17点30分左右，另外36辆苏军坦克从波奇托沃耶向南而来，逼近德军主防御阵地，准备展开进攻。相比之下，党卫队“帝国”装甲战斗群据守的地段，这一整天保持平静，据报，只落下零星炮火。第19装甲师甚至在其右翼实施一场小规模进攻，消灭苏军一个支撑点，缴获少量物资。防区中央地段，该师发现一股苏军集结在阿夫拉金地域，随即以炮火将其驱散，柳巴尔南部和西部边缘，他们看见苏联人正在挖掘阵地。该师还在左翼集结起一个装甲战斗群，在普罗瓦洛夫卡掩护斯卢奇河上渡口。军左翼的第7装甲师亦投入进攻。该师一个装甲战斗群从维什诺波尔向北攻击前进，肃清杰姆科夫齐、吉佐夫希纳和日京齐，迫使苏军退往北面和东北面。该师在这些村庄的北部边缘设立起前进防御阵地，随后从左翼再度出击，穿过马尔特诺夫卡向北攻击前进，肃清奥纳茨科夫齐（Onatskovtsy）和布拉任齐后撤回。尽管取得这些小小的战果，但苏联人仍控制着柳巴尔通往西面公路上284高地附近的制高点，据守在那里的估计是一个加强营。第48装甲军获悉，西面20多公里外，约14辆敌坦克和50辆卡车估计将在夜间某个时候到达格里采夫，从而在该军与西北面第59军之间插入一个楔子。从当日发生的事情看，特别是鉴于德军装甲部队遂行突击所取得的战果，苏联人似乎仍在执行原定计划，发展对该军实施的两场进攻，一场从热列布基向南遂行，另一场则从柳巴尔周边地域向西实施，空中侦察的结果和收悉的情报证实这一判断。可是，巴尔克当晚告诉第4装甲集团军司令部，他认为进攻“警卫旗队”装甲师的苏军坦克旅基本已被歼灭[92]。因此，他现在打算解决左翼的问题，打击向西攻往格里采夫的苏军部队。他准备尽量腾出“警卫旗队”装甲师和“帝国”装甲战斗群辖内装甲力量，将这些部队调至左翼第7装甲师。到达那里后，他们将歼灭上述苏军部队，之后变更部署，向东北方攻击前进，经大杰列维奇前出到斯卢奇河。劳斯同意这项计划，随后下达相关训令[93]。关于第7装甲师如何同第96步兵师相配合，并夺回斯卢奇河一线，详细命令随后将下达。

装甲集团军左翼，第59军又度过了糟糕的一天，从昨日起，苏联人便对该军展开不间断的冲击。南面，第96和第291步兵师在几处遭到攻击，对方投入的兵力多达两个营，尽管一些进攻被击退，但波利亚纳[94]、萨维奇（Savichi）、安东诺夫卡[95]和多尔曼卡南端都被推进中的苏军夺取[96]。在击退对方进攻后，第96步兵师开始集结在波利亚纳西南地域，而第291步兵师将其中央防御地段撤至戈罗德尼亚夫卡[97]。当日上午做态势简报时，第59军参谋长施洛伊泽纳报告第4装甲集团军司令部，该军计划待第96步兵师集结完毕，立即向东发起打击[98]。

范戈赫尔再次指出，应集中使用该师，只有这样才能取得预期效果。的确，这种做法必然导致某些地段出现缺口，但不得不容忍，若苏军对这些缺口加以利用，该军应以快速部队的迅猛打击予以解决。他还批评C军级支队，称该支队应实施进攻，而非防御，只有在别无选择的情况下方可逐步后撤，而且必须获得装甲集团军预先批准。对此，施洛伊泽纳指出，C军级支队并不具备采取积极行动的能力，从当日发生的事情可以看出这一点。一支强大的苏军坦克部队从科贝拉攻向西南方的科列茨，成功卷击C军级支队位于科列茨河以西的左翼。苏军攻入科列茨西部，沿河谷继续向西南方挺进，夺得巴宾（Babin）、波德杜布齐（Poddubtsy）和基利基耶夫（Kilikiev）。C军级支队撤至戈洛夫尼察（Golovnitsa）两侧新防线，但中午前后，15—20辆敌坦克冲出科列茨向前进击，又将这条防线打垮。其中8辆坦克在步兵部队支援下一路向西，设法夺得15公里外的萨波任（Sapozhin）。一些敌坦克转身向南，严重扰乱该军级支队后方部队的调动，虽然受到雪堆妨碍，但该支队日终前还是在科列茨以西约10公里的科尔济希（Korzysc）两侧设立起一道新防御阵地。

日终时，情况似乎很清楚，位于南布格河“膝部”的苏军摩托化和坦克部队，大多于昨晚顺利逃出包围圈[99]。一些苏军部队甚至向东南方突围，直奔布拉茨拉夫，而非向东逃窜，虽然相关情报表明近卫机械化第8军两个旅位于利波韦茨两侧地域。尽管如此，仍有一股重要的步兵部队和一些坦克被困于沃罗诺维察地域。德军这场进攻行动的东翼，苏联人继续遂行反冲击，但只取得一次成功，近卫坦克第64旅40—50辆坦克和近卫自行炮兵第354团突破德军防线，但又被迫后撤。在此阶段，第4装甲集团军并不知道苏军坦克第1集团军辖内部队将在何处重新集结[100]。装甲集团军北翼，苏军的意图越来越清晰。伊万诺波尔西南方，近卫坦克第6军近卫坦克第53旅的20辆坦克成功突破党卫队第1“警卫旗队”装甲师防线，但德军随后击毁这些坦克中的大多数，并恢复态势[101]。西面，第60集团军辖内部队在近卫坦克第4军一部支援下，在两个地段转入进攻：从波隆诺耶—柳巴尔地域向西突击，从杜布罗夫卡地域攻向西南方。这两场突击的目标似乎集中于舍佩托夫卡。北面，第13集团军和坦克第25军也向西攻击前进，直奔罗夫诺，10辆坦克突破第59军左翼，前出到萨波任。C军级支队和第454保安师面临的情况尤为令人担心，这两个兵团不仅与第59

军辖内其他部队隔断，而且在最近几周的激战中都已遭到严重削弱。面对推进中的苏军部队，他们已无法实施有效的持久抵抗，特别是因为目前尚不清楚，苏联人前调多少新锐部队投入该地段。不过，昨日在基辅—日托米尔公路发现的苏军大股队列，现在看来似乎是为第60和第13集团军调派的援兵。总之，第4装甲集团军辖内部队报告，当日共击毁39辆敌坦克，在总结过去一个月取得的战果后，装甲集团军向“南方”集团军群报告，1943年12月6日至1944年1月7日，辖内部队共击毁1017辆坦克、988门反坦克炮和278门火炮[102]。

傍晚时，劳斯给豪费和戈尔尼克下达命令，确认当日早些时候的讨论和决定[103]。训令中指示第46装甲军在夜间重组，做好次日晨从若尔尼谢地域出发的准备，该军应在伊伦齐与伊万基之间渡过锡博克河，一路向北，前出到利波韦茨与罗索沙之间一线。该军应将重点放在东翼，打击目标是利波韦茨周围苏军部队之侧翼和后方，应设法将其歼灭。第1步兵师，连同第254步兵师一部，应向东推进，为这场进攻提供支援。第13军的正式任务是消灭仍困于以南布格河、文尼察—乌曼公路、文尼察—日梅林卡铁路线为界的地域内的苏军部队。为完成这项任务，该军应保留第371步兵师正在卸载的部队、第101猎兵师、“虎”式坦克和“豹”式坦克营可用的力量。另外，第13军还将获得第254步兵师部分部队，即第454掷弹兵团、第254工兵营和第254炮兵团一个营。第13军的优先事宜是接替第16装甲师仍位于卢卡地域的部队，并肃清文尼察与日梅林卡之间的铁路线。但是，第371步兵师应撤出前线，在日梅林卡地域重组，不得迟于1月14日晨。仍在运输途中的部队应改道赫梅利尼克，已卸载单位必须沿公路而行。第59军也接到新训令，尽管这些命令与先前的指令基本相同[104]。第96步兵师将于次日投入进攻，沿舍佩托夫卡—波隆诺耶公路向东攻击前进，赶往波隆诺耶南北两面的霍莫拉河。实现这一初步目标后，该师应继续向东，前出到卡缅卡两侧的斯卢奇河。与第7装甲师的协同问题，将在晚些时候下达后续命令。新训令中没有提及C军级支队和第291步兵师，这些部队继续执行先前的指令。

午夜时，冯·德尔·切瓦勒里告诉范戈赫尔，苏军坦克在科列茨—罗夫诺公路以南达成突破，现位于森诺耶（Sennoe）北面的林地[105]，距离萨波任还有4公里左右。因此，科尔济希周边阵地已无法据守，第59军命令C军级支队撤至戈伦河一线，并在戈夏（Goshcha）对面的戈尔巴科夫（Gorbakov）两侧设立一座登陆场。范戈赫尔相信此举无法获得装甲集团军批准，他认为只有在面临遭歼灭的情况下，C军级支队才能考虑后撤。令人担心的是，进一步后撤会导致丢失整个“南方”集团军群最后一条铁路补给线的威胁变为明显的现实，这条补给线穿过罗夫诺，在科韦利与舍佩托夫卡之间延伸[106]。劳斯后来同冯·德尔·切瓦勒里通话，告诉他，苏军坦克出现在后方，并不能成为C军级支队撤至拟议中登陆场的理由。该支队的任务是确保辖内部队尽量向东部署，并坚守后方的道路和河流渡口，阻止苏军一切后续推进。否则，事情会演变成C军级支队步兵与苏军坦克之间的一场竞赛，这是一场德国人无法获胜的赛跑。可是，冯·德尔·切瓦勒里已下达后撤令，部队开始调动。看来，劳斯已无法改变这种情况，但他还是给第59军下达一道仓促的通知，指示该军尽可能长时间迟滞苏军在戈伦河以东的推进，同时封锁河上渡口，以防敌坦克渡河[107]。在此期间，为协助守卫日益遭受威胁的铁路交通网，第4装甲集团军获得两列装甲列车——刚刚修理完毕的69号装甲列车和71号装甲列车。前者交给第59军，部署在舍佩托夫卡[108]，后者编入第13军，将于1月13日—14日夜间到达日梅林卡[109]。

过去几周发生的事情也使劳斯有必要重新审视装甲集团军后方地域的安全措施，于是，他给麾下各军长和Korück 585下达修订后的指令[110]。训令中承认，过去几周的前线战斗和其他紧急任务需要投入大批后方地域保安部队，因此，后方公路、铁路线的安全，以及反游击行动的执行情况不尽如人意。这些任务现在交给第585集团军后方地域指挥官，他的责任区位于战区后方，分界线设在主防御阵地后方约20公里处。为履行这些职责，他应当使用部署在后方地域的所有保安部队，以及在作战地区从事公路和铁路安保任务的部队。虽然负责战区内各城镇安全的作战司令在作战行动方面隶属相关军部，但军长们无权调动他们。从地域上看，他们仍隶属集团军后方地域指挥官。后者还对集团军后方地域、德国军队占领的所有城镇和村庄负责，较小的地点任命一位地方指挥官，较大的城镇则委派一名作战司令。现在应当建立警戒区，以确保重要的村庄和城镇的安全，并在这些警戒区与集团军后方地域指挥官和各军部之间设立起有效通信渠道。还应采取预防措施，确保这些城镇和村庄的防御阵地可以迅速加以占据，应特别注意封锁所有可用道路和小径。这些措施的实施由各军部和第585集团军后方地域指挥官加以监督，并向相关作战司令通报情况，必须让他们意识到，其职责是不惜一切代价守卫各自的责任区。各军长和集团军后方地域指挥官应于1月18日前提交报告，说明在他们负责的地域内，已选中哪些地点交由任命的作战司令。为协助第585集团军后方地域指挥官履行职责，已在前线战斗一段时间的第213保安师将正式回到他麾下，他已接到指示，为该师的归建做出安排[111]。

1944年1月13日，星期四

南翼，第13军防区的战斗一直持续到夜间[112]。昨晚，第101猎兵师终于在卡利尼绍夫卡突破苏军抵抗，向前推进并占领该村，尽管东南面仍有少量苏军坦克存在。临近拂晓前，继续前进的第101侦察营发现一支庞大的苏军队列位于卢卡北面，正沿主公路赶往东南方的涅米罗夫。这支队伍包括搭载步兵的坦克、徒步而行的步兵、火箭炮、各种卡车和其他支援车辆。德军随即以火炮和反坦克炮施以打击，战斗持续至白天。

第46装甲军度过一个相当平静的夜晚，仅第4山地师报告与敌发生战斗[113]。苏军对该师展开三次虚弱无力的进攻，投入的兵力从排级到连级不等，都被该师不太费力地击退。利用这段短暂的平静，第16装甲师实施重组，但到早上，第2装甲团和三个装甲掷弹兵营仍在卢卡东面的主公路上。与此同时，第254步兵师夜间继续突击，设法前出到从奥博德诺耶向东北方延伸，穿过舍夫琴科至斯恰斯特利瓦亚南面与第1步兵师结合部一线。北面，第24装甲军防区南部地段也很平静，该军报告，未与敌人发生战斗，只落下少量炮火[114]。但是，第1装甲师仍在奥西奇纳—维申卡地段竭力遏止苏军的大规模进攻。这场突击开始于昨日15点，在16点30分左右，德军将其击退，但对方18点30分再度冲击。这些营、团级突击获得火炮和迫击炮强有力的支援，主要集中在维申卡与库斯托韦茨卡亚之间地段。德军防御阵地数处遭突破，但该师最终在夜间肃清这些渗透。22点45分，另一股苏军，估计为一个营，对西面的斯图普尼克展开冲击，成功夺得村子北端。第1装甲师组织反冲击，但没能取得任何进展。整个夜间，战斗沿该师整片防区持续，对防御炮火的不断需求导致弹药发生短缺。最后，德军炮兵已无法为前线部队提供有力支援，当日晨，苏联人仍在冲击该师位于维申卡周围的阵地。

夜间，第48装甲军也在一些地段遭到袭击，据报，该军整条防线遭到苏军破坏性炮火打击[115]。党卫队第1“警卫旗队”装甲师当晚在别斯佩奇纳（Bespechna）东北地域遭到两次攻击，对方每次投入的兵力约为一个团。第一场冲击发生在23点30分，第二场发生在凌晨2点30分，但都被击退，该师报告，他们在战斗中击毁2辆T-34坦克。党卫队“帝国”装甲战斗群据守的防区夜间保持着平静，但第19装甲师在基列耶夫卡附近遭到攻击。苏联人先实施一系列侦察试探，主要集中在该师右翼，凌晨3点，他们对基列耶夫卡西南面发起营级兵力突击。但这场进攻苏军一无所获，第19装甲师守住自己的阵地。一如既往，德军实施的侦察表明，苏军队列、汽车和马车正沿莫洛奇基—柳巴尔主公路由东向西行进。第7装甲师当晚的情况较为平静，仅在吉佐夫希纳北面击退苏军一支侦察巡逻队。

西北方，苏联人继续对第59军防区保持压力[116]。第96步兵师防区，苏军以一个步兵营向南突击，攻往赫罗林（Khrolin）和特劳林，并以反坦克炮、火炮和迫击炮炮火力成功封锁舍佩托夫卡—波隆诺耶主公路。该师组织反冲击，迫使苏军向北退却，这才使德军补给车队得以重新使用这条公路。结果，第96步兵师计划中的进攻被迫推迟，因为“冯·瓦尔堡”战斗群参与到肃清公路的行动中，无法及时赶至进攻出发点。与此同时，苏军部队依然占据赫罗林北端。更北面，第291步兵师防区，苏军沿沃伦斯基新城—舍佩托夫卡主公路推进到戈罗德尼亚夫卡西南方约4公里处。第291步兵师试图在该村西南方重新建立一道新防线，结果卷入激战，在此过程中遭受严重伤亡。更糟糕的是，苏军占领萨维奇和库皮诺（Kupino）[117] 村，导致该师位于南面的右翼处在遭迂回的危险下。第59军的看法是，该地域的苏军部队已于昨日获得加强。北面的C军级支队继续后撤，没有同敌人发生战斗。

新的一天到来时，天气几乎未发生变化，南面的天空依然晴朗，有轻微霜冻，温度徘徊在零下5摄氏度左右，偶尔有阵雪。北面的空中多云，降雪较多，出现一些堆积，虽然整个地区各条道路依然冻结，但某些地段的雪堆还是给交通运输造成一些困难。当日从南翼传来的第一批消息不太好。豪费第13军确定，困于南布格河“膝部”的最后一支苏军部队已于昨晚逃离[118]。他们是向南还是向东南方突围，这一点尚不清楚，第13军正询问当地居民，试图找出答案。昨天，第371步兵师侦察营发现，包括坦克和火炮在内的一支苏军队伍正沿文尼察—乌曼公路向南而行，由于缺乏重武器，该营只能以轻武器开火射击，除此之外无能为力。该队伍与第101猎兵师当晚晚些时候在卢卡附近遭遇的队伍可能是同一支，但这一点无法确定。总之，第13军6点30分展开行动，着手肃清沃罗诺维察周边地域，到11点，该军宣布那里已没有敌军存在。文尼察与卢卡之间的主公路再次回到德国人手中。与此同时，第371步兵师另一部，在少辆坦克支援下，从博图什—索科林齐（Sokolintsy）[119]地域推进，跨过南布格河向南攻击前进，之后左转，再次向北折返，沿佩切拉与布拉茨拉夫之间一线冲向涅米罗夫[120]。该师余部现已撤出前线，正赶往文尼察以西的新集结区，之后将调往北面。黄昏时，第101猎兵师也在沃罗诺维察地域重组。西面的后方地域，德国人肃清苏军在杰米多夫卡（Demidovka）以南准备实施的爆破，宣布文尼察—日梅林卡铁路线再度恢复畅通。据该军报告，在过去三天的战斗中击毙713名苏军士兵，俘虏79人，击毁33辆坦克、4辆突击炮、17门反坦克炮，还击毁或缴获16门迫击炮和一些轻武器。此时，第13军基本完成受领的任务，豪费接到关于辖内部队变更部署的新命令[121]。从当晚起，他将把第371步兵师集结在文尼察以西的扎尔万齐（Zarvantsy）—尤兹温（Yuzvin）—舍列梅特卡（Sheremetka）地域，之后，该师将加入第48装甲军，以三天的行军赶至乌拉诺夫—马尔库希（Markushi）—斯卡尔任齐（Skarzhintsy）地域。这道训令还指示第48装甲军做出必要安排，待第371步兵师到达后，便以该师接替党卫队第1“警卫旗队”装甲师。晚些时候下达的另一道命令指示豪费交出麾下其他部队[122]。据此，第101猎兵师将加入第46装甲军，次日晨6点生效，而第13军辖内装甲力量将被分割，并调至别处。第503重型装甲营（“虎”式坦克）返回日梅林卡，继续接受补充，第23装甲团第1营在涅米罗夫周围重组，由装甲集团军直接掌握。辖内部队调离后，第13军军部将撤出前线，重新指挥后方地域的第68、第208、第340步兵师，监督这些部队的改编工作。

东面，第46装甲军继续遂行的进攻遭到苏军越来越顽强的抵抗，这是因为苏联人从东面和北面调来援兵[123]。当日清晨，第16装甲师在奥博德诺耶以南地域重组，下午，该师会同第254和第1步兵师向东攻击前进，一举夺得沃罗诺维察以西约3公里的小村庄皮利彭科沃（Pilipenkovo），该师试图攻向若尔尼谢，但在奥博德诺耶东面的沃洛沃多夫卡遭遇敌军顽强抵抗。那里的战斗持续入夜，苏军的防御似乎越来越强劲，甚至投入一些坦克。与此同时，第254步兵师和再次配属该师的整个第300突击炮营也展开突击，从奥博德诺耶以北地域攻向东南方。夜幕降临前，该师和第1步兵师右翼部队设法推进2—3公里，日终前在斯特鲁京卡[124]西南方高地卷入激战，苏军在那里实施顽强抵抗。19点30分，第46装甲军参谋长贝伦德森向第4装甲集团军汇报这些困难，并指出，这番行动没能像预期的那样发展成一场追击[125]。相反，这场进攻似乎遭遇苏军一个坦克旅的防御抵抗。他认为，穿过若尔尼谢继续攻往伊伦齐毫无胜算，因为苏联人已在沃伊托夫齐与沃洛沃多夫卡之间设立强大的防御阵地，并牢牢控制锡博克河上所有渡口。因此，第16装甲师不太可能强渡该河，第46装甲军的建议是，这场进攻应将目标放在更北面，从奥博德诺耶向东遂行。但范戈赫尔对此并不赞同，他的观点完全相反。在他看来，此举会使第46装甲军对苏联人展开正面打击，而非按照第4装甲集团军的意图打击其侧翼和后方。他并不觉得地形上的困难具有决定性，而且，由于持续低温，他认为第16装甲师强渡锡博克河时不必拘泥于使用桥梁。当晚晚些时候，戈尔尼克亲自就这个问题与劳斯交谈。他重申应在北面继续进攻的意见，但劳斯赞同范戈赫尔的观点。他说，不能以第16装甲师遂行正面进攻，应从南面卷击苏军部队的后方和侧翼。为此，该师应尽量向东推进，找出苏军防御的薄弱处，因此，目前的指令依然有效。这一点在当晚晚些时候下达的命令中得到证实，这道训令指示戈尔尼克，继续向东、东北方攻击前进[126]。同一道训令还通知戈尔尼克，第101猎兵师交由他指挥，次日晨6点生效，该师应部署在第16装甲师右翼后方，以便在后者向前推进时掩护其南翼。第46装甲军防区其他地段的情况较为平静。第4山地师右翼对面，由苏军步兵和炮兵组成的数支队列经利波韦茨向南而去，可能是赶往发生战斗处。尽管出现这些苏军援兵，尽管同劳斯的看法存有分歧，但戈尔尼克还是认为，若第16装甲师能于当晚突破至索布河，仍有可能包围并歼灭一大股敌军。这种观点是否过于乐观尚有待观察，因为第16装甲师白天的进展不超过8公里，而索布河还在至少12公里外[127]。

第24装甲军据守的防区，情况开始变得越来越有利[128]。第168步兵师和第18炮兵师在报告中都没有提及重要战斗，一如既往，只遭到破坏性炮击，这一次针对的是第168步兵师最右翼的康斯坦丁诺夫卡。该师报告，同一地段对面，苏军车辆和雪橇穿过彼得罗夫卡赶往东南方。北面第18炮兵师也报告，约50辆马车和汽车从北面而来，赶往库马涅夫卡。在此期间，苏军继续冲击第1装甲师防区。该师击退敌人以连级兵力对别济米扬诺耶东南方3公里处发起的突击，中午前后彻底肃清对方在库斯托韦茨卡亚东北部达成的突破，在战场上数出250具苏军士兵的尸体。13点，苏军从斯图普尼克北端发起两场进攻，一场向东南方遂行，另一场则攻向西南方，每次投入的兵力约为两个连，但都被德军击退，第1装甲师报告，苏联人仍在加强该地段。左翼后方，该师一部当日7点对盘踞在乌拉诺夫之敌展开反冲击，与党卫队第1“警卫旗队”装甲师一部相配合，成功肃清该地域。10点30分战斗结束，据报击毁10辆敌坦克[129]，击毙50名敌人，俘虏15人。北面数公里处，德国人14点左右发现8辆敌坦克从切斯诺夫卡（Chesnovka）向东而行，遂予以拦截，并击毁其中4辆，剩下的坦克转身返回西北方。总之，第1装甲师似乎赢得一场防御战的胜利。苏联人的进攻持续24小时，尽管战斗激烈，双方都遭受惨重伤亡，但是，除夺得斯图普尼克北端外，苏军未能取得任何进展。第1装甲师没有预备队，无法夺回该村，除此之外，其他防御阵地仍牢牢掌握在德军手中。尽管斯图普尼克的新位置较为有利，但鉴于苏军在该地域的惨重伤亡，加之自昨日8点在乌拉诺夫地域折损的25辆坦克，内林认为苏军的攻势已告结束，次日不会继续实施进攻。

第48装甲军右翼，苏联人仍在进攻[130]。党卫队第1“警卫旗队”装甲师一部早些时候肃清乌拉诺夫地域后，至少50辆坦克和突击炮组成的一支苏军坦克部队10点左右在波奇托沃耶以南突破党卫队第1装甲掷弹兵团防线，随即转向东南方，穿过切斯诺夫卡。该师对此的应对是命令“派佩尔”战斗群的坦克实施反冲击，结果，这股苏军当日被歼灭，损失不下37辆坦克和8辆突击炮[131]。16点，苏军再度投入进攻，这一次以一个步兵团冲向波奇托沃耶西南方，并投入一些坦克提供支援。他们再度楔入德军防线，这次发生在别斯佩奇纳以东约3公里，党卫队第1装甲掷弹兵团与左侧“冯·金斯贝格”战斗群结合部[132]。“警卫旗队”装甲师投入最后的预备队，意图恢复态势，派一级突击队中队长林登率领警卫连设法封闭并消灭苏军的突破。当晚23点20分，“派佩尔”战斗群在“冯·金斯贝格”战斗群和党卫队第1装甲掷弹兵团一部支援下展开反冲击，最终肃清苏军的突破，次日凌晨2点10分，德军恢复原防线[133]。党卫队“帝国”装甲战斗群度过更为平静的一天，据其报告，只在前沿阵地遭到零星迫击炮炮火和反坦克火力轰击。苏军后方也没有什么活动，德国人只报告几起敌军调动情况。第19装甲师对面，苏联人正前调更多步兵部队，并构设火炮阵地，在柳巴尔，苏军部署的对空防御显然已就位。5点30分，苏军一个步兵团在5辆坦克支援下，冲击第7装甲师右翼，迫使该师撤出吉佐夫希纳和日京齐。这股苏军随即转向东南方，楔入第19装甲师左翼。与此同时，约12辆坦克组成的另一股敌军从西面攻向沃罗别耶夫卡（Vorobeevka），这股苏军显然属于先前向西赶往格里采夫的那支部队，他们现在试图返回柳巴尔周边防线。第7装甲师以一个装甲战斗群遂行反冲击，9点左右驱散对方。后来实施的侦察表明，沃罗别耶夫卡西北方约3公里的莫斯卡列夫卡河谷（Moskalevka）仍在苏军部队严密防御下。另一侧，第7装甲师再度展开反冲击，这次获得第19装甲师一个装甲战斗群支援。这场进攻向北遂行，越过284高地，11点顺利夺回吉佐夫希纳。第7装甲师辖内部队随后继续攻往大杰列维奇，但在该村南部边缘遭遇苏军强大的反坦克防线。在折损数辆坦克后，该战斗群后撤，退入谢韦里内。与此同时，第19装甲师一部继续朝不同方向遂行反冲击，14点夺得杰姆科夫齐村。这样一来，他们就将位于村南面的一些苏军部队困住。受困的敌军企图向东突围，逃回柳巴尔，但大多被消灭，据报，仅4辆敌坦克得以逃脱。据这两个装甲师报告，共击毁15辆坦克、7门反坦克炮、20辆卡车，还消灭对方一个完整的步兵营。总之，第48装甲军报告，当日共击毁70辆敌坦克和突击炮，苏军以强大步兵和坦克力量从热列布基南地域实施的进攻表明，那里是他们的主要突击地域，其意图显然是向南攻往第24装甲军左翼后方。左翼，大杰列维奇南面强大的反坦克防御似乎表明，那里掩护着向西推进的苏军部队之南翼。关于次日的行动，巴尔克接到命令，要求他设法恢复与北面第59军的结合部[134]。第48装甲军应集结装甲力量，攻向大杰列维奇，歼灭柳巴尔—大杰列维奇—科捷良卡地域之敌，在科捷良卡附近同第59军会合。两军新分界线为格里采夫—瓦尔瓦罗夫卡—科捷良卡—新切尔托里亚—佩恰诺夫卡一线。到达这道分界线后，该军应加以组织，并做到这样一点：第7装甲师调离后，该军能够接防远至科捷良卡的整片防御地段。

第4装甲集团军左翼，第59军仍处在苏军压力下[135]。苏联人继续进攻波利亚纳—赫罗林地段，导致军右翼的第96步兵师无法按计划攻向波隆诺耶。右侧，苏军以团级兵力从波利亚纳以西约2公里的树林向南、向西冲击，而在左侧，他们从北面攻向赫罗林。虽然这些进攻均被击退，赫罗林仍在德军手中，但这无法确保第96步兵师能顺利发起自己的突击。另外，该师两侧都遭到攻击，右翼对面之敌正从南面进入索什基（Soshki）。同样，波隆诺耶—舍佩托夫卡主公路南面，该师位于热卢德基的一部也遭到苏军沿河谷推进的一个步兵团[136]攻击，但随着该师终于展开自己的进攻，苏军这场突击被击退。第96步兵师12点20分左右转入进攻，虽然只遇到轻微抵抗，但大梅德韦杰夫卡（Velikaya Medvedevka）以东的复杂地形妨碍到该师推进。尽管如此，他们还是前出到斯维诺耶（Svinoe）[137]以西高地。左侧的情况较为困难，该师在诺维奇（Novichi）[138]东面和北面遭遇顽强抵抗，苏军以持续不断的反冲击迟滞他们的推进。西北方，第291步兵师也遇到困难。在其右翼，苏军渗透至后方，到达舍佩托夫卡东北方约10公里的道路弯曲处，并夺得鲁德尼亚诺文卡亚村（Rudnya–Noven'kaya）。该师被迫退至克利缅托维奇（Klimentovichi）与鲁德尼亚诺文卡亚之间一线，目前离舍佩托夫卡铁路枢纽部仅6公里。事实证明，这场后撤相当困难，而且新防线的建立面临着苏军的顽强抗击。不久后，苏联人以营级兵力展开突击，迫使该师撤离鲁德尼亚诺文卡亚，虽然丢失该村，但第291步兵师组织反冲击，力图将防线向右延伸，设法占据从鲁德尼亚诺文卡亚至东南方约4公里的萨维奇一线。C军级支队目前脱离第59军余部，后撤约20公里进入新阵地，在戈伦河东面构设登陆场，据守的防线从锡蒙诺夫（Simonov）起，经捷伦季耶夫（Terent'ev）和维特科夫（Vitkov）至沃斯科达维（Voskodavy）。该防线中央地段，苏军投入连级兵力，在7辆坦克支援下冲击捷伦季耶夫，而西南方的戈夏镇亦遭到攻击，苏军在那里投入1—2个步兵连，并以4辆坦克为支援。德军击退这些进攻，据报，击毁4辆敌坦克。当晚，冯·德尔·切瓦勒里报告第4装甲集团军司令部，第96步兵师中央地段对面之敌的抵抗相对较弱，而他们在该师两翼实施的抵抗较为激烈[139]。另外值得注意的是，在该地段只发现少量苏军坦克，似乎是为弥补这一不足，苏联人在该地域部署的火炮较多。劳斯指出，应以快速部队打击苏军侧翼，进而将其歼灭。他还借此机会提醒冯·德尔·切瓦勒里，只有在获得装甲集团军预先批准的情况下，C军级支队方可撤离现有阵地，而且只能实施简短的分阶段后撤，其意图是以迟滞战术和伏击尽量消耗向前推进之敌的有生力量。劳斯晚些时候同范戈赫尔商讨态势，他认为第59军无法复夺波隆诺耶，但该军右翼应设法在霍莫拉河河畔的大别列兹纳与鲁德尼亚诺文卡亚之间设立一道新防线。这个想法暂时被搁置，因为第4装甲集团军当晚晚些时候给第59军下达新指示[140]。命令中要求第96步兵师继续向东、东南方突击，渡过霍莫拉河，前出到从科捷良卡起，经新谢利察至波隆诺耶一线。尔后应沿这一线构设新防御阵地，并将一支强有力的预备队集结在师左翼后方，以掩护其延伸的北翼。第291步兵师、C军级支队和第454保安师的任务保持不变。

第4装甲集团军面临的态势，从昨天起基本未发生变化。南翼，苏军的意图依然不明，坦克第1集团军仍试图撤往伊伦齐，但其战斗力已折损大半，据报，该集团军损失约140辆坦克[141]。另外还有近卫步兵第68和步兵第241师余部。位于第46装甲军东部防线对面的这些部队暂时缓解对德军施加的压力，似乎正向东实施战斗后撤，可能会退往第101猎兵师位于罗索沙附近的阵地。北面，第24与第48装甲军结合部，苏联人仍试图在伊万诺波尔西南方达成突破，但未能成功。近卫坦克第3集团军将机械化第9军投入战斗，试图解决这个问题，但相关报告指出，该军在当日的战斗中损失45辆坦克和8辆突击炮，这就表明近卫坦克第3集团军的战斗力折损严重。斯卢奇河以西，近卫坦克第4军辖内近卫坦克第12旅，先前从柳巴尔攻向格里采夫，现在又试图返回东面，遭德军拦截后基本被歼灭，据报损失14辆坦克。

在此期间，与第4装甲集团军主力相脱离的第59军仍在战斗，目前分成几个不同群体。该军位于南面的部队正被迫后撤，因为苏军第60集团军以四个步兵师[142]从东面和东北面继续攻向舍佩托夫卡，力图从侧翼和后方打击德军防御部队，以此迫使德军退却。北面，苏军步兵第112师一部，在少辆坦克支援下冲击戈夏登陆场。第4装甲集团军辖内部队报告，当日共击毁123辆敌坦克。集团军现在计划以第46装甲军攻向利波韦茨和罗索沙，第101猎兵师现已加入该军，跟随在第16装甲师右翼后方。北面，第48装甲军左翼部队将打击柳巴尔—大杰列维奇—科捷良卡地域之敌，而第59军应以第96步兵师攻向东面和东南面，打击霍莫拉河以西的苏军部队。

注释

1.第4装甲集团军发给“南方”集团军群的晨报，1944年1月10日7点35分签发。

2.第101猎兵师晨报，1944年1月10日6点20分签发。

3.第46装甲军晨报，1944年1月10日6点15分签发。

4.第24装甲军晨报，1944年1月10日5点45分签发。

5.第48装甲军晨报，1944年1月10日5点35分签发。

6.第59军晨报，1944年1月10日6点签发。

7.第13军每日报告，1944年1月10日18点15分签发。

8.这与格兰茨描述的可能是同一场战斗，据他说，苏军近卫坦克第1旅损失8辆坦克和突击炮，被迫撤往苏季斯基（Sutiski）。戴维·M·格兰茨，《苏军的战术机动》（伦敦：弗兰克·卡斯出版社，1994年），第157页。

9.德方记录中称之为Maidan Badecki。

10.第4装甲集团军发给“南方”集团军群的每日报告，1944年1月10日21点签发。

11.以获得加强的第228猎兵团组建而成。

12.第371步兵师是在斯大林格勒覆灭后重建的师，先前主要在法国和意大利执行海岸防御任务，调至乌克兰前，该师仅有的作战经验是在南斯拉夫从事反游击行动。

13.第46装甲军每日报告，1944年1月10日20点签发。据当晚晚些时候提交的一份补充报告称，第1步兵师目前共有12辆可用的突击炮，外加12门重型反坦克炮。

14.德方记录中称之为Felixowka。

15.近期的苏联地图上未标注这片居民区，但它位于斯特鲁京卡西北面约3公里处。

16.德方记录中称之为Romanowka。这个村子非常小，所有地图上均未标注，但它位于公路稍南面，亚森基与茹拉瓦之间。

17.第4装甲集团军发给“南方”集团军群的每日报告，1944年1月10日21点签发。

18.第4装甲集团军作战处作战日志，1944年1月10日的条目。

19.第24装甲军每日报告，1944年1月10日18点30分签发。

20.第4装甲集团军作战处，第250/44号令，1944年1月10日签发。

21.第48装甲军每日报告，1944年1月10日19点30分签发。

22.德方记录中称之为Polew。

23.第4装甲集团军作战处作战日志，1944年1月10日的条目。

24.第4装甲集团军作战处，第250/44号令，1944年1月10日签发。

25.第59军每日报告，1944年1月10日19点签发。

26.1944年1月1日，第96步兵师的作战兵力据报如下：

· 第283掷弹兵团：25名军官、170名军士、851名士兵

· 第284掷弹兵团：27名军官、181名军士、794名士兵

· 第287掷弹兵团：24名军官、168名军士、880名士兵

· 第96燧发枪手营：10名军官、52名军士、226名士兵

该师还编有第196炮兵团（辖3个轻型炮兵营和1个重型炮兵营）、第196工兵营和1个（摩托化）反坦克连。

27.位于该地段的苏军第60集团军此时已实现其初步目标，前出到斯卢奇河东岸。

28.第4装甲集团军作战处，第242/44号令，1944年1月10日签发。

29.第4装甲集团军作战处，第244/44号令，1944年1月10日签发。

30.第4装甲集团军情报处发给“南方”集团军群的晚间报告，1944年1月10日19点签发。

31.第4装甲集团军发给“南方”集团军群的每日报告，1944年1月10日21点签发。报告中称，第4装甲集团军当日共击毁28辆敌坦克。当日签发的另一份报告（无编号）列举集团军可用的战车、反坦克武器数量如下：

· 第4山地师：9门重型反坦克炮

· 第1步兵师：12辆突击炮、12门重型反坦克炮

· 第300突击炮营：31辆突击炮、15门重型反坦克炮

· 第1装甲师：5辆四号长身管坦克、11辆五号坦克、16门重型反坦克炮、26辆自行反坦克炮

· 第25装甲师：1辆四号长身管坦克、1辆突击炮

· 第509重型装甲营：13辆六号坦克

· 第18炮兵师：8辆突击炮，4门重型反坦克炮

· 第168步兵师：11门重型反坦克炮

· 第731装甲歼击营：18辆自行反坦克炮

· 党卫队第1“警卫旗队”装甲师：6辆四号长身管坦克、7辆五号坦克、5辆六号坦克、10辆突击炮、1门重型反坦克炮、6辆自行反坦克炮

· 党卫队“帝国”装甲战斗群：2辆突击炮

· 第19装甲师：1辆指挥坦克、1辆三号长身管坦克、8辆四号长身管坦克、1门重型反坦克炮、6辆自行反坦克炮

· 第7装甲师：9辆四号长身管坦克、1门重型反坦克炮、4辆自行反坦克炮

· 第280突击炮营：4辆突击炮

· 第276突击炮营：7辆突击炮

· 第291步兵师：3门重型反坦克炮

· C军级支队：11门重型反坦克炮

· 第454保安师：1门重型反坦克炮

· 第23装甲团第1营：47辆五号坦克

· 第503重型装甲营：19辆六号坦克

· 第254步兵师：1辆四号长身管坦克、1辆突击炮

· 第101猎兵师：9门重型反坦克炮

· 第371步兵师：8门重型反坦克炮

报告中未提及第16装甲师的情况。

32.情报处长在他的每日报告中指出，苏军约一个步兵师调离卡扎京和共青村周边地域后向南开拔。

33.第4装甲集团军作战处，第243/44号令，1944年1月10日签发。

34.帕尔普罗夫齐位于索洛维耶夫卡与卢卡梅列什科夫斯卡亚（Luka Meleshkovskaya）的中途。

35.德方记录中称之为Losseyevka。

36.第13军晨报，1944年1月11日6点25分签发。

37.这里应特别提及第371反坦克营的一等兵鲍尔，据报，他用反坦克炮击毁5辆敌坦克。

38.第46装甲军晨报，1944年1月11日6点15分签发。

39.第24装甲军晨报，1944年1月11日6点签发。

40.第48装甲军晨报，1944年1月11日5点50分签发。

41.德方记录中称之为Chutorysko。

42.第59军晨报，1944年1月11日5点40分签发。

43.第13军每日报告，1944年1月11日19点15分签发。

44.拦截支队。

45.第4装甲集团军作战处，第255/44号令，1944年1月11日签发。

46.第46装甲军每日报告，1944年1月11日18点30分签发。报告中提及该军目前掌握的战车和反坦克武器数量：

· 第1步兵师：10辆突击炮、8门重型反坦克炮

· 第4山地师：29辆突击炮（第300突击炮营）、15门重型反坦克炮

· 第254步兵师：9门重型反坦克炮

报告中仍未提及第16装甲师的情况。

47.第4装甲集团军作战处作战日志，1944年1月11日的条目。作战日志中写的是清晨6点开始进攻，但与第46装甲军提交的报告相矛盾。

48.第4装甲集团军发给“南方”集团军群的每日报告，1944年1月11日21点签发。

49.第46装甲军，推迟提交的每日报告，1944年1月11日签发。

50.第4装甲集团军作战处作战日志，1944年1月11日的条目。

51.第24装甲军每日报告，1944年1月11日19点签发。

52.第48装甲军每日报告，1944年1月11日20点签发。

53.德方记录中称之为Wrashinzy。

54.第59军每日报告，1944年1月11日20点15分签发。

55.第4装甲集团军作战处，第258/44号令，1944年1月11日签发。

56.“南方”集团军群作战处，第177/44号令，1944年1月11日签发。

57.第4装甲集团军作战处发给“南方”集团军群的每日报告，1944年1月11日21点签发。

58.德方记录中称之为Szgzekiczyn。

59.德方记录中称之为Ludwipol。

60.据作战处作战日志记载，第4装甲集团军辖内部队报告，当日共击毁69辆敌坦克。第4装甲集团军情报处提交的每日报告列举集团军1944年1月1日至10日给苏军造成的损失：

· 俘虏872人，包括10名逃兵

· 击毙7103人

· 击毁309辆坦克

· 击伤3辆坦克

· 击毁1辆装甲车

· 击毁4辆突击炮

· 击毁45部其他车辆

· 击毁40门火炮

· 击毁154门反坦克炮

· 击落7架飞机

61.第4装甲集团军情报处发给“南方”集团军群的晚间报告，1944年1月11日19点签发。

62.相关情报表明，这些部队可能包括近卫坦克第44旅、独立近卫坦克第64旅和1月3日调离最高统帅部大本营预备队的独立坦克第225团。

63.第4装甲集团军作战处发给“南方”集团军群的每日报告，1944年1月11日21点签发。

64.第4装甲集团军作战处，第275/44号令，1944年1月11日签发。

65.第4装甲集团军作战处作战日志，1944年1月11日的条目。

66.“南方”集团军群作战处，第182/44号令，1944年1月11日签发。

67.第4装甲集团军作战处作战日志，1944年1月11日的条目。

68.第4装甲集团军作战处，第282/44号令，1944年1月12日签发。

69.第4装甲集团军作战处作战日志，1944年1月11日的条目。

70.第4装甲集团军作战处，第278/44号令，1944年1月11日签发。

71.一些地图上并未标注普利辛居民点，这个小村庄位于斯卢奇河东岸，科秋任齐东北方2公里处。

72.第13军晨报，1944年1月12日5点45分签发。

73.德方记录中称之为Romanowka。

74.第4装甲集团军发给“南方”集团军群的晨报，1944年1月12日7点30分签发。

75.第24装甲军晨报，1944年1月12日5点35分签发。

76.第48装甲军晨报，1944年1月12日签发，未标注时间。

77.第4装甲集团军作战处，第311/44号令，1944年1月12日签发。

78.这个指挥部组建于1942年5月，第11集团军曾在围困塞瓦斯托波尔期间使用过。1944年3月编入

“南方”集团军群，改称第1火箭炮旅。

79.第59军作战处，第32/44号报告，1944年1月12日签发。

80.第13军每日报告，1944年1月12日18点50分签发。

81.第4装甲集团军作战处发给“南方”集团军群的每日报告，1944年1月12日21点签发。

82.第4装甲集团军作战处作战日志，1944年1月12日的条目。

83.第46装甲军每日报告，1944年1月12日签发，未标注时间。报告中称，第1步兵师共有29辆突击炮，其中19辆隶属突击炮营。次日的报告称，第46装甲军1月12日共击毁51辆敌坦克，其中31辆是第16装甲师取得的战果。另外，他们当日还缴获/击毁23门反坦克炮、22门火炮、8门重型反坦克炮、各种其他装备和30辆卡车。

84.第4装甲集团军作战处发给“南方”集团军群的每日报告，1944年1月12日21点签发。

85.第4装甲集团军作战处发给“南方”集团军群的每日报告，1944年1月12日21点签发。

86.第16装甲师报告，1月11日击毁45辆敌坦克，外加25门反坦克炮、6门重型高射炮、9门火炮和包括35辆卡车在内的许多其他装备。该师还报告击落1架敌机，并看见另外2架敌机坠毁。

87.第4装甲集团军作战处作战日志，1944年1月12日的条目。

88.“南方”集团军群作战处，第202/44号令，1944年1月12日签发。

89.第24装甲军每日报告，1944年1月12日19点15分签发。据第24装甲军两天后提交的每日报告称，苏军为这场进攻投入三个师的五个步兵团，并以两个炮兵团为支援，另外两个步兵团留作预备队，准备扩大胜利。

90.德方记录中称之为Chutorysko。

91.第48装甲军每日报告，1944年1月12日19点45分签发。

92.第4装甲集团军作战处作战日志，1944年1月12日的条目。

93.第4装甲集团军作战处，第301/44号令，1944年1月12日签发。

94.德方记录中称之为Nitschpaly。

95.所有地图都未标注安东诺夫卡，它位于迈丹布拉车站（Maidan Bula）东南方约3公里处，现在是米哈伊洛夫卡镇的一部分。

96.第59军每日报告，1944年1月12日签发，未标注时间。

97.第4装甲集团军作战处发给“南方”集团军群的每日报告，1944年1月12日21点签发。第291步兵师在这场后撤中损失3门轻型榴弹炮、1门75毫米反坦克炮、2门37毫米高射炮。

98.第4装甲集团军作战处作战日志，1944年1月12日的条目。作战日志中写的是“向西”，但参照其他讨论，这显然是个错误。

99.第4装甲集团军作战处发给“南方”集团军群的每日报告，1944年1月12日21点签发。

100.第4装甲集团军情报处发给“南方”集团军群的晚间报告，1944年1月12日19点30分签发。

101.德军情报表明，近卫坦克第51和第52旅此时已将剩余的坦克交给近卫坦克第53旅，并撤离前线接受改编。因此，近卫坦克第53旅尚有30辆可用坦克。

102.这些数字，若以平均每日计，实际上低于苏军在解放右岸乌克兰的整个行动期间遭受的损失。这一行动，或者说这一系列行动，从1943年12月24日持续至1944年4月17日，平均每天损失40辆坦克和突击炮、65门火炮和迫击炮。第4装甲集团军报告的这33天里，苏军平均每日损失31辆坦克和突击炮、

38门火炮和迫击炮。参阅G.F.克里沃舍夫的《二十世纪苏联的伤亡和作战损失》（伦敦：格林希尔出版社，1997年），第262页。

103.第4装甲集团军作战处，第306/44号令，1944年1月12日签发。

104.第4装甲集团军作战处，第302/44号令，1944年1月12日签发。

105.德方记录中称之为Rusywel。

106.虽然丢失罗夫诺会给德军补给网造成严重打击，但范戈赫尔多少有些夸大其词。乌克兰与波兰之间有两条主要交通线，另外几条路线穿过罗马尼亚。其中一条交通线穿过波兰，经罗夫诺和科韦利至布列斯特，另一条交通线位于南面，经利沃夫至华沙。虽然A集团军群也依靠这些路线，但“南方”集团军群的补给可以转移到更南面这条交通线上，尽管不甚理想。剩下的交通线遭受的压力当然会加大，但至少提供了一个选择。不管怎样，丢失罗夫诺对“南方”集团军群来说是难以承受的。

107.第4装甲集团军作战处下达的通知，1944年1月12日签发，无编号。

108.第4装甲集团军作战处，第296/44号令，1944年1月12日签发。

109.第4装甲集团军作战处，第297/44号令，1944年1月12日签发。

110.第4装甲集团军作战处，第276/44号令，1944年1月12日签发。Korück指的是Kommandant des rückwärtigen Armeegebiet（集团军后方地域指挥官）。

111.第4装甲集团军作战处，第298/44号令，1944年1月12日签发。

112.第13军晨报，1944年1月13日6点20分签发。

113.第46装甲军晨报，1944年1月13日5点45分签发。

114.第24装甲军晨报，1944年1月13日5点30分签发。

115.第48装甲军晨报，1944年1月13日5点35分签发。

116.第59军晨报，1944年1月13日7点20分签发。

117.德方记录中称之为Kubiwa。

118.第13军每日报告，1944年1月13日19点30分签发。

119.一些地图上并未标注索科林齐，它位于南布格河南岸，克列晓夫（Kleshchov）东面。

120.第4装甲集团军作战处发给“南方”集团军群的每日报告，1944年1月13日21点签发。

121.第4装甲集团军作战处，第314/44号令，1944年1月13日签发。

122.第4装甲集团军作战处，第330/44号令，1944年1月13日签发。

123.第46装甲军每日报告，1944年1月13日19点20分签发。

124.德方报告中写的是，苏军部队据守Jakubowskije Khutora，但所有地图上均未标出这个地点。

125.第4装甲集团军作战处作战日志，1944年1月13日的条目。

126.第4装甲集团军作战处，第329/44号令，1944年1月13日签发。

127.根据目前收到的数据，第46装甲军1月10日—13日击毁/缴获/抓获145名俘虏、120辆坦克、47门火炮、22门高射炮、73门反坦克炮、11架飞机、72部车辆和各种轻型装备。参见第4装甲集团军作战处发给“南方”集团军群的每日报告，1944年1月13日21点签发。

128.第24装甲军每日报告，1944年1月13日18点20分签发。

129.据第48装甲军晚些时候提交的报告称，这些战车是8辆坦克和2辆突击炮，被“警卫旗队”装甲师击毁。

130.第48装甲军每日报告，1944年1月13日20点签发。

131.R.莱曼的《警卫旗队，第三册》（奥斯纳布吕克：穆宁出版社，1982年）在第438页提供关于这场战斗的更多细节。书中的说法与第48装甲军的每日报告稍有些不同，书中指出，苏军坦克8点30分发起进攻，而非报告中所说的10点，书中支持击毁37辆敌坦克这一说法，但称只击毁7辆突击炮。书中还指出，三级突击队中队长米歇尔·魏特曼在这场战斗中取得他的第88个击毁坦克战果，他的炮手，分队长巴尔塔萨尔·沃尔取得第80个坦克战果。几天后，两人荣获骑士铁十字勋章，双双在国防军每日公报中予以提及，推荐理由是魏特曼在这场战斗中击毁20辆敌坦克。在这种情况下，国防军每日公报只提及魏特曼，也仅指出他在1月9日取得第66个击毁坦克战果，没有提及他在1月13日取得的战果。参见《德国国防军每日公报，1939年至1945年，第三册》（慕尼黑：德国平装书出版社，1985年），第10页。

132. “冯·金斯贝格”战斗群以第68步兵师第188掷弹兵团为基础组建，由冯·金斯贝格上校指挥。

133.R.莱曼，《警卫旗队，第三册》，第438—439页。

134.第4装甲集团军作战处，第331/44号令，1944年1月13日签发。

135.第59军每日报告，1944年1月13日20点20分签发。

136.据抓获的一名俘虏交代，该团隶属苏军步兵第322师。

137.德方记录中称之为Sswinoje。

138.德方记录中称之为Kowitschi。

139.第4装甲集团军作战处作战日志，1944年1月13日的条目。

140.第4装甲集团军作战处，第332/44号令，1944年1月13日签发。

141.第4装甲集团军情报处发给“南方”集团军群的晚间报告，1944年1月13日19点签发。

142.步兵第226、第322、第336、第351师。

第十二章
苏军转入防御

1944年1月14日，星期五

第4装甲集团军南翼，随着第46装甲军承担起文尼察东南地段的守卫之责，第13军开始交出辖内部队。第371步兵师主力由第4装甲集团军直接掌握，重新集结于日梅林卡—格尼万—尤兹温—布赖洛夫（Brailov）地域[1]。目前，该师一部和第23装甲团第1营仍位于涅米罗夫西南面，夜间，他们在那里加以准备，打算攻向东北方夺取该镇[2]。就目前掌握的情报看，涅米罗夫仍在苏军控制下，但对方的实力似乎并不强大，据报只有2辆坦克、3门反坦克炮和1挺重机枪。第101猎兵师夜间在新集结区重组，据该师报告，未与敌人发生接触。6点，该师转隶戈尔尼克第46装甲军。与此同时，面对苏军设在沃洛沃多夫卡的强大防御，第46装甲军昨晚试图取得进展，但第16装甲师在第254步兵师一部支援下遂行的突击没能达成突破[3]。北面，第254步兵师余部在斯恰斯特利瓦亚东南方取得较大战果，一举突破苏军防御，前出到斯特鲁京卡西面高地。左侧的情况同样如此，第1步兵师报告，遭遇敌军激烈抵抗，对方随后投入一个营，在坦克支援下实施反冲击。相反，第4山地师据守的防区没有发生值得一提的战斗，但他们发现包括坦克在内的大批苏军车辆正向南赶往战斗发生地。尽管整个空中行动较为有限，但遂行防御的苏军部队夜间获得的空中支援有所加强，10—15架轰炸机空袭德军前沿阵地[4]。

第24装甲军防区当晚平静度过[5]。其防线遭到苏军火炮和迫击炮炮火袭击，第168步兵师防线对面，苏军的交通运输持续不断，经彼得罗夫卡和列奥纳尔多夫卡向东南方而去，其中既有卡车也有履带式车辆。对方似乎更注重速度，而非安全，因为这些车辆一路开着大灯。第1装甲师报告，昨晚在防区最右翼对胡托尔卢齐亚诺夫卡实施一场成功的巡逻，但随后也遭到两次攻击。17点左右，苏联人以两个连冲击维申卡和斯图普尼克，但都被德军击退。

夜间，第48装甲军防线上的战斗较为活跃，正如我们所知的那样，党卫队第1“警卫旗队”装甲师凌晨2点10分前肃清苏军在乌拉诺夫地域达成的突破[6]。另外，苏联人当晚还在该师防区不同地段展开几次营级兵力突击，但都被击退。左侧，党卫队“帝国”装甲战斗群沿其防线实施侦察，发现防区对面只有实力较弱的苏军部队。有迹象表明对方正在挖掘阵地，据报，其兵力调动较少，只发现基列耶夫卡与斯捷特科夫齐之间公路上有车辆行驶。第19装甲师防区，苏军从阿夫拉金和该师左翼对面实施几起侦察巡逻，但都被击退。该师还报告，从莫洛奇基通往柳巴尔的主公路上，苏军的交通相当繁忙，还有些车辆从柳巴尔驶向奥泽罗（Ozero）。位于西面的第7装甲师报告，当晚较为平静。

西北方，第59军仍在竭力封闭与第48装甲军左翼之间的缺口[7]。第96步兵师终于在昨晚夺得索什基、斯维诺耶和热卢德基村，但夜间实施的侦察表明，罗戈维奇（Rogovichi）、阿达莫夫、新拉本和小卡列尼奇（Maliye Kalenichi）仍在苏军严密据守下。再往南，格里采夫北部边缘没有苏军部队存在，但该师在镇西北面发现3辆被击毁的敌坦克，这显然归功于德国空军。第96步兵师北部防线，苏军以连、营级兵力对赫罗林和通往波利亚纳的公路展开几次冲击，但都被德军击退。北面的第291步兵师也组织反冲击，设法夺得鲁德尼亚诺文卡亚西部，并前出到萨维奇西部边缘。苏军援兵似乎正在途中，据该师报告，一些车辆正从库皮诺村[8]驶向西南方。相关侦察表明，苏军约以一个营据守西北方10公里外的罗曼诺夫（Romanov）。而在遥远的左翼，C军级支队仍扼守戈伦河对岸的戈夏登陆场。凌晨3点45分左右，苏联人在3辆坦克支援下，从杜利贝（Duliby）沿公路两侧推进，冲击该支队设在东南方的阵地。这场进攻被击退，但从托多罗夫（Todorov）方向传来的引擎和履带声清晰可辨。

新的一天阴云密布，晴朗的天色已然消失，温度持续低迷，全天不时有阵雪。文尼察东南方，第371步兵师余部和第23装甲团第1营继续从佩切拉攻向涅米罗夫，虽然缺乏进展详情，但这股部队似乎在傍晚前到达涅米罗夫郊外[9]。

南翼，第46装甲军继续向东推进，赶往利波韦茨南面[10]。清晨6点，第16装甲师右翼后方的第101猎兵师开始向东北方进击，右翼一个战斗群穿过涅米罗夫，左翼一个战斗群穿过博布洛夫（Boblov）。右翼战斗群顺利夺得鲁班镇（Ruban'），但随后在波托基西南面遭遇敌军顽强抵抗，那里的苏军已在河流两侧构筑防御阵地[11]。该师估计，据守该村的苏军约为两个营，获得4门火炮和少量坦克支援，夜袭不太可能取得成功。因此，该师计划在夜间实施重组，做好次日清晨投入突击，夺取波托基的准备，尔后在第23装甲团第1营一个"豹"式装甲连支援下，赶去夺取若尔尼谢地域[12]。第16装甲师再次尝试攻克沃洛沃多夫卡，这次的行动较为成功。中午，该镇落入德军手中，第16装甲师沿通往伊伦齐的主公路继续前进。在其后方，该师辖内另一些部队试图从南北两面发起钳形进攻夺取沃伊托夫齐，但这场行动只取得部分成功，仅夺得该镇北部至湖泊边缘一片[13]。北面，第254步兵师取得的战果更大，该师突破苏军防御后向前推进约12公里，夺得索布河畔的戈尔季耶夫卡，并着手在河东岸构设一座小型登陆场。与此同时，该师辖内另一些部队沿索布河谷转向东南方，前出到特罗夏西部边缘。第16装甲师主力战斗群对这一战果加以扩大，迅速攻向东北方，先夺得波波夫卡西南面树林，尔后与第254步兵师辖内部队相配合，一举攻克该镇。第1步兵师也为这场推进做出贡献，先夺得斯特鲁京卡，尔后攻占该村东北面高地。苏军在各处实施顽强抵抗，德国人当日的每一个战果都经过激烈战斗方才获得。苏军多次组织反冲击，特别是对戈尔季耶夫卡周围出现的新登陆场，但这些进攻都被德军击退。据不完全报告称，该军已击毁14辆敌坦克，缴获或摧毁53门反坦克炮、5门火炮和大批其他装备。相比之下，军左翼第4山地师据守的防区当日未发生重要战斗。戈尔尼克的看法是，苏联人试图在第46装甲军造成的突出部两侧组织两个集群[14]。南面，他认为对方正设法将近卫坦克第11军和近卫机械化第8军辖内部队重新集结在沃洛沃多夫卡—若尔尼谢地域，以便攻向西北方，而另一个集群正在利波韦茨以西地域形成，准备攻向西南方。鉴于当日白天的战事发展，戈尔尼克认为苏军将坚守索布河一线，并从南北两面发起钳形突击，设法包围第46装甲军先头部队。虽然存在这种可能性，但劳斯还是在当晚给第46装甲军下达新命令，阐明下一阶段的进攻应如何发展[15]。训令中要求戈尔尼克确保伊伦齐的渡口可用，从而夺取索布河北岸，尔后向北进击，攻入盘踞在利波韦茨地域的苏军部队侧翼和后方。这就要求该军在索布河与锡博克河之间向东南方挺进，若在此方向无法取得进展，该军应迅速变更部署，从戈尔季耶夫卡登陆场展开突击，扩大第254步兵师所取得的战果。如果需要这样做的话，该军应从戈尔季耶夫卡转向东南方，从北面夺取伊伦齐的索布河渡口，之后再次转身向北，打击苏军侧翼和后方。与此同时，第101猎兵师应在南面推进，经若尔尼谢攻向伊伦齐，以此支援第46装甲军的进攻。

第24装甲军度过较为平静的一天[16]。除苏联人以排级兵力对第1装甲师左翼的彼得里科夫齐发起一场不太成功的突击外，军防线其他地段未发生战斗。报告中仅提及第168步兵师防区中央地段遭到炮击，并发现对方约100辆卡车组成的车队从卡扎京向西而行。趁战场上这段平静期，劳斯开始重组第18炮兵师辖内部队，这些部队在近期的战斗中分散于各处，为最紧要地段提供支援。为此，他命令第46装甲军将第288炮兵团团部、第288炮兵团第3营、第388炮兵团第3营转隶第24装甲军，以便这些部队归建[17]。由于局部情况需要，第288炮兵团第2营暂时留在第46装甲军。

西面，获得第57火箭炮团加强的第48装甲军报告，苏军坦克对斯梅拉实施两场小规模突击[18]。在第一场进攻中，对方投入4辆坦克，守军击毁3辆，剩下的1辆撤离。之后，苏联人又发起另一次试探，这次只投入2辆坦克，同样被德军击退，但没有报告击毁敌坦克。“派佩尔”战斗群和另一些部队返回后，“警卫旗队”装甲师的防线当日清晨平静下来，但该师不久后发现苏联人正将部队撤出波奇托沃耶地域[19]。11点左右，他们看见另一些苏军部队进入防线，“警卫旗队”装甲师得出结论，对方正在换防，撤出前线部队调往西面。巴尔克觉得这是个机会，立即致电第4装甲集团军司令部，建议组织一场有限进攻，目标是对克拉斯诺波尔地域的苏军部队实施打击[20]。他要求将第1装甲师辖内所有装甲力量暂时编入他的军，以加强进攻。劳斯赞同巴尔克的建议，并为他提供第509重型装甲营（“虎”式坦克），以加强突击力量。这场进攻将前出到伊万诺波尔—柳巴尔公路，尔后转身向西，打击第48装甲军其他防御地段前方的苏军部队。因此，12点30分，命令下达给派佩尔，要求他将“警卫旗队”装甲师所有坦克、半履带车和党卫队第1装甲炮兵团第2营集结在斯梅拉以西地域。他们随后将攻向西北方，歼灭波奇托沃耶地域之敌，尔后在伊万诺波尔与克拉斯诺波尔之间攻往伊万诺波尔—柳巴尔主公路。与此同时，位于左侧的党卫队“帝国”装甲战斗群也奉命组建一个装甲战斗群，两支部队将共同夺取克拉斯诺波尔。派佩尔12点55分投入进攻，径直冲入苏军在波奇托沃耶周围实施的换防调动，在此过程中驱散苏军两个步兵团。该战斗群继续推进，14点到达克拉斯诺波尔北部边缘，之后一路向西，16点30分左右夺得莫洛奇基东部。傍晚时，“帝国”装甲战斗群辖内部队仍在该村南端战斗。其他地方，苏军部队匆匆撤往东北面、北面和西北面，遗留下大批物资。德军击毁2辆T–34坦克、20门反坦克炮和大批各种类型车辆。巴尔克17点20分再次致电第4装甲集团军司令部，报告进攻行动取得成功[21]。这场突袭完全出乎苏联人意料，准确落在对方换防调动中，导致敌军士兵四散奔逃。西面，第19装甲师报告，苏军正加强基列耶夫卡与柳巴尔之间地域，包括重型炮兵在内的援兵已到达阿夫拉金地域[22]。先前无法确定其番号的一些炮兵连也在柳巴尔以东、以北地域得到确认。德国人还发现对方一个加强步兵团正从柳巴尔向西赶往奥泽罗。这一切表明，苏联人正集结一股新锐力量，企图迂回第48装甲军。左翼，第7装甲师当日上午攻向西北方，在莫斯卡列夫卡肃清苏军实力薄弱的防御部队。该师还发现奥纳茨科夫齐没有敌军据守，随后对其加以扫荡，并将西面的库斯托夫齐一并拿下。北面数公里外，苏军仍控制着塔杰乌什波尔（Tadeushpol'）、大杰列维奇和新拉本，并从这片地域以猛烈炮火轰击该师设在吉佐夫希纳周围的阵地。

第59军防区的情况，虽说相对稳定，但没有得到真正改善[23]。第96步兵师当日上午投入进攻，但面对苏军对其正面和侧翼一再发起的反冲击，这场进攻未能取得真正的进展。该师稍稍推进后到达罗戈维奇以西地域，但无力继续向前。同时，苏联人继续以营级兵力从波利亚纳和西面的林地冲击该师北部防线，虽然他们对赫罗林实施的一场大规模突击被击退，但实力不明的苏军部队设法突破德军设在该镇东面的防御。对此，第96步兵师着手采取相应措施。下午，苏联人还在几辆坦克支援下从南面展开攻击，双方在随之而来的激战中伤亡惨重，该师据守热卢德基新阵地的一部被对方驱散。西北方，第291步兵师终于在其右翼将苏联人驱离萨维奇村，但不得不采取措施解决在萨维奇与鲁德尼亚诺文卡亚之间渗透德军防线并向南而去的一些苏军部队。当日中午，该师据守的防线从萨维奇起，沿河流南岸延伸，穿过鲁德尼亚诺文卡亚至克利缅托维奇。北面，苏军对C军级支队据守的登陆场保持压力，他们对该支队右翼的突击未获成功，折损1辆坦克。另一场进攻则针对登陆场中央的捷伦季耶夫，但也被击退。

不过，上级部门已讨论过第59军面临的困难局面，下午早些时候，“南方”集团军群指示第4装甲集团军，将豪费第13军军部，连同军直部队调至集团军左翼[24]。该军部由集团军群直接掌握，应尽快调动，以便在罗夫诺地域投入运行，不得迟于1月17日。到达后，第13军军部接管在该镇周围和北面战斗的部队，包括C军级支队和目前在国防军驻乌克兰司令指挥下作战的部队。为协助在该地域设立新防御，OKH答应调拨援兵，包括一个党卫队骑兵团、两个工兵营、一个警察营、一个突击炮营和党卫队全国副总指挥巴赫-泽莱夫斯基掌管的指挥部。赋予第13军的任务是，将兵力集中于苏军展开行动处，迟滞对方向布罗德、卢茨克和科韦利推进，国防军驻乌克兰司令继续负责占领区和后方地域的安全勤务。第13军与第4装甲集团军的新分界线从埃米利奇诺起，经科列茨和奥斯特罗格至克列梅涅茨[25]。

第1装甲集团军在乌曼以北展开第二阶段反突击后，冯·曼施泰因借此机会审核“南方”集团军群的编成结构。他于当晚下达命令，将第46装甲军从第4装甲集团军转隶第1装甲集团军，1月16日8点生效[26]。这场转隶涉及该军辖内所有部队，包括第1、第254步兵师、第4山地师、第101猎兵师、第16装甲师和编入该军的所有独立营。后续计划是以第46和第3装甲军实施一场向心突击，歼灭波格列比谢以南的苏军部队。这将使第4装甲集团军掌管国防军驻乌克兰司令麾下在集团军群左翼作战的所有部队，但这只是临时性举措，第13军军部1月17日就位后将接手指挥。届时，该军部将回到第4装甲集团军辖下。根据这一新安排，第4装甲集团军的主要任务是防止苏军第60集团军跨过柳巴尔—舍佩托夫卡一线迂回第48装甲军，直至援兵到达。另外，装甲集团军还应阻止苏军第13集团军继续攻往罗夫诺并越过该镇冲向杜布诺、卢茨克和科韦利。第1装甲集团军与第4装甲集团军新分界线从列季切夫起，穿过萨利尼克和普里卢卡至佩斯基，随第46装甲军转隶而生效。

虽然遇到苏军越来越激烈的抵抗，但第46装甲军当日的突击取得出色进展，苏联人似乎尚未设立起一道绵亘防线。苏军步兵仍据守着沃伊托夫齐，而近卫坦克第11军一个坦克旅被德军逐出沃洛沃多夫卡[27]。沃伊托夫齐东面，德军情报部门发现另一些苏军坦克部队位于伊万基—佩索钦—波托基地域，但到目前为止无法确定其番号。稍北面，德军向利波韦茨展开主要突击，打击苏军近卫机械化第8集团军新近集结起的力量，该军则以近卫坦克第64旅从东北面对德军先头部队展开一连串反冲击。据信，近卫坦克第11军残余部队参与其中，但不清楚坦克第31军残部是否也投入战斗。不过，相关情报表明，苏联人正策划于次日展开一场协同一致的反冲击，从南北两面打击推进中第46装甲军侧翼。北面，第48装甲军在其右翼遂行的反冲击取得圆满成功，该地域的苏军部队后撤，这就使该军获得卷击中央地段和左翼对面之敌的机会，有迹象表明，苏联人在那里正计划实施迂回机动。因此，劳斯给内林和巴尔克下达扩大战果的命令[28]。首先，第24装甲军应将所有可用装甲力量编入一个战斗群，集结于彼得里科夫齐地域，尔后向北突击，夺取热列布基，并掩护友邻部队之右翼，而第48装甲军应在莫洛奇基强渡捷捷列夫河，向西北方进击，攻入党卫队“帝国”装甲战斗群和第19装甲师当面之敌的侧翼和后方。其次，左侧的第7装甲师奉命打击柳巴尔周边地域之敌。但命令里并未明确指出步兵部队这两场进攻中应到达的位置。进攻的目的仅仅是杀伤敌有生力量。波隆诺耶以西地域，第96步兵师的进攻遭到苏军四个步兵师顽强抵抗，对方甚至以反冲击应对德军突击，而在舍佩托夫卡北面，另一些实力不明的苏军部队继续向西推进，他们是打算迂回第48装甲军左翼，抑或向西攻击前进，尔后向北进入第59军后方，这一点尚不明确。更北面，戈夏登陆场的情况较为平静，苏联人似乎只是从南北两面绕过德军这片阵地[29]。与此同时，为竭力避免苏军迂回第48装甲军左翼的一切可能性，劳斯给冯·德尔·切瓦勒里下达新训令[30]。命令中指示第59军坚守既有阵地，并以第96步兵师继续向东南方攻击前进，穿过大别列兹纳和科捷良卡，同第48装甲军建立联系。劳斯还告诉冯·德尔·切瓦勒里，豪费第13军很快会接管罗夫诺地域，C军级支队和隶属该支队的所有支援单位转隶该军，冯·德尔·切瓦勒里应确保第59军做好准备，1月17日前移交C军级支队。

因此，第4装甲集团军次日的计划是以南面的第46装甲军继续进攻，在伊伦齐夺取索布河上的渡口，尔后向北进击，打击利波韦茨周边地域从苏军部队侧翼和后方。第24装甲军左翼部队加入第48装甲军的突击，夺取热列布基，以此掩护后者的侧翼，而第48装甲军应继续攻向西北方，沿通往柳巴尔的主公路打击苏军部队。左侧，第7装甲师和第96步兵师应以各自的进攻行动继续向前推进，设法在波隆诺耶东南面建立联系，封闭第48装甲军与第24装甲军之间依然存在的缺口。有趣的是，在此背景下，苏联历史学家们将1月14日称为日托米尔—别尔季切夫进攻战役的最后一天。瓦图京和朱可夫已提出雄心勃勃的建议，扩大原先的日托米尔—别尔季切夫战役计划，苏军最高统帅部大本营予以批准，可五天后又终止这场进攻，乍看起来似乎很奇怪，但对此可能存在一个合理的解释。当时，1月9日，第1装甲集团军和第4装甲集团军都没有对乌克兰第1方面军发起任何协同一致的反突击，可能在苏军统帅部看来，德国人已无力组织任何重要的反突击或实施真正的后续抵抗。在这种情况下，瓦图京不仅能实现他的初期目标，还能像1月9日拟定的计划那样进一步发展攻势，这一点似乎合乎情理。两天后的1月11日，胡贝转入反击，设法稳定乌曼前方防线，到1月14日已达成目的。苏军策划人员此时已经很清楚，“南方”集团军群左翼仍有能力实施反扑，必须对乌克兰第1方面军的目标重新加以评估，特别是鉴于乌克兰第2方面军未能向北取得任何进展。1月14日转入防御时，瓦图京已在很大程度上实现他的初衷。右翼，第13和第60集团军甚至已超出他们的目标，沿一条宽大战线渡过斯卢奇河，向西推进到波隆诺耶与戈夏之间一线。中央地段，近卫第1、第38和第18集团军，连同近卫坦克第3和坦克第1集团军，都已实现各自的目标，前出到柳巴尔—文尼察—利波韦茨一线。他们只是在最后几天遭遇挫败，面对第4装甲集团军组织的局部反突击，苏联人在文尼察以南和伊万诺波尔周围的突击终于停止。苏军整个进攻行动最不成功的地段当属左翼，第40集团军没能向南取得必要进展，从而同乌克兰第2方面军辖内部队在赫里斯季诺夫卡地域会合。从整体上看，这场进攻战役唯一的重大缺陷是没能包围仍位于第聂伯河河畔的德军部队，胡贝恰恰是在该地段发起他的反突击，设法稳定乌曼以北的德军防线。如前所述，到1月14日，胡贝这场反突击的第一阶段圆满结束，苏军第40集团军的一切后续推进，将在赫里斯季诺夫卡北面遭遇德军更加牢固的防御，而赫里斯季诺夫卡恰恰是该集团军计划同乌克兰第2方面军辖内部队会合的地点。面对这种态势变化，按原计划行事能否取得成功，苏军统帅部重新对此加以评估，完全合乎情理。己方力量在持续三周的进攻行动中遭到削弱，而德军的反突击突然出现在作战行动未能实现预定目标处，这一切似乎促使苏军统帅部叫停这场进攻，以便重组辖内部队，之后追求唯一的突出目标——包围并歼灭盘踞在科尔孙-舍甫琴柯夫斯基地域的德军部队。日托米尔—别尔季切夫进攻战役剩下的最后一个目标将在11天后展开的另一场行动中完成，乌克兰第1、第2方面军辖内部队采取联合行动，将德国第1装甲集团军和第8集团军部分部队困于科尔孙口袋——这是苏联人对科尔孙-舍甫琴柯夫斯基进攻战役的称谓。

1944年1月15日，星期六

第4装甲集团军南翼，第46装甲军的防线较为平静[31]。第101猎兵师当晚大部分时间在集结区内重组，但清晨时，该师从实力薄弱的苏军手中夺得邦杜罗夫卡[32]。左侧，苏军发起反冲击后，第16装甲师被迫撤离索布河河畔的戈尔季耶夫卡，但在其右翼，该师兵不血刃地进入沃伊托夫齐。该师和第1、第254步兵师随后实施重组，准备于次日继续进攻。与此同时，军左翼第4山地师报告，当晚相当平静，未发生战斗。重组的同时，第46装甲军还在夜间展开侦察，发现苏军部队牢牢据守瓦里扬卡（Variyanka）至别列斯托夫卡的防线。

第24装甲军也度过一个平静的夜晚[33]。第168步兵师防区遭到轻微炮火袭击，他们还在基罗夫卡附近拦截并击退一支苏军巡逻队，抓获一名俘虏。第18炮兵师的情况与之类似，该师报告遭到苏军轻微炮火袭击，对方还炮击图恰和斯洛博达诺韦纳（Sloboda Novena）。左侧第1装甲师报告，其中央地段遭苏军炮击，主要集中在后方地域的奥斯特罗若克和塔拉斯基。该师在夜间实施一些侦察巡逻，但没有发现值得报告的情况。

西面，第48装甲军努力扩大他们在克拉斯诺波尔以西苏军防线达成的突破[34]。党卫队第1“警卫旗队”装甲师昨晚20点到达莫特伦基南面的主公路，整个夜间一直在那里战斗。清晨时该师报告，击毁敌人2辆T-34坦克、20门反坦克炮和大批其他车辆。而党卫队“帝国”装甲战斗群昨晚19点15分前肃清莫洛奇基余部，随后继续前进，清晨3点左右攻克斯捷特科夫齐。相比之下，军左翼较为平静，据第19和第7装甲师报告，未与敌人发生战斗。

第59军右翼，第96步兵师整个夜间一直在战斗，苏联人对该地段保持压力[35]。右翼，该师一个营昨晚设法向前推进数公里，夺得科哈诺夫卡（Kokhanovka）并击毁3辆敌坦克，但苏联人在坦克支援下发起强有力的反冲击，迫使该营退回。小卡列尼奇附近高地上的战斗持续至深夜。该师左翼，诺维奇与特劳林之间的战斗仍在继续，苏军整个夜间以连、营级兵力实施的冲击大多被击退。尽管如此，该师还是发现敌人在赫罗林以东几公里处渗透德军防线，到当日晨，这个问题仍未解决。其他地段，苏联人对第291步兵师左翼实施侦察，可能是想绕过德军阵地的西部边缘，但除此之外，这里和更北面C军级支队防区都没有报告与敌人发生战斗。

当日拂晓时再度阴云密布，落下阵阵雪花，某些地方发生堆积，温度降至零下5摄氏度左右。下午，天空转亮，特别是在南部，天色晴朗，阳光明媚。各条道路依然冻结，尽管有些雪堆，但通行无虞。南面，第46装甲军恢复进攻，但进展缓慢[36]。右翼的第101猎兵师，与编入该师的第23装甲团第1营经过激战后夺得波托基，随后又攻克马里亚诺夫卡、若尔尼谢和伊万基。面对苏军虚弱无力的抵抗，该师沿锡博克河两岸继续前进，夺得距离伊伦齐约7公里的卢戈瓦亚（Lugovaya）。该师甚至试图冲向伊伦齐的索布河渡口，但未获成功[37]。苏联人随后对该师右翼展开反冲击，试图迫使该师撤出东南面的马里亚诺夫卡，但第101猎兵师击退对方，牢牢守住既占阵地。相比之下，第16装甲师几乎没取得什么进展，尽管该师报告击毁10辆敌坦克。该师夺得瓦里扬卡村，但在距离索布河约1公里的利亚德斯卡亚斯洛博德卡（Lyadskaya Slobodka）以西高地遭遇苏军强大的防御阵地。因此，该师派出一个装甲战斗群，沿公路赶往伊伦齐，试图对第101猎兵师取得的战果加以利用，但这场进击也遇到苏军一道强大的反坦克防线，没能取得后续进展，据报，他们击毁12辆敌坦克[38]。看上去，苏联人似乎牢牢据守着伊伦齐。北面的情况更加糟糕，面对苏军猛烈的防御火力，第254和第1步兵师没能取得任何进展，反而在多次进攻尝试中付出大量伤亡。第1步兵师被迫弃守卡缅卡南面的246.9高地，但苏军以1—2个步兵营在坦克支援下对特罗夏、戈尔季耶夫卡和卡缅卡实施的冲击都被德军击退。苏联人似乎正将更多援兵派至该地段，因为德军发现大批苏军车辆正从罗索沙驶向西面的利波韦茨。军左翼的第4山地师报告，没有发生特别的战斗，该师甚至指出，苏联人正在防区对面挖掘阵地。鉴于当日遇到的困难，戈尔尼克认为苏联人已构设起一道绵亘防线，直至伊伦齐，并配有强大的反坦克力量。这道防线掩护着伊伦齐镇南部和西部边缘，以及索布河上所有渡口，直至卡缅卡，他认为第16装甲师在该地段组织强攻可能会付出极其高昂的代价。因此，在伊伦齐夺取索布河上一个渡口，尔后向北攻入利波韦茨周边的苏军部队后方的计划似乎已告失败。另一方面，关于更东面的情况，尚未接到相关报告，所以戈尔尼克认为，若第16装甲师攻向若尔尼谢，从南面绕过伊伦齐，前出到该镇以东某处，然后向北突击，胜算可能更大些。因此，他提出在伊伦齐东南方组建一个新集群，编有第16装甲师和第101猎兵师，并以一个重型炮兵营和一个工兵营为支援，要么在行进间径直向北，要么集结力量，准备向罗索沙实施突击，视苏军的情况而定[39]。索布河防线由第1、第254步兵师负责，前者将其防区延伸至戈尔季耶夫卡，后者的防区应拓展到伊伦齐。戈尔尼克与第4装甲集团军司令部讨论这项建议，但范戈赫尔对此不太相信，他认为苏联人很可能一早就发现这场再部署[40]。若果然如此，对方会在德军重新投入进攻前就在那里构设起防线。在这种情况下，这个计划取得成功的可能性也很小，同样会造成大量人员伤亡。由于整个第46装甲军将于次日晨8点转隶第1装甲集团军，范戈赫尔便于当晚19点30分左右同第1装甲集团军参谋长文克商讨态势。文克认为应当结束目前这场进攻，将第16装甲师撤出前线，重新部署至别处，其防区由第254步兵师接防。第1装甲集团军稍后发来的电报证实这一点，建议东调第16装甲师，在第3装甲军东翼展开行动[41]。相关命令也下达给第46装甲军[42]。

第24装甲军据守的防线，这一整天依然较为平静[43]。第168步兵师防区，苏军一个步兵连进攻大切尔尼亚京，但未获成功，另外，苏军炮火较为活跃，该师防线落下600发炮弹。第18炮兵师防区的情况与之类似，苏军炮火主要集中在图恰周围和扎利万希纳北部边缘。第1装甲师防线中央地段也遭到类似炮火袭击，左翼，该师组建的一个装甲战斗群加入第48装甲军对克拉斯诺波尔附近的进攻。8点30分，该战斗群攻向热列布基，迅速到达该镇南部边缘。他们发现，苏军在这里部署的防御力量较为强大，并获得8辆坦克和许多反坦克炮、火炮、火箭炮支援。该战斗群还发现，据说已被第48装甲军辖内部队占领的克拉斯诺波尔，实际上仍在强大苏军部队控制下。因此，在消灭热列布基以南的苏军部队后，该战斗群在镇内与敌人激战两个小时，中午前后，苏联人从斯捷波克展开一场侧翼突击，该战斗群决定后撤，返回己方防线[44]。晚些时候的报告指出，据可靠消息来源称，由于该战斗群这场突击，据守热列布基的苏军部队伤亡惨重[45]。同一份消息来源还指出，德军发起进攻后，敌守军要求后撤，但上级没有批准，而是派援兵提供支援。尽管该军整个防御地段发生的战斗寥寥无几，但地面观察和巡逻的结果都无法确定苏军已将其部队撤离前线，德国人发现的兵力调动，很可能只是苏军某些部队的换防。这一整天，苏军从北面向共青村、库马涅夫卡和第18炮兵师防区对面的姆沙涅茨以东树林实施的交通运输持续不断，但在东南方却没有发现这种情况，内林据此判断，苏联人很快会在佩列莫加地域展开进攻。

第48装甲军战线上，苏联人对德军的破坏性突击迅速做出应对，在莫特伦基与基列耶夫卡之间设立起一道强大的反坦克防线，并集中炮兵力量加强该地段的防御[46]。另外，他们还投入步兵，对该军位于克拉斯诺波尔与莫洛奇基之间的北部防线展开一连串反冲击，巴尔克认为，他的进攻已达成目标，苏军正从柳巴尔地域向东退却。因此，他成功降低第48装甲军遭迂回的可能性。拂晓后，党卫队第1“警卫旗队”装甲师扫荡波奇托沃耶周边地域，驱散试图在附近构设阵地的一个苏军步兵营，当时，这股苏军正在村北面约1500米的高地上挖掘阵地，他们丢下这片被烧毁并布设地雷的地段往后撤离。西北面，该师装甲战斗群试图从莫洛奇基攻向西北方，但面对苏军坚决而又猛烈的炮火和反坦克火力，这场突击一无所获。15点，该战斗群配属给党卫队“帝国”装甲战斗群，两个战斗群协同行动，设法从斯捷特科夫齐攻向基列耶夫卡，但遭到苏军猛烈的反坦克火力和火箭炮火，没能取得进展。这些坦克退回斯捷特科夫齐，不断遭到苏军从北面以火炮和火箭炮实施的炮火打击。与此同时，苏军以团级兵力对克拉斯诺波尔和莫洛奇基发起进攻后，“帝国”装甲战斗群将其前沿阵地南撤，退入主防线。苏军对克拉斯诺波尔的冲击，投入约两个步兵团，成功楔入该镇东北部，而对莫洛奇基的进攻，投入的兵力没有那么强大，约为两个步兵营，但还是迫使守军撤至村南部边缘[47]。此时，德军的进攻已呈强弩之末。左翼的第19装甲师，在第7装甲师一个装甲战斗群和一个营支援下，15点从吉佐夫希纳攻向大杰列维奇。傍晚时，先遣部队取得的进展超过3公里，到达目标南面约2公里处的一条小河，在那里遭遇苏军坚决抵抗，进攻陷入停顿。第7装甲师余部也于当日清晨5点投入进攻，从沃罗别耶夫卡攻向西北方的莫斯卡列夫卡。该师取得出色进展，从西面实施迂回，10点肃清塔杰乌什波尔，尔后转向东北方，12点30分夺得强大苏军部队据守的瓦尔瓦罗夫卡，已向前推进约16公里。将守军逐出瓦尔瓦罗夫卡后，该师继续向东推进数公里，随即转身向南，直奔大杰列维奇，在那里发现强大的苏军部队不仅据守着该村，还盘踞在布拉任齐和基普钦齐。经过激战，德军战斗群19点30分左右成功驱散大杰列维奇守军，夜间，他们同第7装甲师另一部，以及第19装甲师从南面遂行进攻的部队取得联系[48]。据不完全报告称，第48装甲军在这两天的战斗中击毁或缴获8辆敌坦克、1辆突击炮、63门反坦克炮、18门火炮、8门重型迫击炮和44辆卡车。

与此同时，第59军度过艰难的一天[49]。小卡列尼奇北面高地上，苏军投入营级兵力，在6辆坦克支援下冲击第96步兵师阵地，但未获成功。波利亚纳以西林地内，该师发现苏军正准备展开进攻，遂以炮火施加打击，将对方驱散。苏军还是发起进攻，但力度较弱，第96步兵师未费太大周折便将其击退。可是，若说苏联人没能取得进展，那么，第96步兵师同样如此。该师计划对苏军沿赫罗林东南方公路和铁路线布设的阵地实施攻击，但面对苏军猛烈的防御火力，这场进攻一无所获，为此付出的伤亡相当惨重。15点30分左右，苏军以十个炮兵连猛轰赫罗林，但似乎收效甚微。该师还报告，这一整天，对方在斯维诺耶—罗戈维奇—波利亚纳地域的兵力调动持续不停，防区对面的卡车和雪橇，由东向西或由北至南往来不断。西北方几公里外，第291步兵师自清晨起便遭到苏军猛烈炮火袭击，尤以萨维奇周边为甚。最后，由于所处位置不合适，情况已难以为继，防御部队获准撤至村西面和西南面的新阵地。师防区中央地段，苏军投入营级兵力，在强大火力支援下数次冲击鲁德尼亚诺文卡亚。这些进攻大多被德军击退，但苏联人还是在村东南边缘达成小规模突破，守军不得不加以封闭。相比之下，师左翼部队报告，未与敌人发生接触，他们向北面和西北面派出的侦察巡逻队也报告，当日白天没发现苏军部队。但据当地居民称，苏联人正向西推进，从明科夫齐赶往斯拉武塔，后来的侦察证实，苏军的确已占据斯拉武塔。北面，C军级支队仍在戈夏登陆场内据守阵地。苏联人从东南面展开三次进攻，沿杜利贝公路两侧而行，每次投入的兵力约为营级，并获得2—6辆坦克支援[50]。苏军还冲击登陆场东北部，针对的是维特科夫和西北面高地，尽管苏军中型和轻型火炮首次出现，但这些进攻都被德军击退。登陆场左翼，据报对方调来援兵，特别是在科罗沙京地域（Koroshyatin）。冯·德尔·切瓦勒里仍希望次日以第96步兵师封闭与第48装甲军之间的缺口，但此时，他正面临弹药短缺的窘境[51]。虽然他已做出必要安排，但向别列兹纳发起计划中的突击，成功与否取决于第59军是否能在次日清晨前调集充足的弹药。

第4装甲集团军左翼外，OKH一直考虑如何更好地掩护至关重要的科韦利交通枢纽部。根据希特勒的指示，OKH最终决定在该地域组建一个战斗群，由党卫队全国副总指挥冯·德姆·巴赫指挥[52]。待该战斗群进入指定地区，将编入豪费第13军，战斗群辖内各部队将于1月15日至18日集结在科韦利地域。第13军回到劳斯麾下后，这只是落在第4装甲集团军司令肩头的另一项责任而已[53]。穿过乌克兰继续后撤也给德军指挥部门造成另一些影响，“南方”集团军群最终下达命令，要求做好爆破“狼人”大本营和“帝国元帅”指挥部的准备[54]。爆破尚未实施，但驻扎在那里的工兵和通信部队应尽快调至别处，之后不允许其他部队或指挥机构入驻。虽然这两处设施位于第1装甲集团军防区，但劳斯同意暂时承担爆破工作的责任，直到胡贝的通信网设立并投入运作。

当日，苏军继续顽强抗击第46装甲军的进攻，德方确认，在索布河以西顽强奋战的是苏军坦克第1集团军和第38集团军辖内部队[55]。右翼，苏军撤出伊万基和卢戈瓦亚，一支支庞大队列退向利波韦茨，但在左翼，苏军实施的抵抗一如既往，甚至以坦克展开一些局部反冲击。日终时，情况似乎很清楚，苏军终于在伊伦齐地域和戈尔季耶夫卡北面设立起一道面朝第46装甲军的完整防线[56]。根据战俘的交代和另一些可靠情报来源，德国人未确定苏军新锐单位进入该地域，设立防御的是目前已知的苏军部队。空中侦察的结果证实这一点，他们没有发现苏军援兵进入附近。因此，苏军坦克第31军似乎尚未投入战斗[57]。北面，第4装甲集团军防区中央地段，苏军在基列耶夫卡与莫特伦基之间设立一道防线，以此阻挡第48装甲军的反击，并转入进攻，以一个步兵师打击德军突击集群的北部防线。苏联人在这场行动中没有投入任何坦克力量，这似乎证实近卫坦克第3集团军已在前几周战斗中遭受严重损失。与此同时，柳巴尔两侧，苏军近期的集结表明，近卫第1集团军辖内步兵师也已调至西面。这一点，加之缺乏集团军北翼的有用情报，引起劳斯关注。舍佩托夫卡与戈夏之间的情况仍不明朗，第4装甲集团军司令部不知道苏军是否到达戈伦河，或者已渡过该河向西挺进。关于斯拉武塔镇是否已被苏军占领的报告相互矛盾，而苏军在该地域的总体动向仍是个谜。由于气候条件恶劣，就连空中侦察也没能提供任何有用的情报。由于第46装甲军转隶第1装甲集团军，从次日起，劳斯麾下只剩三个军部。第24装甲军将沿整条防线实施侦察，设法探明苏军的部署和意图[58]。第48装甲军继续对柳巴尔西北方实施反突击，目标是歼灭那里的苏军部队，而第59军应以第96步兵师继续进攻，前出到别列兹纳的霍莫拉河河段。

1944年1月16日，星期日

虽然苏联人夜间没有对第46装甲军防区展开地面突击，但他们扫射、轰炸该军整个防御地域，并辅以迫击炮和火箭炮的猛烈轰击，特别是对第4山地师，以此对防御中的德军保持压力[59]。清晨4点，该军正式转隶第1装甲集团军。几小时前，苏军冲击第101猎兵师设在南翼马里亚诺夫卡的阵地，尽管当时并不掌握这场战斗的更多详情。左侧第24装甲军据守的防区当晚较为平静[60]。但苏联人也对该军防区施以破坏性炮火，特别是第168步兵师设在康斯坦丁诺夫卡、基罗夫卡和切尔尼亚京的阵地，当晚落下600多发炮弹。切尔尼亚京东北面，该师派出一支巡逻队，打垮苏军一个前哨阵地，缴获1挺机枪。

第48装甲军防区的活动更多些，特别是其左翼[61]。党卫队第1“警卫旗队”装甲师度过一个平静的夜晚，党卫队“帝国”装甲战斗群几乎也未从事任何战斗，据报，他们只击退苏军一支巡逻队。而柳巴尔西面，第7和第19装甲师的进攻持续入夜，突破苏军强大的防御阵地后，后者终于楔入大杰列维奇南端。第7装甲师也于昨晚19点30分攻入大杰列维奇，其装甲战斗群继续前进，2点30分同从南面遂行进攻的步兵部队会合。这场突击抓获约100名苏军俘虏。

集团军左翼的情况也比较平静，第59军报告，夜间几乎没有发生战斗[62]。

第96步兵师的报告中未提及战斗，而第291步兵师据守的防区，敌人的活动仅仅是一支六人巡逻队，遭拦截后退往克利缅托维奇东北方。另外，德军发现苏联人正在鲁德尼亚诺文卡亚东南面的铁路线两侧挖掘阵地。北面的戈夏登陆场未发生战斗，但C军级支队报告，整个夜间听见许多引擎和履带声，特别是在两翼对面，锡蒙诺夫以南地域和安德鲁谢夫（Andrusiev）—科罗沙京公路上。

夜间，天空再次转晴，温度有所下降。新的一天到来后，湛蓝的天空伴随着明媚的阳光和刺骨的严寒。没有风，温度降至零下12摄氏度左右，各条道路冻得严严实实，通行完全没有问题。第4装甲集团军右翼，第24装甲军沿整条防线实施一些战斗、侦察巡逻，确定苏军的部署基本未发生变化[63]。总的说来，苏联人在距离德军前沿阵地400至800米的各个地方挖掘阵地，他们设立的防线包括一些支撑点，配有机枪、反坦克炮和迫击炮，特别是沿第1装甲师对面的北部防线。总之，相关侦察表明，苏军并不打算立即恢复进攻。除此之外，双方未发生战斗，但苏联人对第168步兵师防区的炮击持续一整天，共落下900多发炮弹。其他地段，火炮和迫击炮的破坏性炮火一如既往。

第48装甲军右翼的态势较为平静，尽管党卫队第1“警卫旗队”装甲师当日晨向克拉斯诺波尔展开一场有限进攻[64]。党卫队第2装甲掷弹兵团，在4辆五号“豹”式坦克支援下，8点从波奇托沃耶地域出发，一举攻入克拉斯诺波尔南部边缘，击毁敌人6辆坦克和6门反坦克炮，估计击毙120名苏军士兵[65]。之后，该团撤回己方防线，当日剩下的时间里，该师防区依然保持平静。过去两天在克拉斯诺波尔周围实施破坏性进攻后，党卫队第1装甲团利用战场上这段平静期返回“警卫旗队”装甲师。该师左侧，党卫队“帝国”装甲战斗群坚守设在斯捷特科夫齐的前沿阵地，并对基列耶夫卡与莫特伦基之间的苏军防线加以侦察。他们确定苏军反坦克第24旅[66]部署在那里的反坦克炮至少有40门，据报，他们击毁其中12门。除此之外，该战斗群未报告其他战斗。与此同时，支援第7装甲师的第19装甲师继续在大杰列维奇周围战斗，重点打击盘踞在该村东南林地内的苏军部队。第48装甲军防区其他地段的情况较为平静，第7装甲师在左翼实施的反击促使苏军立即做出应对，以近卫坦克第4军一部攻击德军在大杰列维奇的既占阵地。战斗持续一整天，苏军步兵和坦克力图攻入村北部和西北部，双方来回拉锯。德军击毁6辆敌坦克，但博鲁什科夫齐

（Borushkovtsy）、基普钦齐、布拉任齐和这些村庄南面的大片林地都被苏军占领。苏联人的反冲击持续一整天，在火炮、反坦克炮、迫击炮炮支援下从各个方向而来，但主要突击从大杰列维奇东南面树林发起。德军战斗群此时几乎已遭孤立，形势岌岌可危，16点30分，苏军投入坦克，从基普钦齐重新展开强有力突击，迫使第7装甲师弃守该村，把它丢给前进中的苏军部队[67]。

与此同时，第59军仍试图封闭与第48装甲军之间的缺口。第96步兵师南翼，苏军一个步兵营撤出格里采夫赶往东北方，该师前进支队趁机向前推进，占据霍莫拉河一线，夺得科瑟科夫（Kosykov）、格里采夫、科尔皮洛夫卡（Korpilovka）和米库林（Mikulin）[68]。北面数公里，该师派出一支侦察巡逻队，从新谢利察—拉本斯卡亚（Labunskaya）赶往新拉本，但在布罗扎尔卡（Brozharka）及其两侧遭遇苏军一个掘壕据守的步兵连，该队在村西面约200米处停顿下来。防区中央地段，该师试图攻向大别列兹纳，但面对苏军猛烈的防御炮火和在坦克支援下反复发起的反冲击，德军的进展相当缓慢。中午前后，苏联人以营级兵力从斯维诺耶向西突击，但被德军成功击退。15点45分，苏军在同一地段再度尝试，这次以火炮和坦克提供支援，激战持续入夜。尽管苏军频频发起反冲击，但第96步兵师还是取得些进展，16点前到达以下一线：从科哈诺夫卡西部起，越过北面的高地至斯维诺耶南面900米处。苏联人立即做出应对，17点35分左右，他们对科哈诺夫卡展开一场钳形突击，从北面和东面攻向该村，甚至投入突击炮。第96步兵师击退从北面而来的苏军，但与敌东部集团的战斗持续至深夜。白天，苏联人还冲击该师左翼，迫使德军退入赫罗林北端。随着晴朗天气的到来，第96步兵师这一整天都获得德国空军支援，后者主要轰炸斯维诺耶和以东地域，共投入三个波次俯冲轰炸机，每个波次约有30架斯图卡。其中一个波次打击波利亚纳，5架He-111则对一个番号不明的目标展开另一次打击。据报，在该地域行动的德军战斗机击落3架敌机。第291步兵师右翼，萨维奇对面的战斗仍在继续，苏军以营级兵力遂行的数次进攻被击退。中央地段，该师不得不应对苏联人向克利缅托维奇展开的类似突击，但也成功守住己方阵地，据报，苏军突击部队伤亡惨重。该师还设法肃清苏联人早些时候在鲁德尼亚诺文卡亚西北面沃伦斯基新城—舍佩托夫卡公路达成的渗透，但此举未能阻止苏军炮兵轰击舍佩托夫卡北部和东部边缘。更北面，C军级支队在锡涅夫地域（Sinev）击退苏军以营级兵力发起的进攻，事实证明，这是当日唯一一场较大的战斗。苏联人继续在周边地域调动部队，C军级支队报告，一些苏军队列在其右翼对面向东而行，而在该支队中央地段对面，苏联人正从南面赶往北面。19点左右，冯·德尔·切瓦勒里打电话给劳斯，解释第96步兵师表现不佳的原因[69]。简言之，他将此归咎于该师各兵种之间缺乏协同。第96步兵师自1941年年底以来一直隶属“北方”集团军群第18集团军，两年多时间里一直在沃尔霍夫从事静态防御，从未在机动作战中获得过诸兵种合成战的经验，到目前为止尚未适应新任务。而劳斯则将进展缓慢的原因归咎于该师未能充分集中力量，并强调成功取决于以协同一致的力量从科哈诺夫卡攻向大别列兹纳。结束这番交谈后，劳斯致电第48装甲军军长巴尔克，向他简要介绍第96步兵师面临的情况[70]。他还提出，为封闭两军之间的缺口，第7装甲师必须提供协助，从南面突向大别列兹纳。鉴于该师目前的状况，巴尔克认为1月18日前无法实施这样一场进攻，因为首先要把该师撤出前线，然后重组，为新进攻行动加以准备。劳斯批准这一推延。

随着大多数防线上的战斗渐渐消退，第4装甲集团军趁机对辖内部分部队做出调整[71]。第503重型装甲营（“虎”式坦克）转隶第1装甲集团军，而第509重型装甲营（“虎”式坦克）继续留在第48装甲军，后续部署另行通知。“南方”骑兵团将于次日在列季切夫地域转入装甲集团军预备队，准备调往北翼[72]，正从文尼察地域赶来的第371步兵师次日编入第48装甲军[73]。当日日终时，该师先遣部队已到达文尼察西北方约30公里的利京地域，后续部队位于南面约15公里的雷相卡地域（Lysyanka）[74]。该师将于1月19日—20日夜间着手接替党卫队第1“警卫旗队”装甲师和党卫队“帝国”装甲战斗群部分部队，但不包括诺索夫卡。“警卫旗队”装甲师随后由装甲集团军直接掌握，重新集结于旧康斯坦丁诺夫—斯维诺耶—扎帕金齐（Zapadintsy）—克拉西洛夫（Krasilov）地域。同时，“帝国”装甲战斗群和第19装甲师应尽量延伸其防线，设法在瓦尔瓦罗夫卡同第59军右翼会合，而第7装甲师应撤出前线，西调至连科夫齐（Lenkovtsy）—格里采夫—布托夫奇（Butovtsy）—韦尔博夫齐（Verbovtsy）地域重组，由装甲集团军直接掌握。第20装甲掷弹兵师辖内分散的各单位也应重组到一起，并负责前线一段狭窄的防区，由第24装甲军为其提供补充和再装备[75]。劳斯还要求第1装甲集团军司令胡贝交还隶属第18炮兵师的第288炮兵团第2营，该营目前仍在第46装甲军辖内[76]。希特勒曾有过指示，该师只能整体使用，劳斯据此要求将该营交还第24装甲军。他还趁这段平静期将集团军司令部迁至舍佩托夫卡以西约140公里的布罗德，将在那里把第13军重新纳入麾下，1月19日中午生效。赫梅利尼克以西的后方地域，第208和第340步兵师仍在接受改编，后者将率先完成改编任务，前者的完成日期未定，因为这取决于补充兵的到达[77]。

将第46装甲军交给第1装甲集团军后，第4装甲集团军大部分防线度过相对平静的一天，唯一值得一提的战斗发生在柳巴尔以西。从装甲集团军右翼至北面的别尔季切夫，苏联人在德军阵地前方约600—800米处构设起主防线，但从别尔季切夫至柳巴尔，他们并未占据一道绵亘防线，而是依托一系列支撑点实施防御。显然，苏军已转入防御，第48装甲军报告，防区对面的苏军投入更多反坦克武器加强其防御阵地[78]。目前尚不清楚苏联人是否前调新锐力量，但第4装甲集团军估计，苏军近卫坦克第3集团军将撤离前线一段时间，以便接受休整和补充。左翼，斯卢奇河以西，苏联人已将步兵第336师调入大杰列维奇地域阻挡德军的反突击，他们在近卫坦克第4军余部支援下，成功遏止第7装甲师的突击，并以猛烈的夹射火力将该师逐出村子。沿宽大前线实施的空中侦察表明，苏军在舍佩托夫卡与沃伦斯基新城—罗夫诺公路之间的交通运输不太多，越过这片地域，对方的交通就更少。昨晚发现的兵力调动，是不是苏军正前调援兵，这一点尚不清楚。第59军防线也没有发生真正的战斗，空中侦察未发现苏联人将大股兵力向西调往舍佩托夫卡与戈夏之间。总体印象是，苏联人现在已止步不前，等待补充兵和援兵赶来弥补从战役发起以来遭受的伤亡。夜间实施的空中侦察表明，对方的援兵可能正在途中。

在这种情况下，劳斯的计划没有发生显著变化。第24装甲军应继续实施侦察，设法弄清苏军部署和意图，而第48装甲军和第59军应以第7装甲师和第96步兵师继续打击柳巴尔西北地域之敌，在大别列兹纳附近会合，从而封闭两军之间的缺口[79]。意识到第59军防区存在的缝隙，为让冯·德尔·切瓦勒里专注于他的主要任务，劳斯命令他把C军级支队转隶新开到的第13军军部，次日晨8点生效[80]。同一道训令中还确立两军新分界线，从克列梅涅茨起，经奥斯特罗格至科列茨。

1944年1月17日，星期一

夜间，第4装甲集团军整条防线未发生重大事件。南面，苏联人一如既往地对第24装甲军防区施以破坏性炮火，还对第18炮兵师和第1装甲师据守的地段实施侦察巡逻[81]。第一起侦察发生在佩列莫加西北地域，第二起则在奥西奇纳东北方，但都被德军轻松击退。第1装甲师还报告，苏联人夜间在维申卡和斯图普尼克地域用大喇叭展开宣传。在此期间，第24装甲军实施自己的侦察行动，康斯坦丁诺夫卡东北面，第168步兵师辖内部队俘虏苏军步兵第183师一名士兵。第18炮兵师右翼，侦察巡逻队证实，苏军在扎利万希纳对面的部署未发生变化，师左翼，佩列莫加周围的苏军阵地似乎比先前据守得更加严密。实际上，佩列莫加与别济米扬诺耶之间，该师巡逻队刚刚离开己方阵地就遭到苏军火力打击，前进不到100米便被迫返回。第1装甲师防区中央地段对面同样如此，据报，苏联人加强库斯托韦茨卡亚北面的机枪阵地，而在维申卡西北面，该师俘虏苏军步兵第71师一名士兵。

第48装甲军对面的苏军同样保持着平静，这使该军得以实施重组，并按计划向西拓展其左翼[82]。党卫队第1“警卫旗队”装甲师据守的地段未发生重要战斗，而该师左侧的党卫队“帝国”装甲战斗群，奉命于23点将前进部队撤离斯捷特科夫齐。第19装甲师对面，苏联人继续掘壕据守，左侧第7装甲师奉命撤入赫拉布兹纳（Khrabuzna）[83]至284高地附近路口的一道新防线。第59军的情况与之类似，防区对面之敌不太活跃，第96步兵师实施重组，准备于次日晨对大别列兹纳重新展开进攻[84]。但这番重组发生延误，清晨7点仍未完成[85]。

与前一天形成鲜明对比的是，当日清晨阴云密布，天色灰暗，有雾。云层覆盖下的温度有所上升，尽管阴霾昏暗，但温度并未高于零下摄氏5度，这使各条道路依然坚硬，通行无虞。装甲集团军右翼，第24装甲军的大量侦察活动令苏联人感到不安，他们加强炮火，并以两个步兵连遂行数次冲击[86]。第168步兵师防线落下900发炮弹，苏军的打击重点是左翼的格拉西莫夫卡。另外200发炮弹落在第18炮兵师防区，第1装甲师亦遭到300发炮弹打击，最猛烈的炮火（包括火箭弹）落在斯图普尼克。清晨6点，苏军以两个连冲击格拉西莫夫卡，但被第168步兵师防御火力所阻。第1装甲师右翼，苏联人8点30分展开另一场进攻，这次针对的是别济米扬诺耶东南地域，苏军投入一个步兵连，但也被德军击退。上午晚些时候，该师再度遭到攻击，苏军11点在该师左翼彼得里科夫齐以东3公里处发起一场类似冲击，但事实证明并不比前几次突击更加成功。与此同时，在第168步兵师右翼实施的侦察证实，彼得罗夫卡南面和新格列布利亚周围的野战阵地仍在苏军严密据守下。新格列布利亚北面，苏联人沿通往北面的公路设立起一些支撑点，但从列奥纳尔多夫卡西南方起，穿过戈连德雷，再沿通往扎利万希纳的公路构设的防御阵地较为连贯。第1装甲师右翼对面，苏联人似乎以另一个连强化他们设在马尔科夫齐西面的阵地，而该师中央地段对面，苏军新调来的一些机枪出现在库斯托韦茨卡亚北面。前线后方，苏联人将一些轻型高射炮部队调入克拉皮夫纳—波德罗日纳亚地域，德国人还发现2辆敌坦克位于波德罗日纳亚以南约2公里处。

左侧，第48装甲军报告，当面之敌较为平静，似乎暂时没有发动进攻的意图[87]。利用这段平静期，党卫队第1“警卫旗队”装甲师从别斯佩奇纳地域派出一个装甲战斗群，打击克拉斯诺波尔周围的苏军阵地。党卫队二级突击队大队长库尔曼率领的这个战斗群由五号“豹”式坦克组成，还获得党卫队第1装甲掷弹兵团第1营和该师火箭炮部队加强，8点动身出发[88]。两小时后，该战斗群返回德军防线，据报击毁敌人5门重型反坦克炮，击毙130名苏军士兵。西面的党卫队“帝国”装甲战斗群确认，苏军先前部署在基列耶夫卡东北方的反坦克防线，现在已面朝南面，部署在斯捷特科夫齐北部与基列耶夫卡之间。而斯捷特科夫齐则在苏军部队严密据守下。第19装甲师防区，苏军投入连级兵力，从柳巴尔赶往西南方，向斯卢奇河谷内的普罗瓦洛夫卡试探前进，遭德军拦截后退回。该师还报告，稍北面，苏联人正在柳巴尔西南边缘与西北方约4公里的奥泽罗村之间修筑一道连贯的防御工事。在此期间，第7装甲师收到20辆全新的四号坦克，以加强其实力。该师也向西北面派出几支侦察巡逻队，发现实力并不强大的苏军部队再度占据奥纳茨科夫齐和塔杰乌什波尔，但对方尚未占领西面的格里采夫。该镇北面，第7装甲师一部终于同第96步兵师辖内部队取得联系，尽管如此，两师之间仍存在一个15公里宽的缺口。随着战斗渐渐消退，巴尔克着手将一些支援单位交还第4装甲集团军，当日，第1重型火箭炮团和第1教导火箭炮团返回后方的赫梅利尼克。劳斯也改变他对第509重型装甲营的想法，虽然昨天已下达命令，但该营现在赶往赫梅利尼克，由装甲集团军直接掌握[89]。日终前，该营第一批部队到达该镇北部[90]。

装甲集团军左翼，第59军仍未取得进展。第96步兵师的进攻遭遇苏军在炮兵和坦克支援下实施的反冲击，几乎毫无进展[91]。该师对科哈诺夫卡展开几次突击，都没能取得成功。实际上，苏军的侧射炮火越来越猛烈，给该师先遣突击群造成严重伤亡，迫使其退回大卡列尼奇（Velikiye Kalenichi）的出发阵地。苏联人随即组织营级兵力发起反冲击，其中一场在4辆坦克支援下从科哈诺夫卡攻向西北方，另一场则在1辆坦克支援下从斯维诺耶向南遂行。两场进攻都被德军击退，据报，击毁1辆敌坦克。西南方，该师向布罗扎尔卡派出一支侦察巡逻队，但在村西面约700米处遭到苏军防御火力打击，没能取得更大进展。相比之下，该师左翼部队据守的防区当日保持平静。苏军仍在舍佩托夫卡接近地对第291步兵师施加压力，但没能获得成功。他们以连级兵力冲击鲁德尼亚诺文卡亚和西北地域，并以一个步兵营在通往罗曼诺夫的公路两侧进攻克利缅托维奇。这些突击大多被击退，但德军设在鲁德尼亚诺文卡亚的阵地出现一个缺口，为恢复态势展开的激战持续至深夜。下午晚些时候，冯·德尔·切瓦勒里报告第4装甲集团军司令部，第96步兵师没能取得进展[92]。他指出，该师到目前为止已遭受严重伤亡，在他看来，继续这场进攻，获胜的希望渺茫。他建议停止向大别列兹纳进攻，而应重组该师，以便于1月19日重新实施冲击，这一次攻向东南方，穿过新拉本，同第48装甲军左翼会合。劳斯同意这项建议，但他指出，该师应以一场向心突击夺取该镇。为此，第7装甲师也将攻向新拉本，而非大别列兹纳，接到的指示是从南面和东南面展开进攻，夺取该镇。该师将渡过霍莫拉河，出现在第96步兵师当面之敌的后方，这将使第59军南翼前出到河流一线。当晚晚些时候下达的相关训令确定1月19日重新展开进攻的意图[93]。命令中指示第96步兵师将兵力集中在右翼，目标是夺取新拉本和季特科夫（Titkov），而第7装甲师应做好1月19日拂晓加入进攻的准备，冲出新拉本以南树林，向北攻击前进。

后方，第371步兵师继续向北调动，该师报告，昨晚未发生特别情况，现已加入第48装甲军[94]。与此同时，C军级支队已转隶第13军，该军军部目前设在罗夫诺。劳斯还利用这段战斗平静期，设法重组在前几周战斗中与所属部队分散的单位，并要求第1装甲集团军归还第168步兵师和第213保安师辖内一些单位，这些部队仍与第7军在东面从事战斗[95]。他告诉胡贝，作为交换，第75和第82步兵师（均隶属第7军）仍在第68步兵师辖内的一些部队将作为目前这场改编的组成部分撤出前线，并调回第1装甲集团军。

与此同时，劳斯接到“南方”集团军群司令冯·曼施泰因关于集团军左翼外相关情况的进一步指示。训令中预见到第4装甲集团军将恢复对第13军的指挥，其任务是将苏军第13集团军阻挡在“南方”集团军群与“中央”集团军群之间的缺口地域[96]。遂行这项任务，应以目前可用的部队展开进攻，打击重点集中于苏军的前进和交通路线。在这方面，调入该地区提供增援的“冯·德姆·巴赫”战斗群应作为一支整体战斗力量投入进攻。更北面，赋予各作战司令的任务很简单——尽可能长时间坚守各自的阵地，为预期中的反突击创造更有利的条件。

总之，第4装甲集团军右翼和中央地段这一整天保持着平静，相关侦察表明，苏军的部署未发生变化[97]。左翼，第96步兵师在波隆诺耶西南面实施的进攻，遭到苏军在数辆坦克支援下发起的反冲击妨碍，但双方都没有在那里展开大规模进攻的意图。仍在劳斯策划中的唯一进攻行动是以第7装甲师和第96步兵师攻向新拉本，确保第48装甲军与第59军之间的联系。

1944年1月18日，星期二

第24装甲军右翼，第168步兵师度过一个不平静的夜晚[98]。昨晚，苏军对该师整条防线实施的炮火袭击较为活跃，一场猛烈炮火准备后，21点15分，对方以两个连冲击格拉西莫夫卡—切尔尼亚京地段，迅速在格拉西莫夫卡东端打开个缺口，但德军立即将其封闭，据报，击毙20名苏军士兵，抓获3名俘虏[99]。稍南面，苏军当晚展开一场连级兵力突击，这次针对的是新格列布利亚南端，迫使该师前进支队撤回。第168步兵师组织反冲击恢复态势，清晨时战斗仍在继续。北面的情况较为安静，第18炮兵师未与敌人发生战斗，但该师派出更多侦察巡逻队，确认苏军的部署未发生变化。第1装甲师防区，双方都展开侦察，除此之外没有其他行动。德军在奥西奇纳周围拦截并击退苏军两支巡逻队，而在维申卡和斯图普尼克对面，苏联人继续以大喇叭展开宣传攻势。相关侦察表明，苏军的部署没有发生变化，第1装甲师遂着手接替第20装甲掷弹兵师仍在该地段作战的单位，并做出安排，将他们送回后方地域。

西面，第48装甲军整条防线当晚较为平静，报告中没有提及特殊事件[100]。后方，第371步兵师继续向北调动，第671掷弹兵团清晨时到达赫梅利尼克南面的科茹科夫（Kozhukov）—库锡科夫齐（Kusikovtsy）[101]地域。第670掷弹兵团落后几公里，已到达利京卡（Litinka），而第669掷弹兵团只到达文尼察以北9公里的斯特里扎夫卡（Strizhavka）。但该师摩托化集群已穿过赫梅利尼克，其先遣部队位于菲廖波尔（Filiopol'）。集团军左翼第59军度过一个喜忧参半的夜晚[102]。第96步兵师防线对面的情况较为平静，该师趁机撤至新防线——从大卡列尼奇起，越过300高地至热卢德基南端。军左翼，第291步兵师设法肃清苏军早些时候在鲁德尼亚诺文卡亚达成的突破，但该师设在克利缅托维奇的阵地夜间遭到两次攻击。第一次，苏军投入约两个连，第二次则以一个满编营遂行，但这两场进攻都被该师击退。

午夜前后，温度开始上升，次日达到零摄氏度左右，天色依然阴沉，乌云密布，这使各条道路保持冻结状态，但由于结冰，某些地段难以通行。集团军右翼，第24装甲军全天未发生重大战斗，仅第168步兵师在新格列布利亚实施一场反冲击，将苏军一个步兵连驱离该镇，并重新夺回原阵地[103]。其他地段，苏军继续以猛烈炮火轰击该师防线，尤以格拉西莫夫卡—切尔尼亚京地段为甚。据该师记录，其防线共落下约1100发炮弹。虽然炮火猛烈，但没有迹象表明苏军正为大规模进攻加以准备或正调集大批援兵。军左翼和中央地段的情况与之类似，双方未发生直接战斗，炮火也不甚激烈，据报，中央地段只落下180发炮弹。第18炮兵师发现，左翼对面，苏联人正在库马涅夫卡地域修建后方阵地。从苏军部署看，该军判断，目前这种接二连三的小规模破坏性进攻可能会持续下去，尤其是在夜间，但这些行动依然是孤立事件，内林认为自己处在勉力应对这种状况的境地。更严重的是，他相信苏联人很快会加强这片地段，并准备以坦克力量在别尔季切夫以南或西南地域实施一场突破。据战俘交代，苏军近卫机械化第5军正从白采尔科维调入该地域。为防范苏军展开冲击并取得成功，内林要求至少将第509重型装甲营和2门170毫米重炮留在第24装甲军，抗击卡扎京方向之敌。

西面，第48装甲军几乎没有同敌人发生战斗，虽然苏联人对军左翼地段实施一些侦察试探，并以实力不太强大的部队向前推进，在该军西翼外占据过去一直未加以占领的村庄[104]。党卫队第1“警卫旗队”装甲师遂行战斗侦察，确认苏军的部署没有发生变化，遂利用这段战斗平静期将第371步兵师刚刚开到的先遣部队投入防线。党卫队“帝国”装甲战斗群报告，敌人一个步兵连从克拉斯诺波尔南端向前推进，在该镇西南面约1公里处占据阵地。另外，少量苏军部队在该战斗群右翼对面调动，除此之外，没有其他活动。当日晨，第19装甲师击退苏军以连级兵力实施的两起侦察试探，一起针对普罗瓦洛夫卡，另一起则在吉佐夫希纳以北2公里的十字路口。当日晚些时候，16点30分左右，苏联人对吉佐夫希纳展开一场协同更佳的突击，投入约140名士兵和1辆坦克，战斗持续到夜间。军左翼，第7装甲师的侦察表明，奥纳茨科夫齐仍在苏联人控制下，另一些苏军部队也已进入莫斯卡列夫卡和库斯托夫齐，德国人在那里发现敌人3辆坦克和一些汽车。后方，第371步兵师继续跋涉30公里左右，第671团级集群到达乌拉诺夫—马尔库希地域，第670团级集群沿赫梅利尼克以南公路赶往库锡科夫齐，而第669团级集群仍在亚诺夫（Yanov）周边及北面。据战俘交代，苏联人似乎正准备投入新近获得补充的近卫坦克第4军，在柳巴尔—大杰列维奇地域重新展开进攻。尽管如此，巴尔克还是将辖内支援单位交还第4装甲集团军。第559反坦克营已没有可用的反坦克炮，奉命返回捷列什波尔（Tereshpol'），而第1重型火箭炮团和第1教导火箭炮团（欠第3营和第11连）已于昨日赶往赫梅利尼克。

第4装甲集团军左翼，第59军命令第96步兵师停止进攻[105]。苏军趁机进攻该师设在科哈诺夫卡的前沿阵地，试图从南北两面达成迂回。这一企图被粉碎，但德军前沿部队还是在夜幕降临后撤至大卡列尼奇东部边缘。波利亚纳南面，德方发现另一些苏军部队正在挖掘阵地，遂施以火炮和轻武器火力，力图破坏对方的修筑工作。第291步兵师左翼，苏联人几次冲击克利缅托维奇。突击发起前辅以一场猛烈的炮火准备，并以1—2个连的兵力遂行，但面对德军密集防御火力，这些进攻一无所获。该师还向西北方实施侦察，除发现苏军游击队外，还发现克利缅托维奇、鲁德尼亚[106]、罗马尼内（Romaniny）南部边缘与茨韦托哈（Tsvetokha）之间地域均被苏军占据。另外，红军正规部队还掩护着斯拉武塔东部边缘，尽管这些部队的实力似乎较为薄弱。德国人还看见一些车辆从该镇向北而去。

总之，第4装甲集团军又度过平静的一天，对方基本上没有采取行动。但相关情报表明，苏军近卫坦克第3集团军很可能将调往西面，机械化第9军昨日已位于柳巴尔地域[107]。尽管预计如此，但苏联人似乎并不打算立即展开进攻。

不管日后会怎样，第4装甲集团军辖内部队继续重组。当日下午，集团军接到“南方”集团军群下达的指示，将第18炮兵师撤出前线，全师转隶第1装甲集团军[108]。该师师长和一批先遣工作人员次日向设在文尼察的第46装甲军军部报到，而该师主力应尽快获得接替，并在阵地上留下少量火炮，以此隐瞒这番调动。全师应于1月21日前完成调动，必须采取一切手段掩饰该师已撤出该地段并调往东面的事实。第4装甲集团军当晚晚些时候给第24装甲军下达相应命令，唯一的补充是，该师防区交由第20装甲掷弹兵师负责，1月19日生效[109]。当日早些时候，劳斯还给第24装甲军军长内林下达另一道指示，告诉他“南方”骑兵团现已调入OKH预备队，将在利沃夫以西地域接受改编[110]。第4装甲集团军司令部还给第48装甲军下达接替党卫队第1“警卫旗队”装甲师的命令[111]。训令中要求该军以开到的第371步兵师接替“警卫旗队”装甲师，不得迟于1月21日晨，与先前命令有所不同的是，后者将赶往赫梅利尼克以南，集结在库里洛夫卡（Kurilovka）、赫梅利尼克、新康斯坦丁诺夫（Novokonstantinov）、波戈列洛耶（Pogoreloe）、库锡科夫齐与科茹科夫之间地域，由装甲集团军直接掌握。作为对该集团军失去一些部队的补偿，最左翼的第13军重新交给劳斯，但这也意味着他将承担起戈伦河一线的防务，并承受苏军对罗夫诺构成的威胁。第13军重新回到第4装甲集团军辖内，次日中午12点生效。

这些部队的调动并未被忽视。内林尤为担心自己的防区遭到严重削弱。他已奉命交出第18炮兵师、空降猎兵单位、“南方”骑兵团、第509重型装甲营、第57火箭炮团两个营、以第25装甲师后勤人员组建的几支警戒部队，他有理由相信，防区中央地段和左翼的兵力几乎被抽调一空。当晚，他向劳斯谈及自己的担心，提请后者注意这样一个事实，他的部队已被拉伸到极其薄弱的程度，已无法组建强有力的临时性战斗群，以封闭日后防线上出现的任何缺口[112]。该军防线约为85公里长，现在不得不围绕一系列支撑点构设，各支撑点之间只能部署些掩护部队。苏联人可以轻而易举地达成渗透，楔入德军薄弱的防御阵地，特别是在夜间。就连这样，他也必须无情地梳理各师后勤单位，把每一个能端枪的人投入前线，还包括所有可用的警戒部队以及第25装甲师仍在该军掌握下的部分单位。待调拨给第20装甲掷弹兵师、第1和第25装甲师的补充兵到达后，才有可能将这些警戒部队撤出前线。而补充兵的到来相当缓慢。根据前一周的兵力报告，内林指出，以第1装甲师为例，该师只有三个“中强”装甲掷弹兵营，外加一些警戒部队，而该师据守的防区宽达40公里[113]。更糟糕的是，这些警戒部队的存在实际上影响到该师的机动性，因为他们没有配备运输工具，在机动性方面无法同该师其他部队相提并论。第168步兵师同样实力不济，因为该师编成内的一个团（内林称之为最好的掷弹兵团）和第233炮兵团第1营仍在第7军辖下。鉴于劳斯早些时候向冯·曼施泰因提交的评估，特别是关于苏联人在别尔季切夫西南方可疑的辅助突击，第24装甲军遭到这种削弱似乎有些莫名其妙，但事实证明，内林的担心毫无必要，至少暂时如此。

在这种背景下，劳斯拟制一份第4装甲集团军当前态势评估，并呈交“南方”集团军群[114]。报告开头处确认，德军1月初有效遏止苏军1943年12月24日发起的进攻战役。左翼除外，在那里，苏军一方面占领沃伦斯基新城、斯拉武塔、科列茨以西之间地域，另一方面，他们跨过罗夫诺—杜布罗维察铁路线向西推进，但之后的进展并不大。在劳斯看来，目前的战役间歇无疑出于两个原因。首先是苏军部队遭受到异乎寻常的严重伤亡，其次是德国军队的指挥更加得力[115]。因此，苏军指挥部门并不满足于这场战役迄今为止所取得的战果，这完全在意料之中，特别是如果他们对德军当前状况和第4装甲集团军缺乏可用预备队有更加全面的了解的话。所以，在对辖内部队加以休整和补充并前调新锐援兵后，他们可能很快会展开另一场大规模行动。过去两周不利的气候条件导致德国空军没能取得更大战果，仅仅是粗略地发现苏军部队在后方调动，就连局部空中侦察也受到严重妨碍。在允许执行空中侦察任务的那些日夜[116]，德国空军发现基辅—日托米尔主公路上的交通运输非常繁忙，据信，苏军援兵正赶往柳巴尔—戈夏—沃伦斯基新城地域。他们共发现1450辆卡车向西而去，另外900辆返回东面，后者大概是空车队。交通繁忙的涅任—基辅公路和法斯托夫—日托米尔铁路线上增加的运输量似乎也证实了这一点。第48装甲军对面，苏军近日由东向西调动，第59军当面之敌不断加强，也表明苏军正在同一地域重组、集结部队。虽然劳斯承认这些评估仅仅基于对苏军作战地带和后方地域的不定期观察，但他确信，地面和空中侦察未涉及的地区，同样存在向西而行的类似交通流量。苏联空军部队近期的部署变化，似乎也证明苏联人正准备实施一场新的进攻行动。红空军部队指挥员近日将他的指挥部迁至空军第2集团军司令部附近，位于日托米尔东南方约42公里的亚罗波维奇。苏联人还把歼击机和轰炸机部队调至别尔季切夫东南偏东面约35公里的一座机场，并开始在波隆诺耶南面、东南面的瓦尔瓦罗夫卡和季拉诺夫卡为歼击机第256师修建另一些机场。

劳斯估计，苏军新的行动将投入集结在柳巴尔—罗夫诺—沃伦斯基新城地域的部队，打击第4装甲集团军西北翼。这场进攻可能会向西南方发展，其目标是前出到普罗斯库罗夫与捷尔诺波尔（Ternopol'）之间一线，同时有可能向西实施攻击，以掩护其右翼。还应预料到，苏联人已发现德军在这片地域的防御较为薄弱，舍佩托夫卡与戈夏之间地带没有任何防御。地面和空中侦察的结果也表明，苏联人似乎正准备在别尔季切夫以南和西南地域遂行另一场突击，很可能是为主要突击提供支援。

劳斯随后阐述该地区的苏军部队。据相关情报称，苏联人在柳巴尔地域的斯卢奇河两侧部署近卫第1集团军辖内3—4个步兵师，第60集团军则将超过5个步兵师的兵力部署在柳巴尔以西与波隆诺耶西南方之间地段[117]。在其右侧，苏军第13集团军至少将4个步兵师部署在波隆诺耶西南方与罗夫诺—沃伦斯基新城公路之间地域。第13集团军辖内另外8个步兵师的位置尚不明确，但德方怀疑其中大部分位于罗夫诺—沃伦斯基新城公路以北。另外，苏联人还掌握着近卫坦克第3集团军，编有近卫坦克第4、第6、第7军，坦克第25军和机械化第9军。先前情报称近卫坦克第3集团军可能已撤出前线，调往东面接受休整和补充，可劳斯认为这一情况并不属实。可以肯定，苏军各步兵师在近期战斗中遭受严重损失，但以往的经验表明，这种损失很快会获得补充兵弥补。虽说缺乏纪律，士气低落，但苏军投入战斗的大批兵力还是给德军步兵留下深刻印象。若苏联人能够迅速弥补所损失的人员，各快速部队无疑也能很快获得所需要的大批坦克和车辆进行补充，尽管德方估计从战役发起以来对方的坦克已折损80%。若为德军步兵提供更多反坦克武器，他们抗击苏军坦克的能力就能获得提高，否则，必将遭受进一步挫败。

第4装甲集团军不清楚苏军战役预备队位于何处，也不知道对方是否已将新锐援兵调入该地域。具体说来，他们没掌握关于苏军坦克第2、第4集团军去向的最新情况，早些时候确认前者位于北面“中央”集团军群对面，而最近一次确定后者还是在1943年秋季[118]。劳斯相信，这些大股兵团中的一支很可能会出现。

为抗击这些敌军，第4装甲集团军在伊万诺波尔与戈夏以北某处之间只有4个步兵师[119]，其中只有1个师被认为有能力遂行全面防御行动，另外两个师被认为只适合执行有限防御行动，而新开到的第371步兵完全没有东线作战经验。除这些步兵部队，装甲集团军还投入3个装甲师[120]，其中只有第7装甲师在不久的将来可能有能力遂行各种进攻和防御行动，这取决于该师目前进行的人员和装备补充工作的完成情况。另外2个师的实力非常薄弱，只能执行极为有限的进攻行动。党卫队第1“警卫旗队”装甲师和党卫队“帝国”装甲战斗群，实力与第7装甲师大致相当。先前编入第13军的几个师[121]，鉴于目前其人员和装备的状况，暂时未纳入考虑范畴。尽管做出这一评估，但劳斯认为，接受补充的第208步兵师在大约10天内有可能恢复到具备执行防御任务能力的水准。当然，这不仅取决于补充兵能否及时到达，还要看这些士兵接受训练的程度。

因此，交战双方的兵力对比极不平等，德国人只能通过修筑防御阵地，并组建一支由装甲集团军直接掌握的快速预备队对这种状况稍加改善。只有获得新锐、充分休整、装备精良的部队的增援，才有可能抗击苏军即将展开的行动，而不会导致第4装甲集团军在此过程中牺牲残余部队并放弃大片防区。否则，唯一的前景是苏联人将再次赢得巨大的成功，特别是因为第7装甲师和“警卫旗队”装甲师很快将调入第13军，劳斯目前已恢复对该地段的防御之责。在没有援兵的情况下，第13军辖内部队无法抵御苏军沿一条宽大战线发起的进攻，在这方面值得注意的是，德方昨日发现基辅—科罗斯坚铁路线上的交通运输相当繁忙。尽管如此，劳斯还是强调，预期中苏军的进攻并非迫在眉睫。相反，他认为对方需要约两周时间休整和补充部队，并为1月底前后重新展开的进攻前运补给物资。同时，敌军目前的部署表明，他们会继续实施破坏性进攻，并前调更多部队，有可能发起一场进攻夺取舍佩托夫卡，以便为新攻势改善出发阵地。

注释

1.第4装甲集团军作战处发给“南方”集团军群的每日报告，1944年1月14日21点签发。

2.第13军晨报，1944年1月14日6点10分签发。

3.第46装甲军晨报，1944年1月14日6点15分签发。

4.前进对空联络官的空中情况报告，1944年1月14日6点20分签发。

5.第24装甲军晨报，1944年1月14日5点45分签发。

6.第48装甲军晨报，1944年1月14日5点25分签发。

7.第59军晨报，1944年1月14日6点签发。

8.德方记录中称之为Kubiwa。

9.第4装甲集团军作战处发给“南方”集团军群的每日报告，1944年1月14日21点签发。虽然报告中没有提及这股部队的进展情况，但第4装甲集团军绘制的态势图表明，他们已到达涅米罗夫西南边缘。

10.第46装甲军每日报告，1944年1月14日20点35分签发。

11.第101猎兵师每日报告，1944年1月14日17点35分签发。

12.第101猎兵师提交的报告，1944年1月14日17点55分签发，无编号。

13.该师报告，到下午早些时候，已击毁14辆敌坦克、18门反坦克炮和8门火炮。参见第4装甲集团军第一助理副官的情况汇报，1944年1月14日14点30分签发。

14.第46装甲军，每日报告的补充报告，1944年1月14日签发，未标注时间。

15.第4装甲集团军作战处，第358/44号令，1944年1月14日签发。

16.第4装甲集团军作战处发给“南方”集团军群的每日报告，1944年1月14日21点签发。

17.第4装甲集团军作战处，第369/44号令，1944年1月14日签发。

18.第4装甲集团军作战处发给“南方”集团军群的每日报告，1944年1月14日21点签发。

19.R.莱曼，《警卫旗队，第三册》，第439—440页。所有地图上均未标注波奇托沃耶，它位于斯捷波克与别斯佩奇纳中间。

20.第4装甲集团军作战处作战日志，1944年1月14日的条目。

21.第4装甲集团军作战处作战日志，1944年1月14日的条目。

22.第4装甲集团军第一助理副官的情况汇报，1944年1月14日14点30分签发。

23.第4装甲集团军作战处发给“南方”集团军群的每日报告，1944年1月14日21点签发。

24.“南方”集团军群作战处，第228/44号令，1944年1月14日签发。

25.第4装甲集团军作战处发给“南方”集团军群的每日报告，1944年1月14日21点签发。

26.“南方”集团军群作战处，第232/44号令，1944年1月14日签发。

27.第4装甲集团军情报处发给“南方”集团军群的晚间报告，1944年1月14日19点30分签发。据俘虏交代，近卫坦克第7军此时已将剩余的所有坦克移交给独立坦克第91旅，该旅目前与自行炮兵第1419团在切斯诺夫卡地域作战。

28.第4装甲集团军作战处，第359/44号令，1944年1月14日签发。

29.德军情报部门判断，在该地段展开行动的是苏军坦克第25军，坦克第175旅位于沃伦斯基新城—罗夫诺主公路北面，坦克第111旅在该公路上，而坦克第162旅位于公路以南。

30.第4装甲集团军作战处，第360/44号令，1944年1月14日签发。

31.第46装甲军晨报，1944年1月15日6点05分签发。

32.第4装甲集团军发给“南方”集团军群的晨报，1944年1月15日7点签发。

33.第24装甲军晨报，1944年1月15日5点35分签发。

34.第48装甲军晨报，1944年1月15日5点45分签发。

35.第59军晨报，1944年1月15日6点30分签发。

36.第46装甲军每日报告，1944年1月15日21点签发。

37.第4装甲集团军作战处发给“南方”集团军群的每日报告，1944年1月15日21点签发。

38.第4装甲集团军作战处发给“南方”集团军群的每日报告，1944年1月15日21点签发。

39.第46装甲军作战处，第22/44号令，1944年1月15日签发。

40.第4装甲集团军作战处作战日志，1944年1月15日的条目。

41.第1装甲集团军作战处的电报，1944年1月15日13点25分签发，无编号。

42.第4装甲集团军作战处作战日志，1944年1月15日的条目。

43第24装甲军每日报告，1944年1月15日19点签发。

44.第4装甲集团军作战处发给“南方”集团军群的每日报告，1944年1月15日21点签发。

45.苏军阵亡60人，损失8门76.2毫米反坦克炮。据报，德军在这场进攻中阵亡8人，负伤20人，损失1辆五号坦克，另1辆五号坦克严重损坏，3辆半履带车严重受损，另外2辆半履带车轻微受损。

46.第48装甲军每日报告，1944年1月15日20点15分签发。

47.第4装甲集团军作战处发给“南方”集团军群的每日报告，1944年1月15日21点签发。

48.第4装甲集团军作战处作战日志，1944年1月15日的条目。

49.第59军每日报告，1944年1月15日19点20分签发。

50.第4装甲集团军作战处发给“南方”集团军群的每日报告，1944年1月15日21点签发。

51.第4装甲集团军作战处作战日志，1944年1月15日的条目。

52.“南方”集团军群作战处，第236/44号令，1944年1月15日签发。该战斗群最初编成如下：

· 第50陆军工兵营

· 第662陆军工兵营

· 党卫队第17骑兵团

· 第17警察营第2连

· 第118装甲营（配备突击炮）

冯·德姆·巴赫的全名是埃里希·冯·德姆·巴赫-泽莱夫斯基，但他已于1939年放弃名字中的波兰语部分。他1931年加入党卫队，1941年升至党卫队全国副总指挥兼警察上将。自1942年10月，他负责在东线执行反游击行动，在奉命指挥这个战斗群时，他担任反游击部队司令。

53.除冯·德姆·巴赫的战斗群，国防军驻乌克兰司令还在该地域部署另一些部队，主要是警察和地方警卫单位。这些部队截至1944年1月15日的序列表可参阅附录4。

54.第4装甲集团军作战处，第381/44号令，1944年1月15日签发。“狼人”大本营建于战争初期，以便希特勒在德军1942年夏季进攻斯大林格勒和高加索期间更靠近前线。1942年7月16日，OKH的作战指挥部从东普鲁士的“狼穴”迁至“艾兴哈因”营地，该营地随即改称“狼人”元首大本营。它位于文尼察以北约6公里，斯特里扎夫卡村东南面树林中。

55.第4装甲集团军情报处发给“南方”集团军群的晚间报告，1944年1月15日18点30分签发。

56.第4装甲集团军作战处发给“南方”集团军群的每日报告，1944年1月15日21点签发。

57.坦克第31军自1943年5月组建便一直隶属坦克第1集团军，当年11月撤入最高统帅部大本营预备队。该军1944年1月初重返前线，但德军情报部门未发现该军所在的确切位置。

58.第4装甲集团军作战处作战日志，1944年1月15日的条目。

59.第46装甲军晨报，1944年1月16日5点40分签发。

60.第24装甲军晨报，1944年1月16日5点20分签发。

61.第48装甲军晨报，1944年1月16日5点55分签发。

62.第59军晨报，1944年1月16日5点15分签发。

63.第24装甲军每日报告，1944年1月16日签发，未标注时间。

64.第48装甲军每日报告，1944年1月16日19点50分签发。报告中称，该军在前两天的战斗中击毁或缴获12辆坦克、4辆突击炮、140门反坦克炮、36门火炮、1门高射炮、23挺轻机枪、5支冲锋枪、6支反坦克步枪、8门重型迫击炮和49辆卡车，抓获240名俘虏。

65.R.莱曼，《警卫旗队，第三册》，第440—441页。击毁6辆敌坦克的说法出自该书，第48装甲军的每日报告没有提及，而击毁6门反坦克炮的说法出自第48装甲军每日报告，但莱曼的书中没有提及，他可能误读了这份每日报告。

66.可能是苏军反坦克歼击炮兵第24旅。

67.第7装甲师报告，在这场战斗中击毁6辆T-34坦克、3辆突击炮和9辆自行火炮。他们还抓获240名俘虏，估计击毙300名苏军士兵。参见第48装甲军1944年1月17日的每日报告。

68.第59军每日报告，1944年1月16日19点25分签发。

69.第4装甲集团军作战处作战日志，1944年1月16日的条目。

70.第4装甲集团军作战处作战日志，1944年1月16日的条目。

71.第4装甲集团军作战处发给“南方”集团军群的每日报告，1944年1月16日21点签发。

72.第4装甲集团军作战处，第416/44号令，1944年1月16日签发。

73.第4装甲集团军作战处，第408/44号令，1944年1月16日签发。

74.称为A行军群的先遣部队编有第671掷弹兵团、第371炮兵团第2营、第371工兵营第2连，紧随其后的是围绕第670掷弹兵团组建的B行军群。

75.第4装甲集团军作战处，第416/44号令，1944年1月16日签发。

76.第4装甲集团军作战处，第426/44号令，1944年1月16日签发。

77.第4装甲集团军作战处，第410/44号令，1944年1月16日签发。

78.第4装甲集团军情报处发给“南方”集团军群的晚间报告，1944年1月16日19点签发。

79.第4装甲集团军作战处作战日志，1944年1月16日的条目。

80.第4装甲集团军作战处，第426/44号令，1944年1月16日签发。

81.第24装甲军晨报，1944年1月17日5点30分签发。

82.第48装甲军晨报，1944年1月17日5点40分签发。

83.德方记录中称之为Chrabusky。

84.第59军晨报，1944年1月17日8点45分签发。

85.第4装甲集团军发给“南方”集团军群的晨报，1944年1月17日7点签发。

86.第24装甲军每日报告，1944年1月17日18点55分签发。

87.第48装甲军每日报告，1944年1月17日18点40分签发。

88.R.莱曼，《警卫旗队，第三册》，第441页。

89.第4装甲集团军作战处，第431/44号令，1944年1月17日签发。

90.第509重型装甲营每日报告，1944年1月17日19点35分签发。报告中称，该营目前尚有14辆可用的六号“虎”式坦克。

91.第59军每日报告，1944年1月17日19点50分签发。

92.第4装甲集团军作战处作战日志，1944年1月17日的条目。

93.第4装甲集团军作战处，第440/44号令，1944年1月17日签发。

94.第371步兵师晨报，1944年1月17日4点签发；第4装甲集团军作战处作战日志，1944年1月17日的条目。

95.第4装甲集团军作战处，第441/44号令，1944年1月17日签发。这些部队包括第168步兵师的第417掷弹兵团、一个轻型炮兵营和一个工兵连，第213保安师的第318保安团。

96.“南方”集团军群作战处，第281/44号令，1944年1月17日签发。

97.第4装甲集团军情报处发给“南方”集团军群的晚间报告，1944年1月17日17点30分签发。

98.第24装甲军晨报，1944年1月18日5点30分签发。

99.报告中指出，这股苏军隶属步兵第305师第1002团第2、第3营。

100.第48装甲军晨报，1944年1月18日5点签发；补充报告，1944年1月18日5点40分签发。

101.德方记录中称之为Kussiniwzy。

102.第59军晨报，1944年1月18日5点05分签发。

103.第24装甲军每日报告，1944年1月18日19点45分签发。报告中列举第24装甲军目前掌握的反坦克武器：

· 第168步兵师：10门（摩托化）重型反坦克炮、7辆突击炮

· 第18炮兵师：5门（摩托化）重型反坦克炮、7辆突击炮

· 第1装甲师：23门（摩托化）重型反坦克炮、26辆（自行式）重型反坦克炮、28辆四号坦克、17辆五号坦克

· 第731装甲歼击营：18辆（自行式）重型反坦克炮

104.第48装甲军每日报告，1944年1月18日19点30分签发。报告中指出，“警卫旗队”装甲师目前拥有1辆六号坦克、18辆五号坦克、1辆四号坦克、1辆三号坦克、22辆突击炮、5辆自行反坦克炮和5门摩托化反坦克炮。

105.第59军每日报告，1944年1月18日18点签发。报告中指出，第96步兵师尚有13门重型反坦克炮，而第291步兵师仅剩2门。

106.近期的苏联地图上不再标注鲁德尼亚，但它位于明科夫齐以东约6公里处。

107.第4装甲集团军发给“南方”集团军群的每日报告，1944年1月18日20点45分签发。据一名苏军俘虏交代，机械化第9军辖下的机械化第71旅此时已缩减为一个加强营。

108.“南方”集团军群作战处，第296/44号令，1944年1月18日签发。

109.第4装甲集团军作战处，第463/44号令，1944年1月18日签发。

110.第4装甲集团军作战处，第449/44号令，1944年1月18日签发。

111.第4装甲集团军作战处，第464/44号令，1944年1月18日签发。

112.第24装甲军每日报告，1944年1月18日19点45分签发。

113.内林似乎夸大了他的情况。他提及的每周报告是第4装甲集团军作战处提交的第403/44号报告，1944年1月16日签发，报告中谈及的情况截至1月14日。根据这份报告，第1装甲师目前掌握的步兵部队为：

·三个装甲掷弹兵营（中强）

·一个装甲侦察营（强）

·第20装甲掷弹兵师的一个装甲掷弹兵营（第90装甲掷弹兵团第3营）（中强），外加“南方”骑兵团和第857守备营部分部队。

·第20装甲掷弹兵师的一个装甲掷弹兵营（以第76装甲掷弹兵团一部、第120侦察营一部、第20工兵营一部组成）（中强）

·第2空降猎兵师的一个补充兵营（中等）

·一个工程兵营（虚弱）

114.第4装甲集团军作战处作战日志，1944年1月18日的条目；作战处，第250/44号报告，1944年1月17日签发。

115.劳斯对当前情况下苏军和德军指挥部门的能力评价相当有趣，特别是鉴于瓦图京已实现原定计划中的大部分目标。这种简单而又片面的评估本身就值得加以分析，虽然这种研究不在本书讨论范畴，但应当指出，乌克兰第1方面军完成计划中的大多数目标，作战速度当然会有所下降。劳斯显然不知道苏联人已于1月14日停止这场战役。

116.1月11日、13日、14日—16日。

117.第4装甲集团军确信苏军在该地域部署五个师，但也知道另外五个师行踪不明。

118.无巧不成书，由于第4装甲集团军在文尼察地域展开反突击，坦克第2集团军当日调出最高统帅部大本营预备队，加入乌克兰第1方面军。该集团军组建于1943年1月，于2月15日编入中央方面军。1943年9月3日调回最高统帅部大本营预备队，直到1944年1月18日才加入乌克兰第1方面军。而坦克第4集团军组建后于1943年7月20日并编入西方面军，7月30日转隶布良斯克方面军，1943年9月20日调回最高统帅部大本营预备队，直到1944年2月27日才加入乌克兰第1方面军。参见《伟大卫国战争，1941—1945年：野战集团军》（莫斯科：勇气出版社，2005年）。

119.第371、第96、第291步兵师和C军级支队。

120.第8、第19、第7装甲师。但他们已无法作为三个独立师展开行动，因为第8装甲师残部早已纳入第19装甲师。

121.第68、第208和第340步兵师。

第十三章
稳定乌曼周围的防线

1944年1月10日，星期一

新的一天刚刚到来便传来坏消息，1点05分，第1装甲集团军接到军事交通勤务全权代表发来的电报，称一列火车在乌曼以北约20公里的亚罗瓦特卡（Yarovatka）遭苏军迫击炮袭击[1]。这就意味着，赫里斯季诺夫卡—茨韦特科沃（Tsvetkovo）铁路线继昨日在波塔什中断后，现在又遭切断。结果，军事交通勤务全权代表在管理铁路运输网方面遇到极大困难，因为唯一可用的替代路线是从日梅林卡至佩尔沃迈斯克（Pervomaisk），要向南绕行很远一段路程，但这条铁路线最近也在新米尔哥罗德南面的维斯卡（Viska）附近遭切断，也就是说，现在没有火车能够进出兹韦尼戈罗德卡以东的茨韦特科沃和什波拉（Shpola）周边地域。据报，约30—40列火车受困。另外30列火车位于赫里斯季诺夫卡—乌曼地域，若苏军继续施加压力，确保这些火车驶离需要30个小时。雪上加霜的是，火车驶过西面瓦普尼亚尔卡枢纽站的速度极其缓慢，过去24小时只有7列火车通过。至于乌曼以西的主要铁路枢纽部赫里斯季诺夫卡，目前也处于遭占领的危险下，因而获准在西面约70公里的杰姆科夫卡（Demkovka）沿通往瓦普尼亚尔卡的路线卸载。实际上，态势在接下来几天继续恶化，乌曼最终发来撤退令，这就意味着所有火车应尽量驶离该地域。

凌晨2点，胡贝接到“南方”集团军群昨晚18点35分签发的一封电报[2]。电报中详细阐述第1装甲集团军与第4装甲集团军位于文尼察东南地域之内翼的情况，以及冯·曼施泰因的作战意图。计划中的反突击，目标是攻入苏军近卫坦克第1集团军[3]的侧翼和后方，切断其主力与后方的交通线，进而将其歼灭在文尼察东南地域。如前所述，这场进攻将于1月10日在第4装甲集团军作战地域发起，第16装甲师从佐佐夫卡—瓦赫诺夫卡以西地域投入冲击，第4山地师位于其左侧，先向东南方攻往利波韦茨和别列佐夫卡，尔后转身向南，冲入苏军坦克集团军后方。德军第一波次部队身后的第1步兵师应在左侧向前推进，积极掩护突击部队北翼和东翼，而在南翼后方行动的第254步兵师，应用于加强决定性地段。同时，第101猎兵师负责迟滞苏军向日梅林卡和文尼察发起的推进。第1装甲集团军当晚早些时候接到指示，应朝相反方向推进，冲向西北方的文尼察。冯·曼施泰因希望推延这场行动，直到第1、第254步兵师进入各自阵地，但文尼察与日梅林卡之间严重的事态发展迫使他不再等待，该军于1月10日展开进攻。

与此同时，第1装甲集团军整条防线上的战斗夜间继续进行[4]。第42军报告，苏军不断冲击其中央地段和左翼，对方正加强该军左翼对面地域。B军级支队击退敌人新发起的一系列进攻，包括两起战斗巡逻，每次投入约40人。在其左翼，苏军投入80名士兵，展开一场更大规模地冲击，但也被击退，德军得以守住己方阵地。据报，击毙60名敌军士兵，俘虏12人，缴获一批武器装备。第82步兵师也遭到攻击，但该师设法击退苏军以200名士兵对其左翼实施的几次进攻。30至40名苏军士兵组成的一支小规模战斗巡逻队企图赶往舒博夫卡（Shubovka），但也被该师击退。第7军据守的整个防御地段，苏联人以火炮、迫击炮和喀秋莎火箭炮展开猛烈轰击，并对该军右翼派出一些侦察、战斗巡逻队。除此之外，黑尔的部队较为平静地度过当晚。唯一值得注意的消息来自西南防线，一支德军巡逻队发现苏军尚未占领博亚尔卡东面的波拉多夫卡村（Poradovka）。布赖特第3装甲军防区，苏联人继续加强第6装甲师对面的阵地。对方施加沉重压力后，该师被迫放弃戈尔内季基奇河南面的弗拉季斯拉夫奇克和克尼亚日基村，但在左翼，该师成功击退苏军对波德维索科耶和亚斯特列宾齐（Yastrebintsy）的进攻。稍南面，该师一个营夜间从罗索霍瓦塔向前推进，在科穆纳赫维利亚（Kommuna Khvilya）占据新阵地，从这里可以阻挡苏军继续向南进击。东翼，该师沿克尼亚日基西南方257.7高地至东南面约5公里的256高地一线构设新防御阵地。军左翼，第17装甲师度过一个较为平静的夜晚，不过，该师装甲单位对达舍夫西南方约10公里，韦尔博夫卡以西林地内被驱散的少量苏军部队遂行打击，但未取得任何重要战果。

与此同时，乌曼以北地域的情况变得更加危急，第1装甲集团军工兵指挥官卢施尼希上校在那里负责巡逻公路和铁路线，对付苏军先遣部队和游击队[5]。凌晨2点，一股实力不明的苏军，在一直轰击波博德诺耶（Pobodnoe）车站地域的迫击炮炮火支援下，打垮当地铁路警卫队，导致游击队破坏铁轨。约50名游击队员随后跨过铁路线向南而去，5点30分左右在波莫因卡（Pomoinka）以西与一支德军部队交火。游击队撤离后实施重组，随后沿通往乌曼的公路继续向南。另一支规模相当、配有机枪的游击队滑雪而行，5点左右袭击波莫因卡北面的德军阵地，但这场进攻被击退。6点30分，苏军占领波塔什车站，游击队趁机构成从两侧绕过波莫因卡的威胁。卢施尼希已下令将前沿防线撤离通往波莫因卡的铁路线，在结束这通电话时，他询问目前的阵地还要坚守多久，他是否可以继续撤至波莫因卡南面的村庄。可是，他没有得到立即回复。

苏联人对铁路交通网地进攻持续不断，第7军当日上午报告，科尔孙与米罗诺夫卡之间铁路线遭到苏军空袭的严重破坏，已无法使用。这是将补给物资运入白采尔科维与第聂伯河之间地域的唯一一条路线，该铁路线的损失威胁到黑尔继续实施有效作战行动的能力，特别是因为供突击炮使用的燃料已寥寥无几。他紧急呼吁德军战斗机掩护该地段，就像第42军昨日晚些时候对卡涅夫—卡拉佩希—科尔孙地域所做的那样。黑尔还报告，第7军没有同敌人发生严重战斗，苏联人继续将部队调离该军防线，包括60辆卡车和一些坦克，穿过塔拉夏以南约10公里的斯塔尼绍夫卡向南而去。

德国人昨日便注意到苏军的大规模调动，他们从第42军和第7军对面撤出，向南和东南面进入第7军与第3装甲军之间的缺口，这些调动有增无减，并未遭到德军拦截。德国人估计，第7军对面的敌摩托化部队很可能向南赶往塔利诺耶，之后转向西南方，穿过列格德济诺（Legedzino）直奔乌曼，在此过程中迂回第3装甲军摇摇欲坠的右翼。因此，瞬息万变的态势要求第1装甲集团军迅速做出应对，特别是因为第34步兵师在第7军南翼向博亚尔卡发起的进攻几乎未遭遇抵抗。这就意味着行动的主要目的没能实现，两个目标均未达成，既没有牵制住苏军，也没能阻止对方继续推进。虽说第3装甲军左翼遭受的压力多少有所缓解，该地段的苏军部队转身赶往文尼察，第17装甲师得以度过较为平静的一天，但很显然，苏联人的意图是确保该军右翼远离第7军。缺口部的情况很明显，乌曼作战司令辖内部队根本无法阻挡从北面和东北面而来的敌军。由于第46装甲军计划中的进攻应该会牵制文尼察地域的苏军部队，因此第1装甲集团军司令部认为对方不太可能对第3装甲集团军左翼再度展开大举进攻。因此，胡贝建议由获得加强的第17装甲侦察营掩护该地段，将第17装甲师主力东调，沿赫里斯季诺夫卡与波塔什之间铁路线遂行突击。这场进攻的目的是阻止苏军继续向南攻往乌曼和四号直达公路，从而避免重要的补给路线丢失。胡贝的参谋长文克同“南方”集团军群参谋长布塞商讨这项建议，但布塞认为此举断不可行，他认为这样一来，与文尼察东南面第4装甲集团军联合发起的钳形攻势将失去一支铁钳。文克指出，如果这样，就应为乌曼作战司令提供尽可能多的部队，以便他对该镇加以防御。之后，他们所能做的就是等着看态势如何发展。乌曼作战司令随后获悉，乌曼地域所有部门和单位统归他指挥，唯一的例外是第1装甲集团军司令部及其通信团。当日晚些时候，胡贝给乌曼作战司令下达具体命令[6]。命令中证实，来历不明的苏军部队在游击队支援下，已到达乌曼北面的列希诺夫卡—波塔什铁路线，乌曼作战司令的任务是以纳入他麾下的部队侦察、保护铁路线。这些部队包括由罗特上尉指挥，装甲集团军工兵指挥官麾下的一些支队，将于今日赶到的62号装甲列车和以休假返回人员（他们在列希诺夫卡被拦下）组成的一个排。乌曼镇进入一级戒备（Alarmstufen）[7]。为加强该镇防御，胡贝随后将第471装甲歼击营[8]、第1装甲集团军突击连、第79高射炮团第1营[9]交给乌曼作战司令，以便他在镇边缘设立一道强有力的反坦克防线，在必要情况下拦截并消灭苏军有可能沿塔利诺耶主公路向乌曼而来的坦克。

与此同时，正如我们所知的那样，第46装甲军意图将苏军部队牵制在塔拉夏以南地域的进攻行动并未取得预期效果。胡贝获悉“南方”集团军群拒绝接受他将第17装甲师调至乌曼以北实施反突击的建议后，决定同冯·曼施泰因直接洽谈，让他相信此举的明智性[10]。他强调指出，空中侦察的结果表明，苏军正将新锐部队投入第7军与位于扎什科夫以南布佐夫卡地域的第6装甲师右翼之间，而地面侦察表明，苏军正把更多部队从第7军对面调离，并派往南面。

他再次要求撤离第42军和第7军形成的突出部，先退至米罗诺夫卡两侧的罗萨瓦河后方，这样他便可以缩短防线，腾出另一个师协助西南方实施的反突击。胡贝争辩道，除此之外，装甲集团军没有其他办法抵御苏军继续向南、东南方的推进。“南方”集团军群并未立即做出回复，但下午晚些时候，冯·曼施泰因表示，他同意以第17装甲师遂行计划中的行动。集团军群得出的结论与胡贝一致，第46装甲军的进攻将会缓解第3装甲军左翼遭受的压力，特别是因为第16装甲师先遣部队已到达别列斯托夫卡地域。当日晚些时候，胡贝获得正式批准，可以发起计划中的反突击，但仍禁止他撤离第42军和第7军形成的突出部。第1装甲集团军13点50分给第3装甲军下达新命令，指示布赖特将第17装甲师调至其右翼，只留一支侦察掩护队据守目前的阵地[11]。正如先前建议的那样，该师将沿赫里斯季诺夫卡—波塔什铁路线展开进攻，目标是防止苏军继续攻向乌曼和该镇两侧的四号直达公路。对第1装甲集团军和第8集团军来说，最重要的是确保这条铁路线畅通。当日晚些时候，布赖特证实自己的意图，他告诉胡贝，进攻将于次日发起，第6装甲师在右翼展开行动，以此提供支援。

事实证明，当天比前几日更加温暖，尽管下午降下阵雪，但一场化冻似乎已悄然来临。装甲集团军右翼，第42军又度过平安无事的一天[12]。该军防线大体平静，但左翼对面，苏军的调动依然活跃，德国人发现对方4—5个步兵营正向西行进。右翼的B军级支队遭到三次牵制性进攻，但没费太大周折便将对方击退。第82步兵师遭到比平日更为猛烈的炮火袭击，该师派出一支巡逻队，设法夺得捷尔诺夫卡南端。同样值得注意的是，苏军在该地段的空中行动比前几天少了许多。

第7军防御地段几乎没有发生战斗，看上去，苏联人甚至放弃以往的牵制性进攻，而是集中精力将部队调离该地域，向南进入第7军与第3装甲军之间的缺口。在此期间，该军准备将第75步兵师（欠一个加强团）撤出前线。之后，该师将调至南翼，任务是在雷相卡南面的格尼洛伊季基奇河对岸设立一座登陆场，阻止苏军渡过该河向东推进。据当地居民说，约35辆未获得额外支援的苏军坦克位于雷相卡东南方约10公里的斯梅利钦齐（Smel'chintsy）树林内。在此期间，第34步兵师设法夺得波拉多夫卡村，没有遇到太大困难，而东南方兹韦尼戈罗德卡的周边态势未发生太大变化[13]。

第3装甲军右翼，苏军继续加强其阵地，德国人识别出新开到的步兵第340师[14]。苏军持续不断的进攻均被击退，德军组织局部反冲击，封闭一些缺口，守军亦付出相应代价。防区中央地段，第6装甲师已从克尼亚日基撤至弗拉任（Vlazhin），并于夜间向东南方实施侦察试探。西面，齐布列夫以南地域，苏联人继续施加压力，该师被迫撤至镇南面的新阵地，这片阵地位于通往莫纳斯特里谢主公路两侧的林地边缘。该师当日折损3辆坦克。苏军投入营级兵力，从安托尼纳地域沿铁路线攻向列季乔夫卡（Letichovka），但被德军击退，苏军先前占领的265.4高地亦被该师夺回。苏军还在西面数公里外展开另一场进攻，投入约两个营冲击波罗温奇克（Polovinchik）东北部，但也被德军密集防御火力击退。当晚，第6装甲师在该地段设立起一道新防御阵地，从波罗温奇克北端起，穿过维利纳（Vil'na）顶部至科穆纳赫维利亚东北方树林的北部边缘。西面，经过36小时艰巨巷战，该师最终在当日上午撤出波德维索科耶。亚斯特列宾齐遭苏军2—3个步兵营攻击，但德军设法守住该镇，而苏军先遣部队则在镇北端掘壕据守。第6装甲师左翼外，苏联人拂晓时投入团级兵力冲击库普钦齐，并在该镇夺得一片立足地，第6装甲师迅速组织反冲击，逼退这股敌军。该师认为，他们在战斗中歼灭敌人一个营，重创另一个营。与此同时，第17装甲师已撤出原先的阵地，准备投入乌曼以北的进攻行动，傍晚时，该师赶往赫里斯季诺夫卡以北约10公里，萨尔内东南地域的新集结区，留下获得加强的第17装甲侦察营据守掩护阵地。

这一整天，苏联人继续保持压力，尽管第7军右翼部队据守的阵地似乎已获得加强。苏军试图夺取卢基亚诺夫卡，但未获成功，他们已撤出南面的博亚尔卡。可是，德国人看见由约15辆坦克和50辆卡车组成的队列从东北方驶向布然卡（Buzhanka），包括2—3辆坦克在内的另一支队伍从博亚尔卡向南行进[15]。看来，苏军仍忙着向南调动兵力，继续扩大第7军与第3装甲军之间的缺口。他们夺得基辅以北铁路线上的波塔什车站，在西面炸毁波多布纳亚（Podobnaya）附近的铁轨。他们还占领乌曼以北16公里的伊万诺夫卡镇，稍西面，德国人注意到一支由马车和雪橇组成的队伍正从列希诺夫卡车站赶往赫里斯季诺夫卡。第1装甲集团军估计，又有1—2个苏军步兵师投入缺口部，可能是从第42军对面的北部防线撤出的部队。相关情报指出，苏军近卫坦克第5

军一部已突破至兹韦尼戈罗德卡，正穿过塔利诺耶和列格德济诺转向乌曼。第3装甲军右翼，苏军发起突击并夺得捷奥林（Teolin），之后转向西南方，赶去夺取马特韦哈（Matveikha）。更西面，他们进攻列季乔夫卡，并对波罗温奇克展开一场不成功的冲击，同时楔入亚斯特列宾齐北端。这一切似乎表明，苏联人正转向西面和西南面，企图迂回第3装甲军右翼，步兵第155师好像已被德军近期在库普钦齐地域识别出的步兵第340师接替，特别是因为前者辖内一部出现在西面的克拉斯年科耶。有报告称，苏军近卫坦克第8军正进入该地区，但这些报告尚未得到证实[16]。总之，苏联人目前似乎有两个意图。首先，他们对第7军左翼保持压力，同时以坦克从东北面、以步兵从北面攻向乌曼；其次，他们企图卷击第3装甲军右翼。

胡贝已解决乌曼和四号直达公路面临的问题，遂将注意力集中于第7军与第3装甲军之间的缺口。这个突破口目前宽达40公里，胡贝认为它对己方阵地的威胁比左翼第17装甲师与第4装甲集团军之间的缺口更大。由于“南方”集团军群拒绝疏散北面的突出部，加之苏联人似乎已离开这片地段，胡贝决定采取行动，重新夺回主动权，封闭两军之间的缺口。他于当晚晚些时候给第42和第7军下达新命令[17]。马腾克洛特应于1月12日凌晨前将第82步兵师撤出前线，B军级支队则将其防线向西延伸，占据该师原先的防御地段。第82步兵师随后应集结在米罗诺夫卡周边和西南地域，仍由该军掌握。同时，第7军应在同一时间内将第75步兵师撤出前线，调至该军南翼。在集结起两个师的预备力量后，第7军的任务是策划一场进攻，以这两个师，连同第34步兵师，向西南方攻往奥赫马托夫和第6装甲师最右翼。胡贝希望此举能够最终解决数日来岌岌可危的态势。当然，从北部防线抽调两个师，导致只有少量掩护部队据守“阳台”，但胡贝确信，南翼的态势迫使他不得不作出这种应对。

根据冯·曼施泰因先前的指示[18]，第1装甲集团军也对次日的意图加以阐述[19]。进攻将按计划进行，但胡贝补充道，一旦消除乌曼和补给路线遭受的直接威胁，他打算以第3装甲军转向北面或西北面，打击正穿过齐布列夫地域的苏军部队，要么直接发起行动，要么同第4装甲集团军辖内第46装甲军相配合。他强调，该军遂行这一行动的能力，不仅取决于已提及的补给线是否安全，还与参加行动的两个装甲师的状况和道路条件相关。

1944年1月11日，星期二

对第1装甲集团军来说幸运的是，大部分防线当晚平安无事[20]。第42军防区的情况没有发生变化。B军级支队按计划在即将到来的夜晚接替第82步兵师，但出于技术原因，该师一个营不得不留到1月12日—13日夜间。由于第82步兵师即将调离，马腾克洛特要求目前编入黑尔第7军的第677团级集群返回B军级支队，协助该支队扩展其左翼。

第7军防区对面，苏联人保持着平静。除零星炮火外，这里没有发生真正的战斗。利用这段平静期，第75步兵师辖内第一批部队开始赶往梅德温，但该师左翼部队拦截苏军一支战斗巡逻队，未费太大周折便将对方逼退。而该师派出的巡逻队则在奥利沙尼察西部消灭一股苏军，还抓获一名俘虏；塔拉夏以南，第34步兵师派出的另一支巡逻队，1点30分至1点45分之间发现苏军大批车辆从斯塔尼绍夫卡向南而行。他们看见坦克、反坦克炮和卡车拖曳的火炮朝南面行进，只留少量部队据守该镇。为确保第75步兵师在白天的调动顺利进行，黑尔要求第1装甲集团军提供战斗机，在该地域上空掩护该师。

第3装甲军防区，第6装甲师据守的防线遭到苏军攻击，尤其是在莫纳斯特里谢两侧。苏军昨晚以优势兵力从东面发起一场侧翼突击，一举夺得弗拉任，该师随即组织反冲击，战斗持续到当日晨。莫纳斯特里谢西北面，苏军清晨3点左右从西北方猛攻波罗温奇克，西面约1500米处，苏军投入营级兵力，打垮该师薄弱的防御，楔入波罗温奇克村。该师组织起另一场反冲击，战斗也持续到当日晨。左翼的情况不太严重，德军拦截并击退苏军一系列侦察试探。西面，第17装甲师继续赶往新集结地域，准备投入即将展开的反突击。5点45分，由第40装甲掷弹兵团和第27装甲炮兵团组成的团级集群到达，由第63装甲掷弹兵团和第27装甲工兵营组成的另一个团级集群估计不久后也将开到。不幸的是，由于路况欠佳，该师装甲单位无法及时赶到并投入计划中的进攻。西面，仿佛是为证实胡贝的预料，第17装甲侦察营报告，整条掩护线未发生战斗。东南方，乌曼作战司令也报告当晚较为平静，只是在该镇北面几公里处击退一支对沃伊托夫卡（Voytovka）以北林地加以试探的苏军巡逻队。夜间，他的部队获得第471装甲歼击营、第7高射炮团第1营加强。

当日上午，第1装甲集团军报告“南方”集团军群，苏军正逼近乌曼，现已到达多布罗沃德（Dobrovody）和别列斯托韦茨（Berestovets），分别位于乌曼东面和北面10、12公里处。在此期间，第6装甲师仍遭到猛烈攻击。第17装甲师上午10点从萨尔内附近的集结区投入反突击，他们将从那里赶往列希诺夫卡附近铁路线，尔后向东攻往波塔什。由于设在乌曼的司令部受到威胁，胡贝决定将他的工作人员撤至西南方，11点30分，他通知辖内各军部和“南方”集团军群，第1装甲集团军F ü hrungs–Abteilung[21]将设在乌曼西南方约50公里，南布格河河畔的盖沃龙，当日16点生效。司令部较为重要的部门已于拂晓开拔，而整个司令部12点30分左右出发，临行前宣布乌曼改为二级戒备。动身前，第1装甲集团军给第7和第42军下达新命令[22]，指示第42军接掌第88步兵师，1月12日8点生效，并延伸其防线，与第198步兵师右翼会合。同时，该军应将第75和第82步兵师余部撤出前线，尽快让这些部队归建。两个师随后集结于雷相卡周边和以西地域，准备向西南方遂行反突击。同时，第7军将接掌第82步兵师。伴随这些变动，两军分界线将在第88与第198步兵师之间延伸，由第7军确定这条分界线的确切路线，并上报第1装甲集团军。黑尔告诉胡贝，获得接替的师已完成集结。第7军晚些时候提出，新分界线应从科尔孙以西25公里处起，经伊赛基至德宾齐，从那里沿罗西河延伸到博尔昆，再沿科特卢加河（Kotluga）至塔拉夏[23]。与此同时，胡贝还给第3装甲军军长布赖特下达指示，但只是告诉他乌曼作战司令现在编入他的军，给他的命令是坚守该镇。

集团军群后方地域的苏军部队开始给许多后勤单位造成问题，加之部队在防线各地段间的调动几乎持续不停，这给第1装甲集团军后方地域带来某种混乱。因此，集团军参谋长文克联系“南方”集团军群，要求归还第1装甲集团军辖下的陆军巡逻队（Heerestreifendienst）[24]，第1装甲集团军司令部北调时，该巡逻队留在第6集团军作战地域。同时，文克还要求第685战地宪兵营归建，该营先前已编入第1装甲集团军。他强调指出，这两支部队对维持交通管理、约束后方地域其他部队至关重要，但第6集团军称自己面临的形势非常严峻，无法腾出这些单位。虽然文克不了解第6集团军的确切情况，但他要求集团军群插手干预，确保这些部队归建，他认为第1装甲集团军更需要他们。

气候开始恶化，带来降雪和东北风，温度徘徊在零下5摄氏度左右。一些道路上出现冰块，部队的调动变得更加困难，但苏军的空中活动也因此而减少，至少提供了一丝喘息之机。集团军右翼，第42军防区又度过相当平静的一天，据报，苏军唯一的活动是继续将部队从第82步兵师对面撤离，似乎只留少量部队掩护防线。这使B军级支队接替该师的任务更加容易，遇到最为严重的问题是积雪。B军级支队防区东面，苏联人展开两场小规模牵制性进攻，一场针对第聂伯河畔博布里察东面的高地，另一场则在彼得罗夫斯科戈村（Petrovskogo）以南地域。这两场进攻均被击退，苏军遗尸36具，1人被俘。马腾克洛特早些时候要求第7军归还第677团级集群，中午过后，第1装甲集团军做出回复，确认该部将在撤往“奥尔加”防线期间归建。

下午早些时候，将第7军军部迁至科尔孙以西15公里斯捷布列夫镇（Steblev）的黑尔确认，第88步兵师已接防原先由第75步兵师据守的地段，当日上午10点生效。据报，第198步兵师对面，苏军也将其部队撤出，而第34步兵师对面的苏军，当日上午一直保持平静。16点15分，该师报告，博亚尔卡以南地域，苏军尚未占领彼得罗夫卡、谢梅诺夫卡、波吉布利亚克（Pogiblyak）、列德科杜布（Redkodub）、达舒科夫卡（Dashukovka）、切斯诺夫卡村，但据当地居民称，14点时，苏军坦克位于雷相卡以西7公里的布然卡。18点40分，胡贝问黑尔，他的南翼已推进多远，在那里是否遇到麻烦。约一小时后的19点30分，黑尔做出回复，称其南翼位于博亚尔卡—达舒科夫卡—雷相卡一线，一支侦察掩护队向右推进到彼得罗夫卡—波吉布利亚克—布然卡一线。唯一遭遇的苏军是在布然卡的敌坦克。该军当日晚些时候提交的报告称，第75步兵师将于1月13日晚完成新地域的集结，第82步兵师完成集结还要迟一天，但恶化的路况加大了延误的风险[25]。

与此同时，第3装甲军防区内的战斗毫未减弱，位于该地域的是新近识别出的苏军步兵第74师[26]。莫纳斯特里谢防线上的第6装甲师，情况可谓喜忧参半，该师师部目前设在镇西南方约13公里的纳拉耶夫卡（Naraevka）。东面，苏军当日上午突入捷奥林附近的砖厂和马特韦哈北面的奶牛场，但该师组织局部反冲击，击退这些进攻，并恢复防线。南面，苏军一支巡逻队前出到巴奇库里诺（Bachkurino），但也被德军拦截并击退。另一方面，苏军占领米哈伊洛沃（Mikhailovo）、赫洛沃（Khelovo）和萨尔内北面高地，尽管第6装甲师在这里也派出一支战斗巡逻队并组织小规模反冲击。西北方，昨天夜间向前推进的另一些苏军部队进入波罗温奇克以南地域，遭德军反冲击后向北退却。西面几公里处，苏军以营级兵力展开进攻，设法楔入维利纳村南面和西面的树林，当日下午，这场进攻发展为一场更大的突破。为封闭突破口，该师着手在莫纳斯特里谢车站前方树林北部边缘构设一道新防线。该师左翼的战斗有所缓减，苏联人当日上午仅以营级兵力冲击亚斯特列宾齐。在此期间，第17装甲师将师部迁至赫里斯季诺夫卡西北方数公里的舒凯沃达（Shukaivoda），辖内部队集结在萨尔内以东，防线从博索夫卡（Bosovka）至乌格洛瓦特卡（Uglovatka），上午9点45分投入进攻。其先遣部队绕过苏军占据的柴科夫卡和佩涅日科沃（Penezhkovo）村，中午前后，他们向东而去，经过激烈巷战后夺得列希诺夫卡。苏军从东面发起反冲击，但被德军击退，随后，该师继续攻击前进，到达亚罗瓦特卡以北林地北部边缘，下午晚些时候攻克亚罗瓦特卡。后方的军属特别突击队负责肃清被绕过的敌军，他们设法消灭佩涅日科沃村内的苏军残部。在与第6装甲师的结合部，苏军向萨尔内展开两场突击，每次都投入连级兵力，但均被德军击退。与此同时，第17装甲侦察营掩护的西部地段，前进侦察支队赶往北面和西面的索布河以西地域，发现从卡利尼克（Kal'nik）起，经雷萨亚戈拉和奥梅京齐至奥斯托波洛夫（Ostopolov）一线的所有村庄尚未被苏军占据。再往北几公里，克拉斯年科耶和克里科夫齐（Krikovtsy）镇都在苏军控制下。

东面的乌曼地段，苏军继续赶往该镇东端，先后夺得多布罗沃德、坦斯科耶（Tanskoe）、格列热诺夫卡（Gerezhenovka）村，后者距离乌曼仅7公里。东北方的德米特罗夫斯科耶村（Dmitrovskoe）离乌曼也只有7公里，同样被苏军占领。苏联人从北面的克拉斯诺波尔卡向沃伊托夫卡北面的德军前沿阵地发起冲击，但被击退，德军还击退对方在附近的别列斯托韦茨以连级兵力遂行的另一场进攻。这些成功的防御在很大程度上归功于驻扎在乌曼以西机场的德国空军部队提供的空中密接支援，据第1装甲集团军作战日志称，德国空军不仅以“冰雹般的炸弹”持续轰炸沃伊托夫卡、德米特罗夫斯科耶、克拉斯诺波尔卡镇，还对进入该地域的苏军队列实施扫射攻击。

因此，苏联人当日继续从第42军防线对面抽调兵力，并将这些部队投入第7军与第3装甲军之间的缺口，这似乎证实空中侦察的结果：苏军在乌曼与奥赫马托夫之间的交通运输异常繁忙[27]。在夺得多布罗沃德后，苏联人继续从东面冲向乌曼，另一些苏军部队渗透至德米特罗夫斯科耶村，位于乌曼以北仅7公里。在他们身后，据当地居民未经证实的说法，已突破到兹韦尼戈罗德卡的苏军坦克部队退至斯梅利钦齐东南方树林，并获得36辆坦克，但没有随行步兵。与此同时，第17装甲师刚刚投入进攻便遭对方顽强抗击，这表明苏联人此时也已加强戈尔内季基奇河以南地带。西北面不远处，德国人识别出苏军步兵第74师位于齐布列夫东南面的捷奥林地域，这似乎证实苏联人正不断从北面调动部队，因为该师近期一直待在拉基特诺耶东南方。总体印象是，苏联人的意图目前未发生变化。

当晚20点45分，冯·曼施泰因告诉胡贝，他已指示第4装甲集团军尽快腾出第16装甲师，以便该师经伊伦齐攻向齐布列夫，以此缓解第3装甲军掩护自身左翼的压力，第17装甲师目前正在乌曼地域从事战斗[28]。此举是为让第3装甲军投入全部力量，打击正赶往乌曼和四号直达公路的苏军部队，胡贝奉命拟制相应计划，并将他的意图告知集团军群。冯·曼施泰因还证实，第7军辖内三个师将参与这场行动，尽快从博古斯拉夫以南地域出发，朝乌曼这个总方向攻击前进，以便与该地区的第3装甲军协同行动。考虑到白天获得的支援，装甲集团军当晚晚些时候吁请第1航空军次日提供空中掩护。乌曼—兹韦尼戈罗德卡—梅德温和塔拉夏—扎什科夫地域需要实施侦察飞行，乌曼周围需要轰炸机支援，博古斯拉夫周边和东南地域需要战斗机掩护。

22点，胡贝向冯·曼施泰因汇报当日情况，他注意到苏军部队不断从装甲集团军北翼调往南面[29]。尽管如此，但空中侦察的结果表明，苏联人已撤出雷相卡西面的彼得罗夫卡和波吉布利亚克，兹韦尼戈罗德卡周围没有大股部队调动。另一方面，随着这些苏军部队的后撤，第1装甲集团军情报部门失去苏军近卫坦克第5军的下落，但先前部署在兹韦尼戈罗德卡以西地域的苏军部队似乎正向南、西南方赶往乌曼，直奔第3装甲军右翼，而非像原先那样赶往东南方。

1944年1月12日，星期三

北部防线的战斗基本已停息，当晚平安度过[30]。第42军报告，第82步兵师的换防已完成，未发生意外，该师当日晨集结在奥利霍韦茨（Ol'khovets）—米罗诺夫卡—博古斯拉夫地域。没有迹象表明苏联人注意到这场调动。按照命令，马腾克洛特军接掌第88步兵师。

第7军防区，第88步兵师开始接替第75步兵师，尽管道路状况不佳，但到当日晨，一切都按计划进行，该地域的苏军部队完全没有加以干扰。南面，第34和第198步兵师据守的防区保持平静，仅有的例外是苏联人派出的几支侦察巡逻队。尽管如此，他们还是发现，苏军车辆在第198步兵师对面不断向南驶去。南部防线，苏军尚未占据布然卡。

与此同时，第3装甲军报告，第6装甲师夜间继续向弗拉任遂行反突击，成功突入该镇，正在肃清镇南端之敌。东南方乌曼地域，苏军部队夜间继续赶往该镇，穿过皮科韦茨，到达乌曼以东树林的西部边缘。他们目前位于镇郊，离镇中心不到3公里。北面，苏军持续的压力迫使德军前进防御支队撤至沃伊托夫卡东北方树林的南部边缘，德国人还注意到更多苏军援兵正从克拉斯诺波尔卡向南而来。东南方，乌曼作战司令基特尔少将确认，敌人尚未占领巴班卡（Babanka）和苏什科夫卡（Sushkovka），因此，苏军似乎暂未构成包围该镇的直接威胁。据俘虏交代，向前推进的步兵第232师受领的任务是攻克乌曼。

胡贝目前正将他的部队集结在北部防线之南翼，准备向西南方展开反突击，攻往位于乌曼以北地域的第17装甲师。上午11点，他给黑尔下达实施行动的指令[31]。鉴于包括步兵第74、第163、第232师在内的苏军部队不断从北部调至乌曼地区，胡贝命令第7军尽快投入进攻，以第34和第75步兵师从梅德温周边和以西地域展开攻击。这场反突击的右翼应对准距离戈尔内季基奇河约30公里的新格列布利亚，目标是打击正在该河以东向南推进的苏军部队之侧翼。这场进攻不必等待第82步兵师开到，后者应尾随其后，并尽快投入战斗，向前推进的同时积极掩护突击部队之右翼。胡贝暂时将第677团级集群留在第7军，并未如马腾克洛特所请归还第42军。下午早些时候，按照黑尔昨日的建议，第1装甲集团军正式确定第42军与第7军的分界线沿罗西河划分[32]。第7军仍位于该分界线以北的所有部队应由第42军尽快接替。

此时，按照冯·曼施泰因先前提出的要求，胡贝在发给“南方”集团军群的电报中阐述自己的意图[33]。首先，他打算以第17装甲师粉碎乌曼以北之敌，尔后转身向北，会同从梅德温地域投入进攻的第7军，歼灭兹韦尼戈罗德卡以西之敌，封闭第3装甲军与第7军之间的缺口。布赖特的第3装甲军已到达戈尔内季基奇河，尔后应转身向西，与第4装甲集团军辖下第46装甲军协同，对进入文尼察东南方缺口的苏军部队实施打击。对此，集团军群告诉胡贝，第16装甲师无法参加这场即将展开的行动，因为该师先要完成第4装甲集团军交付的任务，即消灭该师东翼对面之敌以及奥博德诺耶—沃伊托夫齐地域第1步兵师前方的苏军部队[34]。不过，集团军群估计该师很快会实施重组，以便在1月13日的某个时候展开进攻，最迟在1月14日晨。第4装甲集团军这场反突击获得第1、第254步兵师支援，将穿过奥博德诺耶攻往伊伦齐。必要时，歼灭被困于文尼察—布拉茨拉夫公路以西苏军部队的任务留给第371步兵师和第101猎兵师，以便腾出第16装甲师，但尚未决定该师是向东攻往伊伦齐，抑或变更部署至第3装甲军右翼四号直达公路的另一侧。

当日拂晓时云层较为稀薄，但上午转浓，中午前后下起阵雪。各条道路的状况未发生变化。马腾克洛特第42军据守的防区依然保持平静[35]。苏联人继续将部队撤出前线，其阵地现在似乎不过是一系列相互关联的支撑点而已。但在第42军看来，西北翼防区对面的苏军正获得加强。马腾克洛特证实，早晨8点，他已接掌第88步兵师（师部设在米罗诺夫卡西面的卡拉佩希），并把换下的第82步兵师交给黑尔第7军。

第7军防区，苏联人忙着加强塔拉夏东南方8公里，卢基亚诺夫卡村内的阵地[36]。南面，实力并不强大的苏军部队重新占领彼得罗夫卡和波吉布利亚克。东面，苏军以营级兵力沿格尼洛伊季基奇河攻入布然卡—卡缅内布罗德（Kamenny Brod）地域，旋即被德军击退。德国人还发现另一些实力虚弱的苏军部队位于雷相卡以南约3公里的林地。与此同时，第75步兵师继续按计划调动，第82步兵师先遣部队开始到达博古斯拉夫。

第3装甲军右翼，第17装甲师遂行的进攻命中正逼近乌曼的苏军步兵第163、第232师，导致苏联人的推进戛然而止[37]。清晨6点15分，该师从昨晚到达的阵地重新展开攻击，先遣部队上午10点到达波多布纳亚。该师装甲力量向东赶往波塔什，推进期间遭遇不同程度的抵抗，下午，经过激烈巷战方才夺得该村。据该师报告，缴获/击毁12门反坦克炮和4门火炮，抓获48名俘虏。在此期间，苏军部队向东北面稍事后撤。乌曼周围，作战司令麾下部队击退苏军对该镇实施的两次强有力冲击，同时向东南、东北和北面展开数次反冲击。这些突击前出到从多布罗沃德西部边缘起，经德米特罗夫斯科耶、克森德佐夫卡（Ksendzovka）、克拉斯诺波尔卡南部边缘至别列斯托韦茨以南高地一线，但并未取得全胜，因为大半个克拉斯诺波尔卡仍在敌人手中。另外，由于地形条件复杂，试图穿过克森德佐夫卡赶往莫洛杰茨科耶（Molodetskoe）的小股装甲战斗群没能渡过列武哈河（Revukha）并前出到巴巴内（Babany）。布赖特的北部防线，第6装甲师对面之敌保持着平静，仅有的几次进攻发生在捷奥林西北地域，苏军在这些进攻中投入的兵力均不超过营级，且都被德军击退。莫纳斯特里谢稍东南方，该师白天发起一场反冲击，夺得赫洛沃村后攻往潘斯基莫斯特（Panskii Most）。从塔拉索夫卡西南方树林谨慎推进的苏军部队亦被逼退。布赖特相信，苏联人放缓脚步不过是一场短暂的平静期而已，他认为对方从北面塔拉夏周边地域获得援兵后，很快会重新展开进攻。他的左翼，获得加强的第17装甲侦察营确认，达舍夫西北方，苏军占领帕尔霍莫夫卡（Parkhomovka）北面高地、塔拉劳夫卡（Talalaovka）附近林地、雷萨亚戈拉村和克拉斯年科耶附近高地。相反，敌人尚未占据西南方的梅利尼科夫齐（Mel'nikovtsy）和奥斯托洛波夫（Ostolopov）。该地域的苏军部队似乎已转入防御，因为该营发现对方正在挖掘阵地。肃清乌曼以北地域的行动取得初步成效后，布赖特现在打算重组第17装甲师，并将该师调至左侧，1月14日向北攻往60公里外的新格列布利亚。同时，第6装甲师应展开支援性推进，从潘斯基莫斯特赶往东北方的波波夫卡科涅拉（Popovka Konela）。

18点10分，胡贝收到第7军发来的电报，黑尔在电报中称，第82步兵师实力太过薄弱，无法承担受领的任务[38]。这位军长指出，与其以他的右翼攻向新格列布利亚，第82步兵师提供侧翼掩护，还不如以他的左翼部队攻向该村。若保留原定计划，则需要从北部地段撤下更多部队。夜间，黑尔联系第1装甲集团军，询问胡贝，待计划中的反突击完成后，对第7军作何打算。他担心麾下部队的实力不足以同时沿三个方向（北面、西面和南面）遂行一场全面防御。第1装甲集团军当晚晚些时候对黑尔的担心做出回复[39]。集团军司令部指出，撤离防线的行动，先前的代号为“奥尔加”，目前不在考虑范畴内，进攻必须按计划实施。但司令部建议，可以在进攻发起前留下第198步兵师辖内部队，这样便可在突击部队向前挺进时将这些部队部署在伸展的防线上。

虽然第42和第7军防区当日都没有发生什么情况，但苏联人继续向南调动兵力。除先前在乌曼北面和东面识别出的苏军步兵第232和第163师处，最新情报表明，步兵第180师也在南下[40]。这就意味着自1月5日，苏联人已将六个步兵师调入突破口地域。同时，第17装甲师向波塔什的进攻迫使苏军先遣部队撤回乌曼东北方，但第1装甲集团军认为，苏联人在该地区部署的力量可能意味着这场后撤只是暂时性举措，他们很可能向乌曼和第17装甲师北翼实施后续进攻。该镇东面，苏军仍盘踞在多布罗沃德的阵地内，甚至从德米特罗夫斯科耶撤往克森德佐夫卡。北面，苏联人继续扼守波莫因卡，但被逐出波塔什西端。铁路线外，苏军没有任何后撤迹象。相反，他们弃守齐布列夫南面的树林，撤至该镇东南端，在那里掘壕据守。西面的情况与之类似，那里的苏军部队撤出维利纳退往沙巴斯托夫卡（Shabastovka）。总之，苏军步兵对第3装甲军东翼施加的压力，自当日下午起有所减弱，苏联人显然打算转入防御。另外，有报告称，由于第4装甲集团军实施的反突击，苏军坦克第1集团军已将指挥部撤往后方，但这一点尚未得到证实。虽然压力有所缓解，但胡贝认为对方很快会重新展开进攻，目标是从北面和东北面夺取乌曼。在此背景下，他于当日日终前下达新命令[41]。训令中首先指出，第17装甲师的反突击已阻止苏军部队进一步向南攻往乌曼，但也指出，苏联人继续从其他地段抽调力量投入该地域，除步兵第163和第232师外，刚刚识别出苏军步兵第180师。一旦对方完成重组和再部署，很快会对乌曼和第3装甲军右翼再度发起突击。但是，齐布列夫以西地段的情况尚不明朗，由于苏军停止进攻，第1装甲集团军不知道对方的意图何在。根据这一评估，加之各军部发来的消息，第42和第7军受领的任务保持不变，但第7军应确保第34和第75步兵师做好1月14日按计划投入进攻的准备。第3装甲军接到的指示是肃清乌曼与北面铁路线之间地域，尔后及时集结辖内部队，1月14日攻向新格列布利亚。为对这场进攻加以准备，第3装甲军还奉命向北面和东北面实施战斗侦察，探明苏军在铁路线以北地域的部署情况。最后，所有未遭受攻击的地段都应派出大规模、强有力的巡逻队，设法弄清苏军在装甲集团军对面的完整部署情况。

1944年1月13日，星期四

第42军又度过一个平安无事的夜晚，报告中没有提及敌人任何活动[42]。第82步兵师第158掷弹兵团第3营趁机换防，未受到任何干扰。该军目前的阵地沿原防线延伸，从泽姆良卡北端起，从那里伸展到卢比扬卡（Lubyanka），然后伸向奥利沙尼察磨坊，再通往奥利沙尼察南面林地的西部边缘，之后向西延伸，沿罗西河一线延伸至该河与科特卢加河交汇处[43]。

与此同时，黑尔第7军当晚向最南翼派出巡逻队，对雷相卡以南和西南地域实施侦察，他们在那里发现，苏军尚未占领奥尔雷（Orly）、季霍诺夫卡（Tikhonovka）和亚布洛诺夫卡（Yablonovka）村。除此之外，该军只报告第198步兵师左翼已延伸至塔拉夏东南地域，到达克鲁特耶戈尔贝南端。虽然苏军在该地域没有什么活动，但由于反突击在即，第7军急于收集关于苏军部署和调动的更多情报，夜间，该军要求提供空中支援，对以塔拉夏、斯塔维谢、新格列布利亚、雷相卡和梅德温为界的地域实施侦察。

第3装甲军防区的情况不太平静。乌曼作战司令麾下部队继续进攻，从该镇冲向北面和东面，但其中一个战斗群向北展开反冲击，从列格济诺（Legezino）攻往罗吉，到当日清晨一直没有汇报情况。不过，苏联人似乎已开始退却，他们昨晚弃守克拉斯诺波尔卡西部至教堂一片。稍北面，第17装甲师据守的地段整个夜间较为平静，苏军只是在凌晨2点左右对波塔什发起一次进攻[44]。这场战斗持续大半夜，清晨时仍在继续。同一地域还遭到迫击炮炮袭击，该师还以颜色，以破坏性炮火扰乱苏军部队的调动。西面，第6装甲师继续进攻，夜间对梅多瓦塔亚村（Medovataya）遂行突击。尽管遭到顽强抵抗，但该师2点30分左右夺得该村。第6装甲师还对邻近的齐别尔马诺夫卡（Tsibermanovka）和波波夫卡科涅拉村施以破坏性炮火，为后续推进加以准备。

新的一天，气候与前几日基本相同，温度低于零点，碎云带来一些小雪。第42军防区的情况比前几日更为活跃[45]。苏军以营级兵力在卡加尔雷克西南方遂行冲击，沿亚诺夫卡以西的铁路线两侧推进。这场进攻在德军防御阵地打开个缺口，但德军以局部反冲击肃清该地域，抓获45名俘虏，击毁2辆敌坦克。16点左右，苏联人在同一地段再度发起冲击，但这次的进攻力度较弱，仅投入一个步兵连。苏军取得些进展，德国人不得不组织另一场反冲击，战斗持续入夜。第42军认为，这些突击和另一些行动一样，不过是意图将德军部队牵制在突出部并掩饰苏军后撤行动的一系列进攻而已。尽管如此，第42军坚守既有阵地，这对即将发起的反突击至关重要，胡贝在作战日志中对马腾克洛特辖内部队在这方面付出的努力深表赞赏。第42军防区其他地段的情况较为平静，尽管该军派出一些巡逻队，试图弄清苏军的部署。13点16分，胡贝给麾下准备投入进攻行动的各位军长发去一封电报。马腾克洛特现在奉命接管第7军防区，但不包括科舍瓦塔亚、塔拉夏东南地域，两军分界线也将做出相应变更。当日，马腾克洛特实施调整，第198步兵师仍在科舍瓦塔亚北面的部队由第88步兵师接替。经过这番调动，第42军以两个师据守一道102公里长的防线。

南面，第7军当日逐渐向西南方移动，试图为即将展开的进攻探明前进路线，下午，该军报告夺得格尼洛伊季基奇河河畔的彼得罗夫卡村。战斗中击毁1辆T-34坦克，还抓获苏军步兵第167师的一名俘虏。虽然夺得该村，但苏联人仍占据西北面约1公里的高地，而西南面的列普基（Repki）中午前后获得重兵加强。两翼，苏联人仍在西北方控制着大别列江卡，在东南方据守亚布洛诺夫卡，但从雷相卡通往涅莫罗日（Nemorozh）和兹韦尼戈罗德卡的公路依然畅通。塔拉夏以南，苏联人将2—3个步兵营从卢基亚诺夫卡—列索维奇地段调往南面[46]。14点左右，德军击退苏联人以营级兵力对弗兰科夫卡（Frankovka）实施的进攻，旋即施以反冲击，击毙43名苏军士兵，俘虏40人。遭受伤亡的是苏军步兵第136师。在这场行动中，德军还击毁3门重型反坦克炮，缴获4门中型火炮和另一些支援性武器。与此同时，第82步兵师继续调动，没有受到干扰。

第3装甲军防区的情况比往日更加平静[47]，防区所有地段均未发生重大战斗，但布赖特仍认为苏军近卫坦克第5军很快会对第17装甲师左翼展开突击。据报，对方正将援兵调至第6装甲师对面。乌曼地段，作战司令麾下部队继续进攻，情况逐渐好转。苏军退向东北方，罗吉北部边缘的苏军部队亦被德军逼退。德国人在克拉斯诺波尔卡和别列斯托韦茨占据新阵地，并同第17装甲师取得联系，该师师部目前设在伊万诺夫卡。莫洛杰茨科耶只有少量苏军士兵据守，而克森德佐夫卡和旧巴巴内（Stary Babany）已彻底疏散。现在，铁路线以南已没有敌军，一场灾难侥幸得以避免。北面，第17装甲师没有经历重要的战斗，但该师确认，苏军仍盘踞在铁路线北面的多布拉亚（Dobraya）和曼科夫卡村。他们还注意到苏军援兵正赶往多布拉亚。苏联人还占领波塔什北面林地，但左翼对面的博特维诺夫卡（Botvinovka）和赫里斯季诺夫卡西北方的舒凯沃达镇已被肃清。苏联人唯一真正的侵略迹象是继续从东北方以炮火轰击亚罗瓦特卡村。西北方，苏军当日上午遂行猛烈突击后，第6装甲师被迫撤离梅多瓦塔亚村，但在稍西南面，该师当日中午从弗拉任向东南方重新发起攻击。面对苏军的顽强抵抗，该师设法向前推进，16点左右夺得齐别尔马诺夫卡，战斗持续至夜间。与此同时，该师右翼的另一个战斗群，从赫洛沃向东进攻，13点左右夺得潘斯基莫斯特，尔后赶往齐别尔马诺夫卡，同该师辖内其他部队会合。师防区其他地段几乎未发生战斗。西面，第17装甲侦察营据守的防御地段，苏军夺得索布河河畔的卡利尼克镇，但德军上午实施的侦察确认，截至13点，苏联人尚未占领达舍夫西南方的科皮耶夫卡（Kopievka）、亚尼舍夫卡（Yanishevka）、沙别利尼亚（Shabel'nya）、尤尔科夫齐（Yurkovtsy）、奥梅京齐和奥斯托洛波夫村。更北面，德国人发现苏军正沿马里亚诺夫卡至克拉斯年科耶的公路向东而行。

总之，除苏军在卡加尔雷克地域遂行的冲击外，北部防线几乎未发生战斗，第7军也度过相当平静的一天。尽管如此，苏联人继续向南调动兵力，相关情报称，捷克斯洛伐克第1旅正从北部防线赶往齐布列夫[48]。另外，据一名战俘交代，近卫坦克第5军昨日在彼得罗夫卡以南约30公里的里济诺（Rizino）地域重组，准备恢复向乌曼的推进。在蒙受严重损失后，该军已于1月9日将剩余坦克悉数交给近卫坦克第22旅，该旅目前只剩10辆T-34坦克。为加强坦克力量，该军获得三个自行炮兵团，共计15—25辆自行火炮[49]。这一点，加之可能存在的补给困难，似乎解释了近卫坦克第5军暂时中止作战行动的原因。没有迹象表明苏军其他坦克部队正开赴该地域，但奥赫马托夫与铁路线之间地域仍牢牢控制在苏军手中。空中侦察也表明，苏联人在波塔什、帕拉诺奇卡（Palanochka）、曼科夫卡之间设立一道防线，这说明他们预料到德军会展开进一步反突击行动。西面，苏军步兵对第3装甲军左翼施加的压力越来越大，近卫机械化第8军的无线通信量显著增加，这是因为苏军向东实施全面后撤，以避开第4装甲集团军的进攻。

当日白天，胡贝和他的作战参谋一同飞赴第7军军部[50]。他想为即将展开的进攻与黑尔商讨作战计划。第7军认为，其左翼对面的苏军部队正在调动，可能并未准备实施防御。苏军近卫坦克第5军据信位于扎什科夫与兹韦尼戈罗德卡中途的里济诺周边地域。胡贝告诉黑尔，反突击的主要目标是歼灭苏军部队，并同第3装甲军取得联系，重新设立一道绵亘防线。这场行动主要依赖于各军彻底达成突然性，并利用随之而来的混乱，以一场协同一致的突击攻向戈尔内季基奇河，而不必过度担心自己的侧翼。他还提出这样一种可能性：进攻行动转向西面，直扑奥赫马托夫，以歼灭企图后撤的更多苏军部队。由于路况欠佳，参加进攻的部队进入出发阵地的时间会有所迟延，黑尔故此将进攻发起时间推迟到次日上午10点。胡贝同意推迟行动，但他坚持要求这场进攻彻夜进行，只要23点左右的月光能够提供合适的能见度。黑尔和第7军军部人员勤勤恳恳地对进攻行动加以准备，并采取一切可用手段为这场进攻提供支援，胡贝和他的作战参谋对此感到满意。胡贝显然不太担心侧翼，黑尔并未被彻底说服，但他的处境比第3装甲军军长布赖特面临的状况简单些。黑尔也许可以指望敌人毫无准备，从而达成突袭效果，而第3装甲军面对的是做好防御准备的强大苏军部队。该军右翼前方，空中侦察一再表明苏军已构筑起防御阵地，铁路线以北地域也有开始构筑野战工事的迹象。在视察完第7军军部返回后，胡贝为次日的反突击下达正式指令[51]。第42军应坚守既有阵地，并封闭目前的突破口。该军还应从第7军手中接管塔拉夏以南防御地段，但不包括科舍瓦塔亚。两军新分界线从古塔德米特列夫斯卡亚（Guta Dmitrevskaya）起，经卢卡、科舍瓦塔亚和卢基亚诺夫卡至列索维奇，上述地点均由第7军据守。“奥尔加”后撤行动的新会合点现在位于布拉诺耶波列（Branoe-Pole）东北方3公里林地西端和卢卡东面。第7军应遵照昨日的命令攻往新格列布利亚。胡贝再次强调，这场进攻必须利用月光彻夜进行，攻向格尼洛伊季基奇河，不必顾及两翼。至于这场进攻是否会转向西面，视情况发展而定。在接管军侧翼的北部地段后，第198步兵师应将强有力的一部留作第7军预备队，以抗击苏军有可能在北翼展开的反冲击，或用于掩护该军进攻期间不断延伸的右翼。第3装甲军应向北、东北方攻往新格列布利亚，并与第7军协同行动，先切断，尔后歼灭被困于戈尔内季基奇河以南的苏军部队。

几乎在这同时，第1装甲集团军还发布训令，确定第7军与第3装甲军的分界线[52]。这条分界线从新格列布利亚起，沿戈尔内季基奇河延伸到奥赫马托夫，再从那里伸向日特尼基和斯塔德尼察。命令中还指示第3装甲军在奥赫马托夫与泽列内罗格之间渡过戈尔内季基奇河，该军应从那里沿河流北岸攻向斯塔德尼察。装甲集团军已要求德国空军为两个军提供相应支援。轰炸机部队主要用于支援第3装甲军，因为该军面对的是苏联人预有准备的防御阵地，而战斗机部队应掩护第7军。装甲集团军还要求空军实施侦察飞行，首先覆盖主要突击方向两侧地域，及时汇报苏军采取的一切反措施，其次应覆盖波塔什—新格列布利亚—梅德温一线之东南地域，查明苏军向北和西北面的后撤情况。

注释

1.这段叙述基于第1装甲集团军军事交通勤务全权代表，“1944年上半年的活动报告”，第1页。

2.“南方”集团军群作战处，第130/44号令，1944年1月9日签发。

3.德军情报部门指出，苏军近卫坦克第1集团军目前编有近卫坦克第11军、近卫机械化第3军和3—4个步兵师。这种评估并不完全正确，因为该集团军并未获得近卫军称号，而近卫机械化第3军自去年10月一直留在最高统帅部大本营预备队。这里指的可能是近卫机械化第8军。

4.第1装甲集团军发给“南方”集团军群的晨报，1944年1月10日6点签发。

5.卢施尼希上校打来的电话，1944年1月10日6点45分。

6.第1装甲集团军作战处，第59/44号令，1944年1月10日签发。

7.Alarmstufen指的是戒备级别，从一级（最高）到四级（最低）不等。

8.第1装甲集团军作战处，第73/44号令，1944年1月10日签发。

9.乌曼作战司令共有22门各种口径的高射炮，以掩护当地机场。

10.第1装甲集团军作战处致“南方”集团军群，第61/44号，1944年1月10日签发。

11.第1装甲集团军作战处，第28/44号令，1944年1月10日签发。

12.第42军每日报告，1944年1月10日23点06分签发。

13.第1装甲集团军发给“南方”集团军群的每日报告，1944年1月10日22点15分签发。

14.第3装甲军每日报告，1944年1月10日19点30分签发。

15.第1装甲集团军情报处发给“南方”集团军群的晚间报告，1944年1月10日21点50分签发。

16.事实证明，这些报告是错误的。近卫坦克第8军已于1943年11月28日撤入最高统帅部大本营预备队，直到1944年5月10日才重返战场。

17.第1装甲集团军作战处，第33/44号令，1944年1月10日签发。

18.“南方”集团军群作战处，第160/44号令，1944年1月10日签发。

19.第1装甲集团军作战处，第31/44号令，1944年1月10日签发。

20.第1装甲集团军发给“南方”集团军群的晨报，1944年1月11日签发。第3装甲军提交的报告中列举第6装甲师的部分作战兵力，具体如下：

· 第4装甲掷弹兵团：364人

· 第114装甲掷弹兵团：456人

· 第6装甲侦察营第4连：89人（只有一个连）

· 第57装甲工兵营：224人

21.司令部。

22.第1装甲集团军作战处，第36/44号令，1944年1月11日签发。

23.第7军作战处，第155/44号令，1944年1月11日签发。

24.Streifendienst（巡逻队）负责火车站和火车的安全。

25.第7军作战处，第155/44号令，1944年1月11日签发。

26.第3装甲军每日报告，1944年1月11日22点20分。

27.第1装甲集团军情报处发给“南方”集团军群的晚间报告，1944年1月11日23点签发。

28.“南方”集团军群作战处，第183/44号令，1944年1月11日签发。

29.第1装甲集团军发给“南方”集团军群的每日报告，1944年1月11日22点。

30.第1装甲集团军发给“南方”集团军群的晨报，6点、6点30分、6点45分签发，未标注日期。

31.第1装甲集团军作战处，第37/43（原文如此）号令，1944年1月12日签发。

32.第1装甲集团军作战处，第38/44号令，1944年1月12日签发。

33.第1装甲集团军作战处，第39/44号电，1944年1月12日签发。

34.“南方”集团军群作战处，第202/44号令，1944年1月12日签发。

35.第42军电传电报，1944年1月12日18点15分签发。

36.第7军电传电报，1944年1月12日签发。报告中列举该军可用的战车数量如下：

第239突击炮营：7辆突击炮

· 第202突击炮营：12辆突击炮

37.第3装甲军每日报告，1944年1月12日20点签发。这份报告和22点30分提交的另一份报告指出，布赖特装甲军目前掌握的战车数量如下：

· 第6装甲师：6辆四号坦克、1辆指挥坦克

· 第17装甲师：2辆五号坦克

· 第506重型装甲营：2辆六号坦克

· 第249突击炮营：11辆突击炮

38.第7军电传电报，1944年1月12日签发。

39.第1装甲集团军作战处，第78/44号令，1944年1月12日签发。

40.第1装甲集团军情报处发给“南方”集团军群的晚间报告，1944年1月12日24点签发。情报处提交的每日报告指出，1月4日至10日这七天，给苏军造成的伤亡和损失情况如下：

· 俘虏397人，包括2名军官和4名逃兵

· 击毙2178人（数出尸体和估计）

· 击毁103辆坦克

· 击毁5辆突击炮

· 击毁6门火炮

· 击毁109门反坦克炮

· 击落3架敌机

41.第1装甲集团军作战处，第40/44号令，1944年1月12日签发。

42.第1装甲集团军发给“南方”集团军群的晨报，1944年1月13日6点签发。

43.此时，第42军掌握的部队如下：

· B军级支队

· 第88步兵师

· 第417掷弹兵团第1营（隶属第168步兵师）

· 第318保安团（隶属第213保安师）

44.第1装甲集团军发给“南方”集团军群的晨报，1944年1月13日签发。

45.第42军每日报告，1944年1月13日21点25分签发。

46.第7军每日报告，1944年1月13日19点15分签发。

47.第3装甲军每日报告，1944年1月13日19点10分签发。报告中称，第54火箭炮团第1、第2营和第628重型炮兵营已编入第17装甲师。尽管获得炮兵加强，但该师的装甲力量已消耗殆尽，目前只有1辆可用的五号坦克。第6装甲师的情况稍好些，还有1辆三号长身管坦克和5辆四号长身管坦克。第249突击炮营尚有5辆可用的突击炮。

48.第1装甲集团军情报处发给“南方”集团军群的晚间报告，1944年1月13日20点40分签发。

49.德军情报部门认为，这是第1462、第1157和另一个番号不明的自行炮兵团。实际上，第1462团本来就是近卫坦克第5军的建制部队，另外也没有番号为第1157的自行炮兵团的相关记录。因此，这些部队的确切番号不明。

50.第1装甲集团军作战处作战日志，1944年1月13日的条目。

51.第1装甲集团军作战处，第41/44号令，1944年1月13日签发。

52.第1装甲集团军作战处，第87/44号令，1944年1月13日签发。

第十四章
封闭北部缺口

1944年1月14日，星期五

1月14日凌晨，德军即将发起反突击的几个小时前，第1装甲集团军收到“南方”集团军群发来的电报[1]。这封电报昨晚20点55分发出，但花了些时间才传至胡贝司令部。冯·曼施泰因在电报中提出个新观点，他认为第3装甲军必须适当集中兵力，进攻才有可能赢得成功，第17装甲师仅凭一己之力很难取得决定性战果。因此，他认为必须将第6装甲师主力撤出当前阵地并投入进攻，哪怕这会给齐布列夫以南防线暂时造成个大缺口。只有将第3装甲军和第7军主力合兵一处，行动才有赢得胜利的真正机会。一旦完成这一点，就有可能重新引导这场进攻对齐布列夫周边和以西地域的苏军遂行打击。冯·曼施泰因认为只有一个正确行事的机会，部分成功并不能真正提供所需要的安全，在恰当的时候转向扎什科夫同样重要。不出所料，在这种时候提出这样的建议，对第1装甲集团军的策划者来说于事无补，作战日志记录下胡贝收悉电报后的沮丧之情[2]。实际上，这些意见，加之几天前收到的一份类似电报，使胡贝确信冯·曼施泰因并不真正赞同自己处理眼前情况的方式。这位装甲集团军司令将此视为一种不合理的责备，因为他确信自己已尽全力为计划中的进攻行动创造必要条件。他认为第1装甲集团军坚定地做到这一点，集结兵力使己方防御阵地承受严重风险，但辖内部队以顽强的防御抗击前进中的苏军部队。特别是，他认为第1装甲集团军可以证明自己总是能在正确的时机将部分部队调离前线，并设法保持某种进攻能力，而且，集团军主动采取措施，而不是等待上级部门给予指示。胡贝对这个问题的反应极为激烈，当日亲自回函冯·曼施泰因，阐述自己的观点。

远离后方这些争执，第42军据守的防区当晚很平静[3]。防线上没有发生战斗，依然保持不变。不过，该军还是把第591和第593团级集群[4]前调至左翼，这就导致该军已没有任何可用预备队。上午10点，第88步兵师完成南调任务，接防原先由第198步兵师据守的地段。没过多久，马腾克洛特报告，发现苏军部队再次集结于亚诺夫卡西面的铁路线上，就在卡加尔雷克西南地域，其意图可能是在该地段重新展开进攻。德军实施炮火急袭，试图破坏对方的准备工作，并将敌军驱散。

第7军防区也未发生战斗，但在雷相卡西面，苏军占领季霍诺夫卡、亚布洛诺夫卡和博索夫卡村，在各处投入的兵力约为一个营。后方地域，第7军继续为进攻行动加以准备，各参战部队在他们的集结区实施重组。第34步兵师师部设在博亚尔卡，而第75步兵师师部设在达舒科夫卡。在其后方，第88和第198步兵师师部设在梅德温，第7军军部位于雷相卡东北方5公里的茹尔任齐（Zhurzhintsy）。各部队已就位，准备发起进攻。

乌曼北面同样较为平静。凌晨2点左右，一场迫击炮炮火袭击后，苏联人冲击波塔什，遂行防御的德军部队获得第17装甲师炮兵支援，他们对该镇以西树林的北部、西部边缘实施炮击。那里的苏军部队似乎试图在第63装甲掷弹兵团第2营据守的地段强行突向波莫因卡，战斗持续到早上。西北方，苏军赶去占领齐别尔马诺夫卡和南面的高地。稍东面，德军侦察巡逻队还发现苏军摩托化部队正穿过多布拉亚，而在南面2公里处，德军拦截并俘获对方一支运送机枪和弹药的雪橇队。在此期间，乌曼作战司令已着手接替第40装甲掷弹兵团第2营，但换防任务尚未完成。第6装甲师防区，第4装甲掷弹兵团第2营击退苏军对科涅利斯卡亚齐别尔马诺夫卡（Konel'skaya Tsibermanovka）的一系列冲击[5]。这些进攻开始于昨晚，持续一整夜。德军炮兵再次提供强有力支援，对集结在教堂西面的敌军施以炮火打击。西面，苏联人向该师左翼派出几支巡逻队，但除此之外，这片地域同样保持着平静。

11点，温度徘徊在零下5摄氏度左右，伴有轻微的阵雪和寒冷的西北风，第7军投入进攻。第34步兵师构成突击部队右翼，而东面的第75步兵师构成左翼，第82步兵师在第34步兵师身后担任第二梯队。这场进攻突向西南方，似乎令苏联人猝不及防，根本没有做出任何应对，第7军报告，雷相卡以南几公里处，苏军刚刚占据甘扎洛夫卡村（Ganzhalovka）。随着进攻的发展，情况渐渐清晰起来，配有重武器的苏军部队据守着扎比扬卡（Zhabyanka），靠近第75步兵师左翼。在收悉这份报告后，胡贝提醒黑尔，不能分散兵力去应对这一威胁。他还告诉这位军长，第17装甲师当日上午9点投入进攻，已夺得津泽列夫卡村（Dzenzelevka）。刚过中午，第75步兵师已前出到博索夫卡东北面林地，而第34步兵师到达沃特列夫卡（Votylevka）至列普基西部边缘一线，北面第82步兵师也已到达从安东诺夫卡镇中心至科夏科夫卡（Kosyakovka）东部边缘一线。德国人发现苏军队列从大别列江卡赶往西南方，从沃特列夫卡和列普基向东而去。下午，急于掌握更多最新情况的胡贝向黑尔询问正面和两翼遭遇抵抗的程度。他还想知道，是否有迹象表明苏军正从北面和西北面调来援兵。黑尔告诉他，苏联人过去几天已加强该地段，直到进攻发起时，他们不断向东派遣部队，直至雷相卡南面。他认为这些部队正在后撤，他还注意到，苏军部队正从别列江卡向南而行，并向北赶往维诺格勒（Vinograd），似乎表明苏联人正朝受威胁地段派遣援兵。同时，该军还识别出在该地段作战的苏军步兵第136和第38师，不久后，战线到达以下一线：从安东诺夫卡至沃特列夫卡，从那里延伸至博索夫卡东部边缘，再到扎比扬卡南部边缘。面对苏军的顽强抵抗，德国人最终在15点30分左右夺得博索夫卡，傍晚前，情况已经很清楚，苏联人正将援兵投入该地域，两个新锐步兵团出现在第34步兵师对面[6]。右翼，第198步兵师防区较为平静，但他们发现塔拉夏地域的苏军交通异常繁忙，对方沿列索维奇—杜博夫卡（Dubovka）和卢基亚诺夫卡—大别列江卡公路向南行进。该师的支援性进攻遭到苏军顽强抗击，傍晚前只到达217.0高地，突入卢奇科夫卡（Luchkovka）[7]的先遣部队卷入激烈巷战，进攻停滞不前。苏军随后组织反冲击，以一个步兵营冲出该村，向北面和东北面而去。

遵照胡贝的命令，第34步兵师夜间继续前进，赶往西南方的巴甫洛夫卡和维诺格勒，据信那里有一个苏军炮兵阵地，估计部署三个轻型、一个重型和一个火箭炮兵营。经过激战，德军18点夺得巴甫洛夫卡，约两小时后，又将维诺格勒拿下。与此同时，第75步兵师也卷入激战，并顺利夺得整个博索夫卡，随后实施重组，准备攻往舒比内斯塔维（Shubiny Stavy）。虽然德军夜间肃清盘踞在北面扎比扬卡之敌，但苏军设在东南面亚布洛诺夫卡周围的阵地却投来猛烈的侧射火力。东面的甘扎洛夫卡村仍在少量苏军部队控制下。19点15分，该师向前推进，赶去夺取舒比内斯塔维，黑尔的意图是趁夜间攻克邻近几个村庄，包括托尔斯特耶罗吉（Tolstye Rogi）和塔拉索夫卡。总之，第7军报告，抓获150名俘虏，击毁/缴获14门重型反坦克炮和另外一些武器装备；己方4辆突击炮受损，其中1辆彻底报废。尽管苏军实施抵抗，但黑尔第7军的先遣部队已完成赶往新格列布利亚30多公里路程的一半，这使胡贝得出结论：苏联人的确正将部队从该地域调往南面，要么是恢复进攻，穿过第7军摇摇欲坠的左翼，要么是继续攻向更南面的乌曼。

这场反突击的南翼，布赖特第3装甲军没能取得太大进展[8]。虽然该军尽可能地集中兵力，但其进攻遭到苏军坚决抵抗，面对苏军展开的一次次反冲击，该军几乎没有取得任何战果。第17装甲师7点投入进攻，突破苏军顽强的初步防御后，8点30分左右攻入津泽列夫卡村南端。之后，苏军向西南方发起一场反冲击，打击该师位于亚罗瓦特卡附近的侧翼，但被德军击退。当日中午，整个津泽列夫卡村落入德军手中，但苏军从该村西南面树林投出猛烈的侧射火力，加之他们布设的雷区，导致该师无法前调重武器。德军向北的后续推进因而遭到延误，苏联人趁机从西面和西北面向该村展开一系列反冲击，但这些进攻都被德军击退。尽管第17装甲师遭到这些攻击，但当日下午设法排除封锁村南端公路的地雷，并成功肃清西南面林地，夜间恢复推进。左侧，该师装甲工兵营攻向涅斯特罗夫卡（Nesterovka），但在该村东南偏南方一个农场遭遇苏军猛烈的防御火力。

目前只剩4辆四号坦克可用的第6装甲师，同样遭遇麻烦。从博特维诺夫卡和齐别尔马诺夫卡周边地域投出的猛烈侧射火力导致该师进展缓慢。不过，经过激烈巷战，该师设法到达齐别尔马诺夫卡东南郊，并击退苏军从该村西北端发起的几次反冲击。中午前后，他们发现苏联人似乎正沿鲁达河南岸向东退却。但在西北方，苏军似乎正加强捷奥林东北面阵地。与此同时，争夺齐别尔马诺夫卡的战斗仍在肆虐，到下午晚些时候，该村80%已落入德军手中。西面，第6装甲师左翼地段，苏军对达舍夫周围展开进攻，可能是想迫使德军从东面的主要突击部队抽调兵力，但这些进攻都被遂行防御的高射炮部队击退。布赖特报告，第3装甲军将彻夜进攻，但他并不认为能够取得真正的进展，特别是因为苏联人正将新锐部队调至该地域，包括步兵第180师和近卫坦克第5军一部。

乌曼作战司令基特尔少将负责的地段，情况没有发生太大变化。面对苏军强大的压力，罗吉周围实力虚弱的前进支队被迫撤至该村西南部，更西面，由结束休假的士兵组成的“休假士兵”连一直在波塔什车站周边地域遂行防御，经过7小时艰苦战斗，该连撤至波莫因卡。但在两处阵地之间，德军已将盘踞在莫洛杰茨科耶的苏军部队肃清。

北部防线，不出所料，马腾克洛特第42军度过相对平静的一天[9]。该军封闭敌人昨晚达成的渗透，击毁2辆敌坦克，抓获43名俘虏，还缴获一批武器。战场上共数出163具苏军士兵的尸体，马腾克洛特估计对方阵亡近300人。苏联人当日重新发起进攻，但没能造成任何严重局面，这使该军得出结论，苏军防线上只留有少量部队。第88步兵师防区，据报，只发现约300名苏军士兵从捷列绍夫卡赶往西南方的拉基特诺耶。但在B军级支队左翼，苏军对亚诺夫卡北面展开三次连级兵力冲击，不过，这些进攻都被德军击退。附近的舒博夫卡东北地域，苏联人在德军阵地成功打开个缺口，两个步兵连达成突破。但德军旋即组织局部反冲击封闭突破口，切断并包围一批苏军士兵。夜间，B军级支队将这些敌人逐渐逼入一个更小的“口袋”，并采取措施将其歼灭。虽说这场战斗并不严重，但马腾克洛特还是提醒第1装甲集团军，先前调给第7军，在博古斯拉夫担任拦截支队的那些部队还没有交还给他。马腾克洛特要求这些单位尽快归建，但第1装甲集团军司令部告诉他，整体态势要求这些部队留在第7军，至少暂时如此。

总的说来，苏联人继续实施局部牵制性和破坏性进攻，以此掩饰其部队正从第42军对面撤离的事实，但德国人知道苏军步兵第38师也已南调，他们在博索夫卡西面识别出该师的两个团[10]。另外，空中侦察报告，大批敌军正穿过白采尔科维向南调动。同时，虽然第7军在博亚尔卡南面展开的反突击似乎令苏联人猝不及防，但到目前为止没有迹象表明苏军近卫坦克第5军投入防御。据第8集团军抓获的俘虏交代，苏军仍有可能从基洛沃格勒以北地域调来新锐快速部队。相比之下，第17装甲师的进攻在津泽列夫卡仍面临苏军的顽强抵抗，守军在各条道路埋设地雷，并得到火炮和火箭炮支援。空中侦察表明，苏军正加强该地段，将更多步兵从基先齐（Kishchentsy）调往北面，并把他们穿插部署在稍西面。第3装甲军左翼，有迹象表明苏联人已决定挖掘阵地并等待援兵。总之，第1装甲集团军预计，苏军会将更多新锐力量投入第7军与第3装甲军之间的缺口，加强两翼防御，一侧面对博亚尔卡南面的第7军，另一侧面对津泽列夫卡周围的第17装甲师。虽然到目前为止尚未发现苏军大股坦克力量，但第1装甲集团军仍认为对方不久后就会出现。

1944年1月15日，星期六

第42军据守的北部防线，苏联人夜间再度发起进攻，冲击B军级支队设在舒博夫卡东北面的阵地[11]。苏军昨日在这里取得突破，但这次进攻只投入约60名士兵，德军未费太大周折便将其击退。其他地段，唯一值得注意的活动是包括机动车辆在内的苏军部队正从第聂伯河河畔的勒日谢夫向南而去。虽然第42军防线这段时间没有发生重大战斗，但胡贝非常清楚该军为装甲集团军反突击行动的成功所做出的贡献。第1装甲集团军作战日志中写道，该军仅以两个师守卫长达102公里的防线，这种“镇定自若值得注意”，第42军在该地段“娴熟的领导”和“对士兵们的无情使用”使装甲集团军得以发起反突击，打击第7军与第3装甲军之间的苏军部队。与此同时，第7军在夜间继续进攻，但到早上，第75步兵师仍在设法夺取托尔斯特耶罗吉，不过，该师也继续攻向西南方，赶往鲁巴内莫斯特（Rubany Most）。而军右翼，苏联人趁夜间加强防御，并对位于安东诺夫卡的第82步兵师展开反冲击。苏军为此投入两个步兵营，并以少量坦克为支援，成功夺回该村。6点30分，苏军开始撤离安东诺夫卡和科夏科夫卡，第7军要求德国空军打击后撤中的苏军队列。南面的第17装甲师目前只剩1辆六号坦克和1辆突击炮，夜间恢复向北推进，经过激战，清晨4点30分到达津泽列夫卡东北方2公里的高地[12]。第6装甲师也已卷入激战，这次是在齐别尔马诺夫卡东面，苏联人一直试图夺回该村，但始终没能成功。对第6装甲师来说幸运的是，苏军企图打击该师左翼达舍夫—库普钦齐地域延伸的阵地，但前调部队的工作进展缓慢，这就使该地段的压力得以缓解。相比之下，乌曼地域夜间未发生重大战斗，作战司令派出的侦察巡逻队报告，苏军尚未占领塔利诺耶镇周边地域。

北部防线，第42军在多云的天空下又度过平安无事的一天[13]。没有迹象表明苏联人正加强该地段，虽然舒博夫卡东北地域遭到司空见惯的攻击。苏军这次投入步兵第337师一个团，德军再度组织局部反冲击，设法击退对方。据报，他们抓获5名俘虏，苏军伤亡惨重。德国人还以炮火粉碎苏军设在亚诺夫卡西北方的一个集结区，但除此之外，整条防线一直保持着安静。

南面，德军继续遂行突击。黑尔将军部设在博索夫卡，亲自观看第7军展开进攻。主要突击于清晨5点恢复，第34步兵师一个营担任先锋，一小时后，另外两个团跟进。当日第一个战果发生在6点45分，德军夺得鲁巴内莫斯特。9点左右，文克打电话给第7军参谋长施瓦特洛-格斯特丁格，指示该军将辖内各师转向西面，这样，其左翼将赶往奥赫马托夫，右翼直奔扎什科夫。8点20分，邻近的罗斯科舍夫卡村（Roskoshevka）亦被德军攻占，两小时后，从南面而来并取得出色进展的第17装甲师先遣部队到达新格列布利亚南面5公里处[14]。在此期间，第34步兵师继续推进，辖内部队当日上午进入鲁萨洛夫卡（Rusalovka）北部边缘，位于新格列布利亚东面5公里处。反突击的两支铁钳即将合拢。但就在此刻，第34步兵师的推进有所放缓，因为该师攻入鲁萨洛夫卡余部时遭到顽强抵抗，苏联人调来援兵。与此同时，该师辖内其他部队继续沿一条宽大战线攻击前进，傍晚前，其右翼部队占领季诺夫卡。中央地段，切尔沃纳齐尔卡（Chervona Tsirka）和克拉斯内（Krasny）这两个小村落也被德军攻占。而第75步兵师当日清晨在鲁巴内莫斯特和巴格瓦附近成功粉碎一股苏军，并将两个村子拿下，随后穿过乌利亚诺夫卡继续前进，赶往戈尔内季基奇河河畔的布基。其先遣部队从那里转向西北方，上午11点同第17装甲师辖内部队在新格列布利亚取得联系。一份临时性报告指出，到目前为止共俘虏260名苏军士兵，缴获18辆卡车、13门反坦克炮和另外一些武器装备[15]。右翼后方，第82步兵师度过艰难的一天。苏军一个步兵团夜间突入安东诺夫卡，该师发起反冲击，迫使对方后撤。南面，面对苏军强大的防御，该师只到达科夏科夫卡的教堂。随着战斗来回拉锯，该师设法向更南面推进，跨过库奇科夫卡（Kuchkovka）西面的河流。位于其右侧的第198步兵师报告，苏联人正从塔拉夏沿公路而来，穿过列索维奇、大别列江卡和杜博夫卡匆匆向南。第7军已要求德国空军提供支援，歼灭这些苏军队列，并计划于当日下午14点30分进攻大别列江卡。对方这些调动似乎表明苏联人很快会对推进中的德军部队之右翼展开一场强有力的反冲击，特别是因为大别列江卡南面已出现一些小规模进攻[16]。

南面，布赖特第3装甲军也已恢复进攻[17]。第17装甲师冒着黎明前的黑暗从津泽列夫卡赶往北面，翻过257高地，6点30分到达239高地。击退苏军从安东诺夫卡实施的反冲击后，该师先遣部队在清晨明媚的阳光下继续攻击前进，10点左右到达新格列布利亚。此后不久，该师同第75步兵师取得联系，到下午14点已设立起一道牢固防线。第17装甲师随后转向西面并恢复进攻。虽然苏军组织一场反冲击，但该师还是沿戈尔内季基奇河南岸赶往泽列内罗格。不过，态势依然混沌不明，这些先遣部队身后仍有强大的苏军部队，必须予以肃清。第3装甲军截获的一封苏军电报称，苏军步兵第163师被困于新格列布利亚以南地域，企图于当晚突出包围圈。据第1装甲集团军作战日志记录，由于这场突破，胡贝对该师取得的战果大加赞赏，因为该师取得这一胜利不仅仅是在自身实力已遭到严重削弱的条件下，而且还面对敌人坚定而又强大的防御[18]。但在南面，现已成为第17装甲师后方的地带，苏联人正试图封闭该师造成的缺口，并切断其交通和补给线。以喀秋莎火箭炮为支援，苏军部队从西北面数次冲击津泽列夫卡，还从东、西两面加大对该镇的压力，从西面的涅斯特罗夫卡和多布拉亚，从东面的曼科夫卡遂行冲击。一些敌军甚至楔入津泽列夫卡西部，但该师设法击退这些进攻。苏军随后占领该镇西南面树林，构成切断该师先遣部队的威胁。此时，第17装甲师先遣部队停在希日尼亚地域（Khizhnya），与该师主力相隔断。第17装甲师紧急吁请第1装甲集团军将部署在第3装甲军左翼阵地的第17装甲侦察营归建，该师需要援兵协助肃清后方地域之敌，这些敌军正构成切断其先遣部队的威胁，而此时该师已没有任何兵力可用于这一肃清行动。胡贝将这一请求提交集团军群司令冯·曼施泰因，因为变更部署意味着防线上将再次出现一个20公里宽的缺口。胡贝倾向于同意这一要求，因为目前第17装甲师作战地带的行动至关重要，但曼施泰因最终决定第17装甲侦察营留在原处，直到第101猎兵师辖内第101侦察营设法控制住伊伦齐以南地域为止。与此同时，第6装甲师的进攻几乎停滞不前，当日上午，第3装甲军下达指示，命令该师取消进攻，这就使获得加强的第4装甲掷弹兵团得以撤出该地域并编入第17装甲师，替代第17装甲侦察营[19]。第1装甲集团军批准这项措施，以便第17

装甲师解决其后方地域的问题，并歼灭仍盘踞在津泽列夫卡—基先齐—希日尼亚—沃罗诺耶（Voronoe）地区的苏军部队。第6装甲师防区，该师击退苏军以连级兵力对捷奥林以东高地遂行的数次反冲击，而在莫纳斯特里谢两侧，苏军加大对德军阵地的炮击力度。左翼，编入该师的一个高射炮战斗群报告，发现敌人正从扎达内向南赶往卡利尼克，该战斗群随即与之战斗。西面的第17装甲侦察营报告，苏军占领卡利尼克与克拉斯年科耶之间一系列村庄，开始派一些巡逻队向南试探。而该营派出的一支巡逻队在若尔尼谢地域同第46装甲军先遣部队取得联系。就这样，两个装甲军之间的缺口终于被封闭，尽管此时的缺口部依然脆弱。与此同时，乌曼作战司令报告，乌曼地域的战斗大为减少，很可能是北面的反突击所致。该镇东面，德军肃清盘踞在皮科韦茨以西林地内的苏军残部，但在北面，第1装甲集团军突击连刚刚撤出莫洛杰茨科耶和罗吉，苏军部队便进入这两个村子。装甲集团军对此并不特别担心，因为他们认为这些敌军不过是些支离破碎的残部，其行动毫无目的[20]，尽管莫洛杰茨科耶—波莫因卡公路这一整天仍遭到苏军间歇性炮火袭击。

北部防线，苏联人继续将部队撤出前线，但德方确认苏军步兵第206、第337师部分部队仍在卡加尔雷克周围战斗[21]。为替代已撤离部队，苏联人似乎投入辅助力量，德军情报部门昨日识别出对方第31和第51惩戒营。南面，德军确定苏军步兵第180师位于第7军对面的库奇科夫卡周围，而步兵第167师据守着直至沃特列夫卡的地段。虽然苏军在某些地方实施顽强抵抗，但面对第7军的猛烈突击，苏联人开始退却，不过，他们已从最初的措手不及恢复过来，正设法在南面和西南面构设新防御阵地。空中侦察表明，苏军正将新锐部队调入奥赫马托夫周边地域。南面的情况与之类似，那里的苏军部队无法阻止第17装甲师向北攻入新格列布利亚，但更南面的态势尚不明朗，苏军正试图切断第17装甲师先遣部队的交通线。在此阶段很难说清究竟是谁包围谁。不管怎样，第1装甲集团军估计苏联人会加大对第7军右翼的压力，并加强南面的曼科夫卡和基先齐地段，可能会掩护一场向北和西北面的后撤。另一个可能性是，最南面的苏军部队有可能趁夜间突围，尽管关于苏军坦克部队正部署至该地段的报告被打入冷宫，因为这不太可能。

这场反突击的两翼取得成功后，胡贝向第7军和第3装甲军发去感谢函，对参战部队在新格列布利亚赢得的“重大胜利”深表赞许。他说，面对德军的突击势头，苏联人又一次屈服了。虽然很容易理解胡贝为何决定签发这样一封函件，但接受他的结论却不那么容易。德军也许赢得一场胜利，但这场行动不过是肃清一道摇摇欲坠、被苏军已然失去动力的突击打得支离破碎的防线而已。尽管如此，第一个目标实现后，第1装甲集团军将注意力转向下一项任务，胡贝15点10分给第7军和第3装甲军下达新指示[22]。这道指令证实他早些时候给黑尔下达的命令，要求他将麾下各师转向西面，因为一场更大规模行动的成功目前在于保持主动权，不能让苏军实施重组并变更部署。部队转向西面，其意图是创造必要的先决条件，从而与第46装甲军发起联合进攻，歼灭第3装甲军延伸的左翼对面之敌，第6装甲师一部和第17装甲侦察营数日来一直掩护着那里的防线。因此，第7军将转身向西，其右翼奔向扎什科夫，左翼赶往奥赫马托夫。作为这场扩展行动的组成部分，第7军将投入第82步兵师，在其右翼发挥作用。第3装甲军也将转身向西，但该军应留在戈尔内季基奇河南面，总方向是奥拉托夫北面的新日沃托夫。

鉴于近日的态势发展，胡贝的前景开始有所起色，当晚晚些时候，“南方”集团军群又给他注入一针“强心剂”，称另一些装甲援兵已调拨给他[23]。从1月16日起，第503重型装甲营（“虎”式坦克）和第23装甲团第2营（“豹”式坦克）[24]纳入他麾下，但这两支部队要在完成补充和改装后才可投入战斗。改装工作必须尽快进行，两个装甲营准备就绪后，第1装甲集团军应通知集团军群。第46装甲军很快也将编入第1装甲集团军，胡贝现在准备扩大他这场反突击的规模，当日晚些时候，他给第46装甲军军长戈尔尼克下达相关指示[25]。第1装甲集团军将于1月16日8点正式接掌第46装甲军，届时，该军应停止向锡博克河以北进攻。之后，第101猎兵师应攻往索布河，歼灭在两河之间有可能遭遇的所有敌军。同时，该军应在达舍夫与伊伦齐之间沿索布河南岸构设一道防线，孤立索布河与南面四号直达公路之间所有苏军残部，并将其肃清。同时，第16装甲师（第23装甲团第2营编入其中）应尽快撤出前线，并沿最短路线南调至四号直达公路。该师将从那里沿公路向东进击，同第3装甲军建立联系，并将师部设在上奇卡（Verkhnyachka）。两个装甲军之间的分界线将沿索布河延伸，从南面的盖辛到基泰戈罗德（Kitaigorod），再从那里穿过达舍夫，直至奥拉托夫西面的洛帕京卡（Lopatinka）。第1装甲集团军左侧分界线位于以下一线：从亚尔莫林齐（Yarmolintsy）起，穿过文尼察北面的列季切夫和萨利尼克，直至普里卢卡和佩斯基。

当日早些时候，11点40分，第1装甲集团军接到第4装甲集团军发来的电报，谈及昨日转隶第46装甲军的指令[26]。第4装甲集团军在电报中简要介绍第1装甲集团军左翼外的进攻进展。胡贝获知，第46装甲军目前正遂行突击，赶往从利波韦茨至南面一线。左翼的第1步兵师冲向索布河河畔的卡缅卡，而该师右侧的第254步兵师攻向索布河河畔戈尔季耶夫卡。南面，第16装甲师攻往韦里扬卡（Veriyanka），右翼的第101猎兵师正设法夺取伊伦齐西南方的若尔尼谢。但当日白天，该军强渡索布河时遇到些问题[27]。第16装甲师发现苏军在伊伦齐南部和西部边缘设有强大的反坦克阵地，伊伦齐与西北面卡缅卡之间的索布河渡口都在苏军强有力的反坦克防御控制下。第46装甲军认为，第16装甲师的最佳选择是转身向南赶往若尔尼谢，然后再向东进击，前出到伊伦齐以东某处，然后再次转身向北，渡过索布河。因此，第46装甲军建议，以第16装甲师和第101猎兵师为基础，在伊伦齐东南地域组建一个突击群。该突击群应尽快渡过索布河，若情况允许，便从进行间渡河，如果苏军防御严密，则实施集结后设法渡河。这场进攻将向北遂行，目标是伊伦齐北面约15公里的罗索沙，从而困住据守索布河一线的苏军部队。而在其他地段，第46装甲军打算转入防御，将第1步兵师防线伸展至戈尔季耶夫卡，第254步兵师防线延伸到伊伦齐。

1944年1月16日，星期日

第1装甲集团军北部防线，整个夜间还是没有发生值得一提的战斗[28]。B军级支队报告，苏军在其两翼实施几次侦察和战斗巡逻，还在卡加尔雷克东南方发起一场小规模突击，但这场进攻被击退，没有造成任何严重影响。第88步兵师报告，他们展开一场战斗巡逻，抓获2名俘虏，缴获1挺重机枪。

南面的第7军防区，第82步兵师昨晚20点35分重新夺回安东诺夫卡村，尔后继续向南赶往特诺夫卡[29]。该师先遣部队突入镇东郊时，遭到敌人越来越激烈的抵抗，清晨时，仍有苏军部队死守北部和西北部地域的阵地。清晨8点左右，第198步兵师将其左翼向南延伸，接防直至沃特列夫卡北端的地带，这使第82步兵师得以将兵力集中于该村与西面的特诺夫卡之间。夜间，第7军还报告，约100辆汽车组成的敌军队列在其左翼对面行进，1点30分左右从里济诺向北而去。据该军称，在前两天的战斗中共缴获41辆汽车、98门反坦克炮、2辆突击炮和一批其他装备。

布赖特第3装甲军北翼，第17装甲师昨晚继续攻向戈尔内季基奇河南面[30]。午夜时，该师到达克里韦茨（Krivets）西面高地，并歼灭盘踞在“列宁”集体农庄周围的一股苏军。该师继续向西，在奥赫马托夫以南地域遭遇并消灭另一支苏军队列，随后到达泽列内罗格东北地域。南面，该师另一个战斗群受领的任务是从津泽列夫卡向北攻击前进，重新打通公路。经过一番激战，该战斗群成功突破苏军防御阵地，但苏联人仍占据周边林地。第17高射炮团辖内部队发起进攻，冲入津泽列夫卡东面的树林，消灭敌人两个反坦克炮阵地、450发炮弹和几挺机枪，战场上数出40具苏军士兵的尸体。赢得这场小小的胜利后，该师希望该地段的情况能有所好转，特别是因为第6装甲师获得加强的团级集群的首批部队于清晨时开始到达。而第6装甲师据守的防区，夜间除敌人对齐别尔马诺夫卡遂行两起战斗巡逻外，没有出现更多情况，而这两起战斗巡逻也被德军毫不费力地击退。两个装甲师身后，乌曼作战司令负责的地段同样保持平静，报告中没有值得提及的情况。

拂晓到来时，虽然笼罩着厚厚的云层，但仍有深深的霜冻。马腾克洛特位于北部防线的第42军又度过平静的一天，没有报告任何战斗活动[31]。左侧，第7军辖内各师以前两天取得的战果为基础，重新展开进攻，但从整体上看，苏联人似乎已在扎什科夫东南地域周围设起一道防线，其防御阵地沿戈尔内季基奇河和布尔特河（Burty）延伸，南起布佐夫卡，经奥赫马托夫至北面的巴什捷奇基。尽管如此，德军向布尔特河的冲击还是取得极大成功[32]。北翼，德军前出到巴什捷奇基；中央地段，他们在纳戈尔纳亚（Nagornaya）附近设立两座登陆场；而在南面，德军到达康斯坦丁诺夫卡村西南方2公里的国营农场。新开到的苏军步兵第133师在该地段实施顽强抵抗，甚至以团级兵力展开反冲击，但被德军击退。右侧，黑尔认为，先前收到的关于敌人在安东诺夫卡以西调动的报告意味着苏联人现在很可能据守一道绵亘防线，该防线沿安东诺夫卡西北面的山脊延伸，直至大别列江卡东南方某处。敌人对安东诺夫卡和沿整个局部地段实施的炮火袭击较为活跃。在此期间，第82步兵师将部分防御地段交给第198步兵师并重新集结辖内部队，在肃清特诺夫卡后，该师攻向西南方的巴什捷奇基，在该镇北面的布尔特河对岸设立一座小型登陆场。该师左侧，第34步兵师赶往布尔特河时发现敌人的抵抗有所加强，但他们还是在中午前到达波博伊纳亚[33]。该师继续攻击前进，经过激烈巷战，15点夺得格林卡（Glinka）和纳戈尔纳亚，并在镇两侧的河流对岸设立两座登陆场。作为回应，苏联人调集援兵，对新出现的登陆场和德军设在北面巴什捷奇基的防御遂行反冲击。战斗相当激烈，德军最终击退对方这两场反击，据称苏军伤亡惨重。与此同时，第7军左翼的第75步兵师沿戈尔内季基奇河两岸向西攻击前进，位于北面的战斗群到达康斯坦丁诺夫卡村西南面2公里的国营农场，在那里卷入激战。河流南面，该师另一个战斗群在库特（Kuty）遭遇苏军新锐援兵实施的顽强抵抗。西南面，敌人严密据守希日尼亚，而该师身后的巴格瓦也在苏军部队控制下。这一点，加之早些时候关于苏军车辆位于里济诺与巴格瓦之间公路的报告，似乎表明该师存在某种危险：敌人有可能在两翼展开协同一致的反冲击。据信，巴格瓦地域的苏军部队隶属近卫坦克第5军，他们能够切断该师的后方交通线。为解决这一威胁，黑尔以炮兵和后勤部队匆匆组建一个战斗群，交给第124炮兵指挥官伯姆。另外，第7军还更新先前的报告，称自1月14日以来共俘虏/缴获或击毁300名苏军士兵、43辆卡车、102门反坦克炮、2门火箭炮、17门不同类型火炮和大批轻武器。

南面，乌曼作战司令负责的防区当日依然平静[34]。铁路线南面各村庄现在已没有敌军，这表明苏联人开始将其兵力北调。铁路线北面同样如此，敌人已撤出波塔什、曼科夫卡和津泽列夫卡周边阵地。但在第17装甲师左翼，对方仍据守多布拉亚、涅斯特罗夫卡和索科洛夫卡（Sokolovka）村，没有迹象表明他们打算撤离。北面的戈尔内季基奇河地段，该师继续向西攻击前进，并在泽列内罗格附近的河对岸设立一座登陆场，但面对苏军的顽强抵抗，该师在布佐夫卡对河上桥梁反复实施的冲击一无所获。第17装甲师怀疑桥梁已被苏军炸毁。先遣部队身后，该师另一个战斗群从津泽列夫卡向北攻击前进，力图肃清交通线。在消灭敌人设在基先齐的阵地后，该战斗群攻向西北方，中午前后同泽列内罗格附近的部队会合。同时，第6装甲师获得加强的第4装甲掷弹兵团也冲出津泽列夫卡，直接向北而去。该团从行进间攻入奥达亚村（Odaya），驱散敌守军，并向奥赫马托夫南部边缘追击后撤之敌，尔后转身向西，穿过沃罗诺耶，15点左右到达泽列内罗格。这两场进攻打通第17装甲师的交通线，尽管以东地域仍有敌军存在，他们在那里扼守希日尼亚，德国人还发现苏军部队正从克里韦茨和基先齐向北调动。虽说第17装甲师取得这些战果，但其后方的态势依然不甚明朗，并不令人满意，无法说清究竟是谁包围谁，因此，第3装甲军仍寻求将第17装甲侦察营调至该地段，以该营和后勤、补给部队拼凑起来的力量肃清该地域，消灭敌军残部。第6装甲师防区，敌人试图再度突入齐别尔马诺夫卡，但这些进攻被德军击退。除此之外，该地段几乎未发生战斗。

早上8点，第1装甲集团军正式接管戈尔尼克第46装甲军。根据相关指示，该军停止目前的进攻，第16装甲师、第1和第254步兵师已到达锡博克河北面的索布河一线。该军随即着手将第16装甲师撤出前线，并在既占阵地转入防御，同时将第4山地师部署到这道新防线。第1步兵师在新防御阵地遭苏军攻击，但顺利击退敌军。同时，第101猎兵师从锡博克河河畔亚库博夫卡向东攻击前进，受领的任务是设法在达舍夫与伊伦齐之间占领索布河南岸，但该师几乎没能取得任何进展。师左翼只到达鲍里索夫卡以西2公里处，随后在苏军的顽强抵抗下止步不前，师右翼在克拉斯年科耶西北方2公里的林地卷入激战。第1装甲集团军担心，对敌人在林地内预有准备的阵地实施突击，可能需要付出高昂的代价才能取得成功，而在胡贝看来，在此阶段设法保留那些“优秀而又强劲”的部队，将其用于更有效的反突击行动至关重要[35]。因此，在收悉集团军群和第46装甲军的报告后，胡贝决定停止进攻，并命令戈尔尼克在既占阵地转入防御。

当日白天，北部防线几乎未发生战斗，但德军发现，苏联人将一个机枪营投入塔拉夏东南方布达周边防线[36]。南面，第7军的进攻迫使苏军撤出巴什捷奇基、格林卡和克拉斯内国营农场，也促使苏联人从捷捷列夫卡反复遂行反冲击，但这些突击没能取得成功。德军的进攻似乎重创苏军步兵第167、第38、第180师，尽管东南面的里济诺仍在苏军步兵第136师辖内部队的严密据守下。奥赫马托夫北面，德国人识别出苏军步兵第133师一部位于波博伊纳亚，据俘虏交代，另一个新锐步兵师正在赶来[37]。总之，种种迹象表明，后撤中的苏军各兵团，技术装备的损失远比人员伤亡更加严重。第3装甲军战线，苏联人无法阻挡第17装甲师夺取库特、沃罗诺耶和别斯佩奇纳亚（Bespechnaya）北端，并在泽列内罗格的戈尔内季基奇河对岸设立一座小型登陆场。各村庄的战斗仍在继续，很明显，苏联人加强河对岸布佐夫卡的阵地。先遣部队身后，德军继续实施扫荡，但许多村庄仍在苏军部队控制下，包括基先齐，德国人在那里发现4辆敌坦克。戈尔内季基奇河北面，空中侦察发现，苏联人正设法将其部队撤过扎什科夫和格罗什科夫向北退却，一些苏军队列尾随在后，而在西面，苏军以新调来的炮兵部队加强其防御阵地。遥远的左翼，苏军设法在若尔尼谢以南的舍夫琴科夫卡周围阻挡住第46装甲军的突击，德军认为对方在克拉斯年科耶镇构设的防御非常强大。北面，苏军在利波韦茨和特罗夏附近遂行的反冲击一无所获，德国人看见苏军部队正向南赶往伊伦齐。因此，第1装甲集团军尚不清楚苏军在东面的意图究竟是什么。一方面，有迹象表明对方企图在扎什科夫南面重新集结其部队，用于防御戈尔内季基奇河一线，步兵第133师的出现似乎证实这一点。但另一方面，对方可能只是构设一道防线，以此掩护部队向北实施的大规模后撤。西面的情况同样含糊不明，值得注意的是，苏联人有可能从利波韦茨与佐佐夫之间地段展开进攻。

这就是胡贝当晚20点为次日行动下达命令时面临的状况[38]。他在训令中阐述自己的想法，面对第7军和第3装甲军实施的反突击，苏军向北退却，但他们现在决心坚守布佐夫卡—奥赫马托夫—巴什捷奇基一线。后方被切断在戈尔内季基奇河南面的苏军部队，包括几辆坦克，正企图向西或西北方突出包围圈。另一侧，敌人在第46装甲军南翼对面实施的抵抗有所加强，但装甲集团军仍认为对方有可能在北面，佐佐夫与利波韦茨之间的索布河河段实施一场新的重点突击。因此，装甲集团军命令戈尔尼克暂时停止进攻，而黑尔和布赖特继续遂行突击。北面，第42军的任务保持不变，而第7军应继续攻往布尔特河西岸，扩大已取得的战果，该军的新目标是扎什科夫西面的高地。赋予第3装甲军的任务同样保持不变，但该军还应防止被困于戈尔内季基奇河与鲁达河之间的敌军向北或西北面突围。另外，该军还获准将左翼第17装甲侦察营撤出阵地，尽快使其归建。第46装甲军应停止在其南翼实施的进攻，并在那里转入防御。第101猎兵师和第254步兵师将撤出前线，集结在军中央地段后方，而军左翼的第

4山地师应在防区对面实施侦察，设法弄清该地段铁路线两侧的情况，以便第101和第254师在该地域重新展开进攻。第17装甲侦察营先前据守的地段，由一支快速特别突击队加以巡逻。与此同时，后方第23装甲团第2营将调至涅米罗夫，在那里开始改装工作。新命令中还提及大批被驱散的敌军仍位于第7军和第3装甲军后方，并指出，为确保两个军有足够的兵力向西突击，应由后方梯队和补给部队提供必要的兵力肃清这些地域，尔后加以占领和守卫。命令中还以一种邪恶的语气指示各军部，逮捕当地居民中有服役能力者，将他们送出该地域。另外，收缴所有弹药，德军无法使用的武器应悉数销毁。

虽然第1装甲集团军的记录中没有具体提及这些命令背后的想法，但在叫停第46装甲军对索布河以南实施的进攻时，胡贝很可能得出结论，苏军在河流南面部署强大的力量，以掩护其突出部的头部。因此，胡贝的想法大概是，与其挤压该突出部顶端，不如对其侧翼发起打击，敌人在那里的防御也许没那么强大，他认为从更北面展开进攻，穿过突出部底端，能够切断河流以南之敌，并形成另一个包围圈。

当日中午过后，第1装甲集团军还给第3、第46装甲军下达关于第503重型装甲营（“虎”式坦克）和第23装甲团第2营（“豹”式坦克）的新命令，这两个装甲营刚刚编入装甲集团军[39]。胡贝将这两支援兵交给第46装甲军，并告诉这两个军，集团军群规定两个营改装完毕后方可投入战斗。为协助第46装甲军，第3装甲军应设立一个Sonderkommission[40]，其中包括一名装甲军官和一名维修人员，检查这两个营的技术状况，并核实他们需要哪些帮助，以便尽快完成改装工作。

1944年1月17日，星期一[41]

新的一天到来时阴云密布，温度仍稳定在零摄氏度以下，各处均出现深深的霜冻。第1装甲集团军右翼，第42军据守的地段突然间再度爆发战斗，但并不特别严重。装甲集团军认为，苏联人重新展开进攻，意图是将德军牵制在该地域。夜间，苏军部队在夜色掩护下谨慎向前推进，在几个地段以排级兵力组成的巡逻队试探德军防御阵地。天明后，苏军以连级兵力在卡加尔雷克以南的舒博夫卡东北地域反复展开进攻，但这次获得从西面奥利沙尼察—卢比扬卡地域实施的另外一些进攻的支援。其中一场进攻突入奥利沙尼察东部边缘，但被德军匆匆组织的局部反冲击肃清。

第7军据守的地段，苏联人调来新锐部队，加强戈尔内季基奇河与格尼洛伊季基奇河之间，沿布佐夫卡—奥赫马托夫—巴什捷奇基—韦谢雷库特（Vesely Kut）一线构设的防御阵地，其中包括首次出现的一支配备美制坦克的完整坦克部队。援兵到达后，苏军得以阻止第7军继续扩大战果，面对苏军的顽强防御，该军辖内三个师被迫转入防御。第198步兵师攻向韦谢雷库特，但没能突破敌人设在村东面的防御。在第82步兵师作战地段，苏军甚至在当日上午转入反击，投入一个步兵营，在坦克支援下冲击该师阵地。苏军设法楔入沃特列夫卡西北边缘，但该师迅速展开反冲击，肃清对方渗透。第82步兵师随即转入防御，据守昨日既占战线。若说有什么不同，苏联人在纳戈尔纳亚地域对第34步兵师展开的反冲击甚至比昨日更加猛烈。强大的苏军步兵部队在约24辆坦克支援下，反复冲击该师阵地，据报，这些进攻均被击退，苏军遭受严重损失，24辆坦克悉数折损。当日只有第75步兵师取得些进展，在奥赫马托夫周围突破苏军顽强防御，一个战斗群夺得镇西部，尽管遂行防御的苏军部队展开猛烈反冲击，但该战斗群设法守住自己的阵地。同时，另一个战斗群冒着敌人猛烈的防御火力投入进攻，一举夺得该镇西北面高地。师后方地域，“伯姆”战斗群夜间冲出奇佐夫卡，设法突入里济诺，但面对苏军压倒性兵力优势，该战斗群被迫向东退却。被困的苏军部队随后冲出里济诺，赶往西北方夺得巴格瓦。第75步兵师辖内另一个战斗群随即从西面组织反冲击，先夺得乌利亚诺夫卡，尔后继续前进，迫使苏联人撤出巴格瓦。该战斗群随后转身向北，傍晚前夺得鲁巴内莫斯特。毫无疑问，在鲁巴内莫斯特地域保留一股相对较强的力量，就将切断被困于西北面的苏军部队的逃生路线，第7军现在打算采取一切预防措施阻止这些敌军突围[42]。第1装甲集团军参谋长文克同第7军参谋长施瓦特洛-格斯特丁格上校商谈后得出结论，对被围敌军加以监视即可。他们觉得最好让这些敌人“自生自灭”，而不必以辖内部队采取积极行动歼灭对方。将注意力集中在前线更加重要，特别是因为该军没有足够兵力同时实施这两项行动。因此，他们决定将消灭包围圈的任务交给德国空军。在这方面，德国空军提供的支援受到第1装甲集团军地面部队大力称赞，作战日志中特别提及“克纳普”特遣队，称他们与“大批作战部队密切配合”，以“坚持不懈的行动取得出色战果”。

西面第3装甲军防区，第17装甲师以第6装甲师第4装甲掷弹兵团为基础组建的战斗群，当日清晨从泽列内罗格登陆场出发，向西攻往河流南面，绕过布佐夫卡，并从行进间夺得奥斯特罗扎内。该战斗群随后右转，向北攻击前进，跨过河上桥梁，在布佐夫卡西面的戈尔内季基奇河对岸设立一座登陆场。苏联人迅速做出应对，开始从南北两面发起一系列反冲击，致使德国人遭受沉重压力。苏联人还从西面展开反冲击，一些部队在那里跨过久布里哈上方冰冻的湖面。该战斗群后方，敌人肃清别斯佩奇纳亚，并将村西面的水坝炸毁，导致下游泽列内罗格的桥梁被淹没。这股苏军随即转向西北方，从东南面冲击该战斗群，构成切断其交通线的威胁。形势越来越严峻，第3装甲军参谋长默克上校与第1装甲集团军参谋长文克商讨事态。两人一致赞同，在奥斯特罗扎内新设立的登陆场对后续战役发展太过重要，绝不能放弃。他们认为，虽然第4装甲掷弹兵团组成的战斗群遭隔断，但能够凭自身的实力坚守一段时间，至少能等到在两天内赶至的第16装甲师，因而决定让该战斗群留在原处。南面的情况不太严重，尽管第6装甲师在齐别尔马诺夫卡再度遭到攻击，但该师击退对方冲击，并未发生严重情况。左翼，该军注意到敌人在索布河一线的总体情况基本未发生变化。苏军还对第46装甲军展开一些零星、缺乏协同的局部进攻，投入的兵力均不超过营级，有几次获得坦克支援，但都没有取得真正的战果。不过，利波韦茨南面，德国人发现苏军在戈尔季耶夫卡对面地域调动，并在那里看见14辆敌坦克，这表明对方可能将在那里重新展开进攻。同时，该军继续按照指示实施重组，第101猎兵师和第254步兵师将按计划完成各自的再部署，不迟于1月19日—20日晚。

北部防线，第42军又度过相对平静的一天，苏军只在捷尔诺夫卡地域实施几次不成功的突击。相比之下，第7军对面的苏联人在奥赫马托夫东北面发起一系列强有力的反冲击，他们现在将整个步兵第133师投入捷捷列夫卡地段[43]。这场进攻获得坦克部队支援，这股尚未确定其番号的坦克力量投入约20辆M4A2“谢尔曼”坦克，但苏军没能取得任何进展，所有坦克悉数折损[44]。东北面，德国人发现苏军步兵第359师一个团位于费久科夫卡地域

（Fedyukovka），该团在那里立即投入战斗[45]。苏联人继续将部队从北面调往南面，近卫步兵第42师已调离塔拉夏，开至布佐夫卡两侧第17装甲师对面。另一方面，德国人发现苏军遗弃一些坦克，显然表明近卫坦克第5军缺乏燃料。德军遂将这些坦克炸毁。第3装甲军右翼对面，尽管第17装甲师战果颇丰，但一大股苏军仍控制着戈尔内季基奇河南岸的希日尼亚、库特和沃罗诺耶，另一股苏军坚守在更南面的索科洛夫卡—涅斯特罗夫卡—多布拉亚地域。虽然拥有这些力量，但苏联人无法阻止第17装甲师在奥斯特罗扎内北面的河对岸夺得一座小型登陆场，尽管他们反复试图将这股德军逐过河去。苏军先后从南面、科涅拉、西面的树林冲击德军设在奥斯特罗扎内的阵地，但没能取得成功。德国人还发现苏军部队正从布佐夫卡赶往奥斯特罗扎内，表明对方意图在戈尔内季基奇河南岸保留自己的登陆场，以此作为其新防御阵地的组成部分。另外有报告称，苏联人正从西面加强久布里哈，表明他们已决心消除这一威胁。后方，苏军撤出基先齐，但仍据守着东南面的哈尔科夫卡（Khar'kovka）。相比之下，第3装甲军左翼几乎没有什么活动，第46装甲军面对的态势也未发生变化，尽管苏军对其阵地遂行几次突击。鉴于第7军和第3装甲军的反突击取得胜利，苏军的意图似乎是构设一道新防线，从科夏科夫卡起，经巴什捷奇基和奥赫马托夫至布佐夫卡，同时消除第17装甲师设在奥斯特罗扎内北面的登陆场构成的威胁。被困于里济诺周围的苏军部队似乎也有可能向西突围。集团军左翼对面的苏军较为消极，仅在各处实施一些侦察巡逻。

胡贝当日上午决定保持进攻势头，不理会仍在第7军身后和戈尔内季基奇河河曲部战斗的敌军，但他现在开始重新考虑这个问题。一方面，停止进攻肯定会使苏联人获得时间强化其防御阵地，德军要想取得成功，势必加强该地段的力量。另一方面，后方地域的态势仍存在不确定性，这给补给造成困难，解决这个问题意味着从前线抽调兵力。面对这种两难境地，胡贝下定决心，后方地域的稳定和消除战线后方的威胁更加重要。因此，他命令第7军和第3装甲军，首先为晚些时候的继续进攻创造必要的先决条件，特别是加强他们设立在布尔特河西岸和戈尔内季基奇河北岸的登陆场。这项任务完成后，他们应将注意力转至消灭后方地域和南北两翼的苏军部队上。

1944年1月18日，星期二

第1装甲集团军据守的大部分防线当晚保持平静，唯一的例外是苏军不断冲击奥斯特罗扎内北面、戈尔内季基奇河对岸新出现的登陆场。拂晓到来时，和前几天一样冷，但随着毛毛雨的出现，能见度有所恶化。

虽然第42军防区基本保持平静，但随着拂晓来临，敌人沿第7军和第3装甲军据守的防线重新发起冲击。第7军防区，敌人在沃特列夫卡—巴什捷奇基地段，特诺夫卡两侧遂行的突击尤为猛烈，他们投入3—4个步兵师展开集中进攻，这似乎表明苏联人打算向东南方突破到维诺格勒和被围部队身旁。这种判断得到两点证实，第一，苏军投入坦克进攻特诺夫卡[46]；第二，截获的无线电报表明，被困的苏军部队要求派坦克为其解围。第198步兵师据守的地段基本保持平静，苏联人仅以连级兵力进攻格尼洛伊季基奇河河畔科的夏科夫卡西南部。该师成功击退这场冲击，但在报告中指出，敌人当日的调动异常繁忙，一些部队穿过韦谢雷库特向南而去。稍西南面，约3000名苏军士兵和少量坦克组成的大股队列穿过费久科夫卡赶往南面。第82步兵师先在沃特列夫卡附近遭苏军一个步兵团攻击，将其击退后，苏联人又投入约18辆坦克攻向特诺夫卡。该师无法阻挡这场冲击，遂将右翼撤至东面，以便实施重组。对辖内部队加以整顿后，该师组织局部反冲击，黄昏前重新夺回特诺夫卡南端。第82步兵师力图扩大战果，但对方坚决抵抗，加之苏军援兵赶至，这番尝试未果。南面，第34步兵师一连击退敌人对巴什捷奇基的四次进攻，但对方第五次突击终于在该镇西南部夺得一处立足地。左翼对面，该师以炮火猛轰已知的敌集结区，预先制止敌人的进攻行动。据该师报告，在当日战斗中击毁24辆敌坦克。第7军左翼，第75步兵师度过平静的一天，没有遭受同样强度的战斗，不过，该师报告苏军援兵不断调至其防区对面，并预计对方会在几天内展开猛烈进攻。主战线后方，被困于里济诺—舒比内斯塔维—鲁巴内莫斯特地域的苏军部队保持平静，但夜幕降临后，他们朝北面的维诺格勒方向派出巡逻队，无疑希望同解围部队取得联系。虽说德军的进攻此时已失去势头，但集团军群注意到第7军为之付出的努力，胡贝当日接到冯·曼施泰因发来的电报，感谢第34、第75步兵师和第202突击炮营在近日进攻行动中付诸的努力。不过，态势仍不明朗，继胡贝昨晚重新考虑眼前问题后，文克又同第7军参谋长施瓦特洛-格斯特丁格进行讨论。在胡贝看来，黑尔第7军现在受到双重影响：一是敌人猛烈冲击第82步兵师；敌军部队位于该军后方。因此，他当晚直接致电黑尔，提醒这位军长，继近日取得成功后，能否坚守已到达的新防线，现在取决于能否歼灭被围之敌。他甚至向黑尔强调指出，当初他担任装甲师师长时经常遇到这种情况，并发现总能依靠重武器来消灭敌人[47]。

在此期间，第3装甲军位于西南方的防区，戈尔内季基奇河河曲部的态势有所稳定。德军一直忙于清剿遭孤立的各苏军部队，对方似乎正在新格列布利亚—沃罗诺耶—泽列内罗格地域沿河流重组，南面的索科洛夫卡和多布拉亚周围同样如此。这些部队分成一个个小组动身出发，企图撤向北面或西北面，返回己方防线，这就意味着他们打算强渡戈尔内季基奇河。他们在别斯佩奇纳亚和科涅拉周围试图向北突围，但没能突破第3装甲军防线。西面，第17装甲师陷入孤立的战斗群不断遭到苏军从北面、西面和南面反复实施的冲击，但他们继续坚守奥斯特罗扎内和登陆场。第6装甲师防区较为平静，据该师报告，这一整天都没有发生战斗。

与此同时，胡贝的老部队，第16装甲师，已编入布赖特第3装甲军，正继续向东调动。该师现在分成三个战斗群。第一个战斗群由第79装甲掷弹兵团组成，并获得第16装甲炮兵团第1营加强，当日上午开始到达莫纳斯特里谢地域。第二个战斗群由第64装甲掷弹兵团和第16装甲炮兵团第3营组成，位于后方不远处，11点30分到达赫里斯季诺夫卡西面的伊万戈罗德（Ivangorod）。第三个战斗群编有第2装甲团和第16装甲炮兵团第2营，上午9点仍在盖辛，预计在傍晚前开到。胡贝原打算以第16装甲师歼灭仍位于科涅拉—索科洛夫卡—科涅利斯克胡托拉—克尼亚日基地域的苏军部队，但该师第一个战斗群已投入战斗，正设法解救被切断在奥斯特罗扎内的第4装甲掷弹兵团。该战斗群11点30分从莫纳斯特里谢出发，一路赶往捷奥林。途中，该战斗群遭到苏军顽强抗击，但傍晚前到达克尼亚日基郊外，距离其目标仅几公里。该战斗群就地过夜，计划于次日晨恢复推进。其意图是完成解救第4装甲掷弹兵团的任务，尔后转身返回，遂行原定计划，肃清敌军盘踞的地域。

装甲集团军左翼，戈尔尼克第46装甲军当日大多数时间用于防御，抗击敌人在索布河河畔伊伦齐以西地域反复实施的进攻。苏军为此投入强大的步兵力量，并以坦克为支援，在亚库博夫卡和特罗夏成功突破德军防御阵地，但德国人迅速展开局部反冲击，封闭并肃清这两处突破。他们还看见苏军部队在北面沿索布河谷在戈尔季耶夫卡附近地域集结，表明对方可能很快会在该地段发起一场新的进攻。

综上所述，对第42军来说，又度过平静的一天，此时，苏联人已将北部战线上的部队抽调一空，导致卡加尔雷克与塔拉夏以东某处之间只剩步兵第337师，该师据守着扎普鲁季耶（Zaprud'e）东面的防线[48]。在其他地段遂行防御的是四个机枪-火炮营、一个建筑营、两个惩戒营和一个惩戒连[49]。据这些部队抓获的俘虏交代，他们已受领进攻任务，但第1装甲集团军对此嗤之以鼻，认为即便对方展开进攻，其规模也很有限。南面，苏联人对第7军新阵地发起反冲击，战果喜忧参半，德方判明，昨日支援步兵第133师的坦克隶属机械化第5军辖内坦克第233旅[50]。该军主力已开赴别尔季切夫，但坦克第233旅于1月14日在法斯托夫卸载，并迅速投入战斗。该旅约有40辆美制“谢尔曼”坦克，德国人认为这是一种新式、更轻型的变款。后方地域，德军情报部门指出，被困于舒比内斯塔维和鲁巴内莫斯特地域的苏军部队正企图突围，他们打算先向北，尔后转身向西，突破德军防线。第3装甲军防线，苏军已撤至沃罗诺耶周围一座登陆场，德国人还看见约600名苏军士兵组成的队列从索科洛夫卡向北后撤，穿过科涅拉，跨过冰冻的河水退往别斯佩奇纳亚。第二支苏军队列的规模与之类似，从索科洛夫卡向西而去。南面，苏军撤出多布拉亚和涅斯特罗夫卡，而德军发现，苏联人也弃守哈尔科夫卡。但与此相反的是，苏联人一直在加强奥斯特罗扎内北面的阵地，设立起一道新反坦克防线，并以7—10辆坦克提供支援。总之，苏军当日在戈尔内季基奇河地段又投入约40辆坦克，但不清楚这些坦克是否属于一直与第40集团军保持联系的近卫坦克第5军，抑或隶属某支新开到的部队。第3装甲军左翼没有什么活动，但在旧达舍夫（Stary Dashev）西南面，德军发现推进中的苏军部队进入尤尔科夫齐。装甲集团军左翼，第46装甲军遭到苏军在克拉斯年科耶—纳尔齐佐夫卡地段遂行的几次冲击，这些进攻虽然获得坦克支援，但没能取得任何进展，这些坦克出现在不同地段，分成一个个小组展开行动。德军情报部门指出，苏军坦克第1集团军司令部正在运输途中，可能在东北方，这一点，加之其辖内大多数部队近期遭受的损失，意味着该集团军不太可能在不久后投入大规模行动。第1装甲集团军的总体判断是，苏联人近期不会发起任何大规模进攻，但有可能对第42军西北防线和集团军左翼实施局部突击。装甲集团军还认为，苏军可能在坦克支援下沿戈尔内季基奇河防线遂行冲击，这是他们致力于在该地段构设一道连贯防线的行动的组成部分。

胡贝当日收到冯·曼施泰因发来的一封电报，集团军群在电报中提出彻底歼灭苏军坦克第1集团军的计划[51]。尽管如此，胡贝已决心恢复进攻，以保持近日夺得的主动权。可是，恶化的气候条件没能助他一臂之力。就在胡贝策划进攻之际，糟糕的能见度使他难以弄清敌军动向，第1装甲集团军此时失去对苏军坦克第1集团军下落的掌握。虽然存在这些困难，胡贝还是于当晚给麾下各军下达命令，指示他们为新的进攻行动做好准备[52]。这场新行动的代号为“瓦尔特劳特”。

注释

1.“南方”集团军群作战处，第219/44号令，1944年1月13日签发。

2.第1装甲集团军作战处作战日志，1944年1月14日的条目。

3.第1装甲集团军发给“南方”集团军群的晨报，1944年1月14日5点20分签发。

4.这是两支营级规模部队，1943年11月2日第323步兵师解散时，以第591、第593掷弹兵团残部组建而成，他们一同构成第323师级集群。这些部队纳入第88步兵师，以弥补该师此时因解散第246掷弹兵团而蒙受的损失。

5.后来的苏联地图上标注为切尔沃诺耶，但之后彻底消失。它位于齐别尔马诺夫卡东面，多布拉亚河对岸。

6.第7军每日报告，1944年1月14日23点10分签发。

7.我一直无法在任何地图上找到这个地点，这个地名也没有明显的拼写或抄写错误。有可能指的是第82步兵师作战地域内的科奇科瓦（Kochkova），报告时弄混了。

8.第3装甲军每日报告，1944年1月14日20点签发。该军军部目前设在乌曼西北方的上奇卡。

9.第42军每日报告，1944年1月14日18点30分签发。

10.第1装甲集团军情报处发给“南方”集团军群的晚间报告，1944年1月14日24点签发。

11.第1装甲集团军发给“南方”集团军群的晨报，1944年1月15日6点30分签发。

12.第1装甲集团军发给“南方”集团军群的晨报，1944年1月15日7点30分签发。

13.第42军每日报告，1944年1月15日18点20分签发。

14.第1装甲集团军发给“南方”集团军群的电报，1944年1月15日10点15分签发。

15.第7军每日报告，1944年1月15日15点20分签发。

16.第1装甲集团军作战处作战日志，1944年1月15日的条目。

17.第3装甲军每日报告，1944年1月15日19点45分签发。

18.第1装甲集团军作战处作战日志，1944年1月15日的条目。

19.第3装甲军的报告表明，加入第17装甲师的这个战斗群此时编有：

· 第4装甲掷弹兵团

· 第11装甲团第2营

· 第76装甲掷弹兵团第1营

· 第67炮兵团第2营

加入第17装甲师的另外一些部队是：

· 第1装甲集团军突击连

· 第471装甲歼击营第1连

· “奥斯曼”装甲战斗群

· 乌曼作战司令

第1装甲集团军近期还把第627工兵营交给第3装甲军。

20.第1装甲集团军作战处作战日志，1944年1月15日的条目。

21.第1装甲集团军情报处发给“南方”集团军群的晚间报告，1944年1月15日23点10分签发。

22.第1装甲集团军作战处，第45/44号令，1944年1月15日签发。

23. “南方”集团军群，第243/44号令，1944年1月15日签发。

24.第23装甲团第2营隶属第23装甲师，该师此时位于乌克兰更南部，在第6集团军编成内。

25.第1装甲集团军作战处，第46/44号令，1944年1月15日签发。

26.第4装甲集团军发给第1装甲集团军的电报，1944年1月15日11点40分签发，无编号。

27.第46装甲军作战处，第22/44号令，1944年1月15日签发。

28.第42军晨报，1944年1月16日5点30分签发。

29.第7军晨报，1944年1月16日5点35分签发。

30.第3装甲军晨报，1944年1月16日6点签发。

31.第1装甲集团军发给“南方”集团军群的每日报告，1944年1月16日22点签发。

32.第7军每日报告，1944年1月16日19点40分签发。此时，提供支援的第202和第233突击炮营分别拥有12辆、5辆可用突击炮。

33.德方记录中称之为Poboika。

34.第1装甲集团军发给“南方”集团军群的每日报告，1944年1月16日22点签发。

35.第1装甲集团军作战处作战日记，1944年1月15日的条目。

36.第1装甲集团军情报处发给“南方”集团军群的晚间报告，1944年1月16日24点签发。该营是机枪第498营。

37.步兵第133师1月13日调自最高统帅部大本营预备队。

38.第1装甲集团军作战处，第48/44号令，1944年1月16日签发。

39.第1装甲集团军作战处，第89/44号令，1944年1月16日签发。

40.特别调查团。

41.第1装甲集团军作战处作战日志的各种附件，包括报告和命令，缺失1944年1月17日和18日的纪录。因此，对于这两天作战行动的记述，完全基于其作战日记的条目。

42.第1装甲集团军情报部门确认，被困在这里的苏军部队隶属步兵第38、第136、第167师，另外还有近卫坦克第5军近卫摩托化步兵第6旅部分部队。情报部门还指出，这些敌军企图在夜间突出包围圈。

43.第1装甲集团军情报处发给“南方”集团军群的晚间报告，1944年1月17日23点50分签发。

44.第1装甲集团军认为，这些坦克可能属于近卫坦克第5军或坦克第31军辖内一个坦克旅，但无法确定。而战俘的交代也表明，这些坦克很可能属于一支较小的独立部队。

45.步兵第359师此前一直在苏梅地域接受改编，1月4日调离最高统帅部大本营预备队，1月15日开到费久科夫卡地域。

46.虽然第1装甲集团军作战日志中将苏军在该地域部署的坦克描述为“大规模”，但也指出，他们只看见18辆敌坦克。由于这个数字略高于苏军独立坦克团的标准配置，“大规模”这个词可能指的是投入方式，而非数量。

47.胡贝自1940年11月1日起一直担任第16装甲师师长，1942年9月15日出任第14装甲军军长。

48.第1装甲集团军情报处发给“南方”集团军群的晚间报告，1944年1月18日22点20分签发。

49.德军情报部门确认，这些部队是独立机枪-火炮第404、第498、第513营和第27惩戒营。另一个机枪-火炮营尚未识别出其番号，但几天后确定为独立机枪-火炮第512营。这些机枪-火炮营编有四个机枪连和一个炮兵营，炮兵营辖三个连，每个连4门76.2毫米火炮。他们可能隶属第54或第159筑垒地域，但第1装甲集团军并未遭遇这两个筑垒地域。

50.该军1月11日调出最高统帅部大本营预备队，近日开到前线。

51.“南方”集团军群作战处，第287/44号令，1944年1月18日签发。

52.第1装甲集团军作战处，第6/44号作战令，急电，1944年1月18日签发。

第十五章
稳定左翼

1944年1月19日，星期三

整个晚上，第24装甲军在别尔季切夫以南据守的防区基本未发生变化[1]。一如既往，苏军继续以火炮和迫击炮施以破坏性炮火，并对北部防线展开四次小规模冲击，德军未费太大周折便将这些进攻击退。几个德军师向防线前方派出侦察巡逻队，据他们报告，苏联人的部署没有变化。清晨7点，第20装甲掷弹兵师师部从第18炮兵师手中接防中央地段。西面，第48装甲军防区右翼保持平静，党卫队第1“警卫旗队”装甲师和党卫队“帝国”装甲战斗群未报告任何重要情况[2]。第19装甲师在斯卢奇河两侧遭受攻击，虽然最终击退这些进攻，但一些战斗沦为白刃战，导致一名德军士兵失踪。昨晚，苏军部队楔入杰姆科夫齐，但第19装甲师23点30分肃清这场突破。一小时后，一支苏军侦察巡逻队向前推进，但也被德军击退。临近拂晓，4点45分，第7装甲师出发，朝第96步兵师的方向展开进攻，按计划冲向新拉本。

左翼，第96步兵师防区较为平静，这使该师得以完成重组，准备朝第7装甲师方向遂行冲击[3]。第291步兵师当晚较为活跃，他们袭击克利缅托维奇以西约5公里处的一个苏军前哨，抓获3名俘虏，据其交代，苏军正准备以两个步兵营进攻该村。根据这一情报，该师发现苏军位于克利缅托维奇西面和西北面的集结区，就在苏军投入进攻时，该师以密集炮火对其施以打击。结果，这场进攻还没开始便以失败告终。同时，该师还向左翼外的西北方派出侦察巡逻队，发现苏军已占领明科夫齐南面的罗马尼内村。派往斯拉武塔的另一支巡逻队设法到达距离该镇不到1公里处，未与敌人发生任何接触，而塔什基（Tashki）的一支前进支队却报告，在该镇遭遇机枪火力打击。

新的一天到来时，天气基本保持不变，大多数地区的温度仍在冰点徘徊，某些地方更冷些。天色依然阴沉，据报，第24装甲军防区白天下起小雨。各条道路大体尚能通行，但由于结冰，交通状况较为困难。南翼第24装甲军报告，苏联人的活动较前几日为多，对方忙着构筑防御工事，并加强补给运输[4]。第168步兵师防区中央地段，双方巡逻队6点左右在基罗夫卡东面交火，之后，苏军又对基罗夫卡—切尔尼亚京地段展开三起侦察巡逻，但这些行动都被德军击退，一名苏军士兵被俘。昨晚，该地段再度遭到苏军猛烈炮击，但炮火白天平息下来，据德方统计，共落下700发炮弹，大多仍是针对格拉西莫夫卡。该师还发现，苏军在后方格尔马诺夫卡地域部署重型火炮。西北方，第20装甲掷弹兵师防区右翼，苏联人两度冲击扎利万希纳东北面的德军阵地，每次都投入连级兵力，第一次发生在14点，第二次发生在一小时后。两场进攻均被德军击退。该师师部目前设在戈尔杰耶夫卡，而第18炮兵师师部正赶去加入第1装甲集团军。左侧，第1装甲师亦遭到攻击，13点15分，苏联人以连级兵力冲击莫洛特科夫齐，但被该师击退。14点至16点间，苏军又在该村东面展开三次尝试，每次投入约50名士兵[5]。这些进攻没能获得成功。虽然取得这些小小的战果，但该师的兵力此时已寥寥无几，不得不梳理后勤部队，将搜罗到的士兵投入前线，并以装甲团、装甲炮兵团和补给单位人员拼凑起三支新警戒部队。

第48装甲军防区大体保持平静[6]。昨晚的侦察和无线电拦截表明，苏联人将新锐援兵调入柳巴尔—大杰列维奇地域，说明他们正计划在该地区发起进攻，但目前尚无动静。右翼，党卫队第1“警卫旗队”装甲师继续为第371步兵师的换防加以准备。后者将第671团级集群部署在“警卫旗队”装甲师右翼后方，准备接管前线地段，而该师余部正按计划时间安排向前调动。第669团级集群到达别雷鲁卡夫地域（Bely Rukav），西面的第670团级集群也已赶至谢姆基（Semki）和托尔钦（Torchin）。党卫队“帝国”装甲战斗群报告，他们看见苏联人在克拉斯诺波尔南部边缘挖掘防御战壕，但该地域的补给交通运输甚少。柳巴尔西面，第19装甲师报告，他们下午听见大杰列维奇南面传来履带声，还发现一个苏军炮兵连在该地域向西调动。军左翼的第7装甲师取得出色进展，目前在新拉本南面的林地内重组。预期中的苏军反措施并未出现，德军从南面和东面展开攻击，10点30分左右，第7装甲师同第96步兵师辖内部队在镇南面成功会合。苏军在该地域几乎未实施抵抗，第7装甲师推进期间不仅消灭对方一个炮兵连，还抓获40名俘虏，据报击毙150名苏军士兵。师装甲部队继续前进，当日下午夺得新拉本，随后将该镇交给第96步兵师。第7装甲师随即将重点转向东南面的奥纳茨科夫齐，以一股装甲力量从东南面冲击该镇。14点，他们驱散敌守军，该镇落入德军手中。第7装甲师随后设立一道新防线，从283高地路口向西北方延伸，经奥纳茨科夫齐北部边缘至新拉本东南边缘。夜间，苏联人投入约25辆坦克，向新拉本遂行反冲击，设法楔入德军新防御阵地[7]。第7装甲师成功封闭镇南部突破口，但第96步兵师陷入苦战，不仅丢失镇北部，还包括季特科夫东端。第48装甲军同第59军恢复联系后，劳斯下达命令，正式确定当前态势，指示第96步兵师接替第7装甲师余部，将其右翼延伸到塔杰乌什波尔南面的281高地[8]。而第7装甲师应尽快撤出前线，集结在格里采夫以西的连科夫齐—格里采夫—布托夫奇—韦尔博夫齐地域，由第4装甲集团军直接掌握。

第59军防区，唯一提及的战斗是第96步兵师朝第7装甲师方向遂行的攻击[9]。突击群取得出色进展，夺得季特科夫和新拉本，同第7装甲师取得联系。突击群随即接防该地域，并设立防御守卫该镇，以腾出装甲部队部署到别处。正如我们所知的那样，这些阵地没能坚守太久，苏军的反冲击迫使该师撤离新拉本和季特科夫。该军防区其他地段未发生特别的战斗，但发现敌人正从西北方赶往斯维诺耶，从斯维诺耶赶往罗戈维奇。对方这两起调动都遭到德军炮火打击，部队遭受损失。西北面，第291步兵师报告，苏联人在其右翼对面的萨维奇北部和西部边缘挖掘战地。师左翼对面，德军侦察巡逻队报告，在克利缅托维奇—罗曼诺夫地域和茨韦托哈镇只遇到苏军侦察部队。苏联人重新占领斯拉武塔。

当日中午，第4装甲集团军恢复对豪费第13军的指挥，却发现该地段的态势趋于恶化。一场猛烈炮击后，苏联人对C军级支队据守的戈夏登陆场展开冲击，约500名苏军士兵从南面、东面和北面涌来[10]。据报尽管对方损失惨重，但苏军顺利楔入德军防御，迫使守军撤过戈伦河。C军级支队后撤期间炸毁河上桥梁，但并不足以阻止对方继续前进。苏联人从南面投入约100名士兵，冲击戈夏对面，河西岸的戈尔巴科夫村，但这场进攻被德军击退，德国人还以炮火对所发现的处于集结中的另一些苏军部队施以打击。虽然对方的突击取得成功，但豪费认为，苏联人实际上削弱中央地段，以加强戈夏南北两面的阵地，在南面，他们前出到戈伦河一线，夺得捷索夫（Tesov）、布哈罗夫（Bukharov）、阿加托夫卡（Agatovka）和锡蒙诺夫。据相关情报称，苏军还将一些坦克调入该地域。另一方面，他们尚未占领戈夏北面的村庄，而约15公里外的图钦（Tuchin）驻有一支苏军部队，估计其实力为一个营。北面，“普吕茨曼”战斗群据守的地段位于图钦至西北方约30公里的戈洛温（Golovin）一线，改防线这一整天保持平静。但戈洛温当日清晨遭到实力不明的苏军部队袭击，德军上午10点左右将其击退，缴获少量物资。西面，“格尔克”团应沿戈伦河北岸推进，从杰拉日诺耶（Derazhnoe）地域出发，向东北方赶往亚波洛季（Yapolot'）—斯特金（Stydin）一线，但没有收到关于该团进展情况的消息。北面，德军发现苏联人在斯捷潘（Stepan'）两侧的戈伦河对岸设立一座登陆场，而斯特金、米德斯克（Midsk）、旧卡缅卡（Staraya Kamenka）和韦尔布切（Verbche）村都被苏军正规部队占领。“普吕茨曼”战斗群左翼西北方50公里外，“冯·德姆·巴赫”战斗群一部进入阵地。“冯·比辛”集群从梅德韦日耶（Medvezh'ye）向南面和东面派出侦察巡逻队，到达斯特里河河畔的恰尔托里斯克（Chartoriisk）和新谢尔基（Novoselki）村，未遇到任何敌军。他们渡过该河向东而去，发现少量苏军部队据守拉法洛夫卡（Rafalovka）[11]。西面的后方地域，冯·德姆·巴赫忙于集结在科韦利卸载的战斗群辖内部队，这些部队在斯托霍德河（Stokhod）西面的铁路线两侧重组。与此同时，“柯尼希”团开始从罗夫诺赶往科韦利，第一列火车下午17点30分驶离。科韦利南面和北面，德军同当地游击队发生零星交火。同时，第662陆军工兵营朝反方向调动，从科韦利赶往罗夫诺。

总之，当日对第4装甲集团军而言喜忧参半。第24和第48装甲军据守的防区较为平静，真正的战斗再度发生在左翼。第7装甲师和第96步兵师夺得新拉本和季特科夫，封闭第48装甲军与第59军之间的缺口。其间，他们发现苏军正朝该地域调集援兵，但这些新锐部队到目前为止尚未投入战斗。另一方面，北面的戈夏登陆场丢失，C军级支队撤至戈伦河西岸，苏联人开始进攻北面的戈洛温。更北面的情况不甚明朗，第4装甲集团军并不了解苏军在该地区的调动。但集团军指出，先前在沃伦斯基新城—罗夫诺公路北面行动的一些苏军兵团已向南调动[12]。劳斯现在承担起守卫集团军群左翼之责，这片地域从罗夫诺北面的辽阔林地一路延伸到普里皮亚季沼泽。北面的态势尚不明确，据悉第13军面对苏军第13集团军，后者的四个步兵师部署在C军级支队和“普吕茨曼”战斗群防区对面[13]。先前确定的另外五个苏军步兵师去向不明，或与当地游击队合兵一处，或与其密切配合。德国人怀疑他们已沿一条宽大战线推进，在亚波洛季与“中央”集团军群结合部之间渡过戈伦河，赶往科韦利铁路枢纽部，这些强大的苏军部队似乎正在萨尔内—科韦利铁路线两侧推进。另外，第13军与第59军之间的情况同样含糊不清，尽管苏联人似乎已将其部队从戈夏—科列茨公路北面调至布格林（Bugrin）东南地域。面对这种情况，劳斯命令豪费务必遏止正进入“中央”集团军群右翼缺口部的苏军[14]。在现有资源允许的情况下，他应当发起进攻，杀伤敌有生力量，并逐步将其逐回东面。

受领任务后，豪费着手集结部队，将他们部署到苏军主要行动地点对面。首先是罗夫诺周边地域，戈夏—卢茨克公路两侧及北面；其次是萨尔内—科韦利铁路线两侧。在第一个地段，该军目前已守住戈伦河畔阵地，并击退逼近该河的苏军。因此，该军右翼分界线与亚波洛季之间的河流西岸仍牢牢控制在德国人手中，这有利于科韦利—卢茨克—罗夫诺—布罗德地区公路和铁路交通网的安全。在第二个地段，“冯·德姆·巴赫”战斗群着手肃清斯托霍德河与斯特里河之间地域，还在恰尔托里斯克与拉法洛夫卡之间沿斯特里河构设防御阵地。该战斗群接下来的任务是向东推进，占领斯特里河与戈伦河之间的铁路线两侧。这两处之间地域以侦察巡逻队加以监视，该地区的总体成功依赖于及时判明苏军在这里的大规模推进。劳斯意识到仍存在一些巨大的缺口，遂命令该地区所有部队，无论位于何处，统归第13军指挥。德军占领的每个城镇和村庄都应任命一名作战司令，他们的姓名，以及他们掌握的部队，应及时汇报装甲集团军。这些地点应设立环形防御，立即以警戒部队加以守卫。豪费的任务是向各作战司令通报相关情况，并向他们强调，其任务是不惜一切代价坚守这些阵地。为更接近这条新防线，劳斯将司令部从列季切夫迁往西面的布罗德。

1944年1月20日，星期四

南翼第24装甲军平静度过当晚，整个防区只遭到苏军不甚激烈的炮击[15]。第168步兵师左翼的格拉西莫夫卡和第1装甲师右翼的胡托尔卢齐亚诺夫卡都成为打击目标，尤其是苏军的直射火力，而第168步兵师与第18炮兵师结合部的戈连德雷车站亦遭到苏军反坦克炮炮火打击。左翼，苏军23点左右在彼得里科夫齐以东约3公里处楔入第1装甲师防御阵地，但该师以反冲击将其肃清。另外，苏联人在该军左翼实施多起侦察行动，德军抓获一名俘虏。

第48装甲军防区的情况与之类似[16]。军右翼未发生重要情况，党卫队第1“警卫旗队”装甲师、第371步兵师和党卫队“帝国”装甲战斗群都没有报告意外事件，这使“警卫旗队”装甲师的换防工作得以在夜间顺利进行。第19装甲师右翼，苏军向阿夫拉金南面派出一支排级兵力侦察巡逻队，但被德军轻松击退。稍西北方，该师报告在柳巴尔南面发现苏军援兵，就在科兰以东地域。同时，斯卢奇河西岸，苏军同样采取行动，据报他们以炮火轰击该师设在柳巴尔和大杰列维奇以南地域的阵地。西北方，面对昨晚突入新拉本的苏军部队，第7装甲师成功封锁该镇南部边缘，除此之外未与敌人发生接触。在此期间，第96步兵师继续后撤，从该镇东部边缘退至霍莫拉河西岸。该地段未发生重大战斗，但德国人发现，从塔杰乌什波尔而来的公路上，苏军的交通相当活跃，估计是对方的援兵。

第59军右翼，第96步兵师一直忙于应对苏军昨日17点展开的反冲击[17]。苏军为此投入约一个步兵营，在火炮和火箭炮有力支援下攻向拉本和季特科夫。他们对拉本的进攻还获得20辆苏制坦克支援。经过激战，苏军在两个方向均取得成功，到当日晨，他们已夺得拉本北部直至东西向主公路，以及季特科夫东部直至教堂处。相比之下，第291步兵师据守的防区较为平静，该师派出一支侦察巡逻队推进到斯拉武塔以南1公里处，未遇到任何敌军，但在此期间，他们发现少量苏军部队仍控制着茨韦托哈。

装甲集团军左翼的第13军度过一个相对平静的夜晚[18]。C军级支队南翼，苏军在火炮和迫击炮支援下，以连级兵力冲击托尔马霍夫（Tolmakhov）。他们楔入德军防御阵地，但后者旋即以局部反冲击将其肃清，击毙许多苏军士兵，并抓获数名俘虏。军级支队右翼后方，豪费正前调援兵，“柯尼希”

团目前集结在罗夫诺东南面的泰库雷地域（Taikury）。同时，军级支队左翼外，一支侦察巡逻队证实苏军尚未占领雷斯维扬卡村（Rysvyanka）。西北方，“普吕茨曼”战斗群向科斯托波尔南面派出侦察巡逻队，发现马夏（Mashcha）和新别列斯托韦茨（Novy Berestovets）北面树林内，苏军的交通相当繁忙。更北面，“冯·比辛”集群向北面和东面派出另一些侦察巡逻队，在科洛季（Kolodii）和拉法洛夫卡遭遇实力强大的游击队，随之而来的交火给苏联人造成死伤。该集群还报告苏联人在拉法洛夫卡西面实施侦察，那里的游击队正试图安排当地居民向北疏散。除这些事件和轻微的破坏性炮火外，该地域整个夜间保持平静。

拂晓时，天色阴沉，气温逐渐回升。许多地段的温度升至冰点以上，一场化冻随之而来。能见度依然不佳，道路状况发生恶化，路面上覆盖着冰和融雪。虽说出现化冻迹象，但大多数道路目前通行无虞。第24装甲军防区，情况基本未发生变化，德军进一步实施的侦察巡逻弄清苏军的部署，也表明苏联人尚不清楚德军的意图和实力[19]。军右翼，苏联人对第168步兵师的炮击终于开始消退，据报，该师防区白天仅落下300发炮弹。军防区其他地段只遭到零星破坏性火力打击，主要针对别济米扬诺耶—奥西奇纳地段的第1装甲师。苏军继续遂行侦察，第168步兵师前进支队凌晨2点左右在基罗夫卡东南面击退对方两起巡逻活动。第18炮兵师继续将防区移交给第20装甲掷弹兵师，两个营和另外两个营部分部队开始撤出前线。空降猎兵补充营也在清晨6点获得接替，傍晚前集结于巴甫洛夫卡地域，等待后续命令。虽然辖内部队实施调动，但该师当日清晨在佩列莫加附近击退两支苏军巡逻队，西面，第1装甲师凌晨3点在斯图普尼克附近拦截并击退另一支敌巡逻队。此外，德国人还报告，苏军实施空中侦察，主要是在中央地段上方。德军炮兵亦投入战斗，轰击右翼对面的苏军战壕，并对敌人设在莫洛特科夫齐东北面的反坦克炮、迫击炮和火炮阵地施以打击。

尽管苏军在拉本地域加强抵抗，但第48装甲军面临的情况基本未发生变化[20]。军右翼一直保持平静，党卫队第1“警卫旗队”装甲师仍部署在前线的部队继续换防，先前换下的单位开始集中于赫梅利尼克南面的新集结区。傍晚前，党卫队第1装甲掷弹兵团集结在伊夫恰（Ivcha），而党卫队第1装甲工兵营位于赫梅利尼克西南面的乌格雷（Ugly）和韦尔博夫卡地域。“警卫旗队”装甲师获得接替后，巴尔克又接到指示，将另一些部队交出，以恢复自苏军发起进攻以来建制被打乱的一些部队的序列[21]。他现在奉命将第68步兵师余部在接下来两晚悉数撤出，派至赫梅利尼克以西的改编地域归建。第208炮兵团也应予以接替，并在同一地域返回自己的师。同时，他还奉命将第245掷弹兵团调离第88步兵师，将第172掷弹兵团调离第75步兵师，将这两个团交还他们所属的师。在此期间，党卫队“帝国”装甲战斗群敦促第371步兵师当晚接防其右翼地段，作为回应，该师将第669团级集群部署在“警卫旗队”装甲师左翼后方，将第670团级集群部署在“帝国”装甲战斗群右翼后方，为最后的换防工作加以准备。左侧，第19装甲师防区这一整天也保持平静，但西面的情况依然有所不同。上午9点，苏联人的3辆坦克前出到大杰列维奇西南方4公里的三岔路口，第7装甲师辖内部队实施拦截并将其击退。下午，德国人发现敌步兵赶往该三岔路口，但没有报告后续情况。苏联人在柳巴尔和大杰列维奇之间继续实施侦察，特别是在夜间，似乎表明他们仍打算在该地域遂行进攻。西北方，第7装甲师重组辖内部队，下午早些时候再度进攻拉本。德军从南面展开突击，遭到苏军顽强抵抗，但第7装甲师14点重新夺回该镇，据报给苏联人造成严重伤亡。整个战斗中，对方未投入坦克，但巴尔克认为，先前因德军遂行反突击而后撤的苏军坦克部队很快会重新投入进攻。因此，他命令第7装甲师将拉本镇交给第96步兵师据守，但应在镇内保留一个装甲战斗群。

第59军右翼也卷入拉本周围的持续激战。一场猛烈炮击后，苏联人以营级兵力冲击季特科夫西南部，但被第96步兵师突击群击退[22]。该镇北面，第96步兵师发现苏联人正准备再度实施冲击，遂以炮火施加打击，驱散集结中的敌军。与此同时，季特科夫以西约1公里处，苏军一个步兵连设法渗透德军防线，向南赶往拉本。该师最终拦截并阻挡住这股敌军。重新夺回新拉本后，苏联人开始以火炮和火箭炮猛轰该镇①，试图将该师驱离既占阵地。作为回应，该师从霍莫拉河左岸阵地将河东岸一辆敌坦克击毁。军防区其他地段当日平静

① 译注：这里指的大概是拉本镇。

度过，报告中未提及任何事件。

北翼，第 13 军担心苏联人可能会设法进入该军与第 59 军之间的缺口，这种担心似乎完全合理。布格林南面，C 军级支队右翼，苏军部队貌似已渡过戈伦河，看上去正向西挺进[23]。另一方面，戈夏—罗夫诺主公路北面，苏联人似乎仍保持防御状态，这表明他们的确已将部队调往南面。更北面，德军仍不清楚对方在斯托霍德河与戈伦河之间地域的部署和意图，但必须假设苏军会继续向西推进。布格林南面，苏军渡过戈伦河，占领斯塔德尼基（Stadniki）和科列斯尼基（Kolesniki）村，并从这座登陆场沿河岸向北进击，没等 C 军级支队做出应对苏军便将乌戈利齐（Ugol'tsy）拿下。德军迅速组织反冲击，战斗持续入夜。军级支队左翼对面，相关侦察表明，苏军再度占领沃斯科达维和新波谢洛克（Novy Poselok）村。"普吕茨曼"战斗群右翼对面，苏联人部署在防御工事内，其阵地从图钦沿公路向北延伸到雷斯维扬卡，从安东诺夫卡向西北方延伸到科斯托波尔南部边缘。西北方 15 公里外，科赫上校指挥的一个战斗群[24]从兹拉兹涅（Zlazne）赶往亚波洛季，成功夺得该镇。他们发现苏军在东面占领戈伦河河畔的扎林（Zhalin）。夺得亚波洛季后，科赫率部继续前进，转向西北方夺取小斯特金（Maly Stydin），那里的居民称，约 500 名士兵两天前穿过亚波洛季，另一支规模与之相当的队伍昨日穿过斯特金，但不清楚他们是游击队还是红军正规部队。南面，"普吕茨曼"战斗群辖内一部从约 500 名敌军手中夺得日利扎（Zhil'zha）[25]，但也不清楚对方是不是游击队。敌方残余守军丢下几挺机枪和几辆补给车向北退却。北部防线，"冯·德姆·巴赫"战斗群报告，斯特里河地段未发现敌人的活动，但他们认为据守拉法洛夫卡的仅仅是些游击队。后方另一些部队设法击退一支实力薄弱的游击队，并在斯托霍德河对岸的铁路线两侧设立一座小型登陆场，南起胡列维切（Khuleviche），经切尔斯克（Chersk）至斯莫拉雷（Smolary）。

总的说来，当日的情况较为平静，第4装甲集团军直至斯卢奇河的防线未发生变化，苏联人以步兵和强大反坦克力量掩护其主要防御阵地[26]。截获的苏军电报表明，近卫坦克第3集团军仍在伊万诺波尔地域休整补充，而西面的柳巴尔—波隆诺耶地域，苏军似乎将其坦克力量再度集结在第60集团军左翼。德军情报部门证实，近卫坦克第4军和坦克第25军目前部署在该地域。另一些情报表明，苏联人正前调大批坦克和汽车，以加快部队补充过程，但不清楚这些部队的目的地究竟是哪里。罗夫诺—沃伦斯基新城公路南面，苏军步兵谨慎向前，进入第13军与第59军之间缺口，渡过戈伦河，并占领斯塔德尼基、科列斯尼基和乌戈利齐。更北面的活动较少，德军在斯特里河未与敌人发生接触，而斯托霍德河河畔仅有少量游击队。苏军在那里的意图依然模糊不清。第4装甲集团军当前任务是肃清第96步兵师防区季特科夫的态势，并将苏军驱离戈伦河对岸，斯塔德尼基与乌戈利齐之间的登陆场[27]，另外还应完成党卫队第1“警卫旗队”装甲师换防工作，并着手将第7装甲师撤出前线。

1944年1月21日，星期五

南翼第24装甲军又度过一个平静的夜晚[28]。苏军对其两翼的炮击不太猛烈，彼得里科夫齐落下120发炮弹。第168步兵师派出侦察巡逻队，在切尔尼亚京周围的苏军阵地前方发现雷区，而第1装甲师派出的另一支巡逻队到达库斯托韦茨卡亚地域后返回，没有获得有价值的情报。苏军夜间的唯一进攻，是投入60人组成的突击群，试图楔入德军设在奥西奇纳东面的防线，但在德军主防御阵地前经过一番交火后，第1装甲师辖内部队击退这股敌军。该师左翼，德国人发现苏军援兵正进入斯图普尼克。昨晚，“南方”骑兵团辖内最后一批部队调离前线，22点30分，他们赶往后方地域。

第48装甲军防区也很平静，党卫队第1“警卫旗队”装甲师辖内最后一批部队获得第371步兵师接替，正赶往新集结区[29]。第371步兵师一个团级集群也接防党卫队“帝国”装甲战斗群右翼，使其部队得以调至西面。“帝国”装甲战斗群防区其他地段只遭到机枪和迫击炮零星火力打击，但他们报告，基列耶夫卡西南地域传来履带声。凌晨2点，第371步兵师接防原先由“警卫旗队”装甲师据守的地段，一小时后又接管“帝国”装甲战斗群右翼。之后，该师度过一个平静的夜晚，报告中未提及苏军有所行动。西面，苏联人昨晚在斯卢奇河附近谨慎向前，第19装甲师实施拦截，21点左右击退对方。对此，该师向河西面派出战斗巡逻队，据报，苏军在柳巴尔地域的交通量非常大，而大杰列维奇周边地域也传来履带声。左侧的第7装甲师，继苏军昨晚突入拉本镇北端后，当晚大部分时间仍被牵制在该地域。战斗持续进行，但到23点，该师终于恢复态势，在此过程中击毁7辆敌坦克。镇内阵地再度移交第96步兵师。凌晨3点，第7装甲师开始撤出该地域。

尽管如此，苏军在当晚剩下的时间里继续保持压力，数度猛烈炮击河流两侧的拉本和新拉本[30]。季特科夫西面，第96步兵师报告，先前渗透德军防线的苏军部队获得加强，目前的兵力估计为营级。为驱散这股敌人，该师以炮火彻夜猛轰。另外，部队的调动和引擎的轰鸣似乎表明苏联人已加强科哈诺夫卡东北方约3公里高地上的阵地。西北面，第291步兵师阵地遭到约50名苏军士兵冲击，战斗发生在鲁德尼亚诺文卡亚以北2公里处，但该师顺利击退对方。师左翼前方，侦察巡逻队报告，茨韦托哈、罗马尼内和鲁德尼亚均被苏军占领。苏联人还在该地域展开活动，派出一些侦察巡逻队，德军目前确定，苏军正规部队已同据守斯拉武塔的游击队会合。第59军防区其他地段的情况依然较为平静。

第13军防区，C军级支队报告，苏联人整个夜间在戈夏西南方的托尔马霍夫地域实施一些侦察巡逻。更北面，苏军在科斯托波尔以南地域的交通相当活跃，卡车队列行驶在迈丹（Maidan）和杰尔曼卡（Dermanka）镇[31]东南面、马夏镇西南面公路上。这些调动似乎表明对方正将援兵调入该地域。军左翼，有迹象表明约两个团游击队在炮兵支援下从旧拉法洛夫卡（Staraya Rafalovka）[32]出发，渡过斯特里河赶往马涅维奇（Manevichi）[33]。

新的一天到来时，天色依然阴沉、灰暗，解冻仍在继续。温度徘徊在零摄氏度左右，某些地方更冷，但也有些地方温暖些，据报，北部下起小雨。各条道路和小径状况不一，南面的情况稍好，某些地方仍有冰块，但其他地段的路面开始软化。装甲集团军右翼，第24装甲军在报告中几乎未提及战斗[34]。整个白天，该军防区遭到敌火炮和迫击炮炮火力轻微打击，但除此之外没有发生其他情况。右翼遭受的迫击炮炮火稍稍猛烈些，而在中央地段，敌人集中火力打击扎利万希纳。德国人发现一些苏军部队向西赶往切尔尼亚京，遂以炮火加以打击。傍晚前，除第24装甲军仍在使用的部分单位外，第18炮兵师所有部队都已归建，该师现编入第1装甲集团军辖内第46装甲军。同样，第20装甲掷弹兵师仍由第1装甲师使用的部分部队也将于当晚撤出，并返回自己所属的师。内林在报告中还对自己面临的态势做出简短评估。继先前对该军北部防线的进攻失败后，别尔季切夫西南地域，苏军已于1月14日转入防御。自那时起，他们就着手在第24装甲军整个作战地段对面构筑纵深防御，设立大范围战壕体系，并以雷区加以掩护。所有阵地由步兵据守，并获得重型步兵武器支援。同时，苏联人似乎已将近卫坦克第6、第7军和机械化第9军这些主要快速部队撤往伊万诺波尔以北地域整补，第24装甲军的最佳估计是，这些部队可能无法在2月初之前重新投入部署。军右翼对面，苏联人一直在加强活动，可能是第1装甲集团军防线上的战斗所致。尽管如此，苏军步兵在过去两天基本无所作为，其活动仅限于有限的侦察和零星交火。

第48装甲军防线上的活动较多，但苏军仅在左翼展开几次失败的尝试，企图以一系列坦克突击重新夺回拉本[35]。这些进攻由坦克第25军辖下坦克第175旅率领，该旅昨日从沃伦斯基新城地域开至。另外，截获的无线电报亦表明，苏联人正准备在该军左翼对面展开一场新的进攻，但目前依然保持平静。右翼第371步兵师报告，他们看见一辆敌坦克，一群正在做简报的苏军军官。同一地域，苏军反复炮击彼得里科夫齐。与此同时，党卫队“帝国”装甲战斗群派出侦察巡逻队，确认防区对面的苏军部署情况未发生变化。第19装甲师也报告在杰姆科夫齐东北面看见敌人一个简报组，之后，16点左右，苏军部署在博鲁什科夫齐周围的一些重型炮兵连开始轰击杰姆科夫齐—赫拉布兹纳—奥纳茨科夫齐地域，可能是在标示目标。该师还着手准备将仍在斯卢奇河东面的部队撤离前线，以便把该地段交给“帝国”装甲战斗群。在此期间，第7装甲师仍试图从苏联人手中夺回拉本镇的最终控制权。苏军又对该镇实施两次冲击，一次在镇东部，另一次则在北部。该师同第96步兵师相配合，9点30分左右肃清敌人第一场突破，中午前又将对方第二场渗透肃清，据报，在战斗中击毁15辆敌坦克。另外，该师还发现一股苏军，他们显然是最近几天被切断在德军战线后方的。这股苏军盘踞在库斯托夫齐南面的别列茨科耶村（Beletskoe）[36]，约有100名士兵，外加1辆坦克。该师随即采取措施消灭这股敌人，战斗持续至夜间。

第59军右翼，第96步兵师也在拉本卷入长时间的战斗[37]。该师击退苏军以营级兵力从北面和西北面对该镇发起的突击，据报给对方造成严重伤亡，并抓获30名俘虏。苏军随后再度遂行冲击，以两个连的兵力进攻季特科夫南端，亦被该师击退。尔后，苏联人在几辆坦克支援下，从东北面、东面和东南面冲击拉本镇，每次投入1—2个连兵力。在第7装甲师突击炮支援下，第96步兵师顺利击退这些进攻。最后，苏军设法突入镇中心，但德军肃清这场突破，击毁9辆敌坦克，其中3辆T-34坦克是第96步兵师的士兵们取得的战果。激战仍在持续，德方发现苏军正集结兵力，意图冲击拉本镇中心和季特科夫东端，遂以炮火破坏其准备工作，导致苏军这场进攻一无所获。但随着夜幕降临，苏联人再度谨慎向前，赶往新拉本东北部和东南部。更北面，第96步兵师另一部冲击科哈诺夫卡西南方高地，将苏军从预有准备的防御阵地逼退。苏联人迅速重组，从科哈诺夫卡地域展开反冲击，战斗持续至夜间。第59军防区其他地段几乎未发生战斗，但第291步兵师辖内部队设法夺得茨韦托哈，迫使敌守军向北退往明科夫齐。

装甲集团军左翼的第13军基本未遭遇战斗，但该军成功逼退昨日在戈夏西南方渡过戈伦河的苏军部队[38]。其他地段的情况与前几日大致相同，不过，该军仍不清楚对方的意图。布格林南面，C军级支队对斯塔德尼基与乌戈利齐之间的苏军登陆场遂行反冲击，迫使对方退至东岸，顺利肃清整个河西岸。南面，空中侦察表明，苏联人正在河东岸的莫吉利亚内（Mogilyany）西部边缘挖掘阵地。北面，另一股苏军冲击托尔马霍夫村，这场进攻持续到夜间。军级支队防区中央地段对面，空中侦察发现一些敌坦克位于科罗沙京以南地域，但他们似乎在那里停顿下来。右翼纵深处，该军派出侦察巡逻队，赶往与第48装甲军结合部的奥斯特罗格，但日终前未收到相关报告。北面，“普吕茨曼”战斗群左翼一直从事积极行动，面对苏军虚弱的抵抗，他们设法夺得戈伦河谷内的兹布日（Zbuzh）、扎林村。战斗群辖内另一部从亚波洛季向西突击，夜幕降临时，争夺迈丹[39]的战斗仍在继续。南面，相关侦察表明，苏军已占领波斯托厄诺（Postoyno）北面林地的南部边缘，据俘虏交代，实力强大的游击队获得苏军步兵第181师一部加强。西南方约25公里外，另一股实力强大的游击队，约有2500—3000人，当日清晨进攻特苏曼镇（Tsuman'）。在迫击炮和反坦克炮支援下，游击队在镇东部楔入德军防御，但守军随即以局部反冲击封闭突破口。激战持续一整天，游击队最终向北撤入树林。北面，“冯`比辛”战斗群派出的侦察巡逻队发现，苏军正规部队在恰尔托里斯克东北方约12公里的波利齐（Politsy）郊外挖掘阵地。在此期间，配备给该战斗群的11号Panzerzug[40]被地雷炸坏，可能在24小时内无法投入战斗。西面，先前有报告称一支游击队正赶往马涅维奇，“冯·德姆·巴赫”战斗群立即派获得加强的党卫队第17骑兵团迎战对方，当日上午，该团先遣部队到达南面的马涅维奇镇[41]，随即派出侦察巡逻队，设法弄清游击队的下落，但一无所获。冯·德姆·巴赫还报告，该地区地形复杂，加之气候条件恶劣，导致他们无法使用重型车辆，特别是突击炮。没有这些重武器支援，他认为无法完成自己受领的任务，除非为他提供更多步兵力量。

当日，第4装甲集团军的情况再没有其他变化，从右翼至斯卢奇河的防线保持不变。拉本地域的态势仍模糊不清，特别是因为德国人发现苏军坦克第25军辖下坦克第175旅正为该地段的步兵第336师提供支援[42]。遥远的西北方，目前似乎没有苏军大股兵团穿过第59军与第13军之间的缺口向西推进，但乌克兰民族主义势力证实，另一些苏军部队，可能是获得正规军支援的游击队，已占领戈伦河与斯特里河之间各村庄。德国人怀疑他们会继续向西推进。左翼，德方识别出苏军近卫骑兵第1军和少量坦克位于罗夫诺—沃伦斯基新城公路以北地域，还发现苏军步兵第181师部署在亚波洛季以西，“普吕茨曼”战斗群左翼对面。东面，党卫队第1“警卫旗队”装甲师目前集结于赫梅利尼克南面，劳斯接到“南方”集团军群的指示，将该师转隶第1装甲集团军[43]。胡贝随后发来的电报证实这一点，他要求将该师交给戈尔尼克第46装甲军，并请劳斯派一名参谋人员于次日晨赶至他设在小胡托拉（Malaya Khutora）[44]的司令部。收悉这些命令后，劳斯提请冯·曼施泰因注意，第48装甲军面临的态势依然紧张，近日的评估表明，苏联人正准备重新展开进攻。但此举无济于事。第1装甲集团军计划中的反突击需要这个师，因此，“警卫旗队”装甲师必须转隶。当日上午的简报会上，范戈赫尔向冯·梅伦廷和施洛伊泽纳（分别是第48装甲军和第59军参谋长）强调，必须以一切可用手段加强侦察活动，特别是鉴于恶劣的气候条件，目前无法实施空中侦察。从截获的无线电报和苏军总体行动看，对方很可能正为另一场大规模行动加以准备，因此，地面侦察至关重要，以免对方达成突然性。虽说对发展作战行动并不重要，但很有意思的是，豪费在当晚的简报会上告诉劳斯，应乌克兰民族主义游击队领导人的要求，“普吕茨曼”战斗群的一名军官同他们在兹拉兹涅举行一场为期两天的会晤[45]。在这场1月20日至21日举行的会晤中，乌克兰民族主义者们明确表示，他们不会同德国人并肩战斗，也不会放下自己的武器。但他们同意继续打击苏联游击队和红军正规部队，还答应分享关于所有苏军部队部署情况的情报，甚至可以将俘虏交给德国人审问。乌克兰民族主义者们会不会遵守这份协议，豪费对此不太乐观，他认为对方不可靠，长期协议既不可能，也不可取[46]。另一方面，解除他们的武装，把他们送至后方地域，此举毫无用处，也不可能做到。在这种情况下，同他们保持某种形式的关系不无裨益，可以允许他们展开行动打击苏联游击队和红军正规部队，并利用他们收集情报。因此，豪费认为值得同他们达成协议。他还趁机强调，为第13军提供更多资源至关重要，这样才能守住分配给该军的180公里防区。他指出，目前调拨给他的兵力完全无法阻挡苏联人穿过罗夫诺北面的广阔林地向西渗透，更别说迫使对方退回东面。劳斯也持相同看法，他认为必须再给第13军调拨两个步兵师。装甲集团军已同上级部门讨论过这个问题，还将继续跟进此事，但目前立即获得援兵的可能性不大。唯一可以期待的增援是匈牙利第7军，该军军长伊什特万·基什少将已于当日同劳斯商讨匈牙利部队的后续部署问题。这些先前在各条公路和铁路担任警卫的部队，经过最近几周的后撤，许多都已腾出，可用于反游击行动。这番讨论的结果是，装甲集团军当日晚些时候给匈牙利第7军下达新命令[47]。训令中确认苏军正在第59军与第13军之间，布格林与茨韦托哈以西某处之间谨慎前进，赶往西面和西南面。训令中还承认，斯拉武塔南面和西南面大片林地内的情况依然不明，不过，那里不太可能存在红军正规部队。但更西面，强大的苏联游击队盘踞在奥斯特罗格镇及其周边，据悉在那里恫吓当地居民。

匈牙利第7军接到的命令是，以第19和第21轻装师展开进攻，消灭据信位于奥斯特罗格西南地域的苏联游击队。这场突击应认真策划并迅速执行，以防游击队逃脱，同红军正规部队取得联系。这场清剿的规模有限，以免干扰正常作战行动，北面分界线从东南方伊贾斯拉夫（Izyaslav）起，穿过霍坚（Khoten'）、马尔京耶（Martin'ye）、新马林（Novomalin）到西北方的米佐奇（Mizoch）。劳斯告诉该军军长，待部队获得充分休整后方可展开行动，但应尽快提交一份详细计划。

1944年1月22日，星期六

第24装甲军防区当晚的情况依然较为平静，据报只遭到苏军破坏性炮火袭击[48]。昨晚22点，苏联人向基罗夫卡东南面派出一支由30名士兵组成的巡逻队，但第168步兵师没费太大周折便将其击退。左侧，第20装甲掷弹兵师余部终于撤出第1装甲师防区，在其右翼，该师延长防线，午夜时接管格拉西莫夫卡地段的防务。

第48装甲军防御地段的情况同样平静，第371步兵师报告，未与敌人发生战斗[49]。后方，党卫队第1“警卫旗队”装甲师最后一支部队赶至新集结区，西面，党卫队“帝国”装甲战斗群延伸其左翼，接管直至斯卢奇河的防御地段。截至凌晨3点，该战斗群已完成接替第19装甲师仍在河东岸部队的任务。获得接替的单位向西而去，赶往第7装甲师后方的新集结区。与此同时，该师辖内另一些部队在吉佐夫希纳以北约2公里处拦截并击退一支苏军巡逻队。第7装甲师也报告当晚较为平静，但该师没有料到第96步兵师第一批部队7点前赶至，当日上午着手实施换防。拉本镇整个夜间遭到苏军猛烈炮击，第96步兵师也以炮火轰击该镇东北边缘前方发现的调动中的苏军[50]。北面，苏联人以营级兵力冲击科哈诺夫卡西南面高地，但该师最终将其击退。第59军防区其他地段保持着平静。

第13军防区，苏联人冲击C军级支队设在托马霍夫（Tomakhov）的阵地，但未能成功[51]。这场进攻开始于昨日，苏军为此投入两个步兵连，最终一无所获，甚至没能到达德军主防御阵地。北面，“普吕茨曼”战斗群派出几支侦察巡逻队，在科斯托波尔南面，他们突袭列索波尔（Lesopol'）东北方3公里树林中的一个苏军前哨阵地，顺利驱散守军，战场上留下约50具苏军士兵的尸体[52]。该战斗群也在进攻中遭受伤亡。第13军防区其他地段，整个夜间都很平静。

拂晓到来时，天气不断好转，北面的天空依然多云，其他地方开始转晴，天色更为明亮。南面，当日白天晴朗无云，能见度较好，阳光也很充沛。各处继续化冻，所有战线上的温度都升至零摄氏度以上，甚至在北面亦是如此，这造成路面软化，但大部分地段的道路目前仍可通行。

第24装甲军防区的情况基本未发生变化，苏联人继续以火炮和迫击炮实施骚扰性炮击[53]。军右翼遭受的炮击最为猛烈，据第168步兵师统计，共落下450发炮弹，尤以基罗夫卡地域为甚。该师还以颜色，以反炮兵连火力打击苏军设在新格列布利亚、大切尔尼亚京、尤罗夫卡和克拉皮夫纳的炮兵阵地。其他地方，苏军继续在该军整个防御地段对面修筑野战防御工事，但在某些地方被德军炮火打断。晴朗的天空使苏军战机得以出动，他们出现在该军中央地段和左翼上空，第146装甲掷弹兵团的士兵们在扎利万希纳以轻武器火力击落一架敌侦察机。这架飞机在德军阵地前方迫降，随即被德军反坦克炮击毁。德国空军亦展开行动，特别是在军右翼，据报，约40辆敌坦克位于奥韦恰切东南方，对其实施打击后才发现，那是苏军部署的假坦克。

第48装甲军防区的情况基本与之相同，但苏军的间接火力和空中活动显著加强[54]。随着气候条件的改善，苏军空中活动明显增加，第48装甲军报告，当日白天，约55个敌飞行架次出现在军防区上空。第371步兵师左翼对面，他们发现几辆敌坦克行驶在斯捷特科夫齐地域，据报，苏军严密据守克拉斯诺波尔。该师整个防御地段一直遭到苏军火炮、迫击炮和反坦克炮猛烈轰击，一些苏军轰炸机也对德军防线和紧邻防线的后方村庄实施轰炸。党卫队"帝国"装甲战斗群报告，苏军的间接火力有所加强，苏联人还轰炸小布拉塔洛夫（Maly Bratalov）。第19装甲师防区的情况同样如此，苏联人以猛烈的破坏性炮火轰击该师整条防线，并反复实施轰炸，特别是对杰姆科夫齐和向南通往奥斯特罗波尔（Ostropol'）的公路。傍晚前，第7装甲师已完成换防，并集结于格里采夫以西地域。第1火箭炮团第2营和该团第21（装甲）火箭炮营也已撤出，并赶往赫梅利尼克，返回第4火箭炮部队司令麾下。巴尔克在报告中提交一份简短评估。据他说，自1月14日第48装甲军投入进攻以来，不仅给敌方人员和物资造成严重损失，还设法吸引更北面的敌军，并将其牵制在拉本地域[55]。他认为这有助于阻止苏军继续攻往罗夫诺和奥斯特罗格。南调的苏军坦克第25军亦遭受严重损失，巴尔克怀疑该军辖内坦克第175旅的剩余坦克在最近两天的战斗中折损大半。截获的电报表明，苏联人注意到第48装甲军过去几天实施的重组，他们似乎越来越不确定德方后续意图。强大的苏军部队仍位于柳巴尔—大杰列维奇地段，近卫坦克第3集团军在前线后方的伊万诺波尔—丘德诺夫地段接受补充，表明一旦完成整补工作，苏联人将沿原先的战线恢复进攻。也就是说，他们将在右侧沿别尔季切夫—赫梅利尼克公路两侧展开后续突击，在左侧从柳巴尔向西推进[56]。对此，劳斯当日晚些时候下达命令，集中可用的火箭炮力量，支援最有可能遭受近卫坦克第3集团军攻击的地域[57]。命令中要求巴尔克集结火箭炮旅（辖第1重型火箭炮团、第1教导火箭炮团、第57火箭炮团），从次日黄昏起，将该旅调入乌拉诺夫—别尔季切夫公路两侧阵地，集中在公路西面，第24装甲军与第48装甲军结合部的彼得里科夫齐地域。该旅由第1火箭炮部队司令直接指挥，暂时置于装甲集团军掌握下。当日晚些时候，劳斯还给第1火箭炮部队司令和第509重型装甲营营长下达变更部署的指示[58]。两人奉命同第24装甲军和第48装甲军取得联系，并对其部队有可能部署的三个独立地域加以侦察，也就是彼得里科夫齐地域、斯卢奇河东面的柳巴尔东南地域、大杰列维奇以南地域。为便于第509重型装甲营在这些地域之间横向调动，第48装甲军还奉命在奥斯特罗波尔加固桥梁，以便“虎”式坦克通行。

拉本周边地域，苏联人继续对第59军施加压力，他们投入连级兵力，在2辆坦克支援下冲击该镇东北部[59]。第96步兵师设法守住己方阵地，并击退对方的进攻，在此过程中击毁1辆敌坦克。稍西北面，苏联人对科哈诺夫卡西南面高地发起两次排级兵力进攻，但也被该师击退。德国空军为这场战斗提供支援，据报，27架斯图卡战机对科哈诺夫卡实施打击，有效协助德军地面部队。这些斯图卡还袭击大别列兹纳西南面林地、阿达莫夫卡和拉本东北面一片房屋。苏联人也为其地面部队提供空中支援，据该师报告，2架敌轰炸机当日白天出现在其防区上空。第59军防区其他地段保持平静，但第291步兵师右翼，苏联人对特劳林施以破坏性炮火。德国人发现，苏军在该村北面修筑防御工事，而在鲁德尼亚诺文卡亚地域，德军侦察巡逻队报告，苏联人设立起精心构筑的野战防御工事。

装甲集团军左翼，第13军的报告中也没有太多内容[60]。军右翼，C军级支队派出巡逻队渡过戈伦河，发现巴希纳村（Bashina）没有敌人，随后继续向前，占领东面2公里外的高地。该支队还派出侦察巡逻队，沿河岸向南展开侦察，但傍晚前未发回相关报告。北面，“普吕茨曼”战斗群的东部防线没有发生变化，而在左翼，他们从实力薄弱的游击队手中夺得佩列利相卡（Perelisyanka）、小斯特金和迈丹村。军左翼也没有发生特别的战斗，

“冯·德姆·巴赫”战斗群的报告中未提及特殊事件。党卫队第17骑兵团继续遂行侦察，试图弄清游击队的去向，但傍晚前未发回新消息。虽然其防区没有同苏军部队发生直接接触，但豪费认为，据可靠来源提供的消息，苏军正在第13军与第59军之间的奥斯特罗格—奥热宁（Ozhenin）地域谨慎向前，并渡过戈伦河，他们还奉命修理莫吉利亚内的铁路桥，以支援这场推进。因此，尽管没有迹象表明苏联人沿该军防区的部署有所变化，但似乎很清楚，对方仍企图利用第59军与第13军之间的缺口。

总之，越来越多的迹象表明，苏联人正计划在近卫第1和第60集团军据守的地段展开一场新行动，第18集团军可能也会加入其中[61]。除这些军团外，苏联人还有近卫坦克第3集团军（辖近卫坦克第4、第6、第7军）、坦克第25军和机械化第9军。通过可靠来源收集的情报，加之苏军逃兵提供的信息，表明这些部队已获得大批新车辆，包括约100辆坦克。第4装甲集团军认为，第13军南翼外，与第59军之间的缺口处，苏军的行动有所放缓，但不应掩盖苏联人穿过萨尔内—科韦利铁路线两侧广阔林地继续向北前进的事实。德方认为，第13集团军约有四个步兵师在这片地区行动，并获得近卫骑兵第1军和当地游击队支援。豪费根本无法抗击这股苏军，当务之急是为他提供更多步兵力量，至少两个师，才有可能解决问题。他们可以由西向东调动，抗击苏军推进，或从罗夫诺地域向北进攻，切断苏军后方交通线。一旦苏联人最终突入树林中的空地，就很难阻止他们继续前进，并夺取科韦利重要的公路和铁路枢纽部。

同一天，第 4 装甲集团军情报官提交一份关于苏军状况和意图的评估报告[62]。报告中承认苏联人已于几天前停止进攻，北部战线的近卫坦克第 3 集团军 1 月 13 日停止行动，文尼察东南地域的坦克第 1 集团军 1 月 15 日中止进攻。前者归功于德军出色的防御，后者则归功于“冬季旅行”行动取得成功。据称，1 月 1 日至 20 日期间，乌克兰第 1 方面军辖内诸集团军的损失为：1700 人被俘，9200 人阵亡，外加 603 辆坦克、29 辆突击炮、166 门火炮和 597 门反坦克炮被毁。自停止进攻以来，第 4 装甲集团军右翼（至斯卢奇河）对面的苏军一直保持平静，其活动仅限以第 38、第 18 和近卫第 1 集团军可用的步兵师强化防御阵地。该地段的反坦克力量也获得极大加强，苏军工兵第 15 旅还在第 24 装甲军前方布设雷区，以此作为额外的掩护。

相关情报表明，第1装甲集团军在齐布列夫地域转入进攻后，苏军坦克第1集团军已将部分部队调往东面，这就使他们先前在伊伦齐—罗索沙地域的兵力集结有所减弱。不过，斯卢奇河东面的北部防线，对面的苏军并未削弱，德国人近日只发现苏军一支新开到的大型快速兵团（机械化第5军）变更部署，赶去抗击第1装甲集团军的进攻。北部防线，苏军的情况基本未发生变化，德方怀疑近卫坦克第3集团军在靠近前线的伊万诺波尔地域接受补充，而第18和近卫第1集团军仍部署在该地段。斯卢奇河西面，最初获得近卫坦克第4军支援的第60集团军仍在战斗，以便为继续在柳巴尔—拉本—舍佩托夫卡地域遂行的进攻创造有利条件。坦克第25军赶至波隆诺耶—拉本地域，似乎也证实苏联人正将其兵力集中在第4装甲集团军左翼对面。无法确定苏联人是否已向西推进，赶往斯拉武塔与维利戈尔（Vil'gor）之间的戈伦河河段，但先前确认第60集团军辖下的四个步兵师，近日并未出现在前线。北面，苏军第13集团军以四个步兵师（以及坦克第25军，直至该军南调）从沃伦斯基新城—科罗斯坚地域向西推进，但最终被阻挡在戈夏两侧的戈伦河地段，维利戈尔与图钦之间，以及北面从安东诺夫卡经戈洛温到亚波洛季一线。更北面，苏军在戈伦河与斯特里河之间的部署情况仍不清楚，德方认为苏联人正以第13集团军辖内四个步兵师继续向西推进，恰恰是先前确认但并未出现在前线的那几个师。这些部队获得近卫骑兵第1军支援，并同强大的游击队相混合。据信，其先遣部队已到达科尔明河（Kormin）和斯特里河一线，南起切尔内日（Chernyzh），经波利齐至北面的旧拉法洛夫卡。由于气候条件恶劣，空中侦察受到严重限制，致使第4装甲集团军无从获知苏军确切动向。因此，没有切实证据来判断乌克兰第1方面军是否有可能以其战役预备队[63]打击第4装甲集团军。另一方面，正如我们所知的那样，逃兵、俘虏的交代和另一些消息来源指出，苏联人正在前线附近对其部队加以全面补充，特别是各主要快速部队。这项补充工作似乎已取得不错的进展，德方认为，北部防线对面的五个坦克或机械化军很快就能重新发起进攻。德方预测，这场进攻将由恢复实力的近卫坦克第3集团军会同近卫坦克第4和坦克第25军遂行，第60、近卫第1集团军辖内步兵力量和第18集团军右翼部队提供支援。预计这场进攻将落在装甲集团军北部防线，初期目标是前出到文尼察与捷尔诺波尔之间的公路和铁路线。基于目前已知的苏军部署情况，预计对方将对两处展开主要突击，首先是伊万诺波尔以南地域，其次是柳巴尔与波隆诺耶之间的斯卢奇河以西地域。第13集团军的任务可能是会同游击队穿过戈伦河与斯特里河之间林地，尔后赶往科韦利。这份评估在结尾处预计，苏军很快会重新发起进攻。

正是基于这份评估，劳斯昨日才对党卫队第1“警卫旗队”装甲师转隶第1装甲集团军提出反对意见。对此，“南方”集团军群向他通报胡贝第1装甲集团军的意图[64]。电文中概述计划以第3、第46装甲军遂行行动，承认在苏军似乎正准备于伊万诺波尔—舍佩托夫卡前线展开下一轮进攻前将“警卫旗队”装甲师调离第4装甲集团军存有风险，但冯·曼施泰因对此承担责任，在他看来，第3装甲军提供支援前，第4装甲集团军暂时后撤似乎无法避免。最后需要指出的是，事实证明这份评估是错误的，无论是近期或日后，苏军都不会发起这种进攻。他们目前正计划朝更西面的罗夫诺—卢茨克方向展开攻势，利用的不仅仅是第59军与第13军之间的缺口，还包括“普吕茨曼”战斗群与“冯·德姆·巴赫”战斗群之间几乎没有德军部队据守的地域。

注释

1.第24装甲军晨报，1944年1月19日5点签发。

2.第48装甲军晨报，1944年1月19日5点45分签发。

3.第59军晨报，1944年1月19日5点15分签发。

4.第24装甲军每日报告，1944年1月19日19点40分签发。

5.第24装甲军晨报，1944年1月20日5点35分签发。这份报告不甚清楚，相关措辞只是表明这些进攻发生在莫洛特科夫齐东面。而第4装甲集团军发给“南方”集团军群的相关报告指出，这些进攻针对的是该军右翼。

6.第48装甲军每日报告，1944年1月19日18点30分签发。报告中提及该军目前的战车和反坦克武器数量，具体如下：

· 党卫队第1“警卫旗队”装甲师：1辆四号长身管坦克、19辆五号坦克

· 党卫队“帝国”装甲战斗群：6辆四号长身管坦克、1辆三号长身管坦克、22辆突击炮、5门重型反坦克炮、6辆自行反坦克炮

· 第371步兵师：16门重型反坦克炮

报告中没有提及第7或第19装甲师的情况。

7.第4装甲集团军作战处作战日志，1944年1月19日的条目。

8.第4装甲集团军作战处，第481/44号令，1944年1月19日签发。

9.第59军每日报告，1944年1月19日签发，未标注时间。报告中提及该军目前掌握的反坦克武器如下：

· 第96步兵师：13门重型反坦克炮

· 第291步兵师：4门重型反坦克炮

10.第13军每日报告，1944年1月19日19点签发。

11.德方记录中称之为Kol. Rafalowka。这是拉法洛夫卡新镇，不应与西北方约10公里的同名镇混淆，后者过去也叫拉法洛夫卡，现在称为Staraya Rafalovka，意思是旧拉法洛夫卡。

12.第4装甲集团军情报处发给“南方”集团军群的晚间报告，1944年1月19日18点30分签发。

13.第4装甲集团军作战处作战日志，1944年1月19日的条目。

14.第4装甲集团军作战处，第514/44号令，1944年1月19日签发。

15.第24装甲军晨报，1944年1月20日5点35分签发。

16.第48装甲军晨报，1944年1月20日5点20分签发。

17.第59军晨报，1944年1月20日5点05分签发。

18.第13军晨报，1944年1月20日5点55分签发。

19.第14装甲军每日报告，1944年1月20日18点签发。

20.第48装甲军每日报告，1944年1月20日18点30分签发。

21.第4装甲集团军作战处，第506/44号令，1944年1月20日签发。

22.第59军每日报告，1944年1月20日18点30分签发。

23.第13军每日报告，1944年1月20日19点30分签发。

24.由获得加强的“格尔克”团和第37警察团组成。

25.德方记录中称之为Zylza。

26.第4装甲集团军发给“南方”集团军群的每日报告，1944年1月20日21点签发；第4装甲集团军情报处发给“南方”集团军群的晚间报告，1944年1月20日18点30分签发。

27.第4装甲集团军作战处作战日志，1944年1月20日的条目。

28.第24装甲军晨报，1944年1月21日6点40分签发。

29.第48装甲军晨报，1944年1月21日6点25分签发。

30.第59军晨报，1944年1月21日5点30分签发。

31.所有地图上均未标注迈丹和杰尔曼卡，它们距离科斯托波尔6公里左右，在小柳巴沙（Malaya Lyubasha）西面。

32.德方记录中称之为Rafalowka，注意不要将该镇与东南方约9公里的拉法洛夫卡新镇混淆。

33.注意不要同南面8公里的马涅维奇新镇混淆，后者位于火车站周围。德方记录中将新镇称为Os. Manewitschi。

34.第24装甲军每日报告，1944年1月21日18点25分签发。

35.第48装甲军每日报告，1944年1月21日18点45分签发。

36.德方记录中称之为Belez。

37.第59军每日报告，1944年1月21日19点20分签发。

38.第13军每日报告，1944年1月21日19点50分签发。

39.德方记录中称之为Majdanek。

40.装甲列车。

41.德方记录中称之为Os. Manewitschi。

42.第4装甲集团军情报处发给“南方”集团军群的晚间报告，1944年1月21日19点30分签发。该旅昨晚从沃伦斯基新城开到，在当日白天的战斗中投入7辆T-34、2辆英制“瓦伦丁”坦克和1辆突击炮。据报，苏军坦克第111旅位于新拉本以东地域，拥有约30辆坦克，而坦克第162旅据信仍在戈夏地域，已将剩下的坦克悉数交给坦克第111旅。据情报处当日签发的每日报告称，苏联人前10天在第4装甲集团军防区遭受的损失如下：

· 901名俘虏、包括2名逃兵

· 数出976具尸体

· 估计阵亡1160人

· 291辆坦克

· 25辆突击炮

· 126门火炮

· 443门反坦克炮

· 219部车辆

· 4架飞机

43.第4装甲集团军作战处作战日志，1944年1月21日的条目；“南方”集团军群作战处，第353/44号令，1944年1月21日签发。

44.位于文尼察东南郊。

45.第4装甲集团军作战处作战日志，1944年1月21日的条目。

46.第13军电报，1944年1月21日22点20分签发。

47.第4装甲集团军作战处，第522/44号令，1944年1月21日签发。

48.第24装甲军晨报，1944年1月22日5点37分签发。

49.第48装甲军晨报，1944年1月22日5点55分签发。

50.第59军晨报，1944年1月22日5点30分签发。

51.第13军晨报，1944年1月22日5点32分签发。

52.作战日志中这一条目似乎不太能说得通。列索波尔东北方地带树木稀少，科斯托波尔东南边缘距离该方向仅3公里左右。这段条目似乎应写为北面或西北面，而非东北方，这样一来，该苏军支撑点就位于大片森林地域内。

53.第24装甲军每日报告，1944年1月22日18点25分签发。

54.第48装甲军每日报告，1944年1月22日20点15分签发。

55.包括坦克第25军和步兵第336师。

56.这种评估实际上并不准确，因为苏军在这些地段并未发起大规模进攻，直到3月初才实施普鲁斯库罗夫—切尔诺夫策进攻战役。

57.第4装甲集团军作战处，第578/44号令，1944年1月22日签发。

58.第4装甲集团军作战处，第553/44号令，1944年1月22日签发。

59.第59军每日报告，1944年1月22日17点45分签发。

60.第13军每日报告，1944年1月22日18点45分签发。

61.第4装甲集团军发给“南方”集团军群的每日报告，1944年1月22日20点30分签发。

62.第4装甲集团军情报处，第184/44号报告，1944年1月22日签发。

63.德国人认为该方面军的战役预备队为近卫坦克第3、第8军，坦克第10军，以及近卫机械化第3、第7军。在这方面，第4装甲集团军的情报部门似乎有些过于悲观。近卫坦克第3军去年10月从第38集团军转入最高统帅部大本营预备队，近卫坦克第8军和坦克第10军去年11月从第40集团军转入最高统帅部大本营预备队。而两个机械化军自1943年11月，一直待在最高统帅部大本营预备队。

64.“南方”集团军群作战处，第355/44号电，1944年1月22日签发。

第十六章
左翼仍未封闭

1944年1月23日，星期日

第4装甲集团军右翼，第24装甲军又度过一个平静的夜晚[1]。苏军以司空见惯的炮火轰击该军右翼，特别是对第168步兵师设在基罗夫卡的阵地，但其他地段较为平静。第18炮兵师仍在担任步兵角色的最后一批部队，23点左右获得第20装甲掷弹兵师一部接替，他们将于次日携带剩下的火炮返回自己所属的师。左翼对面，第1装甲师实施的侦察证实，苏联人正继续修筑工事，据报，他们在第1装甲师防区对面构筑起完整的战壕体系。该师以间接火力打击已知的苏军阵地，意图破坏对方的修筑工作。同时，仍隶属该师的第857守备营很快会获得接替，待即将开到的行进营到达后，第1装甲师将在三天内交出该守备营。内林询问装甲集团军，相关部队的开赴能否加快速度。

左侧，第48装甲师防区几乎未发生战斗[2]。第371步兵师在其右翼拦截一支苏军侦察巡逻队，并将其击退，该师还派出自己的侦察巡逻队，试图弄清苏联人在对面的部署是否发生变化。基列耶夫卡西南方，苏军逼近党卫队“帝国”装甲战斗群，在距离其主防线仅500米处占据阵地。同一地段，苏军的迫击炮和机枪火力较为活跃。军左翼，第19装甲师昨晚将阵地向西延伸，21点30分左右接替第7装甲师最后一批部队。后者旋即赶往格里采夫西面和西南面的新集结区。

第59军防区亦然，第7装甲师辖内最后一批部队获得第96步兵师接替，防线其他地段同样保持平静[3]，仅第291步兵师报告其左翼发生战斗，即便在那里，苏联人也只是对茨韦托哈展开两场小规模突击，每次仅投入约20名士兵，都被该师轻松击退。第96步兵师左翼，德军侦察巡逻队发现赫罗林—科诺托普公路上有许多苏军马车，军左翼，第291步兵师辖内部队发现约30名苏军士兵仍据守着罗马尼内，并在村南部边缘架设机枪。

第13军防区当晚也未发生战斗[4]。“普吕茨曼”战斗群左翼，科赫上校率领的战斗群昨日下午投入进攻，试图肃清戈伦河西岸，但在两条战线遭遇苏军顽强抵抗。一条战线位于亚波洛季以北3公里处，另一条战线在小斯特金北面1公里。该战斗群还在这片地域派出几支侦察巡逻队，发现科斯托波尔西北面的扬克维切（Yankeviche）和波德卢日诺耶（Podluzhnoe）尚未被苏军占据，但敌人已占领“科赫”战斗群左翼的利普诺村（Lipno）。西北方30多公里外，“冯·德姆·巴赫”战斗群向科尔基（Kolki）派出一支侦察巡逻队。该战斗群从胡列维切向东南方而行，穿过卡舍夫卡（Kashevka）赶往斯特里河，到达该河后又将纳沃兹镇（Navoz）夺取，尔后沿河流向东推进，迫使苏军防御部队撤出博罗维奇（Borovichi）和涅兹维尔（Nezvir）。

新的一天拂晓到来时，天气与昨日差不多。北部依然阴云密布，虽然某些地方较为明亮，偶尔出现一抹晴朗的天空，但其他地方依然保持昏暗。南部同样多云，能见度还不错。各处温度徘徊在零摄氏度上下，因而解冻仍在继续，此时的路面变得湿滑，尤以南部为甚。第24装甲军右翼的情况当日白天未发生变化[5]。苏联人对德军主防御阵地各村庄的炮击毫未减弱，据德方统计，落下约620发炮弹。其他地段遭受的炮击不太猛烈，据报，军防区中央地段落下约320发炮弹，左翼只落下100发炮弹。第24军沿整条防线以间接火力还击，重点集中于左翼。在那里，德方注意到苏军部队在斯图普尼克与别尔季切夫—乌拉诺夫主公路之间地域调动，该军指引炮火猛轰奥西奇纳亚与斯图普尼克之间已知的苏军重武器阵地，并集中两个重型迫击炮营轰击斯图普尼克镇。遂行侦察的德军飞机飞越该地区，在斯图普尼克、利斯托帕多夫卡（Listopadovka）周边及北面遭遇苏军猛烈防空火力的打击，这表明苏联人正将援兵调入该地域。

第48装甲军防区对面，空中侦察再次发现敌坦克和车辆集结在伊万诺波尔周围，另外，右翼伊万诺波尔以北地域，左翼大杰列维奇周边，苏军部署强大对空防御力量[6]。第371步兵师报告，防区对面之敌继续修筑防御工事，还发现大批苏军部队在防线后方调动。伊万诺波尔西南方，该师一支战斗巡逻队在热列布基南部边缘遭敌狙击手射击，苏军还对斯梅拉和西面约5公里的拉多斯特诺耶（Radostnoe）施以猛烈炮击。其他地方，苏军的破坏性间接火力和空中侦察均有所加强。据苏军步兵第30师的俘虏交代，10辆坦克部署在斯捷波克，该村北面还设有炮兵阵地。左侧党卫队“帝国”装甲战斗群也报告发现苏军调动，这次是在柳巴尔。德军旋即以火炮和高射炮施加打击。当日上午，该战斗群设在小布拉塔洛夫、格里诺夫齐和科兰的阵地都遭到苏军轰炸机空袭，15点，他们发现敌坦克在3辆卡车伴随下从柳巴尔向南而去。对方可能是苏军坦克侦察巡逻队的组成部分，德国人通过无线电拦截获悉，这支巡逻队由部署在该镇周边及以东地域的近卫坦克第4军派出。右翼对面的德军巡逻队亦抓获几名俘虏，据他们证实，苏军步兵第276师部署于斯捷特科夫齐—基列耶夫卡地域，该师最近在莫特伦基附近获得补充。德国空军空袭柳巴尔和以西地域的过程中，第19装甲师发现苏军对空防御明显加强，特别是大杰列维奇周边和西北面，而苏军轰炸机也利用好天气打击该师设在杰姆科夫齐和赫拉布兹纳的阵地。该师成功消灭被切断在别列茨科夫（Beletskov）以东地域的苏军残部，并将周边地域肃清。前线后方，第7装甲师辖内各部队完成调动，目前部署在格里采夫西面和西南面的新集结区。

第59军防区，唯一的战斗再度发生在第96步兵师据守的地段[7]。苏军以营级兵力从拉本最北面一片房屋展开突击，但德军没费太大力气便将其击退。守军这次获得几架斯图卡战机支援，他们实施的对地攻击主要集中于该镇东北方约1公里的尤罗夫希纳（Yurovshchina）。同时，第96步兵师也组织规模有限的反冲击，驱散季特科夫与科哈诺夫卡西南面284.8高地之间据守某高地的敌军。在这场行动中，该师亦获得空军支援，几架斯图卡战机对科哈诺夫卡苏军阵地的空袭取得很好的效果。肃清该地域的战斗持续至深夜。军防区其他地段未发生战斗，但第291步兵师报告，苏联人以轻微炮火轰击该师位于特劳林的右翼。他们还报告，防区中央地段对面，苏军在克利缅托维奇以北3公里处修筑野战工事。西北面，侦察巡逻队证实，明科夫齐和胡托尔仍在苏军部队严密控制下，他们发现两镇间的交通相当活跃，包括两门拖曳式反坦克炮。该师最左翼，设在塔什基的前沿阵地遭到敌轻型火炮数次炮击，据当地居民称，苏军在斯拉武塔布有4门火炮。

西北方，第13军仍力图封闭“普吕茨曼”战斗群与“冯·德姆·巴赫”战斗群之间的缺口，但越来越多的迹象表明，苏联人正进入该地域[8]。右翼，C军级支队向南派出侦察巡逻队，他们发现南延到奥斯特罗格北面与第59军结合部的戈伦河西岸没有苏军部队。唯一的例外是两股游击队，一股在霍罗夫（Khorov）北面，另一股位于奥热宁周围。71号Panzerzug[9]的士兵也参加此次侦察，当日清晨，这列装甲列车通知第4装甲集团军，他们部署在奥热宁与兹多尔布诺夫（Zdolbunov）之间的伊瓦奇科沃（Ivachkovo），位于舍佩托夫卡—罗夫诺主铁路线上[10]。部署在同一地域的匈牙利部队，近日夺得奥热宁南面的霍罗夫村，正赶往奥斯特罗格同师内其他单位会合。尽管如此，装甲列车晚些时候派出的一支巡逻队10点40分左右穿过霍罗夫村北部边缘，却遭遇100—200名配有步枪和机枪的游击队员，他们企图包围这支德军巡逻队[11]。装甲集团军晚些时候给71号装甲列车下达命令，要求他们留在伊瓦奇科沃，派巡逻队夺取霍罗夫，并对通往奥斯特罗格的公路加以侦察[12]。北面，苏军当日晨以连级兵力对托马霍夫展开小规模冲击，德军未费太大周折便将其击退，而军级支队左侧，“普吕茨曼”战斗群发起进攻，在图钦以北约6公里处顺利打垮苏联人设在阿梅林（Amelin）[13]的阵地，抓获32名俘虏，缴获3挺轻机枪和2支反坦克步枪。“普吕茨曼”战斗群左翼，获得加强的“格尔克”团加固亚波洛季的阵地，并占领小斯特金。西南方，德国人首次发现费多罗夫少校的游击队出现在特苏曼北面，但那里没有可对付他们的德军部队。费多罗夫少校似乎受领了新任务，因为德国人先前确认这股游击队远在科韦利东北方的卡缅卡希尔斯基地域（Kamen'-Kashirskii）。西北方约30公里外，“冯·德姆·巴赫”战斗群辖内部队沿斯特里河河谷而下，粉碎苏军抵抗后，以党卫队第17警察团一个加强连夺得科尔基镇。东北方，在“冯·比辛”战斗群前方实施的空中侦察发现，2辆敌坦克位于拉法洛夫卡东北面。斯特里河东岸，旧拉法洛夫卡和瓦拉日（Varazh）均在苏军严密控制下，但更西面，敌人尚未占领戈罗多克附近的马涅维奇镇。不过，德方确认该镇西北方约8公里的林地内有一大股游击队，他们从空中获得补给。西面，德军向科韦利以北实施侦察，直至15公里外的多罗季谢（Dorotishche）也未遭遇任何敌人，但游击队已将镇内桥梁炸毁。当晚，劳斯致电豪费，后者在交谈中证实劳斯的看法，红军正规部队正在戈伦河与斯特里河之间向西推进[14]。这位军长提议，以“普吕茨曼”战斗群辖内部队向西北方遂行打击，攻入这股苏军之右翼，设法遏止其推进。劳斯同意这项计划，并建议“冯·比辛”集群也加入其中，从科尔基地域攻向东南方，这样一来，两个战斗群便可在中途某处会合。两人一致同意，这场行动很可能不过是一场战斗侦察而已，若苏联人投入该地域的是实力强大的正规军，这场进攻也许只能迟滞其推进，而无法阻挡住对方。

因此，第4装甲集团军的整体态势未发生太大变化。地面和空中侦察均表明，苏军的部署一如既往，但他们在伊万诺波尔、大杰列维奇和波隆诺耶周边加强对空防御，说明对方正为新的进攻行动集结兵力。左侧，苏联人继续挺进，小股正规军和游击队穿过戈伦河与斯特里河之间的广阔林地，渐渐进入“普吕茨曼”战斗群与“冯·德姆·巴赫”战斗群之间依然存在的缺口。

两天前，第4装甲集团军命令匈牙利第7军投入进攻，消灭奥斯特罗格西南地域的苏联游击队，当日白天，装甲集团军收到该军军长基什少将的回复[15]。基什称，他无法以第19轻装师遂行拟议中的行动，因为遵照装甲集团军先前下达的命令，该师仍在科韦利东南方执行铁路安保任务。他建议使用第18轻装师一个加强团级集群，外加第21轻装师。他继续指出，近日的报告和侦察表明，克列梅涅茨—奥斯特罗格地域游击队的情况已发生变化。杜布诺以东地域，约1500名游击队员1月18日开始向南行进，从米罗戈夏（Mirogoshcha）东面越过山丘，前进约12公里，两天后到达格里亚德基（Gryadki）—奥布戈夫（Obgov）—邦达里（Bondari）地域。这股游击队的主力并未继续向南，而是转身向东，停留在山上，意图赶往米佐奇以南约7公里的绥梅地域（Suimy）。鉴于这支游击队近日的动向，德军计划于1月23日对其展开的行动，成功的可能性不大。

不过，在其他地方仍有可能取得些战果。昨晚收到的报告称，80—100名游击队员组成的一支小股游击队位于布夏（Bushcha）。南面，约800人的另一支游击队位于奥斯特罗格西南方约15公里，库涅夫（Kunev）以西的佩列莫罗夫卡（Peremorovka）—新罗德奇齐（Novorodchitsy）地域[16]。这支游击队据信就是1月18日至21日间向东而行的同一股力量。还有一份报告称，约200名苏军伞兵位于舒姆斯科耶（Shumskoe）以东24公里的兹翁基（Dzvonki）周边地域。根据这些情报，基什提出，将第21轻装师分成数个营级战斗群，从舒姆斯科耶朝东北方这个总方向进击，梳理整片地域，消灭其间遭遇的所有游击队，并占领周边乡村。确保的区域，东北方远至以下一线：从普卢日诺耶（Pluzhnoe）起，经米亚科特（Myakoty）和库涅夫至巴什科夫齐（Bashkovtsy），应积极清剿残留在该师防区内的所有游击队。第21轻装师还将派出侦察巡逻队，沿维利亚河（Vilya）河谷赶往奥斯特罗格，设法在那里同第59军辖内部队建立联系。同时，第18轻装师的加强团级集群应在布杰拉日（Buderazh）—米佐奇地域紧紧跟随第21轻装师左翼，任务是向东推进到戈伦河，向东北方赶往奥热宁与兹多尔布诺夫之间铁路线，除消灭沿途遇到的游击队外，该团还应对整片地域加以侦察。劳斯批准这份计划，并向“南方”集团军群汇报他打算如何使用匈牙利第7军[17]。他告诉冯·曼施泰因，第21轻装师将在第18轻装师一部支援下遂行反游击行动，最初在奥斯特罗格西南地域，但随后还包括杜布诺以南和东南地域。另外，目前守卫公路和铁路交通网的部队继续执行当前任务，还将为扬波尔、克列梅涅茨和杜布诺之间，以及卢茨克与科韦利之间铁路线提供保护。与此同时，第4装甲集团军现在不得不考虑人员和设施的疏散问题。虽然该地区1943年12月初便已分崩离析，但乌克兰总督1月14日才正式下令疏散沃利尼亚（Volhynia）—波多利亚（Podolia）地区[18]。此时，商业和工业方面的疏散基本完成，斯托林（Stolin）、卡缅卡希尔斯基、萨尔内、科韦利、科斯托波尔、罗夫诺、杜布诺和克列梅涅茨都已清空。但农业方面的疏散不太顺利，主要因为游击队的活动妨碍到德国人采取必要的行动，在某些地域甚至完全无法展开工作。加工设备基本已拆除，但农产品的运输只完成一部分。这些工作由派驻卢茨克的帝国专员手下的民政人员负责，但他们要求第4装甲集团军在军事状况允许的情况下提供支援。这就意味着第13军和第585集团军后方地域司令需要承担额外任务。协助运送农产品需要运输工具，但方便之处在于可以使用返程的空卡车。同样，所有空闲的勤务和补给部队应在受游击队威胁的地域为农产品和肉类产品的运输提供保护。在民政部门力量不足，无法保证肉类产品安全运输时，两个军事指挥部门便根据他们的请求，从勤务和补给部队尽量抽调足够兵力提供保护。在这种情况下，250—300头牛需要一名军士和六名士兵护送，1000只羊也需要规模类似的护送队。这些护送队与牲畜们待在一起，直到它们到达预先安排好的接待点并完成交付。率领护送队的军士负责安全、有序地交付这些牲畜，除屠宰连，严禁其他部队和士兵征用任何牲畜。德国人还采取措施，疏散可服兵役的适龄男性平民。他们同卢茨克党卫队兼警察高级领袖和当地警察部队紧密配合，疏散15岁至60岁的所有男性居民，把他们送往杜布诺的102 Dulag[19]或科韦利的Gefangenensammelstelle[20]，两个收容点计划从1月27日起接受这些人员。装甲集团军下达相应的具体指示[21]。训令中指出，强制疏散只适用于在第4装甲集团军作战地区或更大区域内其他特定地域发现的，能够从事工作或服役的适龄男性。对这些适龄服役者的处理方式与战俘一样，通过常规手段将他们送至后方地域。只有在为完成作战任务必须动用劳动力的地方才允许各师部、军部将他们作为劳动力加以使用，而且只能在警卫看守下用于限定的小组。不得将这些人作为志愿者用于作战部队。当地居民的自愿疏散应严加限制，只允许少数人一同撤离，其中包括为德国武装力量或德国民政部门积极工作的当地人，也包括为地方行政管理部门服务者和当地警察部队成员。另外，为乌克兰民族主义势力或“东方劳工”单位[22]效力的人员，允许其家属一同疏散。相关组织工作由民政部门负责，但武装部队应提供支援。除上述群体外，禁止任何人员进一步疏散。应采取措施严密监视各条道路，阻止所有难民的流动，除非他们属于某个规定的群体或是某项组织安排的构成部分。不过，从集团军后方地区，前线后方5至7公里地域疏散平民的工作不受这些新指示影响，相关人员的转移不允许超过各军后方分界线，而应在各军区域内加以解决。最后，应做出安排，疏散仍在该地区的德国红十字会护士和其他女性官员，包括卢茨克、科韦利、弗拉基米尔沃伦斯基（Vladimir-Volynskii）德国军人家里的工作人员，以及科韦利陆军福利办公室和灭虱单位的相关人员。

1944年1月24日，星期一

当晚，第4装甲集团军右翼的情况不太平静，这一点异乎寻常。苏联人以步枪、机枪、反坦克炮和迫击炮猛烈射击第24装甲军防区，还包括较为常见的轻型火炮[23]。第168步兵师右翼，普里卢卡、基罗夫卡和大切尔尼亚京都遭到苏军夜间轰炸机袭击，但报告中没有提及造成真正的破坏。西北方，苏联人向第1装甲师两翼派出两支战斗巡逻队，一支在右翼佩列莫加附近，另一支在左翼的彼得里科夫齐北面。德军不太费力地击退这两支巡逻队。该师也展开侦察，据报，苏联人正继续改善他们的野战防御工事。一些村庄已成为苏军防御体系的组成部分，遂遭到第1装甲师破坏性炮火打击，特别是在左翼。

第48装甲军防御地段也只发生强度较低的战斗，第371步兵师昨晚18点15分在斯梅拉东面击退一支苏军巡逻队[24]。整个夜间，苏联人不断加强对该师右翼实施的破坏性炮击，但除此之外，未发生其他战斗。党卫队“帝国”装甲战斗群当晚较为平静，报告中没有提及任何活动。西面，苏军对第19装甲师展开两次小规模行动，该师在吉佐夫希纳以北约3公里处与苏军巡逻队交火，并将其击退。

第59军防区也很平静，唯一的战斗是从苏军阵地射来断断续续但较为活跃的炮火和步兵火力[25]。这种情况发生在该军整个防御地段，但以克利缅托维奇周边为甚。第13军的报告中没有值得一提的内容，该军平安度过当晚，未发生严重事件[26]。C军级支队继续在其右翼实施侦察，发现奥斯特罗格镇处在敌人严密据守下，他们认为守军是波兰游击队。北面，苏军尚未占领罗兹瓦日（Rozvazh）、莫吉利亚内和米利亚京（Milyatin）[27]西端，更北面的戈伦河东岸，布哈罗夫、扎沃佐夫（Zavozov）和巴希诺（Bashino）村都控制在苏军手中。“普吕茨曼”战斗群防御地段未发生战斗，他们再次报告，苏联人正强化其防御工事，特别是在安东诺夫卡与杰尔曼卡之间的科斯托波尔南面。另外，苏军从东面进入科斯托波尔的交通运输非常繁忙。与此同时，“冯·德姆·巴赫”战斗群从科韦利向北面和东北面派出侦察巡逻队。其中一支巡逻队沿通往卡缅卡希尔斯基的公路向北而去，途中遭遇当地游击队虚弱抵抗，但还是到达12公里外的扎普鲁季耶村。东面30公里，斯托霍德河河畔的大奥布济尔镇（Velikiye Obzyr）在游击队严密控制下，但科韦利东北方约25公里的斯托贝霍夫卡（Stobykhovka）尚未被占领。

拂晓到来时，天气几乎未发生变化。灰暗的空中依然阴云密布，各处不时下起阵雨。尽管夜间出现一场霜冻，但化冻仍在持续，各条道路的状况不断恶化。第24装甲军右翼，第168步兵师6点30分遂行炮击，做出准备进攻的姿态[28]。此举是为支援在南面发起“瓦尔特劳特”行动的第46装甲军，面对德军施加的压力，苏联人不敢大意，将前沿部队撤入主防御阵地，尔后以破坏性炮火还击，整个白天，其火炮和迫击炮炮火持续未停。据德方统计，共落下900发炮弹，佩列莫加地域遭受炮火打击的模式表明，几个不同的炮兵连参与其中。交火期间，该师为支援第46装甲军展开一场小规模突击，9点30分左右攻向彼得罗夫卡，但面对苏军猛烈的防御火力，这场冲击在康斯坦丁诺夫卡郊外500米处陷入停顿。另一次尝试发生在13点30分，该师试图找到一条路绕过南翼，可还是无法突入彼得罗夫卡。但他们在战斗中俘虏6名苏军士兵。当日晚些时候，该师发起最后一次尝试，在更南面展开行动，傍晚时这场机动仍在进行。空中，双方空中力量竭力支援其地面部队，苏联空军两次轰炸、扫射康斯坦丁诺夫卡，第三次发生在普里卢卡。北面，苏联人仍待在第20装甲掷弹兵师和第1装甲师对面的战壕中，除持续的炮火外，那里没有发生战斗。但第20装甲掷弹兵师左翼对面，佩列莫加北面的主公路上，苏军士兵正排除双方埋设的地雷。10点45分，6架苏军轰炸机组成的机群从该军防区中央地段上方飞过，11点30分和12点30分，各有6架苏军战斗机掠过该军左翼上空，在那里，德国人看见苏军轰炸机空袭第48装甲军防区内的斯梅拉周边地域。德国空军亦在第1装甲师防区上空遂行几次侦察任务。总的说来，苏军的部署似乎保持不变，但截获的无线电报表明，他们正计划对该军位于伊万诺波尔南面的左翼发起一场新的进攻。

第48装甲军的情况与之类似[29]。军右翼第371步兵师击退苏军两起侦察巡逻，并报告苏军新锐炮兵连开至热列布基东北面和波奇托沃耶北面，还在热列布基西部发现敌人新的火箭炮发射阵地。整个防线遭到轻武器火力猛烈射击，火炮和迫击炮炮火力亦有所加强，但以右翼为甚。苏联人在那里的空中活动也很活跃，据该师报告，敌人实施一些侦察飞行，还轰炸防区内一些村庄。该师左侧，党卫队“帝国”装甲战斗群看见苏联人将先前参加修筑工事的平民撤离，并把简报组和火力试射组部署在斯捷特科夫齐南部边缘。基列耶夫卡南部边缘同样如此，苏军阵地获得更多机枪巢加强。该战斗群还发现对方在柳巴尔东南方4公里地域卸载弹药，他们以炮火打击在科兰西面的斯卢奇河上测试冰面状况的一个苏军小组。这里遭受的破坏性炮击也愈加猛烈，夜幕降临后还听见履带声，敌坦克似乎正从北部驶向东南方。西面，苏军在吉佐夫希纳以北2公里处对第19装甲师展开一场小规模突击。苏联人投入一个步兵连，16点左右冲击该师前沿阵地，但这场进攻未能取得成功，苏军随即撤离。其他地段，敌步兵的活动也比前几日更加活跃，当天上午，苏联人对赫拉布兹纳和奥纳茨科夫齐展开几次炮击，甚至投入一些大口径火炮。部分炮火来自布拉任齐西北面的开放式阵地，但遭到该师反炮兵连火力还击后，对方被迫转移阵地。14点左右，该师发现7辆敌坦克从塔杰乌什波尔驶往布拉任齐。总之，这里的迹象表明，苏军正向第48装甲军防区推进，并前调援兵。德国人在该地域还发现一些新调来的炮兵连，这使苏军的破坏性炮火有所加强。这些情况，加之苏军在整个地段的地面和空中侦察有所加强，似乎证实他们很快会在这里发起新攻势。实际上，根据无线电侦察发现的情况，巴尔克认为对方将于次日清晨实施突击。

第19装甲师左侧，苏联人不断以火炮和迫击炮轰击第59军右翼[30]。第96步兵师设在拉本和季特科夫的阵地一整天都遭到炮击，但他们也以炮火还以颜色。该师还发现对方一支连级规模部队集结在拉本镇北面的房屋内，遂施以猛烈炮火，迫使对方中止计划中的进攻。该镇西北方，苏军以1—2个步兵连从东北面冲击科哈诺夫卡以南高地。第96步兵师调集密集防御炮火，导致这场进攻一无所获，但他们晚些时候发现苏军从罗戈维奇向南而行，可能是去增援企图夺回季特科夫西北面高地的部队。相比之下，该师左翼未报告发生战斗。第291步兵师防区，苏联人继续实施破坏性炮击，打击重点是克利缅托维奇地段。不过，他们还调来更大口径的火炮，舍佩托夫卡西北边缘落下15发172毫米炮弹。其他地段，苏军的活动仅限于修筑防御工事，特别是在赫罗林北面和鲁德尼亚诺文卡亚地域。师左翼，茨韦托哈和塔什基的前哨阵地遭到苏军攻击，对方投入的兵力介于连级与营级，守军被迫后撤。当日晚些时候，他们组织反冲击，力图复夺己方阵地，到17点已取得一些进展，收复除北部边缘外的整个茨韦托哈。战斗持续至夜间，他们还采取措施，将塔什基重新夺回。与此同时，第692团级集群撤出前线，准备返回C军级支队归建。

在此期间，第13军继续构筑防御阵地[31]，同时在多条防线派出侦察和战斗巡逻队，但主要针对在戈伦河与斯特里河之间行动的苏军。虽然付诸这番努力，但他们仍无法确定苏军的部署是否有所更改。军右翼，C军级支队防区几乎未发生战斗，苏联人只是在莫吉利亚内南面和姆尼申（Mnishin）北面展开巡逻。71号装甲列车报告，当日下午肃清奥斯特罗格镇内之敌[32]。左侧，“普吕茨曼”战斗群据守的地段，双方都派出巡逻队。北面，苏军占领大斯特金（Velikiye Stydin），而在南面，德国人发现另外三个苏军炮兵连部署在科斯托波尔地域。西面，特苏曼西北方约3公里处，德国人发现一股携有重武器的游击队盘踞在卡尔皮洛夫卡村（Karpilovka）和西面大片林地内。军左翼，“冯·德姆·巴赫”战斗群辖内部队在科尔基以西约4公里，斯特里河河谷内的科佩利耶（Kopyl'e）以西地域遭到攻击，苏军投入约200名士兵，但被击退，后撤往北面。下游20公里外，“冯·比辛”团一部赶往东南方约30公里外的斯特金，希望在那里同“普吕茨曼”战斗群左翼部队取得联系，但傍晚前未收悉该部进展情况。科韦利北面的情况与之类似，德军侦察队继续赶往卡缅卡希尔斯基，但没有收到他们的报告。科韦利东面，德军巡逻队发现苏军尚未占领马涅维奇周边地域、戈罗多克和特罗亚诺夫卡（Troyanovka）。不过，特罗亚诺夫卡东北方几公里外的格拉季斯克村（Gradisk）已被强大的游击队占领。当日上午，豪费给第4装甲集团军发去一封电报，要求劳斯赋予他在他认为合适的时候自主调动麾下部队的权力[33]。他觉得受到当前指令的束缚，希望能自主部署辖内部队，特别是“冯·德姆·巴赫”战斗群的兵力，以应对敌人的状况和复杂地形的特殊要求。当晚晚些时候，他把自己的意图告知劳斯，并指出第13军在坚守当前阵地的同时，正准备夺取南起亚波洛季，北至萨尔内—科韦利铁路线的戈伦河河段[34]。该行动将朝两个方向遂行，“普吕茨曼”战斗群穿过韦尔布切，沿河流西岸向北攻击前进，而“冯·德姆·巴赫”战斗群则沿铁路线及其南面向东进击。一旦集结起必要兵力，穿越森林的道路的状况得到改善，他们就将展开进攻。

与此同时，苏军地面和空中活动增加，特别是针对第24装甲军左翼和整个第48装甲军防御地段的行动，使劳斯相信苏联人即将在这些地域发起下一阶段的攻势[35]。截获的电报表明，苏军将于次日展开突击。就目前而言，南翼的状况吸引德方大部分注意力。在那里，第1装甲集团军辖内第46装甲军刚刚发起“瓦尔特劳特”行动，该行动的长远目标之一是腾出编有三个装甲师的第3装甲军，重新部署到集团军群左翼。从短期来看，第24装甲军奉命协助第46装甲军的突击，先对既定目标施以炮火打击，尔后以第168步兵师部分部队向前推进，占领已被第46装甲军夺取并肃清的新日季亚（Novaya Zhit'ya）、彼得罗夫卡村[36]。第24装甲军完成第一项任务，但第二项任务未完成，因为第46装甲军没能夺取这两个村子。当晚，劳斯与内林通话，后者报告，苏联人正在别尔季切夫以南的佩列莫加地域清理他们自己埋设的地雷[37]。劳斯指示他次日晨实施密集侦察，其意图是让苏联人相信第24装甲军将加入第46装甲军的进攻行动。劳斯还强调，内林应把他的装甲力量集中在军左翼后方，以加强该地段，抗击据截获的电报所预计的苏军将投入的强大坦克部队。左侧第48装甲军亦截获苏军电报，称主力部队均已就位，将于次日“展开行动”。电报中还指示，应对各个方面加以组织，并召集指挥员做任务简报。截获的电报，加之地面和空中侦察的加强，以及苏军简报小组出现在防线对面，这一切都向巴尔克表明，苏联人重新发起进攻已迫在眉睫。当晚同劳斯交谈时，他明确指出这一点，并补充道，他已下令次日清晨3点至5点间实施炮火急袭，意图是扰乱苏军部队在疑似集结区的集中。巴尔克担心第371步兵师可能无法阻挡苏军这场冲击，因而请求从集团军预备队抽调第509重型装甲营，从赫梅利尼克派往乌拉诺夫地域，以便在第24装甲军与第48装甲军结合部两侧展开行动。劳斯拒绝，并指出，若苏军发起进攻，由他指挥该营从当前位置赶往最需要增援的地段更好些。他希望将近日好不容易撤出的第7装甲师、“虎”式装甲营和火箭炮旅留作预备队。不过，他已给两支装甲部队下达命令，指示他们保持警惕，做好次日拂晓出发的准备[38]。若苏军展开突击，巴尔克应给第1火箭炮部队司令直接下达指示，以便该火箭炮旅从当前阵地为第48装甲军提供最佳支援。

同时，第4装甲集团军还对潜在的长远发展加以考虑，劳斯指示麾下各军长，在后方地域展开侦察并构筑防御阵地[39]。装甲集团军建议第13军构设三道防线，每道防线都以猛禽的名字命名，分别为Adlerstellung（“鹰”阵地）、Falkestellung（“隼”阵地）和Bussardstellung（“秃鹫”阵地）[40]。“鹰”阵地起点在南面，戈伦河河畔奥斯特罗格附近霍罗夫周围的一个支撑点，但主防线起点是乌斯季耶河（Ust'e）西岸兹多尔布诺夫南面的兹多尔比察（Zdolbitsa）。防线从那里沿河流延伸，穿过罗夫诺径直通往奥尔热夫

（Orzhev）[41]，在那里，该河汇入戈伦河。这道防线从那里沿戈伦河延伸到杰拉日诺耶和北面高地。再过去，向西北方延伸的防线仅由一系列独立支撑点构成，穿过科尔基至马涅维奇。罗夫诺镇由一座登陆场掩护，而不是仅仅依靠河流防线。“隼”阵地设立在“鹰”阵地后方约20公里外，最初确定由四个互不相连的支撑点构成。第一个支撑点是罗夫诺西南方约25公里的瓦尔科维奇（Varkovichi），掩护罗夫诺与布罗德之间的公路和铁路线。第二个支撑点在萨捷夫（Satyev）南面沿斯图布拉河（Stubla）构设，封锁罗夫诺—杰米多夫卡公路。第三个支撑点在普季洛夫卡（Putilovka）河河畔的奥雷卡（Olyka）周围，最后一个支撑点设在旧奥雷卡（Staraya Olyka），封锁罗夫诺与卢茨克之间的公路和铁路线。“秃鹫”阵地是最后一道防线，在更西面20—30公里处。这道防线从克列梅涅茨北面的萨波诺夫（Saponov）起，沿伊克瓦河（Ikva）向北延伸，穿过杜布诺至该河与斯特里河交汇处，再穿过卢茨克到罗日谢（Rozhishche），在那里汇入斯托霍德河，沿该河延伸到卡缅卡希尔斯基以东山丘某处。豪费应对前两道防线加以侦察，并在资源允许的情况下着手修筑阵地。在此阶段仅对“秃鹫”阵地加以调查，是否构筑阵地并设立中间防线由豪费决定。装甲集团军中央地段，第48装甲军将构设四道新防线，分别为“鹰”阵地、Reiherstellung（“白鹭”阵地）、“隼”阵地和Habichtstellung（“苍鹰”阵地）[42]。“鹰”阵地东起乌拉诺夫，穿过萨利尼察、马泽平齐（Mazepintsy）、莫托维洛夫卡、佩金卡、维什诺波尔、库斯托夫齐至格里采夫东南方约6公里的萨萨诺夫卡（Sasanovka）。“白鹭”阵地位于“鹰”阵地后方6公里外，从马尔库希起，经托尔钦、姆沙涅茨、佩什基（Pyshki）、奥斯特罗波尔、伊尔希基（Irshiki）、大莫采维奇（Velikiye Motsevichi）到格里采夫南面的帕尔京齐（Partintsy）。第三道防线是“隼”阵地，设在“白鹭”阵地后方4至15公里之间某处，从佐祖林齐（Zozulintsy）西南面林地起，穿过肖姆基（Syomki）、帕普林齐、米休罗夫卡、杰谢罗夫卡、斯温纳亚、旧康斯坦丁诺夫、卡普斯京到古布恰（Gubcha）西南方高地。最靠后的是“苍鹰”阵地，计划从东面的斯维诺耶起，穿过旧康斯坦丁诺夫，并沿旧康斯坦丁诺夫与沃利察波列瓦亚（Volitsa Polevaya）之间伊科波季河（Ikopot'）南面的高地延伸。右翼，四条新防线继续穿过第24装甲军防区，但也都赋以新名称[43]。“鹰”阵地从波列瓦亚雷锡耶夫卡起，穿过科秋任齐、切列帕申齐（Cherepashintsy）、蒙钦齐（Monchintsy）、小库特夏（Malaya Kutyshcha）、库斯托夫齐、萨巴拉（Sabara）[44]至乌拉诺夫。“白鹭”阵地位于后方3—10公里处，从普里卢卡起，穿过舍夫琴科瓦（Shevchenkova）、科穆纳罗夫卡、格林斯克、罗金齐至马尔库希。“隼”阵地位于后方5—6公里处，从南面的萨利尼克起，穿过巴甫洛夫卡、格里什科夫齐、皮科夫、克里沃舍因齐、白鲁卡夫（Belyi Rukav）到佐祖林齐西南方林地。最后是“秃鹫”阵地，位于“隼”阵地后方8—15公里处，从东面的米贾科夫（Mizyakov）沿布格河南岸延伸到西面的赫梅利尼克。

1944年1月25日，星期二

第24装甲军右翼的战斗再度平息下来，第168步兵师度过一个平静的夜晚，但康斯坦丁诺夫卡周边炮火持续未停[45]。军防区中央地段也很平静，第20装甲掷弹兵师报告，一支苏军巡逻队出现在图恰地域，但已将其击退。第1装甲师右翼，双方以火炮和迫击炮交火，主要集中在别济米扬诺耶和莫洛特科夫齐周边地域。双方派出巡逻队，苏联人在别济米扬诺耶东面活动，当晚大多数时候较为活跃。而第1装甲师的侦察巡逻队很快遇到苏军几个前哨站，他们很清楚，苏联人已沿整条战线逼近德军阵地。该师昨晚还报告，20点左右听见别尔季切夫—乌拉诺夫主公路附近的波德罗日纳亚周围传来敌坦克的履带声。

第48装甲军当晚的活动稍多些[46]。右翼第371步兵师派出几支战斗巡逻队，据他们报告，克拉斯诺波尔—斯捷特科夫齐—莫洛奇基地域传来坦克履带声，还听见敌人大声唱歌。另一方面，苏联人已撤离斯捷特科夫齐南面阵地。凌晨3点50分左右，该师报告，一支苏军车队从莫洛奇基驶入斯捷特科夫齐。村南面，党卫队“帝国”装甲战斗群右翼部队1点45分左右拦截苏军一支连级兵力巡逻队，据逃兵交代，苏联人计划于当日晨发起进攻。据说，10辆苏军坦克位于斯捷特科夫齐，“帝国”装甲战斗群随后实施的侦察证实该镇的确在苏军严密据守下。另一些侦察巡逻队发现，柳巴尔西南边缘以西2公里处，苏联人以排级兵力据守前沿阵地，并获得重武器支援。与此同时，第19装甲师度过一个更为忙碌的夜晚，苏联人沿该师防线派出几支巡逻队，主要针对其中央地段，另一些则在西面的奥纳茨科夫齐，该师未费太大周折便将这些敌人击退。吉佐夫希纳北面，该师发现敌人正向其防御阵地逼近，遂组织反冲击，力图逼退对方。这一行动取得成功，但苏联人稍后再度向前，特别是在该师中央地段。第19装甲师左翼对面不断传来履带声，表明对方正从塔杰乌什波尔驶往基普钦齐。针对敌人这些活动，第48装甲军以猛烈炮火轰击苏军主阵地前方的村庄和已知集结区。

第59军防区发生一些小规模行动，但总的说来当晚较为平静[47]。第96步兵师右翼，苏军一个步兵连占领季特科夫，据悉，该镇北面高地也在敌军严密据守下。德国人还发现苏军部队在拉本北部和东面树林中调动。夜间，苏联人以迫击炮和反坦克炮对该师设在季特科夫和拉本周围阵地的炮击有所加强。军左翼，第291步兵师一部昨日17点左右夺回茨韦托哈，抓获3名俘虏，缴获1门45毫米反坦克炮。

第4装甲集团军左翼第13军报告，未发生特别的战斗[48]。C军级支队继续沿戈伦河西岸遂行侦察，直至南面的奥斯特罗格都没有发现敌人。不过，戈夏西南方的河流东岸牢牢掌握在苏联人手中，而扎沃佐夫、阿加洛夫卡（Agalovka）和锡蒙诺夫也在苏军严密据守下。C军级支队左侧，“普吕茨曼”战斗群报告，双方都实施积极侦察。在其左翼，该战斗群发现苏军撤出大斯特金，但西南方几公里处，有迹象表明苏军已占领兹纳米罗夫卡村（Znamirovka）和一些野战防御工事。北面的“冯·德姆·巴赫”战斗群报告，未发生任何战斗。

与最近几天相比，当日的天色更加明亮。尽管某些地方仍有阴云，但大多数地区的天空较为晴朗。温度保持稳定，徘徊在零摄氏度左右，虽然夜间出现轻微霜冻，可大多数地方当日白天继续化冻。某些地段的路面软化，不过，各条道路几乎都能使用，但在北部，除主干道之外，交通变得非常困难。较小的道路上，卡车的行驶在白天受到限制，天黑后完全无法通行。

第24装甲军右翼，苏联人清晨7点对第168步兵师设在康斯坦丁诺夫卡的阵地发起一场联合突击[49]。这场进攻从东面和东北面展开，分别由一个步兵营遂行，共获得20辆T-34坦克支援。该师击退对方最初的冲击，但苏联人当日白天反复遂行突击，据报，进攻方伤亡惨重。激战中，18辆敌坦克突破德军防御阵地，楔入该师后方地域。傍晚前，德国人将这些坦克悉数消灭，击毁17辆，另一辆被打得动弹不得，其中6辆被“铁拳”击毁[50]。第101猎兵师一个反坦克排为这场胜利做出贡献，击毁18辆坦克中的5辆。另外，德军还抓获25名俘虏[51]。这一整天，第168燧发枪手营和第147装甲掷弹兵团配属该营的一个战斗群坚守康斯坦丁诺夫卡，为表彰他们的坚定不移，内林要求OKW发布的国防军每日公报予以提及。该师还为第46装甲军的进攻提供支援，以炮火轰击苏军阵地，特别是对彼得罗夫卡周围和东南部。虽然辖内部队赢得局部胜利，但内林认为苏联人还将展开后续尝试，以缓解第46装甲军进攻造成的压力，敌人的后续冲击很可能获得更多坦克支援。军防区其他地段的情况不太激烈，但第20装甲掷弹兵师右翼设在格拉西莫夫卡的阵地，当日上午遭到敌人攻击。苏联人为此投入一个步兵连，但被德军防御炮火遏止。同时，为使敌人相信继续向南攻击前进的第46装甲军防线正向北延伸，第24装甲军指示第168步兵师和第20装甲掷弹兵师增派巡逻队，并炮击已知目标。可是，德军巡逻队在各处遭到顽强抵抗，据报，苏军防御阵地呈纵深梯次配置，据守得相当严密。各巡逻队不断遭受伤亡，被迫退却，但第20装甲掷弹兵师派出的一支巡逻队至少夺得佩列莫加东南面高地，留下一股掩护兵力后撤回。第1装甲师右翼，苏联人凌晨3点30分左右在别济米扬诺耶东面展开一场夜袭，起初楔入德军阵地，最终被守军的反冲击逼退。白天，这里几乎未发生战斗，但德军炮兵仍在忙碌，展开反炮兵连斗争，并对所发现的苏军调动和工事修筑实施炮击。昨晚，苏军战机反复轰炸康斯坦丁诺夫卡和普里卢卡，并扫射德军防御阵地。他们还攻击科尔杰廖夫卡（Kordelyovka）和位于卡利诺夫卡的机场，双方沿该军整个防御地段实施大量空中侦察。一名苏军飞行员在切尔尼亚京西部附近迫降，结果被德军地面部队俘虏。

相反，第48装甲军防区这一整天都很平静[52]。右翼第371步兵师发现苏联人在斯捷波克南面修筑新工事，就在德军主阵地前方约700米处，西面，距离克拉斯诺波尔西南边缘约600米处同样如此。该师还报告，苏军以火炮和迫击炮轰击其左翼，但除此之外，双方未发生交战。党卫队“帝国”装甲战斗群防区的情况与之类似，他们看见苏联人在阿夫拉金北面约2公里的主公路周围和柳巴尔西南边缘挖掘战壕。除零星破坏性炮火外，苏军在这里也没有投入战斗。军左翼亦然，第19装甲师报告，苏联人只是偶尔炮击其阵地。

与此同时，争夺拉本的战斗仍在第59军右翼肆虐，苏军以火炮、迫击炮和反坦克炮对第96步兵师设在季特科夫附近阵地实施的炮击相当活跃[53]。15点30分，搭载步兵的2辆苏军坦克，在3门反坦克炮支援下冲击拉本东部，夜幕降临时，那里的情况仍不明朗。南面，师右翼对面，他们看见苏联人在塔杰乌什波尔北面和西面调动并构筑阵地，还在中央地段对面发现敌人在斯维诺耶西面和西南面挖掘战壕，遂调集炮火对这些活动施以打击。第291步兵师防区几乎未发生战斗，但在最左翼，该师辖内部队设法夺回斯拉武塔南面的塔什基村。该师向西面派出几支侦察巡逻队，朝奥斯特罗格方向进入广阔林地，傍晚前到达别洛京（Belotin）以西某处，途中只遭遇一些实力薄弱的游击队。

第13军继续构筑防线，并加强侦察，特别是在戈伦河与斯特里河之间[54]。总体而言，苏军的态势和部署似乎未发生太大变化。C军级支队继续侦察敞开的右翼，并向东派出部队渡过戈伦河。南面，德军巡逻队赶往霍罗夫及其南部地域，但傍晚前未发回报告。奥热宁对面，苏军尚未占领切尔尼亚霍夫[55]和米利亚京村，以东地域同样如此。北面，阿加洛夫卡仍在苏军控制下。科斯托波尔西面，“普吕茨曼”战斗群在此期间报告，发现许多苏军士兵在戈洛温以东和东北地域行进。双方沿该地段展开一场活跃的炮战，苏军迫击炮炮火相当猛烈。西面，卢茨克作战司令终于参与到行动中，将两个连派往东北方，进入“普吕茨曼”战斗群与“冯·德姆·巴赫”战斗群之间缺口。这支小股部队到达30公里外的特罗斯佳涅茨，在那里停下脚步，开始构设阵地，封锁从科尔基通往卢茨克的公路。与此同时，冯·德姆·巴赫向东派出巡逻队渡过斯特里河，却发现敌人已占领奥斯尼察（Osnitsa）、切尔内日和克拉斯诺沃利亚（Krasnovolya）镇，他们怀疑对方是配有重武器的游击队。这些巡逻队身后，另一些游击队谨慎向前，试探德军设在斯特里河对岸，科尔基和库利科维奇（Kulikovichi）周围的登陆场，但德军毫不费力地将其击退。对此，冯·德姆·巴赫从科尔基派一支强有力的战斗巡逻队赶往东南方，但到夜间，该巡逻队尚未发回报告。左翼，他还派出另一支部队，从科韦利沿主公路向北实施侦察。他们穿过普里皮亚季河河畔的拉特诺（Ratno），一路推进到约51公里外的戈尔尼基村（Gorniki），沿途遭到游击队火力袭击。他们先是在布鲁涅托夫卡（Brunetovka）东南面公路弯曲部附近遇到游击队，随后又在北面与游击队再度遭遇，公路在那里向左弯向维德拉尼察（Vydranitsa）附近。

总之，第4装甲集团军设法击退苏军对其最左翼的所有进攻，其中一些行动由近卫坦克第7军近卫坦克第56旅辖内部队遂行，但预计中苏军将对别尔季切夫西南地域第48装甲军重新展开的大规模进攻并未出现[56]。尽管如此，苏军机动车辆和马车的交通运输依然活跃，尤以波隆诺耶周围和柳巴尔西面为甚，表明某些事情很快会发生，但同样值得注意的是，伊万诺波尔周围的防空力量有所减弱。鉴于预期中的进攻并未发生，巴尔克起草一份态势评估，并将之呈交劳斯[57]。他在这份报告中称，虽然空中侦察在伊万诺波尔地域发现敌坦克和其他车辆留下的车辙印，但与昨日相比，苏联人异常平静。他证实，苏军对空防御似乎已消失，他现在怀疑，由于第1装甲集团军在文尼察以西转入进攻，原先集结于伊万诺波尔地域的敌坦克部队，至少有一部分已调往南面。截获的无线电报亦表明，由于近期的化冻，苏军暂时推迟进攻。同时，德军防御阵地有所加强，这是因为军左翼后方设立起第二道防线，另外，他们还布设更多地雷，主要在左翼。巴尔克指出，若确定苏军近卫坦克第3集团军已调离伊万诺波尔地域，他就不再认为对方会在近期对第48装甲军发起大举进攻。在这种情况下，第48装甲军遂行防御的兵力绰绰有余，至少可以抽出相当一部分力量用于进攻。但无论第48装甲军防区的情况如何，劳斯此时最担心的是装甲集团军左翼和第13军面临的态势。为解决这些问题，他给“南方”集团军群发去一份报告，阐述他在该军防御地段展开后续行动的意图[58]。这份报告以豪费昨日的建议为基础，在开头处指出装甲集团军的意图是以第13军遂行进攻，在空军支援下前出到亚波洛季与萨尔内—科韦利铁路线之间的戈伦河一线，从而切断苏军第13集团军先遣部队的后方交通线。完成这一初期目标后，该军应依托沿河构设的一系列支撑点继续实施机动防御，以此阻止苏军正规部队或游击队渡过该河向西或西南方推进。这场进攻将从两个不同方向实施，分别从南面和西面展开。第一股力量由“普吕茨曼”战斗群率领，使用三个陆军营和两个警察营，两个炮兵营提供支援，外加第118突击炮营和第426炮兵营。他们将从亚波洛季北面的佐洛托林（Zolotolin）—米德斯克一线出发，向北攻往约20公里外的韦尔布切。第二股力量来自“冯·德姆·巴赫”战斗群，由一个警察营和四个陆军营组成，外加一个党卫队骑兵团和一个装甲排。他们将从梅德韦日耶地域向东攻击前进，渡过斯特里河，赶往铁路线南面，前出到戈伦河河畔的戈罗杰茨镇（Gorodets）。这场突击将在北面获得掩护，“冯·德姆·巴赫”战斗群辖内另一些部队也应向前推进，设法夺取戈罗杰茨以北约20公里的弗拉季米列茨镇（Vladimirets）。实力最弱的部队留下守卫科韦利和连接该镇与计划中推进地段间的补给线。进攻将于1月28日发起，以便各部队有足够时间集结兵力。此时，豪费先前要求赋予他自主使用辖内部队权力的原因终于清楚显现出来，尽管OKH早些时候拒绝了他的要求。劳斯告诉集团军群，绝对有必要将第118突击炮营和第426炮兵营调给普吕茨曼，这是因为北部地形复杂，这两支部队无法在那里发挥作用[59]。萨尔内—科韦利铁路线两侧的乡村根本无法使用机动车辆，就像这些突击炮首次投入部署，试图渡过科韦利东面的斯托霍德河期间证实的那样。这些战车陷入泥泞无力自拔，根本无法为步兵的推进提供任何支援。反过来说，将这两支部队交给“普吕茨曼”战斗群能够发挥更大作用，因为那里的道路和地形条件相比之下更为有利。因此，劳斯要求批准将这两支部队交给普吕茨曼，并请集团军群向上级部门说明这一点。即便这场突击取得成功，更北面地区，即萨尔内—科韦利铁路线与集团军群左侧分界线之间，问题依然存在。第13军和第4装甲集团军没有任何部队可部署到那里。出于同样原因，对该地区的侦察也很有限，因此，苏军完全有可能从那里实施一场突然袭击，而第4装甲集团军抽调不出任何兵力对此加以抵抗。在这种情况下，劳斯无法阻止苏联人切断穿过科韦利的至关重要的交通线，他故而重申，当务之急是为他至少再提供一个步兵师，以应对这一威胁。

1944年1月26日，星期三

与刚刚过去的白天相比，第24装甲军防区整个夜间保持着相对的平静[60]。双方以机枪和迫击炮沿整个防御地段交火，零星炮火亦参与其中。最糟糕的情况发生在第168步兵师防区内的康斯坦丁诺夫卡，那里不仅落下大口径炮弹，还遭到苏军夜间轰炸机空袭。在右翼实施侦察后，第168燧发枪手营在少量工兵支援下，夜间派一支战斗巡逻队进入康斯坦丁诺夫卡以东地域。他们在那里发现4辆敌坦克，旋即以T型地雷[61]将其炸毁，这使该营击毁坦克的战果达到22

个。该师派出的一支独立巡逻队发现并炸毁昨日紧急迫降的一架飞机。北面，苏联人继续实施侦察，第20装甲掷弹兵师在切尔沃纳亚斯捷皮（Chervonaya-Step'）和图恰地域拦截并击退两支苏军巡逻队。第1装甲师右翼，德国人在别济米扬诺耶附近截获并击退另一支苏军巡逻队。

左侧第48装甲军也度过一个较为平静的夜晚[62]。右翼第371步兵师的报告中没有值得一提的内容，而党卫队"帝国"装甲战斗群卷入几起不太激烈的行动。第一起事件是苏军侦察巡逻队出现在基列耶夫卡西南面，"帝国"装甲战斗群轻松将其击退，之后，苏联人在同一地域投入一支规模更大的连级兵力战斗巡逻队，但也被该战斗群击退。同时，"帝国"装甲战斗群还向中央地段对面派出自己的巡逻队，他们发现敌人在斯卢奇河河畔，科兰以北约1公里处设立起支撑点，封锁柳巴尔东南方入口。军左翼第19装甲师也报告，苏军实施侦察，该师在吉佐夫希纳以北地域击退两支敌巡逻队（每组10名士兵），在奥纳茨科夫齐两侧击退对方另外两支巡逻队。

第59军位于西面的防区也相当平静[63]。第96步兵师辖内部队终于击退昨日下午进攻拉本的2辆敌坦克，而在该师右翼，他们以炮火打击塔杰乌什波尔周围忙于改善防御工事的敌军。拉本北面，该师设在高地上的阵地昨晚遭到苏军两次攻击，第一次在18点，第二次在20点40分。进攻发起前，苏联人从北面施以猛烈的迫击炮和反坦克炮火，但这两场冲击都被德军击退。凌晨2点左右，德国人听见科哈诺夫卡传来履带声，还看见许多苏军士兵正在该地域调动，遂调集炮火予以打击，但不知道这番炮击给敌人造成怎样的破坏。军防区其他地段，第291步兵师报告，当晚平安无事。

北面的第13军也度过一个平静的夜晚[64]。C军级支队没有报告特殊情况，"普吕茨曼"战斗群扼守的防区也未发生战斗，只是双方的火力互射较前几日更加激烈。科斯托波尔西北面，德国人发现苏军士兵在波德卢日诺耶地域改善他们的野战防御工事。更北面，"科赫"战斗群一部试图从亚波洛季—斯特金地域向北推进，却发现苏军牢牢据守该地区。特罗斯佳涅茨、佐洛托林、列德诺（Ledno）和小米德斯克（Maly Midsk）村都被苏军占据，还包括佐洛托林西面的树林。再过去，苏军似乎正从米德斯克退往古塔（Guta）西南方约2公里的奥梅兰卡（Omelanka）。军左翼的"冯·德姆·巴赫"战斗群从当地居民处获知，科尔基以南4公里的奥斯特罗夫基村（Ostrovki），1月24日被苏军骑兵短暂占领，而“比辛”团派出的侦察巡逻队遭遇一股游击队，双方展开交火，据报，游击队伤亡惨重。与此同时，斯特里河东岸，该团报告苏军的交通运输相当繁忙，正从瓦拉日赶往茨米内（Tsminy）对面的波隆涅（Polonne）。

新的一天到来时气候陡变，阴云重现并下起雪来。北部雪势较大，但南面的降雪不太严重，只是偶尔出现积雪。能见度较差，温度保持在冰点以上，致使化冻得以继续，白天，路面发生软化，但大多数情况下仍可通行。

装甲集团军右翼的态势稍事安定下来[65]。南面，第168步兵师报告，其防区未发生战斗，但苏军继续在北面展开巡逻。第20装甲掷弹兵师防区，苏联人向扎利万希纳东北地段派出两支战斗巡逻队，每支由20—30名士兵组成，但德军击退这两支巡逻队，据报，战场上丢下13具苏军士兵的尸体。北面，出现在图恰地域的一支苏军侦察巡逻队亦被德军击退。第1装甲师右翼和中央地段，苏联人分别向胡托尔卢齐亚诺夫卡和奥西奇纳亚派出巡逻队，第一支巡逻队约30人，第二支则为50人左右，但也被德军击退。在这两处之间，德国人发现对方向该师设在莫洛特科夫齐的阵地派出另外两支巡逻队，遂将其顺利击退。除侦察巡逻外，苏联人还不断以火炮和迫击炮轰击该军防区，打击重点集中于两翼，那里分别落下500发炮弹。第1装甲师还以颜色，炮击已知的苏军阵地，特别是尤罗夫卡与克拉皮夫纳之间地段。虽然苏军对第24装甲军中央及左翼的战斗和侦察巡逻持续不断，有时候还为这些行动提供炮火支援，但该军南部防区比前几日更为平静。内林收到的情报似乎为对方这种持续不断的活动提供了某种解释。据他认为来源可靠的消息称，苏军这些活动表明，该军近日实施的欺骗措施，包括加强巡逻和炮击，取得预期效果。苏联人相信该军将从第20装甲掷弹兵师防御地段向东突击。同一份消息来源还证实，苏联人清楚该师近日刚刚调至前线，可能还知道这个师已获得补充兵。据信，苏军认为调拨给友邻第1装甲师的补充坦克已到达。基于这些情况，苏联人决定将集结在别尔季切夫西南方的部队留作预备队，若德军遂行进攻，便以这股力量打击其左翼。但到目前为止，尚无证据表明苏联人已将这些部队撤至纵深阵地。

左侧第48装甲军报告，苏军的活动有所加强[66]。右翼，苏联人中午前后向第371步兵师缓缓逼近，在距离该师主防御阵地400—500米处停顿下来。这番推进获得火炮、迫击炮和反坦克炮支援，凶猛的火力袭向德军防线和主作战区域内的村庄，斯梅拉、利皮亚京（Lipyatin）和别斯佩奇纳落下130—150发炮弹。而该师派出的一支巡逻队，在别斯佩奇纳以东2公里的一道狭谷内遭遇苏军猛烈的侧射火力，被迫撤退。7点30分左右，苏军两个步兵连在柳巴尔南面冲击党卫队“帝国”装甲战斗群设在科兰和格里诺夫齐的阵地，但被德军防御炮火击退。中午前后，苏联人又以营级兵力从西面攻向科兰，同样被德军击退，摩托化步兵第3旅63名士兵被俘。双方在其他地段亦展开炮战，当日上午，苏军以火炮和火箭炮反复轰击该战斗群据守的阵地，尤以小布拉塔洛夫周边为甚，而“帝国”战斗群则调集火力打击集结于阿夫拉金东北方和南面的苏军部队。第19装甲师也报告，苏联人对其阵地发起几次攻击。当日上午，苏军以连级兵力数次冲击杰姆科夫齐和奥纳茨科夫齐两侧，均被该师击退。该师还以炮火打击并驱散集结在吉佐夫希纳北面3公里的另一股敌军。师左翼，苏军一个步兵连在2辆坦克支援下，设法楔入塔杰乌什波尔南面的德军阵地，但在友邻第96步兵师辖内部队支援下，第19装甲师最终肃清这一突破。

因此，在支援炮火掩护下，苏联人已逼近第48装甲军右翼主防御阵地，而在其他地段，他们以连、营级兵力遂行突击，主要集中于科兰、杰姆科夫齐和奥纳茨科夫齐周边地域。在巴尔克看来，苏联人加强活动，特别是在柳巴尔以南、以东地域，表明他们很快会重新发起进攻，这种看法似乎得到近期空中侦察的证实：苏联人将大批火炮和迫击炮部队部署在该军防线对面，已发现15—16个敌炮兵连和约200个迫击炮阵地。

苏联人还对第59军继续实施侦察[67]。军右翼，他们在两处向第96步兵师派出一些战斗巡逻队，第一处是该师位于塔杰乌什波尔西面和西南面的右翼，第二处是科哈诺夫卡西南面的中央地段。这些进攻发生在上午10点至11点间，每次都在迫击炮和轻型火炮猛烈炮击后以连级兵力遂行。但这些巡逻队没有一支能到达德军主防御阵地，面对守军猛烈而又密集的防御火力，他们被迫后撤。该师旋即在塔杰乌什波尔西面展开一场局部反冲击，据报击毙25名苏军士兵，抓获2名俘虏。德国人后来看见2辆搭载步兵的敌坦克从北面驶入多布雷耶洛济（Dobryye Lozy）西端，还发现苏军士兵在斯维诺耶西面和西南面高地上挖掘阵地，遂以火炮施加打击。师防区其他地段较为平静，双方仅以步兵武器和火炮展开司空见惯的交火。第291步兵师右翼对面，德国人看见约100名苏军士兵分成小组，从赫罗林向北而行，下午晚些时候，苏军一支战斗巡逻队遂行冲击，渡过克利缅托维奇以西约3公里的茨韦托哈河。德军击退这场进攻，而该师实施的侦察发现，苏联人扼守该村以北3.5公里、西北方1.5公里处的阵地。与此同时，一支远程巡逻队越过该师左翼，到达约30公里外的奥斯特罗格镇，在那里遇到德国空军某通信团的10名德军士兵和一些波兰人，据他们说，游击队近来每天都对该镇实施攻击。

北面第13军报告，苏联人数次冲击其防区，该军据此得出结论，相关活动的加强可能意味苏联人正重组其部队[68]。C军级支队对面未发生真正的战斗，但苏军向南的交通运输异常繁忙，人员和车辆从丘德尼察（Chudnitsa）穿过戈夏赶往锡蒙诺夫。“普吕茨曼”战斗群南翼，列奇察（Rechitsa）[69]西北面，苏联人在火炮和迫击炮炮火力支援下，以营级兵力展开突击，但被遂行防御的警察营击退。该营迅速组织反冲击，据报，抓获2名俘虏，缴获2支反坦克步枪和1挺重机枪。之后，苏军以相同兵力再次进攻，但又被德军击退，战场上丢下一些死伤的苏军士兵。北面的杰尔曼卡[70]以西地域，苏军展开另一场突击，他们以所有武器实施火力准备后，投入一个步兵连遂行冲击，但德军未费太大周折便将其击退。左侧，科斯托波尔南面，苏军集结兵力，准备发起另一场进攻，可没等开始便被德军炮火驱散。由于通信中断，战斗群未收到左翼部队最新情况报告。左侧，“冯·德姆·巴赫”战斗群据守的防区较为平静，除双方实施的侦察巡逻外，报告中几乎未提及战斗。总的说来，那里的交通较为活跃，人员和车辆从戈夏赶往南面，这一点，加之相关情报称苏军正变更部署，使豪费得出结论，苏联人正在第13军右翼对面加强其阵地。除此之外，他认为苏联人的态势并未发生太大变化，但他承认，缺乏空中侦察的最新情报。

在此期间，后方地域的匈牙利第7军汇报他们的最新状况[71]。第9轻装师驻扎在科韦利地域，第47步兵团第3营经由铁路离开该镇。昨晚19点，一列火车在马涅维奇以西约12公里碾上地雷，铁路线尚未修理完毕。昨晚20点，游击队还将马涅维奇以西约3公里处的铁路炸毁，1月26日零点50分，游击队对卢博姆尔（Luboml'）以东约8公里的铁路线实施两起爆破，维修工作仍在进行中。与此同时，第9轻骑兵中队一部对科韦利以北实施侦察。第18轻装师主要部署在罗夫诺与杜布诺之间地域，而第47步兵团第1营主力位于罗夫诺以南约20公里的吉利恰（Gil'cha），并向南面的布夏和东面的普洛斯科耶（Ploskoe）派出侦察巡逻队。该营还向奥斯特罗格实施侦察，但昨日报告，未与敌人发生接触。第49步兵团正赶往新作战地域，1月25日傍晚时，该团团部设在罗夫诺以西约10公里的佳季科维奇（Dyad'kovichi）。该团第1营位于佳季科维奇西北方5公里的米洛斯托夫（Milostov），第3营在卢茨克东南方约14公里的大戈罗德尼察（Velikaya Gorodnitsa）。同时，第18轻骑兵中队正赶往杜布诺以东3公里的拉钦（Rachin），另一些部队在杜布诺以东约8公里的米罗戈夏。各种支援和勤务部队位于杜布诺北面的伊万耶（Ivan'e）—波德盖齐（Podgaitsy）—姆利诺夫（Mlinov）地域。第19轻装师目前部署在卢茨克附近。第19步兵团第1营昨日已离开，从卢茨克东北面的基韦尔齐车站（Kivertsy）回国。与此同时，第35步兵团第1营会同第35步兵团第4连，赶去占领卢茨克东南方的奥斯特罗热茨镇（Ostrozhets）。该营派出的侦察巡逻队已返回，未与敌人发生接触。第53步兵团第1营驻扎在卢茨克北面的罗日谢。当日凌晨1点40分，一列火车在罗夫诺与卢茨克之间的奥雷卡车站以东1公里外碾上地雷，修理工作仍在继续。1月26日清晨6点，奥雷卡与奥雷卡车站之间的公路桥被烧毁。第21轻装师驻扎在奥斯特罗格西南地域，师部设于舒姆斯科耶。1月25日一整天，第49步兵团卷入战斗，在该师北部防线，特别是东部防线，同游击队展开数次小规模交火。游击队的骑兵力量昨日也出现在第42步兵团前方，该团故而加强侦察。据当地居民称，1月22日，约600名游击队员位于舒姆斯科耶西北方12公里外的莫斯特（Mosty）[72]，另外600名游击队员在舒姆斯科耶以西16公里的巴什科夫齐，他们配有冲锋枪和6门迫击炮。1月24日，80—90名游击队员出现在舒姆斯科耶以西约10公里的若洛布基地域（Zholobki），配有苏制步枪、冲锋枪和德制机枪。另外，他们还在舒姆斯科耶东北偏北方约13公里的佩列莫罗夫卡发现几支小股游击队。据1月25日收到的情报称，斯拉武塔周围的树林中有三个游击队基地，每股约100人，都属于科普拉科夫集团。据信一个游击队营已占领斯拉武塔，并获得红军正规部队和4门火炮支援。奥斯特罗格以南约15公里的普卢日诺耶—米亚科特地域也有一股1400人的游击队。除其他防御措施外，各处都由5座混凝土掩体加以掩护。同一天，空中侦察发现约60名游击队员位于奥斯特罗格以南约30公里的尤罗夫卡—特罗斯强卡（Trostyanka）地域。游击队的一股骑兵力量也出现在舒姆斯科耶东北方约15公里，第42步兵团前方佩列莫罗夫卡—胡塔斯特尔（Huta Str）[73]一线北面。1月26日，第40步兵团第3营在晨曦时遭到一股游击队和红军正规部队混编力量攻击。总之，匈牙利第7军报告，该营阵亡6人，包括2名军官，另有12人负伤，但他们击毙28名敌人，俘虏包括一名中尉在内的28人。第201轻装师部署在西南方赫梅利尼茨基周边地域，在那里，该师一部驻扎于旧康斯坦丁诺夫西南面的克拉西洛夫。1月21日21点30分，游击队炸毁切尔内奥斯特罗夫（Cherny Ostrov）以西10公里，纳尔克维奇车站（Narkevichi）西面的铁路线[74]，但没有造成严重破坏。1月24日7点15分，苏军战机轰炸、扫射日梅林卡与赫梅利尼茨基之间的科马罗夫齐车站（Komarovtsy），破坏一些设施，还炸毁2辆油罐车。

第4装甲集团军防区，苏军除实施常见的侦察和战斗巡逻外，基本保持平静，这些行动主要发生在第48装甲军与第59军接合部两侧，柳巴尔与拉本之间地域[75]。近卫坦克第7军后撤，加之苏联空军部队在白采尔科维地域重组，表明乌克兰第1方面军正将重点转移到南部第1装甲集团军防区对面，但仍有4个坦克或机械化军和20个步兵师部署在第4装甲集团军中央地段对面[76]。这依然是一股强大的力量，足以随时向南或西南方发起另一场突破，昨日繁忙的铁路交通持续不断，尤以通往日托米尔和科罗斯坚的路线为甚，表明瓦图京仍在加强他的中央地段。因此，劳斯认为苏联人正计划对他的中央地段重新展开进攻[77]。第13军防区对面的情况不甚明确。劳斯通过相关侦察获知，苏军大批机动车辆和马车组成的队列仍在穿越该地域，但不了解具体情况，特别是科韦利—萨尔内—奥列夫斯克铁路线以北地域。当晚，他同几位军长商讨整体态势[78]，并强调自己的观点，虽然苏军昨日和今日并未像预料的那样展开进攻，但绝不能忽视对方遂行突击的可能性。苏联人已在第24和第48装甲军防区对面集结起一股力量，而且并未因近期部队频繁调动而消散。虽说他们调离近卫坦克第7军，但相关情报表明，敌人在该地域仍有四个快速军。劳斯的关注重点一直是右翼，但豪费却担心左翼的状况。他认为苏军也在第13军对面的科斯托波尔地域重组部队，正计划将这些部队投向南面。在这种情况下，他认为对方很快会发起一场突击，攻入第59军与第13军之间依然存在的缺口。事实证明，豪费的判断比劳斯更加准确。次日，苏军在“南方”集团军群左翼发起罗夫诺—卢茨克进攻战役，扩大第4装甲集团军一直未能封闭的缺口。苏军第60集团军利用第59军与第13军之间的缺口攻往舍佩托夫卡，并绕过第59军左翼冲向普卢日诺耶。北面，苏军第13集团军也直接攻入“冯·德姆·巴赫”战斗群与“普吕茨曼”战斗群之间的缺口，以近卫骑兵第1、第6军为先锋，朝西南方攻击前进，楔入两个德军战斗群之间。这场行动在德军力图坚守的第4装甲集团军左翼各部队之间插入几根新楔子，最终扑灭劳斯或冯·曼施泰因关于为集团军群设立并加强一道坚固左翼的一切希望。苏军发起罗夫诺—卢茨克进攻战役后，德军在日托米尔—别尔季切夫进攻战役中对北翼的防御被迫迎来一个不完整、无法令人满意的结局，红军牢牢控制住主动权，随即展开冬季战略攻势的下一步行动，以肃清乌克兰西部。

注释

1.第24装甲军晨报，1944年1月23日5点55分签发。

2.第48装甲军晨报，1944年1月23日5点签发。

3.第59军晨报，1944年1月23日5点30分签发。

4.第13军晨报，1944年1月23日6点签发。

5.第24装甲军每日报告，1944年1月23日18点签发。报告中提及该军目前掌握的战车和反坦克武器数量，具体如下：

· 第1装甲师：34辆四号坦克，20辆五号坦克，10辆自行式重型反坦克炮，25门（摩托化）重型反坦克炮

· 第20装甲掷弹兵师：15辆自行式重型反坦克炮

· 第168步兵师：13门（摩托化）重型反坦克炮

· 第731装甲歼击营：18辆自行式重型反坦克炮

6.第48装甲军每日报告，1944年1月23日19点签发。

7.第59军每日报告，1944年1月23日18点签发。

8.第13军每日报告，1944年1月23日18点40分签发。

9.装甲列车。

10.71号装甲列车1944年1月23日6点10分签发的电报。

11.71号装甲列车1944年1月23日13点30分签发的电报。

12.第4装甲集团军作战处下达的命令，1944年1月23日17点签发，无编号。

13.所有地图上均未标注阿梅林。

14.第4装甲集团军作战处作战日志，1944年1月23日的条目。

15.匈牙利皇家陆军第7军，第135/44号报告，1944年1月23日签发。

16.所有地图上均未标注佩列莫罗夫卡，它位于安德鲁绍夫卡（Andrushovka）东北面。

17.第4装甲集团军作战处，第671/44号报告，1944年1月25日签发。

18.第4装甲集团军司令部，首席军需长/第二军需长，第136/44号令，1944年1月22日签发。

19.Durchgangslager，临时营地。

20.囚犯收容点。

21.第4装甲集团军司令部，首席军需长/第二军需长，第28/44号令，1944年1月23日签发。

22.这些工人来自被占领的东部地区，主要是乌克兰，他们在德国从事支援战时努力的工作。其中少数人是战争初期的志愿者，大多是被强征的劳工。

23.第24装甲军晨报，1944年1月24日5点30分签发。

24.第48装甲军晨报，1944年1月24日5点签发。

25.第59军晨报，1944年1月24日4点45分签发。

26.第13军晨报，1944年1月24日5点55分签发。

27.德方记录中称之为Buryny。

28.第24装甲军每日报告，1944年1月24日19点签发。

29.第48装甲军每日报告，1944年1月24日19点30分签发。

30.第59军每日报告，1944年1月24日18点05分签发。

31.第13军每日报告，1944年1月24日19点15分签发。

32.第4装甲集团军作战处作战日志，1944年1月24日的条目。

33.第13军作战处，1944年1月24日11点45分签发的电报，无编号。

34.第13军作战处，1944年1月24日19点15分签发的电报，无编号。

35.第4装甲集团军发给“南方”集团军群的每日报告，1944年1月24日21点签发。

36.第4装甲集团军作战处，第626/44号令，1944年1月24日签发。

37.第4装甲集团军作战处作战日志，1944年1月24日的条目。

38.第4装甲集团军作战处，第631/44号令，1944年1月24日签发。火箭炮旅编有第1重型火箭炮团、第1教导火箭炮团和第57火箭炮团，这些部队均由第1火箭炮部队司令指挥。

39.虽说可以通过第4装甲集团军残存文件中下达给各军部的类似命令加以推断，但文件中没有下达给第59军相关指令的副本。

40.第4装甲集团军作战处，第617/44号令，1944年1月24日签发。

41.德方记录中称之为Adamkowskie。

42.第4装甲集团军作战处，第617/44号令，1944年1月24日签发。

43.第4装甲集团军作战处，第617/44号令，1944年1月24日签发。

44.所有地图上均未标注萨巴拉，它位于从洛兹纳（Lozna）通往大奥斯特罗若克的公路西面的高地上。

45.第14装甲军晨报，1944年1月25日6点签发。

46.第48装甲军晨报，1944年1月25日7点45分签发。这份报告提交的时间比平日稍晚，因为通讯线路清晨时发生些问题（参见第4装甲集团军发给“南方”集团军群的晨报，1944年1月25日7点签发）。

47.第59军晨报，1944年1月25日5点签发。

48.第13军晨报，1944年1月25日6点15分签发。

49.第24装甲军每日报告，1944年1月25日19点10分签发。

50.第4装甲集团军晚些时候呈交“南方”集团军群的报告，以及集团军作战处的作战日志都指出，达成突破的苏军坦克都被消灭，但实际是13辆，其中12辆被击毁，另外1辆严重受损。

51.第24装甲军每日报告，1944年1月26日18点50分签发。

52.第48装甲军每日报告，1944年1月25日19点35分签发。

53.第59军每日报告，1944年1月25日18点40分签发。

54.第13军每日报告，1944年1月25日19点30分签发。

55.所有地图上均未标注切尔尼亚霍夫，它位于戈伦河东岸的米利亚京西面。

56.第4装甲集团军发给“南方”集团军群的每日报告，1944年1月25日21点签发；第4装甲集团军情报处发给“南方”集团军群的晚间报告，1944年1月25日19点签发。

57.第48装甲军作战处，第29/44号报告，1944年1月25日签发。

58.第4装甲集团军作战处，第664/44号报告，1944年1月25日签发。

59.第426炮兵团配备Raupenschlepper Ost（东线牵引车），这是一种专用于东线的全履带式牵引车。

60.第24装甲军晨报，1944年1月26日5点40分签发。

61.Teller或称之为盘式地雷。

62.第48装甲军晨报，1944年1月26日5点签发。

63.第59军晨报，1944年1月26日5点15分签发。

64.第13军晨报，1944年1月26日6点10分签发。

65.第24装甲军每日报告，1944年1月26日18点50分签发。

66.第48装甲军每日报告，1944年1月26日19点20分签发。

67.第59军每日报告，1944年1月26日18点15分签发。

68.第13军每日报告，1944年1月26日18点40分签发。

69.报告中写的是“Kol. Kryniczka以西”，但所有地图上均未标注这个地点。

70.所有地图上均未标注杰尔曼卡，但它位于科斯托波尔东南方约6公里处。

71.匈牙利皇家陆军第7军经派驻匈牙利皇家陆军第8军的德军联络组发来的第161/44号报告，1944年1月26日签发。

72.所有地图上均未标注莫斯特，这是位于小伊洛维察（Malaya Ilovitsa）南面的一个小村落。

73.这是地图上标注的Huta Stara-Szumskaja的缩写，近期的苏联地图上不再标注该村，它位于库特北面约4公里处。

74.德方记录中分别称之为Szarny-Ostrog和Arkiewicze。

75.第4装甲集团军情报处发给“南方”集团军群的晚间报告，1944年1月26日18点30分签发。

76.据俘虏交代，近卫坦克第7军辖内近卫坦克第56旅已于1月初撤出前线，调至卡扎京西面的普利亚霍瓦亚接受休整和补充。1月18日，该旅在那里获得坦克补充，24小时后调至稍东南面的涅米林齐。1月24日，该旅向东赶往齐布列夫，而不是前往西南方的康斯坦丁诺夫卡，可能是为应对第46装甲军的进攻。

77.第4装甲集团军发给“南方”集团军群的每日报告，1944年1月26日20点30分签发。

78.第4装甲集团军作战处作战日志，1944年1月26日的条目。

第十七章
为“瓦尔特劳特”行动加以准备

1944年1月19日，星期三[1]

第1装甲集团军防区，新的一天拂晓到来时，一如昨日，阴云密布，蒙蒙细雨，形成冰冻的威胁。北部防线，第42军对面之敌仍没有什么活动，但该军发现苏军部队在北部和西北部防线前方调动[2]。马腾克洛特怀疑对方正将更多部队调离前线，但也可能是实施重组，为重新发起局部进攻加以准备。当日上午，德国人发现约100名敌军士兵位于B军级支队对面，正从东北方赶往卡加尔雷克北面的斯洛博达。西南方，他们看见200余名苏军士兵从罗马什基向西而去，据报，还发现另一些小股队列。南面，第88步兵师右翼遭苏军轻武器火力猛烈射击，但事实证明，苏联人当日的活动仅限于此。由于对方没有展开任何进攻，该师得以将获得加强的第248团级集群撤出前线，未遇到任何困难，傍晚前，该团到达塔拉夏东南方的卢卡镇[3]。12点45分，胡贝下令调整第42军与第7军之间的分界线，将马腾克洛特的防线向西南方延伸[4]。新分界线从梅德温起，经克鲁特耶戈尔贝到小别列江卡，上述地点均由第42军负责。这一变更次日清晨6点生效，若有不测，后撤应获得预先批准，两军新会合点设在克鲁特耶戈尔贝。

不出所料，苏军的主要突击再度发生在第7军防区，苏联人试图从特诺夫卡—巴什捷奇基地域向东南方突破，前出到被困于维诺格勒南面的部队身旁。这一整天，苏军不断展开冲击，军情报部门确认苏军投入一个新锐坦克团[5]。右翼，苏联人在克鲁特耶戈尔贝与安东诺夫卡之间进攻第198步兵师，为此投入一个步兵营，在坦克支援下突破该师防御，前出至距离克拉斯诺戈罗德卡不到4公里处。该师组织反冲击，设法肃清这场突破，在此过程中击毁3辆敌坦克。几乎是同时，苏联人又以营级兵力冲击安东诺夫卡，但被德军击退。苏军似乎下定决心要在该地域取得一些战果，据该师报告，他们发现对方当日下午集结更多兵力，特别是在大别列江卡南面的峡谷和安东诺夫卡东北地域。西南方，第82步兵师在沃特列夫卡遭到苏军两次攻击，一次为连级兵力，另一次则为营级兵力。两场突击都获得坦克支援，但均未取得成功。西面，特诺夫卡再度遭到进攻，苏军投入团级兵力，并以坦克为支援。这场突击成功夺得该镇南部，该师不得不后撤，并在东面高地设立新防御阵地。虽说被迫退却，但该师报告，他们在战斗中击毁6辆敌坦克。夺得特诺夫卡后，苏联人下午停止进攻，着手对其部队加以重组，仅以火炮、迫击炮和火箭炮轰击德军防御阵地。左侧第34步兵师亦遭到苏军反复发起的反冲击，其中大多以营级兵力遂行，并获得坦克和火箭炮支援。苏军的突击又一次取得成功，该师丢失巴什捷奇基东南部，被迫后撤，在该村东南方铁路路基处占据新阵地。苏军另一场进攻规模与之相当，这次是从特诺夫卡西南方矮树林发起，在第34与第82步兵师之间暂时打开个缺口，对该师纵深右翼构成威胁。但德军及时拦截，迫使进攻方退回主公路北面。中午过后，苏联人从捷捷列夫卡和科罗列夫卡地域调来新锐力量，第34步兵师报告，发现苏军两个步兵团集结在巴什捷奇基附近，并伴有坦克、突击炮和喀秋莎火箭炮。苏联人还在南面继续冲击第75步兵师据守的防区。火炮和火箭炮实施炮火准备后，苏军两个步兵连攻向奥赫马托夫西部，但德军击退这场进攻，还击毁1辆敌坦克。由于主要部队都用于据守前线，第7军没有预备力量解决仍困于维诺格勒东南地域的苏军部队，但该军对那片地域实施侦察，对敌人的动向加以监视。他们在塔拉索夫卡—斯捷波克—舒比内斯塔维—库奇科夫卡一线遭遇大股敌军，有迹象表明苏军在鲁巴内莫斯特西北边缘挖掘战壕。双方似乎都摆出防御姿态，被围的苏军部队好像满足于稳坐不动，并耐心等待救援部队从西北方赶来。对黑尔的部队来说，他们乐于见到这种状况。

西面第3装甲军防区，战斗继续进行，态势不断发生变化[6]。被困于奥斯特罗扎内的战斗群遭到苏军反复攻击，对方试图突入戈尔内季基奇河北面登陆场并重新夺回该村。当日上午，强大的苏军部队对该战斗群展开不间断的冲击，并以火炮和迫击炮施以猛烈轰击。这些进攻从南面、北面和东北面而来，德军战斗群的伤亡不断上升，被迫向后缓缓退却。实际上，苏军从东面发起的一场冲击突破德军防线，成功楔入奥斯特罗扎内东部。尽管如此，守军在第40装甲掷弹兵团团长布鲁克斯上校率领下顽强据守，挫败敌人所有企图，并将对方驱散。在此期间，第16装甲师先遣部队已于清晨出发，赶去解救陷入困境的这个战斗群。虽然遭到顽强抗击，但他们上午9点已突入克尼亚日基，遂行防御的苏军部队组织两场反冲击，一场从东面而来，另一场从东南面展开。苏军投入营级兵力，并以坦克为支援。第16装甲师击退这两场冲击，但不得不派一个团级集群掩护东翼，并解决从奥斯特罗扎内以南林地射出的猛烈侧射火力。该集群动身出发，但当日下午在克尼亚日基以东约2公里处，面对敌人猛烈的火炮和反坦克炮炮火陷入停顿。此后不久，该师少量坦克赶至，第64装甲掷弹兵团恢复进攻，从克尼亚日基北部攻击前进。15点左右，他们到达久布里哈，距离其目标仅隔2公里。第64装甲掷弹兵团继续前进，半小时后同“布鲁克斯”战斗群建立联系。这样一来，第1装甲集团军相信他们已将戈尔内季基奇河南面的苏军步兵第74、第232师主力切断。但第3装甲军认为，虽然遭到孤立，但被围苏军会继续实施顽强抵抗，苏联人不仅会从东北面组织反冲击，还将从北面和西北面展开进攻，设法突破到被围部队身旁，布赖特对此心知肚明。该军近日获得的情报似乎证实苏联人继续向该地域调集兵力，例如，苏军步兵第163师正从日特尼基赶往舒利亚基，计划于当日16点到达。与此同时，第16装甲师装甲侦察营奉命从克尼亚日基赶往西北面，在那里掩护推进中的德军部队西翼。上午10点，该营攻入弗拉季斯拉夫奇克南部，在此过程中击毁3辆T–34坦克，还抓获约70名俘虏。该营继续前进，苏军退向伊瓦赫内（Ivakhny），15点45分，该营夺得戈尔内季基奇河河畔的扎鲁宾齐。

南面，乌曼周边态势终于稳定下来，当地作战司令和第471装甲歼击营重新回到第1装甲集团军麾下。胡贝在集团军作战日志中记录下他的欣慰之情。他写道，之所以能够守住该镇和相关补给设施，在很大程度上归功于基特尔少将迅速组织起的防御。

北面，第17装甲师防区其他地段，强大的苏军步兵当日上午在坦克支援下，从东北面突入泽列内罗格，但德军随后从奥代（Odai）展开反冲击，将这股敌军击退。德军重新夺回暂时丢失的桥梁，据报，他们还击毁敌人8辆坦克和3辆突击炮。这场反冲击沿戈尔内季基奇河南岸继续遂行，渡过泽列内罗格南面的河流后，15点30分左右成功到达奥斯特罗扎内东南面小树林。这场推进的后方，困住苏军部队的口袋依然存在，泽列内罗格的扫荡行动持续至夜间。稍南面，第17装甲师另一部冲击别斯佩奇纳亚，尽管遭遇苏军顽强抵抗，但他们还是在16点30分突入该村，战斗持续入夜。在此期间，后方态势逐渐有所改善。德国人终于肃清盘踞在津泽列夫卡西部边缘树林内的敌军，并夺得涅斯特罗夫卡和希日尼亚镇。对多布拉亚的扫荡仍在继续，而索科洛夫卡尚在苏军手中。

可是，一些苏军部队仍在德军后方深远处，西面，第6装甲师实施的侦察发现，赫里斯季诺夫卡北面的舒凯沃达镇仍在敌军严密据守下。而该师位于达舍夫附近地段的左翼，苏联人对库普钦齐展开两次营级兵力冲击，一次从北面而来，另一次从西北面而来。虽说这两场进攻都被击退，但很明显，苏军正加强该地段，德军发现敌新锐部队位于西北面扎达内地域。据该师报告，一整天都听见大股敌军调动发出的声响，包括坦克和其他车辆的轰鸣。尚不清楚这仅仅是敌人实施的局部重组，抑或标志着大股敌军从其他地段开到。左翼外缺口处，该师展开侦察巡逻，试图弄清达舍夫西南地域是否有敌军存在。他们发现苏军位于尤尔科夫齐、德茹林齐（Dzhurintsy）和锡特科夫齐。更令人不安的是，布赖特尚未同戈尔尼克位于缺口另一端的第46装甲军取得联系。

这一点也许令人颇感惊讶，因为第46装甲军度过相对平静的一天[7]。军左翼对面，苏联人似乎忙于将其部队重新集结于索布河以东，戈尔季耶夫卡—特罗夏地域的利波韦茨南面。德军在该地域发现一些敌坦克，这番重组似乎表明敌人很快会重新展开进攻。稍南面，苏军以连级至营级不等的兵力两次冲击韦尔尼扬卡（Vernyanka）以东高地，其中一场进攻在德军防御阵地打开个缺口，旋即被德军组织的局部反冲击肃清。南面的锡博克河河畔，第1装甲师报告，敌人以连级兵力对亚库博夫卡展开两次突击，但都被该师击退。镇西面，该师将主防御阵地撤至伊万基与亚库博夫卡之间，穿过卢戈瓦亚一线，但原防线仍由前进支队占据。白天，该师还完成接替第254步兵师的任务，现编入该师的第101侦察营赶往东南方占据奥梅京齐。第101猎兵师余部，会同第254步兵师主力，目前正赶往文尼察东面和东北面的新集结区。军南翼，第101侦察营前方，戈尔尼克向第3装甲军左翼实施侦察，恰恰与第6装甲师侦察的是同一片地域。苏军严密据守雷萨亚戈拉，部署在村周围的兵力约为一个营，尤尔科夫齐也在苏联人控制下，但这里的兵力较为虚弱。另一方面，稍西面的亚历山德罗夫卡尚未被占领。两个军当日白天逐渐靠拢，却没有发现对方就在这片地域，这一点令人费解。尽管如此，情况并不严重，因为有迹象表明苏联人正在雷萨亚戈拉以南高地挖掘阵地，说明他们并不打算在这片地段立即展开进攻。

这一整天，第42军又一次几乎未遭遇任何战斗。第7军遭到苏军在克鲁特耶戈尔贝—克拉斯诺戈罗德卡地段遂行的反冲击，这场进攻取得局部战果，苏军前出到博亚尔卡，但该军最终得以守住自己的主防御阵地[8]。苏联人还沿该军防线展开另外几次反冲击，每次都以坦克为支援，这些行动集中于巴什捷奇基与特诺夫卡之间地段。他们取得一些局部战果，夺得巴什捷奇基后继续前进，直至南面的铁路线。这场进攻似乎并未结束，因为有迹象表明，苏军新锐部队集结在战线后方。实际上，他们继续加强该地段，德方确认苏军步兵第359师部分部队位于费久科夫卡。第3装甲军防区同样如此，苏联人继续沿整个戈尔内季基奇河段遂行冲击，并获得约40辆坦克支援。他们夺得沃罗诺耶和泽列内罗格北部，但事实证明，苏军无力攻克整个镇子。沃罗诺耶西面，德国人看见对方正在戈尔内季基奇河上搭设桥梁，表明他们会积极防御该河防线。虽说苏军控制着奥斯特罗扎内东部，却无法阻止第17装甲师同困在该地域的德军战斗群建立联系。南面，别斯佩奇纳亚、科涅拉、索科洛夫卡和梅多瓦塔亚仍在苏军手中，西面，面对第17装甲师的突击，他们被迫交出扎鲁宾齐，但仍盘踞在沙尔诺波尔。后方，被困在里济诺周围的苏军部队几乎无所作为，可能是因为他们的弹药和燃料已所剩无几。除早些时候确认的苏军坦克第233旅，第1装甲集团军情报部门现在识别出苏军坦克第252团的存在，该团亦隶属机械化第5军。西面，第3装甲军与第46装甲军之间的缺口部，推进中的苏军部队占领锡特科夫齐、尤尔科夫齐、雷萨亚戈拉，并着手在后一个村庄的南面挖掘阵地。苏军还几度冲击北面的波波夫卡地域，但没能取得战果，除这些孤立的进攻行动外，第46装甲军对面之敌忙着在别列斯托夫卡周围构筑防御，并在佐佐夫北面和瓦赫诺夫卡布设雷区。更令人担心的消息是，据俘虏交代，近卫机械化第8军1月14日从车里雅宾斯克获得一批新坦克补充。总的说来，虽然苏军较为积极，看似有可能再度展开尝试，设法突破到被困于里济诺周围的部队身旁，但他们目前似乎满足于据守戈尔内季基奇河一线。第1装甲集团军左翼只遭到敌人一些独立、不太协同的进攻，有几次获得坦克支援。

继昨日签发实施“瓦尔特劳特”行动的命令后，胡贝又针对一些紧急任务下达新指示，据信，这对即将展开的行动至关重要[9]。这些任务的重点是保持某种主动权，消灭仍在战线后方活动的苏军部队。训令中要求第7军除维系前线外，将能腾出的所有力量用于歼灭仍盘踞在舒比内斯塔维—鲁巴内莫斯特地域的苏军部队。由于被围敌军较为消极，第1装甲集团军据此推测，他们的弹药即将耗尽。遂行这项任务的部队尔后将用于延长“瓦尔特劳特”行动的战线。第7军负责的前线直至奥斯特罗扎内，但不包括该镇，然后延伸到舒利亚基。赋予第3和第46装甲军的任务保持不变，但戈尔尼克现在负责同布赖特左翼部队在旧达舍夫建立联系，不得迟于次日。另外，他还应确保找到沙别利尼亚—尤尔科夫齐—奥梅京齐一线南面的所有苏军侦察队，将其歼灭或逐向北面。同时，南面20多公里外的盖辛战地司令应对四号直达公路以北地域实施侦察，从克雷什托波夫卡（Kryshtopovka）起，经锡特科夫齐至南布格河河畔赖戈罗德（Raigorod）。他还应在谢缅基夺取并据守河上桥梁。关于“瓦尔特劳特”行动最终发起日期的通知将在晚些时候下达，但不会迟于行动发起前24小时。为达成突然性，装甲集团军指示各军不要着手集结辖内部队，待最终命令下达后再加以执行。

当日晚些时候，胡贝接到第4航空队派驻装甲集团军的联络官发来的一封不太受欢迎的电报[10]。电报中称，目前支援装甲集团军并担任地面部队的第10高射炮师，将把一个摩托化团（辖一个轻型高炮营和两个混编营）调给第4装甲集团军，协助守卫罗夫诺。之后，第1高射炮军22点22分又发来一封电报，称根据航空队同“南方”集团军群达成的协议，目前支援第3装甲军的一个高射炮团将被调离[11]。最后，第10高射炮师师部也将调至第4装甲集团军作战地域，不过，远在佩尔沃迈斯克北面卡尔莫佐沃（Kalmozovo）的第17高射炮师及其师部仍留在布赖特装甲军辖内，奉命配合第1装甲集团军的地面作战行动。

1944年1月20日，星期四

胡贝的北部防线，当晚再次保持平静，第42军报告，敌人没有实施重要行动[12]。该军将其左翼向南延伸，这样一来，第88步兵师辖内第248掷弹兵团便接替第198步兵师右翼的团级集群。这场调动按计划进行，零点20分完成，第88步兵师清晨6点正式接管新防御地带。

南面的第7军也没有报告敌人有所动作，该军防线保持平静[13]。不过，苏军以火炮和迫击炮对安东诺夫卡和科夏科夫卡周边地域的破坏性炮击较为活跃，驻扎在那里的第208掷弹兵团已被第248掷弹兵团替换。南面，第82步兵师设在沃特列夫卡西面和巴甫洛夫卡西北面的阵地遭受的炮击较为猛烈，而西南方第34步兵师报告，他们听见巴什捷奇基周边地域传来许多车辆和坦克的声响。第75步兵师防区当晚也比较平静，只遭到司空见惯的破坏性炮火打击。

第3装甲军防线上的情况较为活跃[14]。第17装甲师作战地段，“迪韦尔”装甲群昨晚继续进攻，从东面突向奥斯特罗扎内，20点，他们粉碎敌人最后的抵抗，同“布鲁克斯”战斗群建立联系。与此同时，第17装甲侦察营赶往奥赫马托夫对面，戈尔内季基奇河南岸的沃罗诺耶，但当日晨尚未收到该营的进展报告。西南方，苏联人被逐出别斯佩奇纳亚，丢下大批尸体和物资。德国人发现，另一股苏军，据信是后勤部队，集结在沃罗诺耶附近的树林中，遂以炮火施加打击。而在泽列内罗格，该师严密警戒戈尔内季基奇河对岸进入布佐夫卡的渡口。上游几公里处，苏军在30余辆坦克支援下展开强有力的反冲击，迫使第16装甲师弃守扎鲁宾齐和沙尔诺波尔。相比之下，第3装甲军左翼的第6装甲师度过一个平静的夜晚，据报，那里没有发生特别情况。后方，乌曼作战司令早晨报告，侦察活动表明，苏军已撤离塔利诺耶西北面的戈尔内季基奇河河谷，戈尔达绍夫卡（Gordashovka）、拉晓瓦亚（Lashchovaya）、韦谢雷库特、帕普任齐（Papuzhintsy）和绍利哈（Shaulikha）已没有敌军存在。据当地居民称，苏军撤出该地域退往东北方。西面，装甲集团军左翼的戈尔尼克第46装甲军也度过一个平安无事的夜晚[15]。据报，唯一的活动是第4山地师右翼击退苏军两起强有力的战斗侦察，而特罗夏—戈尔季耶夫卡—卡缅卡地段整晚传来引擎的持续轰鸣。

在此期间，气候并未发生变化，新的一天拂晓时，阴云密布，又一次下起蒙蒙细雨，温度徘徊在冰点附近。马腾克洛特第42军报告，苏军继续在卡多姆卡以北地域和大别列江卡周边地带调动，他们发现对方三个新炮兵连和一些火箭炮[16]。该军认为苏联人会沿其北部防线重新展开局部进攻，南翼对面之敌的调动也可能是一种前兆，表明苏军很快会发起新突击。不过，这种调动也许仅仅是对方的局部重组，或者是另一些部队正穿过该地段赶往戈尔内季基奇河前线，准确情况尚不清楚。第1装甲集团军倾向于认为，这同苏军坦克第1集团军将重点从西面转移到东面有关，可能是应对德军近日实施的反突击。当日上午，B军级支队对面之敌也有所动作，他们发现约500名苏军士兵位于大普里茨基（Velikiye Pritski）—卡加尔雷克地域。下午，苏联人又以50—80名士兵对卡多姆卡展开两场小规模进攻，但都被德军击退。左侧第88步兵师也汇报苏军的动向，对方约一个步兵营于清晨7点45分左右从杜博夫卡进入大别列江卡，并伴有大批汽车和三个新炮兵连。该师还报告，在稍北面发现苏军两起调动，数百名苏军士兵从卢基亚诺夫卡赶往西南面的斯塔尼绍夫卡，第一起发生在上午10点，第二起发生在下午15点左右。他们还看见一些苏军队列从西面进入大别列江卡，另一些部队则离开该镇赶往东北方。总之，这些调动似乎与德国人过去几天所做的一样，替换某些部队，调动另一些部队并调整各部队间分界线，这是一场更全面重组的组成部分。

南面的第7军防区，苏军在大批火炮、迫击炮和火箭炮支援下继续进攻第82、第34步兵师[17]。激烈的战斗导致黑尔无法从前线抽调任何力量，用于消灭被困在军后方地域的敌人。仍在维诺格勒东南地域苦战的苏军部队开始显现出攻往西北方救援部队来向的迹象。军右翼第198步兵师报告，其防区没有发生真正的战斗，但确认第42军关于苏军部队在别列江卡地域调动的汇报。报告中还补充道，敌人正撤离该地域，随后赶往南面和东南面。这些队列包括少量坦克和约250辆汽车，总体印象是对方正向南而去，投入敌人目前遂行的进攻。当日下午，苏联人开始把小股部队投入大别列江卡东面和东南面峡谷，而在南面，他们以火炮和火箭炮猛轰科夏科夫卡—塔季亚诺夫卡（Tat'yanovka）地段。与此同时，第82步兵师遭到一场炮火准备，苏军随后在几辆坦克支援下，以营级兵力冲击特诺夫卡—巴甫洛夫卡公路两侧。该师击退这些进攻，据报共击毁敌人9辆坦克和2辆突击炮。特诺夫卡南面，苏军以营级兵力实施的另一场冲击暂时夺得高地，但德军旋即以反冲击将其重新夺回。17点左右，苏军以火炮和迫击炮猛轰沃特列夫卡，半小时后从西面和西南面对该村展开突击。没过多久，苏联人再度试图夺取特诺夫卡南面高地，这两处的战斗持续至夜间。第

34步兵师当日白天面临的状况与之类似。苏军先以火炮和火箭炮猛轰该师设在巴什捷奇基和波博伊纳亚的阵地，随后投入营、团级兵力，在约20辆坦克和直射炮火支援下展开四次冲击。该师还发现另一些苏军部队正在集结，遂调集炮火予以打击。不管怎样，第34步兵师设法守住己方阵地，还击毁1辆敌坦克。军左翼，第75步兵师度过平静的一天，据报，敌人只实施炮击和几次侦察巡逻。后方地域，被困于维诺格勒东南地域的苏军部队已通过近日实施的一次空投获得补给，开始向维诺格勒、罗斯科舍夫卡和里济诺南面的索菲耶夫卡展开更强有力的侦察巡逻。而第75步兵师实施的侦察发现，苏军已然弃守亚布洛诺夫卡、里济诺和奇佐夫卡，表明他们已向北推进，集结在更靠近维诺格勒处。该师侦察巡逻队途经的所有地方，几乎都遭到对方轻武器和迫击炮炮火打击，这些苏军残部并不打算投降。

第 3 装甲军度过艰难的一天，苏军近卫坦克第 11 军设法突破该军防御阵地，到达先前遭孤立的步兵第 74 和第 232 师一部身旁，并在奥斯特罗扎内与泽列内罗格之间造成个缺口，布赖特一直无法将其封闭[18]。第 17 装甲师仍试图肃清该地域，该师会同第 75 步兵师一部，打垮顽强抵抗的苏军后夺得沃罗诺耶，随后沿戈尔内季基奇河南岸向西派出侦察巡逻队，他们在萨巴达什东面的河曲部发现苏军跨越冰面的设施。南面，该师最终将盘踞在索科洛夫卡的苏军肃清，但别斯佩奇纳亚一直遭到敌人猛烈炮击。科涅尔斯基树林周边地域，苏军以两个步兵营对第 16 装甲师和调自第 6 装甲师的第 4 装甲掷弹兵团、第 76 装甲炮兵团第 1 营展开数次攻击。这些进攻的方向是克尼亚日基，但被德军击退。该师也对科涅尔斯基树林遂行冲击，但苏军从西面施加强大压力后，这场进攻不得不取消。另一支战斗群攻往奥斯特罗扎内西南方，但面对敌人猛烈的防御火力陷入停顿，没能到达目的地。当日上午，苏联人从齐布列夫—扎鲁宾齐地域展开一系列突击，第 16 装甲侦察营在那里掩护该师左翼。苏军的进攻取得进展，成功夺回弗拉季斯拉夫奇克，他们随后继续前进，突入克尼亚日基西北端。该师从久布里哈地域匆促组织反冲击，15 点左右恢复态势，在此过程中击毁 10 辆敌坦克。苏联人在左侧实施的另一场进攻也顺利突破德军前沿防御，并前出到捷奥林西北地域，德军遏止并击退对方，据报击毁 4 辆敌坦克。第 6 装甲师在其后方地域继续实施侦察，发现舒凯沃达和齐别尔马诺夫卡东面的切尔沃诺耶已没有苏军部队[19]。西面，苏联人当日清晨以一个步兵营进攻达舍夫，设法突入该镇郊区。该师迅速组织局部反冲击，击退这股敌军并恢复态势。镇西面大片林地仍在苏军严密据守下，但相关侦察表明，敌人尚未占领克雷什托波夫卡和布德（Budy）。左翼，第6装甲师终于在尤尔科夫齐东北方比尔基国营农场（Bilki）附近某处同左侧第46装甲军先遣部队取得联系。由于第3装甲军面临的态势仍不稳定，布赖特的想法是，先扫荡近期作战行动所形成的包围圈，尔后对辖内部队加以大规模重组，准备实施计划中的“瓦尔特劳特”行动。

同第6装甲师最终建立联系的是第46装甲军辖内第101侦察营[20]。该营一直在达舍夫西南面林木茂密的高地间遂行侦察，发现以奥梅京齐南部、赖戈罗德、德茹林齐和尤尔科夫齐为界的地域内没有敌军，这表明对方可能已向北退往索布河。不过，苏联人仍据守一座相当大的登陆场。克拉斯年科耶南面的高地也在苏军控制下，亚库博夫卡村被摧毁后，第1步兵师前进支队被迫撤离该村。在这里，苏军继续沿锡博克河河谷向西推进，而在北面，他们沿索布河赶往西北方。例如在巴甫洛夫卡，该军报告听到坦克引擎轰鸣，还看见大股敌军正在调动。在此期间，北面的第4山地师当日清晨击退苏军对卢卡绍夫卡[21]实施的两次进攻，苏联人投入的兵力约为两个连。总的说来，戈尔尼克装甲军度过较为平静的一天，这使该军得以完成某些部队的调动。第18炮兵师现已编入该军，师部设在霍利亚温齐。第1步兵师第1掷弹兵团第2营已接替第254步兵师第484掷弹兵团第2营，整个第101猎兵师，除第101侦察营外，现已到达文尼察东北面的新集结区。第254步兵师（欠第454掷弹兵团和第484掷弹兵团第2营）也已到达同一地域的新集结区。获得接替的第484掷弹兵团第2营将于当晚归建，而留作军预备队的第454掷弹兵团位于沃伊托夫齐地域。至于该军的装甲力量，第503重型装甲营和第23装甲团第2营双双赶往文尼察。总的说来，戈尔尼克的印象是，苏军正在亚库博夫卡地域实施重组，可能正计划从那里展开新的进攻。该军认为，敌人最有可能的进攻途径是亚库博夫卡周围和索布河河谷内的特罗夏周边地域。原先的计划是当日在第46装甲军军部召开会议，同“南方”集团军群司令冯·曼施泰因和第1装甲集团军参谋长文克商讨“瓦尔特劳特”行动，但由于气候条件给行程造成困难，这场会议被迫取消。

北部防线，当日白天又一次几乎未发生战斗。苏军先前对卡多姆卡遂行的冲击，似乎是为掩护小普里茨基（Maly Pritski）北面的部队稍稍向东后撤[22]。苏联人在大别列江卡附近也有所调动，德国人看见200名苏军步兵从北面而来，另一个步兵营则从西面开至，一些车辆驶向东北方。该镇南面也有获得加强的迹象，德军识别出苏军三个新炮兵连和一支配备6具喀秋莎火箭炮的部队。在此阶段，德国人不太清楚对方这些调动意味着什么。他们可能是获得接替或实施重组的部队，也可能是调往南面戈尔内季基奇河战线的另一些部队。但是，大别列江卡地段的加强表明，苏军正准备在那里遂行进攻。在此期间，苏军在特诺夫卡与波博伊纳亚之间对第7军反复发起反冲击，虽然获得约40辆坦克支援，但这些进攻还是没能取得成功。德军还识别出两天前位于克拉西洛夫卡的苏军步兵第58师已开至特诺夫卡地段，并从缴获的文件获知，科夏科夫卡西北面的敌坦克似乎属于坦克第156团[23]。苏联人还以更多反坦克力量加强防线，德军情报部门近日发现，反坦克歼击炮兵第28旅位于特诺夫卡与巴什捷奇基之间[24]。南面，苏联人似乎一直在加强他们沿戈尔内季基奇河构设的阵地，并撤离沃罗诺耶和索科洛夫卡。尽管如此，他们继续沿防线遂行局部突击，这些进攻再次获得约40辆坦克支援，但德方尚未识别出近日出现在克尼亚日基附近的这些坦克究竟属于哪支部队。不过，他们确认，近卫坦克第5军辖内近卫坦克第22旅自昨日起已在泽列内罗格地域遂行战斗[25]。德军情报部门还发现，苏军近卫坦克第11军辖内近卫坦克第45旅刚刚奉命调至扎什科夫—齐布列夫地域担任预备队，另有迹象表明，近卫坦克第40旅和独立近卫坦克第64旅也将随之而来[26]。尽管苏军在卡缅卡防线展开两次局部进攻，但第46装甲军对面的状况几乎未发生变化。该军注意到，苏联人似乎正将其部队撤出这一地段，巴甫洛夫卡和特罗夏地域周边不断传来引擎的轰鸣，他们还把两个工兵营撤至鲁任地域担任预备队。总之，第1装甲集团军认为，苏联人次日的活动仍会限于沿戈尔内季基奇河构设防御，并设法将先前遭到孤立、目前仍困于德军防线后方的部队撤出[27]。令人担心的是，为据守戈尔内季基奇河防线，苏军似乎正将坦克第1集团军东调，试图阻挡第3装甲军的进攻。

在此期间，黑尔一直考虑第7军如何能更好地接管第3装甲军直至舒利亚基的防区，当晚晚些时候，他向第1装甲集团军司令部提交方案[28]。他在报告中建议，第198步兵师第308掷弹兵团应于1月21日—22日夜间接替第82步兵师辖下第166掷弹兵团和第82工兵营，并接防其阵地。次日用卡车将换下的部队运往第17装甲师作战地域。次日清晨6点，第34和第198步兵师正式接管原先由第82步兵师据守的地段，两支部队的新分界线从维诺格勒起，经特诺夫卡至克拉西洛夫卡。1月22日—23日夜间，第75步兵师应延伸其防线，接管第17装甲师目前据守的地段，但不包括泽列内罗格，第82步兵师以第166掷弹兵团接防从那里到奥斯特罗扎内这片地带。随后以第34步兵师接替第75步兵师第222掷弹兵团第2营和第82步兵师余部。在作战态势允许的情况下，计划用卡车将换下的部队运往新地段。最后，奥斯特罗扎内至舒利亚基这片地段由第168掷弹兵团和第158掷弹兵团第2营接防。

当日的事件，特别是苏军在强大坦克力量支援下对第16装甲师位于弗拉季斯拉夫奇克周围的左翼展开的进攻，似乎证实德国人早些时候的印象：苏军在西面第6装甲师对面的调动，是一场大规模重组的组成部分。正如我们所知的那样，胡贝的情报人员已识别出参与其中的一些坦克部队，苏军坦克第1集团军似乎正设法缓解伊伦齐周边压力，并将部队向东调往扎什科夫—齐布列夫地域。这也许能说明第46装甲军在巴甫洛夫卡—特罗夏地域不断听见引擎轰鸣的原因。但在此阶段，第1装甲集团军无法确定对方这些调动是对第3装甲军反突击行动做出的反应，还是为重新发起进攻实施的大规模重组，这场进攻要么穿过兹韦尼戈罗德卡向东南方遂行，要么经乌曼向南实施[29]。无论对方的目的是什么，大股苏军部队调至胡贝进攻地段对面的可能性创造出一种全新局面，也许会影响“瓦尔特劳特”行动的执行。苏军对第3装甲军的顽强防御和强有力的进攻迫使胡贝投入防御力量，他本打算留下这些部队支援“瓦尔特劳特”行动。第1装甲集团军敦促第3装甲军和第7军尽快在各自的后方地域实施扫荡，以腾出必要力量用于后续部署。考虑到当前态势，胡贝决定将“瓦尔特劳特”行动的发起日期推迟两天。当晚21点30分，针对这场即将展开的行动，他给各军部下达补充指示[30]。训令开头处指出，第1装甲集团军目前不得不考虑苏军坦克第1集团军将部队从伊伦齐—利波韦茨地域向东调至扎什科夫—齐布列夫地段的可能性。因此，“瓦尔特劳特”行动将于1月24日发起，先前分配给各军的任务现在必须扩大。第7军务必在1月24日前，以第75步兵师控制直至泽列内罗格的戈尔内季基奇河河段。另外，该军还应在此期限前，将第82步兵师集结于索科洛夫卡—泽列内罗格一线以东，并确保该师做好准备，待接到为主要行动提供支援的命令后便渡过鲁达河。第3装甲军应肃清戈尔内季基奇河以南地域所有苏军残部，尔后每日采取一系列欺骗措施，直至“瓦尔特劳特”行动开始。这些欺骗措施的目的是让苏联人相信，这场进攻将在沃罗诺耶与久布里哈之间渡过戈尔内季基奇河向北进击。作为“瓦尔特劳特”行动组成部分，该军应集中辖内部队，做好1月24日清晨实施突袭的准备。从当日午夜起，第82步兵师暂时编入该军，沿直至舒利亚基的戈尔内季基奇河河段掩护该军右翼。同时，第3装甲军与第7军的新分界线将沿鲁达河一线延伸，直到泽列内罗格，再从那里穿过布佐夫卡和普加乔夫卡（Pugachovka）。第46装甲军的任务较为简单，就是于1月24日晨投入进攻。第4装甲集团军右翼的第24装甲军能为这场行动提供怎样的协助，这一点尚在考虑中，具体建议将在晚些时候提出。

装甲集团军的重点从右翼调整至左翼后，胡贝决定搬迁指挥部。在同一道训令中，他告诉几位军长，集团军司令部将设在文尼察，“瓦尔特劳特”行动发起当日生效。下达这些指示后，他又给第3装甲军发去补充令，将搬迁司令部的决定告诉布赖特，另外，第10高射炮师一个团将从第3装甲军转隶第4装甲集团军[31]。待目前的扫荡行动结束后，该团就将调离，但其他高射炮团继续留在第3装甲军，另外还有第1装甲集团军突击连，后者很可能留作掩护和安保勤务。

当日白天，这些计划进行之际，胡贝接到“南方”集团军群参谋长布塞发来的电报[32]。电报中阐述集团军群对戈尔尼克第46装甲军所提交计划的看法，要求第1装甲集团军考虑冯·曼施泰因对此问题的观点。几乎在同一时间，两个装甲军都呈交他们对进攻行动的建议。第3装甲军打算以第16装甲师冲出弗拉季斯拉夫奇克地域，在舒利亚基与伊瓦赫内之间夺取戈尔内季基奇河一线[33]。该军计划在后一个镇子夺取一座桥梁，并在河西岸设立登陆场。尔后，该军将从这座登陆场攻向亚茨科维察和卢卡绍夫卡，从那里转身向北，沿通往西北方的公路攻击前进，经奥西奇纳直奔新日沃托夫[34]。第3装甲军计划在该地域设立另一座登陆场，或在该镇北面的罗西卡河对岸，或在该镇南面的日巴河（Zhiba）对岸。第16装甲师左侧，第6装甲师将以右翼部队冲出莫纳斯特里谢西北地域，在克尼亚日亚克里尼察夺取格尼洛伊季基奇河上渡口，尔后攻向萨巴罗夫卡和巴拉巴诺夫卡。该师将从那里继续向前，在新日沃托夫与奥拉托夫之间夺取日巴河东岸高地。第17装甲师最初担任军预备队，跟随在第16装甲师身后，而前进部队敞开的侧翼主要由第10高射炮师辖内部队加以掩护。到达新日沃托夫地域后，这场进攻将从新登陆场发展，或沿罗西卡河谷一线攻往西北方的普利斯科夫方向，或沿福萨河（Fosa）向北攻往扎克里尼奇耶。而第46装甲军打算将行动重点置于其左翼，在那里，第18炮兵师主力为这场进攻提供支援[35]。进攻将从瓦赫诺夫卡和康斯坦丁诺夫卡周边集结区发起，第254步兵师居右，第101猎兵师居左，第503重型装甲营和第23装甲团第2营提供支援。戈尔尼克打算将第4山地师强有力的一部部署在右翼第254步兵师身后，作为第二梯队跟进。进攻行动的第一个目标是佐佐夫卡以北2公里的高地，之后，这场推进将赶往第二个目标，从奥切列特尼亚西面的高地至北面约5公里，多尔若克西面316高地一线。不过，这项计划已废弃，由于党卫队第1“警卫旗队”装甲师近日转隶第46装甲军，负责率领这场突击，故装甲集团军指示戈尔尼克修改并重新提交计划，将“警卫旗队”装甲师这股力量纳入考虑。

1944年1月21日，星期五

第1装甲集团军北翼当晚平静度过，第42军面对的态势未发生变化[36]。趁此机会，马腾克洛特夜间搬迁指挥部，上午10点前，第42军军部迁至科尔孙–舍甫琴柯夫斯基西北方约20公里的佩什基（Peshki）。夜间，B军级支队报告，他们破坏苏军在卡多姆卡北面和西北面的集结，但除此之外几乎未发生战斗，仅有常见的巡逻活动。博布里察北面的第聂伯河河畔，该军实施的侦察在斯图达涅茨西北面高地前方发现苏军强大的阵地，西北方，一支德军巡逻队在格鲁舍夫北面俘虏苏军步兵第206师两名士兵。更西北方，另一支德军巡逻队对佩夫齐以东高地实施的侦察不太成功，他们遭苏军伏击，至少损失一名士兵。左翼另一支巡逻队也发现，敌军仍牢牢据守卡加尔雷克南端。军左翼第88步兵师报告，夜间再次听见大别列江卡周边地域传来引擎的轰鸣声，该师派出的一支巡逻队发现，科舍瓦塔亚西南方高地和村南面的博亚尔卡峡谷都没有敌人。

不出所料，第7军防区的情况较为活跃[37]。第198步兵师在安东诺夫卡西北地域击退敌人一支巡逻队，而第82步兵师自昨晚便卷入更为激烈的战斗。苏军以团级兵力在沃特列夫卡地段遂行突击，第一次发生在17点左右，两小时后再度展开冲击。但这两场进攻均被德军击退，据报，对方伤亡惨重。苏联人晚些时候再次进攻，顺利夺得沃特列夫卡与特诺夫卡之间高地，该师迅速组织局部反冲击，22点左右恢复态势。夜间大多数时候，沃特列夫卡遭到苏军猛烈炮击。南面，第34步兵师右翼也受到攻击，苏军投入的兵力约为两个连，但该师未费太大周折便将对方击退。军左翼第75步兵师报告，他们遭遇的战斗不过是在右侧地段与敌人交火，但夜间再次听见敌坦克的轰鸣，特别是在奥赫马托夫附近。军后方地域的情况依然困难，先前报告在斯捷波克完成扫荡任务的“伯姆”战斗群，现在遭到苏军猛烈火力打击，不得不退出该村。

第3装甲军防区当晚只发生有限的战斗[38]。苏联人冲击第17装甲师，设法在泽列内罗格东北部达成突破，而他们在奥斯特罗扎内的一场冲击则被守军击退。两镇之间的缺口依然敞开，但没有迹象表明苏军正设法对其加以利用。军防区其他地段未发生值得报告的情况，双方仅以炮火互射，尤以克尼亚日基东端周边为甚。西面的第46装甲军仅在报告中提到，他们继续调动部队，为“瓦尔特劳特”行动加以准备[39]。

拂晓时，天色依然灰暗。一场化冻已然到来，雾气笼罩在空中，严重妨碍到能见度。第42军又度过平静的一天，只实施巡逻和一些侦察活动[40]。B军级支队指挥部目前设在马斯洛夫卡，该支队抓获几名俘虏，其中两人隶属利波维罗格附近的苏军步兵第206师，另一人属于泽姆良卡北面的第54筑垒地域。这些巡逻队证实该军先前的怀疑，据守该地段的敌军实力较为薄弱。第88步兵师报告，这一整天，苏军在大别列江卡地域的调动持续不停，但对方这次分成小股部队，每股不超过40人，向北面和东北面而去。他们还看见100—200名苏军士兵在大别列江卡南面高地上修筑防御工事，该师遂以破坏性炮火打击该地域和村西北面高地。

南面的第7军也度过较为轻松的一天，黑尔认为，由于过去几天遭受严重伤亡，苏联人已决定不再进攻[41]。第198步兵师报告，苏军继续调动，不仅在大别列江卡东南方，稍南面的安东诺夫卡西面和北面亦然。尽管防区并未发生激烈战斗，但该师报告击毁2辆敌坦克。第82步兵师防区，苏军并未彻底停止进攻，以火炮、迫击炮和反坦克炮实施猛烈炮击后，他们投入营级兵力冲击232高地。高地争夺战持续一段时间后，该师组织反冲击，重新控制住该地域，苏军这场进攻最终一无所获。晚些时候，苏军以一个步兵连再度进攻，但在德军防御火力下停滞不前。第34和第75步兵师都未卷入战斗，前者的报告中没有提及任何重要情况，而后者仅以迫击炮和反坦克炮轰击沃罗诺耶西部边缘。尽管较为平静，但该军报告，击毁3辆敌坦克，俘虏23名苏军士兵，缴获1门反坦克炮、19挺机枪和一批物资。第7军在防区对面数出21个轻型、3个重型炮兵连。与此同时，苏联人试图为被困于德军后方的部队提供再补给，当日上午在舒比内斯塔维附近实施一场空投。苏军为此投入30—40架飞机，遂行几项不同任务，其中半数战斗机是为了提供掩护的。虽然明显出现战役间歇，但黑尔认为这只是暂时的，他估计对方将于次日恢复进攻。同时，他还计划打击被困于维诺格勒南面的苏军部队，并在当晚晚些时候发给第1装甲集团军的电报中提出他的建议[42]。根据这些建议，第198和第34步兵师将接管在近日获得接替的第82步兵师据守的地段，新分界线为维诺格勒—巴甫洛夫卡—克拉西洛夫卡一线。第82步兵师尔后将投入半数力量，在第202突击炮营三分之二力量、“伯姆”战斗群和各种小规模部队支援下展开进攻，肃清维诺格勒东南方。

而在第3装甲军防区，苏联人再次试图攻入“布鲁克斯”战斗群在奥斯特罗扎内据守的阵地，但没能取得成功[43]。与此同时，第17装甲侦察营向西突击，渡过鲁达河赶往奥斯特罗扎内，力图切断被困于布佐夫卡南面的苏军部队最后的逃脱路线。该营突破苏军设在河西岸的防御阵地，前出到布佐夫卡东南方高地，在此过程中击毁敌人3门反坦克炮和另一门火炮，但面对戈尔内季基奇河北岸的猛烈侧射火力，该营被迫后撤，退回泽列内罗格的出发阵地。该师困在奥斯特罗扎内的装甲部队突出该村向南而去，设法到达“科涅拉奥斯特罗然”国营农场，但苏军强大的反坦克火力迫使他们退回村内。另一支战斗群从索科洛夫卡攻向西北方，突入尤斯京格勒（Yustingrad），激烈的巷战持续一上午。但到中午，该战斗群控制住整个村子，据报，他们在战斗中击毙约80名苏军士兵，还俘虏70人。在克尼亚日基，第16装甲师当日上午对楔入该村北部的苏军展开反冲击，击毁5辆敌坦克后成功夺回整个村子。苏联人随后向久布里哈实施侦察，但面对该师防御火力，这一企图宣告失败。第16装甲师随后在坦克支援下，从南面和东面向弗拉季斯拉夫奇克遂行反冲击，尽管遭到苏军顽强抵抗，但还是在15点45分左右夺回该村，据报，他们在战斗中击毁6辆敌坦克，苏联人退向北面和西北面，其兵力约为两个步兵营，外加15辆坦克。先前从事清剿任务的另一个德军战斗群，下午早些时候穿过克尼亚日基赶往科涅利斯克胡托拉，该地段的战斗持续至夜间。南面，第6装甲师当日下午夺得梅多瓦塔亚，抓获23名俘虏，缴获2门反坦克炮和一批其他武器。尽管如此，苏联人仍在科涅利斯卡亚波波夫卡（Konel'skaya–Popovka）周围实施殊死抵抗。总的说来，虽然围困鲁达河—戈尔内季基奇河河曲部苏军部队的铁环不断收紧，但第3装甲军报告，敌人实施的抵抗似乎更加坚决。不过，布赖特仍认为，歼灭残余敌军的行动将于次日结束。军左翼，苏军冲击达舍夫东北面的库普钦齐，但被德军防御炮火击退，而德军设在达舍夫西部边缘的阵地也遭到敌迫击炮猛烈轰击。左翼其他地段，据报苏军在索布河南面的侦察活动依然活跃，特别是在克拉斯年科耶西南面，但德军发现，尤尔科夫齐当日下午尚未被敌人占领。

装甲集团军左翼，第46装甲军防区几乎没有发生战斗，苏联人继续构筑防御工事，似乎表明他们已坚决转入防御[44]。第1步兵师报告，未发生重要事件，但发现利波韦茨与佐佐夫之间公路上，敌人的双向交通相当繁忙，不仅包括雪橇和汽车，还有坦克。他们还看见苏军小股部队在第4山地师右翼对面调动，据报，苏联人在那里着手修筑防御工事。稍西北方，德国人看见另外一些苏军队列，约为两个步兵连，搭乘雪橇和卡车，从佐佐夫卡穿过布里茨科耶赶往西北方。在此期间，第46装甲军仍忙于完成辖内部队调动，第101侦察营继续在缺口部实施侦察，当日白天驻扎在洛耶夫齐（Loyevtsy）。

第42军据守的北部防线依然没有发生什么情况，就连第7军也度过比近日更为平静的一天。南面，第3装甲军辖内部队持续不断的进攻迫使苏军撤出梅多瓦塔亚和索科洛夫卡北端，但他们仍顽强坚守科涅利斯克胡托拉[45]。此时，第1装甲集团军发现，苏军坦克第1集团军已在扎什科夫地域设立起前进指挥部，这是德军在克鲁特耶戈尔贝与库普钦齐之间沿防线实施侦察期间无意中听到的。因此，该集团军与第40集团军占据的是同一片地域，并与近卫坦克第11军辖内各部队保持无线电联系。虽然不断获得援兵加强，但苏军并未像前几天那样沿戈尔内季基奇河遂行突击，包括近卫坦克第64旅和近卫摩托化步兵第27旅在内的部队突入克尼亚日基北部，德军发起反冲击后，他们被迫穿过弗拉季斯拉夫奇克退却[46]。这些迹象表明，苏军坦克第1集团军正进入扎什科夫—齐布列夫地域。第1装甲集团军左翼，第46装甲军面临的状况一直很平静，报告中仅提及苏军正掘壕据守。因此，第1装甲集团军整个防御地段，苏军的行动仅限于沿戈尔内季基奇河实施一些局部进攻，可能是为协助被困于克尼亚日基南面的部队突围。不过，苏军坦克第1集团军的到达对后续行动意味着什么，这一点尚不清楚。

在这种情况下，胡贝当日向“南方”集团军群提交一份报告，阐述他对当前方案的看法[47]。他对苏军部署情况已有更清晰的了解，坦克第1集团军（编有近卫坦克第11军、机械化第8军和近卫机械化第5军）辖内部队部署在第7军和第3装甲军突击部队对面[48]。据缴获的文件称，近卫机械化第8军编成内的近卫坦克第40、第42旅在齐布列夫以东地域活动，而其他可靠消息来源则指出，坦克第1集团军已将前进指挥所设在扎什科夫。这一切似乎表明，苏军已向东调动兵力，并将他们从行进间投入齐布列夫以东的战斗，其意图显然是想遏止德军的反突击并解救被围部队。胡贝因而认为，这些部队的调动并不意味苏军将对兹韦尼戈罗德卡或乌曼重新发起大举进攻，其目的是抗击德军的东西向突击，并防止这场突击冲破他们部署在第46装甲军对面的部队侧翼。此时距苏军发起科尔孙–舍甫琴柯夫斯基进攻战役只剩几天，第1装甲集团军情报部门的严重失误使胡贝错误地认为，苏军近期的兵力调动不过是对德军反突击的一种局部应对，完全没有意识到苏军坦克第6集团军辖内部队的到达和集结。不管怎样，德军情报部门相信，苏军坦克第1集团军辖内部队的调动是第46装甲军当面之敌遭到严重削弱所致，因此，戈尔尼克装甲军仍可以在1月24日发起“瓦尔特劳特”行动，歼灭作战地域内苏军残敌的前景依然乐观。不过，第3装甲军和第7军的进攻可能要推迟1—2天，这是因为其作战地域内的敌人不断遂行进攻，另外，肃清后方地域的残敌也需要时间。但是，待第3和第46装甲军悉数投入进攻并取得联系，就有必要以步兵力量构设一道新防线，以此应对苏军的救援和突围行动，而装甲部队则用于迅速歼灭被这场进攻切断的苏军部队。目标是尽快完成行动，以腾出装甲力量用于后续作战。证实这些意图的是，胡贝当晚晚些时候给第3装甲军下达的新命令[49]，命令中指示布赖特把一个装甲团团部和一个警卫连交给戈尔尼克第46装甲军，其意图是以该团部指挥第23装甲团第2营和第506重型装甲营，以便这些装甲部队作为一个团展开协同一致的行动。该团部应于次日清晨出发，但团长必须提前动身，以便向戈尔尼克的军部报到，第46装甲军军部设在文尼察东南郊的小胡托拉。

20点，冯·曼施泰因对胡贝早些时候提交的报告做出回应[50]。集团军群批准这些计划，并正式将党卫队第1“警卫旗队”装甲师从第4装甲集团军转隶第1装甲集团军，以此作为额外支援。当晚晚些时候，胡贝联系第4装甲集团军司令劳斯，告诉他“警卫旗队”装甲师转隶第1装甲集团军第46装甲军，立即生效，该师前进指挥部应于次日晨向戈尔尼克军部报到[51]。戈尔尼克也接到通知，“警卫旗队”装甲师编入第46装甲军，将于当晚到达赫梅利尼克地域[52]。该师应进入阵地，为1月24日投入“瓦尔特劳特”行动加以准备，但为防止苏军情报部门发现该师，其调动只能在夜间进行，并严格保持无线电静默。若戈尔尼克在此期间需要联系该师，可通过第48装甲军进行。与此同时，戈尔尼克按照先前的指示修改自己的“瓦尔特劳特”行动方案[53]。进攻重点仍置于左翼，但他现在打算以步兵主力（第4山地师、第101猎兵师、第254步兵师）和党卫队第1“警卫旗队”装甲师朝东北面这个总方向突击，到达第一个目标，即奥切列特尼亚至蒙钦一线，而后该军转向东南方。但胡贝对戈尔尼克的方案还是不太满意，他指出，对敌军预有准备的防御阵地发起正面突击，要想取得成功并减少步兵部队不必要的伤亡，需要大批火炮和战机提供支援。他认为将兵力集中于一片狭窄地段，在重武器火力支援下展开突击，能够取得更好的战果。在他看来，这种打法更有可能突破苏军防御体系，并为装甲部队突入苏军后方而不必顾忌自身侧翼和后方安全创造必要的先决条件。在这方面，第46装甲军必须集结临时组建的各快速战斗群，不能将他们投入最初的突击，应以这些部队跟随推进中的装甲部队，确保新夺取的地域安全。戈尔尼克奉命采取相应行动[54]。

1944年1月22日，星期六

第1装甲集团军北部防线，整个夜间又一次几乎未发生任何活动。第42军报告，苏军只实施一起巡逻，但被德军击退，一人被俘[55]。除这起小事件外，唯一值得注意的是一架身份不明的飞机由北向南飞越B军级支队防区，但不了解更多情况。第7军防区几乎同样平静，据报，苏联人仅对第34步兵师设在巴甫洛夫卡以西高地的阵地发起一次冲击。苏军为此投入1—2个步兵连，但德军未费太大力气便将其击退。除此之外，据报敌人唯一的活动是从巴什捷奇基—捷捷列夫卡—科罗列夫卡地域传出大量引擎轰鸣声。与此同时，该军继续调动辖内部队，当日上午，第198步兵师一个团已着手接防第82步兵师右翼地段。

第3装甲军防区内的活动较多，第17装甲侦察营再次试图突破到“布鲁克斯”战斗群身旁，并困住戈尔内季基奇河以南之敌[56]。该营从泽列内罗格向奥斯特罗扎内展开一场夜袭，夺得该村以东林地，在此过程中击毁1辆敌坦克。他们再度成功地封闭两村之间的缺口，又一次切断南面的苏军部队。第16装甲师昨日下午从克尼亚日基地域遂行的进攻也取得些战果，夺得科涅利斯克胡托拉和附近两个农场，这就意味在戈尔内季基奇河南面遂行防御的苏军部队被逼入一个更紧密的铁环。事实证明，这两起事件是第3装甲军防区整个夜间的主要活动，第6装甲师提交的报告中没有值得一提的内容，而第46装甲军报告，敌人仅在第1步兵师防区展开两起战斗巡逻，其中一起发生在若尔尼谢地域，另一起则在242.0高地附近，但都遭到德军拦截并击退。第4山地师右翼对面，据报，苏联人只是继续改善其防御工事，没有其他动作。

拂晓到来时，天色依旧阴沉，化冻仍在继续，但阳光不时穿透阴云，形成一些更明亮的斑驳。第42军北部防线的平静已保持相当长一段时间，当日晨，苏军突然活跃起来[57]。7点，他们以连级兵力冲击B军级支队位于第聂伯河附近，格林察以北的防区，成功楔入德军防御阵地，但该支队迅速组织反冲击，肃清这场突破并恢复态势。他们抓获3名俘虏，战场上还留下3具苏军士兵的尸体。军左翼的第88步兵师亦遭到攻击。苏军投入80余人，冲击该师设在克鲁特耶戈尔贝西面272高地上的阵地，成功夺得该高地。该师迅速展开反冲击，一举收复高地，但苏联人中午前后再次进攻，这次投入的兵力约为一个满编营。272高地得而复失，该师遂于下午再次组织反冲击，傍晚前，该高地回到德军手中。尽管如此，苏联人似乎决意将战斗继续下去，从15点左右起，德国人看见苏军援兵从斯塔尼绍夫卡赶往东南方投入战斗。北面，该师当晚晚些时候派出一支战斗巡逻队，在卢比扬卡北面夺得一个敌支撑点，迫使那里的苏军后撤。稍西南面，一支德军巡逻队发现苏军已然放弃奥利沙尼察西部的阵地，南面，另一支德军巡逻队在斯捷波克附近消灭两个敌支撑点，击毙2名苏军士兵，抓获2名俘虏。似乎是对这场小小的行动还以颜色，苏联人以连级兵力攻击该地域的德军阵地，但没能取得进展，被德军轻而易举地击退。据报，苏联人继续将部队调入大别列江卡地域，但遭到德军破坏性炮火打击。

第7军防御地域，苏联人的冲击仅限于在巴甫洛夫卡—巴什捷奇基地段以连、营级兵力实施牵制性进攻[58]。虽然德军毫不费力地击退这些进攻，但他们当日下午发现苏军部队在该地段后方调动，表明对方将于次日展开协同一致的突击。这些调动涉及约200辆卡车、3—4个高射炮兵连和8辆坦克，都发生在克拉西洛夫卡和特诺夫卡之间。敌高射炮兵连的出现使装甲集团军怀疑，苏联人在该地域的进攻意图不再局限于局部冲击，而是集结大股兵力，可能正准备向东南方达成突破，特别是考虑到苏军对基洛沃格勒以北第8集团军的持续进攻。第1装甲集团军作战处的文件中首次提及这一点，表明胡贝终于意识到苏军近日调动兵力的意图所在。当然，苏联人的确在策划这样一场行动，力图包围科尔孙–舍甫琴柯夫斯基突出部内的德军部队，该战役将在三天内打响。虽说胡贝对即将发生的事情有所怀疑，但在此阶段，他几乎无法灵活采取对策。“瓦尔特劳特”行动的策划工作进展顺利，参战部队已进入阵地。辖内兵团为这场进攻实施最大程度的兵力集中，致使胡贝无法对苏军的集结做出应对，所能做的仅仅是以炮火和空袭打击敌集结地域。第7军后方，德军从北面、东面和南面对维诺格勒东南面的苏军部队展开进攻[59]。虽然遭到孤立，但这股苏军仍顽强战斗，特别是对从北面而来的“博罗夫斯基”战斗群。不过，德军从西面施加压力后，这股苏军退入季霍诺夫卡东北面林地。他们以树林为掩护，设法逃出第82步兵师力图困住他们的包围圈，先向东而行，尔后转向东北方。与此同时，攻向舒比内斯塔维的“伯姆”战斗群和从东面而来，意图封闭包围圈的“埃西格克”战斗群，都遭到苏军断断续续的抵抗。尽管如此，德军还是在12点30分夺得舒比内斯塔维，一个半小时后又将亚布洛诺夫卡拿下。此时，苏联人只控制着季霍诺夫卡、季布罗夫卡（Dibrovka）和两个村子之间的林地。即便到此时，他们仍是一股相当强大的力量，配有火炮和其他重武器。据当地居民称，布然卡东南方的苏军部队约有1000人。傍晚前，“博罗夫斯基”战斗群控制住扎比扬卡周边一线，面朝南面和东面，而右侧的“伯姆”战斗群位于亚布洛诺夫卡东部边缘。南面，“埃西格克”战斗群前出到季布罗夫卡西南地域。西南方，德军已将里济诺的苏军部队肃清，但更南面，戈尔内季基奇河河畔的切尔纳亚卡缅卡镇（Chernaya Kamenka）和克拉奇科夫卡（Krachkovka）西南方林地一直在游击队控制下。不过，事实证明，德军在后方地域的清剿行动渐见成效，鲁巴内莫斯特至希日尼亚一线以南，持续进行的扫荡俘虏437名苏军士兵和平民，缴获一些武器。德军当日共抓获442名俘虏，缴获1辆自行火炮、1门122毫米火炮和一批轻武器。黑尔打算次日继续展开行动，集中力量消灭季霍诺夫卡—杜布罗夫卡地域残存的包围圈[60]。

西面，扫荡行动也在第3装甲军防区内继续进行[61]。戈尔内季基奇河北岸，苏联人为布佐夫卡守军派去援兵，以一个营加强该镇防御。河流南面，面对苏军的坚决抵抗，第17装甲师终于在中午前后攻克科涅拉。这场进攻俘虏235名苏军士兵，击毙100余人。与此同时，第16装甲师一个加强团级集群当日上午进入科涅尔斯基树林，只遭遇轻微抵抗。该团肃清这片树林，随后向北而去，他们抓获81名俘虏，缴获8门反坦克炮和2门火炮。第6装甲师也取得些战果，顺利夺得防御虚弱的科涅利斯卡亚波波夫卡，该地段其他地方几乎未发生战斗。因此，戈尔内季基奇河—鲁达河河曲部最后一批残余的苏军部队已被肃清，歼灭苏军步兵第74和第232师被围部队历时四天的战斗终于宣告结束。该军在报告中指出，这一战果归功于辖内所有部队（包括第10高射炮师）。据该地域的初步报告称，第3装甲军1月18日至22日俘虏1000多名苏军士兵，击毙1600多人。另外，该军还击毁或缴获45辆坦克和突击炮、46门反坦克炮、11部喀秋莎火箭炮和29具喷火器。随着扫荡行动的结束，第3装甲军终于为即将发起的进攻创造出必要的先决条件，布赖特向第1装甲集团军阐述他的意图：继续为“瓦尔特劳特”行动加以准备，并在泽列内罗格—奥斯特罗扎内地域实施一系列欺骗措施。另外，根据昨日收到的命令，布赖特还做出安排，将第6装甲师第11装甲团团部调给戈尔尼克第46装甲军，接掌第23装甲团第2营和第503重型装甲营。率领该团部的是贝克中校，因此，这个临时组成的团也被称为“贝克”装甲团。

装甲集团军左翼，第46装甲军防区一直保持平静[62]。第4山地师对面，未发现苏军有所动作，但该师无法确定这是否意味对方正将部队调入或调出该地域。为此，该师在卢卡绍夫卡地域展开战斗巡逻，据报击毙15名苏军士兵。对方继续调动，德国人看见3辆敌坦克经布里茨科耶向北而去，而那些没有开拔的部队仍忙于修筑防御工事。军防区其他地段的情况未发生变化，整片地区平安无事。实际上，相关侦察并没有发现新情况，只有一个明显的例外。空中侦察发现，瓦赫诺夫卡东北方约12公里处有一些假坦克，显然证实早些时候的怀疑：苏军坦克部队已调至其他地段。“瓦尔特劳特”行动准备期间，第46装甲军已接掌党卫队第1“警卫旗队”装甲师，该师集结在文尼察西北方的赫梅利尼克—利京地域，师部设在科茹霍夫（Kozhukhov）。“贝克”装甲团团部也已赶至，戈尔尼克将其纳入麾下。当日上午，冯·曼施泰因和胡贝，在他们的参谋长陪同下赶至文尼察东面小胡托拉的第46装甲军军部，在那里召开会议，商讨戈尔尼克的计划[63]。这场会议是1月20日后重新安排的，午后不久，会议开始，戈尔尼克的参谋长贝伦德森上校介绍该军修改后的方案，将党卫队第1“警卫旗队”装甲师纳入，要求该师做好1月24日投入进攻的准备。但戈尔尼克指出，据该师师长，党卫队区队长维施称（维施也出席会议），“警卫旗队”装甲师要到1月25日才能就位。因此，摆在冯·曼施泰因面前的问题是，这场进攻是否应推延一天，以便与第3装甲军在同一天展开突击，或者按照胡贝的建议，戈尔尼克应以现有部队于1月24日投入进攻，“警卫旗队”装甲师担任第二梯队，在当日晚些时候或1月25日晨穿过前进中的步兵部队发起攻击。冯·曼施泰因从集团军群的角度对此做出明确回答，整个行动必须尽快结束。德军情报部门此时已指出，苏联人正着手将强大兵力集中在别尔季切夫以西的第4装甲集团军左翼，估计对方将重新向南展开突击，经文尼察攻往日梅林卡。为应对这场预期中的进攻，冯·曼施泰因认为，待“瓦尔特劳特”行动结束后，集团军群必须将强有力的部队从第1装甲集团军调至第4装甲集团军。因此，胡贝尽快腾出辖内部队，特别是其装甲力量，这一点至关重要。集团军群认为速度是当务之急，戈尔尼克应于1月24日发起进攻。因此，会议决定，第46装甲军按原计划时间表行事，1月24日投入进攻，哪怕无法得到“警卫旗队”装甲师支援。为确保所有人都清楚“瓦尔特劳特”行动的目标，会议记录下其意图是围歼第46装甲军对面的6—8个苏军步兵师，同时歼灭苏军坦克第1

集团军位于第3装甲军对面的部队。会议结束后，在返回集团军群司令部前，冯·曼施泰因趁机向参与行动的师长们发表简短讲话，加深他们对整个进攻行动重要性和紧迫性的印象。

再看战场上，第1装甲集团军整条防线当日普遍较为平静。第42军对面之敌依然遂行防御，第7军后方遭孤立的苏军残部在德军逼迫下向东退却[64]。有迹象表明，苏联人正准备以步兵第58师和机械化第5军一部进攻第7军。南面，第3装甲军设法肃清防线后方地域，但一些苏军部队还是向北逃脱。同时，苏联人进一步采取措施，调集新锐力量加强布佐夫卡与齐布列夫之间地段。第46装甲军对面，苏军继续修筑野战工事，在瓦赫诺夫卡东面布设新雷区。有迹象表明，先前部署在该地段的近卫机械化第8军现已撤出，并调至别处，但这一点并未获得证实，虽然有报告称，瓦赫诺夫卡东北地域只有些假坦克。总之，苏联人似乎料到德军会在第3装甲军防御地段发起一场大规模突击，因而继续加强该地域，特别是齐布列夫周边。因此，第1装甲集团军认为，苏联人将以新调集的坦克力量在那里实施战斗侦察，另外，苏军也有可能对第7军遂行局部冲击，除此之外，胡贝认为对方会保持防御状态。

平静的态势使第1装甲集团军得以继续为“瓦尔特劳特”行动加以准备，与冯·曼施泰因会晤后，胡贝针对进攻行动的执行下达修订后的命令，将进攻发起日期正式告知各位军长[65]。这道命令首先确认苏军坦克第1集团军部分部队，包括近卫坦克第11军，已向东调至扎什科夫—齐布列夫前线，第1装甲集团军认为，这些敌军正实施集结，准备对德军在布佐夫卡—齐布列夫地域发起的进攻遂行反冲击[66]。“瓦尔特劳特”行动将于1月24日从左翼发起，由第46装甲军和第3装甲军集中力量对其加以发展，先包围，尔后歼灭苏军坦克第1集团军。整体态势要求这场行动在尽可能短的时间里圆满结束，以便腾出这些部队转隶第4装甲集团军，抗击预计中的苏军将在别尔季切夫以西展开的进攻。赋予第7军的任务基本保持不变，第75步兵师接防戈尔内季基奇河地段，直至泽列内罗格，而第82步兵师在索科洛夫卡—泽列内罗格一线以东担任预备队，有可能调至第3装甲军。为支援第75步兵师，第741装甲歼击营从第3装甲军转隶第7军[67]。第3装甲军将于1月25日晨突破苏军设在齐布列夫两侧的防御阵地，在伊瓦赫内两侧渡过格尼洛伊季基奇河并攻向新日沃托夫，在那里同第46装甲军先遣部队会合。该军尔后应掩护自己的北翼，并转身向南，歼灭被这场机动困住的苏军部队。第82步兵师1月25日零点暂时编入该军，在进攻行动向前发展时沿戈尔内季基奇河掩护第3装甲军右翼，据守直至舒利亚基的侧翼。同时，第7军与第3装甲军分界线调整至以下一线：从鲁达河延伸到泽列内罗格，再从那里穿过布佐夫卡，直至普加乔夫卡。对于第46装甲军在这场进攻行动中的任务，该军接到的指示更加详细。该军应于1月24日晨投入进攻，集中力量穿过第4山地师据守的地段，尔后以步兵部队直扑普利斯科夫，不得停顿，不必担心侧翼安全。党卫队第1“警卫旗队”装甲师将前调，做好1月25日晨投入进攻的准备，以扩大步兵部队昨日取得的战果。该师应穿过普利斯科夫攻击前进，尔后转向东南方，攻往新日沃托夫，在那里同第3装甲军会合。第23装甲团第2营和第503重型装甲营将在“贝克”装甲团团部指挥下统一部署，达成初期突破后，这股装甲力量将率领步兵部队向前挺进，解决沿途遭遇的一切抵抗，尔后变更部署，为迅速消灭被围之敌提供协助。赋予该军的主要任务是在新日沃托夫地域同第3装甲军先遣部队建立联系，从而将尽可能多的苏军部队与其后方交通线隔开。根据进攻行动的发展情况，该军有可能比计划中的提前向南转进，但在第1装甲集团军未下达具体命令前不得擅自变更计划。

这道命令抄送第3航空军，要求该军为第46装甲军1月24日、第3装甲军1月25日的进攻提供支援，空中支援的具体详情与各军部协商。第1装甲集团军当日早些时候获悉，作为对“瓦尔特劳特”行动的额外支援，第18炮兵师也将划拨给该装甲集团军，命令立即生效，该师仍在第24装甲军辖内的部队，除一个170毫米炮兵连外，应马上开拔[68]。待进攻发起后，胡贝打算于1月25日将司令部迁至文尼察。

1944年1月23日，星期日

1月23日夜间，第42军防区发生的战斗较前几日为多[69]。B军级支队防线，苏军以营级兵力在亚诺夫卡西北地域遂行冲击，100余人成功突破德军阵地。虽然B军级支队设法封闭突破口，但清晨时，他们仍在采取反措施恢复态势。西南方，第88步兵师据守的地段，苏联人在大别列江卡附近派出三支战斗巡逻队，每股兵力约为排级，但没能取得成功，均被德军击退。防区其他地段较为平静，该师趁机将俯瞰克鲁特耶戈尔贝的272高地纳入其防御体系。值得注意的是，夜间，苏军在第42军防区上方实施的空中行动显著加强。

第7军防区的情况较为平静[70]。据报，第198步兵师对面传来大批车辆和履带发出的噪音，特别是在左翼，他们还发现3辆敌坦克位于安东诺夫卡东北方2公里处。第34步兵师右翼前方，包括坦克和卡车在内的一股苏军援兵进入特诺夫卡，这使德国人加深先前的印象：苏军即将展开进攻。军后方地域，“埃西格克”战斗群对季布罗夫卡的进攻已于昨晚取消，但在此之前，该战斗群已确定苏军严密据守该村。德军实施的侦察表明，布然卡东南面林地的南部边缘也在敌人控制下。除这些行动外，第7军防区整个夜间未发生战斗，但第1装甲集团军晚些时候向“南方”集团军群证实，他们仍认为苏军持续不停的兵力调动表明对方很快会恢复进攻[71]。在第3装甲军看来，当晚非常平静，报告中没有提及任何战斗[72]，而装甲集团军左翼的第46装甲军仅报告几起小规模事件[73]。第1步兵师击退苏军两起排级兵力战斗巡逻，一起发生在若尔尼谢以东，另一起则在256.4高地附近。苏联人还冲击希罗卡鲁达（Shiroka Ruda），这次投入连级兵力，成功突破德军防线，但随后被德军逼退，态势得以恢复。与此同时，据报，利波韦茨—佐佐夫公路上的苏军交通整个夜间相当繁忙，其中包括一些重型卡车，另外，苏联空军还几次轰炸德军前线阵地。

拂晓时的天气终于发生变化，晴朗，阳光明媚，能见度良好，化冻仍在继续。北部防线，苏联人重新进攻第42军左翼[74]。第一场突击，苏军投入约两个步兵团，冲击第88步兵师据守的防线。这场进攻开始于6点40分，苏军对科舍瓦塔亚西部边缘实施打击，还从南面和东南面展开几次侧翼突击。德军退却后不久，该镇丢失。苏联人抓紧时间加强该地域，从大别列江卡地域调来约一个团的新锐力量，强化该镇及其北面阵地。马腾克洛特立即做出应对，设法封闭这场突破，并从B军级支队抽调第475团级集群[75]填补缺口。德军迅速设立一道新防线，从科舍瓦塔亚北部边缘起，沿卢卡西部边缘延伸，直至克鲁特耶戈尔贝北端。当日上午，苏军还几次冲击该师设在克鲁特耶戈尔贝周围的阵地，其中四次针对272高地，另外一些则打击该镇北部边缘。272高地在战斗中暂时丢失，但该师最终击退对方进攻，并恢复态势。17点左右，苏军再次对克鲁特耶戈尔贝遂行突击，还在北面发起一场新冲击，从卢基亚诺夫卡北侧的基斯洛夫卡展开。那里的战斗持续至夜间。北面，苏军以连级兵力两次突击该师设在奥利沙尼察的阵地，但该师未费太大周折便将其击退。沿北部防线，B军级支队度过较为平静的一天，报告中指出，苏军唯一的活动是显著加强第聂伯河河畔的切尔内希—斯图达涅茨地段。尽管天色晴朗，苏联人却没有展开空中行动，未对该地域实施轰炸。

第7军对面，苏军继续为即将展开的进攻加以准备[76]。气候条件的改善使空中支援成为可能，德国空军奉命对特诺夫卡周边敌集结区实施俯冲轰炸，据报，这场空袭相当有效。军属炮兵亦参与其中，力图破坏苏军准备工作，对特诺夫卡和西南方3公里的小幅林地实施炮击。苏军的兵力调动似乎一如既往，据报，对方的交通运输相当繁忙，从韦谢雷库特向北进入大别列江卡，从扎通斯科耶胡托拉（Zatonskoye Khutora）向南赶往费久科夫卡，从捷捷列夫卡向东赶往巴什捷奇基。西南方，苏军继续进攻第75步兵师，战斗期间，该师识别出苏军近卫坦克第55旅[77]。前线其他地段依然平静，但后方地域的情况较为活跃。第82步兵师各战斗群继续冲击仍据守季霍诺夫卡周边地域的苏军部队，设法肃清杜布罗夫卡西南面高地和西北地域，将陷入重围的苏军步兵第136师逼入一片不断缩小的地域。根据空中侦察的结果判断，该地域的苏军部队约为1500人，外加400部车辆和约40门火炮及反坦克炮。天气转晴后，德国空军重新展开大规模空中行动，残余的苏军部队遭到斯图卡及其他战机的扫射和轰炸。苏军也对好天气加以利用，以50—60架伊尔-2“斯图莫维克”战机为被围部队空投补给罐，而另一些空军单位则在第7军整个防区上方提供战斗机掩护。西南面，苏联人表明他们仍能给德军制造麻烦，以连级兵力对巴格瓦西南方高地发起两次突击，德军击退这两场进攻，据报，对方损失3辆坦克。南面，游击队也是个问题，一支德军队列沿兹韦尼戈罗德卡与雷相卡之间的小路而行，结果遭到对方袭击，损失一辆卡车，阵亡11人。游击队还占据戈尔内季基奇河畔的切尔纳亚卡缅卡，以及克拉奇科夫卡西南方林地。黑尔现在打算将第75步兵师防线沿戈尔内季基奇河延伸，这样，该师便可接防沃罗诺耶—泽列内罗格地段，他计划于次日晨完成这番调整[78]。与此同时，第82步兵师应继续其清剿行动，消灭盘踞在季霍诺夫卡周围的苏军步兵第136师残部，务必在16点左右结束行动，之后，该师将调离，1月25日清晨前重新集结于希日尼亚—

基先齐—克里韦茨地域。

第3装甲军防区几乎未发生战斗，唯一的例外是第17装甲师[79]。在该师防线，苏军从北面向奥斯特罗扎内东南方林地派出几支战斗巡逻队，但该师当日中午设法拦截、击退对方。防区其他地段，苏军除以猛烈的破坏性炮火轰击德军设在泽列内罗格和奥斯特罗扎内的阵地外，几乎未采取其他活动。但该师也注意到，苏联人再次加强布佐夫卡周边地域。利用好天气，德国空军对这些敌军实施打击，以斯图卡战机数次攻击苏军设在该镇和周边及附近高地上的阵地。但在行动期间，他们发现苏军有所准备，并在报告中指出，遭遇敌人强大的防空火力。第16装甲师防区，当日平安无事，报告中未提及战斗，双方只是展开一些例行巡逻，另外，苏军当日下午对弗拉季斯拉夫奇克和克尼亚日基的炮击有所加强。第6装甲师防区的情况与之类似，报告中没有提及战斗活动，唯一值得注意的是，苏联人加强设在坎捷利纳的阵地。第471装甲歼击营当日白天调离前线，目前正赶往第7军防区，该营将在那里加入第34步兵师。该营两个排将编入第80掷弹兵团，另外两个排分别编入第107和第253掷弹兵团，剩下一个排在切尔沃纳齐尔卡担任师预备队。

第1装甲集团军左翼，第46装甲军的印象是，防区对面的苏军部队似乎正等待德军从瓦赫诺夫卡地域向东南方发起某种形式的进攻，可能是斯图卡战机当日实施的空袭给他们造成的不安所致[80]。戈尔尼克并不清楚当面之敌的实力和编成，但他认为没有理由根据这一侦察结果更改目前的计划。北面第4山地师防区对面，苏军部队继续调动，据报，可观的交通流量正从别列佐夫卡朝西北方而行。左侧，该师报告发现6辆敌坦克位于布里茨科耶及其南面，在东面高地上还发现另外19辆敌坦克。他们要求德国空军为这些地域提供支援，斯图卡战机旋即对利波韦茨和布里茨科耶实施空袭，据报取得出色战果。不管怎样，苏联人好像知道德军正为“瓦尔特劳特”行动加以准备，这些调动似乎表明苏军一直在加强德军计划中的进攻地段。南面第1步兵师防区对面，苏联人继续积极挖掘战壕，其进攻行动仅限于以火炮和迫击炮轰击卢戈瓦亚及周边高地。右翼，该师派出侦察巡逻队，发现苏军至少以一个连兵力占据奥梅京齐。同一地域，第101侦察营终于获得接替，重新集结后准备向北归建。随着该营调离，第1步兵师承担起在第46装甲军右翼遂行侦察的任务，为此，该师以一个加强连为基础建立起警戒部队。该部最初部署在梅利尼科夫齐地域，受领的任务是掩护南翼。除这几起事件外，“瓦尔特劳特”行动所有必要的准备工作按计划进行，但戈尔尼克有些担心，次日就将发起进攻，可他的四名部下却在夜间失踪。其中两人消失在苏联人对第1步兵师防区希罗卡鲁达遂行突击期间，另外两人则在第4山地师对瓦赫诺夫卡东南方实施侦察时失踪。虽然没有任何证据，但戈尔尼克不相信这四人当了逃兵。鉴于苏军部队近日的调动，这种观点很可能只是一厢情愿的想法。

总的说来，第1装甲集团军防区白天一直保持平静，但第42军防区发生的活动较平日为多，该军左翼遭到更猛烈的炮击和力度更大的进攻。虽说苏军的冲击较为猛烈，但第1装甲集团军认为这不过是牵制性进攻而已[81]。苏联人还对第7军防区内的奥赫马托夫展开进攻，虽获得近卫坦克第55旅支援，但这场冲击没能取得进展。后方，季霍诺夫卡周边遭孤立的苏军部队被逼入一片日趋缩小的地域，据俘虏交代，这股苏军的实力依然较强，弹药充足，但食物不断减少[82]。第3装甲军防区的情况也很平静，苏军唯一的行动是在奥斯特罗扎内附近跨过冰面展开一场小规模冲击。第46装甲军防区对面，苏军的活动仅限于构筑野战工事，但德国人发现32辆敌坦克位于布里茨科耶地域，德国空军的斯图卡战机随即空袭该镇。虽然有情报表明苏军近卫机械化第8军可能也已向东调动，但苏联人过去24小时的活动无法证明其作战意图已发生变化。

总体看来，当日较为平静，不过，苏军对第42军左翼重新展开进攻，使胡贝产生些许担心。该地段引发的焦虑已有一段时间，特别是因为第1装甲集团军缺乏可部署至该地域的兵力。胡贝的参谋长文克在同马腾克洛特的参谋长弗朗茨上校的电话交谈中多次强调这一点，但现实情况并未改变：第42军不得不依靠自身力量坚守防区。尽管存在潜在危机，但装甲集团军不能为那里的战斗分心，特别是因为这种分心有可能导致为即将发起进攻而精心集结的兵力分散，这对“瓦尔特劳特”行动的成败至关重要。文克提醒弗朗茨，装甲集团军期待第42军为“瓦尔特劳特”行动的成功做出重要贡献，该军的坚守将对左翼展开的进攻起到决定性作用，哪怕第42军遭到某种隔断也在所不惜。苏军在第7军对面持续不断的调动和兵力集结也引发第1装甲集团军的担心，胡贝非常清楚，他承担不起对苏军在该地域活动掉以轻心的代价。尽管如此，他还是下定决心，不能从自己即将发起的进攻行动中分散力量，而是请德国空军加强支援，以此应对苏军这些准备工作。在这方面，他似乎完全低估了对方即将展开的科尔孙-舍甫琴柯夫斯基进攻战役的规模，不过，若取消“瓦尔特劳特”行动，他是否能对该战役的结果产生显著影响，这是个颇具争议的问题。后方地域的问题持续存在，虽然第82步兵师付诸努力，但被困的苏军部队仍在坚持，事实证明，他们就是胡贝背后的一根利刺，文克再次敦促第7军参谋长施瓦特洛-格斯特丁格上校，最迟在次日晨消灭后方包围圈，这一点至关重要。之后，第82步兵师将为“瓦尔特劳特”行动提供支援，1月25日在第3装甲军辖下接防泽列内罗格—舒利亚基地段。总之，情况并不乐观。第1装甲集团军竭力为一场成功的突击创造必要的先决条件，但这些努力甚至没能实现其设定的目标。他们根本没有足够的力量解决苏军指挥部门给其造成的所有问题。

注释

1.没有找到1月19日第1装甲集团军司令部提交的晨报或该集团军呈交“南方”集团军群的后续报告。因此，对1月18日—19日夜间事件和相关报告的描述，主要基于第1装甲集团军作战日志。

2.第42军每日报告，1944年1月19日18点45分签发。

3.该团级集群编有第248掷弹兵团第1营、第246掷弹兵团第2营和第323炮兵团第2营。

4.第1装甲集团军作战处，第114/44号令，1944年1月19日签发。

5.第7军每日报告，1944年1月19日20点签发。

6.第3装甲军每日报告，1944年1月19日20点30分签发。报告中指出，第6装甲师现有3辆可用的四号长身管坦克，第16装甲师尚有7辆四号长身管坦克，而第506重型装甲营只剩3辆六号“虎”式坦克。

7.第46装甲军每日报告，1944年1月19日19点30分签发。报告中称，第503重型装甲营尚有23辆可用的六号“虎”式坦克，第23装甲团第2营有43辆五号“豹”式坦克，第300突击炮营有10辆可用的突击炮。第1步兵师也有3辆突击炮。与第3装甲军相比，戈尔尼克军的装甲力量相当强大。

8.第1装甲集团军情报处发给“南方”集团军群的晚间报告，1944年1月19日22点30分签发。

9.第1装甲集团军作战处，第59/44号令，1944年1月19日签发。

10.航空队司令部作战处，第113/44号电，1944年1月19日签发。

11.第1高射炮军作战处，第69号电，1944年1月19日签发。

12.第42军晨报，1944年1月20日7点45分签发。

13.第1装甲集团军发给“南方”集团军群的晨报，1944年1月20日4点50分签发。

14.第1装甲集团军发给“南方”集团军群的晨报，1944年1月20日5点30分签发。

15.第1装甲集团军发给“南方”集团军群的晨报，1944年1月20日5点签发。

16.第42军每日报告，1944年1月20日19点45分签发。

17.第7军每日报告，1944年1月20日19点30分签发。

18.第3装甲军每日报告，1944年1月20日19点30分签发。当日傍晚前，该军战车数量如下：

· 第6装甲师：6辆四号长身管坦克

· 第16装甲师：11辆四号长身管坦克

· 第17装甲师：17辆四号长身管坦克

· 第506重型装甲营：2辆六号“虎”式坦克

19.所有地图上均未标注切尔沃诺耶，它位于鲁达河北岸，多布罗耶（Dobroye）西北面。

20.第46装甲军每日报告，1944年1月20日18点45分签发。报告中列举该军战车数量如下：

· 第23装甲团第2营：44辆五号“豹”式坦克

· 第503重型装甲营：21辆六号“虎”式坦克

· 第300突击炮营：16辆突击炮

· 第1步兵师：4辆突击炮

21.德方记录中称之为Felixovka。

22.第1装甲集团军情报处发给“南方”集团军群的晚间报告，1944年1月20日24点签发。

23.步兵第58师一直在加里宁和莫斯科地区接受休整和补充，1943年12月初经铁路运输调至基辅地域。1月1日，该师调离最高统帅部大本营预备队，步行穿过法斯托夫和波格列比谢后到达克拉西洛夫卡。第1装甲集团军情报部门确认坦克第156团隶属机械化第5军，这种判断并不正确。该团是一支独立部队，后来加入坦克第6集团军。

24.该旅先前部署在北面，隶属第60集团军。据缴获的文件称，该旅1月2日位于日托米尔西北方15公里处，尔后调至当前位置。该旅编有反坦克歼击炮兵第1838、第1840、第1842团。

25.据俘虏交代，该旅1943年12月初获得30辆全新T-34坦克，但在日托米尔周边战斗中遭受严重损失。1月10日，该旅将近卫坦克第21旅剩下的3辆坦克纳入麾下，而后者暂时撤编。尽管如此，但据说该旅辖下的坦克第207营已没有坦克。1月14日，该旅调离兹韦尼戈罗德卡地域，赶去加强戈尔内季基奇河防线。1月19日，该旅在近卫摩托化步兵第6旅和近卫坦克第5军两个自行炮兵团支援下进攻泽列内罗格，但8辆坦克和9辆突击炮悉数折损，无一幸免。

26.实际上，德军第17装甲师的进攻取得成功后，1月18日，苏军指挥部门先命令近卫坦克第64旅，尔后命令整个近卫坦克第11军东调。完成约75公里行军后，该军1月21日拂晓抵达齐布列夫地域。参阅A.Kh.巴巴贾尼扬等人的Liuki Otkryli v Berline: Boevoi Put' 1-i Gvardeiskoi Tankovoi Armii（在柏林打开舱盖：近卫坦克第1集团军的征途）（莫斯科：军事出版社，1973年）。

27.包括位于奥斯特罗扎内与南面齐别尔马诺夫卡之间的步兵第74和第232师部分部队。

28.第7军作战处，第142/44号报告，1944年1月20日签发。

29.尽管离苏军科尔孙—舍甫琴柯夫斯基进攻战役的发起时间仅有几天，但这些调动很可能是苏军针对第3装甲军所采取的反措施的组成部分，因为这些调动主要涉及近卫坦克第11军，而该军并未参加科尔孙-舍甫琴柯夫斯基进攻战役。新组建的坦克第6集团军辖内近卫坦克第5军和机械化第5军的重组发生在东北方。

30.第1装甲集团军作战处，第62/44号令，1944年1月20日签发。

31.第1装甲集团军作战处，第134/44号令，1944年1月20日签发。

32.“南方”集团军群作战处，第0762/44号电，1944年1月20日签发。第1装甲集团军作战日志中记录下电报的编号，但文件夹中没有这份电报。

33.第3装甲军作战处，第2/44号电，1944年1月20日签发。

34.德方记录中称之为Zhiwotow。

35.第46装甲军作战处，第2/44号电，1944年1月20日签发。

36.第42军晨报，1944年1月21日5点30分签发。

37.第7军晨报，1944年1月21日5点30分签发。

38.第3装甲军晨报，1944年1月21日5点30分签发。

39.第46装甲军晨报，1944年1月21日5点30分签发。

40.第42军每日报告，1944年1月21日19点30分签发。

41.第7军每日报告，1944年1月21日19点50分签发。

42.第7军作战处，第179/44号电，1944年1月21日签发。

43.第3装甲军每日报告，1944年1月21日19点40分签发。报告中还指出，1月11日至19日，在鲁达河以东的行动中，该军击毁或缴获/俘虏：

· 367名俘虏

· 数出570具尸体

· 估计击毙250人

· 23辆坦克和突击炮

· 12门火炮

· 1门高射炮

· 82门反坦克炮

· 21门迫击炮

· 大批轻武器和弹药

44.第46装甲军每日报告，1944年1月21日19点签发。

45.第1装甲集团军情报处发给“南方”集团军群的晚间报告，1944年1月21日签发，未标注时间。据集团军情报处当日签发的每日报告称，1月11日至20日这十天给苏军造成的损失如下：

· 1470名俘虏，包括4名军官和15名逃兵

· 4346人阵亡（尸体和估计阵亡者）

· 136辆坦克

· 5辆突击炮

· 17门火炮

· 176门反坦克炮

46.近卫坦克第64旅1月19日从普利斯科夫调至齐布列夫。次日，该旅报告只剩20辆T-34坦克。

47.第1装甲集团军作战处发给“南方”集团军群的文件，未标注日期，也没有编号。

48.正如我们所知的那样，德军掌握的情报依然混乱。另外，他们将机械化第5军误判为近卫部队。该军1944年1月11日调离莫斯科军区，即将为科尔孙-舍甫琴柯夫斯基进攻战役编入坦克第6集团军，但该军似乎暂时加入坦克第1集团军，以抗击第1装甲集团军在该地段实施的反突击。而近卫机械化第5军隶属近卫坦克第5集团军，当时位于基洛沃格勒地域。

49.第1装甲集团军作战处，第136/44号令，1944年1月21日签发。

50.“南方”集团军群作战处，第353/44号电，1944年1月21日签发。

51.第1装甲集团军作战处，第137/44号电，1944年1月21日签发。

52.第1装甲集团军作战处，第64/44号电，1944年1月21日签发。

53.第46装甲军作战处，第3/44号电，1944年1月21日签发。

54.第1装甲集团军作战处作战日志，1944年1月21日的条目。

55.第1装甲集团军发给“南方”集团军群的晨报，1944年1月22日5点签发。

56.第1装甲集团军发给“南方”集团军群的晨报，1944年1月22日6点35分签发。

57.第42军每日报告，1944年1月22日20点签发。

58.第7军每日报告，1944年1月22日19点30分签发。

59.在该地域打击被围苏军部队的是德军三个战斗群。这些战斗群都由第82步兵师指挥，具体编成如下：

· “博罗夫斯基”战斗群（第82炮兵团团长博罗夫斯基少校）

第166掷弹兵团（欠一个营）

第215工兵营

第182炮兵团第1营（外加该团两个重型炮兵连）

· “伯姆”战斗群（第124炮兵指挥官伯姆上校）

第34战地补充营

第35战地补充营

第1警卫连

第112反坦克营的2门重型反坦克炮

第86炮兵团第8、第11连

· “埃西格克”战斗群（第202突击炮营营长埃西格克少校）

第158掷弹兵团第2营

第202突击炮营（欠一个连）

60.第7军作战处，第147/44号令，1944年1月22日签发。

61.第3装甲军每日报告，1944年1月22日20点签发。

62.第46装甲军每日报告，1944年1月22日20点10分签发。报告中列举该军掌握的战车数量，具体如下：

·第23装甲团第2营：47辆五号“豹”式坦克

·第503重型装甲营：28辆六号“虎”式坦克

·党卫队第1“警卫旗队”装甲师：24辆四号长身管坦克、28辆五号“豹”式坦克、1辆六号“虎”式坦克、23辆突击炮

·第300突击炮营：16辆突击炮

·第1步兵师：4辆突击炮

63.奇怪的是，第1装甲集团军的文件中没有提及这次会议。以下记述基于R.莱曼和R.蒂曼所著的《警卫旗队，第四册第一卷》第18页引用的第46装甲军作战日志。

64.第1装甲集团军情报处发给“南方”集团军群的晚间报告，1944年1月22日24点签发。情报处当日提交的每日报告确认，苏军独立机枪-火炮第496营位于斯捷波克以西地域，还发现第159筑垒地域的存在。

65.第1装甲集团军作战处，第67/44号令，1944年1月22日签发。

66.意味着这只是一场局部行动，而非即将开始的科尔孙-舍甫琴柯夫斯基进攻战役，近卫坦克第11军似乎并未参与后一个行动。

67.第1装甲集团军作战处，第145/44号令，1944年1月22日签发。

68.“南方”集团军群作战处，第362/44号令，1944年1月22日签发。

69.第42军晨报，1944年1月23日签发，未标注时间。

70.第7军晨报，1944年1月23日5点15分签发。

71.第1装甲集团军发给“南方”集团军群的晨报，1944年1月23日7点20分签发。

72.第3装甲军晨报，1944年1月23日5点25分签发。

73.第46装甲军晨报，1944年1月23日6点40分签发。

74.第42军每日报告，1944年1月23日19点45分签发。

75.虽然名为“团级”集群，但实力仅为营级。

76.第7军每日报告，1944年1月23日19点30分签发。报告中指出，该军辖内第202和第239突击炮营，可用的战车数量分别增加到15辆和5辆。

77.近卫坦克第55旅隶属近卫坦克第7军。日托米尔—别尔季切夫进攻战役发起时，该军隶属近卫坦克第3集团军，部署在坦克第1集团军右侧和北面。该旅的存在表明，坦克第1集团军据守的南翼已获得加强，援兵调自进攻行动不太重要的地段。

78.第7军作战处，第153/44号令，1944年1月23日签发。

79.第3装甲师每日报告，1944年1月23日18点50分签发。据第1装甲集团军呈交“南方”集团军群的最新报告称，该军目前掌握的战车数量如下：

·第6装甲师：12辆四号长身管坦克

·第16装甲师：8辆四号长身管坦克、6辆突击炮

·第17装甲师：20辆四号长身管坦克

·第506重型装甲营：7辆六号“虎”式坦克

80.第46装甲军每日报告，1944年1月23日签发。当日日终前，该军掌握的装甲力量如下：

· 第503重型装甲营：31辆六号“虎”式坦克

· 第23装甲团第2营：44辆五号“豹”式坦克

· 第300突击炮营：18辆突击炮

· 第1步兵师：4辆突击炮

以上就是该军遂行“瓦尔特劳特”行动的装甲力量。

81.第1装甲集团军情报处发给“南方”集团军群的晚间报告，1944年1月23日23点签发。

82.据信，这股力量包括步兵第136师三个团的部分部队，外加步兵第167师第465团。

第十八章
“瓦尔特劳特”行动，第一阶段

1944年1月24日，星期一

在第1装甲集团军看来，“瓦尔特劳特”行动开始前的一晚极为不祥。集团军北翼，第42军防区基本保持平静，只出现几支苏军巡逻队[1]。其中两支巡逻队被渡过第聂伯河而来，被B军级支队击退。第一支是在普舍尼奇尼基南面侦察巡逻队；第二支则由30人组成的战斗巡逻队，位于利波维罗格以南。这支战斗巡逻队实际上成功突破德军防御阵地，但随后遭到拦截并被击退，B军级支队报告抓获一名俘虏。据报，苏军在该地域的炮火也很活跃，而军级支队左翼，第112工兵营调入前线，接防卢比扬卡—奥利沙尼察地段。第88步兵师据守的防线不太平静，苏联人重新对克鲁特耶戈尔贝展开进攻。这番激战开始于昨晚18点，一直持续到次日凌晨1点30分。苏军每次突击都投入80—100人，均被该师击退，对方最后一次冲击未果后，该地段终于陷入沉寂。该军后方地域首次出现游击队问题，德军一支侦察巡逻队在梅德温东北方10公里的大片林地遭遇一股20余人的游击队。据当地居民称，一支游击队盘踞在那里已有一周。

第7军防区，苏联人继续对该军西部防线遂行先前的局部进攻[2]。每次突击前都辅以猛烈炮火准备，但该军最终顺利击退这些冲击，有几次甚至组织反冲击才达成目的。北翼第198步兵师也遭到攻击，在实施炮火准备后，苏联人攻向安东诺夫卡北部。该师设法守住自己的阵地，并击退对方，之后，这片地段再度平静下来，仅在右翼不断遭到迫击炮炮火轰击。南面，苏军两个步兵连从特诺夫卡展开冲击，意图夺取巴甫洛夫卡附近高地，但第34步兵师辖内部队设法守住自己的阵地。第75步兵师亦遭到攻击，但详情不明。苏联人在2辆坦克支援下遂行冲击，突入一座无名村庄，该师旋即组织反冲击，击退对方的同时还击毁2辆敌坦克。拂晓前，该师恢复原防御阵地。位于南面的军防线整个夜间保持平静，据报，后方地域仅出现少量苏军战机，它们实施各种详情不明的轰炸。

第3装甲军当晚较为轻松，敌人仅以破坏性炮火扰乱战场上的平静[3]。左侧，第46装甲军防线的情况与之类似[4]。苏军只派出一支侦察巡逻队，第1步兵师加以拦截并将之击退，除此之外，苏联人的活动仅限于破坏性炮击。卢卡绍夫卡—瓦赫诺夫卡地域，第4山地师左翼落下一些炮弹，最猛烈的炮火发生在第1步兵师防区中央地段。除此之外，该军还报告，敌人的空中活动相当活跃，他们对第46装甲军整个防区实施轰炸和扫射。戈尔尼克辖内部队已按时完成调动，准备次日晨投入进攻。第18炮兵师也已就位，完成部署并做好支援进攻的准备。

新的一天拂晓到来时，天色依然晴朗、明亮，加之湛蓝的天空和明媚的阳光，为“瓦尔特劳特”行动的发起提供了很好的能见度。温度升至零摄氏度左右，这使轻微的化冻得以继续。东面的第聂伯河畔，第42军的防区依然平静[5]。B军级支队报告，苏联人正加强韦德梅杰夫卡和亚布洛诺夫卡周边阵地，据苏军逃兵交代，对方一个新锐步兵师进入该地段的前线。第42军左翼，苏联人停止在克鲁特耶戈尔贝地域对第88步兵师左翼发起的进攻，其活动仅限于从北面和西北面调集援兵加强科舍瓦塔亚周边地域。苏军当日白天在该地域发起一场虚弱无力的冲击，但被该师击退，不过，苏军援兵不断调入这片地域，这一点清楚地表明，他们即将在这里展开一场大规模突击。上述这场冲击由一个步兵连从科舍瓦塔亚北面的树林遂行，但没能取得进展。苏军另一支战斗巡逻队还对该师右翼展开攻击，在那里据守防线的是第318保安团，该团击退苏军，但一名士兵在战斗中失踪。

西南方第7军防区，苏军继续遂行黑尔所说的牵制性进攻，特别是针对第198和第75步兵师防线[6]。虽然苏军获得炮兵部队全力支援，但这些进攻还是被德军击退。而在这些进攻行动之间地段，第34步兵师据守的防线上，苏联人保持平静，只是加强火炮和迫击炮炮火力，包括新近开到的一个170毫米炮兵连。对方不断将新锐部队调入特诺夫卡—巴什捷奇基地域，这使黑尔相信，敌人的准备工作已近完成。他现在确定，对方将于次日展开大规模进攻。据苏军俘虏未经证实的交代，近卫坦克第5军和机械化第5军将投入计划中的进攻，黑尔判断，苏军将对特诺夫卡两侧实施猛烈冲击，遂将第471装甲歼击营交给第34步兵师[7]。与此同时，在后方地域，德军对季霍诺夫卡周围苏军残部的进攻遭遇顽强抵抗，对方仍能获得充足的弹药补给，甚至在村西南边缘设立一道强大的反坦克防线。苏联空军在第7军防区上方的活动全面加强，将大批补给物资投入包围圈内就是这些活动的组成部分。尽管如此，经过激战，德军还是夺得季霍诺夫卡和西南方1公里处的树林，16点左右，“博罗夫斯基”战斗群设法前出到该村东北面树林边缘。此时，尽管胜利在望，但黑尔却遵照胡贝的指示下令取消进攻。第82步兵师当晚撤离，只留下一个营，在一个炮兵营和一个仓促集结的警戒支队协助下封锁残敌。这场进攻抓获120名俘虏，缴获6门122毫米火炮、7门重型反坦克炮、11门迫击炮、大批轻武器和22辆载有弹药的卡车。据统计，共击毙400名苏军士兵。无从获知苏军残部遭受的其他伤亡，但第7军估计，7个炮兵连和空军近距离支援肯定给对方造成惨重损失。但其他地方，切尔纳亚卡缅卡的苏军（包括游击队）依然强大，而雷相卡以南，另一股苏军甚至对德军设在斯梅利钦齐的阵地展开冲击。德军击退这场进攻，第7军认为，这场行动不过是苏军一股零星部队企图同季霍诺夫卡的主力取得联系而已。

西南方第3装甲军防区，这里的天色更为阴沉，一整天都有轻微霜冻[8]。当日较为平静，但第17装甲师遭到一场猛烈炮击，苏军尔后又以营级兵力发起一场突击。对方从北面渡过戈尔内季基奇河，冲击该师设在奥斯特罗扎内东南方树林的阵地，第17装甲师未费太大周折便将其击退。苏军还在稍东面展开一场规模较小的进攻，他们的一支巡逻队在那里试图向南攻往布佐夫卡附近，但也被德军击退。当日下午，该师还以颜色，以炮火打击苏军阵地和该镇附近的兵力调动，德国空军也以斯图卡战机对同一地域实施攻击。第6和第16装甲师防区较为平静，两个师都未报告当日发生过战斗，但后者将师部迁入克尼亚日基。后方地域，部队继续调动，第82步兵师首批部队到达基先齐，而接替第99高射炮团的行动已然开始。

第1装甲集团军中央和右翼的情况与前几日相似，但左翼戈尔尼克第46装甲军当日晨发起“瓦尔特劳特”行动[9]。军左翼，第4山地师奉命占领佐佐夫卡以西亚森基—韦尔博夫卡[10]公路上的高地，尔后冲向东南方占领佐佐夫。赫尔上校率领的第91山地猎兵团遂行主要突击，但辖下三个营只有两个可用，因为第1营已在瓦赫诺夫卡东部从事战斗[11]。这场进攻开始于清晨6点30分，在第18炮兵师的有效支援下，突击部队迅速突破瓦赫诺夫卡东北面的苏军防御阵地，尔后一路向前，夺得佐佐夫卡以西高地。第4山地师左侧，第254步兵师在布里茨科耶的奥利尚卡河对岸夺得一座登陆场，尔后继续攻往穆西奇科夫农场（Musichkov）。北翼，第101猎兵师赶去夺取别拉亚（Belaya），尔后在奥利尚卡河对岸构设另一座登陆场，配属该师的“贝克”装甲团紧随其后。面对苏军的坚决抵抗，该师辖内另一些部队夺得申杰罗夫卡，而彼得罗夫卡以东高地亦被德军拿下。这场突击获得大量空中支援，德国空军持续不断的飞行架次令前线部队深感安慰。虽然在别拉亚和布里茨科耶迅速夺得登陆场，但第101猎兵师报告，这两处的桥梁，不是被敌人炸毁，就是因突击部队的重量而坍塌。这种情况给整个进攻行动造成严重问题。虽说初步突击已取得良好开端，但戈尔尼克很快在部署装甲力量并将其投入战斗方面遇到大麻烦，尽管这些装甲单位紧跟在遂行突击的步兵部队身后。造成这一问题的主要原因是，遭苏军炮火打击时，一名工兵中士将一些架桥设备撤往后方。他这样做是为保护这些器材，但结果是，将这些设备重新调至前方耗费几个小时。在此期间，“贝克”装甲团和提供支援的第88炮兵团第1营不得不停在河流一侧，等待过河后投入战斗。第1装甲集团军作战日志中简单地写道：“小错误，大影响。”[12]后方，第101侦察营穿过图尔博夫到达丘普里诺夫卡，正在归建途中。

与此同时，苏联人从最初的震惊中迅速恢复过来，并展开一系列反冲击。他们投入两个营兵力，在坦克支援下从东面和东北面进攻别拉亚和布里茨科耶。德军先后击退这些冲击，据报，傍晚前共击毁12辆敌坦克。若说德国空军为德军地面部队提供积极支援，那么，苏联空军同样忙碌，对作战地域内所有村庄和他们发现的一切德军调动实施轰炸和扫射。第46装甲军右翼，远离主要突击处，第1步兵师展开一系列侦察活动，发现配备反坦克炮和迫击炮的苏军部队已占领奥梅京齐，镇西北方高地亦被占据。为协助北面的进攻，该师沿其防线发起一些牵制性进攻，其中一场连级兵力突击在卢戈瓦亚东面成功逼退苏军前沿阵地。稍北面，苏军也展开进攻，德军在波波夫卡东面拦截并击退一支苏军战斗巡逻队。据不完整报告称，当日的进攻抓获约150名苏军士兵，缴获大批火炮，但德军亦付出高昂代价，第254步兵师的伤亡尤为惨重。

德军主要突击后方，党卫队第1“警卫旗队”装甲师（师部设在图尔博夫）已到达文尼察东北方，第101猎兵师原先占据的集结区，傍晚前，该师进入别拉亚—布里茨科耶地段后方。该师编成内一些部队已在其他地段支援进攻，师属炮兵团第1、第3营配属给第18炮兵师，而党卫队第1装甲工兵营则配给“贝克”装甲团。

总的说来，第42军防区对面几乎没有什么活动，但该军注意到苏联人正将新锐部队调入科舍瓦塔亚地域[13]。根据观察和战俘交代，南面，第7军对面之敌似乎正准备展开一场大规模突击，德国人已识别出新近开到的苏军步兵第58和第359师。他们还知道，约70辆敌坦克位于特诺夫卡，隶属近卫坦克第5军和机械化第5军。从总体态势看，近卫坦克第7军辖内部队，包括近卫坦克第55旅，亦有可能投入预期中的行动，这一点不容忽视。相比之下，第3装甲军对面的苏军较为平静，第1装甲集团军难以判定其意图。西面，第46装甲军的突击最初似乎令苏联人猝不及防，但傍晚前，对方的抵抗越来越顽强。德军顺利夺得布里茨科耶、申杰罗夫卡和别拉亚西部，苏联人已无法阻止德军先遣部队渡河。别拉亚东北方，苏军以两个步兵营和8辆坦克组织一场反冲击，但一无所获。布里茨科耶南面，已有迹象表明苏军正调集援兵，德国人看见敌坦克部队从东北方开来。他们似乎试图沿佐佐夫、佐佐夫卡西部北延到索平一线设立新防御阵地，包括步兵第211师部分部队在内的援兵也已从伊伦齐地域开到。左翼对面，德军还识别出布里茨科耶周边地域的苏军步兵第183师。

鉴于这种情况，当日大多数时间待在戈尔尼克指挥部里的胡贝，现在坚持原先的命令。进攻应继续进行，这样，“贝克”装甲团和党卫队第1“警卫旗队”装甲师就将在夜间穿过前线，做好次日清晨恢复进攻的准备，其目标是达成战役突破。冯·曼施泰因也在第46装甲军待了几个小时，他在那里得到的印象是，这场进攻并未全力实施。胡贝并不认同，遂行进攻的各个师准备充分、精力充沛，他对此感到满意。不过，他还是告诉戈尔尼克，架桥部队出现失误后损失的半天需要加以弥补。当日晚些时候，戈尔尼克下达命令。第46装甲军1月25日继续向东攻击前进，战事现在的重点党卫队第1“警卫旗队”装甲师到达并封锁东南方的利波韦茨—新日沃托夫公路，第4山地师和第101猎兵师分别掩护该师南翼和北翼[14]。前者据守的防线穿过纳尔齐佐夫卡和斯拉夫纳亚，后者的防线穿过蒙钦和别拉亚。同时，第254步兵师应趁主要突击之机展开进攻，夺取东面20多公里的奥奇特科夫东北方高地。具体而言，党卫队第1“警卫旗队”装甲师应以辖内两个装甲掷弹兵团于当晚向前推进，前出到布里茨科耶东面的十字路口，做好以两个团并肩攻向东南方的准备。党卫队第1装甲掷弹兵团应在右侧推进，赶往纳帕多夫卡和利波韦茨车站[15]。左侧的党卫队第2装甲掷弹兵团应冲向韦尔博夫卡，同“贝克”装甲团保持紧密联系，并穿过纳帕多夫卡和奥奇特科夫赶往梅多夫卡。与戈尔尼克协商完毕，胡贝返回装甲集团军司令部，该司令部已从盖沃龙迁至更靠近前线的文尼察。

1944年1月25日，星期二

第1装甲集团军右翼平静度过1月25日的夜晚。第42军对面之敌仍无活动，仅在卡加尔雷克以东的卡多姆卡东北方实施一起不成功的侦察巡逻[16]。尽管如此，B军级支队对面，苏军的调动或补给运输持续未减，直至午夜前后，据报，卡加尔雷克附近和第聂伯河河畔霍多罗夫附近传来引擎轰鸣。军左翼第88步兵师也报告，午夜前两个小时听见引擎轰鸣声，对方的车辆显然正从南面进入大别列江卡。其中一些车辆继续向北，直至科舍瓦塔亚。第248掷弹兵团对面，他们发现苏军士兵正构筑一道防御战壕体系。

西南方第7军防区，苏联人的活动较多[17]。德军拦截并击退对方的几起侦察试探，还发现一大股敌军集结在特诺夫卡—巴什捷奇基地域。坦克和其他车辆的轰鸣彻夜清晰可辨，黑尔确信，敌人的进攻迫在眉睫。后方，第82步兵师开始集结于希日尼亚—克里韦茨地域，师部和第168掷弹兵团第1、第2营已到达。后方地域，随着该师调至别处，坚守季霍诺夫卡地域的苏军部队保持平静。第3装甲军防区也没有发生什么状况，当晚平安度过，第6和第17装甲师报告，未发生异常活动[18]。

西面，苏军对戈尔尼克第46装甲军既占阵地展开几次徒劳无获的反冲击[19]。这些行动的规模普遍较小，均不超过排级兵力，遂行防御的德军部队击退这些进攻，保住昨日的既得战果。不过，第4山地师遭受的攻击较为猛烈，苏联人投入连级兵力，几次冲击该师设在瓦赫诺夫卡东面的新防御阵地。该师击退这些反扑后，凌晨3点以一个团级集群攻向佐佐夫卡。与此同时，第254步兵师在布里茨科耶实施扫荡，虽然苏军顽强抵抗，但该师还是夺得穆西奇科夫农场。北面的第101猎兵师一直为夺取申杰罗夫卡从事激战，最终将整个村子拿下。他们在战斗中抓获约100名敌兵，缴获大批物资，还给遂行防御的苏军部队造成严重伤亡。夜间，该师在“贝克”装甲团一部配合下继续挺进，前出到韦尔博夫卡西部边缘，在苏军强大防御阵地前方停顿下来。在此期间，他们看见包括坦克在内的大股苏军集结在北面的索平地域，对师左翼构成威胁。一些苏军部队甚至悄然向前，开始渗透进申杰罗夫卡。第101猎兵师意识到危险，旋即展开反冲击，战斗持续至当日晨。前线后方，党卫队第1“警卫旗队”装甲师于夜间前调，到达别拉亚—布里茨科耶周边和西南地域，清晨前，其先遣部队在布里茨科耶渡过奥利尚卡河。

新的一天到来时，天色依然晴朗，能见度良好，温度徘徊在冰点，“瓦尔特劳特”行动在左侧全面展开，而第1装甲集团军东部防线又度过平静的一天。第42军右翼，炮击较平日为多，左翼，苏军在科舍瓦塔亚地域的交通持续不断[20]。马腾克洛特认为，苏军正加强B军级支队和第88步兵师对面地段。前者报告，苏军一个76.2毫米炮兵连到达霍多罗夫地域，一个122毫米炮兵连位于小布克林（Maly Bukrin），还在卡纳达三岔路口附近发现3辆T–34坦克。第88步兵师防区，第388保安团报告，遭到敌反坦克炮和迫击炮轰击，而该师报告，苏联人从卢基亚诺夫卡地域调来援兵，继续加强科舍瓦塔亚。南面，苏军以迫击炮和反坦克炮对德军设在克鲁特耶戈尔贝和周围高地上的阵地实施的炮击有所加剧，一些苏军士兵甚至试图攀上从西面俯瞰该镇的272高地。另有报告称，第248掷弹兵团一名士官成功取得8个获得确认的狙击战果。

第7军防区当日的主要标志是这样一个事实：预计中的苏军今日或之后向维诺格勒实施的进攻并未出现[21]。不过，虽然早晨较为平静，但苏联人随后在沃特列夫卡与奥赫马托夫之间，沿大多数地段展开一系列牵制和分散德军注意力的进攻。这些冲击开始于10点45分左右，获得火炮、迫击炮、火箭炮和反坦克炮充分支援。他们在10个地点发起15次突击，各处投入的兵力介于连级与营级不等，最终都被德军防御部队击退。苏军在特诺夫卡和纳戈尔纳亚地域的进攻获得8辆坦克支援，其中1辆在战斗中遭击毁。虽然遭到这些冲击，但黑尔仍相信苏军很快会向维诺格勒展开一场大规模进攻，在这方面，第75步兵师报告，苏军步兵第74师新近开至其防区对面[22]。除对遭受一场大规模突击感到担心外，第7军还预计苏军将于次日实施更大规模的牵制性进攻。后方地域的“伦茨”警戒支队报告，第82步兵师撤离后，被围的苏军部队9点30分左右重新占领季霍诺夫卡。之后，他们继续前进，夺得南面约3公里的林地，还向东面的杜博夫卡派出侦察巡逻队。虽说清剿行动已告结束，但据报告，打击季霍诺夫卡地域被围之敌的战斗击毙400名苏军士兵，抓获/缴获653名俘虏、6门火炮、8门反坦克炮、25门迫击炮和31挺机枪[23]。

西面，布赖特第3装甲军投入“瓦尔特劳特”行动，在齐布列夫两侧展开突击，却发现苏军防御阵地呈纵深梯次配置[24]。但该军还是在弗拉季斯拉夫奇克西北面达成突破，尔后又在右侧伊瓦赫内、左侧克尼亚日亚克里尼察夺得戈尔内季基奇河对岸登陆场。这一地段的天色同样晴朗、阳光明媚，虽然有轻微霜冻，但白天比晚些时候更加温暖。这场突击开始于清晨6点30分，第16装甲师从弗拉季斯拉夫奇克附近的出发阵地向西北方进攻。该师旋即卷入激战，但还是在沙尔诺波尔南面突破苏军主防御阵地，9点前攻克该村。战斗持续一上午，德军中午前后肃清这片地域，第16装甲师随即将指挥部设在村内。该师辖内其他部队越过伊瓦赫内东北方246高地，向西攻往戈尔内季基奇河，下午，他们从北面攻击伊瓦赫内镇。与此同时，该师装甲战斗群向西而去，在弗拉季斯拉夫奇克西南面“五一”国营农场附近遭遇抵抗。他们打垮对方，继续赶往西北方，消灭一些敌坦克后，从东南面攻入伊瓦赫内。该战斗群穿过镇子继续前进，赶去占领桥梁，却发现苏军已将其炸毁。据早些时候未经证实的报告，该师击毁/缴获46辆T-34坦克、3辆突击炮、89门反坦克炮和13门火炮。

第6装甲师也在同一时间出动，从莫纳斯特里谢西北面阵地向北攻击前进，沿公路赶往格尼洛伊季基奇河河畔的克尼亚日亚克里尼察。在这里，该师装甲战斗群亦突破苏军防御阵地，前进途中击毁约10辆敌坦克，中午前后沿公路到达克尼亚日亚克里尼察。他们继续向前，一举夺得该镇位于河南岸的一部分，包括此时已被苏联人炸毁的桥梁南端。战斗群左侧，第114装甲掷弹兵团也在同一时刻展开冲击，虽说初期进展不错，但当日上午很快遭遇麻烦，敌人从沙巴斯托夫卡以南树林和安托尼纳以西高地射出猛烈侧射火力，甚至展开反冲击。该团重组，15点30分再度投入进攻，从克尼亚日亚克里尼察召回的一些坦克为其提供支援。新发起的冲击取得不错的进展，傍晚前，该团先遣部队到达镇南端。第3装甲军防线右侧，第17装甲师主力并未积极参与这场主要突击。不过，中午前后，苏军对该师设在奥斯特罗扎内登陆场的阵地遂行猛烈炮击，并以营级兵力展开冲击。但这场进攻没能取得重大进展，被第17装甲师击退。东面，第82步兵师第166掷弹兵团接防军右翼地段，而该师第168掷弹兵团上午10点投入“瓦尔特劳特”行动。在第17装甲师的坦克支援下，该团从克尼亚日基以北地域出发，沿戈尔内季基奇河南岸攻向西北方。这场突击进展顺利，一举突破敌人强大的反坦克防线，在击毁2辆敌坦克后继续前进，从南面突入扎鲁宾齐。遂行防御的苏军部队先撤至镇西北面高地，推进中的德军紧追不舍，这股苏军尔后组织反冲击，意图在该镇重新夺得立足地。事实证明，这些冲击没能取得战果，第168掷弹兵团设立一道防线掩护既占阵地。第82步兵师现编入第3装甲军，师部设在捷奥林，但该师第168掷弹兵团第1营和第182炮兵团第2营仍留在后方，严密监视被困于季霍诺夫卡周围的苏军部队。当日白天，该师接防指定地段：从泽列内罗格起，沿戈尔内季基奇河南岸延伸到扎鲁宾齐。

“瓦尔特劳特”行动另一侧，第46装甲军在清晨的雾霭中恢复进攻，从昨晚到达的布里茨科耶以东高地出击[25]。在接下来的激战中，第101猎兵师一部和“贝克”装甲团设法夺得韦尔博夫卡及其南部地域，取得重要突破。贝克立即率领他的装甲团沿通往斯皮钦齐的公路向东疾进，前进约10公里后，在奥切列特尼亚西北地域遭到苏军反冲击。遂行反扑的似乎是苏军从东北面开来的一支坦克部队。第101猎兵师余部昨晚经过激战夺得申杰罗夫卡，现在也遭到苏军攻击，据信对方是近卫坦克第7军辖下两个摩托化步兵旅和两个坦克旅。苏军拂晓时展开反冲击，从北面打击该师延伸的左翼。整个上午，激烈的战斗沿韦尔博夫卡与康斯坦丁诺夫卡之间12公里长的战线持续进行，该师最终守住大部分防线，并击退敌军。据第101猎兵师报告，在第18炮兵师防御火力支援下，他们给敌人造成严重损失，击毁约25辆敌坦克。虽然取得一些战果，但申杰罗夫卡已然丢失，因而该师将其侧翼撤至从别拉亚北端至康斯坦丁诺夫卡一线。当日的战斗中，该师的伤亡也很惨重。

胡贝此刻面临着艰难的抉择。据收悉的相关情报称，苏军坦克第31军即将投入侧翼的战斗，因此，他不得不考虑是否将“贝克”装甲团调回西北面，协防韦尔博夫卡周边和以西地域敞开的侧翼。此举必然会牺牲贝克已取得的战果，但情况极其严峻，必须采取明确、果断的行动。胡贝要么直接解决这个问题，抽调部队赶往受影响地域，要么按原计划行事，承受侧翼的风险。此时，胡贝待在戈尔尼克的指挥部里，向参谋长文克谈及这个两难选择。文克说服他的上级按原计划行事，并做出决定。第46装甲军必须加强炮兵支援力量，阻挡苏军在左侧实施的反冲击，为此，应派第18炮兵师支援第101猎兵师据守的防御地段。这样，“贝克”装甲团就不必原路折返。该团继续击败苏军在奥切列特尼亚西北面的反冲击，尔后转身向南，沿通往利波韦茨的公路前进几公里后转而向西，肃清从东面进入佐佐夫的道路，不久后夺得该镇。事实证明，文克的建议似乎正确无误，但戈尔尼克后来收到贝克发来的电报，这封简短的电报貌似是对整个态势的总结：“从东面攻入佐佐夫，一片混乱。”[26]

在此期间，南面的第4山地师和第254步兵师（师部分别设在茹拉瓦和瓦赫诺夫卡）亦遭到苏军数次反冲击。苏联人投入两个步兵营，在坦克支援下展开冲击，尽管随之而来的战斗相当激烈，但第4山地师不仅击退对方，还设法以辖内部队攻入佐佐夫卡郊区。肃清镇区的战斗持续到夜间，主战线后方，党卫队第1“警卫旗队”装甲师逐渐进入阵地，党卫队第1装甲掷弹兵团部分部队，会同党卫队第1突击炮营，已在左翼投入战斗。而党卫队第2装甲掷弹兵团穿过布里茨科耶攻击前进，在韦尔博夫卡南面同“贝克”装甲团取得联系。这场推进前出到奥切列特尼亚以西高地，在那里，党卫队第1装甲侦察营承担起掩护侧翼之责，其他部队转身向南。“贝克”装甲团向西攻入佐佐夫卡时，党卫队第1装甲掷弹兵团设立一道封锁线，阻止被德军这场迂回机动困住的苏军部队突围。

第46装甲军中央地段的情况不太激烈，德国人看见13辆敌坦克在两个步兵连伴随下撤离特罗夏向东而去。这些部队似乎正调往北面发生主要战斗的地段。更南面，军右翼对面之敌好像并不打算后撤，德国人发现苏军占领锡特科夫齐西面的洛耶夫齐村。对于次日的作战行动，戈尔尼克的意图是以第254步兵师掩护进击部队北翼，特别是“警卫旗队”装甲师左翼，并夺取从蒙钦到奥切列特尼亚一线阵地[27]。该师应接替“警卫旗队”装甲师目前据守侧翼的单位，即党卫队第1装甲侦察营和党卫队第1装甲掷弹兵团部分部队。而“警卫旗队”装甲师应全速赶往东南方，夺取利波韦茨车站，从而封锁从利波韦茨通往新日沃托夫的主公路。该师右侧，“贝克”装甲团应补充燃料和弹药，尔后从佐佐夫攻向东南方，经加诺夫卡前出到利波韦茨—罗索沙公路。实现这一目标后，该团应转身向西，协同第4山地师夺取利波韦茨。

到此时，“瓦尔特劳特”行动只进行两天，似乎已消灭/缴获苏军大批人员和物资。第46装甲军报告，辖内部队当日击毁146辆敌坦克，还缴获2辆完好无损的坦克。据报，“贝克”装甲团击毁其中61辆，第101猎兵师取得49个战果。德国空军声称击毁12辆敌坦克，另外17个战果则在康斯坦丁诺夫卡周围的左翼取得。实际上，第8航空军晚些时候呈交第1装甲集团军的报告称，德国空军取得的战果更大些[28]。报告中指出，空军参战部队不仅发现进攻第46装甲军左翼的苏军坦克部队，还成功对其施以打击，并取得决定性战果。其中，第77对地攻击航空团第2大队和第9对地攻击航空团第10、第12中队看见15辆敌坦克发生爆炸，另外16辆被有效击毁，每辆坦克至少被命中8次（得到证实的结果）。德国空军还为第3装甲军在右翼遂行的进攻做出贡献，声称在该地段击毁敌人10辆坦克和3辆突击炮。不完整的报告还表明，第46装甲军到目前为止缴获35门重型反坦克炮、32门重型迫击炮和大批轻武器，俘虏575名苏军士兵，共击毙1490人。鉴于冲击军左翼的苏军部队遭受的损失，戈尔尼克认为对方可能没有足够力量在次日继续实施这种大规模进攻[29]。若果真如此，那么，胡贝当日早些时候坚持原定方案的决定就是正确的。尽管如此，戈尔尼克仍认为苏联人会着手将部队撤出利波韦茨—伊伦齐地带，变更部署后设法阻挡德军推进。但到目前为止，尚无迹象表明苏军正实施全面后撤，若充当突击铁钳的第3装甲军和第46装甲军取得会合，合围南面苏军部队的可能性依然很大。

当日日终前，胡贝面临的整体态势如下。一些苏军部队在第42军对面调动，表明对方要么在实施重组，要么正加强北部战线的力量，有可能在不久后展开一场局部进攻[30]。而在第7军防区，苏联人遂行进攻试探该军防御，先前集结强大进攻力量的迹象依然明显。第3装甲军战线，在舒利亚基与克尼亚日亚克里尼察之间，苏联人前调一股强大坦克力量，用于抗击德军的进攻，相关情报表明，这是近卫坦克第11军，该军奉命不惜一切代价据守这道防线。但到目前为止，他们无法阻挡德军攻向伊瓦赫内。第46装甲军左翼，苏联人迅速做出应对，以新开到的坦克第31军从东面展开一系列强有力的反冲击，据信该军调自波格列比谢地域。苏联人还对德军纵深左翼实施另一些反冲击，近卫坦克第7军主力企图攻破德军不断延伸的北翼[31]。步兵第211师也已调至佐佐夫卡附近，估计更多步兵援兵将调入该地域。利波韦茨南面，德国人发现一支坦克和卡车组成的队列正从特罗夏赶往东北方，表明近卫机械化第8军辖内部队也正赶去协助防御。北面，苏军在卡扎京地域的交通相当繁忙，说明他们正调集更多援兵，准备打击第46装甲军左翼。随着“瓦尔特劳特”行动的进行并取得不错的进展，苏联人似乎满足于在中央地段暂时实施防御，胡贝遂将注意力转至右翼遭受的威胁。苏军在第7军和第42军左翼对面的兵力集结表明，一场大规模突击迫在眉睫。对布赖特和戈尔尼克来说，迅速并胜利结束“瓦尔特劳特”行动极为必要，这样便可将装甲力量调回东翼。但时机的选择较为困难。黑尔已指出，苏军将于当日或次日展开进攻，很明显，这种情况尚未发生。若事实证明黑尔的估计正确无误，继续遂行“瓦尔特劳特”行动直至其结束的风险太大。胡贝对此心知肚明，但他决定承受这一风险，坚持“集中，绝不分散”的原则[32]。

1944年1月26日，星期三

北部防线的情况依然平静，整个夜间同样如此。第42军报告，夜间唯一的活动是苏军在亚布洛诺夫卡西面实施的一场未获成功的冲击，另外，敌人还猛烈炮击泽姆良卡地域[33]。昨晚19点左右，德国人看见三名苏军伞兵降落在卢比扬卡西南偏南方约5公里处，马腾克洛特派一支突击队追捕对方，但没能如愿。军左翼，第88步兵师派出几支侦察巡逻队，但没有发现值得汇报的情况。苏联空军的活动彻夜未停，反复轰炸该师设在克鲁特耶戈尔贝周围的阵地。后方地域，派去弄清博古斯拉夫附近霍希特瓦（Khokhitva）以南林地情况的一支德军巡逻队，遭到配备步枪和机枪的游击队员抵抗，他们抓获一名游击队员和八个疑似游击队员的人。

南面，苏军继续在巴什捷奇基—奥赫马托夫地域对第7军实施牵制性进攻[34]。重新发起的突击在德军防御阵地达成两处突破，德国人未能立即将其肃清，战斗持续至清晨。第198步兵师防区，苏军士兵开始在安东诺夫卡东北方挖掘阵地，其炮兵对安东诺夫卡—沃特列夫卡地域的破坏性炮击有所加剧。该师还拦截并击退由30名苏军士兵组成的一支巡逻队。西南面第34步兵师亦遭到火炮和迫击炮猛烈轰击，苏军还以1—2个步兵营在纳戈尔纳亚遂行冲击。该师击退对方的初步进攻，但苏军再次发起冲击，这一次成功突破该师防御，旋即调集援兵扩大战果，经过激烈巷战，该师设法封闭这场突破。军左翼，第75步兵师亦遭到苏军两个步兵营攻击，对方还以3辆坦克为支援。苏军又一次取得进展，攻占奥赫马托夫东北面的小村庄，但他们对奥赫马托夫的进攻被防御中的德军击退。上午晚些时候，黑尔提交一份补充报告，告知第1装甲集团军司令部，他的军自清晨5点便遭到苏军火炮和火箭炮猛烈轰击，尤以巴什捷奇基与沃特列夫卡之间地段为甚。他先前曾表示过他对苏军即将发起一场大规模进攻的怀疑，无论此时他是否意识到这一点，这场进攻已然开始。

黑尔的左侧，第3装甲军防区，第82步兵师整个夜间继续调动，沿军右翼占据防线，直至扎鲁宾齐[35]。该师当日清晨完成调动，5点前彻底就位。第82步兵师后方的东面，第17装甲师仍陷在奥斯特罗扎内登陆场内，不得不在那里击退苏军重新发起的进攻。西面的第16装甲师进展不顺，苏军在坦克支援下对该师设在伊瓦赫内的登陆场展开反冲击，成功突入镇西部，直至桥梁处。不过，该镇南部和北部仍在德国人手中，炸毁新设桥梁的命令暂时未加以执行，因为该师打算组织一场局部反冲击。左侧第6装甲师止步不前，他们试图渡过格尼洛伊季基奇河，并在克尼亚日亚克里尼察北部设立一座登陆场，但未获成功。继先前遭遇困难后，第114装甲掷弹兵团现在向前推进，并获得一些工兵支援。

第1装甲集团军左翼，当晚平静得出奇[36]。苏军在佐佐夫周围对第46装甲军实施一些小规模反冲击，但该军没费太大力气便将这些进攻悉数击退。第4山地师派出的巡逻队报告，敌人在第46装甲军左翼对面构设的阵地相当完善，呈纵深梯次配置，另据报告，苏军在利波韦茨地域的东西双向交通极其繁忙。党卫队第1“警卫旗队”装甲师继续前进，凌晨2点，其装甲先遣部队已突破敌人一道反坦克防线，到达佐佐夫东南面，加诺夫卡附近高地的顶部。

但这一有限战果即将被东面发生的事情所掩盖。正如黑尔先前的报告表明的那样，乌克兰第1方面军辖内部队当日清晨发起科尔孙-舍甫琴柯夫斯基进攻战役，以切断向前部署在第聂伯河河畔突出部内的德军部队。他们攻向第42军和第7军内翼，形成这场进攻战役的北钳，以便同昨日在突出部南侧展开进攻的乌克兰第2方面军辖内部队会合。这场战役实际上将陷入包围圈内的德军主要部队悉数歼灭，诚然，数千名德军士兵的确在2月17日的绝望突围行动中得以逃脱，但充其量只能算被打垮的散兵游勇而已。这场战役的情况不在本书讨论范畴，因此，马腾克洛特第42军彻底陷入包围，孤立无援，但这里不再阐述其作战行动。不久后，该军转隶第8集团军。不过，我们将继续描述第7军的行动，因为该军形成第1装甲集团军新的右翼，并继续支援“瓦尔特劳特”行动。

清晨6点，苏军对第7军发起炮火准备[37]。半小时后，近卫坦克第5军和机械化第5军投入进攻，据黑尔掌握的情报称，苏军提供支援的步兵师超过四个。进攻重点落在特诺夫卡两侧，但右翼，苏军步兵和坦克在克鲁特耶戈尔贝周围和南面也展开辅助进攻。这些辅助突击以团级兵力遂行，打击第198步兵师位于199.3高地附近虚弱的北翼。这番突击在该师防线打开个缺口，提供增援的苏军步兵和坦克迅速穿过这个缺口。虽然实施全力抵抗，但第198步兵师辖内部队被彻底打垮，苏军绕过其侧翼，从后方对他们发起攻击。直至塔季亚诺夫卡的防线崩溃。晨曦初现时，黑尔第7军的北翼已在从多尔加亚格列布利亚（Dolgaya Greblya）北部起，穿过波拉多夫卡、彼得罗夫卡波波夫卡（Petrovka-Popovka）、沃特列夫卡北部边缘一线战斗，而苏军正向东南方攻往雷相卡。天气也发生恶化，拂晓时昏暗而又潮湿，当日大部分时间雾色弥漫，伴有蒙蒙细雨，温度略低于冰点，某些地段出现降雪。在这种条件下，苏军的攻势向前推进，据报，他们在沃特列夫卡东面展开猛烈突击，列普基遭受沉重压力，但德军在激战中守住该镇。第34步兵师防区，沃特列夫卡遭到攻击，苏军步兵和坦克突入该村，双方展开激烈巷战。西南方，苏军在坦克支援下反复遂行冲击，中午前后终于夺得巴甫洛夫卡西南面高地。这场进攻持续不停，当日下午，苏军肃清巴甫洛夫卡。他们还从高地重新展开突击，其步兵在

15辆坦克支援下冲向罗斯科舍夫卡和塔拉索夫卡，在第107与第253掷弹兵团之间插入一根5公里深的楔子。19点30分，苏联人已到达铁路路基以南约1公里处，第34步兵师傍晚前无法恢复两个团之间的联系。与此同时，特诺夫卡以南高地亦遭到11次冲击，对方投入连、营级不等的兵力，并获得26辆坦克支援，但没能驱散守军。左侧，苏军对巴什捷奇基南面的第677团级集群遂行另一些冲击，在18辆坦克支援下楔入德军防御阵地。激战中，苏军又向前推进1公里，冲入该师防御，但这场突破最终被封闭。第7军左翼，第75步兵师在奥赫马托夫北面据守的高地也遭到数次攻击，但该师将这些进攻悉数击退，守住自己的阵地。后方地域，“伦茨”警戒支队报告，部分遭孤立的苏军部队在季霍诺夫卡周围恢复活动。自清晨起，他们已向北面和西面派出几支侦察和战斗巡逻队，对亚布洛诺夫卡和扎比扬卡方向加以试探。总之，对黑尔第7军而言，这是艰难的一天。据该军报告，击毁82辆敌坦克，击落1架敌机，但仅抓获20名敌兵。在此初期阶段，该军没有详细报告自身遭受的伤亡，但据说相当惨重。关于次日的行动，黑尔告诉胡贝，他打算组织一条新防线，从切斯诺夫卡东面的梅德温—雷相卡公路起，穿过卡尔琴科夫（Karchenkov）、波吉布利亚克和维诺格勒至切尔沃纳齐尔卡，再从那里穿过康斯坦丁诺夫卡到奥赫马托夫的湖泊东南角[38]。

面对乌克兰第1方面军重新发起的进攻，第7军卷入激烈的防御作战，与此同时，左侧的布赖特第3装甲军（军部设在列斯科沃）继续向西，朝第46装甲军来向攻击前进[39]。这里的天色同样阴沉、多云，但与东面不同，报告中未提及降雪或有雾。现阶段的攻势并不顺利，德国人展开强有力的反冲击，特别是对伊瓦赫内登陆场，在那里，近卫坦克第7军辖内近卫坦克第55旅全力阻止德军架桥工作，德国人直到下午才设法搭起一座桥梁。不过，德军成功击退苏军对克尼亚日亚克里尼察登陆场实施的另外几场反冲击。军右翼，师部设在弗拉任的第82步兵师报告，当日沿戈尔内季基奇河一线较为平静，唯一的战斗活动只是苏军对科涅拉和扎鲁宾齐的破坏性炮击。在此期间，该师的炮兵部队不断开到，第82炮兵团第1、第3营当日白天归建，带来6门轻型野战榴弹炮和7门法制重型榴弹炮。西面，第17装甲师一部上午9点30分恢复进攻，从捷奥林周边高地攻向齐布列夫。这股德军突破敌人设在镇东南面树林内的反坦克阵地，继而冲入该镇，直至教堂所在处。傍晚前，该师辖内另一些部队仍在清剿镇南面林地。伊瓦赫内，第16装甲师在抗击苏军反冲击时遭遇困难。苏军坦克暂时突入登陆场，但该师午后击退敌军，重新开始架设桥梁。16点15分，第一批坦克和重武器渡过河去。在此期间，他们发现另一些苏军部队盘踞在西北面峡谷内，歼灭这股苏军的同时，配有反坦克炮和迫击炮的另一些苏军部队仍牢牢据守舒利亚基和附近高地。军左翼，第6装甲师将第114装甲掷弹兵团调至克尼亚日亚克里尼察，以便在装甲部队推进期间掩护其侧翼。当日上午晚些时候，该师一部设法将格尼洛伊季基奇河对岸的登陆场拓宽至从镇北面砖厂起，越过西北面高地到镇西部边缘一线。苏军撤退时来不及将桥梁彻底炸毁，河上桥梁只是部分受损。匆匆对其加以修葺后，下午早些时候，该师突击部队再度出击，不再向西北方攻击前进，而是转身向东，赶去支援身陷伊瓦赫内周围饱受重压的登陆场内的第16装甲师。但是，苏军坦克和反坦克部队立即从北面对这股德军施以打击，使其出发后没多久便陷入停顿。后方，该师辖内其他部队对进攻期间绕过的苏军部队加以扫荡，面对苏联人的坚决抵抗，他们从波罗温奇克向安托尼纳发起的进攻受挫。虽然明显缺乏进展，但布赖特向胡贝报告，他打算明日继续进攻，按计划冲向奥拉托夫[40]。

装甲集团军左翼，第46装甲军防区的情况也不轻松[41]。党卫队第1“警卫旗队”装甲师刚刚将师部设在佐佐夫，该师昨晚只取得缓慢进展，不过，虽然苏军对该师位于奥切列特尼亚以南的左翼展开反冲击，但后者继续向东南方攻击前进。9点45分，师装甲单位和党卫队第1装甲掷弹兵团第1营，党卫队第2装甲掷弹兵团第1、第3营部分部队试图沿公路冲向纳帕多夫卡时，在加诺夫卡以东几公里的高地卷入激战[42]。遂行防御的苏军部队从该镇调来援兵，力图阻挡德军推进，但到13点30分，“警卫旗队”装甲师已从东面绕过苏军阵地，沿一条小河谷进入纳帕多夫卡。15点，师先遣部队到达村中心主桥梁。苏联人开始后撤，15点45分，党卫队第1装甲团第1营报告，他们到达村南面3公里的高地。此时，师先遣部队本应停下来接受再补给，但戈尔尼克命令该师继续前进，务必在日终前夺取并封锁利波韦茨车站北面的十字路口。该战斗群17点15分再度出击，23点15分以一场夜袭夺得罗索沙。此时，这些部队必须获得弹药补充，但这个问题也遇到麻烦，运送燃料的车队迅速陷入纳帕多夫卡南面的泥泞。尽管取得这番战果，但第1装甲集团军却在作战日志中对“警卫旗队”装甲师提出批评，因为该师一直未提交进展报告[43]。胡贝抱怨道，这使指挥该师的工作变得更加困难，他的解决方案是向该师师部派一名联络官，但此举并未改善情况，其中一个问题显然是师部参谋人员经常在后方地带活动，与他们的指挥官脱离。当晚23点10分左右，胡贝指示该师不得卷入守卫罗索沙的战斗，应在夜间继续前进，封锁利波韦茨车站附近的伊伦齐—奥奇特科夫公路。虽然对“警卫旗队”装甲师迟迟未提交报告大感恼火，但胡贝还是为该师到目前为止取得的战果表示感谢。

“警卫旗队”装甲师取得进展的同时，“贝克”装甲团整个上午却因为补给问题迟迟未能投入战斗。中午前后，该团终于恢复进攻，向南攻击前进，傍晚前夺得加诺夫卡，其先遣部队到达利波韦茨东北方约3公里的乌利亚诺夫卡。这股部队后方，第4山地师在力图向前推进时遭遇苏军坚决抵抗，激战持续一整天。进攻开始于清晨4点30分，该师试图在夜色掩护下达成突然性，第91山地猎兵团第2营从佐佐夫卡沿公路攻往佐佐夫，第3营紧随其后[44]。这场突击一开始较为顺利，先遣营直奔佐佐夫卡南端，但拂晓到来时，两个营遭遇敌坦克、火炮、迫击炮、机枪和狙击手的猛烈火力，进攻陷入停顿。该师企图迂回敌防御阵地，并派第1营冲击镇西面高地。东面，一个山地猎兵连在一个工兵排和第254步兵师3辆突击炮支援下展开另一场侧翼机动。这支小股部队冲击佐佐夫卡东部边缘，而主要突击位于西侧。激战持续至下午，15点，一场炮火准备后，第91山地猎兵团第2、第3营再度攻向佐佐夫卡镇中心和南端，以及西面的高地。进攻终于取得进展，16点15分，该师成功夺得镇南端和南面数百米的一片小树林。在此期间，第94山地猎兵营遂行一场辅助突击，从瓦赫诺夫卡东南面阵地向东攻击前进，当日白天成功夺得佐佐夫卡西南面高地。17点左右，该师停下脚步，休整并重组部队，19点30分再度攻向佐佐夫。率领突击的前卫部队发回报告，佐佐夫已被德军占领。23点，德军彻底占领并肃清该镇。与此同时，第254步兵师主力进入韦尔博夫卡以西阵地，在那里同第101猎兵师取得联系。苏军从东北面展开进攻，该师立即投入战斗，顺利击退对方这场获得坦克支援的冲击。西面的第101猎兵师亦遭到攻击，这一整天，苏军不断冲击该师右侧的团级集群。几辆提供支援的敌坦克设法楔入该师前沿阵地，但不是被击毁就是被迫撤回。面对苏军发起的这些小规模突破，该师牢牢守住自己的阵地，据报，苏军损失惨重。南翼几乎未发生战斗，第1步兵师报告，当日相当平静。过去两天的战斗一直很激烈，三个德军师都遭受相应损失。第4山地师、第101猎兵师和第254步兵师均报告伤亡较大，但苏军同样未能幸免。仅在当日，第46装甲军就报告击毁66辆敌坦克，缴获99门火炮、1具火箭炮和34门迫击炮。该军还缴获29辆卡车，抓获474名俘虏，另数出830具苏军士兵尸体。

正如所预料的那样，苏联人终于对第1装甲集团军右翼发起大规模进攻。从一开始，这场进攻显然有两个突击重点。一个在克鲁特耶戈尔贝周边和南面，向东和东北方发展；另一个在特诺夫卡周边和北面，向东南方发展。在此阶段尚不清楚的是，第二个进攻只是一场有限突击，意图解救被困于季霍诺夫卡周围的苏军部队，抑或这两个进攻是一场更大规模攻势的组成部分，意在打击突出部南翼的第8集团军。不过，从苏军突击规模看，很显然，这些进攻不会仅限于局部目标[45]。在这种情况下，胡贝所能做的只是密切关注态势的最新发展，特别是他的右翼，那里的防线较为薄弱。第42军和第7军之内翼显然无法长时间承受这种压力，特别是因为整个防御地段为支援“瓦尔特劳特”行动已受到严重削弱。与此同时，第3装甲军防区，苏联人继续在舒利亚基与克尼亚日亚克里尼察之间顽强抵抗，相关情报表明，他们并未变更部署，近卫坦克第55旅仍在扎鲁宾齐地域坚守防线[46]。西面，苏军继续对第46装甲军北翼遂行反冲击，但这些进攻无法阻止该军穿过纳帕多夫卡奔向东南方。北面，德国人发现一些苏军部队集结在奥切列特尼亚与博格丹诺夫卡之间地域，表明对方很快会展开后续反冲击。但这些部队是否隶属坦克第31军或近卫机械化第8军，这一点尚不清楚。利波韦茨西北面，已有迹象表明苏军正撤出前线。总之，第1装甲集团军认为，虽然第3装甲军防区较为平静，但苏军对第7和第42军的进攻会继续进行，他们正将更多援兵调至这两个地段。因此，胡贝面临一个两难境地。只要继续遂行“瓦尔特劳特”行动，他就无法为马腾克洛特或黑尔提供任何支援，但若过早结束“瓦尔特劳特”行动，则有可能被迫放弃目前取得的战果，另外，此举意味着必须撤出参与进攻的部队，实施重组后调至右翼，这都需要时间，届时，没等完成变更部署，主动权恐怕早已落入苏军手中。抽调进攻力量意味着放弃两翼的主动权，胡贝认为此举断不可取。因此，他决定继续遂行“瓦尔特劳特”行动，留下第42、第7军孤军奋战。这样一来，第3、第46装甲军尽早胜利完成“瓦尔特劳特”行动，并设立一道新防线，以便将辖内部队调去支援右翼就变得更加重要。在此之前，马腾克洛特和黑尔必须尽力坚守各自防区，以便在晚些时候展开反突击。第1装甲集团军下达相应命令[47]。第42军应防止其南翼遭受进一步包围，并阻止苏军渡过罗西河向北进击。为实现这一目的，该军必须无情削弱其北翼，但会从第7军获得第239突击炮营这支援兵。该营将穿过科尔孙，赶往通向米罗诺夫卡公路上的莫林齐（Morintsy）。第7军应在多尔加亚格列布利亚地域坚守其北翼，并封锁梅德温南面的主公路，以此防止苏军达成突破。第3、第46装甲军按原有指示遂行“瓦尔特劳特”行动，但新命令强调扩大当前战果，从而使两军尽快取得联系的重要性。为加快速度，第3装甲军奉命冲向卢卡绍夫卡以南，向西攻往茹瓦河（Zhuva），而第46装甲军接到的指示是从利波韦茨车站沿铁路线攻向奥拉托夫车站。两个装甲军将在奥拉托夫与卡兹米罗夫卡之间的茹瓦河河段会合。为确保第3装甲军以更多力量投入进攻，布赖特奉命将部队从奥斯特罗扎内登陆场撤至戈尔内季基奇河后方的新阵地。

1944年1月27日，星期四

令人惊讶的是，1月26日夜间，第7军防区只遭到苏军小规模进攻，对方以连级兵力在维诺格勒与波博伊纳亚之间冲击第34步兵师，大多获得坦克支援[48]。该师击退这些进攻，当晚剩下的时间里，该军构筑一道新防御阵地，右侧在布罗多克（Brodok）倚靠格尼洛伊季基奇河。另外，第7军还派前进支队封锁切斯诺夫卡东北面的雷相卡—博古斯拉夫主公路。如前所述，第239突击炮营撤出前线，调往苏军突破口另一侧的第42军。留下监视仍困于季霍诺夫卡周围苏军部队的警戒支队没有报告新情况。

第3装甲军右翼的情况甚至更为平静[49]。奥斯特罗扎内登陆场已于夜间疏散，第82步兵师将其左翼向西延伸到伊瓦赫内东北方约2公里的246高地，从而接替第16装甲师辖内部队。师防区其他地段，整个夜间保持着平静。昨晚，第16装甲师一部再度出击，前出到伊瓦赫内西北面高地，但从清晨4点起，他们遭遇苏军一系列反冲击，苏联人在坦克支援下对德军既占阵地展开攻击。当晚前半夜，第17装甲师对齐布列夫东南部的苏军阵地加以扫荡。该师到达时，苏军已将镇西南端桥梁炸毁，南面，苏联人仍严密据守齐布列夫与列季乔夫卡之间林地的中央部分。除这些清剿行动，该师的报告中未提及其他战斗。第6装甲师也度过一个平静的夜晚，清晨5点，该师设在克尼亚日亚克里尼察的登陆场遭到苏军从四面八方而来的冲击，战斗持续至上午。

左翼，第46装甲军辖内部队当晚大多数时间忙于重组和再编配[50]。南面的第1步兵师报告，没有发生特别情况，而该师左侧的第4山地师已将佐佐夫以南阵地移交第254步兵师辖内部队，两个师的报告均未提及发生战斗，值得注意的是，苏联人仍在佐佐夫南面严密据守其阵地。左翼第101猎兵师度过一个较为艰难的夜晚，击退敌人在韦尔博夫卡地域发起的四次突击，对方每次投入的兵力约为2—3个步兵营，并获得坦克支援。戈尔尼克这场推进的最前方，“贝克”装甲团当晚等待步兵和工兵支援力量赶上，并利用这段时间重组，为下一阶段的进攻加以准备。党卫队第1“警卫旗队”装甲师是唯一一支彻夜行进的部队。凌晨2点30分，未获得燃料再补给的“库尔曼”战斗群从罗索沙出发，三小时后，该战斗群报告，夺得利波韦茨车站和北面的十字路口[51]。此时，他们的坦克已耗尽燃料，该战斗群设立环形防御扼守既占阵地。在其后方，党卫队第2装甲掷弹兵团一部清晨到达罗索沙，更后方，党卫队第1装甲掷弹兵团目前只到达纳帕多夫卡。

拂晓到来时，东面的天色晴朗、明晰，斑驳的云层下，白天的温度升至2摄氏度左右。在这种气候条件下，苏军直到中午才对第7军认真发起进攻[52]。其突击重点再次落在维诺格勒以西地域，强大的苏军步兵和坦克力量反复遂行冲击，企图突破德军阵地。他们还在东面的列普基以南地域、西南面的切尔沃纳齐尔卡两侧展开牵制性进攻。第198步兵师右翼，先前看见沿梅德温—兹维尼戈罗德卡公路向南而去的20辆敌坦克和30辆载有士兵的卡车，在切斯诺夫卡东面遭遇该师拦截支队。这场突击从东面和东南面而来，强大的苏军步兵部队在15辆坦克支援下顺利突入镇内。与此同时，列德科杜布以北地域的西面，苏军的进攻准备表明，不用几个小时，他们也将在这片地域展开冲击。谢梅诺夫卡地段，苏联人在坦克支援下，以连、营级兵力发起数次突击，西南面，他们还在维诺格勒西北边缘主公路两侧遂行两场进攻。目前，该师设法守住自己的阵地，并击退这些进攻，据报，在当日战斗中击毁9辆敌坦克，另外，提供支援的空军部队也击毁3辆敌坦克。左侧的情况较为严重。当日上午对第34步兵师防线加以试探后，苏联人中午前后重新发起攻击，投入的步兵力量至少是一个师，并获得约40辆坦克支援。这场突击针对的是该师设在维诺格勒西南面的防线，一举突破实力虚弱的第107掷弹兵团扼守的防御阵地。苏军继续向前，继而夺得塔拉索夫卡北面高地，深化这场突破，并得以投入更多坦克力量。该师迅速组织局部反冲击，重新夺回部分高地，但傍晚前，激烈的战斗已在维诺格勒镇内爆发，并持续入夜，据报，双方伤亡都很惨重，但苏军最终占据上风，迫使德国人撤出该镇。退却中的第34步兵师力图设立一道新防线，从维诺格勒南部边缘延伸至切尔沃纳齐尔卡。该师报告，在白天的战斗中共击毁30辆敌坦克，其中25个战果属于配属该师的第202突击炮营。相比之下，第75步兵师防区的情况不那么令人担心。沃罗诺耶和泽列内罗格周围的迫击炮和轻武器火力较为活跃，苏军还实施一场显而易见的侦察行动，除此之外未发生真正的战斗。不过，为缓解右侧第34步兵师遭受的压力，该师将其防线向东延伸，接防友邻部队以营级兵力据守的一片地段。军后方地域，“伦茨”警戒支队报告，没有同受困的苏军部队发生战斗，但季霍诺夫卡北面的扎比扬卡村一直遭到敌人从北面射来的炮火轰击。总之，黑尔目前面临的态势是这样，据他报告，苏联人次日达成全面突破的可能性极大。他们已发现约30—40辆苏军坦克，在摩托化步兵伴随下，正沿梅德温—兹韦尼戈罗德卡主公路前进，进入第7军与第42军之间敞开的缺口。无论这支部队的番号是什么，黑尔确信对方会利用其机动性和行动自由，迂回第198步兵师摇摇欲坠的右翼，其当前目标大概是前出到被困于季霍诺夫卡周围的苏军部队身旁。这一威胁是第7军目前面临的主要危险，随着维诺格勒周边态势的发展，黑尔没有可用于应对苏军侧翼机动的预备力量，他的情况相当危急。

在此期间，布赖特位于西面的第3装甲军继续遂行突击[53]。他们从伊瓦赫内和克尼亚日亚克里尼察登陆场出发，突然取得惊人的进展，一举突破苏军防线，向前推进约20公里，在卡兹米罗夫卡强渡茹瓦河[54]。突击部队后方，德军肃清齐布列夫和安托尼纳的苏军残部，第3装甲军估计对方在人员和装备方面遭受严重损失，但现阶段尚无详情。右翼第82步兵师度过较为平静的一天，报告中未提及战斗，但该师发现防区对面之敌的双向交通相当繁忙。与此同时，第17装甲师接管并完成伊瓦赫内的扫荡行动，尔后向西北方派出一个装甲战斗群。经过一场短暂交火，击毁敌人3辆坦克和2门反坦克炮后，该战斗群继续前进，随即转向西南方，22点45分左右到达克尼亚日亚克里尼察郊区，在那里同第6装甲师辖内部队取得联系。在对安托尼纳展开的进攻中，该师辖内另一些部队从北面、东北面和西面攻向该村。虽然苏军顽强抵抗，防御火力也很猛烈，但德国人设法突入村内，16点30分前彻底攻克该村。大约在同一时间，该师另一股部队冲击村东面高地，一举突破苏军设在那里的防御阵地。另一场战斗中，该师一部在第17高射炮团支援下，向南攻入齐布列夫南面的大幅林地，遭遇苏军顽强抵抗。经过激战，这股德军深入林地，傍晚前完成整段行程的四分之三，战斗持续至深夜。

第17装甲师缓慢但稳定推进时，第16装甲师在第628重型炮兵营支援下向西北方攻击前进，取得惊人的进展。拂晓时，该师突击群从伊瓦赫内拓宽的登陆场出击，虽然苏军实施激烈抵抗，但他们还是到达卢卡绍夫卡南面的三岔路口，并将佐祖林齐村[55]拿下。该突击群沿通往巴拉巴诺夫卡的主公路继续向西前进，下午早些时候到达萨巴罗夫卡以南高地。苏军随即从萨巴罗夫卡展开反冲击，该突击群的推进受阻，遂着手解决这一威胁。傍晚前击退这股苏军后，突击群18点10分再度出发，沿主公路向西北方而去，突破苏军另一道防线后进入茹瓦河河谷，当晚到达卡兹米罗夫卡村。突击群后方，第16装甲师一部夺得萨巴罗夫卡，另一个战斗群从伊瓦赫内向北突击，攻克镇西北面高地，迫使苏军退向亚茨科维察。虽说取得这些战果，但卢卡绍夫卡、尤什科夫齐（Yushkovtsy）镇和西面的河谷仍在苏军部队控制下，这对该师不断延伸的右翼是个严重威胁。据第16装甲师提交的报告称，到目前为止已击毁或缴获敌人59辆坦克和突击炮、62门反坦克炮、15门其他火炮，抓获264名俘虏，击毙400多名苏军士兵。第3装甲军左翼，第6装甲师在克尼亚日亚克里尼察周围据守的登陆场，当日清晨遭到苏军一连串猛烈突击。9点15分前，该师顺利击退这些进攻，随后从登陆场出击，攻向萨巴罗夫卡以南高地。向西北方进击的战斗群击毁敌人5辆坦克和2门反坦克炮，随后到达目标处，并同第16装甲师位于萨巴罗夫卡南面的部队取得联系。该战斗群转身向西，攻向第16装甲师左侧，傍晚前已将巴拉巴诺夫卡东南面的斯图普基村拿下，正赶往巴拉巴诺夫卡。师防区其他地段几乎未发生战斗，敌人只是偶尔实施一些零星炮击。

第1装甲集团军左翼，第46装甲军继续进攻，但进展不大[56]。苏军从南面对利波韦茨车站，从东北面对纳帕多夫卡—奥切列特尼亚地段的反冲击导致该军整个进攻停滞不前。军右翼对面的态势保持不变，但第1步兵师将主力集结在其左翼，现已加入进攻，从韦尔尼扬卡—波波夫卡地段攻向东面和东北面。该师遂行的主要突击渡过索布河，直至从罗马诺沃胡托尔（Romanovo Khutor）向南延伸的一线，苏军随即展开一连串反冲击，迫使该师转入防御。这些反冲击大多针对第1步兵师突击行动之右翼，通常以营级兵力在坦克支援下遂行，但都被德军击退。左翼，该师的进攻前出到波赞卡河畔（Pozanka），霍罗沙西南方约2公里处，但傍晚前这场突击已失去势头，相关部队全力实施防御，抗击苏军从东南面、东北面和斯基特卡地域遂行的反冲击。北面，第4山地师的进攻取得不错的进展。该师当日上午重新展开突击，左侧第91山地猎兵团赶去夺取斯拉夫纳亚，右侧第13山地猎兵团和第94山地猎兵营攻克维谢尔基和纳尔齐佐夫卡村[57]。这场推进导致苏军防线破裂，其抵抗迅速崩溃，该师得以一路向前，夺得利波韦茨北端[58]。遂行防御的苏军部队撤入盖辛和利波韦茨主镇区，另一些部队则退出该镇向东而去。第4山地师遂得以继续向东进击，绕过北面这个镇子，同时，该师留下一股掩护力量监视仍在镇内的苏军部队，随即赶去夺取乌利亚诺夫卡，尔后继续攻往纳帕多夫卡。该师此时的任务是在利波韦茨与纳帕多夫卡东北角之间设立一道新防线，在那里同左侧友军，奥切列特尼亚西南地域的第254步兵师建立联系。该师希望这道新防线能为军左翼提供某种程度的掩护。第4山地师和第1步兵师在利波韦茨两侧取得的战果，为实现一场局部合围开辟前景，因为强大的苏军部队仍坚守在利波韦茨南部、东部和更南面的卡缅卡。第46装甲军步步为营，逐渐形成包围该地域的一个铁环。北翼第101猎兵师遭到数次攻击，不得不应对苏军在坦克支援下对韦尔博夫卡地段的一连串进攻。遂行这些冲击的苏军兵力约为1—2个营，其中一股苏军设法突破德军防线，但随后被逼退。日终前，该师成功击退敌人所有进攻，并守住自己的阵地。

东面，党卫队第1“警卫旗队”装甲师先遣部队遭到苏军强大坦克部队从南面而来的攻击，苏联人向北突击大概是为防止其部队被包围在南面。据该师报告，他们确认新近投入的近卫坦克第1军部分部队也参与这场反冲击[59]。与此同时，苏军其他部队继续从东北面进攻利波韦茨车站与奥切列特尼亚之间未获得掩护的地段。这些冲击持续一整天，几个小股苏军坦克群设法楔入德军防御阵地，但最终遭到拦截，不是被击毁就是被迫后撤。日终前，“警卫旗队”装甲师击退对方所有反冲击，据报，遂行突击的苏军部队损失惨重，该师声称击毁26辆敌坦克[60]。不过，虽然苏军的反冲击没能成功，却导致第46装甲军无法继续进攻，另外，游荡在后方地域的敌坦克也使“警卫旗队”装甲师的补给线暂时受到妨碍。各座桥梁通行困难，加之敌人的行动给各条道路造成的零星堵塞，导致补给车队发生耽搁，但16点左右，运送燃料的车队在“贝克”装甲团一部掩护下，终于到达纳帕多夫卡与罗索沙之间道路。

不出戈尔尼克所料，苏联人对第46装甲军先遣部队展开反击，并为此调来新锐坦克部队。这场反冲击取得一定程度的成功，使“瓦尔特劳特”行动暂时停滞不前，但戈尔尼克坚信，一旦贝克重新投入进攻，他的装甲团肯定能施以决定性打击，并突破到奥拉托夫车站，毕竟两个装甲军的先遣部队仅隔20公里。为协助这场最终推进，“贝克”装甲团获得更多步兵支援，包括第91山地猎兵团第3营和第94山地猎兵营一个连。由于“警卫旗队”装甲师已转入防御，抗击苏军越来越激烈的反冲击，现在，一切都取决于贝克。他已做好率领下一阶段进攻的准备，也已取得相当大的成功。他报告，自三天前开始进攻以来，他的团击毁148辆敌坦克，仅1月27日便取得56个战果，占第46装甲军101个击毁战果的半数以上。虽说抱有这种乐观情绪，但该军也注意到，有迹象表明苏军正在左翼第101猎兵师和第254步兵师对面的斯皮钦齐—布莱地段重新集结兵力。戈尔尼克据此判断，该地段将面临新的压力，敌人在此处展开的进攻必然同苏军部队从利波韦茨撤往东北方密切相关。

当日白天，苏联人似乎已在第7军对面实施重组，并以机械化第5军重新展开进攻，貌似正扩大北面达成的突破，并以坦克部队向前推进，意图前出到梅德温与雷相卡之间的主公路[61]。南面，他们继续猛攻维诺格勒地段，在德军防区造成深达3公里的突破。相关情报表明，近卫坦克第5军正变更部署，但目前尚不清楚这是否意味该军将撤离前线，抑或投入已达成的突破口。第3装甲军前方，苏联人无法阻止德军攻向巴拉巴诺夫卡，近卫坦克第11军似乎正在尤什科夫齐周围重新集结。同时，第46装甲军对面，苏军继续遂行反冲击，但毫无凝聚力或总体计划可言，无法阻止第1步兵师攻向罗马诺沃胡托尔。德国人还发现近卫机械化第8军辖内机械化第20旅位于韦尔博夫卡地域，据俘虏交代，该旅两天前参加坦克第31军率领的反冲击。总之，第1装甲集团军认为苏军的态势有两个主要因素。首先，装甲集团军判断对方会继续投入预备力量打击第7军，这些部队由目前尚未确定其番号的坦克集团军司令部指挥，其次，装甲集团军预计对方会从卡扎京—别利洛夫卡地域南调部队打击第46装甲军。苏军第38集团军防区内出现几个先前并不掌握的无线电单位，另外，苏军还在奥切列特尼亚周围和罗索沙南面集结兵力，这都表明苏联人仍打算对“瓦尔特劳特”行动展开强有力的反冲击，投入的部队包括一个新坦克军和近卫机械化第8军。综合起来看，坦克第1集团军与苏军最高统帅部大本营之间繁忙的通信往来，新坦克集团军司令部出现在塔拉夏以南，空中侦察发现的部队调动，都说明苏军正在第1装甲集团军防区对面实施新的兵力集结。

同时，事态的发展现在可以方便地划分为两个不同行动，一个在右侧，另一个在左侧，胡贝在这两处面临的情况截然相反。西面，他正实施自己的进攻，“瓦尔特劳特”行动，同时，东面的情况完全不同，苏联人在第7军与第42军之间撕开个大缺口。这种情况要求装甲集团军和集团军群做出重大决定，胡贝觉得必须请冯·曼施泰因参与讨论。在几次电话交谈中，基于两个主要原因，胡贝强烈反对取消“瓦尔特劳特”行动。首先，即便停止该行动，能够调至右翼的部队也寥寥无几，其次，装甲集团军整条防线的主动权将落入敌人手中。他还坚决反对将第17装甲师撤出前线，因为这一折中方案很可能给行动的结束造成延误。胡贝认为不应采取这些措施，而是建议将第42军从延长的北部防线撤回，他相信这是实施此举的最后机会。胡贝强调，继续控制近期突破口两侧的两翼，对他这片作战地域实施后续行动至关重要，并暗示，若允许第42军与第7军之间的缺口继续存在，会危及整个第1装甲集团军的态势。此时，马腾克洛特第42军已要求批准将其左翼从卢卡地域撤至罗西河后，以腾出力量守卫博古斯拉夫两侧的河流防线。胡贝并不反对此举，即便这意味着缺口的宽度会因此而加大。苏军很可能继续发展其攻势，在这种情况下，第42军至少应将其左翼向东南方延伸，设法同第8集团军建立联系。胡贝此时相当确定，苏联人已从切斯诺夫卡东面绕过第7军右翼，很可能继续向前，穿过雷相卡，并于次日上午某时与其“季霍诺夫卡”集团取得联系。若发生这种情况，第7军右翼目前的阵地就无法继续坚守，特别是因为当日下午那里已遭到苏军步兵和坦克猛烈突击。因此，胡贝批准第7军将右翼撤至格尼洛伊季基奇河后，只留拦截支队掩护通往雷相卡的主公路。同时，12点10分，他给第4装甲集团军司令劳斯发去一封电报，要求立即让第172、第245掷弹兵团返回第75和第88步兵师建制。两个团应先调至赫梅利尼克地域，尔后赶往乌曼东北地域，在那里加入第7军。最具战斗力的单位应搭乘火车赶往塔利诺耶，勤务和支援单位经公路跟进。与此同时，遂行进攻的两个装甲军应继续实施“瓦尔特劳特”行动。由于第3装甲军当日白天取得出色进展，布赖特现在的任务是渡过茹瓦河攻向奥拉托夫车站，在那里同戈尔尼克装甲军之先遣部队取得联系。虽然与集团军群进行一连串交涉，但胡贝并未指望自己的建议能在当晚晚些时候获得冯·曼施泰因批准，因而暂时未下达书面命令，而是靠文克将相关指示口头传达给各军参谋长。

注释

1.第1装甲集团军晨报总结，1944年1月24日5点50分签发。

2.同上。

3.同上。

4.同上。

5.第42军每日报告，1944年1月24日19点10分签发。

6.第7军每日报告，1944年1月24日19点45分签发。

7.第7军作战处和情报处第159/44号报告，1944年1月24日签发。报告中称，军情报参谋听取苏军步兵第359师反坦克第221营一名大尉的交代，并认为其内容切实可信。这名俘虏告诉德国人，苏军正准备从特诺夫卡发起进攻。机械化第5军一个指挥所设在村教堂附近，可能是该军前进指挥人员。这名俘虏在村子周围看见70余辆坦克，其中包括15辆美制坦克和50多辆T-34，都以稻草加以伪装。他还看见50门反坦克炮、34门口径高达152毫米的火炮（大多部署在村南部西面）和约15具喀秋莎火箭炮。从特诺夫卡通往克拉西洛夫卡的公路上，他估计自己看见4000余名苏军士兵，另外，后一个村庄南端还有各种支援和勤务部队，包括燃料和配给供应点。突击群由步兵第359、第58师和机械化第5军组成，其当前目标是夺取维诺格勒。这场进攻计划于1月25日或26日发起，部队投入冲击前施以55分钟炮火准备。第7军认为，这场进攻将在被困于季霍诺夫卡地域的苏军步兵第136师残部配合下发展，并强调指出，第82步兵师调离后，该军没有可用预备队应对苏军这场即将展开的进攻。

8.第3装甲军每日报告，1944年1月24日19点20分签发。

9.第46装甲军每日报告，1944年1月24日20点签发。

10.德方记录中称之为Rotmistrowka。

11.R.卡尔滕埃格尔，《佩戴龙胆草标志的山地兵》（利奥波德·施托克尔出版社，1983年），第310页。

12.第1装甲集团军作战处作战日志，1944年1月24日的条目。据作战日志称，后来成立一个调查组对这起事件加以审查，调查组成员包括第1装甲集团军工兵司令、“南方”集团军群一名工兵上将和OKH一名工兵上校。调查得出的结论是，第1装甲集团军做了在当时情况下能合理预见到的一切。

13.第1装甲集团军情报处发给“南方”集团军群的晚间报告，1944年1月24日签发。

14.R.莱曼、R.蒂曼，《警卫旗队，第四册第一卷》，第19页。

15.该车站实际上位于利波韦茨以东15公里处，靠近罗索沙。

16.第1装甲集团军晨报总结，1944年1月25日5点签发。

17.同上。

18.同上。报告中指出，该军目前可用的战车数量如下：

· 第6装甲师：18辆四号长身管坦克

· 第16装甲师：24辆四号长身管坦克，41辆五号“豹”式坦克，6辆突击炮

· 第17装甲师：22辆四号长身管坦克

· 第249突击炮营：5辆突击炮

· 第506重型装甲营：13辆六号“虎”式坦克

过去几天相对平静的态势使这些部队以高于战车折损的速度恢复其装甲力量。这些数字远远高于几日前，这使该军得以投入更强大的力量实施“瓦尔特劳特”行动。

19.第1装甲集团军晨报总结，1944年1月25日5点签发。

20.第42军每日报告，1944年1月25日19点签发。

21.第7军每日报告，1944年1月25日19点30分签发。该军此时可用的战车为23辆突击炮，其中8辆隶属第239突击炮营，另外15辆属于第202突击炮营。

22.奇怪的是，黑尔并未将这些进攻视为试探性突击，是为查明德军防御的特点和深度。

23.第1装甲集团军发给“南方”集团军群的每日报告，1944年1月25日签发。

24.第3装甲军每日报告，1944年1月25日20点签发。

25.第46装甲军每日报告，1944年1月25日20点15分签发。

26.第1装甲集团军作战处作战日志，1944年1月25日的条目。电报中写的是“In Sosoff von Osten Eingedrungen，alles zur Sau gemacht。”此处没有直接翻译这句话，但意思很明确。

27.R.莱曼、R.蒂曼，《警卫旗队，第四册第一卷》第21页。

28.第8航空军作战处，第199/44号报告，1944年1月25日签发。参与其中的两支部队是第77对地攻击航空团第2大队和第9对地攻击航空团第10、第12中队，分别投入Ju-87和Hs-129战机。胡贝晚些时候呈交“南方”集团军群的每日报告，将整个装甲集团军作战地域当日击毁苏军坦克的总数提高到215辆。

29.第46装甲军每日报告的补充报告，1944年1月25日22点50分。

30.第1装甲集团军情报处发给“南方”集团军群的晚间报告，1944年1月25日签发。

31.据该军俘虏交代，近卫坦克第56旅已于1月初调离卡扎京以西前线，1月18日获得32辆全新T-34坦克，并调至别利洛夫卡地域。1月24日，该旅开赴齐布列夫，随后又被召回，重新派往奥夫夏尼基，从那里赶赴彼得罗夫卡，抗击第46装甲军的进攻。该旅次日对康斯坦丁诺夫卡北端发起突击。值得注意的是，近卫坦克第55旅仍部署在东面的戈尔内季基奇河防线，表明近卫坦克第7军在此阶段并未作为一个完整的兵团投入行动。

32.第1装甲集团军作战处作战日志，1944年1月25日的条目。这一原则背后的理念是遂行集中突击，而不是分散力量。有趣的是，古德里安在回忆录中谈及1940年5月14日视察第1装甲师，该师正准备从法国默兹河对岸的登陆场展开进攻。当时，该师作战参谋文克少校，也就是胡贝现在的参谋长，根据完全相同的原则对古德里安军下一阶段应如何行事提出建议。这句名言显然伴随了文克的整个职业生涯。

33.第1装甲集团军晨报总结，1944年1月26日5点签发。

34.同上。

35.同上。

36.同上。

37.第7军每日报告，1944年1月26日19点30分签发。

38.第7军发给第1装甲集团军的电传电报，1944年1月26日20点签发。

39.第3装甲军每日报告，1944年1月26日19点45分签发。当晚23点提交的另一份报告列举该军目前可用的战车数量：

· 第6装甲师：未报告可用战车数量

· 第16装甲师：25辆四号长身管坦克，18辆五号“豹”式坦克，7辆六号“虎”式坦克，7辆突击炮

· 第17装甲师：18辆四号长身管坦克，11辆六号“虎”式坦克

· 第249突击炮营：未报告可用战车数量

· 第506重型装甲营：11辆六号“虎”式坦克

40.第3装甲军发给第1装甲集团军的电传电报，1944年1月26日19点30分签发。

41.第46装甲军每日报告，1944年1月26日20点30分签发。该军目前可用战车数量如下：

· 党卫队第1“警卫旗队”装甲师：24辆四号长身管坦克，21辆五号“豹”式坦克，3辆六号“虎”式坦克，21辆突击炮

· 第254步兵师：8辆突击炮

· 第1步兵师：4辆突击炮

· 第18炮兵师：1辆突击炮

· “贝克”装甲团：未报告可用战车数量

42.R.莱曼、R.蒂曼，《警卫旗队，第四册第一卷》，第21页。

43.第1装甲集团军作战处作战日志，1944年1月26日的条目。

44.R.卡尔滕埃格尔，《佩戴龙胆草标志的山地兵》，第314页。

45.第1装甲集团军作战处作战日志，1944年1月26日的条目。作战日志中写道，通过战俘交代，第1装甲集团军得知，除机械化第5军和近卫坦克第5军，苏军投入行动的至少还有六个步兵师。有趣的是，当日作战日志中还记录下关于苏军新组建的坦克第6集团军的第一份情报。通过无线电拦截，第1装甲集团军获悉苏军一个新的集团军级指挥部在该地域展开行动，但目前尚未确认其番号。而对苏军从南面展开进攻所做的评估，也因为战俘的交代而趋于复杂，他们称赋予近卫坦克第5军和步兵第58师最初的任务是突破到季霍诺夫卡周边被围部队身旁。该军辖内近卫坦克第20和第22旅1月14日在法斯托夫地域共获得66辆坦克补充，而独立坦克第156团配备的是美制M4A2“谢尔曼”坦克。

46.第1装甲集团军情报处发给“南方”集团军群的晚间报告，1944年1月26日签发。据德军情报部门称，该旅暂时编入近卫坦克第11军，该旅编有三个坦克营，每个营约有17辆T-34坦克。

47.第1装甲集团军作战处，第76/44号令，1944年1月26日签发。

48.第1装甲集团军晨报总结，1944年1月27日5点30分签发。

49.第1装甲集团军晨报总结，1944年1月27日5点50分签发。报告中指出，除昨日已确认的苏军近卫步兵第5师，近卫空降兵第4师可能也已从科罗斯坚地域开至该地段。

50.第1装甲集团军晨报总结，1944年1月27日6点30分签发。

51.R.莱曼、R.蒂曼，《警卫旗队，第四册第一卷》，第22页。

52.第7军每日报告，1944年1月27日19点45分签发。

53.第3装甲军每日报告，1944年1月27日20点30分签发。

54.德方记录中称之为Ruska。

55.德方记录中称之为Budinintsy。所有地图上均未标注该村，它位于克尼亚日亚克里尼察北面和主三岔路口南面。

56.第46装甲军每日报告，1944年1月27日20点30分签发。该军目前可用战车数量如下：

· 党卫队第1“警卫旗队”装甲师：2辆三号长身管坦克，17辆四号长身管坦克，13辆五号“豹”式坦克，2辆六号“虎”式坦克，16辆突击炮

· 第254步兵师：11辆突击炮

· 第1步兵师：4辆突击炮

· 第18炮兵师：3辆突击炮

· “贝克”装甲团：12辆五号“豹”式坦克，15辆六号“虎”式坦克

57.R.卡尔滕埃格尔，《佩戴龙胆草标志的山地兵》，第315页。

58.德方各种记录中，该镇被称为Khaworowskje或Ksawerowskje。

59.这种判断并不正确，虽然可能只是部队番号的误判。尽管坦克第1集团军和另一些坦克兵团辖内部

队已变更部署，以应对德军构成的威胁，但近卫坦克第1军并未部署到苏德战线这一地段。后来弄清，这支部队是坦克第2集团军辖下的坦克第3军。

60.R.莱曼、R.蒂曼，《警卫旗队，第四册第一卷》，第22页。

61.第1装甲集团军情报处发给“南方”集团军群的晚间报告，1944年1月27日签发。

第十九章
“瓦尔特劳特”行动，第二阶段

1944年1月28日，星期五

“南方”集团军群凌晨2点40分发出一份电传电报，正式批准胡贝的最新建议[1]。电报中指示胡贝以第3和第46装甲军现有力量继续进攻，在解决该地段的苏军部队后，方可将第3装甲军和党卫队第1“警卫旗队”装甲师调至东北方，在那里攻入第7军当面之敌的后方。同时，黑尔应设法阻挡苏军推进，尽一切可能坚守既有阵地，北面的B军级支队也应如此。另外，冯·曼施泰因告诉胡贝，第24装甲师已从更南面的战线撤出，以便部署到第1装甲集团军右翼。因此，胡贝的建议只得到部分赞同，第42军奉命坚守第聂伯河河畔的前沿阵地，失去了免遭合围的一切机会。

在此期间，第7军面临的态势夜间进一步恶化[2]。右翼，由于苏军渗透切斯诺夫卡和以西地域，因此第198步兵师被迫撤过格尼洛伊季基奇河。清晨时，第1装甲集团军并不掌握具体情况，因为该师自3点起就没有提交报告。但据了解，该师补给线已处在威胁下，一直遭到敌军火力袭击。雪上加霜的是，最右翼的局势同样模糊不清，因为奉命封锁雷相卡以北公路的拦截支队未提交任何报告。第34步兵师的情况也好不到哪里去。在维诺格勒地段，第107掷弹兵团陷入苦战，午夜前被苏军逼退，从塔拉索夫卡以北延伸至维诺格勒东南方的高地丢失。结果，该师设在镇南面的防线出现一个缺口，他们计划次日晨以第80掷弹兵团第1营遂行反冲击，封闭这个缺口。稍西面，其他苏军部队攻克罗斯科舍夫卡北面高地，实力不明的苏军部队从那里向东南方渗透，进入塔拉索夫卡西面林地。整体态势岌岌可危，黑尔认为，若苏联人在此地域继续进攻，达成大规模突破的风险非常大。相比之下，左侧第75步兵师据守的防区依然较为平静，苏联人只实施巡逻活动。利用这种平静，该师将其右翼延伸到康斯坦丁诺夫卡周边地域，以便第34步兵师将兵力更好地集中于遭受突破威胁的地段。在这条不断变化的前线后方，“伦茨”警戒支队仍在监视被困于季霍诺夫卡地域的苏军部队，但报告中未提及特别情况。尽管如此，第7军仍认为解救被围部队是苏军的目标之一，大概由赶往雷相卡的坦克和摩托化部队加以执行。

西面，第3装甲军防区的情况平静得多[3]。第82步兵师报告，其防区整个夜间未发生战斗，而在第16装甲师据守的防线上，苏军只发起一次虚弱无力的冲击，企图楔入亚茨科维察附近的德军阵地，但被该师轻而易举地击退。第6装甲师也度过一个平静的夜晚，但该师驱散实力虚弱的敌守军，夺得巴拉巴诺夫卡西北方的布杰诺夫卡，以及两侧部分林地。后方的第17装甲师继续扫荡齐布列夫地域，并拦截、歼灭从安托尼纳赶往西北方的一支敌军。

更西面，第46装甲军防区的情况也较为平静[4]。军右翼未发生值得一提的事件，中央地段，第4山地师夜间占据罗索沙与纳帕多夫卡之间的新防御阵地。军防区其他地段的状况不太明确。军部与第254步兵师和党卫队第1“警卫旗队”装甲师之间的联系中断，戈尔尼克不清楚目前究竟发生了什么。不过，当晚晚些时候通信得以恢复，戈尔尼克获悉苏军对军左翼和前卫部队展开几次反冲击[5]。左侧，苏军以连级兵力进攻别拉亚，但被德军击退，德国人还在镇北部以东拦截并击退苏军一支侦察巡逻队，在此过程中抓获一名俘虏。另一场进攻中，苏军在布莱以南达成突破，但这番渗透亦被德军肃清。午夜前后，苏军从该村重新展开突击，拂晓前在这里共实施三次冲击，每次投入营级兵力，并获得坦克支援。但德军将这些进攻悉数击退，据报击毁1辆T-34坦克。东面，苏联人还攻击党卫队第1“警卫旗队”装甲师据守的防区。苏军第一场冲击发生在4点左右，进攻目标为罗索沙，但突击力度较弱。这场进攻遭击退后，苏军又对整个罗索沙—利波韦茨车站地段展开一场更为猛烈的突击，并在车站附近的德军防线达成局部突破，德军肃清这一突破，击退对方的进攻。“警卫旗队”装甲师报告，在战斗中击毁敌人数辆坦克、突击炮和反坦克炮。当日晨，“贝克”装甲团报告，已按指示再次投入行动。此时，该团只有1辆作战指挥车，贝克告诉军部，这种情况肯定会造成通信问题，特别是因为这辆指挥车不仅要在前方监督这场推进，还要负责将报告转发给后方。

新的一天到来时，天色阴沉、灰暗，阴云密布，伴有间歇性蒙蒙细雨和小雪。这似乎反映出第7军的前景，因为该军防区的情况正不断恶化[6]。苏军继续迂回第198步兵师位于格尼洛伊季基奇河畔布然卡附近的右翼，该师整个上午卷入激战。没过多久，情况愈发严重，苏军坦克和摩托化部队从布然卡攻向西南方，占领该师设在河畔的前沿阵地后方地域的博索夫卡。更要命的是，另一些敌军也在坦克支援下，在西面突破该师设在谢梅诺夫卡以南，波吉布利亚克附近的防线。敌人在该地段投入约40辆坦克，但该师报告只击毁其中8辆。这场双重突破包围第326和第305掷弹兵团残部，这两个团都在卡缅内布罗德及其南面作战。此后不久，德军的抵抗崩溃，残余士兵分成两组，企图杀出包围圈。第一股德军由凯泽上校率领，向南突往亚布洛诺夫卡，第二股德军在格拉斯曼中校率领下向西南方突围，穿过博索夫卡到达舒比内斯塔维。在此期间，苏军继续向南攻击前进，赶去营救被困于季霍诺夫卡地域的部队，11点35分左右与其取得联系。获得解救的苏军部队迅速实施重组，并向亚布洛诺夫卡发起突击，没过多久，该镇陷落。第198步兵师混乱后撤，但最终设立起一道更短的新防线，从库奇科夫卡起，穿过舒比内斯塔维南端至西北面高地。更南面，为掩护自己的纵深右翼，该师还派出部队在里济诺和奇佐夫卡东南面十字路口设立拦截阵地。该师计划以辖内部队坚守阵地，直至第17装甲侦察营在该地域展开救援进攻，尽管这场进攻可能为时已晚，因为苏军部队的深远推进足以夺取里济诺东面的科贝利亚基（Kobylyaki）。第7军一厢情愿地希望这些敌军可能只是被驱散的残部，但据报，敌坦克和骑兵出现在北面的奇佐夫卡，德国人还在东北面的季布罗夫卡发现更多敌坦克和卡车。苏军这场推进已到达雷相卡和格尼洛伊季基奇河以南约20公里处，其先遣部队距离兹韦尼戈罗德卡郊区不到20公里。西面，第34步兵师遂行的防御较为成功，击退苏军以连级兵力在241.6高地与塔拉索夫卡之间发起的一场冲击。另外，苏军还以营级兵力在切尔沃纳齐尔卡东北面、北面和西北面展开数次突击，虽然实施猛烈炮火准备，并投入少量坦克为支援，但这些进攻均被该师击退。西北方，苏军在克拉斯内西南面发起两次营级兵力冲击，同样被该师密集防御火力击退。左侧，第75步兵师据守的防区，苏军只以连级兵力对康斯坦丁诺夫卡展开一次进攻，但没能取得任何进展。由于对第7军防区的进攻取得成功，可能正因为如此，苏联人施加的压力当日下午有所缓解。仅罗斯科舍夫卡与康斯坦丁诺夫卡之间的进攻仍在继续，虽然这些进攻获得异常强大的炮兵力量支援，但该地域没有苏军坦克部队存在，由于未能取得成功，这些进攻逐渐偃旗息鼓。该地段其他地方，苏联人的活动仅限于火炮、迫击炮和反坦克炮的破坏性炮击，尤以康斯坦丁诺夫卡和泽列内罗格为甚。尽管不太活跃，但苏联人并非全无动作，据报，苏军在该地段对面的交通相当繁忙，包括37辆卡车和8门火炮在内的队列从索罗科佳吉向西而行。

当日早些时候，右翼第7军面临被彻底打垮的威胁，胡贝做出应对。11点20分，他给第3装甲军和第7军下达命令，指示布赖特从某个装甲师——最好是第17装甲师——集结一个团级集群[7]。该集群应以坦克、反坦克武器和一个炮兵营为加强，立即转隶第7军，并部署到该军右翼。战斗群指挥官奉命直接向黑尔设在新格列布利亚以南5公里安东诺夫卡的军部报到。

西面，第3装甲军终于同第46装甲军辖内部队建立联系，16点左右，两军先遣部队在奥拉托夫车站附近会合[8]。他们转身向南攻往扎达内，试图封闭包围苏军部队的松散铁环。这里的天气与东面不太一样，虽然起初也发生恶化，上午还有降雪，但下午转晴。第3装甲军右翼，戈尔内季基奇河一线的第82步兵师报告，未发生战斗，仅奥斯特罗扎内、久布里哈、扎鲁宾齐周边地域遭到破坏性炮火轰击。第6装甲师和暂时编入该师的第506重型装甲营继续进攻，该师一个战斗群从巴拉巴诺夫卡攻向西北方，越过高地，穿过树林，11点左右夺得戈诺拉特卡。他们在该村西南面遭遇并消灭一支苏军队列，随即转身赶往西南方，到达坎捷利纳西北边缘。下午早些时候，该战斗群遵照第3装甲军的命令向东北方而去，在弗龙托夫卡地域与一股苏军队列发生战斗。他们展开攻击，苏军向东退却，设法在第3装甲军设在斯图普基附近的防线处打开个缺口。德军迅速肃清这一突破，下午晚些时候再次击退敌人。东南方，第6装甲师余部的右翼，第17装甲师辖内部队成功地将科穆纳赫维利亚以西战线向北推至从波德维索科耶到273.1高地一线。东面，该师另一部终于肃清齐布列夫南面林地，在此过程中缴获一些重武器。这两翼之间，该师（师部现迁至列季乔夫卡）对中央地段加以梳理，肃清沃利纳亚（Vol'naya）、沙巴斯托夫卡和科雷特尼亚，尔后转身向西，赶去夺取波德维索科耶。这场推进继续向西北方遂行，他们对弗龙托夫卡遂行攻击，在那里遭遇苏军顽强抗击。苏联人在车站周围和镇南部边缘实施抵抗，布设在那里的雷区使德军的突击陷入停顿。如前所述，第6装甲师一部被召回，协助攻克弗龙托夫卡，准备期间，第17装甲师以步兵冲击该镇，战斗持续至夜间。右翼第16装甲师先采取措施掩护其敞开的右翼，尔后从卡兹米罗夫卡向西推进。9点30分至10点间，该师到达奥拉托夫车站，同第46装甲军先遣部队取得联系，扎紧目前包围南面苏军部队松散的口袋。附近的敌军向北退往洛帕京卡，但被紧追不舍的第16装甲师一部逐出村子。与此同时，该师辖内其他部队转身向南进入包围圈，11点前推进15公里左右到达扎达内，驱赶着前方陷入混乱的敌军。下午，他们渡过索布河，夺得达舍夫西北面的卡利尼克，在那里同第17装甲师辖内部队取得联系。此时，苏军已重新占领273.1高地两侧林地，因此，德军再度展开突击，肃清该地域并重新打开通往卡兹米罗夫卡的道路。当日晚些时候，苏军对第16装甲师设在卡兹米罗夫卡周围的阵地展开反冲击，从奥拉托夫向南遂行。这场突击获得约30辆坦克支援，但还是被德军击退，据报，击毁4辆T-34坦克。该师旋即发起反冲击，成功夺得奥拉托夫西部。

在此期间，第1装甲集团军左翼的第46装甲军度过混乱的一天[9]。戈尔尼克原本预料苏联人会进攻第254步兵师，但这种情况并未发生，该军将此归功于第18炮兵师卓有成效的破坏性炮火，认为猛烈的炮击肯定给敌人的兵力集结造成严重问题。另一方面，被困于利波韦茨的苏军相当顽强，戈尔尼克到傍晚时才想起肃清包围圈。尽管如此，该军的主要突击仍在继续，“贝克”装甲团拂晓时出发，迅速越过仍困在罗索沙周围的党卫队第1“警卫旗队”装甲师。该团沿铁路线赶往奥拉托夫车站，途中与一些敌坦克发生战斗，最终同第16装甲师一部取得联系。在此期间，“警卫旗队”装甲师有所延误。清晨4点，该师在罗索沙遭到攻击，事实证明，苏军这场进攻虚弱无力，被该师轻松击退[10]。三小时后，“警卫旗队”装甲师仍未出动，第46装甲军遂敦促该师投入进攻，但该师回电称，他们仍在等待补充燃料。7点30分左右，强大的苏军部队从北面的利波韦茨车站与罗索沙之间地段对该师展开进攻，整个上午，两个党卫队装甲掷弹兵团卷入激战。遂行突击的苏军部队突破该师设在利波韦茨车站以东的防御阵地，但“警卫旗队”装甲师晚些时候阻挡住对方，并封闭突破口。9点15分左右，为党卫队第1装甲团运送燃料的车队终于到达罗索沙，适逢第1步兵师对西南面几公里的斯基特卡村展开进攻。补充燃料后，“库尔曼”战斗群（党卫队第1装甲团）终于在13点左右动身出发，离开罗索沙—利波韦茨车站地域赶往东南方，但该战斗群先向西机动，以免卷入利波韦茨车站周围的战斗。14点40分，该师接到第46装甲军的新命令。“贝克”装甲团已同第16装甲师建立联系，“警卫旗队”装甲师现在应转向南面和东南面，赶往伊伦齐与丹科夫卡（Dankovka）之间的索布河河段。该师应组建两个战斗群，其中一个穿过佳贡（Tyagun）奔向伊伦齐，另一个则经巴宾冲往丹科夫卡。15点，“库尔曼”战斗群转身赶往巴宾，而党卫队第1装甲掷弹兵团第1、第2营奉命撤离罗索沙，经佳贡前往伊伦齐。党卫队第1装甲掷弹兵团第3营留在罗索沙掩护这场后撤。约两小时后，第46装甲军再次联系该师，指出利波韦茨车站对目前遂行的行动已不再重要，现在一切取决于尽快夺取索布河畔伊伦齐—丹科夫卡一线。可是，脱离战斗并不容易，18点05分，该师报告再次遭到苏军攻击，对方沿一条宽大战线遂行冲击，从弗拉基米罗夫卡起，经利波韦茨车站至车站东北面林地，其意图可能是想突破到被困于利波韦茨地域的部队身旁。尽管如此，“警卫旗队”装甲师还是在19点30分将党卫队第1装甲掷弹兵团第3营撤出前线，并派该营赶往伊伦齐。此举是否得当尚不清楚，但第46装甲军作战日志晚些时候的条目承认，利波韦茨的苏军部队当晚晚些时候突破第1步兵师的薄弱防线逃出包围圈，而“警卫旗队”装甲师已向南开拔得太远，无法阻止这股敌军逃脱。

与此同时，左侧，第4山地师和第254步兵师沿以下一线设立军侧翼：从罗索沙起，经纳帕多夫卡到奥切列特尼亚以西某处。苏军以营级兵力从纳帕多夫卡东面展开突击，还从奥切列特尼亚西南而发起一连串小规模冲击，虽然受到这些干扰，但德军还是占据新防御阵地，并击退这些进攻。尽管这些骚扰性进攻仅具局部性，但第46装甲军似乎很清楚：苏军怀有更大意图。他们发现包括坦克在内的大批苏军部队集结在博格丹诺夫卡和奥切列特尼亚周边地域，以及北面的布莱南面和西南面。在德国空军的协助下，第18炮兵师一部对其施以打击，据报，他们给苏军的准备工作造成部分破坏。军左翼第101猎兵师报告，未发生战斗，也许是因为苏联人正为另一场大规模进攻加以准备。不过，第1步兵师从昨日既占阵地出发，重新投入进攻。该师先向北攻击前进，很快遭遇对方顽强抗击。经过激战，该师设法前出并夺得距离罗索沙2—3公里的斯基特卡。苏军旋即展开一连串反冲击，意图达成突破，其中一些进攻行动投入的兵力多达营、团级，并获得坦克支援，但最终一无所获。傍晚时，该师仍在进攻，力图驱散敌人在捷利马纳（Tel'mana）的顽强抵抗，并控制仍困于利波韦茨地域的苏军部队。陷入合围的敌军当日白天展开数次冲击，企图突破德军松散的包围圈，但这些进攻都被德国人击退。

总之，装甲集团军左翼当日取得的战果已被右翼发生的情况蒙上一层阴影，乌克兰第1方面军辖内部队穿过第42军与第7军之间的缺口继续挺进。他们绕过第7军右翼，前出到奇佐夫卡，最终救出困于季霍诺夫卡地域的苏军部队[11]。担任先锋的苏军坦克部队一路向前，到达兹韦尼戈罗德卡，空中侦察的结果表明，乌克兰第1、第2方面军先遣部队已在兹韦尼戈罗德卡与什波拉之间的卡扎茨科耶（Kazatskoe）附近会合。最新情报表明，近卫坦克第5军现已投入缺口部，但机械化第5军似乎仍部署在维诺格勒地域。西面，苏军没能阻止第3装甲军先遣部队同第46装甲军在奥拉托夫车站周围建立联系。会合后，两军先遣部队转身向南，包围苏军步兵第240和第340师部分部队。北部防线对面，据悉，苏军近卫坦克第11军重新集结在尤什科夫齐两侧，苏联人还从东面的奥赫马托夫周边地带调来更多援兵，新开到的步兵第221师已部署至前线。德国人还识别出近卫坦克第64旅也在这一地段。西面，第46装甲军辖内部队同第3装甲军取得联系，随后将注意力转向陷入合围的苏军部队。与此同时，苏联人继续将新锐部队集结在第46装甲军北翼，以从卡扎京开到的近卫步兵第70师，德国人新识别出的步兵第305师和该地域的近卫机械化第8军加强奥切列特尼亚—别拉亚地段。第1装甲集团军预计，苏军会继续进攻第7军，特别是投入更多快速部队实施迂回攻击。另外，越来越多的迹象表明，苏联人正计划在奥切列特尼亚—别拉亚地段对第46装甲军展开一场协同一致的反突击。被围的苏军部队也有可能在近卫坦克第11军和另一个坦克军的进攻支援下突围，逃回已方战线。但是，第1装甲集团军对一些情报误判。

他们再次确定存在一个番号不明的敌高级指挥部，并发现整个前线的无线电通信相当频繁。他们还知道通过铁路运送的苏军部队继续在卡扎京卸载，随后赶往东南方。第 1 装甲集团军得出的结论是，这些迹象表明苏军正在其防区对面集结力量，准备展开新的行动，但现在很清楚，这些迹象并非都有关联。新出现的指挥部是坦克第 6 集团军，对第 7 军展开的行动是科尔孙 – 舍甫琴柯夫斯基进攻战役的组成部分，而从卡扎京调来的援兵则是苏军对“瓦尔特劳特”行动的应对。

虽然“瓦尔特劳特”行动取得成功，但胡贝现在对右翼的情况极为担心。第42军和第8集团军辖下第11军被彻底切断，第1装甲集团军在作战日志中写道，马腾克洛特第42军的命运令他们的心情极为沉重。胡贝和他的参谋人员稍感安慰的是，他们认为自己在这个问题上基本无可指责，因为早在1月5日，在正式接管这片地段的三天后，他们已意识到危险，并要求后撤据守“阳台”的第42军。正如我们所知的那样，这些要求遭到断然拒绝，胡贝承认，装甲集团军无法理解上级部门在此方面所做的决定，但他也指出，即便忧心忡忡，可还是要服从命令。已完成初期阶段行动的苏军，是会将其注意力转向被围的德军部队，抑或继续加强力量，转而对付第1装甲集团军或第8集团军或两个集团军的侧翼和后方，尚有待观察。不管怎样，胡贝认为苏军会继续攻击第7军，哪怕只是防范该军对其延伸的南翼遂行反突击。在同“南方”集团军群参谋长布塞的电话交谈中，文克获知，集团军群希望第1装甲集团军遵照当日早些时候下达的指示，歼灭在第42军与第7军之间达成突破的苏军部队。文克指出，左翼取得成功后，装甲集团军的优先事宜是消灭奥拉托夫以南的包围圈，歼灭困在那里的敌军。但他也指出，参与其中的几个师有可能提前撤出，调至东面阻止灾难的发生。他还建议，将第42军转隶第8集团军，以便统一指挥被围部队，这样可能会更好些。布塞没有直接回应这项建议，但他答应考虑其可行性。没过多久，冯・曼施泰因与胡贝直接通话。他想知道胡贝是否认为向东北方实施打击，攻入第7军当面之敌的后方具有可行性。胡贝指出，率领这样一场突击所需要的装甲师，最近几周一直从事旷日持久的激烈战斗，根本无法以近乎满编的力量遂行这场行动。不过，胡贝仍相信这些装甲师能够突破到第42军身旁，前提条件是对该地域持续不断的侦察保持到进攻发起时，而且侦察结果表明在那里遭受的抵抗会很轻微。他还指出，地形可能会造成困难，特别是因为该地域有许多小河。虽然存在这些潜在问题，但胡贝认为，取得成功的最佳良机是以第3装甲军辖内装甲师遂行突击，从第7军身后出击，攻向东北方。若立即腾出第17装甲师，该师就能在1月31日前为第7军右翼提供支援，一旦完成再部署，该师便可展开规模有限的反冲击，阻止苏军部队继续实施迂回。其他师随后也将赶到，2月3日前完成调动。作为对这番交谈的回应，胡贝当晚晚些时候接到“南方”集团军群的指示，训令中阐述后者的意图[12]。简言之，该意图是歼灭在第42军和第7军内翼达成突破的苏军部队，包括1个坦克军、1个机械化军和3—4个步兵师。训令中还指示第8集团军，马腾克洛特第42军转隶该集团军，立即生效，以便继续在东部防线坚守当前阵地，阻止苏军向什波拉发起的一切后续突破。集团军群认为，这是遂行反突击的必要前提。第8集团军还应将其左翼撤至罗西河一线，尽可能在莫林齐北面和东北面地域集结最强大的兵力，做好向南攻往兹韦尼戈罗德卡的准备。这场集结应迅速加以执行，这样，进攻令便可尽快下达。与此同时，第1装甲集团军应防止其右翼与第42军之间的缺口进一步破裂，并阻止苏军快速部队继续攻向兹韦尼戈罗德卡并进入第8集团军后方。装甲集团军还应尽早结束“瓦尔特劳特”行动，以便将第3装甲军辖内所有装甲师和“贝克”装甲团调至右翼。到达那里后，该军将向东北方攻击前进，进入第7军当面之敌的侧翼和后方，或在第7军右翼后方重组，尔后与第8集团军左翼部队协同进攻，歼灭赶往什波拉和兹韦尼戈罗德卡的苏军部队。

当晚，胡贝下达他的详细命令[13]。从集团军群给他的指令看，装甲集团军面临的态势并不特别乐观。虽然胡贝麾下两个装甲军已在“瓦尔特劳特”行动中取得会合，由此形成的包围圈似乎困住大批苏军部队，但这反过来也导致苏联人将所有可用坦克力量，包括新开到的援兵，悉数集结在第46装甲军对面，估计他们不久就会展开一场强有力的反突击，目标是同被围部队重新取得联系。装甲集团军面临的主要任务是粉碎敌人的一切突入、突出企图，同时尽快消灭包围圈，以便将第3装甲军东调。在这种情况下，第7军应坚守并加强其右翼，同时阻止苏军的一切后续突破。为协助该军做到这一点，第3装甲军将抽调第17装甲师，以该师暂时加入黑尔第7军。该师应集结在戈尔内季基奇河两侧扬科夫卡—韦谢雷库特—伊万基—切尔纳亚卡缅卡地域的塔利诺耶西北面。

第17装甲侦察营应发起进攻，掩护该师余部在其身后的集结，同时向北面和东北面遂行侦察，以便朝该方向展开行动。整个第17装甲师在新地域完成集结前，辖内任何部队在任何情况下都不得投入战斗。若苏军继续迂回第7军右翼，黑尔可以后撤，但只能逐步退却，未经战斗不得放弃阵地。若必须后撤，第17装甲师应集结在更后方，以免过早卷入战斗。

因此，第3装甲军将把第17装甲师撤出前线，尽快将该师派至第7军防区。同时，该军还应歼灭被“瓦尔特劳特”行动困住的苏军部队。这就要求该军集结所有可用力量，以便尽快完成这场扫荡。第6装甲师和配属的高射炮部队应构设一道正面朝北的新防线，直至萨巴罗夫卡以西1公里处，而第16装甲师负责肃清包围圈，歼灭陷入重围的敌军部队。完成这项任务的期限是两天，之后，该师将集结于科雷特尼亚—波德维索科耶地域，不得迟于1月30日—31日夜间。第3装甲军还打算今晚将第16装甲师仍位于正面朝北的新防线上的部分部队换下。胡贝指示布赖特，不得让扫荡行动沦为争夺各座村庄和树林的一系列独立战斗，因为这会危及到迅速重组部队的必要性。若扫荡结束后仍有少量敌军存在，则将他们交给其他部队解决。

同时，第46装甲军也应立即设立防御阵地，将步兵力量部署在近日的既占防线上。党卫队第1“警卫旗队”装甲师应尽快消灭新形成的包围圈，以所有可用力量歼灭包围圈内之敌。戈尔尼克还应做好准备接防目前由东面第3装甲军据守的地段，也就是直至萨巴罗夫卡以西1公里处。接替布赖特辖内部队的工作计划于1月30日—31日夜间进行，届时，“警卫旗队”装甲师已完成消灭包围圈的行动，可用于执行其他行动。目前的打算是，1月30日—31日夜间变更两个装甲军之间的分界线，新分界线从罗索霍瓦塔起，经巴拉巴诺夫卡至奥西奇纳亚，但这番调整的确切时间将在晚些时候决定。

这些命令再次强调，第3装甲军必须尽快重组，目前的计划是，布赖特只保留第16装甲师和第3装甲军编成内的普通部队。暂时加入第7军的第17装甲师有可能重新回到第3装甲军辖内，但这一决定也将在晚些时候做出。不管怎样，一旦完成重组，第3装甲军将把第6装甲师和第82步兵师转隶第46装甲军，届时，第7军与第46装甲军的分界线将在齐布列夫与舒利亚基之间。最后，胡贝要求对这些指示严加保密，禁止将完整的命令抄送辖内各师。不久后，第1

装甲集团军发电报给第42军，告诉马腾克洛特，他的军转隶第8集团军，立即生效。无论在此阶段他是否相信自己的话，胡贝以令人鼓舞的话语结束这份电文：“我们会救你们出去。”

1944年1月29日，星期六

当晚，苏军继续加强第7军右翼对面地段[14]。据报，新摩托化部队和依靠马匹拖曳的部队进入奇佐夫卡，而另一些部队已占领科贝利亚基和波谢洛克（Poselok）北面树林。相比之下，西北面的舒比内斯塔维周边地域，整个夜间一直很平静，尽管少量苏军部队已占据镇北端。苏军还以连级兵力进攻切尔沃纳齐尔卡周围的德军阵地，但都被击退，其中一次是在德军发起局部反冲击后。军左翼，敌人的破坏性炮火较为活跃，甚至使用了燃烧弹，但除此之外，报告中未提及其他活动。后方，第17装甲侦察营的履带单位于5点15分在莫纳斯特里谢登上火车，赶往塔利诺耶，当日上午，第一批部队已到达。苏联人还在第3装甲军对面地段实施加强，第82步兵师报告，苏军新锐部队进入舒利亚基地域[15]。其他地方，该军彻夜保持进攻。面对苏军的顽强抵抗，第17装甲师凌晨1点左右夺得弗龙托夫卡，但西南面的亚斯特列宾齐仍在对方控制下。北面，苏军一再企图突出包围圈，越过奥拉托夫南面的高地，但这些尝试均被德军击退，据称苏军伤亡惨重。军防区其他地段，当晚平静度过，唯一的例外是双方的巡逻和炮战。继当晚早些时候赢得胜利后，第17装甲师开始撤出前线，准备调往第7军。

第46装甲军防区，苏军整个夜间一直忙于突围[16]。他们以营、团级兵力数次冲击第1步兵师中央和右翼，该师以坚决防御击退对方。苏联人随后采取不同措施，从西面遂行冲击，同时以少量坦克从东面展开支援性攻击。这种钳形战术取得效果，经过数小时激战，苏军楔入该师防御，重新夺回斯基特卡。尽管该师迅速组织反冲击，但大部分遂行进攻的苏军部队得以突出包围圈向东逃窜。战斗极为激烈，第1步兵师报告，伤亡相当严重，尤以第22燧发枪手团为甚。上午，该师沿东面的南北向主公路设立第二道防线，并忙于组织反冲击，以便再次封闭缺口。苏军企图经罗索沙地域突出包围圈的其他尝试都被德军粉碎，合围圈依然牢固。这是第46装甲军防区内唯一的战斗，东部和北部防线未发生重要情况。

当日晨，胡贝对冯·曼施泰因昨日下达的指示做出回应[17]。他告诉集团军群，第17装甲师即将开赴第7军右翼后方，该师将在那里拦截苏军向兹韦尼戈罗德卡的一切后续推进。他还报告，第16装甲师也将撤出前线，并调至第7军作战地域，可能在2月3日从那里发起一场反突击，要么向北攻往科舍瓦塔亚，要么攻向东北方，经雷相卡直奔斯捷布列夫。这场拟议中的反突击，可用的援兵数量在很大程度上取决于消灭利波韦茨、奥拉托夫以南包围圈和设立一道新防线的速度。当日晚些时候，集团军群确认先前的口头承诺，通知胡贝，他将从第4装甲集团军得到第1装甲师，这支援兵将协助他消灭包围圈，并加快第3装甲军的换防工作[18]。该师将尽快派来一支强大的先遣部队，师主力2月3日在前线获得接替后亦将赶来。具体细节由胡贝和劳斯商讨。

新的一天带来更多云层，虽然给某些地方造成降雪，但这至少意味着温度不会降到夜间那么低，因此，白天比晚些时候稍稍温暖些，这也造成轻微化冻。苏军对第7军的进攻速度当日白天似乎有所下降，除对第34步兵师遂行一些冲击外，他们的活动仅限于侦察巡逻和来回调动兵力[19]。敌人在军右翼对面的调动，似乎表明那个是苏军步兵师，并伴以一支坦克部队，据信隶属近卫坦克第5军，他们正转向西面和西南面，可能是企图卷击第7军东翼。同时，苏军机械化第5军辖内部队似乎仍在第7军北部防线作战，但近日实施的地面侦察表明，敌人各种炮兵单位，连同一些步兵部队，目前正撤出该地段。随着敌人继续实施这种调动，黑尔不太清楚苏军部队的情况及其意图。最近几天的事件使第7军仍处于混乱中，当日基本未采取行动，大多数进攻由德国空军遂行，他们对亚布洛诺夫卡、舒比内斯塔维和奇佐夫卡实施俯冲轰炸。与此同时，苏军部队紧追后撤中的第198步兵师，并逼近德军新防线，同时加强他们设在科贝利亚基、奇佐夫卡和西南面林地的阵地。另一些部队继续向西，从科贝利亚基出发，渗透至里济诺南面的大批林地。还有些敌军沿通往雷扎诺夫卡（Ryzhanovka）的公路赶往东南方，同一地段，据报出现敌人的双向交通运输。因此，苏军似乎正忙于强化他们设在东南面的阵地，另外，他们也在该师左翼对面，舒比内斯塔维周围和西面实施加强。这些部队调自北面和东北面，还包括一些坦克。虽然当日白天没有沿该师防线任何一处展开进攻，但苏军的活动还是很活跃，实施大量侦察巡逻。可就在第198步兵师遭受的压力稍事缓解时，左侧第34步兵师又卷入激战，苏军以营级兵力对该师发起不下六次冲击。这些进攻行动的目标是罗斯科舍夫卡以南高地，但最终都被该师击退。第34步兵师还发现苏军集结在罗斯科舍夫卡以北地域，遂以破坏性炮火施加打击，将对方驱散。据该师报告，他们当日下午在苏军防线后方看见敌人正在撤离，一些部队从特诺夫卡和巴什捷奇基地段向西而去。据估计，他们调往西面是为协助利波韦茨—奥拉托夫包围圈内的苏军部队突围。第7军左翼，第75步兵师度过较为平静的一天，除击退敌人以连级兵力对波博伊纳亚—康斯坦丁诺夫卡公路两侧发起的进攻外，报告中未提及其他战斗。不过，这里的苏军同样没有闲着，该师不仅在奥赫马托夫地域看见敌人的交通运输，还发现对方从波博伊纳亚穿过捷捷列夫卡向西而去。德国人估计，对方可能正在撤离。当晚晚些时候，黑尔向胡贝汇报自己的意图[20]。第17装甲侦察营已于午后到达塔利诺耶，现在奉命赶往里济诺，任务是对军右翼展开积极侦察。第63装甲掷弹兵团第2营和第40装甲掷弹兵团第1营也已赶至新集结区，这些部队奉命掩护戈尔内季基奇河一线。第17装甲师师部到达曼科夫卡，辖内其他部队开到后将集结在戈尔内季基奇河后方，同时应派出侦察巡逻队，弄清敞开的右翼所发生的情况。另外，为调集更多可用兵力，黑尔建议将第198步兵师东翼撤至从巴尔维诺克（Barvinok）起，经切梅里斯科耶（Chemeriskoe）北部边缘至241.6高地一线，防线上的其他部队继续坚守当前阵地。

与此同时，第3装甲军这一整天忙于收紧困住苏军部队的包围圈，以第6、第16装甲师将被困之敌逼入一片不断缩小的地域[21]。军右翼，第82步兵师报告，敌人以炮火轰击奥斯特罗扎内、扎鲁宾齐和西面的师主防御阵地，除此之外无其他异动。苏军没有遂行突击，但其活动还是很活跃，据该师报告，对方当日的交通相当繁忙，大批卡车和马车从北面驶向舒利亚基。上午，扎鲁宾齐北面的阿达莫夫卡以北高地地域还出现许多雪橇队。由于右翼较为平静，布赖特第3装甲军得以全力消灭西面的包围圈。第6装甲师一个突击群于早晨7点30分出发，从库普钦齐向东北方攻往亚斯特列宾齐，那里的苏军部队已设立环形防御。该突击群设法突破苏军设在镇南面的防御，11点15分冲入该镇北部边缘。遂行防御的苏军伤亡惨重，被迫退入从该镇通往北面和东北面的峡谷。德军突击群紧追不舍，中午前后肃清该地域，下午前出到戈诺拉特卡以南3公里的树林。天色渐渐昏暗，该师没有继续追击，而是在夜间集中炮火消灭盘踞在树林内的苏军部队。稍右侧，该师在弗龙托夫卡北面林地的西南边缘设立新阵地，面朝退入该地域的苏军部队。同时，仍隶属第16装甲师的战斗群成功夺得弗龙托夫卡西北面几公里的高地，并着手构设新防线，困住仍在树林内的苏联人，以防其逃脱。第16装甲师也在进攻。该师从东北面和西南面冲击巴拉巴诺夫卡，经过一场短暂但却激烈的交火后，顺利夺得该镇。北面，该师发现一股苏军集结在萨巴罗夫卡北面高地，没等对方采取任何行动便将其粉碎，但东面的高地仍在敌人手里。混乱中，苏军部队夺得奥拉托夫南面高地，旋即被德军一场局部反冲击逼退，这场进攻还将离开该镇向西而去的一个苏军步兵营打散。在另一场进攻中，该师一部从戈诺拉特卡向巴拉巴诺夫卡西北面树林遂行突击。这场进攻取得出色的初期进展，一连打垮敌人顽强据守的三道防御阵地，但当日下午，第3装甲军下令取消进攻。北面的苏联人自"瓦尔特劳特"行动取得初步成功后便着手构设新防线，这道防线从奥西奇纳亚起，经奥拉托夫卡至奥拉托夫，再从那里延伸到洛帕京卡东北面某处，并沿防线修筑阵地。他们还控制着洛帕京卡周边树林，另外，据近日的报告称，西面几公里的梅尔温有54辆苏军坦克。这道新防线以南，奥拉托夫车站与亚布洛诺维察之间地域据报没有敌军存在。

装甲集团军左翼，包围似乎已给陷入重围的苏军部队造成影响，第46装甲军的印象是，强大的苏军部队集结在伊伦齐东南地域，可能是企图向东北方突围[22]。该军还相信，已确定位于奥拉托夫车站以北地域的苏军坦克部队也与这场集结有关，因此，戈尔尼克预计敌人将在该地域某处展开一场坦克突击。不过，苏联人是否已沿该地域其他地段转入防御，这一点尚不明确，尽管目前看来这种可能性较大。当日清晨，昨晚突破第1步兵师防线的苏军部队到达"贝克"装甲团设在奥拉托夫车站附近的防御阵地[23]。他们企图逃回己方防线，一场殊死战斗随之而来，但这一次他们无法达成突破，大部分被消灭。在苏军这股主力部队早些时候突围后，仍困于利波韦茨的敌军几乎未实施更多抵抗，德军迅速肃清该地域，残余的苏军士兵不是被击毙就是被俘。撤离前，苏联人准备爆破利波韦茨的主桥梁，但混乱中，这座桥梁未被炸毁，而是完好无损地落入德军手中。除实施扫荡外，第 1 步兵师和第 4 山地师当日白天进入各自的新防御阵地，并报告未发现敌人有所活动。在此期间，东面的党卫队第 1“警卫旗队”装甲师向南调动。上午，该师在佳贡以南突破敌人薄弱的防线，“库尔曼”战斗群一路向前，穿过猝不及防的苏军部队，夺得巴宾和丹科夫卡（Dan'kovka）。库尔曼随即折回西北方，赶往涅缅卡（Nemenka），而党卫队第 1 装甲掷弹兵团则从北面奔向伊伦齐。经过短暂战斗，这两处都落入德军手中[24]。遂行防御的苏军部队措手不及，混乱不堪地向南撤入索布河南侧林地，但在此之前将伊伦齐和帕里耶夫卡的桥梁炸毁。该师派出强有力的侦察巡逻队进入该地域，其他部队占据防御阵地，抗击敌人必然发起的突围尝试。后方地域，该师支援单位在罗索沙地域遭到苏军一个步兵营攻击，但击退这场突击。12 点 40 分，“警卫旗队”装甲师接到第 46 装甲军的新命令。命令中证实利波韦茨地域的苏军部队大多已突出包围圈，“警卫旗队”装甲师现在应围绕伊伦齐以南包围圈设立一道封锁线，从伊伦齐起，穿过涅缅卡、帕里耶夫卡、赫列诺夫卡（Khrenovka）和沙别利尼亚至尤尔科夫齐，从那里折回西北面，直至亚库博夫卡。该师应投入所有可用力量，以这些部队肃清广阔林地内的苏军残部。该师尔后应在同一地域保持战备状态，做好重新部署至其他地段的准备。北面，第 46 装甲军左翼，第 254 步兵师报告，强大的敌军集结在该师防区对面，特别是博格丹诺夫卡和奥切列特尼亚附近。同一地域，第 101 猎兵师对韦尔博夫卡以北展开几次局部突击，力图改善自己的前沿阵地，这些进攻招致苏联人一连串反冲击，对方试图迫使该师退回原阵地。事实证明，苏军的反冲击并不成功，不仅被该师击退，据报伤亡还很惨重。整个上午，苏联空军的活动有所加强，他们对靠近前线的村庄反复实施轰炸和扫射，佐佐夫遭受的空袭尤为严重。戈尔尼克从较为个人的角度在报告中记录下他对贝克中校的称赞。自“瓦尔特劳特”行动发起伊，据“贝克”装甲团报告，他们已击毁或缴获敌人不下 204 辆坦克和 137 门火炮，戈尔尼克要求在国防军每日公报中提及这番壮举[25]。同一天，“警卫旗队”装甲师向派驻元首大本营的党卫队联络官报告，三级突击队中队长米歇尔·魏特曼刚刚取得的击毁第 112 个坦克战果[26]。

随着这些事件的展开，胡贝也收悉远方战场传来的消息。中午前后，第1装甲集团军接到第4装甲集团军关于替换第172和第245掷弹兵团的命令抄本，胡贝早些时候要求归还这两个团[27]。这是个深受欢迎的消息，两个团的作战单位将以火车装载，计划于次日晨7点出发，其他单位则在同一时间经公路开拔。估计这些部队将在两天内到达文尼察以西地域。第1装甲集团军还收到关于第42军的消息，该军现已编入第8集团军。当晚18点40分，胡贝接到“南方”集团军群下午早些时候所下达的指示的一份抄本[28]。命令中指示第42军坚守突出部内现有阵地，因为这是计划中第3装甲军从奥赫马托夫以东地域向博古斯拉夫展开进攻所必要的先决条件。马腾克洛特应将他的主要防御放在西南面，面朝萨瓦尔卡与斯捷布列夫之间的罗西河河段，必须不惜一切代价坚守这道防线。

总的说来，第7军当日的情况较为平静，苏军没有对该军右翼和侧面展开真正的进攻。德军情报部门报告，苏军近卫坦克第5军已在兹韦尼戈罗德卡同据信是坦克第20军辖内部队会合，苏联人正忙于重组，并为其先遣部队提供再补给[29]。已判明苏军近卫坦克第5军和机械化第5军位于缺口部，外加3—4个步兵师，估计这些部队很快会再度向南进击[30]。空中侦察的结果也表明，大批苏军援兵正从白采尔科维周边进入该地域。西面，第3装甲军前方，苏联人似乎正将其部队撤离奥赫马托夫战线，并调往西北面，可能是为了重新构设他们的防线。困在巴拉巴诺夫卡以西地域的苏军部队被逼入一片更小的地域，已识别出那里共有六个步兵师所辖部队。其他地段，苏联人只是缓缓向前，试探德军防御，他们还着手在奥拉托夫两侧构设新防御阵地，大概认为那里是受威胁的主要地段。据收悉的情报称，苏军新防线获得近卫机械化第8军、坦克第16军和步兵第221师加强，但布赖特尚无法确定苏联人是否已被迫为此投入其战役预备队。不过，空中侦察表明，在卡扎京地域卸载的苏军部队数量显著增加，看上去这些援兵很可能会用于加强新近遭削弱的前线。与此同时，第46装甲军继续致力于消灭伊伦齐周围和北面的包围圈，尽管大批苏军部队已设法从利波韦茨地域逃脱。其他地段未发生重大战斗，该军只是在韦尔博夫卡周围改善自己的阵地。目前，苏联人似乎采用相机而动的策略，但第1装甲集团军担心，实力雄厚的敌人会在重组后迅速转入进攻。从第46装甲军当面之敌目前的行动和通过俘虏交代掌握的情况看，该军近日的突击似乎直接命中苏军坦克第1集团军为重新展开进攻所做的准备。为重新构设遭破坏的前线并形成一道新防御阵地，苏军匆匆调集的部队数量似乎可以证实这一点。若这种情况属实，那么，戈尔尼克可以预料，在短暂重组和准备后，苏军很快会展开一场大规模的新攻势。尽管如此，将第3装甲军调至右翼的计划正顺利进行。不过，事实证明部队的调动并不容易，胡贝给布赖特下达命令，告诉他这方面的困难[31]。为运送第16装甲师、党卫队第1“警卫旗队”装甲师和各种直属部队的履带单位，每天只有3列火车可用，为“虎”式和“豹”式坦克提供的车皮只有26节。第一批部队应于次日清晨在莫纳斯特里谢准备就绪，布赖特接到的指示是确保第一批部队届时做好装车准备。第一个师最迟于2月2日晚务必完成在基先齐东北地域的再集结。在此期限前无法通过铁路运送的履带单位，除“虎”式、“豹”式坦克和突击炮外，必须经公路开拔。黑尔的任务是尽力为这些部队的运输提供方便，特别是设法找到能承载60吨的桥梁。若无法做到这一点，第7军应着手加固现有桥梁，甚至应构设新渡口[32]。在这方面，胡贝提醒黑尔，最重型的坦克在每个可能的进攻方向（东面和北面）至少需要两条单独前进路线。为提供协助，胡贝派他的集团军工兵司令监督第7军工程作业，并指示第46、第3装甲军将其工兵单位分别交给第3装甲军和第7军[33]。对布赖特来说，这意味着他将失去第627（摩托化）陆军工兵营、J 848 Br ü ko[34]、B 1/406 Br ü ko。反之，他将获得第655工兵桥梁修的建营一个连，以完成尚未结束的一些桥梁修建任务。戈尔尼克将交出第127（摩托化）陆军工兵营、J 843 Br ü ko，但将得到第74工兵营一个连。

1944年1月30日，星期日

1月30日夜间，除某些地段发生几起孤立进攻行动外，第1装甲集团军整个防区平安无事[35]。东面，据报唯一的战斗发生在第75步兵师防区，苏军以营级兵力展开两场冲击，但该师未费太大周折便将其击退。不过，苏联人似乎正在附近加强戈尔内季基奇河地段，该师发现敌军正进入萨巴达什和布佐夫卡，据信，一个新锐步兵师的三分之二力量已部署至前线。第3装甲军防区的情况同样稳定，夜间唯一的战斗来自陷入包围圈的苏军部队。他们一直致力于突出包围圈，多次向北面和东南面展开突围尝试。这些冲击最终没能成功。与此同时，该军继续以密集炮火轰击这片地域，但炮击效果究竟如何，这一点尚不清楚。除此之外，唯一的活动报告是苏军在奥拉托夫地域的调动，但仅此而已。第46装甲军据守的防线也相当平静，仅在奥切列特尼亚西北方克萨韦罗夫卡国营农场以东2公里地域击退苏军一支强有力的战斗巡逻队。德军一方，几辆坦克在步兵伴随下发起一场小规模行动，力图解救一辆无法行驶的“虎”式坦克，但面对敌人猛烈的反坦克火力，这场行动一无所获。尽管未发生战斗，但该军继续按计划调动部队，4点30分，第101猎兵师接防新防御地段。第13山地猎兵团也已完成调动，虽然不得不对付遂行防御中顽强抵抗的苏军部队，但该团还是和第91山地猎兵团在清晨前开赴新作战地域。

事实证明，新的一天比前几日更冷，温度徘徊在冰点以下，依然笼罩的阴云导致某些地方下起雨来。第7军防区的平静持续一整天，苏军只发起几次小规模冲击[36]。其中两次针对第34步兵师，另一次则针对第75步兵师，除此之外，当日平安无事。黑尔趁机对他险象环生的右翼展开一系列侦察，却发现苏军正在挖掘阵地，而非向前推进，意图迂回该军。但是，德军侦察队报告，大批苏军车辆沿雷扎诺夫卡—奇佐夫卡公路驶向西北方，而依靠马车的单位则朝相反方向行进。黑尔得出结论，苏联人正将其部队调离第7军北部防线，其目的大概是为接替军右翼对面的摩托化部队。科贝利亚基和雷扎诺夫卡仍在苏军严密据守下，兹韦尼戈罗德卡西南方的奥利霍韦茨镇同样如此。不过，一支德军侦察巡逻队还是设法渗透苏军防线，在兹韦尼戈罗德卡车站附近同第8集团军一个保安连取得联系。与此同时，军后方地域，德军在切尔纳亚卡缅卡的扫荡共抓获49名俘虏，据报都是游击队员。右翼第198步兵师度过平静的一天，报告中仅提及苏军实施轻微的破坏性炮击。除此之外，敌人唯一的活动是持续不断的双向交通，这使该师得出结论，苏联人正加强对面地段和库奇科夫卡西南部。苏军以营级兵力两次冲击第34步兵师，但被该师轻而易举地击退。除此之外，师防区只遭到零星炮火骚扰，但据该师报告，对面之敌的车辆交通相当繁忙，大多在特诺夫卡—克拉西洛夫卡、维诺格勒—斯塔尼斯拉夫奇克（Stanislavchik）公路上，他们还看见一些马车车队。左侧第75步兵师也报告当日比较平静，打破宁静的只有火炮和迫击炮炮火。该师还汇报防区对面的苏军交通情况，这一次是敌步兵部队，从奥赫马托夫向西而去，从萨巴达什向北赶往索罗科佳吉。他们还看见由20辆卡车和3门火炮组成的另一支队列从扎什科夫而来。当日晚些时候，黑尔终于从第1装甲集团军获悉，他将获得援兵[37]。但这些援兵并非新锐力量，而是将先前调拨给第4装甲集团军的两个掷弹兵团归还。两个团的作战单位沿公路赶来，将于次日晚到达乌曼。第172掷弹兵团直接返回第75步兵师，而第245掷弹兵团先留作第7军预备队，然后再返回第88步兵师归建。

第7军平静度过当日的同时，第3装甲军继续进攻，以消灭“瓦尔特劳特”行动形成的包围圈[38]。该地段的天气也略有不同，虽然大多数时候阴沉沉的，特别是在下午，但温度稍稍暖和些。右翼第82步兵师与东面的友军一样，度过平静的一天，这里没有发生战斗，只是敌人的炮火较为活跃，主要针对奥斯特罗扎内与舒利亚基之间地段。师右翼对面，据报苏联人正在布佐夫卡南面和久布里哈对面挖掘阵地。不过，同其他地方一样，苏军在这里实施大量调动，这次是撤离前线，从舒利亚基向北赶往克里夫春卡，还从阿达莫夫卡向西而去。清晨6点50分，该师甚至看见一列火车从西面而来，驶向扎什科夫。西面，第17高射炮师辖内防空部队据守亚茨科维察与尤什科夫齐之间地段，他们发现防区对面的雪橇和卡车交通较为频繁。当日白天，这些高射炮部队对集结在舒利亚基西南面的苏军部队和在卢卡绍夫卡南面挖掘阵地的敌人施以打击。右翼保持平静的同时，第16装甲师着手对困在巴拉巴诺夫卡西北面林地的苏军发起最终突击。这场进攻与第6装甲师协同实施，一场炮火准备和斯图卡战机攻击后，地面部队8点投入进攻。第16装甲师从东面和东北面展开冲击，中午前夺得布杰诺夫卡至利涅特奇纳（Linetchina）一线[39]。虽然取得这番初步战果，但被围的苏军部队继续顽强战斗，该师遭受的伤亡据报相当严重。同时，第6装甲师从南面和西面出击，一举肃清275.2高地北面的树林边缘。不久后，两个装甲师的先遣部队会合，随即转身向南，粉碎苏军在同一高地以东地域残余的抵抗。扫荡行动继续进行，德军席卷整片地域，最后，经过几次梳理，树林内的敌人被扫荡一空。第3装甲军防区其他地段，苏联人一直在进攻，但德军在卡兹米罗夫卡西北面的坚决抵抗阻挡住对方的推进，并将奥拉托夫西面的主公路切断。值得注意的是，苏军在奥拉托夫周边地域实施侦察，还着手在奥拉托夫—洛帕京卡主公路北面的河谷构筑新防御阵地。总之，两个装甲师的成功突击使第3装甲军作战地域内的“瓦尔特劳特”行动圆满结束，傍晚前，布赖特认为可以向上级报告，军防线后方已没有敌军存在。

戈尔尼克的第46装甲军，军部目前设在利波韦茨—文尼察主公路上的斯恰斯特利瓦亚，该军也得出结论，除军右翼外，苏联人已转入防御[40]。即便在右翼，该军预料也只会发生一些局部进攻——仍困在德军防线后方的苏军部队会设法突围。党卫队第1“警卫旗队”装甲师据守的地段，伊伦齐东南面的情况仍不清楚，看来似乎需要采取某种扫荡行动。尽管肃清伊伦齐和瓦西列夫卡周边地域，但该师只是驱散苏军，而非将其歼灭，他们无法阻止敌人消失进周围的树林。不过，该师辖内其他部队已达到并接管奥拉托夫车站与第3装甲军新分界线之间的前线，形成一道正面朝北的绵亘新防线。虽然当日白天苏联人在该地段几乎未采取行动，但该师注意到对方开始将大批步兵和坦克力量集结在洛帕京卡与弗拉基米罗夫卡之间地段。“贝克”装甲团采取主动，决定破坏苏军这番集结，遂与“警卫旗队”装甲师少量部队攻向梅尔温。这场突击取得成功，不仅破坏对方的准备工作，还击毁几辆敌坦克。该团还积极参与防御，抗击苏军从梅尔温向佳贡遂行的一场大规模坦克突击，据报在战斗中击毁46辆敌坦克。第4山地师师部目前设在维特森托夫卡，在此期间，该师接防南至弗拉基米罗夫卡的防御地段，但需要继续进攻，以便到达指定位置。德军调动期间，苏联人以破坏性炮火轰击该师左翼，以及第254步兵师和第101猎兵师据守的地段。后者还被迫实施防御，抗击敌人以营级兵力对其设在韦尔博夫卡周围的前沿阵地展开的两次冲击。同时，对索布河以南的侦察确定，敌人尚未占领帕里耶夫卡、赫列诺夫卡和帕尔霍莫夫卡，瓦西列夫卡位于河流北面的一部分同样如此。该镇南部仍在苏军控制下，但德国人随后发起进攻，遂行防御的苏军撤入南北两面的树林，将整个镇子丢给对方。第1步兵师仍在途中，忙着赶往奥拉托夫车站以西，军右翼的新阵地。第4山地师一个团级集群也在调动，前往弗拉基米罗夫卡与东南面高地之间的新地段。这场调动的结果是，必须对各师分界线加以调整。第4山地师目前据守的防线直至纳帕多夫卡以南高地，从那里起，防线由第254步兵师接管，一路延伸到克萨韦罗夫卡西部边缘，在那里同奥切列特尼亚西北部的第101猎兵师右翼会合。

当日，苏军的压力全面放缓，空中侦察的结果表明，部分原因可能是对方忙于将强大的快速部队集结在什波拉—兹韦尼戈罗德卡地域，同时向东北方抽调部队，以收紧对第42和第11军的包围。至于第42军与第7军之间的缺口，苏联人目前似乎只是从西面调来不超过五个多少有些耗损的步兵师投入其中，但第1装甲集团军相当肯定地认为，这只是一种临时性举措，苏军很快会从白采尔科维地域调来新锐力量投入缺口部。第3、第46装甲军对面的情况截然不同，那里的苏军似乎正设法重新构设防御阵地，主要是过去几天从事战斗的部队，但也从白采尔科维和卡扎京地域调来几支新部队。据信步兵第100和第135师正在索洛古博夫卡（Sologubovka）地域重组，西面，德国人首次识别出罗索沙地域的坦克第3军[41]。第1装甲集团军仍认为“瓦尔特劳特”行动刚好命中正实施进攻准备的苏军坦克第1集团军，也可能包括坦克第2集团军。但苏军在该地域集结起大批力量，这一事实说明，虽然德军反突击取得些效果，但苏军仍能在短时间内组织另一场进攻。对方从梅尔温展开进攻似乎证实这种评估，表明苏联人在该地域仍有足够的力量达成局部优势，特别是在坦克方面。德方还注意到敌人已在瓦赫诺夫卡东北地域实施兵力集结。

尽管灾难降临在右翼，但胡贝有理由为“瓦尔特劳特”行动取得的战果深感自豪，这一点在他当晚呈交冯·曼施泰因的报告中得到体现[42]。左翼的鏖战结束后，剩下的不过是一些局部性战斗。巴拉巴诺夫卡西北地域实施的最终扫荡抓获1200名俘虏，击毙的苏军士兵是这个数字的几倍。胡贝称，两个装甲军1月24日至30日的行动已圆满结束。苏军坦克第1、第2集团军在波格列比谢两侧实施的准备工作遭到严重破坏，共9个步兵师和5个快速军被德军击败[43]。由于“瓦尔特劳特”行动取得成功，德军战线大为缩短，两个装甲军之间原先仅以少量侦察部队加以掩护的缺口现已封闭。胡贝指出，两个装甲军共击毁或缴获701辆坦克和突击炮、213门火炮、468门反坦克炮、338支反坦克步枪、302辆汽车，以及大批马车和轻武器。另外，他们还俘虏5436人，击毙8000多名苏军士兵[44]。胡贝还在报告中特别称赞第16装甲师和“贝克”装甲团，另外，虽然气候条件通常都很糟糕，但德国空军提供的支援可谓不遗余力，堪称楷模。冯·曼施泰因次日做出回应，对指挥部门和各部队付出的努力表示赞赏和感谢。

然而，尽管“瓦尔特劳特”行动取得成功，但该行动仍需要他们，第1装甲集团军右翼现在急需两个装甲军辖内各师。因此，胡贝不得不把他的装甲兵团向东调往第7军后方地域，没有给这些部队留下休整恢复的时间。他目前的考虑是，先以这些力量攻向东北方，尔后转身向东，歼灭苏军部队，再部署到第1装甲集团军与第8集团军之间地域，从而解救第42、第11军陷入合围的部队。任务落在布赖特第3装甲军肩头，胡贝当日晚些时候下达指示[45]。训令中指出，第1装甲集团军的优先事宜是据守既有阵地，阻止苏军一切后续突破。尔后，装甲集团军将准备一场新的进攻行动，撤出一些必要的师并集结于第3装甲军麾下。这场新行动的代号为“万达”。从当前阵地获得接替后，第16装甲师和党卫队第1“警卫旗队”装甲师，连同“贝克”装甲团，应从第46装甲军转隶第3装甲军。第1装甲师也将加入，若第17装甲师未在第7军辖下投入其他行动，也会参与其中。另外，第198步兵师，也许还有第34步兵师，将在行动初期暂时交给第3装甲军。布赖特应以这些力量向北发起攻击，不得迟于2月3日晨，以第16、第17装甲师攻向梅德温和科舍瓦塔亚，目标是歼灭该地域之敌，同第42军辖内部队重新建立联系。党卫队第1“警卫旗队”装甲师应于2月4日晚些时候跟进。各装甲师目前据守的地段，由戈尔尼克第46装甲军辖内步兵师接防。胡贝还直接命令布赖特，为参与行动的各个师和直属部队的集结和准备工作提供掩护[46]。第16装甲师将集结于新格列布利亚—布基—基先齐—鲁德卡（Rudka）地域，党卫队第1“警卫旗队”装甲师位于南面的基先齐—哈尔科夫卡—津泽列夫卡—涅斯特罗夫卡地域。更南面，第1装甲师应集结在曼科夫卡—克拉斯诺波尔卡—波多布纳亚—津泽列夫卡地域。铁路部门运送这些部队的能力有限，因此，履带单位的运输优先。为优化这方面的有限资源，装甲集团军的BvTO[47]奉命向第3装甲军派驻一名联络官，直至部队调动工作完成。这场兵力调动至关重要，因此，胡贝要求布赖特和各师长亲自负责，确保所有运输安排顺利实施。

尽管此时的工作压力非常大，但胡贝司令部作战处的工作人员还是腾出一个小时，庆祝希特勒掌权11周年。1933年1月30日，希特勒终于成为帝国总理。国社党掌权这11年使国防军这些人走到目前这一步，现在看来真是种奇异的讽刺。作战参谋冯·格雷费尼茨中校发表简短演说，描述德国在希特勒领导下的发展过程，特别是整个国家重新获得的自由。第1装甲集团军作战日志没有记录下那些被告知每个军人的最高职责，“尽己所能保卫这种自由，对投身德意志民族斗争事业满怀自豪”的个人感受。

1944年1月31日，星期一

1月31日的夜晚依然较为平静[48]。右翼第7军报告，未发生任何情况，而第3装甲军防区中央地段遭到苏军两起突击。这两场进攻都针对舒利亚基以南，斯科莫罗哈（Skomorokha）南面约1.5公里地域的第82步兵师。苏军第一场进攻仅投入连级兵力，该师毫不费力地将其击退。第二场冲击发生在凌晨1点30分，规模较大，苏联人投入的兵力约为一个营，但在该师主防御阵地前方200—300米处被德军火炮和轻武器火力粉碎。第3装甲军防区其他地段，部队的调动工作继续进行，第6装甲师接替第16装甲师辖内一部，并接防直至萨巴罗夫卡的前线。第16装甲师也实施调动，接管直至该镇以西的地段。左侧，第46装甲军同样忙于调整辖内部队，除击退苏军一支巡逻队外，戈尔尼克装甲军的调动工作没有受到干扰。右翼，第1步兵师辖内部队正在接替党卫队第1“警卫旗队”装甲师，而“贝克”装甲团则将奥拉托夫车站周边防区移交给第4山地师一部。

第1装甲集团军目前的重点是把部队调至右翼，为“万达”行动加以准备，午后，胡贝将他的意图告知冯·曼施泰因[49]。这场进攻将于2月3日晨发起，在此之前，布赖特第3装甲军辖内第16、第17装甲师，以及提供支援的所有直属部队将完成集结，并为进攻做好准备。党卫队第1“警卫旗队”装甲师将于次日投入进攻，而“贝克”装甲团则于2月5日晨加入战斗。调拨给此次行动的另一股装甲力量，第1装甲师，要到两天后，也就是2月7日才能投入进攻。此时，胡贝尚未决定是否将第18炮兵师用于此次进攻，他认为这个决定可能要晚些时候做出，看事态发展而定。虽然提出这份计划时间表，但胡贝指出，目前周边道路状况的恶化可能会使他的日程安排发生延误。

当日拂晓，天色昏暗，阴云密布，某些地方下起阵雪，但凛冽的北风不断加强，天色渐渐转晴。第7军防区，当日仍未发生重要的战斗，报告中仅提及苏军的三场小规模进攻[50]。就连对方的交通运输量也出现下降迹象。第198步兵师对面的雷扎诺夫卡—奇佐夫卡公路上，几乎未看见对方的交通，但他们发现科贝利亚基南面，科贝利亚克斯基国营农场（Kobylyakskii）旁边的树林已被苏军占领。他们还在奇佐夫卡东北面树林内发现15辆敌坦克。苏联人对第198步兵师防区中央地段展开两场进攻，从库奇科夫卡沿河谷攻向切梅里斯科耶，这两场冲击均被击退。虽然只对该师遂行两次突击，但苏联人继续以重型迫击炮和反坦克炮火覆盖该地域。苏军在维诺格勒—舒比内斯塔维公路上的交通运输也渐渐停息，但德国人看见对方一个连从博索夫卡向西而去。不过，对该师来说也有些好消息，早些时候遭切断并陷入包围的第326掷弹兵团第2营，突出包围圈后杀回德军防线。左侧，苏军仅对第34步兵师设在切尔沃纳齐尔卡西南面的阵地发起一次进攻，他们只投入一个连，结果被该师轻而易举地击退。虽说未发生太多战斗，但该师报告，敌人正加强设在罗斯科舍夫卡以东林地的阵地。军左翼，第75步兵师据守的防区甚至更为平静，据报，当日只遭到敌人火炮和迫击炮轻微炮击。前线后方，第17装甲师向兹韦尼戈罗德卡地域实施侦察试探，进入奥利霍韦茨南面、西面和雷扎诺夫卡东南地域。这些部队到达以下一线，从兹韦尼戈罗德卡南面的卡捷里纳波尔（Katerinapol'）向西北方延伸，穿过古萨科沃（Gusakovo）、科布里诺沃（Kobrinovo）、扎列斯科耶（Zalesskoe）至科贝利亚克斯基国营农场以南几公里的巴甫洛夫卡，在那里，第198步兵师已确定苏军部队的存在。上述地点尚未被敌人占领，侦察部队因而转身向东赶往波波夫卡，14点30分，他们发现那里也没有敌人。另外，他们还发现奥利霍韦茨至雷扎诺夫卡的公路上没有任何障碍，苏联人似乎满足于将他们的合围对外正面设在稍东北面，更靠近兹韦尼戈罗德卡处。

第3装甲军防区同样平静[51]。第82步兵师的报告中未提及发生战斗，第6装甲师拂晓前完成接替第16装甲师余部的任务。当日剩下的时间平静度过，但该师报告，看见几辆敌坦克驶离尤什科夫齐。前线后方，该师继续扫荡弗龙托夫卡以北林地，又抓获150名俘虏。第16装甲师师部已迁至东面的涅斯特罗夫卡，在此期间，该师调离前线并赶往基先齐—索科洛夫卡—伊万诺夫卡—津泽列夫卡地域。可是，道路状况的恶化造成诸多困难，该师只有少数部队按时到达目的地。与此同时，第3装甲军军部也向东调动，计划设于乌曼以北的曼科夫卡，次日生效，该军部将从那里指挥即将展开的行动。随着这场调动，第3装甲军留下的部队也需要重新分配，因此，从1月31日午夜起，第6装甲师交由第46装甲军指挥，而第82步兵师则转隶第7军[52]。

第46装甲军防区也没有发生太多情况，但戈尔尼克仍对他的防线心存疑虑[53]。他正策划次日实施一场有限行动，扫荡伊伦齐南面的树林，但他认为有可能遭遇强大的苏军部队，发生各种潜在问题。他还对苏军在奥拉托夫车站以北的集结感到担心，若这些敌人继续留在该地域，党卫队第1“警卫旗队”装甲师和“贝克”装甲团的调离可能会给他的防线造成削弱的危险。但是，萨巴罗夫卡与奥拉托夫车站之间，敌人并未采取积极行动，第46装甲军得以延伸其右翼，以第1步兵师两个团接防萨巴罗夫卡西部边缘与270.1高地东坡之间地段，就此接替党卫队第1“警卫旗队”装甲师。第1步兵师另外一个团计划于当晚接替“警卫旗队”装甲师余部，以便该师重新集结在扎达内以北地域。当日日终前，“贝克”装甲团位于弗拉基米罗夫卡与奥拉托夫车站之间阵地的最后一批部队也获得接替，正重新集结在弗龙托夫卡地域。该团东调前，在其一部支援下，第4山地师为改善己方阵地发起一场进攻，在恰戈夫（Chagov）—佳贡公路上的锡纳尔纳国营农场（Sinarna）两侧，沿铁路路基夺得一道新防线。苏联人在坦克支援下展开反冲击，但德军击退对方的进攻，并牢牢守住自己的新阵地。“贝克”装甲团声称在这场小规模行动中又击毁14辆敌坦克。相比之下，该师左翼、第254步兵师和第101猎兵师据守的地段都很平静。与此同时，戈尔尼克将包括第94山地侦察营、第101侦察营和第18炮兵战斗营在内的一股力量集结于后方的伊伦齐以南地域。这股力量直属第46装甲军军部，计划用于对附近林地的扫荡。同时，第18炮兵师余部变更阵地，正赶往伊伦齐北面的罗马诺沃胡托尔周边地域。

总之，1月份最后一天对胡贝装甲集团军来说非常平静。第7军和第3装甲军据守的防区未发生值得一提的战斗，苏联人只实施一些孤立、不太重要的侦察巡逻。第46装甲军防区也没有发生太多战斗，仅第4山地师实施小规模进攻，苏军随后展开反冲击。另外，德国人原本预料苏军会加强第1装甲集团军与第8集团军之间的缺口地域，但对方这一行动似乎也大幅度放缓，尽管这也许是下一场风暴前的平静。空中侦察的结果表明，苏联人似乎把行动重点放在更东面，德国人发现对方正在什波拉和托皮利纳（Topil'na）地域大举调动，包括坦克和摩托化单位在内。这些部队向北而去，第1装甲集团军认为这表明苏联人已完成部队的再补给和重组，正准备对德军被围部队的南部防线发起一场大规模进攻。苏军只布设一道正面朝南的掩护线，装甲集团军识别出苏军坦克第29军一部部署在这道防线上。根据这种预计，胡贝继续为“万达”行动加以准备，第1装甲集团军先前的一段战史就此结束。1月31日的Wehrmachtsbericht[54]对该装甲集团军取得的成就大加称赞，作战日志记录下装甲集团军获得表彰后的自豪之情。公报中写道：

1月24日至30日在波格列比谢以南地域的进攻作战中，装甲兵上将胡贝指挥的陆军和武装党卫队部队，在德国空军部队有力支援下，歼灭苏军10个步兵师和数个坦克军。在此期间，苏军分子6500人被俘，8000余人毙命。700辆坦克和突击炮、680门火炮、340门反坦克炮、数百辆汽车和大批其他武器及特种军事装备被击毁或缴获。巴克少将指挥的威斯特伐利亚第16装甲师和贝克中校率领的重型装甲团表现得尤为突出。[55]

注释

1.“南方”集团军群作战处，第461/44号令，1944年1月28日签发。

2.第1装甲集团军晨报总结，1944年1月28日6点10分签发。

3.同上。

4.同上。

5.第46装甲军推迟提交的报告，1944年1月28日7点50分签发。

6.第7军每日报告，1944年1月28日18点45分签发。

7.第1装甲集团军作战处，第171/44号令，1944年1月28日签发。

8.第3装甲军每日报告，1944年1月28日19点签发。

9.第46装甲军每日报告，1944年1月28日19点40分签发。报告中指出，该军可用战车数量略有下降：

· 党卫队第1“警卫旗队”装甲师：16辆四号长身管坦克、9辆五号“豹”式坦克、4辆六号“虎”式坦克、16辆突击炮

· 第254步兵师：12辆突击炮

· 第1步兵师：6辆突击炮

· 第18炮兵师：8辆突击炮

· “贝克”装甲团：10辆五号“豹”式坦克、13辆六号“虎”式坦克

10.R.莱曼、R.蒂曼，《警卫旗队，第四册第一卷》，第23页。

11.第1装甲集团军情报处发给“南方”集团军群的晚间报告，1944年1月28日零点30分签发。

12.“南方”集团军群作战处，第459/44号令，1944年1月28日签发。

13.第1装甲集团军作战处，第84/44号令，1944年1月28日签发。

14.第7军晨报，1944年1月29日6点30分签发。

15.第3装甲军晨报，1944年1月29日5点40分签发。上午10点10分提交的另一份报告列举该军目前可用战车数量：

· 第6装甲师：9辆四号长身管坦克、1辆喷火坦克

· 第16装甲师：22辆四号长身管坦克、18辆五号“豹”式坦克、15辆突击炮

· 第17装甲师：6辆四号长身管坦克、1辆三号长身管坦克

· 第249突击炮营：1辆突击炮

· 第506重型装甲营：10辆六号“虎”式坦克

16.第46装甲军晨报，1944年1月29日6点40分签发。

17.第1装甲集团军作战处，第84/44号报告，1944年1月29日签发。

18.“南方”集团军群作战处，第488/44号令，1944年1月29日签发。

19.第7军每日报告，1944年1月29日19点30分签发。随着第17装甲师的加入，该军可用战车数量如下：

· 第17装甲师：11辆四号长身管坦克、1辆三号长身管坦克

· 第202突击炮营：15辆突击炮

20.第7军作战处，第337/44号报告，1944年1月29日签发。这份额外报告还提供苏军1943年12月24日开始进攻以来，该军伤亡人数的一些细节。战役初期，第7军隶属第4装甲集团军，第75和第198步兵师伤亡23名军官、856名军士和士兵。加入第1装甲集团军后，1月3日至27日，这些数字分别上升到79名军官、2920名军士和士兵。因此，苏军开始进攻以来，两个师的伤亡总数为3878人。

21.第3装甲军每日报告，1月29日19点15分签发。

22.第46装甲军每日报告，1月29日20点30分签发。报告中证实战斗相当激烈，称击毁或缴获64辆敌坦克（另外2辆被重型迫击炮打得无法动弹）、37门反坦克炮、11门其他火炮、121挺机枪、60支冲锋枪和21辆卡车，共抓获860名俘虏。

23.该军判明，这是苏军近卫步兵第68师和步兵第309师的部分部队，尽管后者被错误地报告为步兵第209师。

24.R.莱曼、R.蒂曼，《警卫旗队，第四册第一卷》，第24页。

25.戈尔尼克提出这一要求后，1月31日的国防军每日公报中提及贝克，作为肯定第1装甲集团军战绩的组成部分。

26.魏特曼继续在功成名就的道路上飞奔，后来在诺曼底与盟军的战斗中阵亡。

27.第4装甲集团军作战处，第747/44号令，1944年1月29日签发。

28.“南方”集团军群作战处，第486/44号令，1944年1月29日签发。

29.第1装甲集团军情报处发给“南方”集团军群的晚间报告，1944年1月30日1点签发。

30.步兵第136、第167、第180、第359师。

31.第1装甲集团军作战处，第86/44号令，1944年1月29日签发。

32.第1装甲集团军作战处，第179/44号令，1944年1月29日签发。

33.第1装甲集团军作战处，第187/44号令，1944年1月29日签发。

34.桥梁修建队。

35.第1装甲集团军晨报总结，1944年1月30日签发。

36.第7军每日报告，1944年1月30日19点50分签发。

37.第1装甲集团军作战处，第183/44号令，1944年1月30日签发。

38.第3装甲军每日报告，1944年1月30日19点45分签发。据报，该军可用战车数量如下：

·第16装甲师：26辆四号长身管坦克、26辆五号“豹”式坦克、10辆突击炮

·第506重型装甲营：10辆六号“虎”式坦克

报告中未提及第6装甲师和第249突击炮营的战车数量。

39.德方记录中称之为Lipitsyna。所有地图上均未标注这个小村庄，它位于布杰诺夫卡北面，树林北部边缘。

40.第46装甲军每日报告，1944年1月30日20点30分签发。据该军报告，共击毁/缴获敌人520辆坦克和突击炮、179门反坦克炮、115门其他火炮、106支反坦克步枪和4辆拖车，还抓获2758名俘虏，数出4370具敌人的尸体。该军目前可用战车数量如下：

·党卫队第1“警卫旗队”装甲师：13辆四号长身管坦克、6辆五号“豹”式坦克、4辆六号“虎”式坦克、15辆突击炮

·“贝克”装甲团：6辆五号“豹”式坦克、19辆六号“虎”式坦克

·第101猎兵师：4辆五号“豹”式坦克（属于第23装甲团第2营）

·第1步兵师：4辆突击炮

·第18炮兵师：3辆突击炮

·第254步兵师：18辆突击炮

41.德国人在伊瓦赫内附近发现一辆苏军丢弃的坦克，幸运地在坦克里找到些关于坦克第3军的文件。1月17日，该军部署在白采尔科维西南方约10公里的列宁斯科耶周围，1月25日，该军赶往波格列比谢，奉命集结于斯皮钦齐—瓦西里科夫齐地域。1月26日，该军奉命部署至奥奇特科夫—梅多夫卡地域，准备协助第38集团军辖内部队，歼灭在博格丹诺夫卡和纳帕多夫卡地域推进的德军部队。这场反突击将于1月27日10点发起。

42.第1装甲集团军呈交“南方”集团军群的每日报告，1944年1月30日21点05分签发。报告中称，第17装甲军目前尚有11辆四号长身管坦克和1辆三号长身管坦克，第202突击炮营有15辆可用突击炮。

43.同上，胡贝在报告中声称第1装甲集团军歼灭或至少重创以下苏军部队：

·步兵第163师

·步兵第240师

·步兵第340师

·步兵第155师

·步兵第135师

·步兵第100师

·步兵第107师

·步兵第211师

·近卫步兵第68师

· 近卫坦克第11军

· 坦克第31军

· 坦克第3军

· 近卫坦克第7军

· 近卫机械化第8军

这种说法似乎有些夸大。虽然所有步兵部队作为第38或第40集团军辖内力量投入战斗，这些坦克部队也都隶属坦克第1、第2集团军和近卫坦克第3集团军，但没有一支部队因为德军这场进攻而退出现役。这些部队的补充和重建都在当地完成，因此，任何一支部队的人员和装备似乎都未遭受灾难性损失。

44.据1944年1月30日17点签发的一份电传电报称，第3装甲军取得的战果如下：俘虏2678人，数出540具敌人的尸体，估计击毙2770人，击毁或缴获156辆坦克、25辆突击炮、100门火炮、10门高射炮、289门反坦克炮、20门迫击炮、165辆卡车、365辆马车和382匹马。另外，该军还报告在行动期间排除1953枚地雷。

45.第1装甲集团军作战处，第11/44号令，1944年1月30日签发。

46.第1装甲集团军作战处，第88/44号令，1944年1月30日签发。命令中认为该军掌握的直属部队如下：

· 第506重型装甲营

· 第249突击炮营

· 第628迫击炮营第1连

· 第67重型炮兵营第2连

· 第54火箭炮团（缺第3营，但编有第52火箭炮团第2营）

· 62号装甲列车

该军还将从第7军获得以下部队：

· 第617特种炮兵团（只有团部）

· 第62重型炮兵营第2连

· 第84加农炮兵连第2排（170毫米火炮）

47.军事交通勤务全权代表。

48.第1装甲集团军晨报总结，1944年1月31日5点30分签发。

49.第1装甲集团军作战处，第89/44号报告，1944年1月31日签发。

50.第7军每日报告，1944年1月31日18点20分签发。

51.第3装甲军每日报告，1944年1月31日18点30分签发。

52.第1装甲集团军发给“南方”集团军群的每日报告，1944年1月31日21点30分签发。

53.第46装甲军每日报告，1944年1月31日19点签发。

54.这是各条战线作战行动的总结报告，由OKW指挥参谋部的国防军宣传处每日发布。公报在每日中午的新闻广播前播出，也刊登在报纸上，通常是头版。

55.《德国国防军每日公报》（1939年至1945年，第三册），第22页。

第二十章
尾声

正如这部两卷本拙著描述的那样，将德军1943年年底和1944年初在基辅以西的行动分为两个阶段也许较为适宜。第一阶段从1943年12月24日至1944年1月9日，在此期间，苏军发起并发展进攻。第二阶段从1944年1月10日至当月月底，德军展开并持续其反突击，力图稳定态势。这两个阶段有所重叠，因为苏军直到1月14日才正式停止进攻。

苏军1943年12月24日发起日托米尔—别尔季切夫进攻战役，在实施50分钟炮火准备和空中突击后，乌克兰第1方面军投入基辅以西的进攻行动。苏军迅速突破德军防线，随即投入坦克第1集团军和近卫坦克第3集团军发展初期胜利。两天后，方面军左翼和右翼部队加入战斗，行动扩大，三天内，这场进攻沿一条300公里宽的战线向前推进，先遣部队达成近100公里纵深突破。红军解放的第一座重镇是拉多梅什利，近卫第1集团军前进中的部队12月26日将其攻克，12月28日，坦克第1集团军解放卡扎京。下一座被夺取的重镇是斯克维拉，12月29日落入第40集团军手中，两天后，第60、近卫第1、第18集团军辖内部队和近卫坦克第3集团军一部解放日托米尔。左翼，第40集团军1944年1月4日攻克白采尔科维，而中路的主要突击继续向前，第18和第38集团军辖内部队在近卫坦克第44旅一部支援下，次日解放别尔季切夫。右翼，第13集团军12月29日重新夺回科罗斯坚，1月3日攻克沃伦斯基新城，1月11日夺取萨尔内，一天后解放科列茨。这场进军的南面，第60集团军1月9日解放波隆诺耶，七天后攻克斯拉武塔。完成大部分目标后，面对德军越来越猛烈的反冲击，乌克兰第1方面军奉命于1月14日转入防御，巩固新阵地，并为下一阶段的进攻行动加以准备。事实证明，这场战役取得重大成功。方面军右翼，红军不到一个月便向前推进200公里，第13和第60集团军不仅实现预定目标，甚至超额完成任务。中央地段，两个坦克集团军和近卫第1、第18、第38集团军挺进100多公里，几乎完成了赋予他们的所有目标，但没能夺取赫梅利尼克、卡利诺夫卡和文尼察。左翼，第40集团军辖内部队挺进约80公里，但没能突破德军防御并同东南方的乌克兰第2方面军会合。虽然在该地段未能取得成功，但这场战役解放基辅和日托米尔州剩余部分，以及罗夫诺州大部和文尼察州一部分。红军这场推进，最成功之处当属右翼，1944年1月底前，第13和第60集团军辖内部队已构成迂回“南方”集团军群左翼的威胁，而且即将展开罗夫诺—卢茨克进攻战役。同时，左翼第27和第40集团军辖内部队将第1装甲集团军右翼逼入仍依托第聂伯河的一个突出部，为科尔孙–舍甫琴柯夫斯基进攻战役创造出必要的先决条件。

苏军刚刚开始进攻，第4装甲集团军的兵力就迅速证明不足以应对这场威胁，冯·曼施泰因不得不四处拼凑所能找到的援兵。他先从麾下抽调编有第6和第17装甲师的第3装甲军，企图堵住苏军在第7军与第42军之间撕开的缺口，这个缺口宽达90公里，东起白采尔科维，西至卡扎京。为提供协助，他还打算抽调第3装甲师和“大德意志”装甲掷弹兵师，但苏军在基洛沃格勒周围遂行的进攻导致无法调用这两个师。第3装甲军调动后，A集团军群提供第4山地师，该师部署在突破口西端，力图掩护第42军南翼，冯·曼施泰因意识到第4装甲集团军应对苏军进攻时面临的指挥困难，遂将第1装甲集团军司令部从更南面战线撤出，命令该司令部接管第4装甲集团军右翼地段。此时，第4装甲集团军左翼也出现一个约70公里宽的缺口，苏军在第48装甲军与第59军之间推进，导致后者与集团军主力再度脱离。冯·曼施泰因将近期分别调自“中央”“北方”集团军群的第16装甲师和第1步兵师投入该缺口。两个兵团1月初到达，旋即赶往第4装甲集团军左翼的舍佩托夫卡地域，负责指挥这两个师的是调自“中央”集团军群的第46装甲军。冯·曼施泰因采取这些措施着手封堵防线上的两个主要缺口。但是，鉴于苏军在两翼的进攻速度，坦克第1集团军在攻向文尼察期间在第4装甲集团军与第1装甲集团军之间插入一根楔子，冯·曼施泰因故而决定将编有第16装甲师和第1步兵师的第46装甲军变更部署至文尼察地域，以展开一场反突击，阻止苏联人前出到日梅林卡铁路枢纽部。此时，第101猎兵师已从A集团军群调来，部署在第1装甲集团军最左侧，设法阻止苏军攻入文尼察，而第46装甲军则为计划中的反突击实施集结。与此同时，调自“北方”集团军群的第254步兵师也到达文尼察地域，而从巴尔干地区F集团军群抽调的第371步兵师，经过一段漫长旅程，正在日梅林卡地域卸载。1月10日发起反突击前，冯·曼施泰因已将五个新锐师集结在第4装甲集团军右翼，他打算从那里向东突击，攻向第1装甲集团军左翼。在此期间，苏军在两个集团军之间缺口部的推进有所放缓，这使第1装甲集团军得以将第17装甲师东调，对冲向乌曼之敌展开反突击。德军共获得8个师的新锐援兵，其中包括3个装甲师，从此时起，他们将以这些兵力遂行一系列反突击。唯一一支仍在途中的援兵是调自“北方”集团军群的第96步兵师，该师将于两天后到达，并部署至北翼第48装甲军与第59军之间，填补第46装甲军南调后造成的缺口。因此，就主要部队而言，德国人以1个集团军级指挥部、1个军级指挥部、3个装甲师和6个步兵师增援该地段。“南方”集团军群北翼得到显著加强，欲避免整个防线发生崩溃，此举至关重要，但归根结底，事实证明这种程度的加强并不够。

经过17天接连不断的后撤，德国人以两场单独、几乎同时展开的进攻行动发起他们的反突击。第一场进攻是“冬季旅行”行动，1月10日在第4装甲集团军南翼打响，目标是切断并歼灭文尼察东南面的苏军坦克第1集团军。第17装甲师一天后投入进攻，肃清乌曼以北地域，以此作为遏止苏军推进并封闭第3装甲军与第7军之间缺口的第一步。两场行动都构成对不同数量苏军部队的合围，但都没能对此加以利用，致使苏联人将大批人员和装备撤离。“冬季旅行”行动1月16日落下帷幕，随之而来的是第1装甲集团军几天后展开的反突击。待这些初期行动达成目标，文尼察和乌曼周边态势稳定后，第46装甲军就将转隶第1装甲集团军，负责据守南部防线。随后制定的计划是消除四号直达公路遭受的威胁，切断苏军在利波韦茨与齐布列夫之间推进形成的南突出部。这场行动的代号为“瓦尔特劳特”，于1月24日发起。1月30日行动完成时，第3和第46装甲军辖内部队再次困住大批苏军部队，但他们同样缺乏完成任务的力量，许多敌军得以向北突围，逃回己方防线。

甚至在德军展开第一场反突击之前，日托米尔—别尔季切夫进攻战役的发展情况已促使苏联人重新审核他们的计划。鉴于乌克兰第1集团军取得的初期战果，苏军最高统帅部大本营12月29日给乌克兰第2方面军下达新命令，指示科涅夫转入进攻，不得迟于1月5日[1]。这场进攻的主要目标是基洛沃格勒，此外，还应向西北方展开一场辅助突击，攻往乌曼西北方的什波拉和赫里斯季诺夫卡。几天后的1月2日，瓦图京也提出扩大战果的新建议[2]。他想让麾下两个坦克集团军分头展开行动，近卫坦克第3集团军向西南方攻往日梅林卡，先肃清别尔季切夫周边地域，而坦克第1集团军则应攻往东南方，目标是赫里斯季诺夫卡，在那里同乌克兰第2方面军辖内部队会合，从而困住仍盘踞在第聂伯河河畔的德军部队。科涅夫1月5日正式向基洛沃格勒发起进攻，仅用三天便肃清该镇，但向赫里斯季诺夫卡和什波拉遂行的辅助突击不太成功，到1月10日，他的北翼部队实际上已转入防御。在此之前的1月9日，德军展开第一场的反突击前一天，瓦图京向最高统帅部大本营提交关于继续并扩大乌克兰第1方面军进攻行动的建议。这些建议相当广泛，还涉及继续向西前进100公里的设想。在此阶段，科涅夫麾下部队正在基洛沃格勒地域推进，这些建议仍预见到方面军左翼集团军与乌克兰第2方面军在乌曼附近会合的前景。可是，胡贝以第17装甲师在该地域遂行的反突击大概粉碎了苏联人在该方向的希望，使对方重新评估如何消灭第聂伯河河畔德军登陆场的问题。该师展开反突击的第二天，1月12日，苏军最高统帅部大本营默认先前包围德军部队的计划已告失败，并给两个方面军下达指示，要求他们准备一场行动，包围并歼灭科尔孙周围的德军集团。这场新行动的意图是以两个方面军取得会合，缩短防线，从而使两个方面军获得加强，进而改善整体战役态势，并促成向南布格河的后续推进。在此阶段，虽然德军的反突击取得进展，但苏军统帅部仍对乌克兰第1方面军在其他地段展开进攻心存希望。事后看来，苏联人对德军部署和意图所掌握的情报严重不足。几天后的1月14日，随着第46装甲军攻向利波韦茨与伊伦齐之间的索布河河段，第7军和第3装甲军也在东面展开反突击，苏军最高统帅部大本营遂命令乌克兰第1方面军转入防御。此时，苏军最高统帅部大本营已从预备队抽调坦克第31军（1月5日）和机械化第5军（1月11日）交给瓦图京，根据修订后的作战计划，两个军将部署在方面军中央地段。这些新部队不得不从事防御作战。可是，这股力量似乎不够，最高统帅部大本营又于1月18日投入坦克第2集团军（辖获得补充的坦克第3和第16军）。该集团军原本打算用于1月9日修订的作战计划，不过，虽然批准那些计划，但最高统帅部当时并未投入该集团军，直到1月18日才将其派往前线，可能是为应对德军持续进行的反突击。该集团军在此阶段的投入似乎给苏军统帅部造成个问题，在即将发起的科尔孙-舍甫琴柯夫斯基进攻战役中，缺少一个可用于指挥乌克兰第1方面军辖内快速部队的坦克集团军司令部。坦克第6集团军司令部似乎就是为此而成立，最高统帅部1月20日下达相关命令，就在将坦克第2集团军调拨给乌克兰第1方面军两天后。正如已知的那样，在这段考虑期间，乌克兰第1方面军获得大批援兵，包括第47集团军司令部、步兵第106军（辖步兵第58、第133、第359师）、步兵第67军（辖步兵第151、第221、第302师），以及编有坦克第3和第16军的坦克第2集团军、坦克第31军、机械化第5军和近卫骑兵第6军（辖近卫骑兵第8、第13、骑兵第8师）。另外，1月22日至2月3日间，乌克兰第1方面军还获得400辆全新T-34坦克，以弥补方面军的装备损失[3]。

★★★

德军针对红军日托米尔—别尔季切夫进攻战役作出的应对，现在对某些方面加以回顾也许很有意思，虽然不能忽略冯·曼施泰因和他的集团军司令们通过一系列反突击取得的成功，但德军指挥官的一些重要战役决策似乎值得考量，看看是否存在某种潜在的误判。

首先需要斟酌的也许是苏军发起进攻前德军预备队的部署，在这方面，应该直截了当地指出，第4装甲集团军根本没有值得一提的预备力量。就主要作战兵团而言，劳斯可用的预备队只有三个师，其中一个根本就不是前线作战部队，另外两个师需要休整和补充，因而已撤出战斗，装甲集团军未采取积极措施组建一支战役预备队。三个师中的两个离前线较近，部署在第4装甲集团军右翼，第24装甲军和第7军后方地域，第三个师则在别尔季切夫附近，距离前线70多公里。担任预备队的一个师是第18炮兵师，但这不是一支前线作战部队，在即将开始的机动防御作战中，用途也很有限。毫无疑问，该师在支援静态防御或积极进攻方面具有更大价值，后来用于支援“瓦尔特劳特”行动时证明这一点，但乌克兰第1方面军展开进攻时，这个师在许多方面与其说是一种资产，倒不如说是一种负债。就这方面而言，该师部署在第7军后方至少使其免遭苏军第一阶段攻势的破坏。若第18炮兵师为第42军提供支援，苏军的猛烈攻势很可能将其彻底打垮并歼灭。结果，劳斯别无选择，只能派这个师从事根本不适合他们的任务，在卡扎京遂行地面防御，但至少在苏军进攻期间，该师位于次要地段，并靠近一条铁路线。这两个因素促使劳斯立即使用该师遂行防御，也使第18炮兵师免遭苏军最初的猛烈突击，劳斯得以部署该师支援德军最终展开的反突击。

但是，同样的论点并不适用于第168步兵师，虽然该师躲在第聂伯河附近第24装甲军身后。这是一支前线作战兵团，但德军在库尔斯克的进攻行动失利后，该师在后撤期间遭受严重损失。1943年9月，该师已沦为一支战斗群，11月编入第24装甲军担任预备队，在一片平静地段接受补充和重建。尽管该师与苏军发起主要突击的地点相距近100公里，但其驻地与铁路线靠得非常近，这使劳斯得以迅速变更该师部署。另一方面，调动和运输方面的安排意味着该师不得不零零碎碎地开赴新地域，各单位一到达便投入战斗，这不可避免地削弱了该师的冲击力。实际上，这两个师最初的部署地点都与苏军的初期目标有一些距离，这个事实意味着，尽管调动迅速，但这两个师没能给苏军实现其目标造成任何障碍。第168步兵师发现自己位于第7军左翼，苏军力图迫使该师退向南面和东南面，远离他们向卡扎京遂行突击的主要路段。该师最终向西而去加入第42军，但为时过晚，卡扎京已然陷落。第18炮兵师同样如此，该师并不适合据守卡扎京，另外，由于行程较远，他们没能及时到达新作战地域，以阻止苏军夺取该铁路枢纽部。但就算该师部署得更近些，鉴于其编成，似乎也不太可能凭一己之力据守卡扎京。

劳斯可用的另一个师是第20装甲掷弹兵师。该师于1943年12月13日加入集团军预备队，开赴别尔季切夫以西地域接受休整和补充。鉴于其状况[4]，这个师也不太适合担任战役预备队，但劳斯不得不对一切可用资源加以利用。早在1943年12月25日，该师便接到指示，组建一个团级战斗群用于前线，余部加快补充速度并担任预备队，掩护别尔季切夫[5]。该战斗群迅速投入，填补第48装甲军与第42军之间的缺口，试图掩护卡扎京接近地，从这方面看，在这三个师中，该战斗群部署的位置最合乎逻辑，离前线有一定距离，能够迅速调动，以掩护日托米尔、别尔季切夫或卡扎京这三个重要铁路枢纽部的任何一处。但事实上，该战斗群缺乏足够的作战兵力，无法对苏军的推进产生重要影响。

因此，也许有人会说，面对苏军即将展开的进攻，第4装甲集团军对主要预备兵团的部署不太理想，但必须承认，担任预备队的三个师，没有一个适合手头的任务。虽然对他们的部署也许可以考虑得更周全些，但几个师的实力似乎不太可能给战役的进程造成实质性差别，德军的防御之所以失败，主要原因是整体缺乏重要预备力量，而非预备队的部署地域。

苏军展开进攻后，德国集团军群和集团军指挥官是否犯有明显的指挥错误，因而给战斗造成不利影响？大体上说，面对苏军的进攻，冯·曼施泰因采取的对策似乎是尽力为铁路交通网提供必要掩护，以维系“南方”集团军群和A集团军群的补给运输。乌克兰西部的铁路网建设得比较好，但补给交通的主要负担落在从西面通入乌克兰的两条双轨铁路线上。偏北的一条铁路线从科韦利起，经罗夫诺、舍佩托夫卡、别尔季切夫和卡扎京至基辅，另一条铁路线则从利沃夫起，穿过塔尔诺波尔、普罗斯库罗夫和日梅林卡至敖德萨。后一条铁路线在日梅林卡分岔，以另一条双轨铁路线通往基辅，途经文尼察、卡扎京和法斯托夫。除此之外，还有另外一些与主铁路线相平行或垂直的单轨铁路线。这些铁路线最靠北一条从科韦利起，穿过萨尔内和科罗斯坚通往基辅，并以三条垂直铁路线同科韦利—基辅铁路线相交。第一条连通罗夫诺和萨尔内；第二条从舍佩托夫卡起，穿过沃伦斯基新城至科罗斯坚；第三条则从别尔季切夫起，经日托米尔到科罗斯坚。后两条铁路线又与另一条单轨铁路线相交，这条铁路线从沃伦斯基新城起，穿过日托米尔通往法斯托夫，在那里并入日梅林卡—基辅主铁路线。科韦利—基辅主铁路线通过一条垂直的单轨铁路线（从普罗斯库罗夫起，经旧康斯坦丁诺夫至舍佩托夫卡）并入利沃夫—敖德萨主铁路线。从旧康斯坦丁诺夫起，另一条单轨铁路线与主铁路线相平行，通往日梅林卡—卡扎京铁路线上的卡利诺夫卡，从那里继续伸向东南方的赫里斯季诺夫卡，那是乌曼西北面一个重要枢纽站。除此之外，整片地区还有各种支线，但对后勤运输的重要性不太大。从这个交通网可以看出，重要的铁路枢纽站是科罗斯坚、罗夫诺、沃伦斯基新城、日托米尔、舍佩托夫卡、别尔季切夫、卡扎京、普罗斯库罗夫、旧康斯坦丁诺夫、卡利诺夫卡、日梅林卡和赫里斯季诺夫卡。其中，卡扎京和日梅林卡尤为重要，因为通入这里的都是双轨铁路线，舍佩托夫卡也很重要，它是五条不同铁路线的交汇处。

在这种背景下，德军指挥部门做出的第一个重要战役决定是叫停第48装甲军在科罗斯坚东南地域的进攻，并将该军南调，用于掩护日托米尔镇。这场机动显然是因为日托米尔是个重要的公路和铁路枢纽部，若该镇失陷，会给德国人在前线后方横向调动部队的能力造成严重影响，从而使他们的战役选择受到限制。劳斯决定立即停止科罗斯坚周围的进攻行动，因为苏军展开进攻后，该地段的重要性已退居次位。根据所掌握的情报，日托米尔显然是苏联人的当前目标，在此阶段，劳斯尚未弄清苏军的主要威胁将朝何处发展，命令第48装甲军南调，从东面和东南面掩护日托米尔镇，似乎不失为明智之举。同时，他还把第1装甲师调至日托米尔以东地域，在那里设法沿通往基辅的主公路两侧设立一道新防线，而党卫队第1“警卫旗队”装甲师则赶往更南面，掩护日托米尔—法斯托夫铁路线。劳斯最初的应对似乎是先在日托米尔设立一道新防线，尔后加强第48装甲军与第42军之间敞开的缺口部两侧的部队，为一场可能实施的反突击加以准备。证实这一点的是，第18炮兵师原本计划变更部署到科切罗夫以东地域，支援沿通往日托米尔公路设防的第42军。在此阶段，德军指挥部门似乎没有认真考虑南面的卡扎京是否也处于危险中，从这一点看，劳斯和冯·曼施泰因严重低估苏军这场攻势的规模。不过，他们的错误很快显现出来，12月25日下午，他们意识到别尔季切夫和卡扎京遭受潜在威胁，尽管两人对如何应对这个问题持不同观点。次日，情况彻底弄清，卡扎京也处在直接威胁下，再度变更第48装甲军的部署已为时过晚。“警卫旗队”装甲师此时悉数投入日托米尔东南地段，无法迅速调去守卫铁路枢纽部，而第18炮兵师尚在日托米尔构筑防御。尽管如此，冯·曼施泰因和劳斯仍计划消除这一威胁，他们打算以第48装甲军展开反突击，向东南方攻往第42军，从而封闭缺口，守住卡扎京和别尔季切夫。大约在同一时刻，第168步兵师已着手加强第42和第7军的防御，所以，劳斯手头没有可用于据守卡扎京的大股兵团。德国人将所有希望寄托于计划中的反突击，据守卡扎京，目前唯一可用的力量似乎只有第18炮兵师。当晚晚些时候，装甲集团军命令该师开赴该地域，所希望的可能只是采取某种预防措施。在这种情况下，计划中的反突击并未发起，经过一场短暂、无效的防御后，卡扎京12月28日陷落。冯·曼施泰因和劳斯严重低估苏军这场攻势的大小和规模，并为此付出代价。他们竭力恢复态势，目前已在日托米尔以东设立一处新的临时防御阵地，这使第1装甲师得以南调，设法加强别尔季切夫—卡扎京地段的防御。但这股援兵太过微弱，到达得也太晚，因为苏军已将突击重点调整至其他地段。劳斯力图巩固别尔季切夫两侧破碎的中央地段，将第4装甲集团军防线切为三段。

防线的破裂需要德军指挥部门做出第二个重大战役决定。1944年1月初，东面的第7军与西面新插入的第24装甲军之间的德军防线出现个大缺口，冯·曼施泰因现在面临一个新的、不同的问题。白采尔科维与卡扎京之间实际上没有任何德军部队存在，这使苏军得以一路向南，渡过罗西河，直扑卡利诺夫卡—乌曼铁路线、赫里斯季诺夫卡重要的铁路枢纽部和四号直达公路。冯·曼施泰因早就意识到这个威胁，已命令第6和第17装甲师开入乌曼西北地域，1944年1月2日又抽调第1装甲集团军接管整片地域。这里的防御重点似乎也是保障铁路交通网，第17装甲师1月2日赶到，部署在缺口部西侧，扼守卡利诺夫卡—乌曼铁路线，并掩护卡利诺夫卡和日梅林卡的枢纽站。次日开到的第6装甲师部署在缺口部东侧，保卫卡利诺夫卡—乌曼铁路线余下的部分，并掩护赫里斯季诺夫卡至关重要的枢纽站。一个显而易见的选择是将第3装甲军部署在该地段，不仅能使缺口部得到某种程度的填补，而且装甲部队的到来还使德国人在反突击的选择方面具有更大灵活性。当然，那里也没有其他力量可用，第4装甲集团军余部已悉数投入战斗，而“上级”下达的命令是不得放弃第聂伯河防线。因此，虽说将第3装甲军部署到该地段合情合理，但应当记住，两个师在近100公里防线上散布得相当薄弱，若苏联人决定加强该地段的进攻，情况可能会变得完全不同。在这方面，胡贝和冯·曼施泰因较为幸运，到1944年1月6日，该地段的压力已得到缓解，因为苏军的打击重点落在第4装甲集团军防区。

因此，劳斯和冯·曼施泰因最初做出的两个重要决定并无特别出彩之处。第一个决定表明他们严重低估苏军攻势的规模，而第二个决定几乎完全取决于当时的态势，并不需要太多作战天赋。相比之下，下一个决定非同寻常，而且其影响更为深远，这就是将第46装甲军从左翼调至第4装甲集团军右翼。此时，苏军对第1装甲集团军左翼的压力有所缓解，因为苏军的主要突击已转向西面，坦克第1集团军攻向文尼察，给冯·曼施泰因和劳斯提出一个新的作战问题。这个问题可以说最为关键，因为他们对此的应对逐渐演变成整个行动的转折点，德国人暂时夺回主动权，发起一连串反突击，力图稳定己方阵地。不过，他们之所以能作出这种应对，是因为调自作战地域外的援兵及时赶到。第3装甲军1944年1月3日进入乌曼西北地域时，“中央”集团军群抽调的第16装甲师开始到达，集结在西北方200多公里外的舍佩托夫卡地域。劳斯最初将该师部署在左翼，扼守罗夫诺—别尔季切夫铁路线，并掩护波隆诺耶和舍佩托夫卡铁路枢纽站。第1和第254步兵师很快也将同该师会合，这些新锐部队都由第46装甲军指挥。当时，这是个合理的判断。日托米尔和卡扎京丢失后，德军已采取行动，力图缓解卡利诺夫卡—乌曼铁路线承受的压力，并掩护卡利诺夫卡—文尼察和乌曼—赫里斯季诺夫卡地域。随着苏军逼近舍佩托夫卡—别尔季切夫铁路线，波隆诺耶的重要性大为下降，但舍佩托夫卡依然重要，守住该镇，德军便能使用科韦利—罗夫诺铁路线，交通运输可穿过旧康斯坦丁诺夫向南而去。因此，舍佩托夫卡必须坚守。可是，苏军1月5日突破罗夫诺—别尔季切夫铁路线，他们越过这条铁路线向南攻往伊万诺波尔，整片地域的重要性严重下降之际，东南方，一个更严重的威胁开始出现——苏军坦克第1集团军攻向文尼察。到1月8日，冯·曼施泰因和劳斯已经很清楚，苏军穿过第4装甲集团军右翼的这场推进，对日梅林卡至关重要的铁路枢纽站构成直接威胁。截至1944年1月9日，“南方”集团军群已丢失科罗斯坚、沃伦斯基新城、日托米尔、别尔季切夫和卡扎京，而舍佩托夫卡、日梅林卡和赫里斯季诺夫卡也处在威胁下。舍佩托夫卡对第4装甲集团军左翼和使用科韦利—罗夫诺铁路线穿过旧康斯坦丁诺夫来说依然重要，而赫里斯季诺夫卡对第8集团军和第1装甲集团军右翼至关重要，但日梅林卡铁路枢纽部现在成为整个A集团军群和“南方”集团军群右翼的关键，这里似乎是苏军的突击重点。相比之下，他们朝舍佩托夫卡和赫里斯季诺夫卡的推进较为缓慢，相关情报表明，苏军在这两处投入的兵力较弱，也没有部署大批坦克力量。在这种情况下，日梅林卡遭受的威胁似乎最大，因此，冯·曼施泰因和劳斯做出一个重要决定，面对苏军持续不停的进攻，重新调整己方兵力。他们决定南撤第59军，掩护舍佩托夫卡接近地，并将第46装甲军和该军所辖三个师从左翼调至第4装甲集团军右翼，集结在文尼察地域，准备遂行反突击，消除日梅林卡遭受的威胁。

这样一来，冯·曼施泰因就要承担起降低舍佩托夫卡和赫里斯季诺夫卡交通枢纽部优先级别的风险，尽管第59军和第3装甲军正在各自防区竭力阻挡苏军推进。事实证明，他在这方面表现出出色的判断力。左翼，第59军一直牢牢坚守舍佩托夫卡，苏军发起罗夫诺—卢茨克进攻战役后，才于1944年2月11日解放该镇。应当指出，据守舍佩托夫卡并不能掩护该镇与罗夫诺之间的铁路线，这条铁路线自1944年1月12日起便暴露在外，当时，第59军被切为两股，其左翼和右翼分别退向罗夫诺和舍佩托夫卡。舍佩托夫卡西北面的缺口持续存在，第13军随后调入其中，这个问题将在后面加以讨论。与此同时，在右翼，第3装甲军最初竭力迟滞敌人向乌曼和赫里斯季诺夫卡推进，而第17装甲师在未获得任何重要援兵的情况下遂行反冲击，最终击退该方向遭受的一切威胁。截至1944年1月13日，苏军在乌曼以北的推进已被有效遏止，第3装甲军和第7军转入进攻，着手封闭两军之间50公里宽的缺口。因此，冯·曼施泰因对舍佩托夫卡和赫里斯季诺夫卡地段的估计最终被证明是准确的，而他认为日梅林卡受到更大威胁的判断同样合理。结果表明，将第46装甲军调至右翼是正确之举，不仅因为该军的反突击一举肃清日梅林卡遭受的直接威胁，还因为他们给苏军坦克第1集团军造成严重损失和意想不到的逆转。从更大背景看，这场行动的成功也为德军持续实施的反突击创造出先决条件，最终使劳斯和胡贝得以封闭两个集团军之间自1月2日起便存在的缺口。总之，公正地说，第46装甲军的及时调动，以及德军随后将重点调整到第4装甲集团军右翼，是决定德军应对苏军整场攻势的关键时刻之一，最终使德军取得一定程度的成功，在当时情况下，这种成功通常不太可能做到。

在发起一系列反突击后，德国人在文尼察以东地域重新夺得战役主动权，大致保持三周左右。1944年1月26日，态势再度出现剧烈变化，参加科尔孙–舍甫琴柯夫斯基战役的乌克兰第1方面军转入进攻，在第1装甲集团军防线，第42军与第7军之间迅速插入一根不可逆转的楔子。在此阶段，“瓦尔特劳特”行动终于显现出突破苏军顽强防御的迹象，胡贝和冯·曼施泰因面临艰难抉择：是应取消行动，将装甲力量变更部署到第1装甲集团军右翼，设法阻止敌人的突破，还是继续遂行“瓦尔特劳特”行动，尽可能多地歼灭苏军有生力量，稳定文尼察以东地域的态势，而后再东调突击部队，抗击瓦图京新发起的推进。发现苏军正实施一场大规模进攻后，两位指挥官在1月27日的几次电话会议中商讨这个问题，胡贝强烈反对取消进攻，他建议在目前还来得及的情况下后撤第42军。冯·曼施泰因同意他的观点，但并非所有意见。次日晨，“南方”集团军群指示胡贝继续遂行“瓦尔特劳特”行动，但未批准第42军后撤，因此，该军注定要在科尔孙包围圈内覆灭。在这种情况下，冯·曼施泰因接受苏军的攻势有可能困住第1装甲集团军和第8集团军大股部队，他可能无法恢复已迅速脱离他掌控的态势的风险。当然，可能存在这样一种观点，在此阶段，他不知道自己最终无法恢复态势，但对当时战役态势的一切合理评估，以及交战双方的实力和条件，都表明恢复态势极其困难。因此，问题在于，冯·曼施泰因和胡贝继续遂行“瓦尔特劳特”行动，致使瓦图京辖内部队不受阻碍地长驱直入，同乌克兰第2方面军取得会合并形成合围，这种决定是否正确。这是个难以回答的问题，因为“如果”这种假设殊难逆料。不过，几个因素共同表明，该决定可能并非最糟糕的选择。

首先，苏军这场攻势的力度和速度相当大，德国人根本无法阻止对方取得初步成果。仅用三天，乌克兰第1、第2方面军辖内部队便于1月28日取得会合，立即着手沿合围对外正面构筑防御阵地，没等德国人在战役层面作出应对便从进攻转入防御。事实证明，德军指挥部门1月27日才真正开始考虑认真应对态势，最终决定直到次日才做出，那时，苏军已构成一个松散的包围圈。

其次，调动各装甲师的物理和行政约束，加之恶劣的天气和道路状况，迅速限制德国人更快做出应对的能力。这一切导致德军无法利用对方进攻初期的不稳定性及时集结一股反突击力量。待援兵到达时，敌人已在几天前构设起他们的防御工事。在这种情况下，1月28日接到命令的第17装甲师率先出动，直到苏军展开进攻六天后的1月31日才加强第7军右翼。其他师计划于2月3日前完成调动，也就是敌人封闭包围圈一周后。

第三点，德军可用部队的状况令人无法相信他们有能力果断影响新的战斗。为此投入的几个装甲师在过去几周一直从事旷日持久的激烈战斗，已无法以类似的满编力量展开行动。因此，他们没有足够的战斗力抵抗或反击苏军这场新攻势，对方不仅占有兵力优势，而且投入的是获得休整和补充的新锐力量。相比之下，他们在“瓦尔特劳特”行动中打击的苏军已从事几周激战，其中许多部队在近期战斗中遭到严重削弱，其中一些部队向南推进得太远，已呈过度拉伸状态。因此，该行动歼灭大股苏军的可能性高于目前这场反突击。

第四点，骤然撤离大批突击力量，会给“瓦尔特劳特”行动地段造成潜在影响。一般说来，糟糕的战役措施会造成一种刻意未加解决的不稳定态势，有可能导致主动权回到未被击败的敌人手中。在当时条件下取消进攻，并把第3装甲军调往东面，势必给该地段留下一种混乱而又危险的局面，这种状况将由第46装甲军独自应对。虽然两个装甲军1月28日取得会合，并困住大批敌军，但他们尚未消灭所形成的包围圈，甚至没有将其收紧。在行动的关键时刻撤离部队，而实力较强、尚未被击败的敌军仍在战斗，若苏军指挥部门迅速意识到正在发生的情况并采取相应措施，情况会非常危险，甚至可能造成灾难性的局面。

最后一点是关于仍部署在第聂伯河突出部内的部队。若冯·曼施泰因选择取消“瓦尔特劳特”行动，并把装甲力量调至右翼，其主要目的就将是阻止苏军形成合围，如果做不到这一点，最起码应解救并撤出被围部队。德军高层如有可能在当时或不久后做出决定，后撤这些部队并缩短防线，冯·曼施泰因的选择才有意义。否则，不过是拖延不可避免的结果而已。若没有做出将部队撤出第聂伯河突出部的决定，那么牺牲“瓦尔特劳特”行动有可能取得的成功的毫无意义。可以预料，陷入包围圈的部队会在日后某个时刻再度遭到包围和歼灭。

这些因素共同表明，取消“瓦尔特劳特”行动即便能给苏军进攻战役取得成功造成些影响，也小到微乎其微。另一方面，此举反而会严重破坏德军“瓦尔特劳特”行动赢取胜利的能力，甚至很容易导致整体战役态势恶化。因此，冯·曼施泰因和胡贝所做的战役决策是否正确，确切回答这个问题也许较难，当时的情况促使他们做出相关决定，归根结底他们俩可能对此都不会感到后悔。

还有另外两个也许是更大的战役误判例子值得考虑。巧的是，这两个例子密切相关，所形成的不仅仅是关乎苏军进攻行动的一个问题，还包括整个“南方”集团军群在两个内翼适当的兵力对比问题。关心后一个问题的不光是集团军群，还包括OKH，特别是北翼，一个巨大的缺口向“中央”集团军群右翼延伸已有很长一段时间。我们通过冯·曼施泰因的回忆录获知，他对此深感担忧，并竭力说服上级部门，特别是希特勒，想办法做点什么[6]。他甚至于1944年1月4日飞赴OKH，试图亲自说服上级部门。虽然以自身力量彻底解决这个问题可能超出“南方”集团军群的能力，但冯·曼施泰因指出，撤离第聂伯河一线，从而腾出更多部队，再把他们调往北面的集团军群左翼，至少不失为找到永久性解决方案前的一种权宜之策。他的建议遭到拒绝，在返回集团军群司令部时他没有获得任何酌情部署辖内部队的自主决定权。因此，他觉得保留第聂伯河河畔的“阳台”束缚住了自己的手脚，使自己无法采取任何具体措施解决因第4装甲集团军左翼缺乏兵力而造成的问题。虽然他没有为直接采取行动大开绿灯，但是否能在不违背命令的前提下做点什么改善自己的态势呢。

最紧迫的问题在于他的左翼，从“南方”集团军群部署在最北面的部队到“中央”集团军群右翼，存在一个超过150公里宽的缺口。这不过是一个早已存在的问题的最新形式而已，但不管怎样，值得深思的是，为何劳斯和冯·曼施泰因都没有着手解决这个问题。虽然未能说服上级部门，但冯·曼施泰因仍对这种状况负有责任，在这方面，一种合理的看法是，他至少应以手头现有力量设法解决这个问题。但是，第4装甲集团军的文件中没有关于认真讨论这个问题的记录。为何会这样的原因也许很多，但相关记录中没有证据表明他们曾讨论过封闭，抑或容忍这个缺口的事宜。鉴于记录在案的一些讨论的性质，这种情况似乎很奇怪。毫无疑问，集团军和军级指挥官完全可以畅所欲言，即便其观点与上级所持的看法不同。他们经常提出意见和建议，虽然有些会被驳回，但也有很多获得采纳。某些时候，高级指挥官们甚至无视上级的建议或命令，自行做出决定。这种情况发生在各级指挥部门，军长们从集团军司令处获得便宜行事权，而后者又从集团军群得到自主决定权。不管怎样，尽管采取这种灵活措施，但面对苏军一连串进攻，德国人已然丧失战役主动权，为应对敌人的突击，他们悉数投入的不仅仅是所有可用力量，还包括他们的所有注意力。因此，也许可以说，劳斯或冯·曼施泰因从来没有获得真正的机会，以所需要的某种措施解决缺口部问题。另一种可能性是，由于这个问题早已存在，也不止一次同OKH商讨过，所以劳斯和冯·曼施泰因都没有兴趣以自己有限的资源去解决就连上级部门似乎也满足于现状的这个问题。这也可能归因于德方对苏军在该地域计划和资源的评估。当然，尽管在人员和装备方面占有整体优势，但苏联人似乎不太可能以任何有意义的方式在该缺口利用其资源，就像他们后来同样没能扩大科尔孙–舍甫琴柯夫斯基战役的初期战果，在第1装甲集团军与第8集团军之间插入一根更深的楔子那样。虽然苏联人在第13军据守的地区继续前进，但步伐相对缓慢，在一定程度上受到普里皮亚季沼泽及其南部边缘的茂密森林和沼泽地，以及不发达的交通网的影响。因此，苏军在该地域未施加协同一致的压力，这可能也是德军各级指挥部门对集团军群左翼的安危不太担心的原因之一。但是，若说劳斯对于两个集团军群之间存在的缺口无能为力，那么，他是否能对更靠近装甲集团军司令部，他责任范围内一个较小的缺口做些什么呢？这里指的是1月17日出现在第13军与第59军之间的缺口，这是个较小、较易解决的问题，封闭该缺口有助于加强他的左翼，并确保罗夫诺与舍佩托夫卡之间的铁路线。这个问题尤为重要，因为劳斯已着手准备，并于1月17日向冯·曼施泰因提交报告，表明第4装甲集团军预料到苏军将在舍佩托夫卡西北方这片地域展开一场新攻势。另一个原因是，第13军调入该地域后，劳斯重新承担起守卫罗夫诺地段的责任。这不仅仅是个理论问题，因为苏军当月晚些时候正是在这里发起他们的罗夫诺—卢茨克进攻战役。最初出现这个缺口是因为苏军的突击在第13军与第59军之间插入一根楔子，前者退往日托米尔，后者撤向沃伦斯基新城，但到1月6日，这个缺口基本已被封闭，主要是以加大两个集团军群之间的缺口为代价。1月12日，苏军在舍佩托夫卡与科列茨之间推进，将C军级支队与装甲集团军余部隔开，这个缺口再度敞开。发生这种情况后，德军立即采取行动，第13军军部1月17日迁至罗夫诺，接手该地域防务。就连OKH此时也产生兴趣，并为集团军群提供有限的援兵，但这些部队大多是七拼八凑的单位，没有主要作战兵团开赴该地域。这些援兵大多部署在第13军左翼，力图阻挡苏军在两个集团军群之间推进，在此阶段，第13军仍直属“南方”集团军群，两天后才转隶第4装甲集团军。此时，设法解决第13军与第59军之间缺口的责任落在劳斯肩头，虽然该地段和罗夫诺—舍佩托夫卡铁路线都很重要，他却没有采取措施。第68、第208和第340步兵师残部在赫梅利尼克以西地域担任预备队已有两周，第7装甲师也在苏军发起罗夫诺—卢茨克进攻战役前最后几天调入预备队，劳斯却没有设法封闭自1月12日便出现的这个缺口。他麾下的党卫队第1“警卫旗队”装甲师已转隶第1装甲集团军，他还对自己依然虚弱并暴露在外的北翼表示担心，可难道这就是对该缺口不加理会的理由？

他掌握的情报似乎表明苏联人正准备重新展开进攻，主要突击将进一步向东，攻往别尔季切夫—赫梅利尼克公路两侧，但问题依然是，这个理由足够吗？预期中对别尔季切夫西南方的进攻并未发生，苏军利用德国人在第59军与第13军之间缺乏兵力的现状发起罗夫诺—卢茨克进攻战役，直到这时，劳斯仍未对“南方”集团军群左翼遭受的明显威胁做出应对。他和冯·曼施泰因都没有设法以手头现有力量填补缺口，这似乎很奇怪。诚然，在赫梅利尼克以西接受补充的三个步兵师实力较弱，可他们的战斗力难道还不如“普吕茨曼”战斗群和“冯·德姆·巴赫”战斗群投入的警察和各种杂七杂八的单位？第340步兵师显然无法提供帮助，因为该师尚具战斗力的大多数单位正与党卫队“帝国”装甲战斗群并肩作战，但另外两个师仍有15个步兵营（包括工兵和战地补充兵单位）和16个炮兵连[7]。虽说不甚理想，可这些部队至少提供了封闭缺口的可能性，冯·曼施泰因和劳斯却似乎不愿使用他们。相反，他们好像准备容忍该缺口的存在，即便它切断了沿罗夫诺—舍佩托夫卡铁路线的交通，并径直伸向西南方约120公里的捷尔诺波尔铁路枢纽部。无可否认，他们已集中手头兵力，设法据守罗夫诺和科韦利铁路枢纽部，但此时这两处的重要性值得怀疑。占领斯拉武塔及周边地域的苏军部队已将罗夫诺—舍佩托夫卡铁路线切断，所以，扼守罗夫诺铁路枢纽部已没有什么实际意义。卢茨克的重要性也大幅下降，因为该镇位于舍佩托夫卡与科韦利之间同一条铁路线上。所有火车现在不得不使用南面的铁路线，从科韦利驶向利沃夫，然后再前往捷尔诺波尔。苏军从第59军与第13军之间敞开、未设防的地域向西南方展开任何突击，捷尔诺波尔都在其进攻路线上。他们在罗夫诺—卢茨克进攻战役中攻克这两个镇子，使罗夫诺和卢茨克对德军丧失其军事重要性，下一个目标显然是捷尔诺波尔铁路枢纽部，可即便此时，劳斯和冯·曼施泰因仍未封闭第59军与第13军之间的缺口，而是以第7装甲师在杜布诺与卢茨克之间遂行一场战役价值有限的反突击。

劳斯似乎相信苏联人将于1月25日在别尔季切夫西南面重新展开进攻，可事实是，苏军在更西面遂行罗夫诺—卢茨克进攻战役的策划工作已进入最后阶段，这表明他们采用一系列欺骗措施掩盖其真实意图。德方截获的一些无线电电报似乎证实这一点，电报中提及发起突击的确切时间和地点，但并未成真。劳斯计划于1月28日以第13军展开进攻，这一事实清楚地表明，第4装甲集团军对苏军策划的罗夫诺—卢茨克进攻战役一无所知，仍专注于对方在东面发起进攻的可能性。第4装甲集团军的文件中缺乏相关证据，因而无从获知他们为何不采取行动，封闭对后续作战具有明显重要性的缺口，但也存在诸多潜在因素，归根结底，这一切共同导致他们明显接受了这种威胁。

相比之下，胡贝右翼面临的问题不太紧迫，但其重要性随着苏军攻势的继续发展而日趋加剧。那里的问题是将最右翼沿第聂伯河设防的几个师撤离的时机。显然，他已不止一次请求上级批准放弃沿河构设的“阳台”，同样明确的是，正是希特勒本人不肯批准这种后撤。这本身就足以解释“南方”集团军群随后为何拒绝支持从第聂伯河撤离的原因，这无疑也给该阵地后续战役乃至战术考虑产造成影响。可是，若集团军司令们的辞呈无法确保一场全面后撤，他们是否还有其他选择？他们是否考虑过表面据守防线，实际上将大多数部队撤出的可能性？没有证据表明劳斯在苏军进攻行动第一周做了些什么，直到胡贝赶到，似乎才对这个问题加以认真考虑。苏军1943年12月24日开始进攻时，德军在这段防线布有六个师，另一个师担任预备队。1944年1月26日苏军展开科尔孙—舍甫琴柯夫斯基进攻战役时，“阳台”防线确实已缩短，兵力也缩减为两个师（B军级支队和第88步兵师），但在这段时间里，另外四个师何时撤离的前线？这些师及时调离或发生延误会使战役态势恶化吗？

首先采取行动的是胡贝，他1月3日做出决定，显然未征询冯·曼施泰因的意见。他命令第34步兵师撤出前线，赶去加强第7军险象环生的左翼。此时，苏军的攻势已进行11天，在第7军与第24装甲军之间打开个约100公里宽的缺口，尽管第6和第17装甲师目前正进入缺口部。胡贝一天前刚刚接手这个问题，因此，他采取的行动代表对当前态势的迅速应对，相比之下，自12月29日第25装甲师和第168步兵师被迫向西退却以来，劳斯一直容忍该缺口不断扩大。此时他应该清楚，他的防线已发生根本性破裂，面对的是苏军一场目标广泛的大规模攻势。另外，他也应该明白，必须以一场强有力的反突击封闭缺口。可是，整个战役第一周，他在这方面没有采取任何实际行动，胡贝的指挥部到达后，不得不着手调动兵力，设法稳定自己的新防线。冯·曼施泰因1月4日飞赴希特勒大本营时，很明显，挺进中的苏军部队正将第1装甲集团军与第4装甲集团军隔开，坚守第聂伯河防线的决策也使第7和第42军处在陷入包围的危险下。在此阶段，瓦图京的左翼已绕过第7军左翼，不仅构成席卷整个“阳台”的威胁，还有可能攻入东南方第8集团军后方地域。冯·曼施泰因结束与希特勒的会晤后返回，次日，胡贝再次要求批准后撤防线，以腾出第198步兵师用于第7军左翼。考虑到冯·曼施泰因昨日的经历，令人惊讶的是，这位集团军群司令居然批准胡贝的请求，该师遂于次日开拔。1月6日，胡贝再度同冯·曼施泰因商讨后撤的可能性，但这次遭到拒绝，后者称无法批准此举。尽管如此，当日晚些时候，冯·曼施泰因还是下达新命令，批准第1装甲集团军后撤其右翼，以腾出两个师（第75、第82步兵师）用于计划中的反突击。没等这番调动完成，“南方”集团军群又取消命令，并禁止实施任何形式的后撤。胡贝勉强接受这些指示，并在作战日志中做出相应评论。不过，面对苏军持续不断的压力，他于1月8日下令实施一场有限后撤，并再次请求冯·曼施泰因批准遂行一场更全面的后撤。集团军群还是予以拒绝，甚至在次日命令第3装甲军向西北方攻往第4装甲集团军右翼时重申这一禁令。这使胡贝认为，集团军群司令对实际情况不太了解。1月10日，胡贝又一次请求批准他缩短防线并后撤部队，冯·曼施泰因再次拒绝，但最终批准胡贝以第17装甲师向乌曼遂行反突击的建议。在此阶段，胡贝自行其是，没有寻求集团军群的批准，他命令第75和第82步兵师撤离前线，为第7军左翼的反突击加以准备。因此，到1944年1月14日，四个师中的最后一个也已调离前线，派至其他地段应对苏军进攻。自1943年12月24日以来已过去19天，第1装甲集团军摇摇欲坠的防线经历一次次危机，这些部队的集结终于使胡贝能够发起计划中的反突击。第34步兵师撤离并调至第7军左翼后，由于苏军加大压力，第42军终于在1月6日后撤其防线，这引发另一个问题。若在未遭受敌军压力的情况下严禁后撤，那么，德军指挥官有没有想过通过削弱防线来创造或鼓励这种压力的可能性？如果目标是从前线未受威胁、不太重要的地段腾出兵力，并以这些力量加强受威胁更大的地段，他们是否考虑过坚守前沿阵地的同时将部队撤离前线？此举似乎有两个明显的好处。一是将部队及时调至关键地段，这有可能遏止或至少迟滞苏军发展其攻势，从而封闭或缩小后来出现在第7军与第3装甲军之间的缺口。其次，削弱防线有可能诱使苏军对不太重要的地段遂行进攻，从而为之后提出的后撤建议提供理由。战役期间多次发生过这种情况：上级部门起初拒不批准后撤，直到苏军突破并打垮德军防御阵地后才勉强同意。让德军指挥官故意削弱防线，从而创造出不得不实施后撤的情况，这种建议可能有点玩世不恭，但在设置绕开他们受到的命令约束时不失为一种选择。也许会有人反对，采用这种策略可能会导致整体态势进一步恶化，当然，不能完全排除这种可能性，但从接下来发生的事情看，特别是苏军的科尔孙–舍甫琴柯夫斯基进攻战役，“南方”集团军群1944年2月中旬面临的整体态势似乎不太可能比所发生的情况更加糟糕。不管怎样，值得注意的是，正是在这两个出现战役失误的地域，苏军发起接下来两次重大攻势，不仅证实这里的确是德方弱点，还说明苏联人已注意到这些问题并对其加以利用。因此，这两个悬而未决的问题直接导致德国人在该地域将要面对的另外一系列作战问题。

★★★

在考量德军指挥官的决策是否犯有错误的同时，值得注意的是交战双方的指挥链如何应对战斗期间发生的两起独立事件。德军一方，1月24日晨发生一起事件，一名工兵中士遭遇敌军炮火打击时将装甲架桥设备撤往后方[8]。这里不再复述事件的详情和结果，需要记住的是，德方随后对这起事件展开调查，参与者不仅包括第1装甲集团军相关人员，还有来自“南方”集团军群和OKH的代表。调查得出的结论是，涉事人员在当时的情况下做了合理期待他们所能做的一切。相比之下，苏军一方1月15日至17日间也发生一起事件，涉及第40集团军辖内坦克部队的集结[9]。出于某种原因，这番集结未按计划进行，朱可夫主持调查，以弄清具体原因。命令已下达给坦克第233旅，要求他们开赴第40集团军作战地域，1944年1月15日晨之前完成集结。近卫坦克第55旅和坦克第242旅一个营应在两天后的1月17日晨加入。结果，命令未得到执行，这些部队没有及时集结在新作战地域。更糟糕的是，拨给近卫坦克第5军的20辆补充坦克，到达时间晚了两天。朱可夫的调查将事故责任归咎于相关指挥员的疏忽，以及各指挥部门组织不力。

首先，没有给坦克第233旅各级指挥员提供关于计划中这场调动的地图。近卫坦克第55旅的情况更糟糕，不仅未得到地图，就连下达给该旅旅长博罗金上校的集结令也晚了一个半小时。近卫坦克第3集团军参谋长米特罗法诺夫少将为此受到批评，因为他没能确保命令及时下达和执行。不过，问题最严重的是坦克第242旅。该旅参谋长斯米尔诺夫上校受到的指控是，执行命令期间表现出一种玩忽职守、不啻为犯罪的态度，结果，坦克部队到达指定地域晚了两个半小时。坦克第1集团军副司令员巴拉诺维奇少将也牵涉其中。上级命令他亲自监督命令的执行，可他在发现斯米尔诺夫的问题后，却没有采取行动确保命令及时执行。关于补充坦克，情况与之类似。乌克兰第1方面军坦克兵主任什捷夫涅夫中将对近卫坦克第5军接收20辆补充坦克的延误负有责任。负责接收和分配坦克的第40集团军坦克兵主任叶皮凡采夫中校同样失职，因为这些新坦克未交付各指定部队。什捷夫涅夫受到的指控是没有严格要求下属，面对这种疏忽大意和不当行为时未全力加以解决，对工作人员的使用不够充分，没有明确组织他的工作。

虽然作战行动此时已取得明显成效，但苏军指挥链还是对这些问题加以严肃处理。无可否认，近日的战役态势已发生变化，德军几天前转入反突击，苏军1月14日停止进攻，但乌克兰第1方面军的整个防线依然稳固，并未遭遇任何真正的危险。可是，受到批评和指控的指挥员，若有谁希望苏军近期获得的优势和战果会减轻相应的处分，那他肯定会失望。结束调查后，朱可夫下令将斯米尔诺夫撤职，交军事法庭审判。叶皮凡采夫也被撤职，作为一名工程师派至其他地方服役。什捷夫涅夫、巴拉诺维奇和米特罗法诺夫受到训诫和警告，若组织不力和缺乏纪律的情况再度发生，他们也将被撤职，并送交军事法庭。这与德国人的调查结果形成鲜明对比，提供了一个洞悉红军即便在取得优势和胜利时采取的指挥控制方式的良机。考虑每个失误的潜在影响时，这种对比甚至更具启发性。

★★★

值得审视的另一点是关于敌军伤亡的报告标准，特别是因为这个话题有时会引起历史学家们对于一方或另一方无意或故意高估敌军损失的争论。在这方面，从第1和第4装甲集团军文件中获得的数据提供了对此问题的某些见解，至少就德方报告的标准而言，各集团军情报处情报人员的文件中包括苏军伤亡和装备损失的详细报告。这些信息现在也许可以参照克里沃舍耶夫2001年出版的关于苏军在第二次世界大战期间的伤亡详情加以审核[10]。遗憾的是，克里沃舍耶夫提供的数据并未详细到可用于直接对比的程度，但如果我们接受使用方面的一些限制，还是能就此问题得出某种观点，尽管只是以一种受到限制的方式。克里沃舍耶夫的数据，最大的困难在于他提供的数字是关于解放西乌克兰的整个战役，包括从1943年12月24日至1944年4月17日的一系列作战行动，参与其中的是四个乌克兰方面军。不过，他也提供了每个方面军的单独数据，因而可以推断出不可归队损失和伤病员的每日平均损失。不可归队损失，大多由在战斗中阵亡、失踪、被俘者和疏散期间伤重不治者构成。在这方面，苏联人使用的“不可归队损失”这一术语，明显等同于德方报告中的“数出敌军尸体”和“抓获俘虏”类别。但应指出的是，苏联方面对“不可归队损失”的定义，实际上比最贴切的德方等同类别更广泛，因此，两组数字存在固有的差异，一般说来，苏联方面的数字高于德方统计数。也就是说，我们也许可以期望这两组数据存在一种较好的相关性，即便仅仅因为阵亡和被俘者通常会在不可归队损失中占多数。认识到这种差异，并假设1943年12月24日至1944年1月31日间的战斗，在每日强度方面与之后延续到1944年4月中旬的作战行动没有显著不同，克里沃舍耶夫的数字就能使我们做出某种谨慎对比。作为一个起点，他指出乌克兰第1方面军1943年12月24日至1944年4月17日共伤亡456369人，其中不可归队损失为124467人。这段时期为116天，这就是说每日不可归队损失为1073人。

这个数字该如何同德军各指挥部汇报的数字相比呢？作为正常报告程序的组成部分，第1和第4装甲集团军每隔十日便向“南方”集团军群呈交关于敌军损失的总结，对敌人在人员和装备方面遭受的损失加以证实并做出估计。如前所述，为同“不可归队损失”的数字进行有效对比，必须从这些报告中提取“数出敌军尸体”和“抓获俘虏”的数据。总结如表1所示[11]。

这些数字涵盖42天的作战行动，这就表明德国人每日击毙或俘虏993名苏军士兵，而克里沃舍耶夫的数字是1073人。因此，需要记住的是，所有必要的说明必须辅以这样一种简单对比，德方报告中的数字相当于苏联方面相关数据的93%。值得注意的不仅仅是因为这个数字相当准确，还因为它实际上有所

表1：德军指挥部报告的苏军人员伤亡（人）

	1943年12月21日—31日	1944年1月1日—10日	1944年1月11日—20日	1944年1月21日—31日	合计
第4装甲集团军	6607	7975	1877	1317	17776
第1装甲集团军	——	2575⊙	5816	15521	23912
总计	6607	10550	7693	16838	41688

⊙ 1月4日之后

低估。当然，不可归队损失中包含的另一些类别（例如疏散期间伤重不治者和战斗中的失踪人员）会使这个数字有所增加，尽管增加多少目前仍是个存有争议的问题。苏方记录中的失踪人员，大多可能已在战斗中阵亡或被俘，因而包括在德方数字中。不过，即便这些额外类别将数字增加10%（每日90—100人），整体比较仍表明德方的报告相当准确，或至少说明双方的报告明显一致。实际上，不仅总数大致相同，另一点很明显的是，德方报告通常较为保守，而非夸大其词[12]。

双方报告的数字显然不是按照相同的原则加以编写，因此，任何比较都会引起某种程度的质疑，没有其他原因，仅仅是因为我们没有进行同类对比，但这两组数字之间存在许多相似处，足以得出一些基本结论。这方面最明显的结论是，两组数据的高度一致性值得注意。报告敌军人员损失实情（而非估计）时，两个德军指挥部似乎提供了准确的数据。

不过，查阅关于战车损失的报告时，情况却有所不同。德国人在这些报告中提供了这段时期苏军损失的战车（包括坦克和自行式突击炮），具体如表2所示。

这些数字意味着苏军每日损失约56辆坦克和突击炮。相反，克里沃舍耶夫称苏军在整个战役期间（同一时期的四个方面军）共损失4666辆战车，每日损失40辆。而另一份资料提供了关于乌克兰第1方面军在相关时期战车损失数更准确的详情[13]，具体表3所示。

相当于苏军每日折损46辆坦克和突击炮，高于克里沃舍耶夫所说的数字，但仍低于德方统计。值得注意的是，德方1月份头20天的数字稍有些高估

表2：德军指挥部报告的苏军战车损失（辆）

	1943年12月21日—31日	1944年1月1日—10日	1944年1月11日—20日	1944年1月21日—31日	合计
第4装甲集团军	507	313	316	53	1189
第1装甲集团军	——	108⊙	141	904◎	1153
总计	507	421	457	957	2341

⊙ 1月4日之后

◎ 这个明显上升的数字包括1月25日至28日这四天击毁的681辆敌坦克，其中三天该集团军经历了苏军的科尔孙–舍甫琴柯夫斯基进攻战役，这场战役与德军在“瓦尔特劳特”行动下遂行的反突击相重叠。

（878辆对761辆，多出117辆即15%），而最后10天的数字存在较大差异（957辆对659辆，多出298辆即45%）。部分原因可能是变化的作战态势，随着局部主动权逐渐转入德军手中，战斗的速度和力度有所放缓。“瓦尔特劳特”行动开始取得战果时，苏军展开科尔孙–舍甫琴柯夫斯基进攻战役，第1装甲集

表3：苏军指挥部报告的苏军战车损失（辆）

	1943年12月21日—31日	1944年1月1日—10日	1944年1月11日—20日	1944年1月21日—31日	总计
乌克兰第1方面军	——	379	382	659	1420

团军防区的战斗再度加剧。增加苏军损失的不仅仅是这场进攻战役的开始，还包括重新爆发的战斗的不稳定和激烈性，以及它给遂行防御的德军部队造成的直接破坏，致使不符合事实、更多出于估计的数字混迹其中，不可避免地造成报告更加不准确。相反，“瓦尔特劳特”行动中，前线战斗是在德军掌握主动权的情况下进行，这就使报告敌军损失的数字更加准确，更具一致性。而科尔孙–舍甫琴柯夫斯基进攻战役的影响可能是产生差异的主要原因，因为苏军可

以修复大批受损的战车，而德国人则报告已将其击毁。尽管如此，虽然作战性质对一支军队提供准确报告的意愿和能力存有潜在影响，但德国人准确报告敌军战车损失的能力似乎不像他们汇报敌军人员伤亡那般出色。

★★★

归根结底，如何准确报告敌军损失，如何专业处理错误，指挥官们如何应对态势并做出战役决策，对这些问题的审视仅仅是为证实，不确定性和混乱是交战中不可避免的因素。指挥官们如何克服这种不确定性和混乱，如何应对不准确、不完整的信息，同时对手头可用资源的使用加以最大化和优化，这些通常被认为是对他们专业能力的考量。至于德国人对苏军日托米尔—别尔季切夫进攻战役的应对，可以说这场进攻给“南方”集团军群造成剧烈冲击。也可以说，虽然存在以上讨论的一些问题，但鉴于双方兵力对比，德军做出的应对基本合理。不过，虽然本书认为没有特定证据表明任何一级指挥部门缺乏专业能力，但同样可以说，也没有迹象表明德军指挥部门的应对有任何出彩之处。他们采取的每一项措施和对策在当时的情况下都合乎逻辑，而在需要承担风险处，鉴于态势和掌握的情报，德军的举措似乎经过斟酌，也较为合理。他们的决策通常比较务实，即便被证明某项决定是错的，通常也是因为必须在两种危害间做出选择。一般说来，德军指挥部门会两害相权取其轻，由于兵力不足，有时候他们别无选择，只能承担相应风险。战役落下帷幕时，德军的态势依然脆弱，不出所料，苏军利用其弱点，1944年1月底同时对“南方”集团军群展开两场战役，分别是左翼的罗夫诺—卢茨克进攻战役和右翼更大、更重要的科尔孙–舍甫琴柯夫斯基进攻战役。没等德国人完成反突击，这两场进攻战役便已打响，这一事实充分证明劳斯、胡贝或冯·曼施泰因当时主宰战役范围的能力是多么微不足道。尽管德军将援兵调入相关地域，尽管德国人几乎已稳定己方防线，但冯·曼施泰因取得的所有战果不过是为苏军接下来的大举进攻创造先决条件。苏军统帅部继续推行解放西乌克兰的计划，德军早已丧失战略和战役主动权，所能做的仅仅是在一场场随之而来的危机中勉力求生。

注释

1.苏联国防部档案，F. 148a. Op. 3763. D. 143. L. 313.，引自《俄罗斯档案：伟大卫国战争。最高统帅部大本营：1943年的文献资料》（莫斯科：特拉出版社，1999年），第251页。

2.J.埃里克森，《通往柏林之路》（伦敦：韦登费尔德 & 尼科尔森出版社，1983年），第163页。

3.苏联国防部档案，F. 236, Op. 13428, D. 44, L. 52.，引自A.N.格雷列夫的《第聂伯河—喀尔巴阡山—克里木：1944年解放右岸乌克兰和克里木》，第60页。格雷列夫还列举援兵到达的日期：

· 1月4日——步兵第359师

· 1月13日——步兵第67军军部，辖步兵第133、第151、第302师（译注：与正文不符）

· 1月15日——坦克第31军

· 1月17日——近卫骑兵第6军，辖近卫骑兵第8、第13、骑兵第8师

· 1月18日——坦克第2集团军，编有坦克第3、第16军

· 1月20日——步兵第102、第106军军部，近卫空降兵第2、第3师，机械化第5军

· 1月29日——步兵第221师

第47集团军司令部也于1月20日腾出。

4.该师1944年1月8日报告，其作战兵力不到1000人。

5.值此关键时刻，该师接到的命令只要求他们组建一个团级战斗群，表明该师的作战兵力并不比一个团多到哪里去。

6.冯·曼施泰因，《失去的胜利》（诺瓦托：要塞出版社，1982年）

7.参见1944年1月21日签发的作战兵力报告。

8.参见本书第十八章。

9.苏联国防部档案，Fond 4 Opis 11 Delo 83, pages 14—16，引自《俄罗斯档案：伟大卫国战争——国防委员会的命令：1943年—1945年》，第13册（2—3）（莫斯科：特拉出版社，1997年），第241页。

10.G.F.克里沃舍耶夫（主编），Rossiia i SSSR v voinakh XX veka: Poteri vooruzhennykh sil, Statistichqskoe issledovanie（二十世纪战争中的苏联和苏联：武装部队的损失，调查统计）（莫斯科：奥尔玛出版社，2001年）。

11.第4装甲集团军情报处每日报告，1944年1月1日21点签发；第4装甲集团军情报处每日报告，1944年1月11日19点签发；第4装甲集团军情报处每日报告，1944年1月21日23点签发；第1装甲集团军情报处每日报告，1944年1月12日24点签发；第1装甲集团军情报处每日报告，1944年1月21日23点30分签发；第1装甲集团军情报处每日报告，1944年2月1日22点30分签发；第1装甲集团军情报处每日报告，1944年2月1日22点30分签发。令人遗憾的是，第4装甲集团军1944年1月21日至31日的十日报告被破坏，相关总数无法读取。因此，这些数字引自集团军情报处提交的一系列每日晨报。

12.应当指出，第4装甲集团军有时会报告“估计苏军阵亡人数”的单独数据，换句话说，这些数字并未得到清点尸体的证实。各份十日总结报告表明，这个数字分别为4500、未报告、1160、700，若在计算时加入这些数字，则会得出一个不同的总体结论：装甲集团军实际上夸大了敌人的伤亡。不过，报告的这些数字仅仅是一种估计，对其准确性并无太大要求。由此引发的问题是，这些数字很容易包含一些重复

计算的内容，更重要的是，也许会有人认为，在战斗伤亡人数中所占比例较高的是阵亡者，而非伤员。

13.苏联国防部档案，RF, F. 236, O.2673, D.311, L. 121, 39, 64, 85，引自N.泽特林和A.弗兰克森的《科尔孙包围圈》（纽伯里：炮台出版社，2008年），第293页。

附录

德军作战序列

第 1 装甲集团军

装甲兵上将汉斯－瓦伦丁·胡贝

1：1944年1月6日

第3装甲军——装甲兵上将赫尔曼·布赖特

第6装甲师

第17装甲师

第506重型装甲营（“虎”式坦克）

第249突击炮营

第3炮兵指挥官

第628（摩托化）重型炮兵营第1连（210毫米迫击炮）

第67（摩托化）炮兵团第2营（重型野战榴弹炮）

第54（摩托化）火箭炮团

第54（摩托化）火箭炮团第1营

第54（摩托化）火箭炮团第2营

第52（摩托化）火箭炮团第1营

第54（摩托化）火箭炮团第21连（履带式）

第674（摩托化）工兵团团部

第7军——炮兵上将恩斯特–埃伯哈德·黑尔
第34步兵师
第75步兵师
第88步兵师
第198步兵师
第202突击炮营
第239突击炮营
第677团级集群（B军级支队）
第617掷弹兵团（第168步兵师）
第318保安团
第124炮兵指挥官
第3（摩托化）轻型炮兵观测营
第84（摩托化）炮兵营第1连（170毫米加农炮）
第625重型加农炮连
第685（摩托化）工兵团团部
第215工兵营
第135建筑工兵营
第723阵地修建工兵营

第42军——步兵上将弗朗茨·马腾克洛特
第82步兵师
B军级支队
第34高射炮营第3连
第25（摩托化）高射炮营第2连
第616（摩托化）高射炮连
第602保安团团部
第107炮兵指挥官

第14（摩托化）轻型炮兵观测营
第62炮兵团第2营（100毫米加农炮）
第26（摩托化）特种工兵团团部
第2阵地修建工兵营
第724阵地修建工兵营
第737阵地修建工兵营

集团军直属部队
第101猎兵师（调动途中）
第311特种炮兵师师部
第1火箭炮部队司令指挥部
第620（摩托化）工兵团团部
第213工兵营
第627（摩托化）工兵营
第124建筑工兵营
第538建筑工兵营
第207除雪连
第922桥梁队队部
B 1./406（摩托化）桥梁队
B 1./405（摩托化）桥梁队
B 609（摩托化）桥梁队
B 671（摩托化）桥梁队
J 848（摩托化）桥梁队
第655（半摩托化）桥梁工兵营
托德组织“沙恩霍斯特”团

2：1944年1月14日

第3装甲军——装甲兵上将赫尔曼·布赖特
第6装甲师

第17装甲师

乌曼作战司令

“罗特”工兵营

空军建筑营

第655（半摩托化）桥梁工兵营

第241重型高射炮营

第251重型高射炮营

第7高射炮团第1营

第471（摩托化）装甲歼击营

L装甲连

（摩托化）突击连

第685战地宪兵营第3连

第4空军通讯连

4个混编步兵连

第506重型装甲营（“虎”式坦克）

第249突击炮营

第3炮兵指挥官

第628（摩托化）重型炮兵营第1连（210毫米迫击炮）

第67（摩托化）炮兵团第2营（重型野战榴弹炮）

第54（摩托化）火箭炮团

第54（摩托化）火箭炮团第1营

第54（摩托化）火箭炮团第2营

第52（摩托化）火箭炮团第1营

第54（摩托化）火箭炮团第21连（履带式）

第674（摩托化）工兵团团部

第7军——炮兵上将恩斯特-埃伯哈德·黑尔

第82步兵师

第75步兵师

第34步兵师

第198步兵师

第202突击炮营

第239突击炮营

第677团级集群

第124炮兵指挥官

第617（摩托化）特种炮兵团团部

第3（摩托化）轻型炮兵观测营

第84（摩托化）炮兵营第1连（170毫米加农炮）

第62炮兵团第2营（100毫米加农炮）

第70炮兵团第1营（第34步兵师）

第625重型加农炮连

第685（摩托化）工兵团团部

第215工兵营

第135建筑工兵营

第723阵地修建工兵营

第42军——步兵上将弗朗茨·马腾克洛特

第88步兵师

B军级支队

第34高射炮营第3连

第25（摩托化）高射炮营第2连

第616（摩托化）高射炮连

第602保安团团部

第678团级集群

第158步兵团第2营（第82步兵师）

第417步兵团第2营（第168步兵师）

第318保安团第1营（第213保安师）

3个混编步兵营

第107炮兵指挥官

第14（摩托化）轻型炮兵观测营

第75（摩托化）炮兵观测连

第26（摩托化）特种工兵团团部

第2阵地修建工兵营

第724阵地修建工兵营

第737阵地修建工兵营

集团军直属部队

第210突击炮营（调动途中）

第261突击炮营（调动途中）

集团军武器学校

突击营

教导连（原第162炮兵团第4连）

第311特种炮兵师师部

第3火箭炮部队司令指挥部

第620（摩托化）工兵团团部

第213工兵营

第627（摩托化）工兵营

第124建筑工兵营

第538建筑工兵营

第207除雪连

第922桥梁队队部

B 1./406（摩托化）桥梁队

B 1./405（摩托化）桥梁队

B 609（摩托化）桥梁队

B 671（摩托化）桥梁队

J 848（摩托化）桥梁队

托德组织“沙恩霍斯特”团

3：1944年1月22日

第46装甲军——步兵上将汉斯·戈尔尼克

第18炮兵师

第4山地师

第1步兵师

第254步兵师

党卫队第1“阿道夫·希特勒警卫旗队”装甲师

第101猎兵师

第300突击炮营

第23装甲团第2营（第23装甲师）

第503重型装甲营（“虎”式坦克）

第101炮兵指挥官

第620（摩托化）工兵团团部

第127（摩托化）工兵营（调动途中）

第523建筑工兵营

J 843（摩托化）桥梁队

第3装甲军——装甲兵上将赫尔曼·布赖特

第6装甲师

第16装甲师

第17装甲师

第471（摩托化）装甲歼击营

第249突击炮营

第506重型装甲营（“虎”式坦克）

62号装甲列车

（摩托化）突击连

第3炮兵指挥官

　第628（摩托化）重型炮兵营第1连（210毫米迫击炮）

　第67（摩托化）炮兵团第2营（重型野战榴弹炮）

第54（摩托化）火箭炮团

第54（摩托化）火箭炮团第1营

第54（摩托化）火箭炮团第2营

第52（摩托化）火箭炮团第1营

第54（摩托化）火箭炮团第21连（履带式）

第674（摩托化）工兵团团部

第627（摩托化）工兵营

B 1./406（摩托化）桥梁队

J 848（摩托化）桥梁队

第7军——炮兵上将恩斯特-埃伯哈德·黑尔

第82步兵师

第75步兵师

第34步兵师

第198步兵师

第202突击炮营

第239突击炮营

第677团级集群

第124炮兵指挥官

第617（摩托化）特种炮兵团团部

第3（摩托化）轻型炮兵观测营

第84（摩托化）炮兵营第1连（170毫米加农炮）

第62炮兵团第2营（100毫米加农炮）

第70炮兵团第1营（第34步兵师）

第625重型加农炮连

第685（摩托化）工兵团团部

第215工兵营

第135建筑工兵营

第42军——步兵上将弗朗茨·马腾克洛特

第88步兵师

B军级支队

第602保安团团部

　　第417步兵团第2营（第168步兵师）

　　第318保安团第1营（第213保安师）

　　1个混编步兵营

第107炮兵指挥官

　　第248炮兵团第1营（第168步兵师）

　　第14（摩托化）轻型炮兵观测营

　　第75（摩托化）炮兵观测连

第4（摩托化）工兵团团部

　　第213工兵营

集团军直属部队

乌曼作战司令

　　空军建筑营

　　第4空军通讯连

　　第685战地宪兵营第3连

　　第7高射炮团第1营

　　第241重型高射炮营

　　第251重型高射炮营

第210突击炮营（调动途中）

第261突击炮营（调动途中）

集团军武器学校

　　突击营

　　战地宪兵营营部（调动途中）

　　第454东线骑兵团第19连

　　第12（东线）警卫连

第867守备营第2连

第986运输保安营

第8立陶宛辅助警察营

第5库班哥萨克团第1营

第574哥萨克营

第111哥萨克警察营

第594运输保安营第4连

第361运输保安营第2连

5个警察连

第311特种炮兵师师部

教导连（原第162炮兵团第4连）

第604（摩托化）地图测绘营

第24（摩托化）工兵团团部

第26（摩托化）特种工兵团团部

第23高级工兵指挥官（调动途中）

第213工兵营

第655（半摩托化）桥梁工兵营

第538建筑工兵营

第24建筑工兵营（调动途中）

第124建筑工兵营（调动途中）

第207除雪连

第922桥梁队队部

B 609（摩托化）桥梁队

B 679（摩托化）桥梁队

B 1./404（摩托化）桥梁队

托德组织“沙恩霍斯特”团

4：1944年1月29日

第46装甲军——步兵上将汉斯·戈尔尼克

第18炮兵师

第4山地师

第1步兵师

第254步兵师

党卫队第1“阿道夫·希特勒警卫旗队”装甲师

第101猎兵师

第11装甲团团部

第300突击炮营

第23装甲团第2营（第23装甲师）

第503重型装甲营（“虎”式坦克）

第101炮兵指挥官

第620（摩托化）工兵团团部

　第127（摩托化）工兵营（调动途中）

第523建筑工兵营

　J 843（摩托化）桥梁队

第3装甲军——装甲兵上将赫尔曼·布赖特

第6装甲师

第16装甲师

第82步兵师（缺）

第249突击炮营

第506重型装甲营（“虎”式坦克）

62号装甲列车

（摩托化）突击连

第3炮兵指挥官

　　第628（摩托化）重型炮兵营第1连（210毫米迫击炮）

　　第67（摩托化）炮兵团第2营（重型野战榴弹炮）

　　第54（摩托化）火箭炮团

　　　第54（摩托化）火箭炮团第1营

第54（摩托化）火箭炮团第2营

第52（摩托化）火箭炮团第1营

第54（摩托化）火箭炮团第21连（履带式）

第674（摩托化）工兵团团部

第627（摩托化）工兵营

B 1./406（摩托化）桥梁队

J 848（摩托化）桥梁队

第7军——炮兵上将恩斯特-埃伯哈德·黑尔

第17装甲师

第75步兵师

第34步兵师

第198步兵师

第471（摩托化）装甲歼击营

第202突击炮营

第677团级集群

第168步兵团第1营（第82步兵师）

第124炮兵指挥官

第617（摩托化）特种炮兵团团部

第3（摩托化）轻型炮兵观测营

第84（摩托化）炮兵营第2连（170毫米加农炮）

第625重型加农炮连

第62炮兵团第2营（100毫米加农炮）

第182炮兵团第2营（第82步兵师）

B军级支队榴弹炮连

第685（摩托化）工兵团团部

第215工兵营

第135建筑工兵营

集团军直属部队

第210突击炮营（调动途中）

第261突击炮营（调动途中）

集团军武器学校校部

第685战地宪兵营营部（调动途中）

突击营

第454东线骑兵团第19连

第12（东线）警卫连

第361运输保安营第1连

第361运输保安营第2连

第361运输保安营第4连

第867守备营第2连

第8立陶宛辅助警察营

第111哥萨克警察营

第574哥萨克营

第5库班哥萨克团第1营

4个警察连

第24（摩托化）工兵团团部

第26（摩托化）特种工兵团团部

第23高级工兵指挥官（调动途中）

第42/74工兵营第1连

第655（半摩托化）桥梁工兵营

第538建筑工兵营

第24建筑工兵营（调动途中）

第124建筑工兵营（调动途中）

第207除雪连

第922桥梁队队部

B 609（摩托化）桥梁队

B 679（摩托化）桥梁队

B 1./404（摩托化）桥梁队

托德组织“沙恩霍斯特”团

第4装甲集团军

装甲兵上将埃哈德·劳斯

遗憾的是，第4装甲集团军的作战序列资料似乎不在主要文件集内，因而无法提供其全貌。参与战役的主要部队、各军部和辖内各师已在书中加以详述，除此之外，残存的文件表明，以下各支援部队也在战役期间的不同时间编入第4装甲集团军。

1944年1月4日

第24装甲军直属部队

第1火箭炮部队司令

第855炮兵营

第672炮兵营

第388炮兵团第1营（第18炮兵师）

第388炮兵团第3营（第18炮兵师）

第57火箭炮团

第13军直属部队

第1重型火箭炮团

1944年1月6日

第48装甲军直属部队

“南方”骑兵团

第473装甲歼击营

1944年1月8日

第24装甲军直属部队

第509重型装甲营

第731反坦克营

第46装甲军

第48（摩托化）工兵营

第523建筑工兵营

1944年1月10日

第46装甲军

第300突击炮营

第24装甲军

第509重型装甲营

第731反坦克营

第48装甲军

第280突击炮营

第59军

第276突击炮营

第13军

第23装甲团第1营

第503重型装甲营

1944年1月12日

第46装甲军

第48（摩托化）工兵营

第24装甲军/第48装甲军

第1教导火箭炮团（1月17日返回第4装甲集团军）

第1重型火箭炮团（1月17日返回第4装甲集团军）

第57火箭炮团

1944年1月16日

第2战地伞兵营

1944年1月18日

第24装甲军

第731反坦克营

第48装甲军

第559反坦克营（返回第4装甲集团军）

1944年1月1日的苏军作战序列[①]

乌克兰第1方面军

尼古拉·费多罗维奇·瓦图京大将

近卫第1集团军——安德烈·安东诺维奇·格列奇科上将

步兵第11军

- 步兵第271师
- 步兵第276师
- 步兵第316师

步兵第94军

- 步兵第30师
- 步兵第99师
- 步兵第350师

步兵第107军

- 步兵第127师
- 步兵第304师
- 步兵第328师

突破炮兵第3师

---

① 译注：本附录中的资料引自《苏联军队作战编成，第四卷》（莫斯科：军事出版社，1988年），以及N.G.安德龙尼科夫等人合著的《伟大卫国战争，1941年—1945年：野战集团军》（莫斯科：勇气出版社，2005年）。

轻型炮兵第15旅

加农炮兵第5旅

榴弹炮兵第1旅

重型榴弹炮兵第116旅

迫击炮兵第7旅

加农炮兵第518团

反坦克歼击炮兵第22旅

反坦克歼击炮兵第163团

反坦克歼击炮兵第1642团

反坦克歼击炮兵第1644团

迫击炮兵第12旅

迫击炮兵第496团

迫击炮兵第525团

近卫迫击炮兵第65团（火箭炮）

高射炮兵第25师

高射炮兵第1067团

高射炮兵第1356团

高射炮兵第1362团

高射炮兵第1368团

高射炮兵第580团

坦克第93旅

自行炮兵第1831团

自行炮兵第1832团

工程工兵第9旅

独立工兵第235营

独立工兵第351营

独立工兵第1505营

第13集团军——尼古拉·巴甫洛维奇·普霍夫中将

步兵第24军

　　步兵第140师

　　步兵第149师

　　步兵第287师

步兵第28军

　　近卫空降兵第4师

　　近卫步兵第70师

　　步兵第246师

　　步兵第415师

步兵第76军

　　近卫步兵第6师

　　近卫步兵第121师

　　步兵第112师

步兵第77军

　　步兵第143师

　　步兵第181师

　　步兵第397师

近卫加农炮兵第19团

反坦克歼击炮兵第23旅

反坦克歼击炮兵第130团

反坦克歼击炮兵第645团

反坦克歼击炮兵第868团

反坦克歼击炮兵第1643团

反坦克歼击炮兵第1645团

反坦克歼击炮兵第1660团

迫击炮兵第128团

迫击炮兵第476团

迫击炮兵第477团

迫击炮兵第497团

近卫迫击炮兵第5团（火箭炮）

近卫迫击炮兵第47团（火箭炮）

近卫迫击炮兵第323团（火箭炮）

高射炮兵第10师

　　高射炮兵第802团

　　高射炮兵第975团

　　高射炮兵第984团

　　高射炮兵第994团

高射炮兵第1287团

坦克第25军

　　坦克第111旅

　　坦克第162旅

　　坦克第175旅

　　摩托化步兵第20旅

　　自行炮兵第41团

　　自行炮兵第1829团

　　摩托车第53营

　　反坦克歼击炮兵第1497团

　　独立反坦克歼击炮兵第746营

　　迫击炮兵第459团

　　近卫迫击炮兵第2营（火箭炮）

　　高射炮兵第1702团

坦克第129旅

坦克第150旅

自行炮兵第999团

自行炮兵第1889团

自行炮兵第1890团

工程工兵第7旅

独立工兵第275营

第18集团军——康斯坦丁·尼古拉耶维奇·列谢利泽上将

步兵第22军

近卫步兵第129师

步兵第71师

步兵第317师

步兵第52军

近卫步兵第117师

步兵第24师

步兵第395师

步兵第101军

步兵第161师

突破炮兵第17师

轻型炮兵第37旅

加农炮兵第39旅

榴弹炮兵第50旅

重型榴弹炮兵第92旅

大口径榴弹炮兵第108旅

迫击炮兵第22旅

近卫加农炮兵第69团

近卫加农炮兵第112团

反坦克歼击炮兵第408团

反坦克歼击炮兵第493团

迫击炮兵第569团

高射炮兵第37师

高射炮兵第1400团

高射炮兵第1404团

高射炮兵第1408团

高射炮兵第1412团

近卫高射炮兵第269团

近卫独立坦克第12团

独立工兵第50营

第27集团军——谢尔盖·格奥尔吉耶维奇·特罗菲缅科中将

步兵第47军

　　步兵第38师

　　步兵第136师

　　步兵第180师

步兵第206师

步兵第309师

步兵第337师

反坦克歼击炮兵第680团

反坦克歼击炮兵第1672团

迫击炮兵第480团

迫击炮兵第492团

近卫迫击炮兵第33旅（火箭炮）

近卫迫击炮兵第83团

高射炮兵第249团

独立工兵第25营

独立工兵第38营

第38集团军——基里尔·谢苗诺维奇·莫斯卡连科少将[①]

近卫步兵第17军

　　近卫步兵第68师

　　步兵第211师

　　步兵第241师

---

① 译注：上将

步兵第21军

步兵第100师

步兵第135师

步兵第155师

步兵第74军

步兵第107师

步兵第183师

步兵第305师

独立反坦克步枪第125营

突破炮兵第13师

轻型炮兵第42旅

榴弹炮兵第47旅

重型榴弹炮兵第88旅

重型榴弹炮兵第91旅

大口径榴弹炮兵第101旅

迫击炮兵第17旅

近卫加农炮兵第24旅

近卫加农炮兵第76团

加农炮兵第628团

榴弹炮兵第805团

近卫反坦克歼击炮兵第315团

近卫反坦克歼击炮兵第316团

反坦克歼击炮兵第222团

反坦克歼击炮兵第1076团

反坦克歼击炮兵第1593团

反坦克歼击炮兵第1663团

反坦克歼击炮兵第1689团

独立炮兵观察气球第3营

迫击炮兵第491团

近卫迫击炮兵第314团（火箭炮）

高射炮兵第21师

　　高射炮兵第1044团

　　高射炮兵第1334团

　　高射炮兵第1340团

　　高射炮兵第1346团

高射炮兵第1288团

近卫坦克第7团

近卫坦克第9团

独立坦克第39团

突击工兵第15旅

独立工兵第7营

独立工兵第268营

第40集团军——菲利普·费多谢耶维奇·日马琴科中将

步兵第50军

　　步兵第74师

　　步兵第163师

　　步兵第240师

步兵第51军

　　步兵第167师

　　步兵第232师

　　步兵第340师

捷克斯洛伐克第1步兵旅

近卫加农炮兵第33旅

近卫大口径榴弹炮兵第25旅

近卫反坦克歼击炮兵第8旅

近卫反坦克歼击炮兵第4团

近卫反坦克歼击炮兵第317团

反坦克歼击炮兵第1666团

反坦克歼击炮兵第1667团

迫击炮兵第9团

迫击炮兵第10团

迫击炮兵第493团

近卫迫击炮兵第16团（火箭炮）

近卫迫击炮兵第328团（火箭炮）

高射炮兵第9师

　　高射炮兵第800团

　　高射炮兵第974团

　　高射炮兵第981团

高射炮兵第993团

自行炮兵第1812团

独立工兵第14营

独立喷火器第4营

独立喷火器第21营

独立喷火器第22营

第60集团军——伊万·丹尼洛维奇·切尔尼亚霍夫斯基中将

步兵第15军

　　步兵第322师

　　步兵第336师

近卫步兵第18军

　　步兵第148师

　　步兵第280师

　　步兵第351师

步兵第23军

　　步兵第8师

　　步兵第147师

步兵第226师

步兵第30军

步兵第121师

步兵第141师

独立反坦克步枪第108营

加农炮兵第1156团

榴弹炮兵第839团

近卫反坦克歼击炮兵第7旅

反坦克歼击炮兵第28旅

反坦克歼击炮兵第350团

反坦克歼击炮兵第563团

反坦克歼击炮兵第640团

反坦克歼击炮兵第1075团

反坦克歼击炮兵第1178团

反坦克歼击炮兵第1506团

反坦克歼击炮兵第1646团

迫击炮兵第138团

近卫迫击炮兵第88团（火箭炮）

近卫迫击炮兵第98团（火箭炮）

高射炮兵第23师

高射炮兵第1064团

高射炮兵第1336团

高射炮兵第1342团

高射炮兵第1348团

高射炮兵第217团

独立坦克第59团

自行炮兵第1219团

37号独立装甲列车

49号独立装甲列车

58号独立装甲列车

工兵第59旅

独立工兵第317营

坦克第1集团军——米哈伊尔·叶菲莫维奇·卡图科夫中将

独立反坦克步枪第138营

近卫迫击炮兵第79团（火箭炮）

高射炮兵第8师

高射炮兵第797团

高射炮兵第848团

高射炮兵第978团

高射炮兵第1063团

近卫机械化第8军

近卫机械化第19旅

近卫机械化第20旅

近卫机械化第21旅

近卫坦克第1旅

近卫自行炮兵第354团

自行炮兵第1451团

近卫摩托车第8营

近卫反坦克歼击炮兵第353团

独立反坦克歼击炮兵第756营

近卫迫击炮兵第265团

近卫迫击炮兵第405营（火箭炮）

近卫高射炮兵第358团

近卫坦克第11军

近卫坦克第40旅

近卫坦克第44旅

近卫坦克第45旅

近卫摩托化步兵第27旅

近卫自行炮兵第293团

自行炮兵第1535团

近卫摩托车第9营

近卫反坦克歼击炮兵第362团

独立反坦克歼击炮兵第391营

近卫迫击炮兵第270团

近卫迫击炮兵第53营（火箭炮）

近卫坦克第64旅

摩托车第81营

独立工兵第71营

独立工兵第267营

近卫坦克第3集团军——帕维尔·谢苗诺维奇·雷巴尔科上将

近卫迫击炮兵第36团（火箭炮）

近卫迫击炮兵第91团（火箭炮）

高射炮兵第1381团

高射炮兵第1394团

近卫坦克第6军

近卫坦克第51旅

近卫坦克第52旅

近卫坦克第53旅

近卫摩托化步兵第22旅

自行炮兵第1442团

自行炮兵第1893团

近卫摩托车第3营

近卫独立反坦克歼击炮兵第55营

近卫迫击炮兵第272团

近卫高射炮兵第286团

近卫坦克第7军

近卫坦克第54旅

近卫坦克第55旅

近卫坦克第56旅

近卫摩托化步兵第23旅

自行炮兵第1419团

自行炮兵第1894团

近卫摩托车第4营

近卫独立反坦克歼击炮兵第56营

近卫迫击炮兵第467团

近卫高射炮兵第287团

机械化第9军

机械化第69旅

机械化第70旅

机械化第71旅

近卫坦克第47团

近卫坦克第59团

自行炮兵第1454团

自行炮兵第1823团

摩托车第100营

独立反坦克歼击炮兵第396营

迫击炮兵第616团

高射炮兵第1719团

坦克第91旅

独立坦克第166团

自行炮兵第1835团

自行炮兵第1836团

摩托车第50团

独立装甲车第39营

空军第2集团军——斯捷潘·阿基莫维奇·克拉索夫斯基中将

高射炮兵第1554团

高射炮兵第1555团

高射炮兵第1605团

强击航空兵第5军

近卫强击航空兵第4师

强击航空兵第264师

歼击航空兵第5军

近卫歼击航空兵第8师

歼击航空兵第256师

歼击航空兵第10军

近卫歼击航空兵第10师

歼击航空兵第235师

轰炸航空兵第202师

强击航空兵第227师

强击航空兵第291师

夜间轰炸航空兵第208师

侦察航空兵第50团

航空卫生第4团

独立航空兵第372团

独立航空兵第385团

民用航空第8团

弹着点观察机第51中队

弹着点观察机第60中队

弹着点观察机第66中队

方面军直属部队

近卫步兵第42师

步兵第237师

步兵第389师

近卫骑兵第1军

　　近卫骑兵第1师

　　近卫骑兵第2师

　　近卫骑兵第7师

　　自行炮兵第1461团

　　近卫反坦克歼击炮兵第143团

　　近卫独立反坦克歼击炮兵第1营

　　近卫迫击炮兵第1团（火箭炮）

　　迫击炮兵第49营

　　高射炮兵第319团

第54筑垒地域

第159筑垒地域

突破炮兵第7军

　　近卫迫击炮兵第3师（火箭炮）

　　　　近卫迫击炮兵第15旅（火箭炮）

　　　　近卫迫击炮兵第18旅（火箭炮）

　　　　近卫迫击炮兵第19旅（火箭炮）

　　近卫炮兵第1师

　　　　近卫轻型炮兵第3旅

　　　　近卫加农炮兵第1旅

　　　　近卫榴弹炮兵第2旅

加农炮兵第1950团

近卫榴弹炮兵第111团

近卫反坦克歼击炮兵第9旅

反坦克歼击炮兵第24旅

反坦克歼击炮兵第32旅

反坦克歼击炮兵第269团

反坦克歼击炮兵第330团

反坦克歼击炮兵第372团

反坦克歼击炮兵第874团

反坦克歼击炮兵第1292团

反坦克歼击炮兵第1664团

迫击炮兵第494团

近卫迫击炮兵第32旅（火箭炮）

高射炮兵第1954团

近卫独立高射炮兵第22营

独立高射炮兵第332营

近卫坦克第4军

近卫坦克第12旅

近卫坦克第13旅

近卫坦克第14旅

近卫摩托化步兵第3旅

摩托车第76营

反坦克歼击炮兵第756团

独立反坦克歼击炮兵第752营

迫击炮兵第264团

近卫迫击炮兵第240营

近卫高射炮兵第120团

近卫坦克第5军

近卫坦克第20旅

近卫坦克第21旅

近卫坦克第22旅

近卫摩托化步兵第6旅

自行炮兵第1416团

自行炮兵第1458团

自行炮兵第1462团
摩托车第80营
独立反坦克歼击炮兵第754营
迫击炮兵第454团
高射炮兵第1696团

独立装甲列车第45营
工兵第4旅
突击工兵第6旅
特种工兵第42旅
舟桥工兵第3旅
舟桥工兵第6旅
布雷工兵第13营
独立工兵第27营
舟桥工兵第9营
舟桥工兵第20营
舟桥工兵第21营
舟桥工兵第49营
舟桥工兵第50营
舟桥工兵第108营

1944年1月20日的匈牙利军队作战序列

第7军

伊什特万·维泰兹·基什少将

第9轻装师

第34步兵团

第34步兵团第1、第2、第3营

第38步兵团

第38步兵团第1、第3营、第47步兵团第3营

第53步兵团第3营（由第19轻装师暂时转隶）

第9游击连

第9轻骑兵中队

第9高射炮连

第2炮兵连（半数力量）

第18轻装师

第19步兵团

第19步兵团第2、第3营、第47步兵团第1营

第49步兵团

第49步兵团第1、第2、第3营

第18轻骑兵中队

第19轻骑兵中队（由第201轻装师暂时转隶）

第86炮兵营

　　第1、第2连

第18高射炮连

第151（摩托化）工兵营（由集团军直属部队暂时转隶）

第110工兵连（由集团军直属部队暂时转隶）

第19轻装师

第35步兵团

　　第35步兵团第1营（三分之一兵力）、第3营

第53步兵团

　　第53步兵团第1、第2营

第19步兵团第1营（由第18轻装师暂时转隶）

第26轻骑兵中队

第89炮兵营

　　第1、第2、第3连

第26高射炮连

第201轻装师

第41步兵团

　　第41步兵团第1、第2、第3营

第44步兵团

　　第44步兵团第1、第2、第3营

第2工兵连（由第7军直属部队暂时转隶）

第21轻装师

第40步兵团

　　第40步兵团第1、第2、第3营

第42步兵团

　　第42步兵团第1、第2、第3营

第23轻骑兵中队

第19高射炮连

第1工兵连（由第7军直属部队暂时转隶）

1944 年 1 月 15 日，国防军驻乌克兰司令的作战序列

“柯尼希”战斗群

第465守备营

“海斯特尔”营

第169预备掷弹兵营第1连

第188预备掷弹兵营第1连

第512预备掷弹兵营第1连

第257预备炮兵营（2个连）

“维特曼”哥萨克骑兵中队

“万德”营（编制不详）

“普吕茨曼”战斗群

“科尔纳”支队

第10警察团团部

第10警察团第1营

第1警察骑兵支队

第35警察团第2营

第4警察团第1连

哈尔科夫宪兵队（排级兵力）

1个反坦克排

“格韦尔”支队

第10警察团第3营

第11警察团第2营

第11警察团第3营

第35警察团第1连

“库斯托波尔”战斗群

第268警察营（拉脱维亚）

1个警察保安连

1个宪兵排

1个反坦克排

第202警察保安营

“比辛”战斗群

第476守备营

第637守备营

第988守备营

萨尔内军用机场指挥官

7号装甲列车

10号装甲列车

斯捷克基预备掷弹兵营

罗夫诺作战司令

第528守备营

第725守备营

第14哥萨克团

正赶来的援兵

第2警察骑兵支队

“基费勒”战斗群

纽伦堡警察连

6个（摩托化）宪兵排

第37警察步兵团

第23警察营（拉脱维亚）

OKH许诺提供的额外援兵

1个指挥部（冯·德姆·巴赫）

党卫队第17骑兵团

第50（摩托化）陆军工兵营

第662（摩托化）陆军工兵营

第17警察团第2营

第118装甲支队

Hitler Moves East

东进：
1941—1943 年的苏德战争

一本出色的军事著作中，高层将领的运筹帷幄固然必不可少，下级将士的浴血奋战同样不可或缺，而这两方面的结合构成了有血有肉的历史传奇。与安东尼·比弗、史蒂芬·安布罗斯的作品相比，卡雷尔的著作稍欠可读性，但与戴维·格兰茨相比，他的作品又显得不那么枯燥。也许正是这种优点，让起于“巴巴罗萨”行动，终于斯大林格勒战役的《东进》，成为经久不衰的畅销著作。

[德] 保罗·卡雷尔（Paul Carell）/ 著
小小冰人 / 译

Scorched Earth

焦土：
1943—1944 年的苏德战争

在《焦土》中，卡雷尔继续讲述了苏、德两个国家之间的冲突。他带领读者与德军一起踏上征程，踏过白雪茫茫的卡尔梅克草原，经历空前绝后的库尔斯克坦克战，横越静静流淌的第聂伯河，目睹大撤退行动留下的片片焦土，见证希特勒的军团被苏联红军击败。《焦土》一书连同《东进》，构成了 1941—1945 年苏德战争的真实画卷，对苏德战争感兴趣的人都应该读读这套著作。

[德] 保罗·卡雷尔（Paul Carell）/ 著
小小冰人 / 译

Battleground Prussia

普鲁士战场：
苏德战争 1944—1945

本书描述的是 1944—1945 年苏军攻入东、西普鲁士的故事。这场战斗与东线激烈战事的其他任何阶段同样艰巨，并永久改变了欧洲版图。战役造成欧洲近现代史上规模最大的一场迁移，战火平息前，史上最惨烈的五起海难已有三起在此发生，遇难者约有 17000 人。战后，发生在德国东北部的这些战事少有人知，田园诗般的乡村美景，广阔的天空，幽暗的森林，整齐的村庄，只存在于曾在这里居住的人的记忆中，化为普鲁士的墓志铭。

[英] 普里特·巴塔（Prit Buttar）/ 著
小小冰人 / 译

The Road to Berlin

通往柏林之路（两卷）

东线题材的出版物多得令人望而生畏，单是在苏联，描述“伟大卫国战争”的书籍就超过 15000 本，这个数字至今还在不断增加。但在这些书籍的作者中，鲜有埃里克森这样人，不仅能与亚历山大·沃思和科尼利厄斯·瑞恩这种优秀西方历史学家一同工作，还能与苏联科学院院士 A. M. 萨姆索诺夫这样权威的东方学者深入交流。作为埃里克森的扛鼎之作，本书亦充分展现了作者集东西方之所长的优点。

[英] 约翰·埃里克森（John Erickson）/ 著
小小冰人 / 译

Hhe Road to Stalingrad

通往斯大林格勒之路

埃里克森是少数几名亲自拜访苏联高级将领、历史学家和其他当事人，并与他们建立良好关系的西方军事历史学家。他综合运用苏联资料，为读者描绘了一幅战时红军的独特画面。通过这种做法，他与同时代的其他历史学家开创了西方战争历史学的苏联流派，刻画出红军的具体形象，提供了以前模糊不清的红军各场战役的细节。更多有关苏德战争的档案资料解密后，埃里克森的这部著作被证明是少数禁得住时间考验的作品之一。

[英] 约翰 · 埃里克森（John Erickson）/ 著
夏科峰 李岩 / 译

The Stalinggrad Trilogy

斯大林格勒三部曲（四卷）

世界上已有数种语言的数百万文字来阐述斯大林格勒战役，因此读者见到本书时，脑海中浮现的第一个问题很可能是：市场上为何需要另一本“斯大林格勒著作”？对这些问题的回答是：实际上，这场战役在许多方面被忽视或被误解。作者戴维 · 格兰茨对比了交战双方的每日官方记录，大量使用第一手文件。基于这些新资料，这套书提供了前所未有的细节，新的观点、解释以及对斯大林格勒战役的评价，从某种意义上来说，取代了过去的一切同类历史记述。

[美] 戴维 · M. 格兰茨（David M. Glantz）/ 著
小小冰人 / 译

Between Giants

巨人之间：

第二次世界大战中的波罗的海战事

“一个人的死亡是个悲剧，一百万人的死亡是个统计数字。”毋庸置疑，许多国家都曾在第二次世界大战中承受毁灭与苦痛，但就丧失人口的比例来说，夹在苏德两大强国之间的波兰、立陶宛、拉脱维亚和爱沙尼亚远超任何一国，它们损失了约 20% 的人口，高过波兰以外的任何国家。作者从战前该地区的政治外交形势开始谈起，依次对该地区内展开的“巴巴罗萨”行动、“巴格拉季昂”行动和最后的库尔兰桥头堡之战等重要战事做了详细而深入的描写，是东线题材填补空白之作。

[英] 普里特 · 巴塔（Prit Buttar）/ 著
刘任 张大卫 / 译

Stumbling Colossus

泥足巨人：

大战前夜的苏联军队

20 世纪 90 年代西方出现的一种新学说，明确指责苏联曾策划在 1941 年 7 月对德国发动“先发制人的战争”。其发表不仅是要抹黑苏联，更重要的是，还为德国的侵略行为做辩护，推卸德国发动这场人类浩劫的责任。这样的观点已经蛊惑了许多德国历史学家，越来越多的俄罗斯历史改良派也已欣然接受。可是，任何一位负责任的历史学家都必须问这样一个问题：“这种新学说究竟有几分真实性？”作者将通过对苏德战争前夕苏联红军的细致研究，为读者做出解答。

[美] 戴维 · M. 格兰茨（David M. Glantz）/ 著
孙渤 / 译

Colossus Reborn

巨人重生：

大战中的苏联军队

本书从组织结构角度研究了战时红军。第一部分名为“战争中的红军”，按照各次战役的先后顺序考察整个战争过程，揭示其中“被遗忘的战役”。第二和第三部分详细考察红军指挥结构不断完善的过程，以及红军如何将无数血肉之躯打造成为一支军队。作者通过挖掘最新出版的回忆录和不断解密的档案材料等宝贵财富，揭示了 1941 年至 1943 年间红军的领导者怎样使红军从一个泥足的巨人，转变为一支能够获得战争最后胜利的强大武装力量。

[美] 戴维 · M. 格兰茨（David M. Glantz）/ 著
孙渤 / 译

When Titans Clashed

巨人的碰撞：

苏联红军如何阻止希特勒（增补修订版）

本书 1995 年的第一版得益于俄罗斯解密的少量档案文献。这些文献从另一个方面增加了我们对这场战争的了解，让我们可以在以往以德国角度为主的记录基础上，增加大量俄方角度的内容。然而，尽管受益良多，第一版中仍然存在很大缺口。而现在，绝大部分缺口都被补上。随着时间流逝，可供更准确描述战争的档案材料数量，特别是苏方材料，已经增长不下百倍。在 1995 年，60% 的内容尚需推测，而到 2015 年已经下降到 10%。新版《巨人的碰撞》就是这一变化的最佳体现。

[美] 戴维 · M. 格兰茨（David M. Glantz），[美] 乔纳森 · M. 豪斯（Jonathan M. House）/ 著
赵炜 / 译

The Battle for Leningrad

列宁格勒会战：

1941—1944

战争期间，列宁格勒的红军牵制了东线 15% ~ 20% 的轴心国军队。同时，沿西北方向展开行动的红军也蒙受了苏军战时伤亡的 12% ~ 15%。历史学家们往往将围绕列宁格勒的军事行动视为苏德战线其他地段更重要作战行动的附带事件。他们主要关注保卫列宁格勒的象征意义，以及城内居民英勇、坚忍的抵抗。这些因素当然很重要，但发生在该地区的军事行动同样重要。可悲的是，红军在列宁格勒地区遂行的许多军事行动在文献中一直含糊不清，本书将填补这一空白。

[美] 戴维 · M. 格兰茨（David M. Glantz）/ 著
小小冰人 / 译

The Drive on Moscow

莫斯科战役 1941：

二战“台风”行动与德军的首次大危机

1941 年 9 月底、10 月初，德国人投下最后的赌注，发动“台风”（Taifun）战役，也就是他们期盼已久的，针对莫斯科的进攻行动。行动开始时取得巨大胜利，但仅过了一个多星期就陷入泥淖之中，看似已经到手的奖赏就这么溜走了。莫斯科战役的规模极其宏大，参战双方都投入了超过百万的兵力；苏联红军损失近一百万名士兵，但是他们成功地挡住德军。“台风”吹过，希特勒征服东方的迷梦也随之飘散。

[瑞典] 尼克拉斯 · 泽特林（Niklas Zetterling）/ 著
王行建 / 译